D1674092

Sprachführer

Reisetipps von A bis Z

Essays

Vorwort

Seit den Zeiten Marco Polos spukt Japan in den Köpfen der Europäer. Bevor die ersten Weltenbummler des Mittelalters das Inselreich tatsächlich erreichten, hatte man im mystischen Zipangu sagenhaften Reichtum und ein eigenwilliges Volk vermutet. Den eigenwilligen Charakter hat sich Japan bis ins zweite Millennium bewahren können. Die einen sehen in dem Land die Heimat von Geisha, Samurai und Zen-Philosophie. Die anderen bewundern Wirtschaftsdynamik und bunte Jugendkultur. Kritiker bemängeln zu viel Westen in einem asiatischen Land und vermissen das typisch Asiatische in Asiens östlicher Außenstelle. Das Schöne daran ist: Sie alle haben recht! Japan liebt seine Vergangenheit und bewahrt sie in Architektur, Kunsthandwerk und Brauchtum. Gleichzeitig verschließt es seine Augen nicht vor der Zukunft und heißt Innovationen und Weiterentwicklungen jederzeit willkommen. Seine kulturellen Wurzeln ruhen im asiatischen Kontinent, die Äste reichen bis in den Westen, und seine Früchte sind typisch japanisch. Diese Melange aus Alt und Neu, West und Ost sorgt für äußerst abwechslungsreiche Reisemöglichkeiten.

Reisende sollten sich nicht auf den so genannten Kimono-Trail zwischen Tōkyō, Kyōto und Nara beschränken. So bieten die nördlichen Regionen Tōhoku und Hokkaidō ebenso lohnenswerte Ziele. Hier befand sich einst die Heimat der Ainu, des Urvolks Japans mit seiner ausgeprägten Stammeskultur. Hokkaidō wurde erst Ende des 19. Jahrhunderts von Japan besiedelt, noch heute umgibt die Insel am Eismeer ein Hauch Pioniergeist. Die Region Tōhoku als Reiskammer Japans gilt als Bewahrerin von Tradition und Brauchtum. Schreinfeste werden hier mit besonders viel Freude und Einsatz gefeiert.

Die Region Chūbu nördlich von Nagoya umspannt die Japanischen Alpen und galt lange Zeit wie ihre Nachbarregion Chūgoku als schwer zugänglich. Viele kleinere Städte überstanden die Jahrhunderte wie in einer Zeitkapsel und sind heute begehrte Ausflugsziele inmitten imposanter Natur.

Shikoku als kleinste der vier Hauptinseln bietet der Seele Erholung, ein über 1200 Kilometer langer Pilgerweg zieht längst nicht nur fromme Buddhisten an. Die südlichste Hauptinsel Kyūshū ist vor allem für Geschichtsfans ein Muss. Schon in der Frühzeit diente die Region als Brücke zum Festland, Händler aus aller Herren Länder ließen sich in den Hafenstädten nieder. Für Europäer besonders faszinierend sind die ersten westlichen Handelsniederlassungen. Okinawa, die subtropischen Inseln in Sichtweite Taiwans, war bis zum Ende des 19. Jahrhunderts als eigenständiges Königreich Ryūkyū bekannt. Seit einigen Jahren genießen die Inseln mit dem gelassenen Südseecharme große Beliebtheit als vertraut-exotisches Ferienparadies.

Als langjährige Japan-Kennerin empfehle ich für die nächste Japan-Reise: Umwege gehen! Jenseits der unzähligen Sehenswürdigkeiten wartet der wohl größte Schatz dieses Landes: seine freundlichen und hilfsbereiten Menschen.

Die Burg von Matsumoto

Land und Leute

Hinweise zur Benutzung

Im ersten Teil des Buches beschreibt das Kapitel **Land und Leute** ausführlich die Bewohner und die Kultur Japans. Im **Reiseteil** beginnt das Buch mit der Hauptstadt Tōkyo und dem Umland, setzt sich Richtung Norden bis nach Hokkaidō fort und folgt dann dem Inselarchipel bis zu seiner Südspitze nach Okinawa. Ortsangaben werden in diesem Abschnitt auch in japanischer Schrift angegeben. Praktische Informationen wie die **Reisetipps von A bis Z**, einen **Sprachführer** sowie Internet- und Literaturhinweise finden sich im letzten Teil des Buches. Soweit nicht anders angegeben, sind **Websites** in japanisch und englisch verfügbar. Die Bezeichnung **Nationalschatz** wird vom japanischen Ministerium für Bildung, Kultur, Sport, Wissenschaft und Technologie vergeben und kennzeichnet wichtige kulturelle Sehenswürdigkeiten. Bei **Personennamen** gilt die japanische Reihenfolge: Vorname nach Familienname.

Häufig verwendete Begriffe, als Endung am Namen angehängt:

-shi (市)	Stadt	-ji (寺)	Tempel
-chō (町)	Stadtviertel	-dō (堂)	Tempelhalle
-ku (区)	Stadtbezirk	-jinja (神社)	Schrein
-san (山)	Berg	-jingū (神宮)	Oberschrein
-kawa/gawa (川)	Fluss	-bijutsukan (美術館)	Kunstmuseum
-ko (湖)	See	-shiryōkan (資料館)	Sammlung
-kōen (公園)	Park	-hakubutsukan (博物館)	Historisches Museum
-en (園)	Garten		

Zeichenlegende

ℹ️ Allgemeine Informationen		🌴 Gärten, Parks	
🚆 Anreise mit der Bahn		♨️ Bäder, Onsen	
🚌 Anreise mit dem Bus		🧭 Aussichtspunkte	
✈️ Anreise mit dem Flugzeug		🎡 Vergnügungsparks, Aquarien	
⛴️ Fährverbindungen, Schiffsausflüge		🐾 Zoo, Tierpark	
🛏️ Hotel		🎵 Theater, Veranstaltungen, Festivals	
🍽️ Regionale Spezialitäten, Restaurants		🚲 Fahrradverleih	
☕ Teehäuser, Cafés		🛶 Kanuverleih, Raftingtouren	
🏛️ Tempel, Schreine, Museen		🛍️ Einkaufsmöglichkeiten, Märkte	

Das Wichtigste in Kürze

Japan in Fakten

Fläche: 377 923 km².
Einwohner: 127 288 416.
Bevölkerungsdichte: 337 Einwohner pro km².
Staatsform: Parlamentarische Demokratie.
Staatsreligion: keine.

Allgemeine Informationen

In größeren Orten finden sich meist in Bahnhofsnähe **Touristeninformationen** mit englischsprachigen Broschüren und Landkarten. Grundsätzlich hilft man hier auch bei der Suche nach einer Unterkunft. Erste Anlaufstelle vor Abreise ist das **Japanische Fremdenverkehrsamt**, Kaiserstr. 11, 60311 Frankfurt am Main, Tel. 069/203 53, Fax 28 42 81, www. jnto.de.
Vorwahl Japan: ++81.

Währung

Die japanische Währung ist der Yen. Es gibt Münzen bis 500 (1, 5, 10, 50, 100, 500) und Scheine für 1000, 2000, 5000 und 10 000 Yen. 1 Euro = 112 Yen (Stand Juli 2010).

Preisniveau

Trotz hartnäckiger Gerüchte geht es in Japan auch günstig. Eine Tasse Kaffee für 200 Yen, ein Hamburger für 100 Yen, ein vollwertiges Mittagessen für 750 Yen, eine Übernachtung im schlichten Hotel für unter 5000 Yen.

Anreise

Zahlreiche Fluggesellschaften bieten Direktflüge zu den größeren Flughäfen Japans an. Eine Reihe von kleineren Flughäfen bedienen außerdem Verbindungen zum asiatischen Kontinent und nach Russland. Regelmäßiger Fährverkehr besteht mit Korea, China, Taiwan und Russland.

Einreise

Für einen Aufenthalt bis 90 Tage benötigt man nur einen für diese Dauer gültigen Reisepass. Seit 2007 werden von allen Einreisenden Fotos gemacht und Fingerabdrücke abgenommen.

Verständigung

Viele jüngere Japaner sprechen etwas Englisch. Eine kleine Verständigungshilfe für die ersten japanischen Worte bietet der Sprachführer am Ende des Buches.

Sicherheit

Japan ist ein sehr sicheres Land, die Kriminalität ist auch in den Großstädten gering.
Polizei: Notruf 110, bei Anfragen auf englisch: 03/35 01-01 10, 03/35 03-84 84.
Feuerwehr/Ambulanz: Notruf 119, medizinischer Notfall auf englisch: AMDA International Medical Information Center, Tel. 03/52 85-81 81, 06/66 36-23 33 (Mo–Fr 9–17 Uhr).

Individuell oder organisiert?

Es muss in Japan keine Gruppenreise sein. Dank des sehr zuverlässigen öffentlichen Verkehrssystems und der günstigen Bahnkarten für Touristen kann man seine Reiseroute gut vorab planen. Die Buchung der Unterkunft läuft auch bei kleineren Pensionen mittlerweile reibungslos über das Internet (siehe Internetadressen, Seite 495).

Ausführliche Hinweise in den Reisetipps von A bis Z ab S. 483.

Besondere Erlebnisse

Kumamoto: Burgbesichtigung. Imposant ragt die trutzige Burg über die Stadt Kumamoto. Im Mittelalter erbaut und zu Beginn der Neuzeit Schauplatz des Bürgerkrieges, erstrahlt die Burg heute im neuen ›alten‹ Glanz. Der Wiederaufbau ist so gelungen, dass man hinter jeder Ecke einen Samurai-Krieger erwartet. Seite 444.

Dōgo Onsen: Heißes Bad. Ein Muss für Anime- und Literaturfans ist ein Bad in Japans wohl berühmtestem Badehaus Dōgo Onsen Honkan. Hier fand schon Natsume Sōseki Entspannung, und das alte Holzgebäude diente als Vorlage für den Trickfilm ›Chihiros Reise ins Zauberland‹. Seite 417.

Tōkyō: Sumō-watching. Wo anders als im Stadtviertel Ryōgoku kann man mitten auf der Straße den Sumō-Kämpfern bei ihren täglichen Übungen zusehen oder sie zufällig beim Einkaufen treffen? Seite 176.

Sendai: Festival Dontō-sai. Wenn es am 14. Januar mit der Neujahrszeit zu Ende geht, rennen unzählige Gruppen sternförmig durch die Straßen zum größten Schrein Osaki Hachiman, um dort für Gesundheit im neuen Jahr zu beten. Die brauchen sie auch bei diesem Festival, denn nur mit einem Lendenschurz bekleidet trotzen die Männer der beißenden Kälte dieser Winternacht. Wärme bieten allein das große Feuer, in dem sämtliche Neujahrsdeko verbrannt wird, und der heiße Reiswein des Priesters. Seite 242.

Tōkyō: Kirschblüte im Hama-Rikyū. Der Garten von Hama-Rikyū ist nicht allzu groß, versteckt liegt er zwischen den Hochhäusern im neuen Trendviertel Shiodome. Doch das alte Teehaus am See bietet besonders während der Kirschblütenzeit einen romantischen Platz für ein erstes Date im Frühling. Seite 193.

Kyōto: Spaziergang vom Tempel Kiyomizu bis nach Gion. Schön ist ein Bummel vom Tempel Kiyomizu über den ›Teeschalenhügel‹ am späten Nachmittag bis zum Schrein Yazaka. Die Ge-

See im Naturpark Kamikōchi

Alte Häuser in Shirakawago

schäfte mit Kunsthandwerk schließen langsam, die traditionellen Restaurants erwarten in der Dämmerung ihre ersten Gäste. Geishas huschen durch die engen Gassen, das touristische Gion jenseits der großen Kreuzung scheint ganz weit weg. Seite 336.

Kyōto: Die Gärten von Myōshin-ji. Wer japanische Gärten liebt, sollte unbedingt einen Spaziergang durch die Gärten vom Tempel Myōshin-ji machen. Nicht alle der 47 Anlagen im Zen-Stil sind der Öffentlichkeit zugänglich, doch ein Blick über den Zaun lohnt sich allemal. Seite 344.

Kamikōchi, Naturpark. Strahlend blauer Himmel über erhabener Berglandschaft, an einem glasklaren Bach tollt eine Affenfamilie durchs bunte Herbstlaub, die Zuckerbäume verströmen ihren Duft nach gebrannten Mandeln. Die Rückkehr in die Großstadt fällt unsagbar schwer. Seite 318.

Hokkaidō: Bei den Mandschurenkranichen. Unter der Otowa-Brücke im Kushiro-Shitsugen-Nationalpark sammeln sich die Kraniche im Frühnebel, bevor sie in die Lüfte aufsteigen. Mit ein wenig Glück wird man mitten in der Natur Zeuge ihrer berühmten Balztänze. Seite 281.

Nagasaki: Tempelstraße. Auch für japanische Verhältnisse sind diese Tempel exotisch, ihre architektonischen Vorbilder stammen allesamt vom chinesischen Festland. Hier beteten die ersten Einwanderer Nagasakis, ihre Kultur prägt bis heute die reiche Geschichte der Stadt. Seite 438.

UNESCO-Welterbestätten in Japan

■ Kultur

■ Natur

Urteile nicht über Dinge,
von denen du nur Echo und
Schatten kennst.

Japanisches Sprichwort

Land und Leute

Japan im Überblick

Name: Japan/Nihon Koku (日本国).
Fläche: 377914 Quadratkilometer, davon 20 Prozent für Besiedlung, Landwirtschaft und Industrie.
Hauptstadt: Tōkyō.

Die japanische Flagge

Weitere Großstädte: Yokohama, Ōsaka, Nagoya, Sapporo, Kōbe, Kyōto, Fukuoka, Kawasaki, Saitama.
Höchste Erhebung: Berg Fuji, 3776 Meter.
Längster Fluss: Shinano, auch Chikuma genannt (367 Kilometer), mündet in die Japan-See.
Größter See: Biwa-See (670,33 Quadratkilometer) nordöstlich von Kyōto.
Küstenlänge: 33000 Kilometer.
Klima: Vier Klimazonen, von kalt-gemäßigt in Hokkaidō über gemäßigt-warm in den Zentralregionen bis zu den Subtropen in Okinawa. Im Sommer bringen Strömungen aus Südost heiße und feuchte Luft, im Winter überziehen kalte und trockene Winde aus Nordwest das Land.
Einwohnerzahl: 127078679 (Stand 2009).
Bevölkerung: 98,5 Prozent Japaner, 0,5 Prozent Koreaner, 0,4 Prozent Chinesen und andere.
Religion: 83,9 Prozent Shintoismus, 71,4 Prozent Buddhismus, 2 Prozent Christentum, 7,8 Prozent andere.

Bevölkerungsdichte: Nationaler Durchschnitt 337 Einwohner pro Quadratkilometer. Auf dem Land unter 100 Einwohner pro Quadratkilometer, in Ballungszentren über 1000 Einwohner pro Quadratkilometer.
Alphabetisierungsrate: 99 Prozent.
Verhältnis Stadt-/Landbevölkerung: 66:34 Prozent.
Staatsform: Parlamentarische Monarchie mit Zwei-Kammer-Parlament.
Premierminister: Kan Naoto, Demokratische Partei, am 8. Juni 2010 gewählt.
Mitgliedschaft in internationalen Organisationen: u.a. APEC (Asiatisch-Pazifische Wirtschaftliche Zusammenarbeit), ASEAN (Verband Südostasiatischer Nationen), G-20, G-5, G-7, G-8, G-10, ICC (Internationale Handelskammer), OECD (Organisation für wirtschaftliche Zusammenarbeit und Entwicklung), UN (Vereinte Nationen), UNCTAD (Konferenz der Vereinten Nationen für Handel und Entwicklung), UNESCO (Organisation der UN für Erziehung, Wissenschaft und Kultur), UNHCR (Hoher Flüchtlingskommissar der UN), UNIDO (Organisation der UN für industrielle Entwicklung), UNITAR (Forschungs- und Ausbildungsinstitut der Vereinten Nationen), WHO (Weltgesundheitsorganisation).
Landeswährung: Japanischer Yen, YN.
Zeitzone: MEZ +8 Stunden, Sommerzeit +7 Stunden.
Nationalfeiertage: 11. Februar (Staatsgründungstag), 3. Mai (Tag der Verfassung), 23. Dezember (Geburtstag Kaiser Akihito).
Autokennzeichen: J.
Vorwahl: ++81.
Internetkennung: jp.

Geografie

Außenstehenden präsentiert sich Japan gerne als äußerst homogene Nation. Die simple Formel ›Ein Volk, eine Sprache, eine Kultur‹ scheint hier Realität. Auch die gleichförmige Eintönigkeit japanischer Innenstädte bestätigt dem Japan-Novizen die angebliche Konformität des Landes. Erst auf den zweiten Blick enthüllt sich dem aufmerksamen Reisenden der weite Bogen der japanischen Vielfältigkeit. Da kommt bei der immensen Länge des Inselarchipels so einiges zusammen, entspricht die Distanz zwischen der nördlichsten Spitze am Eismeer bis zur südlichsten Insel mit Blick auf Taiwan doch beinahe exakt der Entfernung zwischen Köln und Istanbul. Nicht allein die gewaltige Ausdehnung Japans und die unglaubliche Anzahl von über 8500 Inseln sind für die Vielfalt bei Brauchtum, Sprachgebrauch und Küchenspezialitäten verantwortlich. 500 Jahre Abgeschlossenheit nach außen verhalfen Japan zu einem stolzen Nationalgefühl. Parallel dazu sorgte die Abgrenzung zur jeweiligen Nachbarprovinz bis weit in das 19. Jahrhundert für starkes Lokalkolorit. Diese Grenzen hielten sich nicht allein mit politischen Mitteln aufrecht. Die Natur spielte dabei eine entscheidende Rolle.

Gebirge

Japans besteht aus den vier Hauptinseln Hokkaidō, Honshū, Shikoku und Kyūshū. Honshū ist die größte der japanischen Inseln und beherbergt 80 Prozent der Gesamtbevölkerung. Sie umfasst die wirtschaftlich und politisch führenden Zentralregionen Kantō um Tōkyō sowie Kansai/Kinki mit Ōsaka und Nagoya.

Heute lebt sogar jeder vierte Japaner in der Kantō-Ebene, der Region direkt um Tōkyō. Eine Reliefkarte Japans enthüllt, warum sich ausgerechnet dieses Gebiet zum Herzen Japans entwickelte. Tatsächlich befindet sich hier die größte

Die Japanischen Alpen

Ebene des Landes, nirgendwo sonst erlaubt die Topografie Japans eine Ausbreitung dieser Größenordnung. Zahlreiche Flüsse sorgen für fruchtbaren Ackerboden, die Bucht von Tōkyō bietet zudem natürlichen Schutz vor heftigen Stürmen. Anderswo ist das Landesinnere aller vier Hauptinseln von Gebirgsketten mit Nord-Süd-Verlauf geprägt, wie ein felsiges Rückgrat verlaufen sie entlang des gesamten Archipels und trennen Japan in eine Rückseite, Ura-Nippon, und eine Vorderseite, Omote genannt. Auch klimatisch finden sich auf beiden Seiten Gegensätze. Auf der Insel Honshū sind die Winter in Ura-Nippon düster und schneereich, die Pazifikseite ist jedoch sonnig und niederschlagsarm.

Zudem teilen die mächtigen Japanischen Alpen das Land in West und Ost, die Grenze liegt hier ungefähr auf der Höhe von Nagoya. Knapp 70 Prozent Japans sind von dichten Wäldern überzogen. Als Folge beschränken sich seit der Frühzeit Besiedlung und Verkehrswege auf die Küstenregionen, später folgten die alten Handelswege dem Pazifik oder suchten sich ihren Weg um die trennenden Gebirgsketten herum bis zur Japan-See.

Vulkane

Gebirge bilden in Japan jedoch nicht nur Grenzen, sondern auch handfeste Gefahren. Der Inselarchipel liegt direkt auf der Schnittstelle von drei Erdplatten und ist von mehreren Vulkanbögen durchzogen. So gehört zum Beispiel der Fuji mit 3776 Metern als höchster Berg Japans zum pazifischen Feuerring. Durch die Spannungen in der Erdkruste bewegt sich die Pazifische Platte im Osten mehrere Zentimeter im Jahr nach Westen und schiebt sich am Japangraben östlich des Inselreiches unter die Eurasische Platte. Die Philippinische Platte bewegt sich vom Süden in nordöstlicher Richtung, so dass Japan wohl in 80 Millionen Jahren mit Australien kollidieren und auseinanderbrechen wird. Bis dahin fürchtet Japan eher Vulkanausbrüche und Erdbeben. 20 besonders aktive Vulkane stehen unter

Aktiver Vulkan bei Kamikōchi

Der Vulkan Meakan im Akan-Nationalpark auf Hokkaidō

ständiger Beobachtung, dazu zählt auch der Berg Fuji. Alle paar Jahre geistert durch die Medien das gruselige Thema ›Was wäre, wenn der Fuji wieder Feuer spuckt?‹. Die Gemeinden rings um Japans heiligen Berg sind mit Notfallplänen ausgestattet, die bislang jedoch nicht zum Einsatz kommen mussten.

Erdbeben

Im Gegensatz zu Vulkanausbrüchen sind Erdbeben in Japan schon etwas Alltägliches. Bis zu 7000mal im Jahr bebt hier die Erde, jedes fünfte Beben wird bewusst wahrgenommen. Das können leichte Erdstöße oder auch Monsterbeben wie das Erdbeben von Tōkyō im Jahr 1923 sein. Japan wartet nun auf die Wiederholung dieser Katastrophe, da statistisch gesehen alle 60 Jahre die Kantō-Region von einem schweren Beben getroffen wird. Sogar ein Umzug der Regierung wurde erwogen, damit das Land im Fall der Fälle nicht ohne Führung sei.

Nicht alle Beben habe ihr Epizentrum an Land. Einige finden weit draußen auf dem Meer statt und lösen seismische Flutwellen, so genannte Tsunami, aus. Japan mit seiner langen Pazifikküste fürchtet diese Wellen nach jedem Beben. Küstenorte haben ausgeschilderte Fluchtplätze in sicherer Höhe. Dämme und Tore, die bis zu 25 Meter im Boden verankert sind, sollen die Hafenanlagen schützen. Der Sender ›NHK‹ meldet grundsätzlich innerhalb von zwei Minuten, ob und wo Flutwellengefahr besteht. Meist sind die Wellen nur ein paar Zentimeter hoch, sie können aber auch so gewaltig wachsen, dass für eine Flucht keine Zeit mehr bleibt. 1960, nach einem verheerenden Beben in Chile, lief eine riesige Flutwelle quer durch den Pazifik und traf nach 18 Stunden auf die japanische Küste. Trotz der Warnungen erfahrener Fischer starben über 100 Menschen, darunter auch Schweizer Touristen, die sich das Phänomen aus nächster Nähe am Strand ansehen wollten.

Was tun, wenn die Erde wackelt?

Dumpfes Grollen aus der Tiefe kündigt den Schrecken an. Der Boden fängt an zu wackeln, im Schrank klirren die Gläser. Mit einem Schlag ist man hellwach und denkt nur eins: »Erdbeben!«. Meist beruhigt sich alles in Sekunden, die Stahlkonstruktion des Hochhauses hört auf zu ächzen und zu stöhnen, und der Pulsschlag beruhigt sich wieder. Trotzdem an dieser Stelle einige Regeln für den Ernstfall:

- Wenn das Beben beginnt, weg vom Fenster und Gashahn abdrehen!
- Eingangstür öffnen und Schutz im Türrahmen oder unter dem Tisch suchen. Nicht hinauslaufen, drinnen ist es sicherer als draußen.
- Radio oder Fernsehen anschalten, bei starken Erdbeben schalten alle Kanäle automatisch auf den (auch englischsprachigen) Sender ›NHK‹ um.
- Keine Panik in Zügen, der gesamte Schienenverkehr stoppt bei Erdbeben automatisch.

Schiebetüren, niedrige Möbel und Einbauschränke sind nicht nur sehr schön, sie erhöhen auch die Sicherheit im eigenen Heim. Wenn schon hohe Regale, dann bitte mit Wandbefestigung. Auch rings um das Bett auf eventuelle Gefahrenquellen achten. Der Eingangsbereich sollte unbedingt von sperrigen Gegenständen frei gehalten sein. Ganz Sorgfältige stellen sich ein paar Extraflaschen Wasser und haltbare Lebensmittel als eiserne Ration bereit.

Glücklicherweise macht Japan bei der Erdbebenfrühwarnung große Fortschritte und verweist auf stolze Ergebnisse: 16 Sekunden vor dem letzten schweren Erdbeben 2005 spuckte der Computer korrekt eine Warnung aus. Auf den ersten Blick eine lächerliche Zeit, aber noch ausreichend, um zum Beispiel auf den Alarmknopf der Atomkraftwerke zu drücken.

Verringern die Unfallgefahr bei Erdbeben: Schiebetüren und niedrige Möbel

Bad in Ise

Heiße Quellen

Etwas Gutes haben Vulkane jedoch auch: Durch ihre Aktivitäten erhitzen sie Wasser, das dann teilweise blubbernd an die Oberfläche austritt. Oftmals entsteigen ihnen Schwefelgase, die einen ›höllischen‹ Geruch hinterlassen. Je nach Gestein färbt sich das Wasser schon mal rot, blau oder grünlich. Japan ist reich an heißen Quellen. Seit der Frühzeit ranken sich Mythen und Legenden um die Heilkraft dieser Orte, sogar die japanische Tierwelt hat ihren Nutzen für sich entdeckt! Heute sind heiße Bäder ein wichtiger Wirtschaftsfaktor, denn sie stehen gemeinhin im Mittelpunkt jeder Reise und Kurzerholung. So finden sich auch im Reiseteil dieses Buches immer wieder Hinweise auf ausgewählte Badeorte. Ohne Übertreibung lässt sich sagen, dass alle Japaner ein ausgiebiges Bad in einer natürlichen heißen Quelle geradezu inniglich lieben.

Gewässer

»Das sind keine Flüsse, sondern Wasserfälle.«: Mit dieser knappen Beschreibung eines holländischen Ingenieurs aus dem 19. Jahrhundert ist eigentlich schon alles gesagt: Japans Flüsse sind kurz und reißend. Sie entspringen in den gebirgigen Wäldern, graben sich zunächst durch enge Täler und formen schließlich in ihrem Unterlauf alluviale (angeschwemmte) Ebenen. Diese fruchtbaren Gebiete nutzen die Menschen seit dem Altertum als Siedlungsraum und natürlich zur Landwirtschaft. Und nur dort im Unterlauf sind die Flüsse befahrbar. Kaum einer der über 20 000 Flüsse Japans ist länger als 300 Kilometer. Der Shinano (oder auch Chikuma, je nach Region wechseln die Flüsse auch schon mal ganz offiziell den Namen) ist mit 367 Kilometern der längste Fluss, er verläuft von Nagano nach Niigata und mündet in das Japanische Meer (Japansee).

Pazifikküste in der Tōkyō-Bucht

Zwar erschwert die starke Strömung der Flüsse die Schifffahrt, aber sie hat andere Vorteile: Wasserkraftwerke nutzen die mechanische Energie des Wassers zur Stromerzeugung. Unzählige Dämme regeln das Wasserniveau während des Jahresverlaufs.

Der Mangel an navigierbaren Flüssen wird durch intensive Küstenschifffahrt kompensiert. Dies gilt ganz besonders für die Region entlang des Seto-Binnenmeers und für die Pazifikküste südlich von Tōkyō.

Die unzähligen Seen in Japan dienen an erster Stelle der Trinkwasserversorgung. Der größte See Japans ist der Biwa-See nordöstlich von Kyōto. 14 Millionen Menschen erhalten von hier ihr Trinkwasser. Ebenso weist er die größten Fischvorkommnisse Japans auf. Auch als Erholungsgebiet liegt der Biwa-See an der Spitze, jedes Jahr zieht er knapp vier Millionen Besucher an.

Klima

Japan zählt zur gemäßigten Zone, die vier Jahreszeiten sind sehr stark ausgeprägt. Das Land lässt sich in vier Klimaregionen einteilen, angefangen mit einer kalt-gemäßigten Zone in Hokkaidō über gemäßigt-warme Zonen in den Zentralregionen bis zu den Subtropen in Okinawa. Das Wetter wird stark von saisonalen Winden beeinflusst: Im Sommer bringen Luftströme aus Südost heiße und feuchte Luft nach Japan, im Winter überziehen kalte und trockene Winde aus Nordwest das Land.

Die Nähe zum asiatischen Kontinent und der Wechsel der Luftströme bestimmen das regionale Klima. Hokkaidō hat im Sommer geringe Niederschläge, aber sehr schneereiche Winter. Nordjapan, und besonders die Japansee-Seite, hat warme Sommer und lange, niederschlagsreiche Winter. Die nördlichen Regionen entlang der Pazifikküste bis nach Zentraljapan haben kurze Winter, die Sommer sind hingegen heiß und feucht. Der Südwesten hat lange, feuchtheiße Sommer und milde Winter.

Reigen der Jahreszeiten

Die berühmte Kirschblüte eröffnet Anfang April den Reigen der Jahreszeiten. Im Mai kann es schon recht warm werden, sommerliche Temperaturen sind keine Seltenheit. Im Juni beginnt dann allerdings in ganz Japan, mit der Ausnahme von Hokkaidō, die Regenzeit. Die Japaner nennen diese Zeit Tsuyu oder Baiu, geschrieben wird der Name mit den chinesischen Schriftzeichen für ›Pflaumen-regen‹: Im alten China begannen zu dieser Zeit die Pflaumen zu reifen. Winde aus Südostasien bringen feucht-warme Luft. Es kann tagelang sanft regnen, der Himmel ist grau, und die Feuchtigkeit kriecht langsam durch alle Ritzen. Manche Tage sind recht kühl, doch meist ist es unangenehm feucht-warm. Alle drei, vier Tage schiebt sich ein sonniger Tag ein. Nach sechs Wochen haben die sonnigen Tage die Oberhand gewonnen, der Sommer ist da! Die Luftfeuchtigkeit sinkt auf 80 Prozent, die Temperaturen steigen regelmäßig über 35 Grad Celsius. Die Großstädte verwandeln sich in flimmernde Backöfen, auf dem Land zirpen die Zikaden in den Bäumen.

Taifune künden das Ende des Sommers an, fünf oder sechs streifen jedes Jahr das Land. Besonders der Südwesten ist betroffen. Dank ausgeklügelter Früh-warnsysteme bleibt die Nation ein, zwei Tage aus Sicherheitsgründen daheim. Die starken Winde in Zentral- und Nordjapan hinterlassen nicht allzu große Schäden, die großen Niederschlagsmengen lösen jedoch regelmäßig Erdrutsche

Ein Sommertag am Strand bei Ise

und Überschwemmungen aus. Ab August sollte man daher nicht mehr in der direkten Nähe von Gebirgsbächen zelten. An die 80 Prozent des jährlichen Niederschlags fallen allein von Juni bis September.

Im Oktober kühlen die Nächte langsam ab, und es wird Herbst. Der Himmel ist strahlend blau, die Temperaturen klettern noch weit bis in den November über 20 Grad Celsius. Es fallen kaum Niederschläge, die Natur bietet reiche Ernte und üppige Farbenpracht. Kein Wunder, dass der Herbst die beliebteste Reisezeit ist.

Erst mit dem neuen Jahr setzt in weiten Teilen Japans der Winter ein, es wird knackig kalt. An der Pazifikseite steigen um die Mittagszeit die Temperaturen auf angenehme Plusgrade, eine Heizung benötigen die Menschen hier nur in den dunklen Stunden. Das gilt zumindest für Tōkyō und den Süden, in den nördlichen Regionen bleibt es bis in den März oder April unangenehm kalt. Die meisten Klimaanlagen fungieren im Winter auch als Heizung, beinahe alle Haushalte besitzen aber auch so genannte ›Kotatsu‹, niedrige Tische mit Decke und elektrischen Heizstäben. Darunter lümmelt sich dann die gesamte Familie vor dem Fernseher, bis es Schlafenszeit ist. Dies und ein extrem heißes Bad am Abend müssen genügen, denn geheizt wird in Japan grundsätzlich nur das Wohnzimmer.

Kirschblüte im Hama-Rikyū-Garten in Tōkyō

Tierwelt

Mehrere Klimazonen und ein stark ausgeprägter Jahreszeitenzyklus sorgen für eine üppige Flora und Fauna. Zur Fauna zählen Landsäugetiere wie der Braunbär auf Hokkaidō, der asiatische Braunbär auf Honshū und die Sikahirsche in Südjapan. Eine Besonderheit ist der Tanuki, eine Art japanischer Waschbär. Und wer hat nicht schon einmal Bilder von den genussvoll badenden Makkakenaffen in den Japanischen Alpen gesehen?

Auf Hokkaidō überwintern zudem sibirische Riesenseeadler und Singschwäne. Mit einer gehörigen Portion Glück kann man hier auch den Mandschurenkranichen (Grus japonensis) bei ihren anmutigen Balztänzen zu-

Makkaken beim Bad in heißen Quellen

schauen. Mandschurenkraniche werden nicht nur von Japanern geliebt, sie gelten in ganz Ostasien als mythische Glücksbringer. Kraniche symbolisieren langes Leben und Unsterblichkeit und finden sich zum Beispiel als Motiv bei Hochzeiten. Die Ainu, das Urvolk Nordjapans, verehren den Kranich als Gottheit der Moore, sein bevorzugtes Habitat.

Durch warme und kalte Meeresströmungen sind die Gewässer rings um Japan besonders artenreich. So gilt die Region von den Küsten der Präfektur Iwate bis hoch in den Norden zu den Kurilen als einer der reichsten Fischgründe der Welt. Hin und wieder taucht auch mal ein Hai oder Wal im Seto-Binnenmeer auf, Seehunde wurden auch schon in Tōkyō gesichtet.

In der Nähe von Bambuswäldern leben häufig Schlangen. Auf den vier Hauptinseln gibt es ›nur‹ eine Giftschlange, die Mamushi. Auf Okinawa und den Amami-Inseln ist jedoch die Habu zuhause, eine sehr aggressive Schlangenart. Ihr Biss kann tödlich sein, festes Schuhwerk und lange Beinkleidung sind also auch im Sommer ein Muss für jeden Wanderer!

Pflanzenwelt

Bananenstauden und Papayabäume auf Okinawa, Zitrus- und Olivenbäume auf Shikoku, Flechten und Moose im äußersten Norden, Japans Pflanzenwelt ist breit gefächert. Viele Gewächse wie Funkie, Ginkgo, Kamelie und Ziermagnolie stammen aus Japan und begeistern europäische Gärtner seit 200 Jahren. Besonders die Immergrünen wie Bambus, Kiefer und Azaleen prägen die Landschaften. Je weiter man jedoch nach Norden vorrückt, desto seltener werden sie. Auf Hokkaidō erinnern die Wälder schließlich mit Birken und Fichten sehr stark an Nordeuropa.

Japaner reflektieren mit Liebe zum Detail die Natur im Alltag. Pflanzen dienen als zarte Hinweise auf Stimmung und Jahreszeit: Pflaumenblüten künden
vom Ende des Winters, blühende Kirschbäume läuten das Frühjahr ein. Im April
und Mai überziehen Rhododendren und Azaleen die Hänge, die blauen Dolden
der Hortensien verschönern die Regenzeit. Die zarte Ackerwinde symbolisiert
den Sommer, und der Herbst bringt nicht nur bunte Ahornblätter und orange-
farbene Kakifrüchte, sondern auch Chrysanthemen in endlosen Variationen.
Bambus und Kiefer im Schnee, das ist Japans Winter. Nicht zu vergessen die
Kamelienbäume, sie blühen von November bis März und gehören als Immergrüne zu den Teegewächsen.

Teeplantagen finden sich nur im Süden Japans, hingegen wächst Reis im
ganzen Land, außer auf Hokkaidō. Ohne die Erwähnung von Seetang ist die
Beschreibung der japanischen Pflanzenwelt nicht vollständig. Seit der Frühzeit werden in Japan Braunalgen (Wakame) und Rotalgen (Nori) als wichtige
Lebensmittel an den Meeresküsten gesammelt. Unscheinbar wie die ersten
Bergkräuter im Frühjahr, sind sie doch ein ganz wichtiger Bestandteil der
japanischen Flora.

Die Chrysantheme

So wie die Kirschblüte nicht nur den Frühling in Japan ankündigt, sondern auch
an die Vergänglichkeit irdener Schönheit erinnert, kündet die Chrysantheme
nicht nur vom Herbst. Seit dem 12. Jahrhundert symbolisiert sie das japanische
Kaiserhaus und ist heute Nationalblume. Man spricht daher auch vom japanischen Chrysanthementhron. Die höchste Auszeichnung Japans heißt, wen
wundert's, Chrysanthemen-Orden.

Herbstlaub auf einem See in Kamikōchi

Chrysanthemenpuppe in der Burg von Nagoya

Die Erfolgsgeschichte der Blume begann im 8. Jahrhundert, als die Chrysantheme als Heilpflanze aus China kam. Sie sollte gegen Erkältungen helfen und ein langes Leben garantieren. In der Edo-Zeit wurde dem Volk erlaubt, Chrysanthemen zu züchten, und es entstanden viele der heute 350 Arten. Es gibt Riesenchrysanthemen mit einem Blütendurchmesser mit bis zu 30 Zentimetern, andere Sorten wechseln im Laufe der Blütezeit ihre Farben oder besitzen ein wahres Meer an winzigen Blüten.

Ende Oktober/Anfang November veranstalten viele Schreine Chrysanthemen-Festivals und stellen die schönsten Exemplare des örtlichen Züchtervereins aus. Sehr beliebt sind Chrysanthemenpuppen (Kiku ningyō), lebensgroße Puppen, die gänzlich aus Chrysanthemenblüten bestehen. Sie stellen berühmte Persönlichkeiten oder Szenen aus Sagen und Literatur dar. Über Geschmack lässt sich bekanntlich streiten, doch technisch sind die Figuren eine gärtnerische Meisterleistung.

Heute begegnet man der kaiserlichen Blume im Alltag auf Schritt und Tritt. Prominente Beispiele sind der japanische Reisepass und die 50-Yen-Münze. Japans erster Satellit trug ebenfalls den stolzen Namen ›Kiku‹. Beim Gemüsehändler liegen sie zwischen Erbsen und Kräutern, gerne werden kalte Speisen mit ihnen verziert. Aber nur an den gelben Blumen knabbern, denn die weißen Chrysanthemen gehören den Toten!

Natur- und Umweltschutz

Japan weist eine lange und leidvolle Geschichte bei Umweltschäden auf. Umweltkatastrophen in den 1950er und 60er Jahren wie in Minamata auf Kyūshū, bei denen bislang 6500 Menschen an Methylquecksilbervergiftung starben, oder extreme Luftverschmutzung wie in Yokkaichi in der Präfektur Mie, schleichende Arsenvergiftung durch Arsenabbau in Shimane und Miyazaki sind wohl nur die berühmte Spitze des Eisbergs japanischer Umweltsünden.

Doch es tut sich was, seit 2001 hat auch Japan ein Ministerium für Umwelt. Die Luftqualität hat sich wesentlich gebessert, und auch die allgegenwärtige Lärmbelästigung hat sich verringert. Globale Erderwärmung, Abfallentsorgung und die Verbesserung von Wasser- und Bodenqualität sind ebenso wie in Europa den Bürgern ein großes Anliegen. Energieverbrauch wird auf Anordnung von oben mit dem Herunterfahren der Klimaanlagen angegangen, erneuerbare Energie (Wind und Biogas) wird vor allem auf dem Land propagiert.

Nationalparks

Gegenwärtig gibt es 29 Nationalparks, 55 Quasi-Nationalparks und weitere 300 Nationalparks unter Aufsicht der jeweiligen Präfektur. Einige Nationalparks umfassen auch Seegebiete. Die Nationalparks nehmen rund fünf Prozent der Landfläche ein und sind daher nicht ausschließlich in staatlichem Besitz. Ein gutes Viertel des Bodens ist nach Angaben des Ministeriums für Umwelt in privater Hand und wird auch entsprechend genutzt. An erster Stelle stehen hier die Erhaltung der Artenvielfalt und die Konservierung der Landschaft, da Japans Baubehörden allzu großzügig mit Genehmigungen sind. Wesentlich striktere Regeln gelten für die Regionen, die als UNESCO-Weltnaturerbe ausgezeichnet sind: Dies sind die Buchenwälder von Shirakami, die Zedernwälder von Ikushima und der Nationalpark Shiretoko an der Nordostspitze Hokkaidōs.

See im Bandai-Asahi-Nationalpark

Große Liebe zu bunten Karpfen

Mittlerweile bietet jeder bessere Baumarkt sie auch in Deutschland an: Koi, die bunten Zuchtkarpfen Japans. Doch oftmals zieht hier kein einfarbiger oder gemusterter Japaner, sondern ein Kollege aus Taiwan oder Singapur seine Kreise. Ein original ›Brokat-Karpfen‹ (Nishiki-Koi, so der korrekte Name, um ihn vom Speisekarpfen Koi zu unterscheiden) sprengt mit einem Preis von mehreren tausend Euro wohl locker das Budget jedes Wochenend-Heimwerkers.

Auch in Japan ist der Fisch ein Statussymbol. Die meisten Liebhaber begnügen sich damit, die prächtigen und äußerst verfressenen Tiere in den Teichen der Parks oder Tempelanlagen zu bestaunen und zu füttern. Nishiki-Koi gibt es in 200 Variationen, besonders berühmt ist wohl der Tancho. Er trägt auf weißem Grund einen roten Fleck auf der Stirn und erinnert somit an die japanische Nationalflagge.

Das Städtchen Ojiya in der Präfektur Niigata gilt heute als Zuchtzentrum der edlen Tiere. Der Auftakt zur Zucht war allerdings ein profaner Grund: Hunger. Die abgelegene Provinz litt zu Beginn des 19. Jahrhunderts immer wieder unter mageren Ernten. So begann man, in den gefluteten Reisfeldern Karpfen als zusätzliche Proteinquelle zu züchten. Bald schon konnten die Bauern mit ersten Farbmutanten Zuchterfolge melden. Doch es sollte noch weitere 100 Jahre dauern, bis die Hauptstadt davon Notiz nahm. 1914 präsentierten die Züchter stolz ihre ersten 27 Nishiki-Koi in Tōkyō. Kaiser Hirohito erhielt zwei Exemplare als Geschenk, und auf einmal war der Besitz der schwimmenden Juwelen ein Muss unter den Mächtigen und Reichen. Hatten die Chinesen schon über 2000 Jahre zuvor die ersten bunten Karpfen gezüchtet, züchtete man nun Fische mit fantastischen Mustern und leuchtenden Farben.

Heute ist das Mekka der Koi-Liebhaber Niigata wesentlich besser zu erreichen als damals. Doch wenn im Spätherbst die Käufer aus aller Welt anklopfen, haben sie oftmals eine lange Reise durch meterhohen Schnee hinter sich. Gejammert wird nicht, den gekauften Koi wird schließlich noch mehr zugemutet: Auf ihrer Reise nach Übersee müssen sie oftmals 30 Stunden in einem Beutel mit Wasser ausharren, für das Tier ist das kein Zuckerschlecken. Also vielleicht doch lieber einen schlichten Goldfisch aus der Tierhandlung?

Koi-Karpfen

Geschichte

Japans abwechslungsreiche Geschichte pendelte stets zwischen Phasen internationaler Öffnung und selbstbestimmter Isolation. Dies ermöglichte dem Land trotz seiner intensiven kulturellen Bindung an das asiatische Festland eine ganz eigenständige Entwicklung.

Frühgeschichte

Mehr als 4000 Ausgrabungsstätten bestätigen, dass Japan schon in der Altsteinzeit (35 000–13 000 vor Christus) keineswegs menschenleer war. Damals war der Meeresspiegel niedriger als heute, so ermöglichten zwei Landbrücken zum asiatischen Festland – im Norden von Hokkaidō über Sachalin und die Halbinsel Kamtschatka sowie im Südwesten zur koreanischen Halbinsel – Einwanderungsbewegungen aus Zentralasien. Jene altsteinzeitliche, auch ›vor-keramische‹ Periode genannt, reichte bis zu 13 000 Jahren vor Christus. Berühmt ist die japanische Altsteinzeit für ihre 30 000 Jahre alten Mahlsteine und geschliffenen Steinwerkzeuge.

Japanische Geschichte	
Epochenname	Zeitraum
Jōmon	10000–300 vor Christus
Yayoi	300 vor Christus–300 nach Christus
Yamato	ca. 250–710
Nara	710–794
Heian	794–1185
Kamakura	1185–1333
Muromachi	1336–1573
Azuchi-Momoyama	1573–1603
Edo	1603–1868
Meiji	1868–1912
Taishō	1912–1926
Shōwa	1926-1989
Heisei	1989–heute

Wächterfiguren aus dem 6. Jahrhundert im Tōkyō National Museum

Jōmon-Zeit: Erste Siedlungen

Um 13 000 vor Christus setzten mit dem Ende der Eiszeit klimatische Veränderungen ein. Höhere Temperaturen ließen den Meeresspiegel wieder ansteigen, die Landverbindungen verschwanden, und Japan nahm die uns heute vertraute Form eines Inselarchipels an. Zu Anfang dieser Periode, nach ihren reich verzierten Keramiken wird sie ›Jōmon‹ (Schnurmuster) genannt, waren die Menschen noch Jäger und Sammler. Spätestens um das 5. Jahrtausend vor Christus entstanden erste dauerhafte Siedlungen.

Die in ihren Variationen und Mustern überaus phantasievollen Tontöpfe dienten hauptsächlich der Vorratslagerung. Der Zweck der zahlreichen tönernen Figuren (Dogū, Erdfiguren) aus der Endphase der Jōmon-Periode ist allerdings noch unbekannt. Berge von Küchenabfall mit einem hohen Anteil von Muschelschalen (Kaizuka) geben Aufschluss über das Alltagsleben jener Zeiten. Heute weiß man, dass der Einfluss kontinentaler Kulturen relativ gering war. Das sollte sich jedoch im letzten Jahrtausend vor der Zeitenwende ändern.

Yayoi: Starker Einfluss kontinentaler Kulturen

Das Hauptgebiet der Jōmon-Kulturen lag vermutlich im östlichen Japan. Gegen Ende der gleichnamigen Periode kamen über die Insel Kyūshū erneut zahlreiche Einwanderer ins Land. Sie brachten eine schlichte, aber qualitativ hochwertige Form der Keramikherstellung nach Japan. Stil und Periode dieser Tonwaren bezeichnete man später als Yayoi. Yayoi ist der Name des ersten Fundortes dieser Keramik und liegt mitten in Tōkyō.

Die neuen Siedler hatten nicht nur ebenmäßige Töpfe, sondern auch die Techniken des Nassreisanbaus und der Metallbearbeitung im Gepäck. Diese

Fundstätte aus der Yayoi-Zeit in der Präfektur Shimane

Ein Kofun, eine Grabanlage in Form eines Schlüssellochs

Land und Leute

historische Periode gilt als Auftakt der engen kulturellen Verknüpfung zwischen Japan und dem asiatischem Festland. Die ältesten Funde von bronzenen Spiegeln und Glocken jener Zeit stammen eindeutig aus China und Korea. Die Bewohner der Jōmon-Siedlungen begannen nicht nur mit dem Reisanbau, sondern ordneten ihre Gemeinschaften hierarchisch nach dem Vorbild des Kontinents. Schlagartig stieg die Bevölkerung um vier Millionen Menschen an. Heute vertreten die meisten Wissenschaftler die Theorie, dass die Yayoi nicht die Jōmon verdrängten, sondern dass Einwanderer und Einheimische sich mischten.

Altertum

Die Zeit des Altertums war bestimmt von einer Ausrichtung Japans auf das Festland und einem Nacheifern der Vorbilder China und Korea.

Yamato: Ein Staat entsteht

Die Yamato-Ära umfasst eigentlich zwei historische Zeitabschnitte: die archäologisch geprägte Kofun-Periode (etwa 250–592) und die Asuka-Periode (593–710) mit ersten historischen Belegen. Der erste Abschnitt dieser Ära zeichnete sich durch riesige Hügelgräber (Kofun) in Schlüssellochform aus. Die Grabanlage in Sakai, Ōsaka, ist wohl das berühmteste Beispiel für ein typisches Kofun. Hier fand man neben Spiegeln und Krummjuwelen aus Jade (Magatama), beide sind traditionell neben dem Schwert die Machtinsignien japanischer Kaiser, auch zahlreiche Haniwa, tönerne Begleit- und Wächterfiguren.

Eine politisch äußerst bedeutsame Entwicklung jener Zeit war die Entstehung eines herausragend mächtigen Hofes. Der Klan der Region Yamato – heute befindet sich hier die Präfektur Nara – begann langsam, die Macht auf sich zu konzentrieren. Im 6. Jahrhundert hatte er schließlich sein Territorium bis an die koreanische Halbinsel und das südliche Tōhoku auf Honshū ausgeweitet. Die führenden Sippen der jeweiligen Herrschergebiete bildeten die Oberschicht, an der Spitze stand die königliche Familie des Hofes von Yamato.

Die Yamato sahen sich als direkte Nachfahren der Sonnengöttin Amaterasu. Daraus entstand ihr einstmals göttlicher Machtanspruch und die bis heute ununterbrochen fortgesetzte kaiserliche Linie des japanischen Herrscherhauses. Die Ultra-Nationalisten in den 1930er Jahren bezeichneten Japan übrigens gerne als Großreich Yamato (Yamato Taikoku).

Durch kriegerische Auseinandersetzungen auf der koreanischen Halbinsel kamen immer mehr Einwanderer nach Japan. Ihre handwerklichen und verwaltungstechnischen Fertigkeiten waren am japanischen Hof hochwillkommen. Japan beziehungsweise Yamato war mittlerweile innerlich so gefestigt, dass es dem Königreich Baekje, einem der drei Königreiche auf der koreanischen Halbinsel, bei seinem Kampf auf dem Festland militärisch beistehen konnte. Im Jahr 538 soll der König von Baekje erstmals buddhistische Schriften und Statuen an den Hof von Yamato gesandt haben.

Und so hielt der Buddhismus offiziell Einzug in Japan. Schon wenige Jahre später wurde diese neue Glaubensrichtung unter Prinz Shōtoku (Shōtoku Taishi, 574–622) zur Staatsreligion erklärt. Prinz Shōtoku war nicht nur gläubiger Buddhist, sondern er bewunderte auch die Prinzipien des Konfuzianismus. Diese Philosophie, die bis heute typisch für die ostasiatischen Gesellschaften ist, sollte Harmonie und Ordnung in die chaotischen Zustände der Gesellschaft bringen sowie die unangefochtene Macht des Kaisers unterstreichen. Der Prinz fasste diese Prinzipien im Jahr 604 in der berühmten 17-Artikel-Verfassung (Jūshichijō Kenpō) zusammen. Er setzte auch die so genannte Taika-Reform um. Sie verlieh dem Kaiser nach konfuzianisch-chinesischem Vorbild die Rechte über Agrarland und Bauernvolk und beschnitt die Macht lokaler Herrscher. Noch heute findet man überall in der Kultur Japans Spuren der damaligen Reformen, so zum Beispiel im chinesischen Schriftbild, in der Philosophie und der Architektur. In jener Zeit wurde auch erstmals der Name Nihon oder auch Dai Nippon (Großjapan) anstelle von Yamato verwendet. Um die göttliche Abstammung des Kaisers zu unterstreichen, führte Kaiser Tenji 662 den Titel Tennō (Himmlischer Herrscher) ein.

Nara, die erste feste Hauptstadt

Im Jahr 708 befahl Kaiserin Genmei die Verlegung der Hauptstadt nach Nara. Hier sollte eine Hauptstadt ganz nach dem Vorbild der chinesischen Tang-Metropole Chang'an (heute Xi'an) entstehen. Bislang war es üblich, die jeweilige Hauptstadt nach dem Tod des Kaisers aufzugeben. Ganz im Sinne des Shintoismus galt die Stätte als unrein. Die neue Hauptstadt Heijō-kyō (heute Nara) sollte nun also von Dauer sein, mit der Einführung des Ritsuyō-Systems und einem ständig wachsenden Verwaltungsapparat waren häufige Umzüge nicht mehr praktikabel. Ritsuyō bezeichnet das älteste Rechtssystem Japans. Konfuzianismus und chinesische Rechtssprechung der Tang-Dynastie bilden die Grundlage für das japanische Ritsuyō. Erst mit dem Ende der Heian-Zeit und der Machtübernahme durch das Shogunat verlor das Ritsuyō seine Bedeutung.

Während der Nara-Zeit (710–794) war bei der Oberschicht schlichtweg alles Chinesische en vogue. Bei der Städteplanung folgte man Feng-shui, der chinesischen Lehre der Geomantie. Man schrieb ausschließlich chinesisch, kleidete sich chinesisch und verehrte Buddha. Da der Tennō seine Legitimität durch seine Abstammung von der Sonnengöttin Amaterasu begründete und auch der jährliche Lebenskreislauf seines bäuerlichen Volkes eng mit der Welt der Kami (Götter) verflochten war, konnte er jedoch nicht wagen, dem Shintoismus ganz zu entsagen. Man fand die perfekte Lösung: Die Sonnengöttin ließ wissen, dass sie genau genommen eine Form des Buddha sei. Damit war das religiöse Konfliktpotential beseitigt, bis zur neuerlichen Trennung unter der Meiji-Reform existierten Buddhismus und Shintoismus in Japan fortan über 1000 Jahre friedlich Seite an Seite.

Um mit den bewunderten Chinesen mithalten zu können, ließ der Hof 720 das Nihonshoki, Japans erste historische Annalen, verfassen. Nur wenige Jahre zuvor war das Kojiki (›Aufzeichnungen alter Geschehnisse‹, 712) vollendet worden. Im Gegensatz zum Nihonshoki beschränkt es sich ausschließlich auf die mythische Entstehungsgeschichte Japans und der Beschreibung seiner Götterwelt. Beide Werke gelten heute als Japans älteste Literatur. Um die Verbreitung des Buddhismus voranzutreiben, wurden in allen Provinzen Tempelbauten in Auftrag gegeben, so natürlich auch in der neuen Hauptstadt.

Heute ist Nara politisch eine unbedeutende Kleinstadt, doch seine Tempelanlagen aus dem 8. Jahrhundert wie zum Beispiel Tōdai-ji und Horyū-ji sind UNESCO-Weltkulturerbe.

Das älteste Holzgebäude der Welt: der Tempel Tōdai-ji in Nara

Land und Leute

Der Tempel Byōdō-in in Uji stammt aus der Heian-Zeit

Heian: Goldenes Zeitalter der Künste

Mit der Heian-Zeit begann das goldene Zeitalter der Künste. Während der folgenden vier Jahrhunderte löste Japan sich schrittweise von seinem chinesischen Vorbild und entwickelte die für uns so typisch japanischen Elemente seiner Kultur. Den Anfang dieser Epoche markierte der Umzug der Hauptstadt nach Heiankyō (heute Kyōto). Die neue Hauptstadt wurde abermals streng nach den Regeln der Geomantie angelegt: In Westen, Osten und Norden befinden sich schützende Berge, im Süden öffnet sich der Blick in eine Ebene. Mehrere Flüsse durchkreuzen die Stadt. 1000 Jahre blieb dieser Glück verheißende Ort die Hauptstadt Japans.

Stellvertretend für die blühenden Künste des Hofadels war vor allem die Literatur. Nachdem in den vergangenen Epochen ausschließlich auf chinesisch und ausschließlich von Männern – für Frauen galt das Erlernen der Schriftzeichen als unschicklich – geschrieben wurde, eroberten nun die Frauen die Welt der Bücher. Sie verwendeten ihre eigene Schriftart, damals noch geringschätzig als ›Frauenhand‹ (Onna-de) bekannt, heute unter dem Namen Hiragana als eine der zwei japanischen Silbenschriften wohl vertraut. Da ist einmal die Dame Murasaki Shikibu mit ihren ›Erzählungen des Prinzen Genji‹ (Genji Monogatari) und Sei Shōnagon mit dem ›Kopfkissenbuch‹ (Makura no Sōshi). Beide Erzählungen beschreiben das Leben des Adels zu Hofe. Die reichhaltigen Bebilderungen der Werke haben an ihrer Beliebtheit bis heute nichts eingebüßt. Die Buchillustrationen zieren vom Bierdeckel bis Schlüsselanhänger so ziemlich alles, womit man Touristen beglücken kann.

Während der Großteil des Adels ausreichend damit beschäftigt war, elegante Gedichte zu verfassen, an Teesorten und Blumen zu schnuppern und seine Manieren zu verfeinern, machte sich eine adlige Minderheit daran, dem Kaiser die Macht zu entreißen. Durch geschickte Heiratspolitik gelang es der Familie Fujiwara, den Posten des Regenten auf Generationen zu sichern. Auch wenn der jeweilige Tennō das Land weiterhin regierte, lenkten die Fujiwara durch ihren Einfluss die eigentlichen Staatsgeschäfte.

Beginnende Machtverschiebung

Die Zentralregierung in Kyōto hatte großes Interesse an einer Territorialerweiterung Richtung Norden in das Land der Emishi (Ainu). Für die Eroberungszüge und Grenzbefestigungen ließen die Provinzfürsten sich mit Lehen belohnen, so genannten Shōen. Bald schon kontrollierten sie riesige Ländereien. Der Titel Shōgun stammt übrigens aus dieser Zeit und wurde erprobten Feldherren im Kampf gegen die Emishi verliehen. Hier findet man auch den Ursprung der Samurai, kleine Söldnertruppen, die der Kaiser zur Bekämpfung der Barbaren angeworben hatte. Eine feste Entlohnung erhielten sie nicht, erobertes Land und Beutegut waren ihre Bezahlung. Doch auch die Bauern der nördlichen Provinzen wussten zu kämpfen. Angelockt durch niedrige Steuern und relative Freiheit bearbeiteten sie das Grenzland und mussten dies auch verteidigen. Diese Männer wurden als Saburai bezeichnet, was so viel wie ›Diener, Aufwartender‹ bedeutet.

Die edlen Samurai waren also anfangs raue und ungehobelte Burschen, kampferprobt und tapfer, aber ungeübt in höfischer Etikette und Kunst.

Die Shōen der großen Adelsfamilien lagen außerhalb des Machtbereichs des Kaisers, die Fürstentümer auf dem Land wurden immer unabhängiger und kümmerten sich immer offener um den Machtausbau der eigenen Familie. Unaufhaltsam wandelte die Adelsschicht sich in eine neue Militärelite. Die Familien der Taira und der Minamoto begannen, um die Vorherrschaft zu streiten. Die berühmte Schlacht von Dannoura 1185 entschied die Überlegenheit der Minamoto. Sieben Jahre später ernannte der Kaiser in Kyōto Minamoto no Yoritomo (1147–1199) zum Seiitai Shōgun, den ›Barbaren vernichtenden Feldherrn‹. Der elegante Höfling hatte als Ideal ausgedient, das Zeitalter der Bushi (Krieger) hatte begonnen.

Samurairüstung mit Einschusslöchern in einem Museum in Matsumoto

Land und Leute

Mittelalter

Nach einer Orientierung an Vorbildern vom Festland war das Mittelalter in Japan von einem Blick nach innen geprägt.

Kamakura: Alle Macht dem Shōgun

Kamakura ist heute ein entzückendes Städtchen am Pazifik, knapp 50 Kilometer von Tōkyō entfernt. Anfang des 13. Jahrhunderts war Kamakura mit geschätzten 200 000 Einwohnern eine Weltstadt. Minamoto no Yoritomo hatte hier seinen Stammsitz und erklärte die Stadt zur neuen Machtbasis des Bakufu, der ›Regierung im Zelt‹, wie das Shogunat von den Japanern in Anlehnung an militärische Zeltlager genannt wird. Bis auf wenige Ausnahmen begnügten die meisten Kaiser sich fortan mit der ihnen zugewiesenen Rolle als zeremonielles Oberhaupt Japans.

Die Mongolen kommen!

1274 musste die Innenpolitik warten, die Mongolen standen vor der Tür. 1260 hatten sie die koreanische Halbinsel unterworfen, Khubilai Khan verlangte nun auch von Japan Tributzahlungen. Japan reagierte darauf nicht, begann aber, seine Küsten militärisch zu verstärken. Im November 1274 landete die mongolische Flotte in der Nähe von Hakata (heute Fukuoka) und bahnte sich ihren Weg zügig Richtung Inland. Versorgungsprobleme und die hohe Anzahl an Verletzten zwangen die Angreifer jedoch zu einem relativ schnellen Rückzug auf ihre wartenden Schiffe in der Bucht von Hakata. Dort zog ein mächtiger Sturm auf, vernichtete ein gutes Drittel der hochseeuntauglichen Schiffe und zwang den Feind zur Rückkehr nach Korea.

Der Silberne Pavillon in Kyōto

Tempelgarten in Kamakura

Land und Leute

1281 wiederholte sich das Schauspiel: Die Truppen der Mongolen, einschließlich Chinesen und Koreaner, hatten sich auf geschätzte 150 000 Mann erhöht, auch die Schiffszahl lag diesmal weit über 4000. Japan hatte mittlerweile entlang der Bucht eine Mauer bauen lassen. Reste des einstigen Bollwerks finden sich heute noch am Strand von Hakata (siehe Seite 430). Trotz mehrerer Angriffe gelang es den zahlenmäßig stark unterlegenen Truppen, die Eindringlinge auf ihre Schiffe zurückzutreiben. Und wieder zog ein Orkan auf. Er zerstörte knapp die Hälfte der feindlichen Schiffe und zwang den Rest zur Aufgabe. Zweimal Rettung durch Sturm, das konnte in den Augen der Japaner nur ein Zeichen der Götter sein. Der Mythos des Kamikaze, des Götterwindes, war geboren. Uns ist der Begriff eher aus den Pazifikschlachten des Zweiten Weltkrieges vertraut, als junge Selbstmordpiloten sich auf feindliche Schiffe stürzten.

Innenpolitisch hatten die beiden Invasionsversuche sowie die Angst vor weiteren Angriffen vom Festland verheerende Folgen. Das Bakufu war hoch verschuldet, es konnte keine Entschädigungen für Kriegsdienste zahlen, die Menschen litten Hungersnöte. Die Bevölkerung wandte sich wieder mehr dem Shintoismus zu, doch auch einige neue Sekten des Buddhismus wie Jōdo Shinshū und auch Zen erfuhren starken Zulauf. Mit Hilfe einiger adliger Familien erstarkte Tennō Go-Daigo kurzfristig und brachte das Kamakura-Shogunat zu Fall.

Muromachi: Aufstieg der Provinzfürsten

Kaiser Go-Daigo versuchte, die machtvollen Tage der Heian-Zeit wieder aufleben zu lassen, stieß aber bei den Samurai auf erbitterten Widerstand. Rebellionen brachen aus, sie endeten schließlich mit der Vertreibung Go-Daigos 1336 und der Ernennung von Ashikaga Takauji zum Shōgun. Er ließ sich in Muromachi, einem Teil Kyōtos, nieder. Nach seinem Namen wird die Ära auch als Ashikaga-Zeit bezeichnet. Der Reichtum jener Zeit spiegelt sich in den prachtvollen Bauten wie dem Goldenen und dem Silbernen Pavillon in Kyōto wider.

Takauji setzte einen Prinzen als neuen Kaiser ein. Doch Go-Daigo hielt an Titel und Position fest, so gab es bis 1392 zwei Kaiserhöfe in Japan, den Nord- und den Südhof (Namboku-chō). Aufgrund dieser inneren Konflikte konnte der Shōgun das Land immer weniger kontrollieren. Herrschte in der Kamakura-

Zeit ein Machtgleichgewicht zwischen Shōgun und Provinzfürsten, wurden die Daimyō (Fürsten) in den entfernten Provinzen nun immer unabhängiger. Als Zeichen ihrer Macht bauten sie prächtige Burgen, von denen heute leider nur wenige im Original erhalten sind.

Während der Muromachi-Zeit wurden die Kontakte mit dem China der Ming-Dynastie wieder intensiver. 1401 kehrte Japan zum Tributsystem zurück, das sich allerdings eher zu profitablen Geschäftsverbindungen für beide Seiten entwickelte. Gemeinsam bekämpfte man die japanischen Piraten entlang der Festlandküste. Und auch die Künste blühten und gediehen. Vor allem der Zen-Buddhismus spielte in der Malerei eine wichtige Rolle. Doch auch Bereiche der Architektur, der Literatur, des Noh-Theaters, der Teezeremonie, des Gartenbaus und schließlich Ikebana verdanken der beim Kriegeradel immens populären Zen-Philosophie starke Impulse.

Regional beschränkte Machtkämpfe mündeten 1467 schließlich in einen landesweiten Bürgerkrieg, den Ōnin-Krieg (Ōnin no Ran, 1467–1477). Er bildete den Auftakt zur 100-jährigen Sengoku-Zeit, der ›Zeit der streitenden Reiche‹. Die Zentralregierung in Kyōto verlor jeden Einfluss, Macht definierte sich allein über militärische Stärke. Bündnisse wurden geschlossen und wieder verraten, Familienverbände zerfielen, neue Fürstentümer entstanden.

Azuchi Momoyama: Endgültige Reichseinigung

Oda Nobunaga (1534–1582) begann seine Karriere als Reichseiniger als recht unbedeutender Daimyō der Provinz Owari, heute Aichi/Nagoya. Mit einer gehörigen Portion Gewalt und Skrupellosigkeit unterwarf er 1568 Kyōto, beendete fünf Jahre später die Herrschaft der Ashikaga und gewann damit die Macht über Zentraljapan. Neben stetig wechselnden Allianzen waren es vor allem die Feuerwaffen der ›südlichen Barbaren‹ (Nambanjin), der ersten Europäer, die zum Sieg Nobunagas beitrugen. Schiffbrüchige Portugiesen kamen 1543 als erste Europäer mit chinesischen Schiffen nach Japan. Katholische Missionare und Händler ließen nicht lange auf sich warten. Nobunaga stand dem Buddhismus ablehnend gegenüber und duldete die fremden Priester. Sein Interesse an den begehrten Musketen spielte dabei sicherlich eine entscheidende Rolle.

1582 verstarb Nobunaga jedoch plötzlich. Ob er von seinen eigenen Generälen ermordet oder zum Selbstmord gezwungen wurde, ist bis heute nicht geklärt. Seinen Platz nahm fortan Toyotomi Hideyoshi (1536–1598) ein. Ebenfalls aus der Provinz Owari stammend, arbeitete der junge Toyotomi sich vom einfachen Soldaten bis zum Rang eines Generals hoch. Nobunaga ernannte ihn 1573 zum Daimyō. Nach seinem Tod bestimmte Hideyoshi den noch minderjährigen Enkel Nobunagas zum Nachfolger und sich selbst zu seinem Regenten. In nur acht Jahren wurde Hideyoshi zur politisch mächtigsten Figur Japans. Der Titel des Shōguns blieb ihm jedoch wegen seiner niedrigen Herkunft verwehrt.

Schon bald richtete Hideyoshi den Blick nach auswärts: 1592/93 kam es zum Imjin-Krieg, Hideyoshi wollte den Sieg über Korea und auch China erzwingen. Nach anfänglichen Erfolgen drängten die vereinten Truppen des Festlands die

Die Burg von Nagoya, ab 1610 Sitz des Reichseinigers Tokugawa Ieyasu

Samurai allerdings schnell wieder zurück. Auch ein zweiter Invasionsversuch endete 1598 mit einer Niederlage. Noch heute streitet die Fachwelt, ob Hideyoshis Absicht wirklich die Ausweitung seines Machtbereiches war oder ob er sich einfach die kampfeslustigen Truppen der Provinzfürsten vom Hals schaffen wollte. Hideyoshi wünschte sich noch auf seinem Totenbett die Erschaffung einer Dynastie. Doch Tokugawa Ieyasu (1543–1616), einer der fünf Regenten seines Sohnes, setzte seine persönlichen Machtinteressen durch und spaltete die Anhänger des Verstorbenen in zwei Lager.

Am 21. Oktober 1600 kam es zur bis dahin größten Schlacht auf japanischem Boden. Jedem japanischen Kind ist diese Schlacht von Sekigahara übrigens geläufig, es wird in Mangas und Computerspielen ebenso thematisiert wie in Filmen und Romanen. Mit nur geringen Verlusten ging Tokugawa Ieyasu als Sieger hervor, der Gegner verlor hingegen an die 40 000 Mann. Tokugawa Ieyasu galt nun als Reichseiniger Japans, als Krönung seines Erfolgs ließ er sich 1603 vom Kaiser zum Shōgun ernennen. Berichte aus Südostasien über das Verhalten der Missionare veranlassten ihn 1613 zum Verbot des Christentums und zu massiven Verfolgungen japanischer Christen. 1615, ein Jahr vor seinem Tod, griffen seine Truppen die Burg von Ōsaka, den Sitz der Familie Toyotomi, an und erzwangen den Tod aller Nachfahren Toyotomi Hideyoshis. Damit waren sämtliche Machtansprüche seiner Vorgänger ausgelöscht. Mit der Verlegung des Herrschersitzes nach Edo, einem kleinen Fischerdorf an der Pazifikküste, begann eine neue und schillernde Epoche, die Edo-Zeit. Bis zum Zusammenbruch des Shogunats 1868 sollte allein die Familie der Tokugawa die Oberherrschaft über Japan behalten.

Edo-Zeit

In der Edo-Zeit (1603–1868) entstand Japans rigide Gesellschaftsordnung. Weit entfernt vom Einflussgebiet des Kaisers in Kyōto erschufen die Tokugawa in Edo ein ausgefeiltes Machtsystem, es brachte dem Land 200 Jahre Frieden und Stabilität. Als erster Schritt wurden den Daimyō neue Lehen zugeordnet, Entfernung zu Edo und Größe des neuen Besitztums hingen jeweils von ihrer Loyalität während der Schlacht von Sekigahara ab. Mehr noch als die reine Größe bestimmte der Reisertrag den Wert eines Lehens. Der geringste Ertrag lag bei 10 000 Koku, die größten Fürstentümer konnten bis zu einer Million Koku (1 Koku = 180 Liter) Reis produzieren. Dies war wichtig, da sich daraus der Sold jedes einzelnen Samurai bis hinauf zum Daimyō berechnete. Mit Reis bezahlte man im Mittelalter auch seine Steuern, die Abgaben schwankten zwischen 40 und 60 Prozent der erwarteten Ernte. Erst 1873 verlor dieses System seine Gültigkeit.

Um die Daimyō besser zu überwachen, mussten sie fortan ein halbes Jahr oder auch mal jedes zweite Jahr in Edo verbringen. Während ihrer Abwesenheit verblieben ihre Familien als Geiseln in der Residenzstadt. Die Finanzierung beider Wohnsitze und der kostspielige Umzug des gesamten Haushalts hatten ihren Grund: Der aufgezwungene Lebensstil sollte den Fürsten mit Absicht so teuer kommen, dass keinerlei Mittel mehr für Aufstände übrig waren. Auch durfte in jeder Provinz nur noch eine Burg stehen.

Vier-Stände-Gesellschaft

Nicht nur die Fürsten wurden einem strengen Reglement unterworfen. Die gesamte Bevölkerung wurde in vier Stände eingeteilt. Ausnahmen bildeten einmal über der Hierarchie stehend die Kuge, die Aristokratie am Kaiserhof,

Tavernen in Shinagawa auf einem Holzschnitt von Ando Hiroshige

und ganz unten die Burakumin oder Hinin (Nicht-Menschen). Totengräber, Schlachter und Gerber ebenso wie Prostituierte zählten zu den Unantastbaren der japanischen Gesellschaft.

Den obersten der vier Stände bildete der Schwertadel, er umfasste vom Shōgun bis zum herrenlosen Samurai alle Krieger. Nur sie durften zum Zeichen ihrer Zugehörigkeit zwei Schwerter tragen und diese auch gegen jeden anderen Stand straflos einsetzen.

Dem Schwertadel folgte die Klasse der Bauern. Die damalige Landbevölkerung bildete mit 80 Prozent das Fundament Japans, fünf bis sechs Bauernfamilien bildeten jeweils eine Gruppe, die gemeinsam für ihre korrekte Reissteuerzahlung verantwortlich war. Immer wieder kam es zu blutigen Aufständen der hungernden Landbevölkerung. Erst mit Beginn der Meiji-Restauration erreichten sie eine Änderung des Systems. Eine Stufe unter den Bauern folgten die Handwerker.

Den vierten und letzten Stand bildeten die Händler und Kaufleute. Sie produzierten nichts Handfestes und wurden dafür (offiziell) verachtet.

Eine Tayu auf einer Darstellung aus dem 19. Jahrhundert

Trotzdem stieg ihr Einfluss stetig, denn die edlen Samurai waren von ihnen finanziell abhängig. Ihren in Reis ausgezahlten Sold konnten sie nur mit Hilfe der Kaufleute in Geld umsetzen. Ihnen selbst war der Handel strikt verboten. So entstand langsam neben dem bis heute so bewunderten Bushidō, dem ›Weg des Kriegers‹ mit dem Bewusstsein um Ehre, Gehorsam, Genügsamkeit, Pflichtbewusstsein und Treue der parallele ›Weg des Städters‹, Chōnindō. Dieser Weg förderte das Studium der Mathematik, Astronomie, Kartografie und Medizin.

Meisterleistungen der Handwerkskunst gewannen auch bei den Samurai an Respekt, die Kunst erfreute sich großer Beliebtheit. Erstmals in der Geschichte Japans verfügten die Bürger einer Stadt über ausreichend Mittel und Zeit, sich Vergnügungen hingeben zu können. Ukiyo, die fließende Welt, stand für Mode, Unterhaltung und die Entdeckung der Ästhetik. Kabuki-Theater, Bunraku (Puppentheater), Poesie und Literatur wie zum Beispiel die Werke des Matsuo Bashō (1644–194) zählten ebenso dazu wie die Holzdrucke Ukiyo-e, die ›Bilder der fließenden Welt‹.

Die fließende Welt

Eine typisch fließende Welt war Yoshiwara, Edos berühmtes Vergnügungsviertel. Ähnliche Viertel gab es im 17. Jahrhundert auch in Ōsaka und Kyōto. Yoshiwara jedoch galt als eines der ersten offiziellen Bordellviertel Japans. Vor seiner Gründung 1617 übten die käuflichen Damen ihre Geschäfte überall in der Stadt aus. In Yoshiwara wies man ihnen ein Sumpfgebiet weit entfernt vom Zentrum zu. Umgeben von einer Mauer mit nur einem Tor, durften die Frauen das Viertel nur einmal im Jahr verlassen. Bald schon entstanden rings um Yoshiwara andere Formen der Unterhaltung. Hier regierte das Vermögen und nicht der gesellschaftliche Rang eines Mannes. Um 1700 existierten über 200 Handbücher mit detaillierten Ortsbeschreibungen der Teehäuser und der Vorzüge einzelner Prostituierter. Ukiyo-e warben nicht nur für die Schauspieler der Kabuki-Theater, sondern auch für die Schönheiten der Teehäuser. Eine Prostituierte höchsten Ranges, eine Tayu, war nicht nur schön anzusehen, sondern auch sehr gebildet. Bewandert in der klassischen Literatur und im Spielen der Shamisen, einem Saiteninstrument, waren sie die Traumfrauen jener Zeit. Unter den zeitweise 3000 Frauen von Yoshiwara befanden sich jedoch mehrheitlich bitterarme Gestalten, die oftmals in ihrer Kindheit an die Teehäuser verkauft worden waren. Eine Chance auf einen reichen Patron oder gar die Freiheit hatten sie kaum. Entgegen eines weit verbreiteten Glaubens waren diese Frauen keine Geisha. Geisha waren (und sind heute noch) klassische Unterhaltungskünstlerinnen höchsten Niveaus und verkaufen ihren Körper nicht für Geld.

Christenverfolgung und Abschottungspolitik

Auch den Tokugawa waren die portugiesischen und spanischen Missionare ein Dorn im Auge. Schon seit 1587 verboten, wurde das Christentum ab 1614 radikal verfolgt. Ab 1629 ließ man Verdächtige im ganzen Land ihre Unschuld mit Hilfe von so genannten Fumi-e beweisen. Fumi-e bezeichnete eine Steinplatte mit dem Abbild von Jesus oder der Jungfrau Maria. Ein kräftiger Tritt (fumi bedeutet ›treten‹, e ›Bild‹) auf die Platte konnte Leben retten, Zögern bedeutete Folter und Tod. Nagasaki galt damals als Zentrum christlicher Aktivitäten. In der Rebellion von Shimbara/Kyūshū 1637 leisteten die letzten Christengemeinden, unter ihnen waren auch Daimyō, erbitterten Widerstand, verloren aber gegen eine Übermacht von 120 000 Soldaten. Die wenigen Überlebenden übten ihren Glauben nur noch heimlich als Kakure Kurishitan, ›versteckte Christen‹, aus oder wurden ins Exil gezwungen. Ebenso verfuhr man mit den portugiesischen und spanischen Händlern und Missionaren: Bis 1639 hatten sie Japan verlassen.

Es war nicht nur die Intoleranz gegenüber einem anderen Glauben, die Japan dazu trieb, sich aller Ausländer zu erledigen. Es war die konkrete Furcht des Shōgun, ein Spielball europäischer Mächte zu werden. Die Engländer gingen freiwillig fort, um sich fortan auf Indien zu konzentrieren. Nur die Holländer durften sich auf der künstlichen Insel Dejima vor Nagasaki niederlassen. Ihre Loyalität zum Shogunat hatten sie ausreichend mit Schusswaffenkraft gegen die

Rebellen von Shimbara unter Beweis gestellt. So wurde die Handelsniederlassung der Niederländischen Ostindien-Kompanie ab 1641 Japans kleines Fenster zur Außenwelt. Denn auch den eigenen Bürgern war es bei Todesstrafe verboten, das Land zu verlassen. Bis 1853, als die Schwarzen Schiffe des Amerikaners Matthew Perry die Öffnung des Landes erzwangen, war Japan dem Rest der Welt durch seine Isolationspolitik (Sakoku, Abschließung des Landes) verschlossen.

Meiji-Zeit

Seit Beginn des 19. Jahrhunderts versuchten die Amerikaner immer wieder, Japan zur Öffnung seiner Häfen zu bewegen. Die USA brauchtes Versorgungsstationen für ihre Walfangflotten. Die Kanonenboote Perrys läuteten 1853 das Ende der Edo-Zeit ein. Nun ging es Schlag auf Schlag. Den Anfang machten ungleiche Handelsverträge mit den USA, Frankreich und England. Es folgten erste Konsulate und eine stetige Beschneidung der Herrschaftsrechte im eigenen Land. Einige Daimyō im Süden wollten dieser Entwicklung nicht tatenlos zusehen und riefen offen und laut nach einem mächtigen Kaiserhaus. Anfangs ging der letzte Shōgun Tokugawa Yoshinobu (1837–1913) noch mit Waffengewalt gegen die Rebellen vor, doch mit der Unterstützung von England und Frankreich gelang es den Provinzen Satsuma, Choshu, Tosa und Hizen, das Shogunat 1867 zur Machtaufgabe zugunsten des jungen Kaisers Mutsuhito (1852–1912) zu ›überzeugen‹. Die Jahre zwischen 1853 und 1868 werden daher auch als Bakumatsu, Endphase des Shogunats, bezeichnet.

1868 begann mit der Thronbesteigung des 16-jährigen Mutsuhito die Ära Meiji. Unter der Führung der Mächtigen aus dem Süden, insbesondere Ito Hirobumi (1841–1909), begann der junge Kaiser Mutsuhito – man kennt ihn eher

Das Wako-Gebäude im Tōkyōter Stadtteil Ginza stammt aus der Meiji-Zeit

Land und Leute

Porträt des Meiji-Tennō

unter seinem Ära-Namen Meiji – mit Reformen. Diese Phase wird später als Meiji-Restauration bekannt.

Zuerst einmal wurde die feudalistische Gesellschaftsordnung abgeschafft, Bürger hatten nun bei Wohnort und Beruf freie Wahl. Im gleichen Zug verloren die Samurai ihr Waffenprivileg, und die Daimyō mussten ihre Provinzen dem Staat überlassen. Oftmals fungierten sie als Gouverneure der neuen Präfekturen. 1889 erhielt das Land unter konstitutioneller Monarchie eine Verfassung. Dies und die Gründung eines Parlaments ermöglichten dem japanischen Bürgertum erstmals einen aktiven Zugang zur Politik ihres Landes. Die Einführung der allgemeinen Schulpflicht schuf ein Bildungsniveau, das später zur rasanten Industrialisierung beitragen sollte. Auch im Alltag passte man sich dem Westen an, wechselte neben dem japanischen offiziell zum gregorianischen Kalender und legte den Jahresbeginn auf den 1. Januar fest. Im Gegensatz dazu folgt der japanische Kalender dem chinesischen Mondkalender mit der Besonderheit, die Jahreszahl anhand der Regierungsjahre des jeweiligen Kaisers festzulegen. So ist 2010 im japanischen Kalender Heisei 22, das 22. Jahr der Heisei genannten Regierungszeit Kaiser Akihitos.

Ausländer erwünscht!

Getreu dem chinesischen Sprichwort: ›Wenn du deine Feinde besiegen willst, lerne von ihnen!‹ schaffte die Regierung Fremdenfeindlichkeit offiziell ab. Christliche Missionare durften wieder in Japan aktiv werden. Erste diplomatische Missionen reisten ins Ausland, ausländische Fachkräfte kamen ins Land. So unterstützten deutsche Ingenieure Bergbau, Reisanbau und Seidenraupenzucht, waren Wegbereiter der modernen Medizin, führten das europäische Hofzeremoniell ein, fungierten als Rechtsberater der Regierung und bauten ein Heer nach preußischem Vorbild auf. Die Sorge, als Kolonie zu enden, trieb die junge Regierung zum Aufbau einer starken Armee. Mit dem Schlagwort Fukoku Kyōhei, ›Reiches Land, starke Armee‹, führt man die allgemeine Wehrpflicht ein und löst damit eine Rebellion unter den Samurai aus (Satsuma-Rebellion). Das Ende kennen Kinogänger aus dem Film ›Samurai‹ mit Tom Cruise: Die edlen Krieger halten an den alten Kampfmethoden mit Schwert und Bogen fest und besiegeln so den Untergang ihres Standes.

Außenpolitisch entschloss man sich, es den westlichen Mächten gleichzutun und sich Kolonien im asiatischen Raum zu sichern: 1876 zwang Japan Korea zur Öffnung seiner Häfen, nach dem sino-japanischen Krieg (1894/95) wurde Taiwan zur ersten Überseekolonie des ehrgeizigen Landes. Korea, die Ryūkyū-Inseln (heute Okinawa) und die Halbinsel Sachalin kamen nach dem russisch-japanischen Krieg (1905) hinzu. Auch wirtschaftlich schaffte es das Land, sich von einer landwirtschaftlich dominierten Wirtschaft über die Leichtindustrie bis zum Ersten Weltkrieg in eine Ökonomie mit erfolgreicher Schwerindustrie zu entwickeln. Die Regierung kontrollierte über die Zulassung industrieller Konglomerate (Zaibatsu) die wirtschaftliche Entwicklung des Landes. Durch die territoriale Ausweitung nach Übersee schuf sie Absatzmärkte und Kornkammern. Im Todesjahr von Kaiser Mutsuhito 1912 war Japan auf Augenhöhe mit dem Westen angekommen.

Taishō: Liberales Zwischenspiel

Mit der Thronbesteigung Kaiser Yoshihitos begann eine neue Ära, die Taishō-Zeit (1912–1926). Taishō Tennō, wie sein posthumer Name lautet, litt als Säugling an einer Hirnhautentzündung, die Spätfolgen beeinträchtigten ihn Zeit seines Lebens körperlich und geistig. Mit dem Lernen von Fakten und Konventionen hatte er seine Schwierigkeiten, doch liebte er Sprachen und westliche Kulturen. Seine Angewohnheit, französische Ausdrücke in die Unterhaltung einzuwerfen, soll seinen Vater Meiji Tennō immens irritiert haben. Über die Jahre verschlechterte sich sein Zustand, und er erschien kaum noch in der Öffentlichkeit. Nichtsdestotrotz bestieg er 1912, verheiratet und mit vier Söhnen gesegnet, den Chrysanthementhron.

Doch regieren taten Andere, und erstmals beteiligten sich politische Parteien und linke Arbeiterbewegungen aktiv an der Politik. Dieser kurze Zeitabschnitt wird daher auch gerne ›Taishō-Demokratie‹ genannt. Eine neue städtische Mittelklasse – weiterhin lebten 80 Prozent der Bevölkerung auf dem Land – und das Aufkommen von Radio, Zeitungen, Magazinen und billigen Taschenbüchern unterstützten diesen Trend. Hinzu kam ein wirtschaftlicher Aufschwung durch den Ersten Weltkrieg. Japan stand damals auf der Seite der siegreichen Alliierten, erhielt als Reparationszahlung sämtliche deutsche Kolonien im asiatischen Raum und verfügte sogar über mehrere Gefangenenlager für deutsche Offiziere (siehe Naruto, Seite 410).

Gedenken an Taishō-Tennō im Tokorozawa Aviation Memorial Park

Die 1920er Jahre brachten auch Japan wirtschaftliche Schwierigkeiten, wenn auch kaum durch den Weltmarkt. Aufgrund raschen Bevölkerungswachstums und der voranschreitenden Industrialisierung kam es zu Lebensmittelknappheiten. Korea, die Kornkammer Japans, musste seine Exportraten erhöhen, und die Bevölkerung litt in der Folge verstärkt Hunger. Angesichts einer allgemeinen Unzufriedenheit mit der Regierung und der Angst vor einem ähnlichen Schicksal wie dem Russlands setzte der Staat 1925 die berüchtigten ›Friedenssicherheitsgesetze‹ in Kraft. Linksradikale Strömungen wurden bei Todesstrafe verboten, später gründete das Justizministerium sogar eine Abteilung für Gedankenverbrechen. Gleichzeitig baute der Staat den Polizeiapparat aus, Spitzel besorgten das benötigte Material für Anklagen.

Denkmal für Kamikaze-Piloten in Tōkyō

Shōwa: Anfangs keineswegs friedlich

Verstarb Taishō-Tennō auch erst 1926, hatte sein Sohn Hirohito schon 1922 offiziell die Amtsgeschäfte übernommen. Seine Ära erhielt den Namen Shōwa, ›Erleuchteter Friede‹, und dauerte bis 1989. Der Zusammenschluss ultranationaler Politiker und rechter Militärführer prägten die ersten Jahrzehnte seiner Ära. Das Land verwandelte sich in ein totalitäres Regime, 1937 kam es wieder zum Krieg mit China. Zuvor war Japan schon in der Mandschurei eingefallen und hatte den Marionettenstaat Mandschukuo (1932–1945) gegründet.

1941 folgte der Angriff auf Pearl Harbor und damit die Kriegserklärung an die Alliierten. Offiziell bildete Japan mit Deutschland und Italien eine Achsenmacht, war sich aber nie ganz sicher, wie weit es sich auf Hitler-Deutschland verlassen konnte. In diese Kriegsjahre fallen auch unzählige Kriegsverbrechen, die insbesondere in den Jahren nach 1941 in eine Strategie der verbrannten Erde umschlugen. Das Massaker von Nanking, die berüchtigte Einheit 731 mit Vivisektionen an Zivilisten und Kriegsgefangenen, Kannibalismus, Zwangsprostitution und -arbeit können nur andeuten, welche Gräueltaten die Kempeitai, die japanische Geheimpolizei, auf dem asiatischen Kontinent anrichtete. Wieviele Millionen Menschen ihr Leben lassen mussten, ist bis heute nicht geklärt. Die bislang unzureichende Aufarbeitung jener dunklen Jahre verhindert weiterhin offene und zukunftsorientierte Beziehungen zwischen den betroffenen Ländern und Japan.

Bedingungslose Kapitulation

Das Ende des Zweiten Weltkrieges kam am 6. August 1945 um 8.16 Uhr morgens. Wieder traf es vor allem Zivilisten. Die Druckwelle der Atombombe benötigte nur 43 Sekunden, um beinahe die gesamte Innenstadt Hiroshimas auszulöschen. Bis zu 200 000 Menschen waren auf der Stelle tot. Rechnet man alle an den Folgen Verstorbenen hinein, haben nur zwei Prozent der Bevölkerung von Hiroshima überlebt. Drei Tage später wiederholte sich das Furchtbare: Trotz der Kapitulationsbereitschaft Japans fiel am Vormittag des 9. August 1945 eine weitere Atombombe auf Nagasaki. Schätzungen zufolge starben hier sofort an die 80 000 Menschen, davon mindestens 20 000 koreanische Zwangsarbeiter. Durch dieses schreckliche Ende des Krieges – die Kapitulation erfolgte am 15. August mit der berühmten Radioansprache des Shōwa-Tennō – sehen sich heute noch viele ältere Japaner als Opfer und von jeder Schuld reingewaschen. Der Tennō verlor mit dem Kriegsende Göttlichkeit und politische Macht, trotzdem verehrten ihn breite Schichten der Bevölkerung uneingeschränkt bis zu seinem Tod 1989.

Sieben Jahre lang besetzten die Alliierten Japan, führten demokratische Reformen ein und diktierten eine neue Verfassung. Am 28. April 1952 erhielt das Land seine Staatensouveränität zurück. Die nördlichen Territorien, die Inseln Kunashiri, Etorofu, Habomai und Shikotan, verbleiben bis heute unter russischer Kontrolle. Okinawa aber ist seit 1972 wieder Teil Japans, 27 Jahre stand es unter amerikanischer Verwaltung. Heute finden sich hier immer noch viele amerikanische Militärstützpunkte, nicht immer zur Freude der Einwohner. Schließlich schuf der Staat 1954 die so genannten Selbstverteidigungskräfte, eine Armee ausschließlich für die Verteidigung. Japans Verfassung verbietet den Unterhalt einer regulären Armee, so entstand mit Unterstützung der USA dieses militärische Zwitterwesen.

Über der Handelskammer in Hiroshima wurde die erste Atombombe abgeworfen

Wirtschaftswunder auf japanisch

Der Weltkrieg hatte die wirtschaftlichen Entwicklungen seit der Meiji-Zeit zunichte gemacht, mit Hilfe der Amerikaner begab man sich nun an den Wiederaufbau. Die Kolonien und alten Absatzmärkte japanischer Produkte der Vorkriegszeit waren verloren, doch schon bald holte Japan wieder auf. Der Koreakrieg (1950–1953) brachte den ersten großen Aufschwung für Japans wiedererblühende Wirtschaft. Zwischen den Jahren 1953 und 1965 wuchs das Bruttosozialprodukt jährlich um neun Prozent. 1964 fanden in Tōkyō die Olympischen Spiele statt. Pünktlich zur Eröffnung weihte man die erste Strecke des Shinkansen ein, des weltweit ersten Hochgeschwindigkeitszuges, noch immer Liebling der Nation. Auch die Ölkrise Mitte der 1970er Jahre überstand das Land. Bis zum Tod Shōwa-Tennōs kannte das Land wirtschaftlich nur eine Richtung: steil nach oben. Den großen Kollaps, das Platzen der Blase, erlebte der dienstälteste Kaiser Japans nicht mehr.

Heisei: Sozialer Wandel

Shōwa-Tennō verstarb nach langer Krankheit am 7. Januar 1989, am selben Tag begann die Ära Heisei seines Sohnes Akihito. 1989 zählt sowohl als Jahr Shōwa 65 wie auch Heisei 1. Erst nach seinem Tod wird man Kaiser Akihito als Heisei-Tennō bezeichnen, noch gilt er als ›seine Majestät der Kaiser‹, Tennō Heika.

Mit dem Platzen seiner aufgeblähten Finanzwirtschaft Anfang der 1990er Jahre lud sich das Land eine Null-Wachstumsphase von beinahe zehn Jahren auf. Noch einflussreicher als die wirtschaftliche Krise waren die daraus resultierenden sozialen Änderungen. Arbeitslosigkeit, Überalterung und allgemeine Zukunftsangst verbauten den Japanern einen unbeschwerten Blick auf das neue Millennium. Die politischen Konsequenzen bekam auch Japans führende konservative Partei zu spüren: Seit 1955 ununterbrochen in der Regierung, verweigerten ihnen die Wähler 1993 erstmals die Gefolgschaft.

Das Jahr 1995 schien die Untergangsstimmung zu bestätigen: Im Januar erschütterte ein Erdbeben die Region Kōbe und tötete an die 6000 Menschen. Im

Symbol der Wirtschaftsmacht: Shinkansen-Züge

März kam es zum Giftgasanschlag der Aum-Sekte in der U-Bahn von Tōkyō, zwölf Menschen starben und tausende erlitten Gesundheitsschäden. Die zögerliche Reaktion der Regierung in beiden Fällen politisierte breite Teile der Bevölkerung, ›denen da oben‹ wird nun wesentlich öfter durch Bürgerinitiativen und Vereinigungen auf die Finger geklopft. Auch der Einsatz japanischer Truppen im Irak rief 2003 heftige Proteste hervor.

Konzentrierte der Einzelne sich in den vorangegangenen Jahrzehnten hauptsächlich auf die Verbesserung seiner wirtschaftlichen Lage, setzt langsam ein Umdenken ein. Frauen wollen nicht mehr allein zum Hausmütterchen verdammt sein, sie wollen gleichberechtigt Karriere machen. Wenn es sein

Persönliche Freiheiten werden zunehmend toleriert: Rockabillies in Tōkyō

muss, auch ohne Kinder. Die Geburtenrate ist eine der niedrigsten der Welt, besonders in den Großstädten ist der Kindermangel auffällig. Immer mehr Jugendliche verweigern sich dem Drill und Arbeitsethos ihrer Väter und Großväter, eine gesicherte Anstellung auf Lebenszeit gehört der Vergangenheit an. Viele leben als ›freeter‹ (Kurzform für free arbeiter) in den Tag hinein.

Mangelndes Vertrauen in die Politik und eine unsichere Wirtschaftslage haben jedoch nicht nur negative Auswirkungen. Viele Japaner besinnen sich auf ihre individuellen Fähigkeiten und Neigungen. Materieller Reichtum hat oftmals seinen Reiz verloren, persönliche Freiheiten stehen immer höher im Kurs. Und zunehmend werden Abweichungen von der Norm toleriert. Die japanische Gesellschaft wird offener und flexibler. Dies gilt auch für die Außenpolitik. Ende 2008 schloss Japan sich mit China und Südkorea zusammen, um gemeinsam der weltweiten Finanzkrise zu trotzen. Für Asienkenner ist dies ein gewaltiger Vorwärtsschritt in den Beziehungen der drei Länder. Seit der erzwungenen Öffnung Ende des 19. Jahrhunderts betrachtete Japan sich nicht als Teil Asiens, sondern sah sich ausschließlich als ebenbürtiger Partner des Westens. Den asiatischen Kontinent galt es zu erobern und zu eigenen Zwecken zu nutzen, kulturelle und geistige Gemeinsamkeiten wurden nicht gerne hervorgehoben. Doch nun scheint sich der Kreis zu schließen: Angefangen mit der Rolle des Lernenden im frühen Mittelalter, überzog Japan im letzten Jahrhundert den Kontinent mit Schrecken und Verwüstung. Trotz des verlorenen Krieges galten Korea und China lange Jahre als verarmte Nachbarn, denen man nur zähneknirschend die Hand reichte. Doch längst sind auch sie zu Global Playern aufgestiegen und Japan ebenbürtig geworden. Intensive positive Beziehungen zwischen diesen Ländern wären nicht nur für den asiatischen Raum ein sehr starkes Signal.

Politik und Regierung

Nachdem die Meiji-Verfassung 1890 als erste Verfassung Japans grundlegende Reformen wie unabgängige Gerichte und allgemeine Grundrechte einführte, regierte der Kaiser mit Zustimmung seines Kabinetts uneingeschränkt über sein Volk. Das änderte sich erst mit der Kapitulation von 1945. Die neue Verfassung räumte am 3. Mai 1947 mit den alten Machtstrukturen auf. Bis heute unverändert, spricht die neue Verfassung gleich in der Präambel dem Volk die alleinige Souveränität zu. Artikel 1 im ersten Kapitel definiert die moderne Rolle des Tennō: Er ist nun ›Symbol des Staates und der Einheit des Volkes‹, seine Aufgaben beschränken sich ausschließlich auf zeremonielle und repräsentative Pflichten.

Im zweiten Kapitel mit dem einzigen Artikel 9 folgt die nächste fundamentale Änderung: Japan verzichtet auf den Unterhalt einer Armee, die Androhung militärischer Gewalt und Kriegsführung. Was für ein Schlag gegen Japans Elite, deren Wertesystem seit Generationen auf Kampfgeist und Kriegsführung beruhte! Doch das Recht auf Selbstverteidigung gilt auch für Japan, und so hat das Land eine Armee mit dem etwas sperrigen Namen ›Selbstverteidigungskräfte‹ (Jieitai).

Regierung und Verwaltung

Der Sitz der Zentralregierung Japans ist in Tōkyō. Von hier werden die Geschicke des ganzen Landes bestimmt. Das japanische Parlament (oder auch: Nationalversammlung, Kokkai) besteht aus zwei Kammern, dem Ober- und Unterhaus und ist Japans einzige gesetzgebende Körperschaft. Vorbild für das Parlament der Meiji-Verfassung, der Vorläuferin der heutigen Verfassung, war übrigens der Reichstag des kaiserlichen Deutschland. Das Oberhaus folgte indes britischem Vorbild und bestand nur aus Vertretern des Adels. Dieses ›Adelshaus‹ (Kizokuin) wurde 1947 durch das Sangiin, das heutige Oberhaus, ersetzt.

Japans 47 Präfekturen – einschließlich der Metropolregion Tōkyō, den Stadtpräfekturen Ōsaka und Kyōto und dem Sonderbezirk Hokkaidō – sind nur bedingt autonom und können daher eher mit französischen Départements als mit deutschen Bundesländern verglichen werden. An der Spitze einer

Regierungsgebäude in Tōkyō

Präfektur steht der direkt gewählte Gouverneur, die Legislative liegt in den Händen eines Ein-Kammer-Parlaments. Zwei Drittel der Einnahmen kommen in Form von Subventionen aus Tōkyō. Über die Finanzen kann Tōkyō die Entscheidungen in den Präfekturen jederzeit beeinflussen. Es gibt Pläne, die 47 Präfekturen zu zehn Bundesstaaten mit wesentlich größeren Autonomierechten zusammenzulegen. Eine entsprechende Gesetzesänderung liegt jedoch noch nicht vor.

Unter der Präfekturebene folgen Bezirksregierungen (chiiki), Großstädte (shi wie zum Beispiel Sendai-shi), Landgemeinden/Kleinstädte (machi oder chō wie zum Beispiel Kuzumaki-chō) und schließlich Dörfer (mura oder son wie zum Beispiel Nakatsue-mura). Tōkyō teilt sich zudem in autonome 23 Stadtbezirke (ku wie zum Beispiel Kita-ku) auf. Millionenstädte teilen sich ebenfalls in ku auf, stehen aber weiterhin unter einer Gesamtverwaltung. Derzeit kämpfen viele kleinere Ortschaften mit dem Pro und Kontra einer Eingemeindung. Kostenersparnis, vereinfachte Verwaltungsstrukturen wie auch die Verbesserung der Schulsituation sprechen dafür, doch der Verlust der heimatlichen Identität wiegt schwer.

Parteienlandschaft

Politische Parteien gibt es seit Ende des 19. Jahrhunderts, seitdem hat sich nicht allzu viel an ihrer inneren Struktur geändert. Im Mittelpunkt einer erfolgreichen Partei steht nicht das Programm, sondern eine starke Persönlichkeit. Parteien, die dieses Prinzip missachten, wie zum Beispiel die Kommunistische Partei Japans, haben damit langfristig keinen Erfolg bei der japanischen Wählerschaft. Hat eine Partei eine gewisse Größe erreicht, zersplittert sie in mehrere Faktionen (Habatsu), jeweils angeführt von einem herausragenden Politiker. Diese inneren Führungskräfte vereinbaren die gemeinsame Linie und besetzen bei Wahlerfolg immer schön abwechselnd die wichtigsten Regierungsposten, einschließlich des Ministerpräsidenten. Bei allzu großen Unstimmigkeiten kommt es jedoch häufig zu Abspaltungen, Neugründungen und wechselnden Koalitionen. Für den Außenstehenden ist dieses permanente Wechselspiel eine äußerst verwirrende Angelegenheit. Gegenwärtig besteht die japanische Parteienlandschaft aus fünf großen Parteien: der konservativen Liberaldemokratischen Partei LDP, der sozial-liberalen Demokratischen Partei Japans DPJ, der konservativ-buddhistischen New Komeito, der Kommunistischen Partei Japans JCP und schließlich der Sozialdemokratischen Partei SDP. Weitere sechs Parteien sind mit ihren Abgeordneten im Parlament vertreten, allein vier davon sind Splitterparteien der LDP! Hinzu kommt eine lange Liste von Parteien, die das gesamte Spektrum von links nach rechts abdecken, aber noch niemals ins Parlament oder einen Landtag gewählt worden sind.

Debatten um ein Verbot rechtsextremistischer Gruppierungen (Uyoku Dantai) sind kein Thema. Undurchsichtige Verbindungen einmal ins konservativ-gemäßigte Lager und auch ins kriminelle Milieu der Yakuza ersticken hier wohl jeden Ansatz im Keim. Das Tageslicht scheuen die Ultranationalen keineswegs.

In schwarz oder grau gestrichenen Bussen, die mit entsprechenden Sprüchen und der Staatsflagge mit dem Strahlenkranz dekoriert sind, fahren sie durch die Großstädte und ›beglücken‹ den japanischen Alltag mit zackiger Marschmusik und ebenso zackigen Forderungen nach der guten alten Zeit, als der Tennō noch das Sagen hatte.

Der Ausgang der Unterhauswahlen 2009 wirbelte in der Parteienlandschaft so einiges durcheinander. Konnte sich die konservative LDP (Liberaldemokratische Partei, Jiyūminshutō, kurz: Jimintō) seit 1955 zumindest als Minderheitenpartner an der Regierung beteiligen, erteilten die Wähler ihr erstmals eine kräftige Abfuhr. Nun regiert die Demokratische Partei in einer Koalition mit den Sozialdemokraten und der Neuen Volkspartei erst unter Hatoyama Yukio, seit Juni 2010 unter Premierminister Kan Naoto. Die Koalition hat versprochen, Familien zu unterstützen und mit der Verfilzung von Regierung und Bürokratie aufzuräumen. Der mündige Wähler hat in Japan keine Lust mehr, die Geschicke seines Landes ausschließlich von der Wirtschaft bestimmen zu lassen. Die langen Jahrzehnte einer LPD-bestimmten Regierung schufen eine enge Verflechtung zwischen Bürokratie und Ökonomie, das so genannte ›Eiserne Dreieck‹. Das Zusammenspiel dieser Kräfte ermöglichte einerseits Japans starkes Wirtschaftswachstum bis weit in die 1980er Jahre, sorgte allerdings auch immer wieder für Korruptionsaffären wie den Lockheed-Skandal, der auch in Deutschland seine Spuren hinterließ. Abgeordnete der LDP pflegten nicht nur ein gutes Verhältnis zu den großen Unternehmen Japans und der Welt der Bürokraten. Auch die Wählerschaft wollte betreut und umsorgt sein. Trotz einer Reihe von Reformen hing der Erfolg eines Politikers gemeinhin von den ›drei Ban‹ (Sanban) ab: Jiban (eigener Wahlbezirk), einer verlässlichen Wählerschaft zumeist in der Heimatprovinz, Kaban (Tasche voller Geld), um für gutplatzierte Wohltaten zu sorgen und schließlich Kanban (Aushängeschild), einer Position möglichst weit oben in der Regierung, mit der man dann hausieren gehen kann. Sollte man selbst noch nicht so weit sein, genügt dem ambitionierten Jungpolitiker, sich unter den Schirm einer einflussreichen und hinreichend bekannten Persönlichkeit zu stellen. Die Zukunft wird zeigen, ob die frischgebackenen Regierungsbeamten sich den Verlockungen des Amakudari, hervorragend bezahlter Jobs nach der Pensionierung, entziehen können.

Wahlkampf in Japan

Wahlkampf ist in Japan eine anstrengende Sache, nicht nur für die Kandidaten, sondern auch für den Durchschnittsbürger: Schon früh am Morgen, bevorzugt Samstagmorgen, fahren Kleinbusse mit aufmontierten Lautsprechern durch stille Wohnsiedlungen und verkünden wie ein Mantra den Namen ihres jeweiligen Kandidaten. Gerne übernimmt diesen Part eine der vielen Wahlhelferinnen mit besonders hoher Stimme. Sie und ihre Kolleginnen, allesamt adrett in Einheitsuniform mit großer Schärpe gekleidet, füllen den Bus bis auf den letzten Platz. Die Fenster sind geöffnet, und es wird gewunken, was das Zeug hält. Zwischen ihnen sitzt der Kandidat und wartet auf seinen Einsatz. Der kommt an der

Wahlkampagne in Nagoya

nächsten Straßenkreuzung: Bei Wind und Wetter steht er nun auf dem Dach des Wagens und verkündet den Leuten seine Parolen, verbeugt sich immer wieder und bedankt sich für die Aufmerksamkeit, auch wenn sich kein Zuhörer findet. Kreuzen sich die Wege zweier Kandidaten, hilft nur noch Oropax. Beide Seiten steigern sich in ein frenetisches Geschrei, das zwischen den Hochhäusern widerhallt. Nur gut, dass die heiße Phase gerade mal zwei Wochen dauert.

Staatssymbole

Repräsentiert in Deutschland der Bundesadler die Nation, verfügt Japan über kein offizielles Staatssymbol. Man begnügt sich daher mit dem kaiserlichen Wappen, der 18-blättrigen Chrysantheme, offiziell Shiragiku (weiße Chrysantheme) genannt. Die japanische Regierung verwendet als Wappen die Blätter des Paulownienbaums (Paulownia imperialis), kombiniert mit drei Blütentrauben (Kirimon).

Bekannt ist die Flagge Japans, ein roter Kreis auf weißem Grund. Offiziell heißt die Flagge Nisshoki (Sonnenflagge), die Bezeichnung Hinomaru (Sonnenscheibe) ist aber wesentlich verbreiteter. Schon im 15. und 16. Jahrhundert erschien die rote Sonne auf Militärbannern. 1870 von der Meiji-Regierung zum zivilen Symbol erhoben, fand sie erst 1999 Bestätigung als offizielles Flaggensymbol Japans. Wegen ihrer militaristischen Vergangenheit ist das Hissen der Flagge an Schulen immer noch sehr umstritten.

Ähnlich ergeht es der Nationalhymne ›Kimigayo‹. Nicht wenige Japaner empfinden das Lied als unerwünschtes Symbol des kriegstreiberischen Kaiserreichs. Erst seit 1999 offiziell als Nationalhymne anerkannt, wird sie allerdings schon seit 1880 gesungen. Auch hier hatte übrigens ein preußischer Militärberater, der Musiker Franz Eckert, mitgewirkt. Der Text ist ein Gedicht aus dem 10. Jahrhundert: ›Gebieter, Eure Herrschaft soll dauern tausend Generationen, achttausend Generationen, bis Stein zum Felsen wird und Moos die Seiten bewächst.‹

Das Kaiserhaus

Neben Nationalhymne und Flagge präsentiert laut Verfassung auch der Tennō das Volk. Kaiser Akihito ist der 125. Tennō der japanischen Geschichte, mythische Vorgänger eingeschlossen. Angefangen mit dem legendären ersten Kaiser Jimmu (711–585 vor Christus) betrachteten sich alle Kaiser Japans als direkte Nachfahren der Sonnengöttin Amaterasu. Obwohl Shōwa-Tennō seine Göttlichkeit 1945 offiziell ablegte, wurde er für Japaner nicht automatisch zum gewöhnlichen Sterblichen. Die Bevölkerung erfuhr nur sehr wenig über ihn, Zeit seines Lebens blieb er auf Distanz. So eignete er sich in den unruhigen Nachkriegszeiten perfekt als einigendes Symbol und verlieh dem Land durch Kontinuität Stabilität nach außen und nach innen. Auch die Alliierten verstanden die Wirkung des Kaisers und ließen Shōwa-Tennō trotz seiner möglichen Verwicklungen in Kriegsgeschehnisse unangetastet.

Die kaiserliche Familie umfasst heute auf Druck der Alliierten ausschließlich Frau und Kinder des Kaisers sowie seine Brüder und deren Frauen und Kinder. Heiratet eine Tochter, verliert sie automatisch den Titel eines kaiserlichen Familienmitglieds. Seit der Meiji-Verfassung können nur männliche Erben den Thron besteigen, Frauen sind von der Thronfolge ausgeschlossen. Nachdem der jetzige Kronprinz ›nur‹ eine Tochter hat, wurden entsprechende Gesetzesänderungen vorbereitet. Die Geburt des Sohnes von Prinz Akishino, dem jüngeren Bruder des Kronprinzen, beendete die Diskussion 2006 jedoch abrupt. Er wird voraussichtlich die Nachfolge antreten.

Interessant ist, wie die oberste Familie Japans gesellschaftliche Veränderungen im Laufe der Zeit widerspiegelt: Taishō-Tennō (1879–1912), der Großvater des gegenwärtigen Kaisers Akihito, bestieg als ältester Sohn des Meiji-Tennōs den Thron, seine Mutter war jedoch nicht die Kaiserin selbst, sondern eine Konkubine. Sein Sohn Shōwa-Tennō (1901–1989) heiratete erstmals außerhalb der fünf Familienzweige der Fujiwara eine entfernte Cousine. Die Fujiwara besaßen seit dem Mittelalter das Privileg, die Bräute des Kaisers zu stellen. Kaiser Akihito ging noch einen Schritt weiter und heiratete eine Bürgerliche, die heutige Kaiserin Michiko. Die Frau des derzeitigen Kronprinzen Naruhito, Kronprinzessin Masako, arbeitete vor ihrer Heirat als Harvardabsolventin im Außenministerium, war also eine moderne Karrierefrau. Kronprinz Naruhito spricht heute wesentlich öfter und offener über seine Familie, wenn auch immer noch in einem sehr restriktiven Rahmen. Dies ist auch notwendig, will das Kaiserhaus mit seiner isolierten Lebensweise nicht völlig den Kontakt zu seinem Volk verlieren.

Shōwa-Tennō 1928

Wirtschaft

In den 1980er Jahren entsandten westliche Unternehmen ihre Manager Richtung Osten, um von den ›Samurai im Business-Anzug‹ zu lernen. Seitdem hat sich einiges geändert, nicht nur in den heimischen Unternehmen, sondern auch auf der Weltwirtschaftsbühne. Trotz des Auf und Ab der Weltmärkte – auch Japan ist extrem stark vom Export abhängig – hält das Land seine Top-Position unter den OECD-Ländern. Einem populären Mythos zufolge hat Japan dies allein devoten Firmenangestellten zu verdanken, deren Lebenssinn einzig das Wohl ihres Unternehmens sei. Dabei begann die Erfolgsgeschichte der ›Japan Incorporated‹ nicht erst in den Nachkriegsjahren mit den willigen Männern in Graublau, sondern Jahrhunderte zuvor in traditionellen Dorfgemeinschaften und dem intensiven Handelsgeflecht der Edo-Zeit.

Land und Leute

Wirtschaftliche Eckdaten	
Bruttoinlandprodukt (BIP nominal)	4382 Milliarden US-Dollar (Platz 2)
BIP-Kaufkraftparität	4272 Milliarden US-Dollar (Platz 3)
BIP pro Kopf	33500 US-Dollar
Wirtschaftswachstum	0,1 Prozent nominal (Prognose 2009)
BIP Anteil Landwirtschaft	1,4 Prozent
BIP Anteil Industrie	6,5 Prozent
BIP Anteil Dienstleistung	72 Prozent
Arbeitnehmerzahl	66,69 Millionen, Landwirtschaft: 4,6 Prozent, Industrie: 27,8 Prozent, Dienstleistung: 67,7 Prozent
Arbeitslosenrate	3,8 Prozent
Haushaltjahr	1. April–31. März
Verschuldung	157,5 Prozent des BIP
Inflationsrate	0,1 Prozent
Hauptwirtschaftszweige	Autoindustrie, Elektronik, Chemie, Stahl, Schiffbau, Maschinenbau, Textilien, Lebensmittelverarbeitung
Wachstumsrate der Industrieproduktion	1,3 Prozent
Exportvolumen	678,1 Milliarden US-Dollar
Exportprodukte	Autoteile, Automobile, Halbleiter, Elektronik, Chemikalien
Hauptexportländer	USA 20,4 Prozent, China 15,3 Prozent, Südkorea 7,6 Prozent, Taiwan 6,3 Prozent, Hongkong 5,4 Prozent

Importvolumen	573,3 Milliarden US-Dollar
Hauptimportländer	China 20,5 Prozent, USA 11,6 Prozent, Saudi-Arabien 5,7 Prozent, Vereinte Arabische Emirate 5,2 Prozent, Australien 5 Prozent, Südkorea 4,4 Prozent, Indonesien 4,2 Prozent
Mitglied in Handelsorganisationen	APEC, WTO, OECD

Quellen: Japanische Botschaft; CIA – The World Factbook

Infrastruktur

Die Reichseinigung zu Beginn des 17. Jahrhunderts und der damit verbundene Frieden veränderte Japan politisch und wirtschaftlich. Provinzfürsten und ihr Gefolge waren durch die Residenzpflicht in Edo gezwungen, einmal im Jahr zwischen ihrer Heimat und Edo umzuziehen. Die dafür notwendige Infrastruktur legte den Grundstein für regen Handel zwischen entlegenen Provinzen. Neben den fünf Hauptstrecken Tōkaidō, Nakasendō, Kōshu Kaidō, Ōshū Kaidō und Nikkō Kaidō gab es knapp zwei Dutzend weitere ausgebaute Reiserouten.

Ausgangspunkt der fünf Hauptwege war Nihonbashi mitten im alten Edo (siehe Seite 164). Entlang der Strecken gab es durchschnittlich alle acht Kilometer einen Rasthof mit Übernachtungsmöglichkeiten. Auf jeder Route gab es mehrere Kontrollstationen, das Verlassen der Straße war strengstens verboten. Handbücher erläuterten die ideale Ausrüstung und Reisezeit und beschrieben die Sehenswürdigkeiten entlang der Strecken, manche Damen nutzten die Wege ger-

Verkehrsschilderwald in Tōkyō

ne zur Tempelrundreise. Tokugawa Ieyasu, erster Shōgun der Edo-Zeit, verlangte kontinuierlich Informationen aus Kyōto und ließ zügig ein Postsystem aufbauen. Die Boten wechselten in den Rasthöfen und schafften die Strecke in knapp drei Tagen. Schon bald konnte auch die Bevölkerung das System nutzen und sogar zwischen regulärem Transport oder teurem Express wählen. Ein typischer Bote der Edo-Zeit ziert heute übrigens als Firmenlogo die Lastwagen eines der größten Transportunternehmen Japans. Ob nun der schwere Einkauf aus dem Supermarkt oder Mutters Fresspaket an den studierenden Sohn, alles wird pünktlich und zu vernünftigen Preisen geliefert. Distanzen zwischen Produktionsstätten, Vertrieb und Konsument bilden in Japan kein Hindernis im Warenfluss.

Heute verfügt Japan über ein Straßennetz von 1,2 Millionen Kilometer. Gebührenpflichtige Autobahnen verbinden die Großstädte auf Honshū, Kyūshū, Shikoku, Hokkaidō und Okinawa. Dutzende von Eisenbahngesellschaften konkurrieren um den Personenverkehr. So gibt es allein sieben JR-Unternehmen (Japan Rail, 1987 privatisiert). Sehr oft handeln sie auch mit Immobilien in Bahnhofsnähe und betreiben dort größere Einkaufszentren. Knapp 250 Hochgeschwindigkeitszüge, die berühmten Shinkansen, verbinden die wichtigsten Städte Japans.

Fliegen ist eine gute Alternative zum Bahnverkehr. Das Land verfügt über 176 Flughäfen. Haneda-Airport (Tōkyō) ist nicht nur der größte Binnenflughafen Japans, sondern auch der geschäftigste ganz Asiens. Die größten Flughäfen sind Narita International Airport in der Nähe von Tōkyō, Kansai International Airport für die Region Ōsaka und Chūbu Centrair International Airport bei Nagoya. Die größten Häfen sind unverändert seit Öffnung des Landes Yokohama und Nagoya.

Rohstoffmangel schafft Qualität

Rohstoffmangel ist ebenfalls nicht erst seit den 1950er Jahren ein Problem, schon im Mittelalter zwangen die geringen Metallvorkommnisse die Handwerker zu einem sorgfältigen Umgang mit dem kostbaren Material. Ein berühmtes Beispiel ist hier die Waffenschmiede und auch die Kochkunst, die aus Wenigem viel zu machen vermag.

Für Qualität ist der japanische Konsument auch heute bereit, einen entsprechenden Preis zu zahlen. So scheiterte ein skandinavisches Möbelhaus in den 1980er Jahren, weil der Qualitätsstandard und der Service zu niedrig angesetzt wurden. Jetzt probiert man es erneut, diesmal mit einer breiteren Palette an Serviceangeboten. Ebenso ergeht es dem Weinhandel. Der moderne Weinkenner toleriert keinerlei Trübungen oder Verunreinigungen in seinem Wein. Gilt dies bei uns als natürlicher Bestandteil, durchleuchten Japans Winzer oder Importeure vor dem Verkauf jede einzelne Flasche! Wein ist teuer, eine Flasche unter zehn Euro ist untrinkbarer Fusel.

Die bei uns so beliebten Discounter haben sich bislang noch nicht durchsetzen können. Das ist zwar teuer, schützt und stabilisiert aber den japanischen Binnenmarkt. Und das ist den Japanern gerne ihr Geld wert.

Lernbereitschaft festigt Bindungen

Ein wichtiger Aspekt der japanischen Wirtschaft ist die große Lernbereitschaft. Respekt gilt in Japan dem Wissenden, Unwissen ist mitnichten eine Schande, sondern Ansporn. Seit dem frühen Mittelalter und der Einführung der Lehren des Konfuzius gilt das Aneignen von Wissen als eine Tugend, bereitwillig lernte man von anderen Kulturen und passte das Gelernte anschließend den eigenen Gegebenheiten an.

Die Technik des Lernens ist zeitaufwändig: So muss ein angehender Sushi-Koch zehn Jahre beim Meister dienen. Er beginnt mit dem Putzen des Bodens und arbeitet sich langsam nach oben. Erklärt wird dabei nicht viel, der Lehrling soll schauen und erfahren. Dieser Weg fordert extreme Geduld auf Seiten des Lernenden. Sinn und Ziel ist es, den Beruf zur Berufung zu machen. Das Fischmesser wird wahrhaftig zum verlängerten Arm, das Töpfern eines Gefäßes reflektiert die Seele des Schaffenden. Wer das Ziel erreicht, perfekt mit seinem Beruf zu verschmelzen, wird in Japan zum ›Lebenden Kulturdenkmal‹ (Ningen kokuhō) erklärt.

Sei ein Teil der Firma!

Der Firmenneuling soll nun nicht gleich mit dem Computer verschmelzen, aber nicht ohne Grund sind unerfahrene Hochschulabgänger die liebsten Bewerber der Personalchefs. Sie kann man formen und zum Teil der Firma machen. Grundsätzlich durchlaufen die Neuen alle Arbeitsbereiche. Der Überblick über das Ganze ist entscheidend und nicht allein das Wissen um die eigene Abteilung. So fördert das Unternehmen nicht nur das Wissen um Abläufe und Prozesse, sondern vernetzt die Angestellten intensiv untereinander. Eine starke Bindung herrscht zwischen den Berufsanfängern eines bestimmten Jahrgangs, sie alle haben gemeinsam an einem 1. April ihre Stelle angetreten und lernen sich und die Firma in den ersten Monaten gemeinsam kennen. Werden sie später auch in unterschiedlichen Bereichen eingesetzt, bleibt der Kontakt zueinander bestehen.

Vertikale Verflechtungen, das berühmte Senior-Junior-Prinzip, sind in Japans Unternehmen ebenso stark ausgeprägt. Dies ist an sich nichts Schlechtes, falls beide Seiten davon profitieren. Die Firma darf ihre Leute nicht nur aussaugen, sie muss auch für sie sorgen. So zahlen viele Firmen neben dem Gehalt auch Mietzuschüsse und Fahrtkosten, verschaffen günstige Kredite und manchmal sogar die passende Ehefrau. Drohen jedoch in schlechten wirtschaftlichen Zeiten Kündigung und Arbeitslosigkeit, kommt dies emotional eher dem Verlust eines langjährigen Lebenspartners gleich. Arbeitslosigkeit als soziales Stigma ist ein Problem, dass in den letzten Jahren zumindest ein wenig mehr Beachtung findet.

Ein Schwert aus der berühmten Schmiede in Seki

Die japanische Arbeitswelt

Englischsprachige und vermehrt auch deutschsprachige Zeitungsartikel über Japans Wirtschaftswelt verwenden oftmals ganz selbstverständlich japanische oder auch japanisierte Ausdrücke ohne Übersetzung. Manchmal handelt es sich um der japanischen Sprache angepasste Lehnwörter aus europäischen Sprachen, ihre Bedeutung deckt sich nicht immer mit dem Original.

Da gibt es zum Beispiel das ehemals deutsche Wort Arubaito (Arbeit) oder kurz: Baito. Studenten und Schüler gehen zur Baito. Gestandene Angestellte haben das nicht nötig, denn hier handelt es sich nur um einen Job wie Nachhilfe erteilen. Angestellte gehen zur Shigoto, dem properen Wort für ›Arbeit‹, und die ist natürlich immer respektabel. Weniger respektabel ist der Furiita, abgeleitet vom englischen free oder freelance. Der Furiita lebt in den Tag hinein, von der Hand in den Mund oder noch bei Mama zuhause. Er hat keinerlei Berufsqualifikationen und entwickelt sich mit dem Alter zu einem sozialen Problem. Die Office Lady, kurz: O. L., macht hingegen alles richtig. Gleich nach dem Abschluss von College oder Universität ist sie in eine Firma eingetreten. Hier besteht ihr Tagwerk aus Telefonieren, Kopieren und Tee kochen. Ihr gesamtes Gehalt steht ihr meist für Freizeit und Unterhaltung zur Verfügung, sie wohnt noch brav zuhause. Das macht sie zur begehrtesten Konsumentengruppe Japans. Überstunden werden von ihr nicht verlangt, denn nach ein paar Jahren wird sie die Firma eh wieder verlassen, mit einem Ehering am Finger. Allerspätestens mit dem ersten Kind ist ihre kurze Karriere beendet, und der Rückzug ins Hausfrauendasein steht an.

Es sind daher kaum die jungen Frauen, die sich der Gefahr von Karōshi (Tod durch Überarbeitung) ausgesetzt sehen. Es sind die Männer des mittleren Managements, die besonders häufig durch Schlaganfall und Herzinfarkt sterben. Überstunden werden in der Regel nicht bezahlt und können auch nicht ›abgefeiert‹ werden. Allein 2007 kamen so 147 Angestellte zu Tode, seit 1987 gibt es darüber offizielle Statistiken. Nachdem bei Toyota 2006 ein Mann an Karōshi verstarb, dürfen dort nur noch 30 Stunden zusätzlich im Monat gearbeitet werden.

Hat man nun bis knapp zur Pensionierung durchgehalten, greift zur Belohnung das Nenko-System (Erfolg mit Alter). Noch schnell befördert, verspricht das eine wesentlich bessere Rente. Doch leider können viele Unternehmen sich das Versüßen des Lebensabends ihrer treuen Salariman (vom englischen salary, Gehalt) nicht

Eher Baito als Shigoto: Werbeschildträger in Kumamoto

mehr leisten. Ein Salariman arbeitet typischerweise sein Leben lang für die immer gleiche Firma, erscheint täglich im properen Anzug und macht sich niemals die Hände schmutzig. Rang und Gehalt innerhalb der Firma spielen dabei keine Rolle, jeder männliche Angestellte trägt ohne Unterschied den Titel eines Salariman, eines Mannes mit regulärem Gehalt. Diese tapferen Helden der modernen Wirtschaft erhielten nun doch im Zuge der Finanz- und Immobilienkrise der 1990er Jahre die Axt: Sie wurden Opfer der Risutora (englisch: restructuring), also des Personalumbaus der Unternehmen. Konnte man die Altgedienten nicht kündigen, landeten sie auf dem internen Abstellgleis, bis es endlich Zeit war, sie zu Rentnern zu machen. Risutora entwickelte sich zum Schreckenswort der über 50-Jährigen.

Vorbei sind wohl auch bald die Zeiten des Amakudari, des Herabsteigens vom Himmel. Ein blumiges Wort für eine unschöne Sache: Beamte werden in Japan schon ab Mitte fünfzig pensioniert und suchen sich dann gerne eine neue Position in der freien Wirtschaft. Dort sind die Kontakte zu ihrer ehemaligen Behörde mehr als willkommen, offizielle Ausschreibungen und inoffizielle Regelungen lassen sich so oftmals unbürokratisch im Vorfeld klären und gewinnen. Doch nicht nur Staatsdiener und freie Wirtschaft sind miteinander verflochten. Auch Unternehmen bilden gemeinsam ausgedehnte Konglomerate, ehemals als Zaibatsu bekannt, heute lieber als Keiretsu bezeichnet. Zaibatsu, vertikal strukturierte Unternehmen mit zahlreichen Monopolstellungen, standen immer unter der Leitung einer Familie wie zum Beispiel Mitsubishi, Mitsui und Sumitomo. Sie fanden 1945 ihr offizielles Ende. Keiretsu (System oder Reihe, besser: Unternehmensgruppe) sind nun horizontal angeordnet, wobei sich die Firmen einer Gruppe gegenseitig beliefern. Im Zentrum einer modernen Keiretsu wie

Warten auf den Zug nach Hause

zum Beispiel Mitsubishi oder Mitsui steht immer eine Bank. Sie vergibt Kredite und hält Anteile aller ›ihrer‹ Unternehmen. Verflechtungen und Verpflichtungen in alle Richtungen sind als weiterhin gegeben. Protestiert jemand allzu laut gegen undurchsichtige Machenschaften, hilft nur noch Nemawashi, (wörtlich: die Wurzel herausdrehen). Die Beteiligten machen sich so lange gemeinsam auf die Suche nach einer Lösung des Problems, bis alle mit dem Ergebnis zufrieden sind und die Entscheidung mittragen. Viele interne Firmenbelange werden so in zähflüssigen und langwierigen Prozessen getroffen. Das Gebot der Harmonie steht dabei grundsätzlich an oberster Stelle. Jede Stufe wird eingebunden, jeder darf seine Meinung äußern und Kritik üben. Nach langem Hin und Her – westliche Geschäftspartner ertragen diesen Vorgang nur mit größter Mühe – kommt dann endlich die Entscheidung. Nun kann der ›Zahn‹ ruckzuck gezogen werden, und die Sache ist überstanden.

Landwirtschaft

Es herrscht Landflucht in Japan, nur noch fünf Prozent der Bevölkerung verdienen mit der Landwirtschaft mehr schlecht als recht ihren Lebensunterhalt, davon sind über die Hälfte Reisbauern. Zwei Drittel der Lebensmittel werden heute importiert, nur der Reis spielt eine Sonderrolle, der Selbstversorgungsgrad liegt hier bei beinahe 100 Prozent. Importierter Reis dient der industriellen Weiterverarbeitung oder der Verpflegung in Kasernen und Schulen. Reis zum täglichen Verzehr stammt grundsätzlich aus einheimischem Anbau und wird auch nur in Geschäften angeboten, die dafür eine staatliche Lizenz vorweisen können. Der Beika, der Reispreis, wird jährlich vom Staat festgeschrieben, Sonderangebote ausgeschlossen.

Reis macht nicht nur satt

Reis ist in Japan nicht einfach nur ein sättigendes Grundnahrungsmittel. Nassreisanbau, seit dem 1. Jahrhundert in ganz Japan mit Ausnahme von Hokkaidō bekannt, ist eine sehr arbeitsintensive Methode, die viel Kooperation innerhalb der Dorfgemeinschaft forderte. Mehrere Familien mussten sich zusammenschließen, um die Arbeit bewältigen zu können. Noch wichtiger waren gemeinsame Wasservorräte und Bewässerungsanlagen. Die Bewässerungssysteme waren so angelegt, dass das Wasser bergab floss und dabei ein Feld nach dem anderen bewässerte. Durch den Gebrauch einer gemeinsamen

Bäuerin bei der Reisernte

Reisfelder in der Präfektur Iwate

Quelle war jeder Reisbauer vom korrekten und ehrlichen Verhalten seines Nachbarn abhängig. Vergehen wie heimliches Bewässern wurden entsprechend hart bestraft. Die Häuser standen dicht gedrängt zusammen, um so wenig ebenes Land wie möglich zu verschwenden. Gegenseitige Hilfe war unumgänglich, die zarten Reissetzlinge mussten alle gleichzeitig in einem engen Zeitfenster von wenigen Tagen gepflanzt werden. Auf den Einzelnen konnte dabei nicht viel Rücksicht genommen werden, das Interesse der Gruppe stand bei Entscheidungen im Vordergrund. Auch das Leben auf eng bemessenem Grund und Boden verlangte das Vermeiden von Konflikten und Spannungen zwischen den Familien eines Dorfes. Spätestens bei der Ernte musste das Zusammenspiel wieder perfekt funktionieren. Auf diesem praktischen Bedürfnis nach Harmonie, dem berühmten japanischen Wa, also dem Zurückhalten individueller Interessen, dem starken Bedürfnis nach Übereinstimmung mit der Gruppe sowie der Verpflichtung gegenüber Dritten (dem so genannten Giri) gründen sich die essentiellen Elemente der japanischen Sozialstruktur. Reis liefert nicht nur die Basis jeder Mahlzeit, sondern auch die Basis der japanischen Kultur.

Die Zukunft braucht Reformen

Erst mit der Landreform der Alliierten endeten die semi-feudalistischen Zeiten der japanischen Landwirtschaft. Bauern konnten nun wieder ihr eigenes Land bewirtschaften, das System der kleinsten Familienbetriebe wurde gefördert. Das Ergebnis zeigt sich noch heute, ein Drittel der Reisfarmen ist nur einen halben Hektar groß, kaum acht Prozent liegen bei über zwei Hektar. Das sieht entzückend aus, wenn man mit dem Zug an den vielen kleinen glitzernden Wasserflächen mit frischem Grün vorbeifährt, während ein Bauer auf einem unglaublich kleinem Traktor sein Feld bearbeitet. Damit die Landwirtschaft aber wieder Haupteinkommensquelle werden kann, muss ein Hof von mindestens drei Hektar mit entsprechend größeren Feldern bearbeitet werden. Höfe in dieser Größe sind

Ein Bauer auf seinem Traktor

jedoch verschwindend gering. Um das Maximum aus den kleinen Flächen zu holen, wird eine sehr intensive Landwirtschaft betrieben, große Mengen von Düngemitteln kommen zum Einsatz. Die Statistik zeigt, dass Japan weltweit nur zwei Prozent aller Reisanbauflächen besitzt, aber führend beim Verbrauch von Düngemitteln ist.

Wie sieht nun die Zukunft für den Reisanbau in Japan aus? Jahr für Jahr gehen die Anbauflächen zurück, Brachland entsteht, die Kulturlandschaft leidet. Der Druck von außen, die jahrelangen Diskussionen um die Öffnung von Agrarmärkten sind wohlbekannt. Immer wieder fordern die USA, dass Japan seine Einfuhrzölle drastisch senken soll. Bei einigen Reisprodukten erhebt es bis zu 500 Prozent, der japanische Verbraucher bezahlt das Fünffache des Weltmarktpreises für einen Zehn-Kilogramm-Sack Reis.

Innenpolitisch sorgt das Thema Landwirtschaft ebenfalls für Spannungen. Der Japanische Arbeitgeberverband (Nippon Keidanren) und der Japanische Wirtschaftsdachverband (Keizai Doyukai) fürchten erhebliche Wettbewerbsnachteile, wenn Verhandlungen zu Freihandelsabkommen weiterhin an der starren Haltung der einheimischen Bauernschaft scheitern sollten. Die bislang so starke LDP hat ihr Wählerpotential vor allem bei der ländlichen Bevölkerung. Um die Bevölkerungsschwankungen der einzelnen Wahldistrikte nach dem Krieg auszugleichen, erhielten die Bauern einen überproportional hohen politischen Einfluss. Ihre Stimmen zählen zum Teil das über 3,6-fache der Stimmen städtischer Distrikte. Bisher konnten sie so immer ihren Unmut über geplante Reformen der Regierung ausdrücken. Trotzdem will der Staat die Bauern weg von den kleinen Familienbetrieben hin zu größeren Zusammenschlüssen führen. Die Angst vor Landspekulation behinderte bislang diese Entwicklung. Doch ein ganz großes Ziel ist es, kostengünstiger zu produzieren, die Pro-Kopf-Produktivität soll erhöht werden. Der einzelne Bauer soll nicht mehr seinen eigenen Fuhrpark mit extra kleinen Maschinen für seine extra kleinen Felder auf dem Hof stehen haben, solche Ausgaben sollen in Zukunft vermieden werden. Den staatlich festgelegten Reispreis möchte man so senken, damit die Verbraucher auch in Zukunft zu japanischem Reis greifen, wenn der Reismarkt endlich geöffnet wird.

Bildung

Ein japanisches Kind soll seinem Bildungsweg wie eine solide Lokomotive dem Schienenstrang folgen, Einschulung und Wechsel sind wie Bahnhöfe exakt festgelegt, Umsteigemöglichkeiten so gut wie ausgeschlossen: Zwei bis drei Jahre Kindergarten, zwölf Jahre Schule und abschließend Berufsschule oder Universität. Auch gelten für alle die gleichen ›Abfahrtzeiten‹: Ein Kindergartenjahrgang beginnt gemeinsam an einem 1. April. Wer danach Geburtstag hat, muss bis zum nächsten Frühling warten. Auch der folgende Wechsel in Grund-, Mittel- und Oberschule, der Eintritt in die Universität oder das Berufsleben, alles findet an einem Tag Anfang April statt. Über 90 Prozent der Bevölkerung folgen gemeinhin diesem klassischen Bildungsfahrplan. Alle beenden sie irgendwie ihre neun Jahre Schulpflicht, auch wenn die Zeit im schlimmsten Fall im schulinternen Krankenzimmer abgesessen wird. 2008 betrug die Abbrecherrate unter den Oberschülern nur 2,1 Prozent. Oberflächlich betrachtet entsteht so natürlich der Eindruck eines stark egalitären Bildungssystems. Doch gilt dies nur für die Rahmenbedingungen, der Inhalt und die Qualität der einzelnen Einrichtungen fächern sich umso stärker auf.

Kindergarten

Der Eintritt in den Kindergarten ist nicht nur der erste Schritt auf Japans langem Bildungsweg, sondern markiert auch den Beginn des öffentlichen Lebens eines kleinen Japaners. Mit der Auswahl des Kindergartens bestimmen viele Eltern schon einmal die grobe Richtung der akademischen Laufbahn ihres Nachwuchses. Obwohl ihr Ruf gut ist, gibt es leider nicht ausreichend öffentliche Kindergärten. Diese Einrichtungen sind kostengünstig, bieten ein warmes

Erstklässler im Straßenverkehr

Land und Leute

Mittagessen und verlangen von den Eltern kein übermäßiges Engagement. Die Aufnahme geht über ein Losverfahren und wird von der Stadtverwaltung geregelt. Private Kindergärten – in den Großstädten liegt ihr Anteil teilweise bei 70 Prozent – bieten eine breite Palette an Zusatzangeboten, es gibt christliche und buddhistische Kindergärten, Waldorf- oder Montessori-Kindergärten.

Manche Einrichtungen für die Jüngsten sind an eine Kette von Bildungsstätten angeschlossen und erleichtern später eine Schullaufbahn, die an einer prestigeträchtigen Universität ihr krönendes Ende findet. Andere Kindertagesstätten sind wiederum bewusst schlicht gehalten und lassen die Kinder jeden Tag in der Natur verbringen. So bunt das Angebot der Privaten ist, zwei Punkte haben sie alle gemeinsam: Sie verlangen eine Aufnahmeprüfung, und sie sind kostspielig. Die Aufnahmeprüfung dient dem guten Ruf, elitär zu sein und ist oftmals die Gelegenheit, unerwünschte Familien auszusortieren. Mit den Gebühren finanzieren die Kindergärten ihre üppigen Ausstattungen und geben den Eltern das Gefühl, ihren Sprösslingen etwas besonders Gutes zu tun. Bis zum eigentlichen Kindergartenstart im April ist man mit Aufnahmegebühr und besonderen Anschaffungen schnell bei 1000 Euro, monatliche Gebühren von umgerechnet 300 Euro folgen, bis dann die tränenreiche Abschlussfeier noch einmal ein tiefes Loch in Vaters Tasche reißt.

Schulalltag

Durch den Kindergarten schon an einen regelmäßigen Tagesablauf und das Einfügen in die Gruppe gewohnt, fällt den meisten Kindern der Übergang in die Schule leicht. Nun stehen ihnen sechs Jahre Grundschule, drei Jahre Mittelschule (Junior High School) und freiwillig weitere drei Jahre Oberschule (Senior High School) bevor. Die meisten Schüler besuchen die Grundschule ihres Viertels; am frühen Nachmittag, nach einem gemeinsamen Mittagessen und Unterricht, ist man wieder daheim. Einmal im Jahr schaut der Klassenlehrer

Schülerinnen in Nagasaki

vorbei, um Fragen zu beantworten und das Umfeld des Kindes in Augenschein zu nehmen, alle vier Monate kommen die Eltern in die Schule, um ihren Kindern beim Unterricht zuzusehen. Zeugnisse gibt es dreimal im Jahr, die ersten zwei Jahre gibt es keine Noten. So vergehen die ersten drei Jahre sehr locker und offen, es wird viel experimentiert, gebastelt und gemalt. Viele Kinder haben schon während der Kindergartenzeit Lesen und Schreiben der Silbenschrift gelernt und beherrschen einfache Rechenschritte.

Viel Wert wird auf gemeinsame Aktivitäten gelegt: Gemeinsam putzen die Schüler am Ende jeden Tages das Klassenzimmer, sie sind für die Sauberkeit der Toiletten ebenso verantwortlich wie für das regelmäßige Füttern der gemeinsamen Tiere und das Gießen der Pflanzen. Mit dem vierten Schuljahr ändert sich der Ton der Lehrer, die Schüler werden nur noch mit Nachnamen angesprochen, Unfug wird nicht mehr geduldet, kurz, Disziplin ist angesagt. Der Schultag endet nun regelmäßig gegen 16 Uhr, die ersten Kinder besuchen nach dem Unterricht ein Juku, eine private Ergänzungsschule. Langsam gilt es, sich für die Aufnahme an einer guten Mittelschule vorzubereiten. Eine gute Mittelschule erleichtert den Sprung in eine Oberschule mit gutem Ruf, die wiederum bekannt dafür ist, dass ein hoher Prozentsatz ihrer Schüler an einer bestimmten Universität angenommen wird.

Oberschule

Tragen nur ganz wenige Grundschüler eine Uniform, gehört der klassische Dreiteiler Bluse, Faltenrock und Blazer für Mädchen und preußische Kadettenuniform in schwarz oder dunkelblau für Jungen zum Alltag eines Mittelschülers. Anfangs stolz getragen, wandern die Uniformen spätestens im letzten Jahr auf dem Nachhauseweg oft ins Schließfach des nächsten Bahnhofs. Welche 15-jährige zeigt schon gerne beim Bummel mit den Freundinnen, dass sie noch keine Oberschülerin ohne Uniformpflicht ist? Betreten die Mittelsschüler nach einem kurzen Abstecher in die Freiheit am frühen Abend die Juku, verwandelt sich der Gros wieder in brave Kinder. Die Aufnahmeprüfungen für die Oberschulen stehen an.

Oberschulen lassen sich in zwei Kategorien unterteilen: Die einen bereiten ihre Schüler auf die Universität oder das College vor, die anderen ähneln einer Berufsschule und spezialisieren sich zum Beispiel auf Landwirtschaft, Handel und Industrie. Die Schüler dieser praxisorientierten Schulen gehen meist direkt ins Berufsleben, einige wenige ergattern noch einen Platz an einem College. 97 Prozent aller japanischen Mittelschüler setzen ihre Schulbildung an einer Oberschule fort, junge Menschen mit nur neun Jahren Schulausbildung haben auch in Japan immer geringere Chancen auf dem Arbeitsmarkt. Die beste Schule ist auch nicht immer eine teure Privateinrichtung, sondern häufig die kostengünstige aus öffentlichen Mitteln geförderte ›Städtische Oberschule Nr. 1‹. Kinder aus einkommensschwachen Familien müssen also leistungsstark sein oder sich mit dem Durchschnitt und der öffentlichen ›Oberschule Nr. 2‹ zufrieden geben, wenn sich ihre Eltern nicht allzuehr verschulden wollen.

Uni, College und Berufsschule

Mit dem Durchschnitt gibt man sich bei der Bildung aber nicht gerne zufrieden. Eltern und Schüler wissen sehr wohl, wie sehr sich der gute Name einer Hochschule auf die Zukunft auswirkt. So geht der Schulstress in den letzten zwei Schuljahren der Oberschule erst so richtig los. Der Abschlussprüfung, also unserem Abitur, widmet niemand so richtig große Aufmerksamkeit, das Augenmerk liegt auf den Aufnahmeprüfungen. Denn in Japan lautet die goldene Regel: Einmal aufgenommen ist schon bestanden. Verständlich also, dass die halbe Nation verrückt spielt, wenn der Tag der allgemeinen Aufnahmeprüfungen für alle öffentlichen Universitäten Mitte Januar näher rückt. Ihr Ergebnis entscheidet, an welcher höheren Bildungsstätte man überhaupt eine Chance hat. Wochen später hängen die Nummern der bestandenen Prüflinge an den jeweiligen Universitäten öffentlich aus, Fernsehkameras warten gierig auf erste Tränen und Jubelschreie. Die Erfolgreichen können sich freuen, sie haben ihr Soll erfüllt und dürfen nun zum ersten Mal so richtig unbeschwert sein. Erstsemester lernen kaum und feiern viel, Eltern und Dozenten gönnen ihnen die Atempause nach dem harten Wettrennen der letzten Jahre.

Weiterführende Hochschulen, die einen Diplom- beziehungsweise Masterstudiengang anbieten, lassen sich in drei Kategorien unterteilen: Die Top-Position nehmen die sieben ehemals Kaiserlichen Universitäten ein. Dies sind heute die Elite-Universitäten von Tōkyō, Kyōto, Tōhoku, Nagoya, Kyūshū, Ōsaka und Hokkaidō. Wer hier studiert, hat auch in Krisenzeiten ausgesorgt. Auf der nächsten Stufe folgen 73 öffentliche Universitäten der Präfekturen und Städte. Beide Kategorien verlangen das Bestehen einer landesweit einheitlichen Aufnahmeprüfung (Sentaa-shiken) und einer weiteren internen Prüfung. Viele der privaten Universitäten, der dritten Kategorie, gehen bei der Aufnahmeprüfung ihren eigenen Weg. Unter den knapp 600 privaten Universitäten Japans finden sich weltweit anerkannte Institutionen wie Waseda und Keio, aber auch Colleges mit einer zweijährigen Ausbildung zum Krankenpfleger oder Koch. Letztere weisen hohe Qualitätsunterschiede auf, und nicht einmal die Hälfte verdient die Bezeichnung College oder gar Universität.

Ist auf den Titel der Einrichtung kein Verlass, muss man sich halt an die semi-offizielle Rangordnung der zahllosen Einrichtungen halten. Die richtet sich danach aus, wie schwierig die Aufnahme ist.

Die Staatliche Universität Tōkyō (Tōkyō Daigaku) ist die unumstrittene Nr. 1, ihr Name ruft automatisch Ehrfurcht und Bewunderung hervor. Ihre Graduierten haben den Ruf, die Besten ihres Jahrgangs zu sein. Will man zum Beispiel Karriere im Außenministerium machen, ist ein Abschluss der Tōdai, wie die Tōkyō Universität auch genannt wird, Mindestvoraussetzung. Personalchefs schauen nicht auf den Bewerber, sondern auf den Namen der Hochschule, folglich rät der Professor zu Bewerbungen bei ganz bestimmten Firmen. Als Mentor hat er die Verantwortung, bei der Stellensuche zu helfen. Schon Oberschullehrer pflegen intensiv Firmenkontakte, um ihren Schülern den Start ins Arbeitsleben zu erleichtern. Berufsschulen (Senmon Gakkō) gehen die Arbeitssuche ihrer

Oberschüler in Kyōto

Schüler noch offensiver an: Grundsätzlich auf einen Berufszweig spezialisiert, verfügen sie meist über ein internes Job Center und werben mit garantierter Arbeitsvermittlung nach Abschluss. Quereinsteiger stören nur in diesem Geflecht von Bildungseinrichtungen, Unternehmen und öffentlichem Dienst. Ihre Bewerbungen werden rigoros aussortiert.

Einsamer Samurai am Schreibtisch

Was macht nun der durchgefallene Prüfling, der seine Nummer nicht an der Wandtafel der begehrten Universität vorfindet? Er muss bis zum nächsten Prüfungstermin ein Jahr überbrücken und wird in der Zwischenzeit zum Rōnin, einem ›herrenlosen Samurai‹. Historisch gesehen waren Rōnin in der Edo-Zeit eine wahre Landplage. Ihrer besonderen Stellung als Samurai durch Tod oder Verarmung ihres Fürsten beraubt, zogen sie nicht selten als Wegelagerer und Banditen durch die Lande. Arbeiten wie das gewöhnliche Volk war ihnen verboten. Der Ehrenkodex der Samurai verlangte obendrein, dass sie ihrem Herrn in den Tod hätten folgen sollen. Ihre weitere Existenz war neben wirtschaftlichen Schwierigkeiten besonders von Schande und Scham geprägt. Wenig anders geht es dem modernen Rōnin: Er ist an seiner Aufgabe, dem Bestehen der Prüfung, gescheitert und muss sich nun im stillen Kämmerlein Asche aufs Haupt streuen. Diese Schmach kann erst mit dem Bestehen der Prüfung im folgenden Jahr wett gemacht werden. Ein Jahr Rōnin-Dasein verleiht dem Durchgefallenen noch den Nimbus des Hartnäckigen (Manga-Helden sind gerne mal Rōnin), schließlich teilt er sein Schicksal mit zehn Prozent der Prüflinge. Ein Jahr lang wird er sich nun intensiv in teuren Vorbereitungskursen auf seinen zweiten Anlauf vorbereiten. Versagt er nochmals, läuft er langsam Gefahr, sich lächerlich zu machen. Er wird einfach zu alt für einen properen Erstsemester! Nichts irritiert in Japan die Menschen so sehr wie Turbulenzen im scheinbar homogenen Lebensrhythmus.

Düsterer Schulalltag

Sie schikanieren und quälen, sie triezen und verletzen. Ein Schüler ist das Opfer, viele Mitschüler sind die Täter. Wir nennen es Mobbing, die Japaner bezeichnen es als Ijime (Ableitung vom Verb ijimeru, ›quälen‹). Als in den 1980er Jahren die Zahl der Schüler-selbstmorde sprunghaft anstieg, kam immer mehr zutage, wie Jugendliche in der Öffentlichkeit des Schulalltags ihre Klassenkameraden misshandelten. Die Nation war entsetzt, im Kultusministerium schrillten die Alarmglocken. Um das familiäre Umfeld zu stärken, wurde zügig der Unterricht am Samstag abgeschafft, Grund- und Mittelsschule müssen seit 2002 das Thema im Pflichtfach Ethik intensiv behandeln. Mittlerweile gibt es auch ein Sorgentelefon für Kinder. Doch alte Unsitten wurzeln tief: Hat es doch in Japan Tradition, dass Ältere Jüngere ohne Frage herumkommandieren und auch mal zulangen dürfen. Dieses Senior-Junior-Prinzip prägt ohne Ausnahme die persönlichen Beziehungen in Japan, alle sozialen Kontakte laufen letztendlich auf ein klares ›Oben und Unten‹ hinaus. In Sportvereinen (besonders schlimm sind hier die traditionellen Richtungen) müssen die jüngeren den älteren Schülern die Sachen tragen, an der Uni darf der ältere Student Erstsemester ungestraft schubsen, treten oder zum Komasaufen zwingen. Der jüngere Kōhai (der Nachfolgende) erträgt es geduldig. Weiß er doch, dass seine Zeit bald kommen wird.

  Kinder und Jugendliche, die während ihrer Schulzeit unter Ijime gelitten haben, kön-nen später von einem weiteren japanischen Phänomen betroffen sein: Sie werden zu so genannten Hikikomori. Wer sich länger als sechs Monate in sein Haus oder Zimmer zurückgezogen hat, gilt in Japan offiziell als Hikikomori (wörtlich: eine Person, die sich zurückzieht und verbirgt). Manche Hikikomori leben seit Jahrzehnten in ihren alten Kinder-zimmern und rumoren höchstens mal bei Nacht durchs Haus. Auch innerhalb der Familie

Lehrer mit Schülern

haben sie jede Kommunikation abgebro-chen, sie verbringen ihren Tag mit Schlafen und die Nacht mit Computerspielen und Fernsehschauen. Dreiviertel aller Betrof-fenen sind männlich, ihre Gesamtzahl wird auf mehrere Zehntausend geschätzt. Ein Drittel ist davon schon über 30 Jahre alt, 23 Prozent haben seit mehr als zehn Jah-ren keinerlei soziale Kontakte. Erst seit kurzem gibt es Gesprächskreise und Selbst-hilfegruppen für betroffene Familien. Ijime und Hikikomori teilen sich die gleichen Wurzeln: Der immense Leistungsdruck, her-vorgerufen durch Aufnahmeprüfungen und stromlinienförmiges Gehabe in der Gesell-schaft, findet entweder im Quälen anderer oder in der absoluten Verweigerung seine Befreiung. Japan hat im Schulwesen ein beneidenswert hohes Niveau erreicht, der Preis ist jedoch manchmal allzu hoch.

Gesellschaft

In jedem Klischee steckt ein Körnchen Wahrheit, und so ist Japan wirklich anders als der Westen. Vergleicht man das Land hingegen mit seinen Nachbarn China oder Korea, verliert es viel an Exotik. Japan gehört wie auch Taiwan, Singapur und Korea zu dem vom klassischen China geprägten Kulturkreis Ostasiens. Für diese Länder gelten auch in unseren modernen Zeiten weiterhin Pietät, Gehorsam, Loyalität, Respekt und Freundschaft als die Prinzipien des Konfuzius, wenn auch in abgeschwächter Form (siehe auch Religionen, Seite 101). Sie bestimmen mal mehr und mal weniger stark die zwischenmenschlichen Beziehungen der Japaner. Ein Oben und ein Unten gibt es garantiert immer.

Drinnen oder draußen?

Wer ist nun oben und wer unten? Diese Frage beschäftigt Japaner als erstes, wenn sie ein neues Gesicht vor sich haben: Steht diese Person im Rang über mir? Ist sie älter, arbeitet sie für die größere und damit bedeutendere Firma, ist sie verheiratet oder gar – Gott bewahre! – ein Ausländer? Visitenkarten helfen, die ersten Fragen zu beantworten. Bei Unklarheiten folgen direkte Fragen nach Alter, Familienstatus und Herkunft. Nicht wenige Westler werden verlegen und auch wütend, wenn sie vor neugierigen Partygästen begründen sollen, warum sie trotz fortgeschrittenen Alters noch Single sind. Alles, was von der Norm abweicht, verlangt nach einer Erklärung. Ausländer weichen grundsätzlich davon ab, also kommen viele unverblümte Fragen! Die sind nicht böse gemeint. Normen schaffen Sicherheit, wer davon abweicht, verunsichert Japaner. Neben der Klärung der Rangordnung sind die Ge-

Visitenkartentausch in Tōkyō

Deutscher Bierbrauer vor seinem Geschäft

sprächspartner auch auf der Suche nach Gemeinsamkeiten. Vielleicht hat man an derselben Universität studiert oder stammt aus derselben Präfektur? So entstehen neben vertikalen Verbindungen auch horizontale Gemeinsamkeiten und jeder noch so nichtige Anlass genügt, um sich als Zugehöriger einer Gruppe zu fühlen. Denn das ist der zentrale Punkt in Japans Gesellschaft: Gehörst du zu uns oder stehst du draußen?

Alle Japaner bilden ein Volk, ihre Vorfahren waren schließlich Götter! Ausländer bleiben daher chancenlos außen vor. Freundlich, aber bestimmt ist die Trennungslinie auf Lebenszeit gezogen, egal wie angepasst in Lebensstil und Sprache der Gaijin, der Ausländer oder auch: ›Mensch von außen‹ ist. Soto no Hito, der Mensch da draußen, sowie Uchi no Hito, unser Mensch, zwei Begriffe stehen für zwei Welten. Gehört man dazu, ist alles einfach: unser Land, unsere Firma, unsere Schule, unsere Familie. Für Außenstehende gelten andere Regeln. Das kann einmal geduldig tolerant zugehen wie im Fall von weißen Ausländern oder bitterlich ignorant wie bei Minderheiten, frei nach dem Motto: Gehört nicht dazu, geht uns nichts an. Ausländer erhalten so Narrenfreiheit, erleben gleichzeitig aber Isolation und Einsamkeit.

Die Sprache ist nicht unbedingt die Brücke zum Herzen. Im Gegenteil, zu genaue Kenntnisse provozieren Misstrauen. Denn das kollidiert mit der unter Japanern so populären These, dass Japaner einzigartig sind. Ein Ausländer darf nicht ordentlich Japanisch sprechen, das passt nicht in die geliebte Norm. Die Suche nach Belegen dieser Einzigartigkeit füllt übrigens die Regale der Buchläden und versorgt Talkshows in Flautezeiten. Dieses Genre hat sogar eine eigenen Namen mit eigenen Experten: Nihonjinron (Theorien über die Japaner). Schauen wir uns also dieses angeblich einzigartige Völkchen ein bisschen genauer an.

Arbeit

Statistisch sind Männer in der Minderheit, und doch haben sie immer noch offiziell das Sagen in der japanischen Gesellschaft. Sie halten 92 Prozent der Abgeordnetensitze, unter den 18 Kabinettsmitgliedern von Premier Kan befinden sich gerade mal zwei Ministerinnen. In der freien Wirtschaft sieht nicht viel anders aus, Männer bestimmen den Kurs, Frauen führen es aus. Je höher es die Karriereleiter hinaufgeht, desto seltener werden die Frauen. Gerade mal drei Prozent aller Unternehmens-Bereichsleiter sind Frauen, weibliche Abteilungsleiter halten um die fünf Prozent der Posten. Trotz aller Gesetze zur Gleichberechtigung erwarten die meisten Firmen von den Frauen zu ihrer Hochzeit die Kündigung. Spätestens mit der Geburt des ersten Kindes kehren drei von vier Frauen dem Arbeitsmarkt den Rücken. So ähnelt der Lebenslauf einer Japanerin einem großen M: Als Twen arbeitet sie voll, die Beschäftigungsrate geht steil nach oben, es folgen mit Ende Zwanzig Heirat und Mutterschaft, die Kurve stürzt ab. Sind die Kinder aus dem Haus, geht es der Anteil der Beschäftigten wieder nach oben. Kaum eine Frau kann sich dann noch Hoffnung auf ihren alten Beruf machen oder gar mit einer vollen Stelle rechnen. Sie sucht sich eine Paato-Stelle (part-time job) oder eine Arubaito (Job), schlecht bezahlt und ohne Kündigungsschutz.

Zugreinigerin

Der lange Tag des Salariman

Sind die Männer nun zu beneiden? Wohl kaum. Viele beginnen ihren langen Arbeitstag mit ein bis zwei Stunden Bahnfahrt, in Japan ist das nichts Ungewöhnliches. In der Firma wartet fast immer das Großraumbüro. Jeweils zwei Tische stehen sich gegenüber, am Ende der langen Tischreihe steht ein Tisch quer. Das ist der Schreibtisch des Chefs, er hat den besten Platz gleich am Fenster. Das rangniedrigste Mitglied seiner Gruppe sitzt hinten im Dunkeln. Im Büro trägt jeder Pantoffeln. Undenkbar, den langen Arbeitstag in Straßenschuhen zu verbringen. Nach gemeinsamen Turnübungen zum Takt der Lautsprechermusik vergeht der Vormittag meist mit Besprechungen, Punkt zwölf Uhr ertönt ein Gong und läutet die Mittagspause ein. Die Kollegen gehen gemeinsam in eines der vielen kleinen Restaurants des Viertels. Gegessen wird im Eiltempo, Zeit für Gespräche hat man jetzt nicht. ein paar Minuten möchte jeder noch am Schreibtisch dösen. Später geht es raus zu Kunden, das Taxi wird mit Gutscheinen der Firma bezahlt.

Mittagspause

Im Großraumbüro

Manchmal verteilt der Chef diese Gutscheine als Bonus, die Angestellten nutzen sie gerne an Abenden, wenn die Konpa, das Trinken mit den Kollegen, besonders spät werden.

Ausreichend Bargeld haben die wenigsten Männer in der Tasche. Alle Ehemänner händigen ihren Frauen das Gehalt aus und bekommen im Gegenzug ein knapp bemessenes Taschengeld. Schon immer haben die Japanerinnen die Finanzen der Familie kontrolliert. Neu ist nur der ständig wachsende Graben zwischen Arbeits- und Familienwelt. Wie in allen modernen Gesellschaften verbreitet er sich unaufhörlich. Auf der einen Seite stehen die Salariman, auf der anderen Seite sind Frau und Kinder. Steht zum Beispiel eine Versetzung an, wird nicht lange gefackelt. Eher einem Marschbefehl gleich als einer Chance zur beruflichen Veränderung, wird der Betroffene kurzfristig informiert, Ablehnung ist ein Ding der Unmöglichkeit. Frau und Kinder haben mitzugehen. Passt das nicht, wird der tapfere Samurai-Salariman halt zum Strohwitwer und muss alleine gehen. Das ist normal, Ehefrauen sind nicht sonderlich misstrauisch. Die Firma wird ihn schon beschäftigt halten, und am Wochenende darf er heim. Das hat eindeutig Vorteile, so kann er am Freitag auf einen frühen, sprich: regulären Feierabend um 17 Uhr bestehen. Am Ende hat die Familie so mehr von ihrem Business Bachelor als von einem regulären Pendler.

Wochentags findet der Arbeitstag oft kein Ende. Trotz Feierabendgong bestimmt immer der Chef, wann der Arbeitstag vorüber ist. Bevor er nicht aufsteht, verlässt niemand das Büro. Das ist eines der ungeschriebenen Gesetze der japanischen Arbeitswelt. Undenkbar auch, die Einladung zum Feierabendbier und den gemeinsamen Besuch der Karaoke-Bar auszuschlagen. Wenn der Chef einen trinken will, müssen alle mit. Dabei kann man dann so manches Problem besprechen, was im Büroalltag unmöglich ist. Ein guter Chef kümmert sich nicht nur um berufliche Belange seiner Truppe, er hat auch ein Ohr für ihre privaten Sorgen. Denn nur wer einen freien Kopf hat, kann auch gut arbeiten. So darf nach ein paar Runden Sake auch ordentlich geschimpft werden. Betrunkene haben

Narrenfreiheit, am nächsten Tag werden alle ihre Taten und Worte wieder vergessen und vergeben sein. Man ist wieder ganz auf höflich-korrekter Distanz, auch wenn man sich am Abend zuvor weinend in den Armen gelegen hat. Ausländer haben Schwierigkeiten, diesen Sprüngen im Verhalten zu folgen. Japanern hilft es, durch ihren anstrengenden und vor allem langen Alltag zu kommen. Nur gut, dass zuhause die geduldige Ehefrau mit heißem Bad und weichem Futon wartet. Egal, wie spät es wieder werden wird.

Frauen und Familie

Doch nur noch zwei Drittel der Bevölkerung kommen heute in den Genuss, dass daheim jemand auf sie wartet, der Anteil der Singlehaushalte erreicht knapp 30 Prozent. Es wird immer später geheiratet (Frauen mit 28, Männer mit 29 Jahren), und die Anzahl der Kinder sinkt stetig. Ein Drittel der Ehen wird noch schnell vor der Geburt des ersten Kindes geschlossen, um dem Nachwuchs den Makel der Unehelichkeit zu ersparen. Denn ist der einmal im Familienregister auf dem Amt eingetragen, kann er nicht wieder gelöscht werden. Über die Hälfte aller Ehen werden zwischen Arbeitskollegen geschlossen. Die Frauen sind also mit dem Arbeitsumfeld ihrer Männer recht vertraut. Hinzu kommt, dass mit der Heirat der Einzug in eine sehr günstige firmeneigene Wohnung ansteht und so die Nachbarschaft ebenfalls nur aus Kollegen bestehen. Entgegen der Regel, dass man Fremde nie zu sich nach Hause einlädt, herrscht hier tagsüber ein reges Kommen und Gehen. Wohnblocks wirken oft anonym und abschreckend trist, aber dahinter steckt oftmals dörfliche Betriebsamkeit mit offenen Türen und munterem Verkehr zwischen den kleinen Wohnungen. Wieder gilt das Prinzip von drinnen und draußen: Uchi no Danchi, unsere Wohnsiedlung. Untereinander ist man ungezwungen, nach außen bewahrt man Etikette.

Ist das erste Kind also geboren, werden Dreiviertel der Frauen zu ›Profi-Hausfrauen‹ (Senyō Shufu), Dies ist eine ehrbare Bezeichnung, die Gesellschaft respektiert ihren Einsatz für die Familie, und niemals würde man sie

Zwei Generationen

fragen, warum sie denn nicht ›richtig‹ arbeiten gehe. Ihr Tag beginnt schon früh mit dem Füllen der Lunchpakete (O-Bentō) für Mann und Kinder. Das muss sorgfältig und liebevoll gemacht werden, denn andere Mütter und das Kindergartenpersonal messen daran den Grad der mütterlichen Liebe. Kleine Kinder begleiten ihre Mutter auf allen Wegen, der Tagesrhythmus von Mutter und Kind ist gleich. Babys halten ihren Mittagsschlaf nach Bedarf, auch gerne auf Mutters Rücken beim Einkauf, abends geht's gemeinsam ins Bett. 24 Stunden Körperkontakt lautet das Geheimnis der zufriedenen kleinen Japaner, quengelnde Kleinkinder in U-Bahn oder Restaurant wird man kaum erleben. Der Tag vergeht mit Spielgruppen und Förderunterricht für den Nachwuchs bis zum Abend, wenn ein ordentliches Essen auf den Tisch gebracht werden muss. Vater wird abends Bericht erstattet, nur bei handfesten Problemen wird er aktiv eingreifen. Elternabende gibt es übrigens nicht, Besprechungen zwischen Schule und Elternhaus finden grundsätzlich vormittags statt. Kindererziehung spielt sich in einer reinen Frauenwelt ab.

Verlassen die Kinder langsam das Nest, wird der Ehemann pensioniert, kommt es nicht selten zur familiären Katastrophe: Mutter lässt sich scheiden. Sie hat sich in ihrem Leben eingerichtet, war jahrelang für alle da, und nun sitzt da ein Mann von morgens bis abends auf dem Sofa und weiß nichts mit sich anzufangen. Freunde hat er nicht, mit der Arbeit hat er sein soziales Umfeld verloren. Sie hingegen führt ein äußerst aktives Leben … mit ihren Freundinnen. ›Er klebt an mir wie nasses Laub‹, so die abwertende Äußerung vieler älterer Damen. Mittlerweile nehmen Scheidungen im reiferen Alter einen Anteil von 15 Prozent in Anspruch. Finanziell sind die munteren Singlefrauen mittlerweile auch abgesichert: Seit 2007 haben sie Anspruch auf die Hälfte der Pensionsgelder ihre Ex-Mannes.

Das Alter

Doch für die meisten Damen im reiferen Alter steht nicht Freizeitspaß auf dem Programm, sondern eine neue Runde an Familienpflichten. Es gilt, die alten Eltern zu versorgen. Noch geschieht dies meist daheim, ein Platz in einem der 2000 Altersheime für knapp 27 Millionen Japaner über 65 (zum Vergleich: Deutschland verfügt über 10 000 bei circa 16 Millionen Senioren) zu erhalten, kommt einem Lottogewinn gleich. Immerhin wohnen mehr als die Hälfte aller Japaner in einem Drei-Generationen-Haushalt und das lange vor Pflegebedürftigkeit. Die meisten Alten sind auch bis ins hohe Alter quietschfidel und unternehmungslustig. So finden sie sich im Morgengrauen zum Gateball-Spiel und Ground Golf im Park ein oder versorgen noch ein eigenes Stück Land. Das sind die Glücklichen, leider müssen viele Alte aufgrund der niedrigen Pension so lange wie möglich arbeiten. So kehren sie die Bahnhöfe, leiten an Baustellen den Verkehr um oder rupfen am Straßenrand Unkraut.

Kleinkind mit Mutter und Großmutter

Land und Leute

Rentner in Nagoya

Auch als Konsumentengruppe werden alte Menschen immer interessanter: Autohersteller produzieren für den Privathaushalt Personenwagen mit ausfahrbaren Sitzen, Plüschtiere mit elektronischem Innenleben erinnern an die Medikamenteneinnahme, Roboter erleichtern das Umbetten und Baden von Heimbewohnern, Demenzkranke werden mit GPS-Sendern versorgt. Das gesamte Land ist obendrein flächendeckend mit einem Lieferservice der Supermärkte und Kaufhäuser abgedeckt. So bleiben knapp die Hälfte der ›Silver Seniors‹, wie die Japaner sie auch gerne nennen, so lange wie möglich in ihren eigenen vier Wänden. Dies gilt interessanterweise im Süden Japans stärker als im Norden. Vielleicht lässt die lange Selbstständigkeit die Menschen auf Okinawa so alt werden?

Minderheiten

Gemeinhin sind Ausländer eine Gruppe von Minderheiten, die Japan freundlich willkommen heißt, sie aber auch genauso freundlich ein paar Jahre später verabschieden möchte. Ausländer, insbesondere westliche, haben einen hohen Unterhaltungswert, aber so richtig dazu gehören sie nicht. So ergeht es auch den in Japan lebenden Koreanern.

Koreaner

Gegenwärtig leben an die 600 000 Koreaner in Japan, nicht mitgezählt Studenten und Koreaner mit japanischem Pass. Von 1910 bis 1945 hatte Japan ihre Heimat auf der koreanischen Halbinsel annektiert, ebenso wie Taiwan war es bis zum Ende des Weltkrieges Teil des japanischen Kaiserreichs. Nach Kriegsende befanden sich 2,4 Millionen Koreaner in Japan. Einige Zehntausend strandeten auf Sachalin/Karafuto, viele konnten durch die Teilung Koreas und den nachfolgenden Krieg nicht in die Heimat zurück. Japan verweigerte ihnen lange Zeit Unterstützung und ließ Diskriminierungen bis in die jüngste Vergangenheit zu. Erst seit 1985 ist es für die in Japan lebenden Koreaner wesentlich einfacher, japanischer Staatsbürger zu werden. Doch dafür muss die koreanische Staatsbürgerschaft aufgegeben werden, und das ist für Patrioten ein bitterer Preis. Koreanischsprachige Schulen, einst einziges Zugeständnis der japanischen Regierung, verlieren immer weiter an Attraktivität. Wohl auch, weil sie größtenteils unter dem Einfluss Nordkoreas stehen. Die meisten Zainichi-Koreaner (in Japan wohnhafte Koreaner) besuchen heute reguläre japanische Schulen, arbeiten für japanische Firmen und heiraten immer häufiger Japaner. Ihre Kinder dürfen nun auch problemlos Japaner werden. Hält dieser Trend an, wird sich Japans größte Minderheit bald in der Gesellschaft aufgelöst haben.

Ureinwohner Japans

Neben den Koreanern, die offensichtlich keine Japaner sind, gelten auch die ursprünglichen Bewohner von Okinawa (oder Ryūkyū-Inseln) und von Hokkaidō als Minderheiten. Der äußerste Süden sowie auch der äußerste Norden des Inselarchipels gehören erst seit ungefähr 150 Jahren zum japanischen Staatsgebiet. Ryūkyū (Okinawa) war ein eigenständiges Königreich mit intensiven Verbindungen zu China, es besaß eine eigenständige Sprache und eine Kultur, die wesentlich stärker der chinesischen ähnelt als der japanischen. Hokkaidō war ursprünglich das Land der Ainu, der Ureinwohner des nördlichen Japans. Das Königreich Ryūkyū fiel im 17. Jahrhundert unter die Kontrolle des Fürsten von Satsuma (Kyūshū), doch China protegierte das kleine Land erfolgreich bis in die Meiji-Zeit. Dann besetzte Japan die südlichen Inseln 1872 und nannte sie Okinawa. Im Zweiten Weltkrieg tobte hier eine der furchtbarsten Schlachten zwischen Japanern und Amerikanern, ganze Dörfer wurden von den Japanern zum Selbstmord gezwungen. Erst 1972 gaben die USA Okinawa an Japan zurück. Die Bewohner Okinawas waren darüber nicht begeistert, sie wollten die Unabhängigkeit. Heute boomt zumindest die besondere Kultur des einstigen Königreichs Ryūkyū, und viele junge Japaner blicken stolz auf ihr nicht mehr ganz so homogenes Land.

Die Ainu, das Urvolk des Nordens, haben leider nicht so eine starke Lobby wie die tropischen Inseln des Südens. Lange glaubte man, Ainu seien kaukasischen Ursprungs, ihre helle Haut und die starke Körperbehaarung genügten dafür als Indiz. Ihre Sitten erinnern jedoch eher an die Urbewohner Nordamerikas. Mit ihnen gemein haben sie eine lange Geschichte der Unterdrückung und Vertreibung. Ursprünglich bewohnten die Ainu weite Teile Nordjapans, doch japanische Siedler drängten sie seit dem Mittelalter immer stärker Richtung Norden. Ende des 19. Jahrhunderts wurde dann auch ihr letztes Territorium, die Insel Hokkaidō (oder auch veraltet: Ezo) von den Japanern vereinnahmt. Ein Gesetz von 1899 untersagte ihnen ihre Sprache und die vertraute Lebensweise eines Nomadenvolkes. Ohne Religion und kulturellem Halt endeten viele Ainu in Armut und wurden zu gesellschaftlichen Außenseitern. Mehr als 100 Jahre benötigte die japanische Regierung, um dieses Unrecht wieder rückgängig zu machen. Seit 2008 sind die verbliebenen 25 000 Ainu offiziell als indigenes Volk anerkannt. Trotzdem scheuen sich viele Ainu oder Utari, wie sie sich selbst nennen, öffentlich ihre Herkunft zu bekennen. Aus Angst vor Diskriminierung haben viele Eltern ihren Kindern die Familiengeschichte vorenthalten. Heute versucht man, mit Museen und folkloristischen Events die Erinnerungen an diese alte Kultur lebendig zu halten.

Burakumin

Noch weiter zurück in der Geschichte liegen die Ursprünge für eine weitere Gruppe von missachteten Menschen, der Burakumin. In Norden Japans bezeichnet Buraku eine kleine Siedlung oder Weiler, deren Bewohner heißen vorurteilsfrei Burakumin. Im Süden jedoch bezeichnet man mit Burakumin Menschen, die vom Tod oder den Produkten toter Tiere lebten. Gerber zählten ebenso dazu wie Totengräber oder Metzger. Im Buddhismus und Shintoismus gelten solche Leute als unrein und müssen unter allen Umständen gemieden werden. In der feudalistischen Gesellschaftsordnung der Edo-Zeit waren Burakumin und ihre Familien zusammen mit anderen Hinin (Nicht-Menschen, wie Prostituierte und Gaukler) die Underdogs der Gesellschaft. Erst 1877 wurde die offizielle Diskriminierung aufgehoben, doch weiterhin gaben Familienregister genaue Auskunft über die Abstammung einer Person. Bis lange nach dem Weltkrieg kursierten unter Firmen so genannte Buraku-Listen mit genauen Angaben über Buraku-Gemeinden. Die Buraku Liberation League (BLL) in Ōsaka schätzt, dass heute ungefähr drei Millionen Japaner ehemalige Burakumin seien. Andere gehen von Zahlen knapp unter einer Million aus. Weiterhin wagt es kaum ein Japaner, seine ›schmutzige‹ Vergangenheit zu enthüllen. Nur in den großen Gemeinden wie Naniwa in Ōsaka bestärkt man die Leute, sich mit ihrer eigenen Geschichte aktiv auseinanderzusetzen. Hier findet sich auch das Ōsaka Human Rights Museum (auch: Liberty Ōsaka), das die gesamte Bandbreite dieser gar nicht homogenen Gesellschaft zeigt.

Shisa, Wächterlöwen, zeugen auf Okinawa vom chinesischen Einfluss

Feste im Jahresrhythmus

Der Wechsel der Jahreszeiten macht sich in Japan nicht nur im Auf und Ab der Temperaturen bemerkbar, sondern auch durch die Vorbereitungen der zahlreichen Feiertage und damit verbundenen Bräuche. Im Alltag von Beruf und Schule halten sich die wenigsten Japaner heute noch mit dem genauen Einhalten der Traditionen auf, doch für ein wenig Dekoration und eine besondere Mahlzeit ist immer genügend Zeit. In den letzen Jahren haben sich dank der tatkräftigen Werbekampagnen des Einzelhandels westliche Festivitäten wie Valentinstag, Halloween und natürlich Weihnachten ins Bewusstsein der Japaner geschlichen und werden heute vor allem von Kindern und jungen Leuten begeistert gefeiert.

Neujahr

Das Neujahrsfest (O-Shōgatsu, der Auftaktmonat) am 1. Januar ist das wichtigste Fest des gesamten Jahres. An Ōmisoka (Silvester) wird es auf den Straßen ganz still. Die Geschäfte sind seit dem frühen Nachmittag geschlossen, Menschen sind kaum noch unterwegs. Vor allem die Metropolregionen haben sich geleert, die Feiertage verbringt man auf dem Land bei Verwandten. Dort ist alles auf Hochglanz gewienert, die Hauseingänge mit Kadomatsu (Gestecke aus Bambus, Pinienzweigen und Stroh) dekoriert, an der Kühlerhaube des Autos hat der Hausherr ein Shimekazari (Dekoration aus Reisstroh, Papierstreifen und Fächern gegen Unglück) befestigt. Diese Dekoration sollte in alten Zeiten den Gott des Jahres (Toshikami) anlocken. Die Reiskuchen (Mochi), die heute traditionell zu Neujahr verspeist werden, waren ursprünglich in Form der heute nur rein dekorativen Kagami Mochi Opfergaben an diesen Gott.

Am Silvesterabend isst die Familie zunächst Toshikoshi Soba, spaghettiförmige Buchweizennudeln. Sie sollen für Wohlstand im neuen Jahr sorgen. Kurz vor Mitternacht macht man sich auf zum Hatsumode, dem ersten Gebet des neuen Jahres. Dabei spielt es keine Rolle, ob man einen Schrein oder buddhistischen Tempel besucht. Beide Religionen sind in Japan so miteinander verwoben, dass die Gebete schon an der richtigen Stelle gehört werden. Berühmte Orte wie der Meiji-Jingū in Tōkyō werden allein an Neujahr von zwei Millionen Menschen besucht. Gemütlicher geht an den kleineren Anlagen zu. Buden säumen den Weg zum Schrein, still und gelassen warten die Menschen auf die dumpfen Glockenschläge des neuen Jahres. Niemand jubelt oder lässt gar die Sektkorken knallen, die Stimmung erinnert eher an einen Kirchgang an Heiligabend. Hat man selbst endlich die Glocken an den dicken Strängen geläutet, in die Hände geklatscht, sich verneigt und kurz gebetet, gönnt man sich noch einen warmen Becher Reiswein, kauft vielleicht noch einen Glückspfeil und dann geht es nach Hause ins Bett.

Am nächsten Tag besucht die Familie herausgeputzt einen größeren Schrein, kauft dort O-Mikuji, Vorhersagen für das Jahr, und knotet die Zettel an einen Baum, falls das Horoskop nicht ganz den Wünschen entspricht. Zuhause warten das Neujahrsessen, in wunderschönen Lackdosen angerichtet, und der besonders

Verkauf von Neujahrsdekoration

gute Reiswein. Dann wird die Neujahrspost gelesen, Sonderpostboten liefern sie pünktlich bis zum Mittag von Gantan (1. Tag des Jahres) in jedem japanischen Haushalt ab. Die Kinder warten gespannt auf ihre kleinen Umschläge mit Geld (Toshidama). Früher waren sie das Taschengeld fürs ganze Jahr, alle feierten am Neujahrstag ihr neues Lebensalter, Geburtstagsfeiern gab es damals nicht. Heute ist das zwar anders, trotzdem bekommen die Kinder von Verwandten und Bekannten die bunten Umschläge zugesteckt. Früher ruhte die Arbeit während Neujahr für eine gute Woche, heute öffnen viele Geschäfte schon wieder am 2. Januar mit besonderen Neujahrsangeboten und Überraschungstüten (Hatsu-uri, erster Verkauf im neuen Jahr). Unternehmen beginnen ihre Arbeit nicht vor dem 4. Januar, dann aber immer mit einer kleinen Feier für die Belegschaft. Insbesondere an der Börse kleiden sich die Damen dafür extra in ihre Kimonos. Früher endete das Neujahrsfest am 15. Januar mit dem so genannten Kleinen Neujahrsfest. An den großen Schreinen brennen an diesem Abend Feuer, die Neujahrsdekoration und die Glücksbringer des alten Jahres werden so sicher auf heiligem Grund entsorgt. Spätestens jetzt setzt der Alltag wieder ein.

Teufel hinfort!

›Raus mit den Teufeln, rein mit dem Glück‹ (Oni wa soto, fuku wa uchi!), immer wieder rufen die Kinder lachend und kreischend an Setsubun (2. Februar) diesen Spruch und werfen begeistert geröstete Sojabohnen auf die grünen und roten Teufelchen, die in den Kindergarten oder das Klassenzimmer eingedrungen sind. Nach ein paar Minuten ist der Spuk vorbei und nun darf jeder so viele Bohnen essen, wie er Jahre zählt. Das soll vor Krankheiten in den letzten Winterwochen schützen.

Nicht nur Kinder haben zum Frühlingsbeginn ihren Spaß mit der Teufelsaustreibung. An Schreinen und Tempeln werfen Priester oder auch schon mal Fernsehstars oder Sumō-Kämpfer Bohnen oder Süßigkeiten in die Menge. Daheim wirft das männliche Oberhaupt die Sojabohnen auf kleine eigene Teufelchen und in die Glück verheißende Richtung des noch recht neuen Jahres. Setsubun markierte ursprünglich den Auftakt jeder Jahreszeit, heute meint man damit aber zumeist nur diesen Tag im Februar.

Be my Valentine!

Nicht nur geröstete Bohnen verkaufen sich im Februar gut, sondern auch Schokolade. Denn am 14. Februar ist Valentinstag, mit dem kleinen Unterschied, dass hier nur Männer Geschenke bekommen. So kommt Vater abends von der Arbeit heim, beladen mit Pralinenschachteln und vielleicht auch einer kleinen Flasche Wein. Die Kinder freuen sich, die Ehefrau nimmt es gelassen. Kein Grund zur Eifersucht, die bunten Päckchen enthalten nur Giri-Schoko, Pflicht-Schokolade. Denn es gehört zur guten Erziehung, dass die Bürodamen ihren männlichen Kollegen am Valentinstag eine süße Kleinigkeit überreichen. Am 13. März sieht man eben diese Männer durch die Kaufhäuser irren, auf der Suche nach dem passenden Gegengeschenk. Am 14. März ist White Day, und da bekommen alle Damen eine Kleinigkeit zurück. Lästig, blöde, Geldverschwendung, jammern alle Beteiligten, aber keiner wagt den ersten Schritt, und so wird zur Freude der Pralinenindustrie der Zirkus noch einige Jahre weiter gehen.

Puppenfest

Der 3. März ist ein ganz besonderer Tag für kleine Mädchen. Heute feiert man Hina Matsuri, das Puppenfest. Dazu haben Mutter und Großmutter entweder den in der Familie vererbten kaiserlichen Puppen-Hofstaat auf sieben Etagen verteilt aufgestellt oder ein brandneues Set dekorativ aufgebaut. Seit der Edo-Zeit findet man in jeder Familie mit weiblichem Nachwuchs Kaiser und Kaiserin in Puppenformat. Die Mädchen laden ihre Freundinnen zu Amazake (milchigem

›Teufelsaustreibung‹ in Ōsaka

Land und Leute

alkoholfreiem Reiswein) und Arare (bunten Reiscrackern) ein, zusammen feiern sie ihre hoffentlich strahlende Zukunft (properer Ehemann inklusive). Der Ursprung des Festes liegt in der Heian-Zeit, als man Strohpuppen in papiernen Booten den Fluss hinabfahren ließ. Sie sollten das Böse hinweg tragen. Noch heute findet diese Zeremonie jedes Jahr am Kamo-Schrein in Kyōto statt. Wer nicht zu einer netten kleinen Party zu Füßen der Puppen-Majestäten eingeladen ist, sieht sich zumindest die Verkaufsausstellungen der Kaufhäuser an. Doch nur vor dem 3. März. Denn wer seine O-Hinasama, die ehrenwerten Festtagspuppen, auch nur einen Tag länger zeigt, bekommt später mal keinen Ehemann. Den 3. März bezeichnet man auch als Momo no Sekku, Pfirsichblütenfest. Er kündet den Beginn einer neuen Jahreszeit an und wurde schon im alten China gefeiert.

Knabenfest

Der 5. Mai, die doppelte Fünf, ist in ganz Ostasien ein besonderer Tag. Nach dem Mondkalender ist es der längste Tag des Jahres und markiert gleichzeitig den Beginn der frühsommerlichen Regenzeit. Im chinesischen Kulturkreis finden an diesem Tag die berühmten Drachbootrennen statt, in Japan feiert man seit über 1000 Jahren mit martialischer Dekoration den männlichen Nachwuchs. Vor 60 Jahren änderte man aus Gründen der Gleichberechtigung den Feiertag in einen Tag für alle Kinder und ihre Mütter um (Kodomo no Hi). Die Mädchen dürfen natürlich überall in den Freizeitparks und Museen ihren Spaß haben, aber im Bewusstsein der Menschen ist dieser Tag immer noch den Jungen gewidmet. Einer Legende zufolge schwimmt der starke Karpfen stromaufwärts und verwandelt sich dort in einen edlen Drachen. Die flatternde Bewegung der großen Karpfenfahnen im Frühlingswind soll an diese Geschichte erinnern und verkünden die Anzahl der Jungen oder Kinder eines Haushalts. In traditionsbewussten

Koifahnen beim Knabenfest

Familien werden, je nach Geldbeutel, Samurairüstungen, ein Kriegerhelm oder ein Schwert aufgestellt. Beliebt sind die Darstellungen eines berühmten Samurai der Heian-Zeit. Dieser Kintarō war als Kind so stark, dass er auf Bären ritt und mit wilden Tieren spielte.

Sternenfest

Am 7. Juli findet ebenfalls seit der Heian-Zeit das Sternenfestival Tanabata statt. Nur an diesem Tag, und auch nur, wenn es nicht regnet, treffen sich am Sternenhimmel die zwei Liebenden, Weberprinzessin und Ochsenhirte. So berichtet zumindest eine alte Legende aus China, die auch in Japan und Korea seit Jahrhunderten sehr beliebt ist. Ursprünglich fanden in dieser Jahreszeit Reinigungsriten der Shintō-Priesterinnen statt. Sie webten als Opfergabe an die Götter Stoffe auf einem bestimmten Webstuhl, dem Tanabata (gleiche Aussprache wie das Sternenfest, aber andere Schriftzeichen). Ebenso galt es als gutes Omen, sich an diesem Tag besondere Fähigkeiten zu wünschen. Die Mädchen erbaten sich mehr Talent im Weben und Nähen, die Jungen eine bessere Handschrift. Auch heute schreibt man seine Wünsche auf bunte Papierstreifen (Tanzaku) und hängt sie an Bambuszweige. Diese verschiedenen Elemente haben sich heute mit neuen Komponenten wie Feuerwerk, Paraden und Misswahlen vermischt und sorgen für ein schönes Sommerfest.

Totenfest O-bon

Das Totenfest O-bon (auch Laternenfest genannt) wurde nach dem Mond-kalender am 15. Juli gefeiert, heute gedenkt man seiner Ahnen zumeist Mitte August. Während dieser drei Tage kehren die Verstorbenen zu den Hausaltären

Dekoration zum Sternenfest in Takayama

Weihnachten in Tōkyō

zurück und müssen dort von der Familie gebührend mit Speisen und Getränken willkommen geheißen werden. Also fährt ganz Japan im August zurück in die Heimat, besucht die Familie und reinigt die Grabstätten. Abends findet auf dem Dorfplatz Bon-Odori, Sommerfest mit Tanz, statt. Die gesamte Familie kleidet sich in leichte Baumwollkimonos (Yukata) und legt unter der Anleitung älterer und vor allem schrittsicherer Damen los. Für Bon-Odori braucht man keine Vorkenntnisse, die Tanzschritte imitieren zumeist den Reisanbau und lassen sich schnell lernen. Zum Rhythmus von Trommeln und Flöten geht es immer im Kreis um die Musikantenbühne (Yagura) herum. Jede Region hat eigene Lieder und Tanzschritte, manche sind im ganzen Land berühmt. Das Fest endet mit Toro Nagashi (Davonschwimmen der Laternen). Symbolisch lässt man erleuchtete Papierlaternen den Fluss hinuntertreiben und schickt so die Ahnen zurück in das Reich der Toten. Auch der fröhliche Tanz rund um den Dorfplatz hat wie das gesamte Fest einen buddhistischen Ursprung. Einst tanzte der Mönch Mokuren vor Freude, weil er seine verstorbene Mutter aus den Klauen böser Dämonen befreien konnte.

Herbstmondfest

Anders als in unseren Breiten, wo der Vollmond Werwölfe herbeiruft und empfindsame Menschen um ihre Nachtruhe bringt, bewundern die Japaner den Mond. Vor allem der strahlend helle Vollmond im Herbst wird ausgiebig betrachtet. Nach dem Mondkalender ist er Mitte August am schönsten. Im Gegensatz zu China oder Korea wird Tsukimi (Mondbetrachtung) nur im kleinen Kreis gefeiert. Heute dekoriert man am 23. September, wenn Tag- und Nachtgleiche herrscht, den Tisch mit Chinaschilf, häuft weiße Reisklößchen, gekochte Maronen und Sojabohnen zu kleinen Pyramiden, trinkt Reiswein und betrachtet entzückt den Mond. In klaren Nächten zeigt sich darauf der Hase, er klopft in einem Bottich eifrig Reis zu Brei, der Mann im Mond ist unbekannt. Hasenmotive symbolisieren in Japan den Herbst und nicht das fruchtbare Frühjahr.

Oh, Jingle Bells!

Vor dem Jahreswechsel steht noch das ›Fest der Feste‹ an: Weihnachten steht vor der Tür. Mit Leidenschaft scheint jeder Quadratzentimeter der Shoppingcenter dekoriert zu sein, Jingle Bells und Co. quellen aus jedem Lautsprecher. In den Vorgärten der besseren Wohngegenden vermehren sich von Jahr zu Jahr Rentierschlitten und Weihnachtsmänner, Lichterketten wickeln sich um Dachrinnen und Fenstereinfassungen. So weit, so vertraut. Doch Heiligabend macht sich nur eine winzige Minderheit auf zum christlichen Gottesdienst. Bei Familien ist Party mit Hühnerbeinchen und original Kurisumasu Keki (sprich: Christmas Cake, Erdbeertorte mit ganz viel Schlagsahne und einem Plastik-Santa als Deko) angesagt. Wer als Single kein Date hat, steht kurz vor dem sozialem Aus. An Heiligabend sind die Love Hotels und Restaurants seit Monaten ausgebucht, die Juweliere jubeln über Rekordumsätze. Doch Geschenke bekommen nur kleine Kinder und die geliebte Freundin, Verwandte und Ehepartner gehen leer aus.

Den wahren Kulturschock erlebt der heimwehkranke Ausländer erst am nächsten Morgen: Keine Spur von Weihnachten mehr! Fleißige Hände haben noch in der Nacht die gesamte Dekoration entfernt und sich wieder japanischer Traditionen erinnert. Bald ist Neujahr, Pinienzweige, Strohseile und Reispapier warten auf ihren Einsatz.

Staatliche Feiertage	
Neujahr (Gantan)	1. Januar
Tag der Volljährigkeit (Seijin no Hi)	2. Montag im Januar
Nationalfeiertag (Kenkoku Kinenbi)	11. Februar
Frühlingsanfang (Shunbun no Hi)	21. März
Shōwa-Tag (Shōwa no Hi)	29. April
Kindertag (Kodomo no Hi)	5. Mai
Tag des Meeres (Umi no Hi)	3. Montag im Juli
Tag der Senioren (Keirō no Hi)	3. Montag im September
Herbstbeginn (Shūbun no Hi)	23. September
Sporttag (Taiiku no Hi)	2. Montag im Oktober
Kulturtag (Bunka no Hi)	3. November
Erntedank (Kinrō Kansha no Hi)	23. November
Kaisers Geburtstag (Tennō Tanjōbi)	23. Dezember

Land und Leute

Kimono

Die Nationaltracht Japans erkennt wohl jedes Kind auf Anhieb: Ein Kimono ist so japanisch wie ein Samurai, einfach unverwechselbar. Das Wort selbst bedeutet einfach ›Ding zum Anziehen‹ und umfasste früher sämtliche Kleidungsstücke. Heute bezieht sich der Begriff nur noch auf die traditionelle Bekleidung von Männern, Frauen und Kindern.

Wie so vieles ist auch dieses Kleidungsstück eine Weiterentwicklung eines chinesischen Vorbilds aus der Tang-Dynastie (618–907). Während der Heian-Zeit trugen Männer und Frauen Kimono-Roben noch offen und in mehreren Lagen über weiten Hakama-Hosen. Erst später ging man dazu über, den Kimono allein zu tragen und ihn mit einer Stoffschärpe, dem Obi, fest zu binden.

Während der Edo-Zeit wurden die Ärmel des Kimonos als Zeichen unverheirateter Frauen immer länger, und auch der Obi nahm an Breite zu. Seitdem ist Form und Größe unverändert. Falten und Umschläge sorgen für den perfekten Sitz. Bei kleinen Personen ist das praktisch, lässt aber große Menschen wie in die Höhe geschossene Teenager aussehen.

Ein traditioneller Kimono und der passende Obi sind immer aus Seide, handgenäht und mit einem von Hand applizierten Muster versehen. Webmuster und regelmäßige Verzierungen sollten bei einem förmlichen Anlass nicht getragen werden. Ebenso gilt die Regel: je älter die Trägerin, desto gedeckter die Farben. Männer tragen grundsätzlich dunklere Farbtöne. Eine Ausnahme bilden die jungen Sumō-Ringer, manche von ihnen haben einen ausgeprägten Hang zu Pastelltönen.

Moderne Kimonos bestehen manchmal aus Kunstseide. Das ist für die Reinigung ungemein praktisch, da die schweren Seidenkimonos nur von Spezialisten gewaschen werden können. Dafür müssen die Nähte aufgetrennt und das gute Stück später wieder zusammengenäht werden. Ein Kimono besteht nur aus mehreren Bahnen Stoff, die alle eine Einheitsbreite haben (aus einer Rolle Stoff entsteht ein Kimono).

Je nach Anlass und Jahreszeit dürfen Frauen nur bestimmte Farben und Muster tragen. Die moderne Japanerin ist damit zumeist überfordert und überlässt einem Profi Auswahl und korrektes Anlegen des Kleidungsstückes. Hat sie die wertvollen Kleider geerbt oder verfügt sie über die nötigen Geldmittel (der Preis eines Kimonos liegt üblicherweise bei 10 000 Euro), kommt die Expertin ins Haus.

Ansonsten wendet sich die Japanerin an ihren Friseur, denn jeder bessere Salon hat Verbindungen zu einem Kimono-Verleih. Dieser wählt dann beispielsweise bei einer Hochzeit für die Brautmutter einen schwarzen Kimono mit Blumenmuster am unteren Rand aus, für die jüngere Cousine einen Kimono mit langen Ärmeln (Furisode) und sehr kräftigen Farben, und die ältere Schwester der Braut bekommt einen Kimono mit kurzen Ärmeln in zartem Hellblau mit den Blumen der Jahreszeit. Schwarze Kimonos mit dem Familienwappen gelten als Trauerkleidung, schneeweiße mit eingewebten Glückssymbolen sind allein einer Braut vorbehalten.

Männer haben es wieder mal wesentlich einfacher: Ein schlichter Kimono in dunkler Farbe mit dem Familienwappen auf Brust, Ärmel und Rücken genügt für viele Anlässe. Gerne tragen Mann und Frau über dem Kimono noch eine längere Jacke, Hakama genannt.

Kinder beim Shichi-Go-San-Fest

Feste im Leben eines Japaners

Der kleine Japaner hat das Licht der Welt in einem Krankenhaus erblickt und bleibt einen Monat daheim, behütet von Mutter und Großmutter. Dann besucht das Baby zum ersten Mal in einen besonderen Kimono verhüllt mit Eltern und Großmüttern den Schrein (Hatsumiyamairi), Großväter kommen traditionell nicht mit. Der Priester segnet das Kind, und gemeinsam werden Gebete gesprochen. Zuvor war der junge Vater auf dem Rathaus und hat sein Kind in das Familienregister (Koseki) eingetragen. Das Koseki ist weit mehr als das Stammbuch der Familie. Hier erscheinen nicht nur die üblichen Familienereignisse wie Geburt, Tod, Heirat und Scheidung. Auch Adoption oder Unehelichkeit und sogar Straftaten werden vermerkt. Erst seit 1976 haben nur noch Familienmitglieder und die Polizei Zugang zu den Daten, im Jahr zuvor wurden die Abstammungslinien aller Personen gelöscht. Neugeborene werden entsprechend der Reihenfolge unter Geschwistern registriert: ältester Sohn, älteste Tochter, zweiter Sohn, und so weiter. Ein uneheliches Kind wird hingegen nur als Kind registriert, spätere Änderungen sind ausgeschlossen.

7-5-3

Hat der kleine Erdenbürger noch nicht viel von seinem ersten offiziellen Auftritt mitbekommen, sind die Kinder schon drei, fünf oder sieben Jahre alt, wenn sie das nächste Mal Ujigami, dem Schutzgott für Gesundheit, präsentiert werden. An Shichi-Go-San (7-5-3), ursprünglich am 15. November gefeiert, heute jedoch an einem beliebigen Tag im Herbst, kleidet man die dreijährigen Jungen und Mädchen, die fünfjährigen Jungen und die siebenjährigen Mädchen in fröhlich-bunte Kimonos oder Hakama, lässt den siebenjährigen Mädchen noch die Haare professionell richten und besucht den Schrein in der Nachbarschaft. Dort vollzieht der Priester ein Reinigungsritual und betet für die Gesundheit der Kinder. Nach dieser Zeremonie ließ man früher den Dreijährigen die Haare wachsen als Zeichen, dass sie dem Kleinkinderalter entwachsen waren. Die fünfjährigen Buben durften erstmals ›richtige‹ Männerkleidung (Hakama) tragen, und siebenjährige Mädchen banden ihren Kimono nicht mehr mit einem lockeren Band, sondern mit dem festen Obi zu. Viele Eltern leihen heute die Festtagskleidung. Einschließlich Friseurbesuch, Schminken und Fototermin kostet das dann ›nur‹ noch umgerechnet 600 Euro.

Volljährigkeit

Muss man die Kleinen noch überreden, den unbequemen Kimono anzuziehen und beim Schreinbesuch geduldig zu sein, können jugendliche Japaner diesen Termin mit Kimono kaum abwarten. Endlich erwachsen! Die Stadt lädt jedes Jahr am zweiten Montag im Januar alle Gemeindemitglieder, die während des neuen Jahres 20 Jahre alt werden und damit die Volljährlichkeit erreichen, zur Seijin Shiki (Volljährigkeitsfeier) ein. Morgens halten Vertreter der Stadt lange Reden, dann gibt es kleine Geschenke. Danach strömt das Jungvolk in die Stadt und feiert, solange die Füße es in den traditionellen Sandalen mitmachen. Manche Gemeinden sind dazu übergegangen, ihre Feiern während der O-bon-Feiertage abzuhalten. Dann weilen Studenten und junge Angestellte zu Besuch in der Heimat, und die Teilnahmerrate fällt wesentlich besser aus.

Junges Paar in Kimonos

Hochzeit

Das erste Hochzeitspaar Japans waren Isanagi und Isanami, die Gründungsgötter der Nation. Damals genügte es noch, eine Säule zu umkreisen, und schon war man verheiratet. Heute ist eine Hochzeit wesentlich aufwändiger. Über 70 Prozent aller Paare feiern im Hotel oder einer Wedding Hall. Hochzeitsplaner arrangieren hier alles, angefangen von den Einladungen bis hin zum letzten Schluck in einer nah gelegenen Bar.

Braut in Matsumoto

Bei der eigentlichen Hochzeitszeremonie wählt das Paar unter drei Variationen: Trauung in der hauseigenen Hochzeitskapelle, Trauung nach shintoistischen Riten oder einfach einem Eheversprechen vor Familienmitgliedern und einem offiziellen Zeugen. Die letztere Form war bis in 20. Jahrhundert allgemein üblich. Die Familien von Braut und Bräutigam versammelten sich im Haus des Bräutigams vor dem Tokonoma, der guten Ecke im Wohnzimmer. Das Eheversprechen wurde mit mehreren Schalen Reiswein besiegelt. Die shintoistische Zeremonie (Shinzenshiki, Zeremonie vor den Göttern) kam erst mit der Hochzeit des späteren Taishō-Tennōs im Jahr 1900 in Mode. Heute haben Reisende besonderes Glück, sollten sie in einem Schrein einem Brautpaar, sie im schneeweißen Kimono mit Haube, er mit würdigem Hakama, begegnen. Das notwendige Standesamt kommt nach der Hochzeitsfeier oder ist schon erledigt, ganz nach Belieben der Brautleute. Für die standesamtliche Trauung benötigt man nur die Auszüge aus dem Familienregister, die Namensstempel des Brautpaars sowie zwei Zeugen, Wartezeiten gibt es nicht. Ganz Eilige erledigen sogar alles über den Postweg.

Wer am Abend schon bereut, was er da unterschrieben hat, kann sich theoretisch noch am gleichen Tag scheiden lassen. Nicht wenige machen das gleich nach den Flitterwochen. Solche Blitzscheidungen haben auch einen Namen: Narita Rikon, die Narita-Scheidung, benannt nach dem Flughafen: Kaum gelandet, schon geschieden. Doch ein Trost bleibt: Knapp zwei Drittel der japanischen Ehen halten ein Leben lang, Tendenz steigend.

Runder Geburtstag mit 60

Mit 60 Jahren hat man es in Japan geschafft. Dieser Geburtstag ist nicht nur gewöhnlich der Beginn des Rentenalters, sondern der Kreis des Lebens hat sich einmal komplett geschlossen. Alle zwölf Tierzeichen der chinesischen Astrologie kombiniert mit den fünf Elementen Holz, Feuer Erde, Metall und Wasser ergeben genau 60 Jahre, bis man wieder im Zeichen des eigenen Geburtsjahrs steht. Kanreki, der japanische Name dieses Ehrentags, ist daher im ostasiatischen Kulturraum der runde Geburtstag schlechthin. Der Jubilar trägt ein rotes Mützchen und eine rote Weste. Traditionell ist Rot die Farbe, die vor dem Bösen schützt. Die Kleidung kleiner Kinder und Neugeborener war daher häufig rot. Am 60. Geburtstag kehrt man zum Anfang seines Lebens zurück, dies soll durch die rote Mütze und die Weste zum Ausdruck kommen.

Früher war der 60. Geburtstag auch unter Japanern ein großes Ereignis, heute feiern nur wenige Familien im traditionellen Stil. Sie gehen lieber auf Reisen, als für alle Bekannten und Verwandten ein Fest zu veranstalten. Einige Gemeinden haben begonnen, im Stil der Volljährigkeitsfeste die Jubilare eines Jahrgangs zu einer gemeinsamen Zeremonie einzuladen. Ein weiteres Indiz dafür, dass Japan sich rasend schnell in eine Silver Society entwickelt.

Abschied vom Leben

Die Feste des Lebens sind vom Shintoismus geprägt, doch in der Stunde des Todes wenden Japaner sich dem Buddhismus zu. Ist der Angehörige im Krankenhaus verstorben, bringt ihn ein prächtiger Leichenwagen nach Hause oder direkt in eine Trauerhalle. Die Leichenwagen haben einen goldfarbenen Aufbau in Form eines Tempeldaches und sind im Verkehr nicht zu übersehen. Ist der Verstorbene in seinem ehemaligen Heim angekommen, wird er von seiner Familie in weiße Gewänder gehüllt und aufgebahrt. Der Kopf muss Richtung Norden zeigen. Sandalen und sechs Münzen kommen ebenfalls in den Sarg, um dem Verstorbenen das Übersetzen in das Totenreich zu erleichtern. Ein buddhistischer Priester verliest Sutren. Die ganze Nacht vor der Beerdigung sollen nun Kerzen und Weihrauch brennen. Doch immer öfter hält man nur noch ein paar Stunden Totenwache. Am Tag der Bestattung überreichen die Trauergäste einen schwarz-silberfarbenen Geldumschlag, verbrennen Weihrauchstäbchen und verbeugen sich vor dem Bild des Toten. Posthum erhält der Tote einen buddhistischen Namen. Dabei gilt die Regel, je wertvoller der Name, desto höher die Gebühren des Priesters.

Nun heißt es, endgültig Abschied zu nehmen. Einige Blumen und vielleicht noch die heiß geliebten Zigaretten dürfen dem Toten mitgegeben werden, bevor der Sarg vernagelt wird und im Krematorium verschwindet. Nur enge Familienangehörige sind bei der Einäscherung anwesend. Sie dürfen selbst einige Knochen des Verstorbenen in die Urne füllen und diese mit nach Hause nehmen, bis sie auf dem Friedhof beigesetzt wird. Grabstätten kosten in Japan ein Vermögen (durchschnittlich zwei Millionen Yen), so bieten einige Bestatter kleine Schließfächer in riesigen Buddhastatuen oder schlichten Hochhäusern an. Hier kostet die letzte Ruhestätte weniger als ein Viertel der üblichen Kosten. Preisabsprachen und überzogene Gebühren in der japanischen Bestattungsbranche sind ein großes Problem. Günstige Angebote kommen vor allen von ausländischen Firmen und von … Hotels! Die Nation wird älter, die Heiratslust hat merklich nachgelassen, und die Hotels leiden unter Gästemangel. Unter der jahrelangen Wirtschaftsflaute ändern sich also auch die Sitten und Gebräuche in Japan. Man heiratet und stirbt im schlichteren Stil, dafür lebt man ein bisschen freier und individueller.

Freizeit und Vergnügen

Wie sehen Japans gewohnheitsmäßige Strategien der Erholung aus? Beginnt die Freizeit hier schon beim ersten Bier nach Feierabend mit den Kollegen in der Eckkneipe oder zählt das noch zum Arbeitsalltag? Reichen ein paar Feiertage zur Entspannung oder muss es doch der mehrwöchige Strandurlaub sein? Sucht man dann die Einsamkeit oder stimmt es, dass Japaner nur in Gruppen glücklich sind? Spannende Fragen, die interessante Einblicke in Japans Alltag erlauben.

Die tägliche Dosis Erholung

Nach der Arbeit kommt das Vergnügen? Gerne wird auch während der Arbeitszeit mal ein Ruhestündchen eingelegt. Auch Schüler und Studenten überkommt während des Unterrichts die große Müdigkeit, und niemand weckt sie auf. Der Tag ist lang, kurze Erholungsphasen daher unbedingt notwendig.

Manche schlafen allerdings nicht in der Mittagspause, sondern gehen eine Runde Pachinko spielen. Flippern entspannt, selbst bei der in den Spielhallen üblichen überlauten Militärmusik. Nicht nur anhand der dröhnenden Musik, sondern auch mit Hilfe der riesigen Papierrosetten am Eingang lassen sich die Spielhallen ganz leicht finden. Mittags und abends sind alle Plätze vor den Automaten besetzt, ganz Versessene kommen schon am Morgen. Anstelle von Punkten spuckt die Maschine Metallkugeln aus, mit der man den Automaten entweder wieder füttert oder sie in Sachpreise umtauscht. Spielen um Geld ist in Japan illegal. Also verkauft der Spieler seine Gewinne an einer kleinen Bude unweit des Pachinkobetriebs und hält am Ende doch Geld in der Hand. Das verspielt er dann abends auf dem Heimweg, wenn er nicht gerade mit seinen Kollegen ausgeht.

Warteschlange vor einer Pachinko-Spielhalle

Land und Leute

Im Judoclub

Nach dem Essen sucht man sich eine Bar mit Karaoke und lässt die Stimmbänder vibrieren. So richtig zuhören tut eigentlich niemand, man wartet nur auf den eigenen Einsatz. In teuren Etablissements schmeicheln Hostessen kräftig dem männlichen Ego. Manchmal bezahlt die Firma das gesellige Beisammensein, fördert es doch das Betriebsklima.

Viele Männer haben auch eine feste Stammkneipe. Dort steht die im voraus bezahlte Whiskeyflasche. Die Mama-san, die Besitzerin der winzigen Bar, hört geduldig dem Herzschmerz ihrer Kundschaft zu. Diese Kneipenmutter und Quasi-Therapeutin trägt vor allem bei älteren Männern enorm zur Entspannung unter der Woche bei. Auf dem Heimweg mit der letzten Bahn nehmen viele schon mal ihre erste Mütze Schlaf und wachen wie von Zauberhand berührt bei ›ihrer‹ Station auf.

Bildung erholt

Nicht jeder Abend vergeht mit Trinken unter Kollegen. Viele Menschen belegen in ihrer Freizeit Kurse an Volkshochschulen oder anderen Einrichtungen. Hausfrauen bevorzugen den Vormittag, Arbeitnehmer und Rentner kommen am Abend. Das Angebot der japanischen Bildungsstätten reicht von klassischer Gartengestaltung über Kochkurse bis hin zu englischer Konversation. Doch Freude am gemeinsamen Lernen genügt nicht als Motivation. Am Ende muss ein Zertifikat herausspringen. Und so arbeiten beinahe alle Kursteilnehmer auf eine Prüfung hin. Lernen macht den Menschen schlichtweg Spaß, das Vertrödeln der Freizeit ist den meisten auf Dauer ein Graus. Wer gerade nicht lernt, unterrichtet wahrscheinlich einen Kurs. Denn irgendwie findet bei dieser Lernwütigkeit jeder sein Talent, dass er bis zum Sensei-Niveau – Sensei ist die korrekte Anrede für alle Lehrer – ausbauen kann.

Sport

Neben den geistigen Aktivitäten ist Sport natürlich auch in Japan ein Dauerbrenner der Freizeitgestaltung. Während der Schul- und Studentenzeit stehen neben Baseball, Fußball und Schwimmen auch die klassischen Sportarten Judō, Kendō (moderne Form des Schwertkampfes) und Kyūdō (japanisches Bogenschießen) hoch in der Gunst der Schüler. Ausländer, die längere Zeit in Japan verbringen, möchten sehr oft am ›Originalschauplatz Japan‹ Kampfsportarten erlernen. Die Aufnahme in einen Club, sei es an der Universität, der Firma oder einer Privatschule, stellt an sich kein Problem dar. Doch herrscht oftmals ein rauer Umgangston, Zartbesaitete können sich damit nur schwer abfinden. Wer bereit ist für diesen harten Weg, findet am Ende Erholung und Entspannung in Körper und Geist.

Sogar Sumō, Japans berühmtes Ringen auf heiligem Grund, steht seit einigen Jahren Amateuren, Ausländern und auch Frauen offen. International sind besonders die deutschen Frauen erfolgreich, doch Profisportler können in Japan nur Männer werden. Sechsmal im Jahr finden Turniere statt. Ein Turnier dauert jeweils 15 Tage. Das Fernsehen ist zwar live dabei, aber die Mischung aus religiösem Ritus, Picknickstimmung und auch ein wenig Boxkampf ist auf dem Bildschirm nicht so überzeugend wie in natura. Riesige Männer mit mehr als ein paar Pfunden Übergewicht, zart nach Vanille und Kokos duftend, fallen einmal wie hilflose Käfer auf die erste Zuschauerreihe und springen dann wieder gelenkig wie eine Turnerin in den Spagat. In Sekunden ist der Kampf entschieden, die Halle tobt, und die Menschen werfen vor Begeisterung ihre Sitzkissen in die Luft. Die höchsten Ränge werden wie Popstars gefeiert.

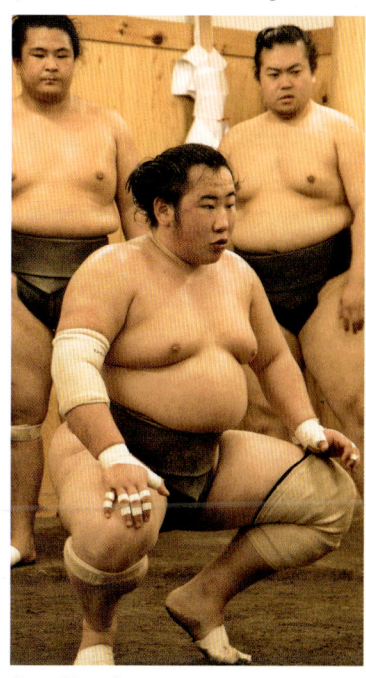

Golfspieler können ihren Sport nach Feierabend auf einem der taghell erleuchteten Plätze betreiben. Reichen Geld oder Zeit nicht fürs richtige Grün, genügt fürs erste auch ein Übungsareal mitten in der Stadt. Hier stehen die Männer nun wie in einem offenen Puppenhaus in mehreren Etagen übereinander und üben den perfekten Aufschlag. Noch in den 1990er Jahren boomte das Geschäft, Golf war nicht nur Körperertüchtigung, sondern diente der Pflege von Geschäftsbeziehungen. Golf ist also nicht so sehr Sport wie Geschäftstaktik, Vergnügen eingeschlossen.

Sumō-Kämpfer

Reisen

Kurze Städtereisen zu zweit oder im Familienkreis werden als Wochenendspaß immer beliebter, gerne kombiniert mit einem Besuch im Zoo oder Freizeitpark. Tōkyō Disneyland ist weiterhin der Renner für Jung und Alt. Doch auch Vergnügungsparks mit japanischen Themen wie der Edo-Zeit gewinnen an Popularität. Gerne werden diese Mini-Reisen mit einer Übernachtung als Gesamtpaket verkauft.

Bei Trips zu einem berühmten Badeort reisen Japaner lieber in Gruppen. Nicht, dass man Angst hat, sich zu verfahren. Die Hotels vor Ort sind jedoch auf Gruppenreisende eingestellt, und so kommt man sich zwischen den feucht-fröhlichen Reisegruppen im Speisesaal zu zweit ganz schön allein vor. Alle tragen sie den leichten Baumwollkimono des Hotels, sie alle hat das heiße Bad vor dem Essen rosig-rein gewaschen. Bis spät in die Nacht hört man Stimmen aus dem Nebenzimmer, denn dort schlafen mindestens fünf Personen. Das gehört sich so, ist man gemeinsam auf Reisen, übernachtet man auch gemeinsam in einem Zimmer. Kurz: Hier herrscht Jugendherbergsgefühl, nur mit wesentlich mehr Komfort.

Längere Auslandsreisen sind lange nicht so entspannend wie die kurzen Inlandsreisen. Als Hochzeitsreise sind sie beinahe Pflicht, erst nach der Pensionierung hat man dann wieder genügend Muße und Geld. Obwohl eine Reisebegleitung ab Flug für beinahe alles sorgt und die Teilnehmer sich an den minutiös festgelegten Zeitplan halten, lassen sich Ungereimtheiten und Fettnäpfe nicht ganz vermeiden. Im Nachhinein freut man sich an den Erlebnissen und ist stolz, es mitgemacht zu haben. An die Orte selbst erinnert sich kaum noch einer; nur an die Freude, wieder daheim zu sein. So eine Woche Ausland kann schon mächtig lang sein.

Ältere Damen reisen gerne

Religionen

Wunderschöne Sakralbauten wie die goldgeschmückten buddhistischen Tempel Kyōtos, der weitläufige Meiji-Schrein in Tōkyō oder der Ise-Schrein der Sonnengöttin Amaterasu locken jedes Jahr unzählige Besucher an. Die prächtigsten Schreine sind oftmals herausragenden Persönlichkeiten der japanischen Geschichte gewidmet, hier werden sie als Gottheit (Kami) verehrt.

Auch die faszinierend großen Buddha-statuen in Kamakura oder im Tempel Tōdai-ji in Nara sind derart von Besuchern belagert, dass es hier oftmals zugeht wie in der Dresdner Frauen-kirche: Ein kurzer Blick nach oben, und schon geht es wieder hinaus, der Hintermann drängelt schon! Zeit für besinnliche Gebete gibt es nicht, eine rasche Verbeugung als Zeichen des Respekts muss genügen.

Betende Jugendliche am Yasukuni-Schrein in Tōkyō

Suchen Japaner im Alltag den Beistand der Götter, besuchen sie kaum berühmte Stätten, sondern suchen Trost beim Schrein um die Ecke. Beim Abendspaziergang mit Hund schaut man beim unlackierten Schrein vorbei, läutet die riesige Schelle, spricht ein kurzes Gebet und wirft eine kleine Münze in den Opferstock. Oftmals findet sich direkt nebenan ein kleiner Tempel, so erweisen Herrchen und Hund Buddha auch noch ihren Respekt, bevor es wieder heimgeht.

Am Wegesrand kommen die Spaziergänger an einem steinernen Buddha mit rotem Umhang vorbei. Jizō, dem Beschützer der Reisenden und der verstorbenen Kinder, wird noch eine Mandarine zu Füßen gelegt, gleich neben dem Schnuller und dem verblassten Windrädchen.

Im Sushi-Restaurant und auch beim Reishändler fällt dem Kunden knapp unter der Zimmerdecke ein shintōistischer Hausaltar (Kamidana) auf. Jeden Morgen versorgt der Hausherr die dort wohnenden Götter mit ein wenig Reis und Sake. Als Gegenleistung wachen sie über das Wohl von Geschäft und Familie. Die alte Mutter übernimmt die Versorgung des buddhistischen Hausaltars (Butsudan). Hier stehen die Fotos der toten Verwandten, abends spricht sie oft noch zu ihrem verstorbenen Mann.

Bei Ausflügen in die Natur stößt die Familie auf einen besonders geformten Fels, einen mächtigen Baum oder eine reich sprudelnde Quelle. Das Shimena-wa, ein Strohseil mit Papierstreifen, markiert die Stelle als heilige Wohnstätte eines Kami. Als Opfergaben stecken ein paar Münzen in der Baumrinde oder

Traditionelle und moderne Jizō in Sendai

liegen auf dem Grund der Quelle. Die Kinder stellen ihre letzte Dose Apfelsaft dazu. Die Quelle befindet sich eigentlich auf dem Gelände eines buddhistischen Tempels, im Schatten der Bäume erkennt man schwach die Umrisse von Grabsteinen des nahen Friedhofs. Den Göttern begegnen die Menschen in Japan auf Schritt und Tritt.

Shintō oder Buddhismus?

Die Frage ist nur, welchen Göttern? Warum steht gleich neben dem Schrein eine Gebetshalle mit Swastika, warum hängt im Schrein ein Mandala? Warum bekommen morgens die Kami ein Schlückchen Reiswein, und nachmittags schreibt die Familie ihren Namen auf die gesegneten Dachziegel für den neuen Tempel? Der verwirrte Besucher erwartet bei zwei so unterschiedlichen Religionen eine klare Trennlinie. Die gibt es in Japan aber praktisch nicht, weder geographisch noch persönlich.

Glaubt man den Statistiken, so bekennen sich etwa 86 Prozent der Japaner zum ureigenen Shintō-Glauben sowie auch zum Buddhismus. Man kann ja nie wissen! Bis auf ein paar theologisch hochrangig geschulte Ausnahmen springt also das gesamte japanische Volk je nach Bedarf zwischen Shintō und Buddhismus hin und her.

Seit Jahrhunderten herrscht in Japan eine Art religiösen Cross-overs: Um die Einführung des Buddhismus im frühen Mittelalter zu erleichtern, erklärten die buddhistischen Mönche die japanischen Kami kurzerhand zu Manifestationen Buddhas und seiner zahlreichen Bodhisattvas. Buddha wiederum wurde vom Shintō als einer der ihren, als Kami, akzeptiert. Diese Wechselwirkung der beiden Religionen bezeichnet man als Shinbutsu Shūgo (etwa: Kami-Buddha-Verschmelzung). Der allgemeinen Auffassung getreu ist der ›Weg der Götter‹ (Shintō) für das Diesseits zuständig und der Buddhismus sehr passend für das Jenseits. Ein näherer Blick auf beide Religionen zeigt, wie hervorragend sie sich im Alltag ergänzen.

Shintō

Shintō war ursprünglich eine Mischung aus Naturanbetung, Fruchtbarkeitsriten, Heldenverehrung und Schamanismus. Es gibt keinen Gründer, keine theologischen Texte, keine religiösen Vorschriften und Gebote und nur eine sehr lose organisierte Priesterschaft. Seine Anfänge sind unbekannt, man vermutet sie aber in schamanistischen Kulturen sibirisch-mongolischer Völker des Altertums. Da im Prinzip alle belebten wie unbelebten Gegenstände göttlich sein können, erhält jeder blühende Baum besondere Aufmerksamkeit (man denke an den Kult um die Kirschblüte!) und jeder merkwürdig geformte Stein einen tieferen Sinn.

Kami können ebenso durch Menschen wirken. Aufrichtiges Verhalten und harmonisches Miteinander (Makoto) gelten daher als äußerst erstrebenswert, Sünden sind jedoch auch nur menschlich. Die Götter des Shintō haben wenig Ähnlichkeit mit dem Allmächtigen des christlichen Glaubens. Shintōistische Götter können gut und böse sein, sie können sündigen und sind schon gar nicht allmächtig. Sie bewohnen die Natur oder eben einen Schrein.

Dort sind sie als Schutzgottheiten zuständig für eine bestimmte Region oder einem bestimmten Klan, einen Berufszweig oder das Wohlergehen von Kindern oder vielleicht Schwangeren. Andere Kami sorgen für Verkehrssicherheit und gute Geschäfte. So unterhalten Unternehmen wie Toyota oder Shiseido sogar ihre eigenen Schreine.

Salopp formuliert kümmern Kami sich darum, dass auf Erden alles prima läuft. Dafür erhalten sie Speiseopfer und Unterhaltung. Jeder Schrein feiert mindestens einmal im Jahr ein großes Fest (Matsuri), wobei die Gottheit in einem tragbaren Schrein (Mikoshi) mit viel Schwung und lautem Rufen durch ›ihre‹ Gemeinde getragen wird. Diese Volksfeste stehen auf dem Land immer in Verbindung mit der Bitte um eine gute Ernte (Fruchtbarkeitsriten), in der Stadt stehen sie für Harmonie und Festigung der sozialen Bindungen. Angeführt von einem Priester begleiten Tanzgruppen und Musikanten den fröhlichen Umzug. Große Wagen mit prächtigen Aufbauten fahren die Hauptstraße des Ortes entlang. Vor jedem Hauseingang stehen Opfergaben für den Kami, Geldspenden nimmt der Priester gerne entgegen. In kleinen Gemeinden finden sich kaum Zuschauer, da das ganze Dorf in traditioneller Kleidung am Umzug teilnimmt, an landesweit berühmten Schreinen muss man sich schon Stunden zuvor einen

Verbeugung vor den Göttern am Yasukuni-Schrein in Tōkyō

guten Platz sichern. An den Tagen des Matsuri stehen die Schreingebäude weit offen, und die Opfertische sind beladen mit guten Speisen. Junge Mädchen unterhalten die Götter nach ihrem Rundgang mit Tänzen (Kagura), die Männer versammeln sich direkt im Schrein, der an gewöhnlichen Tagen nicht betreten wird. Der Priester spricht besondere Gebetsformeln und reinigt seine Gemeinde mit einem riesigen Papierwedel, dem O-Nusa.

Kami sind sehr menschliche Wesen, aber in einem Punkt kennen sie keine Toleranz: Unreinheit ist ihnen ein Graus. Tod, Blut, aber auch Unglück und Fehlverhalten beschmutzen einen Menschen. Bevor er sich wieder den Göttern nähern darf, muss er sich einer rituellen Reinigung unterziehen. Daher findet sich gleich hinter dem Torii, dem Eingangstor zu einem Schreinbezirk, das Temizuya, ein Becken mit fließendem Wasser und mehreren Schöpfkellen. Dort reinigt man sich Hände und Mund, bevor man vor die Gottheit tritt. Salz besitzt ebenso eine reinigende Kraft. Sumō-Kämpfer werfen vor jedem Kampf einige Prisen in den Ring, manche Restaurants stellen regelmäßig einen Teller Salz vor die Tür. Der Tod ist der Gipfel der Unreinheit, die historische Ausgrenzung von Menschen mit blutigen Berufen wie Schlachter, Abdecker oder auch Gerber als Hinin (Nicht-Menschen) und auch die Begeisterung für das täglich ausgiebige Bad haben hier wohl ihre Wurzeln.

Staat und Shintō

Da die Mythen der Schöpfungsgeschichte Japans erst im 8. Jahrhundert niedergeschrieben wurden und Japan damals schon zwei Jahrhunderte lang koreanischen und chinesischen Einflüssen ausgesetzt war, spiegelt die mythische Schöpfungsgeschichte des Reiches nicht mehr allein die ursprüngliche Religion wider. Vielmehr ist sie auch ein Versuch, das eigene Land mit den damals wesentlich fortschrittlicheren Kulturen des Festlandes mithalten zu lassen. Im Mittelpunkt dieser Mythen steht die Entstehung Japans und die Gründung des kaiserlichen Herrschergeschlechts der Tennō: Das göttliche Geschwisterpaar Izanagi und Izanami erschuf aus einer salzigen Ursuppe die Inseln Japans. Ihre Kinder wurden später zu den göttlichen Vorfahren der Klane. Historisch belegt ist, dass die Klane sich damals schon unter der Herrschaft der Yamato vereint und so das erste Staatsgebilde Japans geschaffen hatten.

In den Mythen schickt die Sonnengöttin Amaterasu Omikami ihren Enkel Ninigi hinab auf die Erde, um Japan ›bis in alle Ewigkeit‹ zu regieren. Sein Enkel Jimmu bestieg am 1. Januar 660 vor Christus als erster Mensch den japanischen Thron. Der gegenwärtige Kaiser Akihito ist folglich der 125. Tennō auf dem Chrysanthementhron und wie alle seine Vorgänger göttlicher Nachkomme von Amaterasu. Dem gregorianischen Kalender zufolge soll der Tag der ersten Inthronisierung am 11. Februar gewesen sein, und der ist heute Nationalfeiertag (Staatsgründungstag).

Shintō-Priester in Kumamoto

Unter Meiji-Tennō (1852–1912) wurde Shintō zur ideologischen Grundlage des erstarkten Kaisertums. Die Schreine kamen unter staatliche Verwaltung, sämtliche Verflechtungen mit dem Buddhismus wurden gelöst. Da die Meiji-Verfassung von 1890 Religionsfreiheit garantierte, erklärte man den Shintō kurzerhand zum Staatskult. Seine Ablehnung wurde mit Vaterlandsverrat gleichgesetzt. Die damalige Propaganda betonte immer wieder, die Kami hätten ihr Reich geschaffen und alle Japaner würden folglich göttliche Vorfahren haben. Damit wurde die uneingeschränkte Macht der Regierung legitimiert und natürlich auch die Expansionspolitik auf dem Festland gerechtfertigt. Im besetzten Taiwan und Korea mussten die Menschen in eigens errichteten Schreinen täglich für das Wohl des japanischen Kaisers beten.

Mit der bedingungslosen Kapitulation 1945 und der in der neuen Verfassung verankerten radikalen Trennung von Religion und Staat fand der Staats-Shintō offiziell sein Ende. Shōwa-Tennō erklärte in seiner berühmten Radioansprache, er sei Mensch und nicht Gott. Trotzdem bestehen weiterhin Verbindungen zwischen Politik und Shintō. So besucht der jeweilige Ministerpräsident zu Neujahr den Ise-Schrein der Sonnengöttin Amaterasu. Auch Ministerpräsident Aso als bekennender Katholik bildete 2009 keine Ausnahme. Die Besuche des Yasukuni-Schreines zum Jahrestag der Kapitulation durch diverse Politiker sorgen regelmäßig für einen Aufschrei der internationalen Presse. Die drei Throninsignien, die einst die Sonnengöttin ihrem Enkel mit auf den Weg gegeben hat (Bronzespiegel, Schwert und Krummjuwelen) befinden sich immer noch im Besitz des jeweiligen Kaisers. Bei längeren Reisen werden angeblich Kopien mitgeführt, ohne sie fühlt er sich wahrscheinlich nur als halber Mensch, oder doch eher als halber Gott?!

Buddhismus

Viele Japaner betrachten sich, wenn man sie nach ihrer Religionszugehörigkeit fragt, als Atheisten. Doch verstirbt ein Familienangehöriger, kommt fast immer der buddhistische Priester. Die meisten Beerdigungen werden heute nach buddhistischem Ritus durchgeführt. Kein guter Sohn und keine gute Tochter möchte die Eltern ohne posthumen buddhistischen Namen von dieser Welt verabschieden. Vielleicht durchbricht der Verstorbene diesmal den Zyklus der Wiedergeburten und kann durch seinen Glauben erlöst werden.
Die Lehre von der Erlösung durch Erleuchtung kam vor mehr als 1500 Jahren nach Japan. Damals brachten hoch-

Buddhastatue am Sensoji-Tempel in Tōkyō

gebildete Koreaner und Chinesen neben praktischen Errungenschaften eben auch das philosophische Gedankengut des Konfuzianismus sowie Buddhas Lehren nach Japan. Lange Zeit blieb letzteres die Religion der Elite, erreichte dann über Laienprediger das gemeine Volk und ist heute im Alltag mehr Brauchtum als Heilslehre. Sein Siegeszug begann mit einem prächtigen Geschenk.

Anfang des 6. Jahrhunderts versandte der König von Baekje, einem Königreich auf der koreanischen Halbinsel, dem japanischen Kaiser eine vergoldete Buddhastatue und legte gleich noch einen erklärenden Brief bei: Buddhismus sei die beste aller Lehren. Sie sei jedoch schwer zu erklären und zu verstehen, aber sie könne große religiöse Verdienste erbringen. Kaiser Kinmei (509–571) war begeistert, nahm die neue Religion selbst aber nicht an, sondern reichte diese Aufgabe an die mächtige Familie der Soga weiter. Diese standen in enger Verbindung mit den koreanischen Königsreichen und nahmen die neue Lehre bereitwillig an. Schon Kaiser Yomei (540–587) verehrte die alten Kami und den neuen Buddha. Sein Sohn, der legendäre Kronprinz Shōtoku Taishi (574–622), sorgte für die erste Blütezeit des Buddhismus. Unter der Anleitung koreanischer Gelehrter studierte er zahlreiche Sutren und eignete sich Kenntnisse über Konfuzianismus und Daoismus an. 604 veröffentlichte er die als erste Verfassung Japans geltenden 17 Artikel (Kenpō Jushichi Jō). Darin betont er die Harmonie, ein Grundprinzip des Konfuzianismus, und fordert die Verehrung Buddhas, seiner Lehren und der Gemeinschaft der Gläubigen. Buddhismus wurde zur Staatsreligion erklärt. In der folgenden Nara-Zeit (710–784) entstanden überall im Land Tempel, der nachfolgende Tennō ließ sich nicht nur selbst ordinieren, er gab auch den Bau des Tempel Tōdaiji mit der 14 Meter hohen Buddhastatue in Auftrag. Letzten Zweiflern, die sich Sorge um den Zorn der alten Götter Japans machten, ließ die Sonnengöttin Amaterasu durch ein Orakel ausrichten, sie selbst sei doch nichts anderes als eine Erscheinung Buddhas! Damit stand der friedlichen Kooperation der zwei Religionen nichts mehr im Weg.

Doch bald schon ging es den sechs Schulen in Nara nicht mehr allein um die Erleuchtung und Loslösung von allen weltlichen Begierden. Immer intensiver mischten sie sich in die Politik des Landes ein, wenn es sein musste, auch mit militärischer Gewalt. Mit der Verlegung der Hauptstadt nach Kyōto im Jahr 794 unterband Kaiser Kammu (737–806) den Einfluss der mächtigen Klöster. In der neuen Hauptstadt erlaubte er zunächst nur zwei Schulen: die Tendai-Schule des Saichō und den esoterischen Shingon-Buddhismus unter Kūkai (oder auch: Kōbō Daishi). Letzterer absorbierte viele Elemente des Shintō. So entwickelte sich aus dem Shingon-Buddhismus später die Schule der Bergasketen (Shugendō). Durch Askese und magisch-rituelle Praktiken versuchen die Anhänger dieser Glaubensrichtung, eins mit den Kami zu werden und so die Erleuchtung zu erreichen.

Während der Heian-Zeit (794–1185) wuchs die Macht der Klöster wieder. Doch mit dem Machtverfall des Kaiserhauses, der im Aufstieg des Militäradels und der Gründung des Bakufu in Kamakura gipfelte, ging auch eine Endzeitstimmung unter den Buddhisten einher. Nach ihren Berechnungen hatte die letzte Phase des Buddhismus eingesetzt (Mappō, die ›10 000-jährige Periode des letzten Gesetzes‹). Shingon und Tendai verloren an Einfluss, es schlug die Stunde des Zen.

Zen-Buddhismus

Zum Ende des 5. Jahrhunderts reiste ein indischer Mönch nach China und ver-
breitete dort die neuartige Sitzmeditation. Sie sollte an die Meditationspraktiken
Buddhas erinnern und wurde in China unter dem Namen Chan, in Korea als
Seon und schließlich in Japan als Zen bekannt. Im Gegensatz zu den anderen
Schulen des Buddhismus, die allein durch die Anrufung Buddhas Erlösung
versprechen, betont Zen die spirituelle Erleuchtung des Individuums aus eigener
Kraft (Satori).

Der Weg zur Erleuchtung ist je nach Zen-Schule unterschiedlich. So gilt den
Schülern der Sōtō-Schule absichtsloses Sitzen und Nicht-Denken als zentrale
Aufgabe, in der Rinzai-Schule jedoch stehen Koan, scheinbar absurde Rätsel, im
Zentrum der Übungen. Die Rinzai-Schule galt lange als Schule der Mächtigen
mit starken Bindungen nach China. Sie förderte Kunstrichtungen wie die Tee-
zeremonie (Sadō), Kalligraphie (Shodō), Bogenschießen (Kyudō) und wesentlich
später auch die Kampfkunst (Budō). Dō bedeutet schlicht ›Weg‹, und so sind
diese Tätigkeiten als Wege zur Erleuchtung zu verstehen. Tatsächlich führt nach
Ansicht der Sōtō-Schule jegliche Tätigkeit zur Erleuchtung, solange sie nur konzentriert ausgeführt wird. Das führte im Mittelalter zu dem etwas verächtlichen
Spruch: ›Rinzai für den Shōgun, Sōtō für die Bauern‹ (Rinzai Shōgun, Sōtō
Domin). Die ruhigen Bewegungen des Teemeisters und den gezielten Schlag
eines Kendō-Kämpfers bekommt man heute nur selten zu Gesicht, doch das
Loslassen von äußerem Einfluss und der Rückzug ins Innere hilft weiterhin, Ruhe
in der Menge zu finden. Wie anders lässt sich die stoische Geduld im Gedränge
des japanischen Alltags erklären?

Den indischen Mönch, mit dem Zen vor über 1500 Jahren begonnen hat, findet
man heute übrigens in vielen japanischen Haushalten als lustige Pappfigur. Bei
einem besonderen Wunsch malt man ihm ein schwarzes Auge. Hat sich dieser

Daruma-Figur

Wunsch erfüllt, malt man das zweite Auge und verbrennt ihn im nächsten Neu-
jahrsfeuer. Die Figur ist wie ein Stehaufmännchen in Knallrot geformt. Ohne
Arme und Beine kippt es immer wieder in die aufrechte Position zurück. Es
symbolisiert Daruma, wie der indische Mönch Bodhidharma in Japan genannt
wird. Daruma riss sich angeblich während einer neun Jahre dauernden Medi-
tationssitzung selbst die Augenlider ab, um nicht einzuschlafen, bei der langen
Zeit im Lotussitz fielen ihm obendrein irgendwann auch sämtliche Gliedmaßen
ab. Ein beliebtes Spiel, es geht so wie das deutsche ›Ochs am Berg‹, ist nach
ihm benannt. Kinder denken sich also nichts Böses, wenn sie laut lachend rufen:
›Daruma ist umgefallen!‹ (Daruma ga koronda!).

Land und Leute

Kleines Glossar zum Schrein- oder Tempelbesuch	
Jinja/Jingū	Shintoistischer Schrein
Torii	Eingangstor zum Schreinbezirk
Temizuya	Wasserbecken zur rituellen Reinigung beim Schrein
Saisenbako	Opferstock beim Schrein
O-Mikuji	Orakelsprüche vom Schrein. Schlechte Orakel ver-bleiben im Schrein, gute werden eingesteckt!
Ema	hölzerne Wunschtafeln im Schrein
O-Miko/Miko	Schreinjungfern in rot-weißen Gewändern
O-Tera/Tera/-ji	Buddhistischer Tempel
Mon/Seimon/Sanmon	Eingangstor zum Tempel, oftmals mit Wächergott-heiten
O-Mamori/Mamori	Amulett aus Brokat mit Schriftstück

Schuh-Schließfächer für Tempelbesucher

Konfuzianismus

In Japan gibt es einige wenige Tempel zu Ehren des Konfuzius, so der Koshibyo oder der Sofuku-ji, beide in Nagasaki. Beide Tempel wurden im 17. und 19. Jahrhundert von Chinesen für Chinesen gebaut, heute ist ersterer ein Museum und Sofuku-ji ein Zen-Tempel. Anders als in Korea betrachtet in Japan niemand mehr die Lehren des Konfuzius (551–479 vor Christus) oder Menzius (372–289 vor Christus) und den daraus hervor gegangenen Neo-Konfuzianismus von Zhu Xi (1130–1200) als Religion. Doch als Moral- und Ethiklehre stehen sie immer noch hoch im Kurs, weiterhin tüfteln Studenten sich durch die chinesischen Originaltexte mit japanischer Umschrift.

Konfuzianismus hat für viele Menschen im Westen den Beigeschmack von unbedingtem Gehorsam und Unterdrückung des Individualismus. Dabei war das Ziel Meister Kungs nicht die Unterdrückung, sondern die Perfektionierung der Gesellschaft. In ihr soll sich die natürliche Ordnung des gesamten Kosmos widerspiegeln. Wie diese Ordnung nun aussieht und wie das zu erreichen ist, hatten die alten Gelehrten genau festgelegt. Setzt der Einzelne die Regeln korrekt in die Praxis um, kann er damit die spirituelle Vereinigung mit dem Himmel erreichen. Dafür muss er jedoch seinen Platz in der Hierarchie genau kennen und sich entsprechend verhalten. Oberstes Ziel im Konfuzianismus ist die harmonische Integration des Einzelnen in die Gruppe, nur darin zeigt sich die Erfüllung der natürlichen Ordnung. Glück und Zufriedenheit des Individuums tritt dabei allerdings in den Hintergrund. Die Fünf Tugenden der Menschlichkeit, Rechtschaffenheit, Gewissenhaftigkeit, Ehrlichkeit und des Respekts kombiniert mit den Drei Pflichten von Loyalität, kindlicher Pietät und Wahrung der Sitten bestimmen die Fünf Beziehungen: ›Zwischen Vater und Sohn soll kindliche Ehrerbietung und Gehorsam herrschen, zwischen Fürst und Untertan Loyalität. Mann und Frau unterschieden sich in der Gesellschaft durch Status und Aufgaben, Jüngere haben den Älteren Respekt zu erweisen. Zwischen Freunden aber herrscht Vertrauen.‹ Gleichberechtigung in einer Beziehung kann also nur die Freundschaft in Anspruch nehmen, alle anderen Beziehungen sind vertikal ausgerichtet. Gehorsam allein genügt jedoch nicht als Grundlage, gegenseitiger Respekt ist elementar für jede der genannten fünf Beziehungen. Auch der Höhergestellte hat immer die Pflicht, als moralisches Vorbild zu dienen. Nur wenn er die Tugenden von Menschlichkeit, Liebe und Moral vorlebt, verdient er Achtung und Loyalität.

Das Tokugawa-Shogunat der Edo-Zeit nutzte die chinesische Lehre, um die feudalistische Vier-Klassengesellschaft moralisch zu rechtfertigen. Besonders die Frauen der Kriegerklasse traf es schwer. Zumeist wurden sie ohne Namensnennung und nur mit ihrem Geschlecht als ›Onna‹ im Familienregister verzeichnet. Ihr Wert reduzierte sich auf die Gebärfähigkeit von Söhnen. Wie die Eta oder Hinin der öffentlichen Gesellschaft standen die Frauen in der Familienhierarchie ganz unten, wenn ihnen ein Sohn versagt blieb. Bei den Handwerkern und Bauern setzte sich die Lehre hingegen nie so richtig durch. Frauen waren wertvolle Arbeitskräfte, in manchen Fischerdörfern der nördlichen Region Tōhoku wurde

Der Tempel Sofuku-ji in Nagasaki

grundsätzlich das erstgeborene Kind Familienoberhaupt. Erst mit der Meiji-Zeit, als Familienregister und damit die Einführung von Nachnamen für alle Japaner Pflicht wurde, wurde die Position der Männer überproportional stark. Shintō erklärte ganz offen die moralischen Prinzipien des Neo-Konfuzianismus als Teil seiner Staatsethik. Das hatte auch für das Kaiserhaus Konsequenzen: Obwohl in der Frühgeschichte immer wieder Frauen den Chrysanthemenstuhl bestiegen hatten, ist ihnen dieses Recht seit 1889 verwehrt. Heute dürfen nur noch männliche Nachfahren zum Kaiser gekrönt werden. Bis Meiji war das kein Problem, dank des kaiserlichen Konkubinats fand sich immer ein kleiner Kronprinz. Doch heute bleibt auch der Tennō seiner Frau treu. So gar nicht im Sinne von Konfuzius stellt er sein persönliches Glück über das seines Volkes. Die Harmonie der Gruppe zeigt auch in Japan Risse.

Die Lehren des Konfuzius bringt man übrigens auch gerne mit der Begeisterung für das Lernen in Ostasien in Zusammenhang. Denn der Meister ging davon aus, dass die edlen Fünf Eigenschaften nicht angeboren seien, sondern erlernbar sind. Ebenso sollte nur der Gebildete das Recht zum Herrschen haben. Für das alte China war das ein revolutionärer Gedanke, in Japan galt dies lange nur für die adelige Oberschicht und die Kinder der Samurai. Viele berühmte Universitäten gingen aus ehemaligen Tempelschulen hervor. Wer es heute in die wirklich hohen Positionen von Politik und Verwaltung schaffen will, ist wie in den alten Zeiten auf ein Netzwerk ehemaliger Samurai-Familien angewiesen. Sie bestimmen wie eh und je den Kurs Japans, Bildung ist also doch nicht alles. Sich aber mit seinem geringeren Platz in der Gesellschaft zufrieden zu geben, das ist dann wieder typisch japanisch und ganz im Sinne des alten Meisters.

Christentum

Das Christentum ist in Japan eine Religion der Minderheit. Optimistische Zahlen sprechen von drei Millionen Anhängern, realistisch sind wohl eher etwas mehr als eine Millionen Gläubige. In einem durchschnittlichen Gottesdienst lauschen gerade einmal dreißig Personen dem Pfarrer. Damit erreicht er immerhin gut die Hälfte seiner Gemeindemitglieder.

Alles begann im Jahr 1549, als Francisco Xavier in Kagoshima auf Kyūshū landete, um den Japanern das heilige Wort zu verkünden. Xaviers Mission verlief anfangs schleppend. Da er aus Indien kam, vermuteten die Japaner, das Christentum sei eine neue buddhistische Sekte. Mehr noch als ihr Seelenheil interessierte sie mögliche Handelsbeziehungen und Waffenkäufe, damals herrschte im ganzen Land Krieg. In Oda Nobunaga (1534–1582), einem der drei Reichseiniger, fanden die Jesuiten einen starken Beschützer. Sein Nachfolger Toyotomi Hideyoshi

Die katholische Oura-Kirche in Nagasaki

duldete anfangs die Missionare, doch nachdem ihm spanische Schiffbrüchige die Kolonialisierungspläne der westlichen Mächte erläutert hatten, verbot Hideyoshi 1596 kurzerhand das Christentum. Die 26 Christen, die im folgenden Jahr in Nagasaki für ihren Glauben auf dem Scheiterhaufen verbrannten, wurden Japans erste Märtyrer. 1981 sprach Papst Johannes Paul II. sie heilig.

Um heimliche Christen (Kagure Kurisutian) im gesamten Land aufzuspüren, zwang man die Bevölkerung zum Treten auf so genannte Fumi-e. Brachte der Gläubige es nicht über sich, auf Jesus oder Maria herumzutrampeln, war er entlarvt, und ihn und seine Familie erwartete oftmals der Tod. Bis 1856 blieb das Christentum verboten. Erst mit der Öffnung des Landes durften christliche Missionare ihre Arbeit in Japan wieder aufnehmen. Erstaunlicherweise hatten sich in abgelegenen Gebieten des Landes kleine Christengemeinden halten können. Mit der Öffnung des Landes kamen diesmal vermehrt Protestanten ins Land. Doch schon zu Beginn des 20. Jahrhunderts und mit dem Einsetzen verstärkt nationalistischer Strömungen ließ der Erfolg der Missionare merklich nach. Erst in den Nachkriegsjahren verzeichneten vor allem die evangelikalen Kirchen Amerikas steigende Erfolge. Heute bezeichnen sich rund 500000 Japaner als Protestanten.

Kunst und Kultur

Seit den frühesten Kontakten ist der Westen von der Kunst Japans fasziniert. Ob nun Missionar des 17. Jahrhunderts oder Weltenbummler der Gegenwart, eifrig wurden und werden Berichte über japanische Tuschezeichnungen, Gärten oder Keramik in die Heimat geschickt. Nicht jedem ist es gegeben, beim Anblick eines Steingartens entzückt zu sein, ein Meißener-Porzellan-Fan zeigt nicht unbedingt Begeisterung für die grobe und gerissene Keramik der Teezeremonie. Doch gibt es hier viel inspirierende Schönheit zu entdecken und das oftmals unerwartet. In einem schlichten Restaurant wird der kostenlose Tee in getöpferten Schalen serviert, das Essen selbst ist mit Bedacht auf dem Teller arrangiert. Der Bambuszaun des Nachbargartens ist nicht genagelt, sondern mit verschlungenen Knoten verbunden. Einzige Dekoration im Hotel sind wenige Blütenzweige im Foyer. Woher kommt diese faszinierende Schlichtheit in der Kunst? Ein Abriss der Schönen Künste soll die Sinne für japanische Kunst-Momente schärfen.

Malerei und Holzschnittdrucke

Die Wurzeln der japanischen Malerei liegen auf dem asiatischen Kontinent im China und Korea des 6. und 7. Jahrhunderts. Gemeinsam mit der chinesischen Gedankenwelt und dem Buddhismus kamen Schrift, Tusche und Papier ins Land. Zeugnisse aus jener Zeit finden sich vor allem in Nara. So zeigen die Wandmalereien im Grab von Takamatsuka (Takamatsuka Kofun, Asuka, Präfektur Nara) aus dem späten 7. Jahrhundert Darstellungen im Stil der chinesischen Tang-Dynastie. Weitere Beispiele finden sich auch im ältesten Holzgebäude der Welt, dem Tempel Hōryu-ji, ebenfalls Nara.

Beinahe alle Künstler arbeiteten damals im Auftrag reicher Tempel. Noch in der Heian-Zeit (794–1192) sollten Gemälde vor allem zum richtigen Glauben anleiten und nicht der Unterhaltung dienen. In den unruhigen Zeiten von Kamakura finden sich immer mehr Darstellungen der Hölle, aber auch des barmherzigen Buddha Amida als Erlöser vom schrecklichen Erdendasein.

Im 12. Jahrhundert beginnt der Einfluss des Zen-Buddhismus auf die japanische Kunst. Hatte bislang das Gebot der Symmetrie geherrscht, rückte nun Asymmetrie in den Vordergrund. Schlichtheit bis hin zum Kargen gewann an Bedeutung, Tusche löst Pigmentfarben in der Malerei ab. Als Thema wurde oft das Alter, das Vergängliche gewählt. Mehr noch als Jugend und Frische schätzte man nun die Patina eines benutzten Gegenstandes. Natürlichkeit war nun bewusstem Schaffen weit überlegen. Versehentliche Tuschekleckse beim Schreiben galten als spontanes Element des Bildes und nicht als Fehler. Ebenso durfte ein Bild nicht alles auf den ersten Blick enthüllen. Die Intuition muss der Schlüssel zum Verständnis sein, professionelle Analyse ist in der Zen-Kunst unerwünscht! Ebenso wichtig ist die Loslösung von Konventionen und Vorschriften. Der Zen-Künstler muss im Geiste ungebunden sein. Das wichtigste Element der Zen-Kunst ist die innere Ruhe des Künstlers. Bevor er zum Pinsel greift, muss er seinen Geist leeren, an nichts denken. Nur in diesem meditativen Zustand kann

Die ›Südbarbaren‹, Darstellung um 1600

er mit wenigen Strichen die Essenz seines Themas darstellen. Nie bedeckt er das gesamte Blatt. Es blieb immer genügend Raum für Gedichte oder Kommentare von Freunden und Verehrern.

Auch die so genannten E-maki, Bilderrollen, bestanden aus der Kombination von Text und Bild. Diese Rollen wurden von rechts nach links gelesen, ihr Vorbild waren die ersten buddhistischen Schriften aus China. Inhaltlich waren sie allerdings recht weltlich. Das berühmteste Beispiel ist die ›Geschichte des Prinzen Genji‹ (Genji Monogatari) von Murasaki Shikibu, einer Hofdame der Heian-Zeit.

Kurz vor Beginn der Edo-Zeit verlangten viele Kriegsherren in der Azuchi-Momoyama-Zeit (1573–1603) die prächtige Ausstattung ihrer Burgen mit Wandschirmen und Schiebetüren. Dabei setzte sich vor allem der monumentale Stil der Kanō-Schule durch. Von Kanō Eitoku stammen viele der teilweise bis zu achtteiligen Wandschirme. Für Europäer besonders interessant sind die Namban-Motive, Darstellungen aus dem Leben der Südbarbaren, wie die ersten Portugiesen und Spanier in Japan genannt wurden. Die üppige Verwendung von Blattgold sollte nicht allein Reichtum und Macht verkörpern, sondern auch ganz praktisch das wenige Licht in den düsteren Burgen zum Leuchten bringen. Beispiele der Kunst Kanōs zeigt heute das Nationalmuseum in Tōkyō.

Mit der gesellschaftlichen Stabilität durch inneren Frieden und Isolation nach Außen erlebte die Kunst eine Blütezeit. Der Westen verbindet mit dieser Epoche vor allem das Aufkommen der Holzschnittdrucke, der Ukiyo-e, der ›Bilder einer vergänglichen Welt‹. Ursprünglich ein religiöser Begriff, bezog er sich nun auf die flüchtige Welt der Vergnügungsviertel. Hier lebte man nur für den Augenblick und ließ sich lustvoll treiben. So finden sich auf den Drucken und Malereien einfache Alltagsszenen, aber auch berühmte Kurtisanen mit vorne gebundenem Obi als Zeichen ihres Berufstandes. Kabuki-Schauspieler waren ebenfalls sehr begehrte Motive. Ähnlich wie die modernen Posterbeilagen der Stars und Sternchen befanden sich bis zum Ende der Edo-Zeit Millionen von Ukiyo-e im Umlauf. Ihre Themen reichten vom Sumō-Kampf bis zur Aufklärung junger Bräute.

Für den modernen Reisenden sind besonders die Bilder von Hiroshige (1797–1858) interessant. So liefern seine ›53 Stationen des Tōkaidō‹ nicht nur detaillierte Einblicke in das damalige Reisen, sondern lassen sich an manchen Orten noch original nacherleben. Tōkaidō ist der Name der alten Route zwischen Edo und Kyōto. Hiroshiges schärfster Konkurrent war Hokusai (1760–1849). Das Bild ›Die große Welle von Kanagawa‹ aus seinen ›36 Ansichten des Berges Fuji‹ ist wohl der berühmteste Farbholzschnittdruck Japans. Hokusai machte übrigens auch den Begriff Manga in Japan populär (siehe Seite 129). Ende des 19. Jahrhunderts befand sich das Genre in Japan im Niedergang, doch der Westen war begeistert von den klaren Linien und kräftigen Farben, besonders die französischen Impressionisten übernahmen viele der intensiven Elemente der Ukiyo-e.

Die Welt der Malerei bestand jedoch nicht nur aus Ukiyo-e, viele Maler wie die Anhänger der Nanga-Schule hielten sich an klassische Vorbilder. So konzen-

›Die große Welle von Kanagawa‹ von Hokusai

trierte sich die Nanga-Schule auf den Stil der chinesischen Ming-Dynastie. Ihre Motive waren Landschaften und Felsen sowie Pflaume, Chrysantheme, Orchidee und Bambus. So manch ein Künstler malte sein ganzes Leben lang nur ein Motiv. Die Kalligraphie war oft ein Bestandteil des Bildes, eine Trennung von Schrift und Bild wurde als unsinnig angesehen.

Durch die Einflüsse des Westens, wenn auch nur durch das winzige ›Guckloch‹ Nagasaki und die Handelsvertretung der Holländer, entstand Ende des 18. Jahrhunderts Interesse am Realismus. Hiraga Gennai (1726–1779) und Maruyama Ōkyo (1733–1795) gelten als deren wichtigste Vertreter. Öffnete sich das Land Ende des 19. Jahrhunderts vollends dem Westen und förderte der Staat auch bewusst die Übernahme westlichen Malstils, kehrten die japanischen Maler bald wie zu ihren gewohnten Techniken zurück. Erst seit der Nachkriegszeit haben sich Schulen mit eindeutig westlicher Prägung entwickelt.

Keramik

Keramik ist in Japan eine Kunst, die angefasst und benutzt werden will. Das Verhältnis der Menschen zu ihrem guten Porzellan ist anders, als wir es gewohnt sind: Teller und Schalen verstärken die Schönheit der Mahlzeit, verwandeln ein kühles Bier und den einfachen Snack aus leuchtend grünen Bohnen in ein Kunstwerk. Der geschickte Koch stimmt das Geschirr auf die Jahreszeit ab, im Sommer verwendet er kühles Weiß mit blauem Muster, im Herbst oder Winter bevorzugt er schwere Keramik mit dunkler Glasur. Auf dem ersten Blick erscheint das Tischgeschirr wie ein Sammelsurium an Tellern und Tassen, doch gerade die individuelle Note jeden Tellers und jeder Schale wird hoch geschätzt, Einzelstücke besitzen einen weitaus höheren Wert als komplette Tischgarnituren.

›Pfauen‹, ein Holzschnittdruck von Maruyama Ōkyo

Die japanische Töpferkunst ist nicht nur sehr alt – die ältesten Funde stammen aus dem 11. Jahrtausend vor Christus –, sondern auch sehr vielfältig. Neben dem sehr feinen weißen Porzellan nach chinesischem Vorbild ist das typisch japanische Steingut mit einfacher Ascheglasur extrem populär. In Form und Farbe ist diese Keramik eher schlicht, ihre Glasur harmonisiert mit den Farben der Natur. Unvollkommenheit oder gar Risse und Sprünge degradieren die Stücke nicht etwa zum Abfall, sondern verwandeln sie in wertvolle Unikate. Solche Mängel bedeuten keineswegs, dass der Töpfer seine Kunst nicht versteht. Zumeist hat er lange Jahre damit verbracht, seinen Meister bei der Arbeit zuzusehen, bis er zum ersten Mal ein eigenes Stück töpfern durfte.

Viele Töpfer setzen mit ihrer Arbeit eine Familientradition fort. In diesen kleinen Unternehmen fernab der großen Städte findet man heute die beste Keramik. Für Ortsfremde sind sie nicht

Keramik aus Bizen

immer einfach zu finden, doch zum Glück veranstalten Kaufhäuser und Galerien regelmäßig Ausstellungen, sie sind eine fantastische Adresse, um einen ersten Überblick über Japans vielfältige Keramikwelt zu erhalten. Neben dem groben Steingut findet sich auch feines Inari- oder Arita-Porzellan. Bis in das 16. Jahrhundert importierte Japan Seladon (Porzellan mit grünlicher oder bläulicher Glasur) aus China. Diese feine Ware verwendete man lange in der Teezeremonie, bis sich Ende des 16. Jahrhunderts der Geschmack änderte und die Teemeister nun den einfacheren Stil der koreanischen Ware und die gröbere Struktur einheimischer Töpfereien bevorzugten. Besonders die Töpferfamilie Raku produzierte unter der Anleitung des Teemeisters Sen no Ryu Steingutwaren im neuen Stil. Es folgten berühmte Namen wie Mino, Bizen, Iga und Shigaraki. Die Feldzüge, die Toyotomi Hideyoshi in den 1590er Jahren gegen Korea unternahm, nannte man später auch ›Porzellankriege‹. Als Kriegsbeute verschleppte er vor allem koreanische Töpfer nach Japan. Diese Meister ihres Faches begründeten in Agano, Arita, Satsuma und auch Hagi erste Töpfereien.

Auch in Arita stellte ein Koreaner das erste japanische Porzellan aus lokaler Tonerde her. Chinesen brachten im 17. Jahrhundert verbesserte Techniken nach Japan. Da in jenen Jahren der Handel zwischen Europa und China zum Erliegen kam, übernahmen vor allem die Brennöfen von Arita die Porzellanlieferungen an die Holländische Ostasienkompanie. Besonders die farbenfrohen Muster des Töpfers Kakiemon erfreuten sich in Europa großer Beliebtheit. Noch heute stellt die Familie Kakiemon in der 14. Generation wertvolles Porzellan her.

Im 18. und 9. Jahrhundert sprossen immer neue Tonbrennereien aus dem Boden Japans. Ihre Erzeugnisse waren aber zumeist nur für den heimischen Markt gedacht. Als zu Beginn des 20. Jahrhundes großes Interesse an einheimischer Volkskunst einsetzte, stieg die Wertschätzung der Töpfermeister enorm. 14 Keramiker sind bislang zu so genannten Lebenden Kulturschätzen ernannt worden, die alten Techniken in den berühmten Brennereien von Shiga, Ige, Karatsu, Hagi und Bizen haben sich bis in die Gegenwart erhalten. Auch die Familie der Raku produziert weiterhin bei Kyōto wertvolles Steingut für die Teezeremonie. Heute leben 32000 Töpfermeister allein von ihrem Handwerk. Auch wenn heute im Zeitalter der Massenproduktion der ›Pesthauch des Plastiks‹ (Michael Dunn) über Japan weht, wissen genügend Japaner die sinnliche Erfahrung ihres Geschirrs zu schätzen.

Architektur

Holz, Papier und Stroh sind die klassischen Baumaterialien eines japanischen Hauses. Im Sommer muss es die feuchte Hitze erträglich machen, im Herbst vor den tobenden Taifunen schützen und rund ums Jahr Erdbeben Widerstand leisten. Das tragende Holzgerüst steht lose auf steinernen Fundamenten, so übertragen sich die Erdschwingungen der Beben gleichmäßig auf das Gebäude. Um das Eindringen von Bodenfeuchtigkeit (und krabbelnden Gästen) zu vermeiden, stehen die Häuser nicht direkt auf der Erde. Ein Neubau im rein traditionellen Baustil ist heute selten, Privathäuser basieren allerdings weiterhin auf Holzkonstruktionen, bei großen Gebäuden übernimmt diese Aufgabe eine Stahlkonstruktion. Diese sitzen auf einem Rahmen aus Beton, die mittleren Pfosten stehen heute auf Betonsockeln.

Eigenheime im Zentrum Tōkyōs

Wohnhäuser

Ob nun Apartment oder Wohnhaus, wichtiger als Wärmedämmung ist der Schutz vor Regen und starker Sonneneinstrahlung. Bei älteren Häusern verläuft eine überdachte Holzterrasse rings ums Haus, bei modernen Gebäuden ist zumindest der Balkon oder die Terrasse überdacht. Zur Gartenseite besteht bei alten Häusern die Wand aus Schiebetüren. Sie lassen sich im Sommer ganz herausnehmen. Ebenso sind alle Zwischenwände im Innenbereich aus leichten Schiebelementen (Fusuma) zusammengesetzt. Auch sie werden gerne im Sommer entfernt, um ein Gefühl von Weite zu vermitteln und

Altes und Neues in Nagoya

den leichtesten Windhauch ungehindert durchs Haus lenken zu können. Geschützt auf der Terrasse auf einem Kissen zu sitzen und sinnend in den regennassen Garten zu schauen ist übrigens ein sehr beliebtes Element japanischer Werbung.

Der Boden klassischer Wohn- und Schlafräume ist mit Tatami (Schilfmatten mit Reisstrohfüllung und einer Einfassung aus Brokatstoff) bedeckt. Diese Matten betritt man nur ohne Schuhe, sie verwandeln auch in Neubauten zumindest einen Raum in ein traditionelles Zimmer. Alte Matten nehmen eine sanft goldgelbe Farbe an, neue Matten sind hellgrün und lösen bei Heuschnupfengeplagten schon mal allergische Reaktionen aus. Niedrige Tische und Truhen, einige Sitzkissen und vielleicht noch eine Vase mit Zweigen vor einem Rollbild runden das Bild eines perfekten japanischen Wohnzimmers ab. Das empfinden viele Besucher als sehr elegant, aber auch ungemütlich kahl. Doch die Erfahrung eines einzigen schwülheißen Sommers überzeugt von der Zweckmäßigkeit dieses Stils und verwünscht westliches Polstersofa und Kuschelecke.

Schreine und Tempel

Als Tourist wird man kaum eine durchschnittliche Wohnung mit schützendem Teppich auf Tatamimatten zu Gesicht bekommen. Als Reisender schaut man sich Schreine, Tempel und dunkle alte Bauernhäuser an. In den Freilichtmuseen können Gebäude meist frei besichtigt werden, ihre funktionale Aufteilung ist auch aus westlicher Sicht leicht zu begreifen.

Das Baukonzept religiöser Stätten ist ein wenig komplizierter. Der Stil der Schreine basiert auf den Bauplänen der erhöhten Reisspeicher der Yayoi-Zeit, also der Jungsteinzeit. Als Material verwendet man bevorzugt das Holz der Hinoki-Scheinzypresse (Chamaecyparis obtusa). Bei korrekter Behandlung können Gebäude aus Hinoki 1000 Jahre überdauern. Nicht umsonst steht das älteste

Der Tempel Senso-ji in Tōkyō

Holzgebäude der Welt, der Tempel Hōryū-ji, in Japan. Ein Schrein besteht immer aus einem leicht erhöhten Honden (Haupthalle), dem eigentlichen Sitz des Kami. Er ist das Heiligtum des Schreins und zusätzlich mit einem Zaun abgesperrt. Davor befindet sich das Haiden, die Gebetshalle. Sie ist frei zugänglich. Honden und Haiden bilden gemeinsam das Hauptgebäude (Shaden) eines Schreins. Im äußeren Gelände befinden sich Bekku, Sessha und Massha, untergeordnete Schreine mit eigenen Kami, die aber in einer besonderen Beziehung zur Hauptgottheit stehen. Diese Bereiche sind durch Zäune oder Tore (Mon) voneinander getrennt. Hinzu kommen noch Kaguraden, Hallen für zeremonielle Tänze, und Gishikiden, Hallen für große Zeremonien wie zum Beispiel Hochzeiten.

Tempel hingegen zeichnen sich durch das Vorhandensein einer Pagode zur Aufbewahrung von buddhistischen Reliquien aus. Haben Schreine in der Regel Schindeldächer, besitzen Tempel Ziegeldächer, Indiz für den kontinentalen Einfluss. Stehen bei Schreinanlagen die Gebäude frei, sind im Tempel Haupthalle (Hondo) und Vortragshalle (Kōdo) durch überdachte Wandelgänge miteinander verbunden.

Burgen

Nicht anders als europäische Burgen dienten die japanischen Burgen militärischen Zwecken und wurden an strategisch wichtigen Punkten errichtet. Einst gab es über 5000 Burgen in Japan, heute stehen gerade einmal 50 imposante Überreste, allein die drei Burgen von Kōchi, Matsue und Himeji bestehen noch weitgehend aus Originalgemäuer.

Eine typische japanische Burg stand im kriegerischen 16. Jahrhundert relativ frei, war pyramidenförmig angelegt und besaß mehrere Stockwerke mit jeweils geschwungenem Dach. Um die Burg herum führte ein Wassergraben, nur der hohe Sockelbereich bestand aus Stein. Nicht anders als gewöhnliche Wohnhäuser bestanden Burgen oberhalb des Sockels aus Holz und Lehmwänden mit Stroh. Dem Feind rückte man zur Schlacht entgegen, Belagerungen waren selten, und das Schleifen der Mauern gehört gar nicht zu den Strategien der mittelalterlichen Kriegsführung. Somit waren Brandpfeile in Kriegszeiten der größte Feind, in Friedenszeiten sorgten Blitzeinschläge für das regelmäßige Abfackeln der Festungen.

Mit dem Beginn der Edo-Zeit wandelten die Burgen sich von militärischen Stützpunkten in Luxusheime der regionalen Fürsten, der Daimyō. Jedes Fürstentum (Han) durfte nur noch über eine Burg verfügen. Verteilten sich bislang die Samurai auf mehrere Burgen einer Region, konzentrierten sie sich nun auf die Hauptburg ihres Han. Die Konsequenz waren größere Burgen mit prächtigen Innenräumen und der Beginn der Urbanisierung Japans mit der Burg als städtische Keimzelle. Doch mit Beginn der Meiji-Restauration 1871 und der Abschaffung des Kriegeradels wurden mehr als 2000 Burgen als Symbol alter Herrscherstrukturen zerstört. Weitere historische Bauten fielen dem Zweiten Weltkrieg zum Opfer.

Schon in den 1950er Jahren begannen die ersten Wiederaufbauarbeiten der Burgen. Heute erstrahlen viele Wehranlagen nach außen im alten Glanz und bieten drinnen dem Besucher modernsten Komfort. Diese eigenwillige Kombination tut der Beliebtheit der Burgen keinen Abbruch. Romantische alte Burgruinen finden in Japan keinen großen Anklang.

Die ›Burg des Weißen Reihers‹ in Himeji

Land und Leute

Moderne Architektur

Umso mehr begeistert moderne Architektur die Japaner. Vor dem Zweiten Welt-krieg war moderner Baustil gleichgesetzt mit europäischen Backsteinbauten, so wie zum Beispiel der Bahnhof von Tōkyō oder die Japanische Zentralbank. Nach dem Zweiten Weltkrieg und der verheerenden Zerstörung galten andere Maßstä-be: Die Menschen brauchten Unterkünfte, die Infrastruktur musste funktionieren. So wandte Japan sich dem überaus schlichten Kastenstil zu. Natürliche Baustoffe hatten ausgedient, Beton und Stahl bestimmten nun die Bauweise öffentlicher und privater Häuser. Hinzu kam das Nichtvorhandensein jedweder Form von Städteplanung, konzeptlos wurde losgelegt. So kann heute ein mehrstöckiger Wohnblock ungestraft älteren Häusern des Viertels das Tageslicht nehmen oder ein Parkhaus gleich neben einem Schrein gebaut werden. Hoch oder niedrig, breit oder schmal, der Bauherr hat die Wahl, der Nachbar die Qual. Da Erdbeben unterirdische Strom- und Telefonleitungen angeblich verbieten, hängen sie wie überdimensionale Spinnenweben über den Straßen und verschandeln beinahe jeden Ausblick.

Es gibt jedoch auch großartige moderne Architektur. Ein Beispiel ist das Tōkyō Metropolitan Government Building in Shinjuku des Architekten Tange Kenzo (1913–2005). Berühmt wurde Tange mit dem Bau des Olympiastadions in Yoyogi/Tōkyō. Der Friedenspark von Hiroshima stammt ebenfalls von ihm. Auch der Mito Art Tower (Mito, Präfektur Ibaraki) von Arata Isozaki, einem Schüler Tanges, fasziniert durch einfache geometrische Formen. Leider prägen diese sorgfältig durchdachten Bauten noch lange nicht das Bild japanischer Großstädte. Noch bestimmt liebloser Einheitsbrei die Architektur der urbanen Zentren. Auf die Menschen hat das zum Glück nicht abgefärbt, so lässt es sich auch mitten in der Großstadt wie in einem kleinen Dorf leben. Freundlich wird dem Fremden der richtige Weg durch das Gewirr der Gassen gewiesen.

Gartengestaltung

Denken wir bei dem Stichwort ›Gartenkunst in Japan‹ ausschließlich an prächtige Parkanlagen und verwunschene Teegärten, versorgen Japaner noch die kleinsten Lichthöfe und schmalsten Bürgersteige mit Grünpflanzen und harmonischen Steinarrangements. Die Begeisterung fürs Gärtnern durchzieht alle sozialen Schichten. Da wird geputzt und gezupft, gewässert und gegossen. Auch wenn das kleine Bäumchen in einer Styroporkiste in der engen Gasse gedeihen muss, seinem Besitzer ist es die ganze Aufmerksamkeit wert.

Ein Eck ist ein Garten

Kleinstgärten haben in Japan einen vollwertigen Namen: Tsubo-niwa. Tsubo bezeichnet die Maßeinheit für Land, gemessen an Tatamimatten, Niwa ist das japanische Wort für Garten. Ein Garten, so groß wie zwei Tatamimatten, etwa 3,3 Quadratmeter, findet sich in den Lichtschächten schlichter Pensionen Kyōtos

Der Garten des Adachi-Museums wurde zum schönsten Garten Japans gekürt

ebenso wie zwischen den Bürotürmen Tōkyōs. Ein, zwei Büsche Immergrün, ein wenig Kies oder eine Steingruppe genügen, um eine kleine Insel der Ruhe zu schaffen. Sie sind die Miniaturversionen der großen Wandelgärten, der Teichgärten, Trocken- und Teegärten. Ihnen allen ist der Grundgedanke des chinesischen Prinzip von Yin und Yang gemein: Wo Schatten herrscht, gibt es auch Licht, wo weiches Wasser fließt, gibt es hartes Gestein. Dies betrachtet man nicht als Gegensatz, sondern als Teile eines Ganzen. Daoismus, chinesische Kosmologie und Geomantie beeinflussten stark die Anfänge der japanischen Gartenkunst.

Platz für Pflanzen ist überall

Teichgärten

Die weitläufigen Teichgärten sind wohl die älteste Form der japanischen Land-
schaftsgestaltung. In der Heian-Zeit (8.–12. Jahrhundert) baute man nicht nur
die neue Hauptstadt Kyōto ganz nach chinesischem Vorbild, auch die Gärten
standen unter kontinentalem Einfluss. Der Adel rezitierte chinesische Gedichte,
während er zwischen üppigen Blütenstauden lustwandelte oder auf künstlichen
Seen und Kanälen die Landschaft bewunderte. Leider sind aus der Heian-Zeit
keine Gartenanlagen erhalten geblieben, aber einer der berühmtesten Wandelgärten mit großzügigen Gewässern ist der Kōraku-en in Okayama. Er zählt heute
noch zu den drei schönsten Gärten Japans.

Steingärten

Mit dem Aufstieg der Kriegerklasse im 12. Jahrhundert änderte sich auch die
Gartengestaltung. Die neuen Herren des Inselreiches, Shōgun und Samurai,
vertrieben die buddhistischen Klöster in die umliegenden Berge Kyōtos. Die
geographisch ungünstigen Bedingungen der Bergklöster in Kombination mit der
schlichten Lebensphilosophie des aufkommenden Zen-Buddhismus beeinflusste
auch deren Gartengestaltung. Bunter Blumenreichtum verlor an Bedeutung, der
Garten wurde räumlich kleiner und diente ausschließlich von einer erhöhten
Veranda aus der Betrachtung. Die Natur wird nur noch symbolisch dargestellt.
Der Gipfel dieser Abstraktion sind die berühmten Trockengärten (Kare-san-sui),
Gärten aus Granitkies und Fels. In diesen Gartenkompositionen wird allerhöchs-
tens ein wenig Moos geduldet. Der Granitkies, Sand wäre in der Verarbeitung zu
fein, wird regelmäßig gereinigt und in bestimmte Muster geharkt. Felsgruppen,
immer in ungerader Zahl, bilden kleine Inseln, stellen Wasserfälle und Flussläufe

Der Kōraku-en in Okayama

Steingarten in Kyōto

dar. Die Anlagen bekommen dadurch etwas Zeitloses und dienen ausschließlich der Meditation. Die Bedeutung der Arrangements muss der Betrachter jedoch ganz allein für sich selbst finden. Eine endgültige Interpretation gibt es dabei nicht. Das würde dem Geist des Zen-Buddhismus nicht gerecht werden.

Kiesflächen sind übrigens keine Erfindung des Zen-Buddhismus. Die ersten Shintō-Schreine wurden auf gerodeten Waldlichtungen errichtet. Um die Götter in ihrem neuen Wohnsitz willkommen zu heißen, reinigte man den Boden rituell mit einer Schicht aus gewaschenem Sand oder Kies. Noch heute weisen Shintō-Schreine einen abgesteckten Bereich mit Kies auf. Ein besonders schönes Beispiel ist der Schrein von Kamigamo im Norden Kyōtos. Hier sind nicht nur die Gebäude mit weißem Kies umgeben, vor der Haupthalle des Schreins türmen sich zwei Kegel aus gemahlenem Granit. Doch auch die Plätze vor den kaiserlichen Residenzen schüttete man mit weißem Kies auf, ein deutlicher Hinweis auf die göttliche Abstammung des Tennō!

Teegärten

Die Begeisterung des Schwertadels für die Teezeremonie beeinflusste auch die Gestaltung der Teegärten. Die Begrünung der Innenhöfe städtischer Kaufmannshäuser in der Edo-Zeit, Vorläufer der heutigen Tsubo-niwa, geht auf die adeligen Teegärten zurück.

Spielt Wasser in den strengen und knochentrockenen Meditationsgärten gar keine Rolle, ist es in den Gärten rings um ein Teehaus umso essentieller. In der Nähe des niedrigen Eingangs findet sich immer eine Quelle oder ein Wasserbecken. Dort reinigt der Gast sich rituell Mund und Hände, um anschließend alles Weltliche hinter sich lassend den kleinen Raum zu betreten. Teegärten müssen nicht groß sein, doch ihre Pfade sollten so angelegt sein, dass der Blick immer wieder auf etwas Neues fällt. Das kann eine besondere Pflanze sein oder ein markanter Fels. Die Wegplatten dürfen unregelmäßig sein, der Besucher soll bewusst auf seinen Schritt achten. Liegt der Garten offen und frei, soll er die umliegende Landschaft mit einbeziehen. Sorgfältig geschnittene Bäume umrahmen den Ausblick auf die fernen Berge oder auf ein Inselchen im See. Diese Technik nennt man Shakkei, ›geborgte Landschaft‹. Die Vegetation eines Teegartens ist üppig und erscheint ganz natürlich. Alle Pflanzen sind jedoch mit Bedacht gewählt, gepflanzt und geschnitten. Bevor die Gäste kommen, wird der Garten noch einmal gewässert und abgeduscht, damit die Blätter schön kräftig glänzen. In der Mehrheit sind es immergrüne Büsche und einige wenige Bäume, denen man die unteren Zweige entfernt hat, um ein Gefühl der Tiefe zu erzeugen. Pinie, Bambus und Pflaume, den ›drei Freunden des Winters‹, begegnet man immer wieder. Blüten findet man im Teegarten selten, alles Bunte und Grelle ist verpönt.

Ganz im Sinne der japanischen Ästhetik erscheinen die Komponenten einfach und schlicht, zeugen aber gleichzeitig von höchster Qualität. Niemals wird man aufdringlich rote Elemente wie eine kleine Brücke oder ein Tor in einem japanischen Garten finden, sie sind ausschließlich Tempel- und Schreinanlagen vorbehalten. Steinlaternen kommen hingegen sparsam zum Einsatz. Sie dürfen verwittern und mit Moos überzogen sein. Die Pflege überlässt man Profis: Im Frühjahr und im Herbst klettern Gärtner mit ihren weichen Sockenschuhen auf die Bäume und streichen den Pinien sorgfältig mit der Hand die alten Nadeln von den Zweigen. Alte Bäume werden solange gestützt und gepflegt, bis auch der letzte Zeig abgestorben ist. So stehen in vielen Tempel- und Schreinanlagen noch Bäume aus der Zeit des japanischen Mittelalters.

Literatur

Japanische Literatur umfasst einen Zeitrahmen von über 1500 Jahren. Die ersten Werke standen noch ganz unter chinesischem Einfluss und wurden zumeist noch auf Chinesisch verfasst. Doch bald schon fanden Japans Literaten zu einem eigenen Stil, auch wenn die klassische chinesische Literatur bis zum Ende der Edo-Zeit weiterhin eine wichtige Rolle spielte. Erst mit der Öffnung des Landes im 19. Jahrhundert wurde sie von westlichen Strömungen abgelöst.

Die ältesten literarischen Werke Japans sind das Kojiki (Aufzeichnung alter Geschehnisse, 712) und das Nihonshoki (Chronik Japans in einzelnen Schriften, 720). Der Großteil beider Werke ist im klassischen Chinesisch und wohl auch von Chinesen geschrieben. Thema beider Werke ist der Anbeginn Japans, in Mythen wie auch ersten historisch belegten Fakten. Die älteste Gedichtsammlung Man'yoshū (Sammlung der 10 000 Blätter) aus dem Jahr 759 ist heute noch Bestand jedes Oberschulen-Stundenplans. Die ältesten Gedichte dieser Sammlung mit knapp 4500 Gedichten stammen aus dem 4. Jahrhundert.

Illustration aus dem ›Genji Monogatari‹

1955 wurde das ›Heike Monogatari‹ verfilmt

In der Heian-Zeit entstanden die klassischen Werke der Literatur: ›Makura no Sōshi‹ (Kopfkissenbuch, 1002) der Hofdame Sei Shōnagon und das ›Genji Monogatari‹ (Geschichten des Prinzen Genji, ebenfalls 11. Jahrhundert) der Hofdame Murasaki Shikibu. Das Kopfkissenbuch ist eine Beschreibung des Lebens bei Hofe und war wohl zur Erinnerung für die Tochter der verstorbenen Kaiserin Sadako gedacht. Obwohl die Geschichten rund um das Liebesleben des eleganten Prinzen Genji wesentlich berühmter wurden – eine Abbildung ziert heute den 2000-Yen-Schein –, schätzen Literaten den Wert des Kopfkissenbuches wegen seiner fast ausschließlich japanischen Sprache höher ein.

Das ›Heike Monogatari‹ (Geschichte der Heike, 1371) repräsentiert die Literatur des kriegerischen Mittelalters. Thema ist der Niedergang der Taira gegen die Minamoto (Heike bedeutet ›Haus der Taira‹). Das Buch besteht aus ursprünglich mündlich überlieferten Geschichten, die von fahrenden Biwa-Spielern erzählt wurden. Im Mittelpunkt dieses Samurai-Epos steht der Geist des Zen-Buddhismus mit seinem Bewusstsein um die eigene Vergänglichkeit, einige Liebesgeschichten lockern das Ganze auf. Das Heike Monogatari legte übrigens den Grundstein für den später so immens glorifizierten ›Weg des Kriegers‹, den berühmten Bushidō.

In der Edo-Zeit schätzte man besonders den Unterhaltungswert eines Buches. Das Kabuki-Theater mit den Dramen von Chikamatsu Monzaemon entstand, der Haiku-Dichter Bashō schrieb sein berühmtes Reisetagebuch ›Ōku no Hosomichi‹ (Auf schmalen Pfaden durchs Hinterland, 1702). Erste Romane mit Fantasy-Elementen wie in ›Ugetsu Monogatari‹ (Erzählungen unter dem Regenmond) von Ueda Akinari gelten heute als Anfänge der weltweit erfolgreichen japanischen Pop Fiction.

Neben dem Realismus hielt in der Meiji-Zeit auch die Romantik Einzug in die japanische Literatur. Mori Ōgai ist hier neben Shimazaki Tōson der berühmteste Vertreter. Durch seinen Aufenthalt in Deutschland stark durch die deutsche Literatur geprägt, sind seine Werke auch im Westen recht bekannt. Es folgt Natsume Sōseki mit zahlreichen Veröffentlichungen wie ›Kokoro‹, ›Botchan‹ und ›Ich, der Kater‹. Auch er ist heute ein Schriftsteller ›zum Anfassen‹: sein Bild ziert den 1000-Yen-Schein.

Kawabata Yasunari erhielt als erster Japaner 1968 den Nobelpreis für Literatur. Seine Themen sind unerwiderte Liebe und die Vergänglichkeit des Lebens. Beides sind geradezu klassische Themen japanischer Literatur. Mishima Yukio

(1925–1970), ein Zeitgenosse und Freund Kawabatas, begeisterte sich für die Thematik des Todes, Gewalt und Aggression durchziehen seine Erzählungen. Sein Leben beendete Mishima 1970 strikt nach dem alten Ritus der Samurai mit einem spektakulären Selbstmord.

Ganz anders sind die Werke von Ōe Kenzaburo, 1994 ebenfalls mit dem Nobelpreis für Literatur ausgezeichnet. Von sich selbst sagt er, er schreibe über die Würde der Menschen. So beschreibt er in ›Eine persönliche Erfahrung‹ die Reaktion eines jungen Vaters auf die Geburt seines behinderten Kindes. Ōes Sohn Mori ist Autist.

Ein Autor der Gegenwart, der auch bei uns großen Anklang findet, ist Murakami Haruki. In seinen Büchern reflektiert Murakami die geistige Leere seiner Generation und erforscht die Untiefen einer ausschließlich von Arbeit bestimmten Gesellschaft, seine Charaktere leiden an Einsamkeit und Entfremdung. Doch sein humorvoller Erzählstil und die surrealen Handlungsstränge verschaffen seinen Werken in Japan Auflagen in Millionenhöhen. Seine berühmtesten Bücher sind ›Norwegian Wood‹ (Naokos Lächeln, 1987) und ›Umibe no Kafka‹ (Kafka am Strand, 2002).

Manga

Sie sind telefonbuchdick, werden von hinten nach vorne gelesen und zumeist nur in schwarz-weiß gedruckt. Manga sind fester Bestandteil der japanischen Buchszene und das nicht erst seit der Nachkriegszeit. Die ersten Karikaturen finden sich auf Tempelwänden des 6. Jahrhunderts, die ersten Bildergeschichten auf Papier stammen aus dem 12. Jahrhundert. Die Bildrollen des Mönchs Toba (Chōjugiga, Vogel- und Tierkarikaturen) zeigen Tiere, die sich wie Menschen

Mangas für jeden Geschmack

Land und Leute

benehmen. Ende des 17. Jahrhunderts lösten weltliche Themen klerikale Motive ab, die Kommerzialisierung der Karikaturen begann. Hokusai, weltberühmt für seine Holzschnitzdrucke, verhalf dem Ausdruck ›Manga‹ mit seinen ›Hokusai Manga‹ zur Popularität. Toba-e und Kibyō-shi entstanden, Buchformate, die zum ersten Mal Bild und Text zu einer Geschichte kombinierten. Im 19. Jahrhundert kamen die ersten europäischen Comics hinzu, in den 1930er Jahren die Aufteilung der Comicstreifen in vier Bilder, und bald erhielten die Figuren ihre ersten Sprechblasen.

Nach dem Zweiten Weltkrieg betrat Tezuka Osamu die Mangabühne und mit ihm die berühmten riesengroßen Augen. Die überzogene Darstellung des Gesichts sollte in wenigen Linien den Charakter der Figur herausstreichen. Zu einem gewissen Grad ließ Tezuka damit die Tradition der Ukiyo-e wieder aufleben. Eine beinahe schon filmische Qualität erhalten seine Manga durch keinerlei Textverwendung außerhalb der Dialoge. Während in westlichen Comics ein Ereignis in wenigen Bildern zusammengefasst wird, breitet sich die gleiche Handlung im Manga über mehrere Seiten aus. Für Abwechslung sorgen die unterschiedlichen Perspektiven oder Zeitlupenfrequenzen.

Manga decken heute eine breite Palette von Themen wie Science Fiction, Horror, Fantasy, History, Humor, Action, Romance und natürlich Erotik ab. Shonen-Manga sind für Jungen gedacht, Shōjo-Manga sind auf den Geschmack junger Mädchen zugeschnitten. Nicht nur die Teenager sind mit bunten Bildchen versorgt, es gibt außerdem Silver Manga für eine ältere Leserschaft, Ladies Comics für die Damen, Hentai für Erwachsene mit wenig Inhalt, aber eindeutiger Handlung und Manga mit Sachthemen.

1986 erschien ›Nihon Keizai Nyūmon‹ (Japan GmbH, Verlag Norman Rentrop, 1989) und erklärte dem Laien die japanische Wirtschaft. Das Buch war ein Riesenerfolg, und Manga hatten plötzlich eine neue Aufgabe: Von den Ritualen der Teezeremonie bis hin zu den Gesetzen der Thermodynamik, dem Leser wurde alles mit Hilfe von Bildergeschichten näher gebracht. Es dauerte nicht lange und Schulen setzten Gakushū-Manga (Lern-Manga) auf die offiziellen Leselisten.

Der Manga-Sektor ist wirtschaftlich keine kleine Nummer. In Japan sind mehr als ein Drittel aller Druckerzeugnisse Manga, über zwei Milliarden Mangabücher und -zeitschriften werden jährlich verkauft. 2004 lag der Umsatz bei umgerechnet 3,7 Milliarden Euro. ›Weekly Shonen Jump‹ steht mit einer wöchentlichen Auflage von ungefähr drei Millionen Exemplaren an der Spitze. In Japan liegen die Preise für ein dickes Manga bei umgerechnet 1,70 Euro. Papier- und Druckqualität sind niedrig, nach dem Lesen werden Manga meist direkt weggeworfen.

Erfolgreiche Erzählungen werden gerne in Mangaform umgesetzt. 2004 hat der Shūei-Verlag diesen Trend mit ›Hebi ni pierce‹, einer Erzählung von Hitomi Kanahara, ausgelöst. Ein weiterer Schritt in eine neue Richtung ist die Veröffentlichung neuer Manga über das Netz. Fuji Xerox hat 1999 angefangen, sein wöchentliches Shōnen-Manga über das Internet zu veröffentlichen. Marktführer wie Kōdansha und Shūei folgten. Klassiker wie ›Salaryman Kintarō‹ und ›Die Rosen von Versailles‹ lassen sich mittlerweile auch übers Handy abrufen.

Förderung von staatlicher Seite erhält das Metier Manga ebenfalls. Seit 1997 sind Manga und Anime (Animationsfilme) fester Bestandteil des Media Festivals des japanischen Kultusministeriums. 1998 wurde der erste Kongress über Anime abgehalten, 2001 folgte ein Kongress für Manga. Seitdem werden immer mehr Kurse für Manga und Anime an Fachhochschulen und Universitäten angeboten. 2005 wurde der erste Lehrstuhl für Manga an der Hōsei-Kunstakademie in Tōkyō eingerichtet. Zum Frühjahr 2006 eröffnete dann die Seiga-Universität das eigenständige Studienfach Manga, gleichzeitig wurde das Internationale Manga-Museum Kyōto eingeweiht.

Auch hierzulande unterstützt die japanische Botschaft die Verbreitung von Manga und Anime. Jährlich werden unter ihrer Schirmherrschaft auf der Leipziger Buchmesse junge Zeichner ausgezeichnet.

Theaterwelt

Wer lesen kann, ist gewöhnlich schon zu alt für eine Karriere als klassischer Noh-Schauspieler. Dafür beginnt man im zarten Alter von drei Jahren mit dem Besuch einer der fünf Schulen für Nōgaku (ein anderes Wort für Noh und seine Begleitmusik). Heute gibt es tatsächlich noch 1500 professionelle Darsteller. Noh basiert auf einer Mischung alter japanischer Tänze und chinesischer Unterhaltungskunst wie Pantomime und Akrobatik. Im 14. Jahrhundert entstand daraus das uns heute bekannte Noh-Theater.

Ein Ensemble besteht nur aus Männern. Der Hauptdarsteller spielt zumeist einen Gott, Dämon oder ein Tier, das sich später in einen Menschen verwandelt (die Reihenfolge der Wandlung ist jedoch beliebig). Dieser Wandel wird mit Hilfe der Masken ausgedrückt. Die über 250 verschiedenen Masken unterstreichen ebenfalls Alter und Emotionen des Charakters. Nebenrollen tragen nur selten eine Maske. Der Text im Versmaß wird mehr gesungen als gesprochen, manche Kenner bezeichnen Noh daher auch als ›japanische Oper‹. Im Hintergrund der Bühne sitzen vier Musikanten (Flöte und Trommeln) und der Chor. Die Schauspieler gleiten in festgelegten Bewegungen über die hölzerne Bühne, ihre Bewegungen sind immer linear, Drehungen werden langsam und bewusst ausgeführt. Ihre Kostüme aus extravagantem Seidenbrokat – auch die ärmlichste Rolle ist in Seide gekleidet – sind mit Symbolen dekoriert. Der Bühnenhintergrund ist stets ein großer Pinienbaum. Auf der Bühne selbst befinden sich einige Bühnenhelfer, schlicht in schwarz gekleidet, doch gut sichtbar.

Beliebte Noh-Stücke sind Heldengeschichten aus dem ›Heike Monogatari‹ oder aus den noch älteren ›Erzählungen des Prinzen Genji‹. Seit dem 14. Jahrhundert wurde an den immer gleichen Stücken gearbeitet, damit sie ›wie ein Edelstein zu funkeln beginnen‹, so Noh-Meister Umekawa Rokurō. Viele sahen Noh dadurch vom Niedergang bedroht. So begann man nach dem Zweiten Weltkrieg mit westlicher Literatur oder auch mal einem modernen Ballett als Vorlage und wagte sich an den Einsatz von Orgelmusik. 2006 kam sogar ein Manga zum Zug: ›Garasu no Hanmen‹ (Glass Mask), die Hauptrolle spielte Altmeister Umekawa, Jahrgang 1948 und immer offen für Experimente.

Theater in Tōkyō

Auch das strenge Noh benötigt Entspannungspausen. So unterbrechen nach jedem Akt Kyōgen, lustige kurze Theatereinlagen, die ein bis zwei Stunden dauernde Aufführung. In Slapstickmanier wird das Publikum zum Lachen gebracht, mehr noch als Musik und Tanz stehen hier spritzige Dialoge und schnelle Handlungsabfolgen im Mittelpunkt. Kyōgen ist ebenfalls reines Männertheater, Masken verwenden die Schauspieler nur in Ausnahmefällen. So gegensätzlich die beiden Theaterformen auch sein mögen, gehören sie doch unzertrennlich gemeinsam auf die Bühne.

Kabuki

Was die Maske für das Noh-Drama ist, ist dicke Schminke für das Kabuki. Das klassische Tanzdrama ist heute eine reine Männerdomäne. Kabuki begann jedoch mit einer Frau, die aus der Reihe tanzte. Ihr Name lautete Izumo no Okuni, doch über ihre Herkunft ist nicht allzu viel bekannt. Einmal bezeichnet man sie als ehemalige Schreindienerin des Izumo-Schreins, andere Quellen rechnen sie zu den Unberührbaren. So oder so eroberte ihr wilder Tanz und die Darstellung schöner Jünglinge 1603 die Herzen der Kyōtoer im Sturm, im gleichen Jahr durfte sie ihren Kabuki-Odori am kaiserlichen Hof vorführen. Das Wort kabuku bedeutet ursprünglich ›andersartig‹, aus der Reihe geraten. Im Namen Kabuki schwingt diese Bedeutung mit, wird aber mit den Zeichen 歌 ka für Lied, 舞 bu für Tanz und 伎 gi für Künstler geschrieben.

Okuni und ihre Frauentruppe zogen Anfang des 17. Jahrhunderts von Schreinfest zu Schreinfest und zeigten auf Noh-Bühnen ihre Künste, in amouröse Teehausgeschichten verpackt sangen sie die damals aktuellen Lieder und tanzten dazu. Okunis populärer Stil fand schnell Nachahmer. Prostituierte und junge

Kabuki-Theater

männliche Schauspieler erkannten hier ihre Chance zur Marktwertsteigerung, und bald schon wurden die wilden Veranstaltungen zum allgemeinen Ärgernis. 1629 verbot man Frauen das Spiel, 1652 schließlich auch den Jünglingen, standen sie dem Publikum ebenso für weitere Vergnügungen zur Verfügung.

Es folgte die Geburtsstunde des Yaro-Kabuki, des reinen Kerle-Kabukis. Die Männer, die auf der Bühne zur Frau wurden, durften auch im wirklichen Leben ihre feminine Seite niemals ablegen. Manche gingen sogar so weit, im öffentlichen Bad auf die Seite der Frauen zu wechseln! Und nicht alle Männerrollen zeigen starke Helden. Nicht nur die Mangafans der Gegenwart mögen sanfte und feminine Helden, schon das Publikum der Genroku-Zeit (1688–1703), dem goldenen Zeitalter des Kabuki, liebte den schüchternen und zögerlichen jungen Mann, der zu ungeahnter Leidenschaft und Tapferkeit fähig ist. Bei den Frauenparts war die Rolle der Kurtisane beim Publikum jeder Gesellschaftsschicht am beliebtesten. Wer es sich leisten konnte, ging auch im echten Leben regelmäßig zu einer Prostituierten. Dem gewöhnlichen Volk blieb die Bewunderung aus der Ferne, denn Schönheit und Geschick verhalfen den teuren Kurtisanen zu einer Sonderstellung in der damaligen Gesellschaftsordnung. Auch auf der Bühne fielen ihnen immer wieder die Schlüsselrolle bei romantischen Abenteuern zu. In den Stücken von Chikamatsu Monzaemon treffen die Kurtisanen hoch moralische Entscheidungen, versagen sich ihrer Liebe oder schlagen ihren Liebhabern Doppelselbstmord vor, um im Tod auf ewig vereint zu sein. Der Part der zarten Prinzessin ist lange nicht so populär. Bewunderung findet hingegen immer die Rolle der treuen Ehefrau. Daneben gibt es die ewigen Verlierer, die Clowns, die Alten und die Kinder. Ihre Charaktere spiegeln sich in Kleidung und Maske wider. So wird Kumadori, das besondere Make-up des Kabuki, vor allem von den männlichen Macho-Rollen verwendet, sie unterstreicht Wildheit und Stärke. Das Jidai-mono oder Historiendrama verwendet auffällige Kostüme der Genroku-Zeit, also der Epoche, in der sie geschrieben wurden. Dies sind dann die Kabuki-Dramen, die weltweit berühmt sind. Stücke, die in verschiedenen Epochen spielen, aber nicht unbedingt historisch belegt sind und in deren Mittelpunkt Kaufleute und Handwerker stehen, nennt man Sewamono. Hier legt man Wert auf die Authentizität der Kostüme. So tragen die Männer in frühen Meiji-Stücken weiterhin Bowlerhüte. Daneben gibt es reine Tanzstücke, die Shosagoto. Diese Stücke erinnern in ihren Kostümen an das alte Noh-Theater, sogar simple Fischer tragen hier Gewänder aus Brokat. Heute finden alle drei Sparten ihr Publikum.

Nach dem Zweiten Weltkrieg war das Kabuki für einige Jahre verboten, feierte dann aber vor allem in der Region Kansai ein Comeback. Innovative Theater zeigen heute Adaptionen westlicher Stücke und reisen für Aufführungen rund um die Welt. Kabuki-Schauspieler erscheinen regelmäßig im Fernsehen und übernehmen auch mal eine weibliche Rolle in einem Fernsehdrama. Angst, dass die modernen Medien die alte Bühnenkunst verdrängen könnte, haben sie nicht. Solange es den Schauspielern erlaubt ist, ihre Texte frei zu ändern und auch mal spontan Kommentare auf aktuelle Ereignisse einfließen zu lassen, bleibt das Kabuki wohl auch in Zukunft das beliebteste Genre der klassischen Künste.

Bunraku

Puppentheater (Bunraku) ist in Japan nichts für Kinder. Hier wird im kleinen Maßstab intensiv geliebt, gekämpft und gestorben, und das hat nichts mit Kasperle und Co. gemein. Als Zeitgenosse des Kabuki-Theaters wurden viele Dramen für beide Bühnenformen geschrieben, Doppelselbstmord von Liebespaaren zählte ebenso zum festen Repertoire wie die Geschichte der 47 Rōnin, die den Tod ihres Herrn in guter Samurai-Tradition rächen.

Bunraku-Puppenspieler

Das Besondere des Bunraku ist die Bühnenpräsenz der jeweils drei Spieler einer Puppe. Sie sind ganz in Schwarz gekleidet und damit offiziell unsichtbar. Die Puppen können sich scheinbar frei auf der gesamten Bühne bewegen. Eine Person spricht in verschiedenen Tonlagen die Parts aller Puppen, begleitet wird sie von einem Shamisen-Spieler. Beide Akteure sitzen gut sichtbar auf der Bühne. Sprecher und Musikant bilden übrigens eine Einheit fürs Leben, ein Wechsel des Partners ist undenkbar. Im Gegensatz zum Kabuki, bei dem die Schauspieler auch mal frei den Text abändern, hält sich Bunraku strikt an die Textvorlage. Vor dem Beginn jeder Aufführung verbeugt sich der Sprecher auf der Bühne vor dem Manuskript und gelobt, wortgetreu zu rezitieren.

Modernes Theater

Modernes Theater zog erst mit dem 20. Jahrhundert in Japan ein. Anfangs beeinflussten Naturalismus und Romantik das so genannte ›Neue Theater‹ (Shingeki), doch nach dem Zweiten Weltkrieg setzten sich immer mehr japanische Autoren durch. Nun wurde experimentiert, und die Aufführungen beschränkten sich nicht mehr auf die Theater. Straßen, Parks, Zelte und Kaffeehäuser wurden zu Bühnen umfunktioniert. Heute werden allein in Tōkyō über 3000 moderne Theaterstücke im Jahr aufgeführt, ein kompletter Nachbau von Shakespeares Globe Theatre (Shin-Ōkubo, Tōkyō) findet sich hier ebenso wie unzählige Kleinstbühnen mit ständig wechselndem Programm (Shogekijo).

Butoh

In die Zeit des Shingeki fällt auch der Anfang des exzentrischen Tanztheaters Butoh. Wichtiger als das gesprochene Wort sind im Butoh Tanzbewegungen und eine starke Theatralik. Die Bewegungen können brutal und gewalttätig, sensibel und fein, erotisch und unschuldig sein, immer neigen sie zu Extremen. Zeit und Raum spielen keine Rolle, im Vordergrund stehen oftmals absurde und groteske Aktionen, die in Bezug zu gesellschaftspolitischen Themen stehen. So drücken die Tänzer mit ihren Bewegungen die Natur aus, verwandeln sich in eisige Winter, Insekten oder Hunde. Manche Tänzer tragen eine wilde Frisur und aufwändige Kostüme, andere tanzen (fast) nackt, sind glatzköpfig und von Kopf bis Fuß weiß geschminkt.

Ob nun allein auf der Bühne oder als Ensemble, im Butoh gibt es so viele Tanzrichtungen wie Tänzer. Stärker noch als eine festgelegte Choreographie bestimmen die Träume, Erfahrungen und Vorstellungskraft des Tänzers seine individuellen Ausdrucksformen. Sie sollen seinen Körper leiten und bewegen. Um diesen Punkt zu erreichen, muss er physikalische Grenzen überschreiten, das geschieht durch Fasten oder stundenlanges Erstarren in unbequemer Pose. Ungewöhnliche Aufführungsorte wie dunkle Höhlen, einsame Friedhöfe oder an herabhängenden Seilen verstärken das intensive Erlebnis einer Butoh-Aufführung, wenn sie auch in ihrem starken Individualismus nicht immer ganz entschlüsselt werden kann.

Takarazuka

Das moderne Gegenstück zum klassischen Kabuki-Theater ist wohl das Takarazuka-Musiktheater (Takarazuka Kagekidan). Sämtliche Rollen sind von Frauen besetzt, wobei die Otoko-yaku, die männliche Hauptrolle, das höchste Prestige besitzt. Seit der Gründung 1913 begeistern die zumeist zuckersüßen Musicals in üppiger Broadway-Manier ein überwiegend weibliches Millionenpublikum. Ob nun Tolstois ›Anna Karenina‹, der Spielfilm ›JFK‹ oder gar beliebte Manga-Serien wie ›Die Rose von Versailles‹, nichts bleibt von den Adaptionen des Takarazuka-Ensembles verschont. Kostüme, Bühnendekoration und Beleuchtung fallen grundsätzlich prächtig aus, das Finale folgt einem ganz bestimmten Muster: Mit Federn geschmückt schweben die beiden Hauptdarsteller tanzend und singend eine gewaltige Treppe hinunter. Die äußere Ähnlichkeit der Darsteller mit Manga-Figuren ist kein Zufall: Tezuka Osamu, auch bekannt als ›Gott der Manga‹, wuchs in Takarazuka (Präfektur Hyōgo), dem gleichnamigen Stammsitz des Theaters auf. Mit seiner Mutter besuchte er oft die Aufführungen, und so überrascht es nicht, dass Tezuka mit dem Manga ›Princess Knight‹ (Ribbon no Kishi, bei uns als Anime ›Choppy und die Prinzessin‹ bekannt) das erste Manga speziell für eine weibliche Leserschaft schrieb. Heute sind diese Shōjo-Manga fester Bestandteil der Manga-Welt und auch bei uns zu kaufen.

Die japanische Sprache

Auf den ersten Blick ist gesprochenes Japanisch, die Muttersprache von knapp 130 Millionen Menschen, gar nicht so schwer. Als agglutierende Sprache, also als Sprache, in der grammatische Funktionen wie Zeit oder Kasus angehängt werden, zeichnet es sich durch eine hohe Regelmäßigkeit aus. So kennt Japanisch auch nur zwei unregelmäßige Verben (kommen und sein). Die fünf Vokale a, i, u, e und o und auch sämtliche Konsonanten entsprechen der deutschen Lesart, Ausnahme bilden nur s und z. Sie entsprechen eher der englischen Aussprache: Ein scharfes s wie in ›sun‹ und ein weiches z wie in ›zoo‹ klingt in japanischen Ohren wesentlich gefälliger als unsere Sonne oder Zoo. Konsonanten werden gerne verdoppelt, stehen aber nie in Folge wie in den Worten ›Bank‹ oder ›Brot‹. Japanisch ist eine Silbensprache, bis auf die Ausnahme des Konsonanten n enden alle Silben (und damit auch Worte) mit einem Vokal wie in Papa oder Sumō.

Kein Durchgang

Ein bisschen gewöhnungsbedürftig ist die Satzstellung, das Prädikat steht am Satzende. So wird aus unserem ›Ich esse Brot‹ ein ›Ich Brot essen‹ oder ›Ich Brot essen nicht‹. Ebenso darf man ruhig das Subjekt des Satzes weglassen, für Ungeübte eine verwirrende Sache.

Konversation

Kompliziert wird es, wenn man einmal über das Anfängerniveau hinaus ist und höfliche Konversation betreiben möchte. Dafür benötigt man Keigo, die japanische Höflichkeitssprache. Je nach Sprachgebrauch drückt man durch seine Wortwahl aus, ob man höher oder tiefer in der Sozialhierarchie steht, ob und wie weit man mit meinem Gegenüber vertraut ist. Als höflicher Mensch, insbesondere weiblichen Geschlechts, ordnet man sich anfangs automatisch einen Rang niedriger ein. Im Laufe des Gesprächs balanciert sich das gewöhnlich wieder aus. Im Deutschen unterscheidet man in der Anrede zwischen Du und Sie und spricht weiterhin in der 1. Person von sich selbst. Im Japanischen vermeidet man dies, ebenso die direkte Anrede in der 2. Person (anata) und nennt sein Gegenüber grundsätzlich beim Namen, angefangen bei Herrn Saito von Saito-kun (vertraut jovial) über Saito-san (Standard) bis zu Saito-sama (sehr höflich). Ist Titel oder Rang bekannt, fügt man ihn grundsätzlich an den Namen oder verwendet ihn allein als Anrede: Abteilungsleiter Saito, möchten Sie noch ein Bier? Natürlich kennen wir auch im Deutschen je nach Situation den unterschiedlichen Gebrauch von Verben: Mit den Worten ›Willste noch ʼnen Bier?‹ (Oi, biiru o nomu kai?) bietet wohl niemand dem Chef etwas zu trinken an. Im Japanischen muss aus dem schlichten Bier erst einmal mit Höflichkeitspräfix das ehrenhafte O-Biiru werden, und der Chef trinkt auch nicht, sondern nimmt den kühlen Trunk vornehm zu sich: Shachō-san, o-biiru o meshiagarimasu ka? Herr Firmenpräsident, würden Sie gerne ein (durch Sie) ehren-wert gewordenes Bier zu sich nehmen? Für sich selbst oder direkte Angehörige verwendet man allerdings niemals das höfliche O- oder Go-, ebenso gibt es für die Anrede innerhalb der Familie unterschiedliche Bezeichnungen. So stellt der Herr seine eigene Ehefrau als Kanai (die im Haus) vor und redet die Gattin des Chefs mit Okusan oder noch besser Oku-sama (Dame des Innersten) an. Für korrekten Sprachgebrauch ist also Feingefühl und eine gewisse Antenne für soziale Konstellationen vonnöten.

Ebenso sprechen Frauen ein wenig anders als Männer. Frauen beenden ihre Sätze gerne mit der Silbe wa oder

Rauchen verboten

ne, bevorzugen für die 1. Person ein weiches ›atashi‹ im Gegensatz zum neutralen ›watashi‹ oder dem männlichen ›boku‹ beziehungsweise ›ore‹. Frauen bemühen sich um eine hohe Stimme, Männer fallen gerne in einen tiefen Bass, wenn sie auf Streit aus sind. Da der geschlechtsspezifische Sprachgebrauch oftmals unbewusst abläuft, ist es Lernenden sehr ans Herz zu legen, sich Lehrer des eigenen Geschlechts zu suchen. Vor allem Männer mit einem betont femininen japanischen Sprachverhalten werden sonst schnell zur Zielscheibe allgemeinen Spottes.

Eine weitere Besonderheit der japanischen Konversation ist ständig zustimmendes Gemurmel des Zuhörers. Immer wieder wirft er ein ›Hai‹, ein ›Aaahh!‹ oder eine kleine Bestätigung wie ›Sō desu ka?‹ (Ist das so?) ein, dabei plaudert sein Gegenüber munter weiter. Dieses Sprachmuster nennt man Azuchi: Einer redet, der andere hört aktiv zu und unterstreicht seine Rolle mit kurzen Äußerungen. Ohne diese Signale würde das Gespräch schnell verebben. Denn nichts irritiert Japaner mehr als ein schweigender Zuhörer. Sage ich wohlmöglich etwas Falsches, findet er mich langweilig? Ganz schnell erhält das Gespräch eine negative Grundstimmung, und das ist für knospende Beziehungen, ob nun privat oder geschäftlich, gar nicht gut. In Sorge um die Höflichkeit übertragen manche Japaner diese typische Eigenart der Kommunikation auch auf englische Unterhaltungen. Mit einem mitten im Satz eingeworfenen ›I see!‹ verstören sie unbeabsichtigt ihren ausländischen Partner, der sich in seinem Redefluss unterbrochen fühlt. Solcherlei Äußerungen dürfen einfach ignoriert werden, auch wenn dies am Anfang schwer fällt. Ebenso sollte man versuchen, dem Gegenüber zumindest hin und wieder zustimmend zuzunicken oder ruhig auch mal ein deutsches ›Ach so!‹ zu murmeln. Das hört sich vertraut wie das japanische ›Ah sō‹ an und bedeutet genauso wenig. Die Stimmung aber verbessert das ungemein.

Schrift

Kaum ein Besucher Japans kann sich der Faszination der japanischen Schrift entziehen, elegante Silbenzeichen scheinen über das Papier zu fließen, chinesische Zeichen heben sich dem Betrachter wie komplizierte Knäuel mit unbekannter Bedeutung entgegen. Wo beginnt hier eigentlich der Text? Japanische Schriften teilen sich in zwei Kategorien: In Tageszeitungen, Magazinen und Büchern liest man den Text von oben nach unten und dann auch immer von rechts nach links. Schlagzeilen stehen also rechts vom Artikel. Comic- und andere Bücher fangen bei der vertikalen Ausrichtung grundsätzlich hinten an. Diese Leserichtung geht auf die ersten Schriftrollen zurück, die von der linken Hand in die rechte gewickelt wurden. Ist der Text horizontal angeordnet, entspricht er unserer Leserichtung von links nach rechts, diese Bücher sind dann linksgebunden.
Ist die Schreib- und Leserichtung schon so vielfältig, basiert die japanische Schrift auf drei Schriftzeichensätzen: Kanji, Hiragana und Katakana. Hinzu kommt das lateinische Alphabet, hier Roma-ji (römische Zeichen) genannt, das alle Kinder als vierten Zeichensatz in der Grundschule erlernen. Anfangs fällt es sicherlich schwer, Chinesisch vom Japanischen optisch zu unterscheiden. Kein Wunder, ist die chinesische Schrift doch Grundlage der ersten drei Schriftzei-

Beim Einkauf kann es schon mal schwierig werden

chensätze. Als im 5. Jahrhundert die erste Welle kultureller Einflüsse aus China nach Japan schwappte, besaß Japan keinerlei Schreibsystem und übernahm kurzerhand die chinesische Schrift. Das sollte sich später als fatal erweisen, da beide Sprachen nicht miteinander verwandt sind und folglich die japanische Grammatik nicht so einfach ins chinesische Schriftbild umgesetzt werden kann: Die japanische Satzstellung wurde anfangs auf Chinesisch geschrieben, aber in japanischer Reihenfolge gelesen (so genannte Kanbun-Texte). Dafür verwandte man nur Kanji (漢字, chinesische Schriftzeichen, das Chinesische verwendet nur Zeichen dieses Typus).

Frauen durften keine Kanji verwenden. Kurzerhand entwickelten sie am kaiserlichen Hof der Heian-Zeit ihre eigene Silbenschrift, das gerundete Hiragana-Silbenalphabet (ひらがな) mit heute knapp 50 Basiszeichen. Kurz darauf entstand das eckige Katakana (カタカナ), ursprünglich eine Art Stenographieschrift buddhistischer Mönche mit gleicher Anzahl von Zeichen. Heute werden alle drei Zeichensätze gemischt verwendet. Die Kanji drücken Nomen sowie die Wortstämme von Verben, Adverbien und Adjektiven aus. Grammatikalische Funktionen wie Tempus, Negation und Partikel werden an den Kanji-Wortstamm angehängt und immer mit Hiragana-Zeichen geschrieben. Katakana verwendet man immer nur für Fremdwörter wie zum Beispiel Pan (Brot, パン) und Christine Liew (クリスティーネ・リュウ) oder Lautmalereien wie paku paku (gefräßig essen, パクパク). Ist das Erlernen der Silbenschriften nicht allzu mühsam, kosten Kanji viel Zeit und Geduld. Doch es lohnt sich, denn alle Länder unter Einfluss der chinesischen Kultur sind mit ihnen vertraut. So nehmen die komplizierten Zeichen die Aufgabe einer asiatischen Lingua Franca ein, die auch dem Reisenden von Nutzen ist.

Japanische Küche

Japanische Speisen teilen sich heut-zutage in eine klassisch japanische Küche (Washoku) und in eine west-lich geprägte Küche (Yōshoku), wobei letztere sehr dem japanischen Gaumen angepasst ist und oft interessante Kre-ationen wie Pizza mit Currysauce oder Hamburger mit gepresstem Reis als Brotersatz anbietet. Neben vegeta-rischer Klosterkost (Shojin Ryōri) und den Speisen der Teezeremonie (Cha-kaiseki Ryōri) gilt die Kaiseki-Küche als die typische japanische Küche.

Zu Beginn der Mahlzeit wird Sa-shimi (roher Fisch), Suimono (klare Suppe), Yakimono (gegrillter Fisch), Mushimono (gedämpftes Gemüse oder Meeresfrüchte), Nimono (Gekochtes) gemeinsam mit Aemono (Gemüse oder Meeresfrüchte mild eingelegt in Soja-bohnenpaste oder Essig, gewürzt mit Chili oder Sesam) serviert.

Sushi-Display

Im zweiten Gang folgt eine Schale Reis mit Miso-Shiru (Suppe aus Sojabohnenpaste, getrockneten Thunfischflo-cken und Seetang) und Tsukemono (sauer eingelegtes Gemüse). Den Abschluss des Mahls bilden Süßigkeiten aus Reismehlteig, gefüllt mit Azuki (süße Rote-Bohnen-Paste), Obst und eine Schale grüner Tee.

Zu den Mahlzeiten trinkt man gerne Bier. Reiswein (Nihonshu oder Sake) trinkt man gewöhnlich nicht zum Essen. Spezialisten solch eines Festmahls sind die Ryōtei, sehr exklusive Restaurants der japanischen Küche. Oftmals erhält man hier nur über persönliche Referenzen einen Tisch. Doch auch die liebevoll hergerichteten Abendessen guter Ryokans erlauben einen Einblick in die klassische Küche.

Es geht auch anders, denn im Grunde basiert die gute japanische Hausmanns-kost auf dem Kaiseki Ryōri oder diese auf ihr, je nach Interpretation. So gehörten zu einer vollständigen Mahlzeit im Familienkreis immer gekochter Rundkornreis, eine Schale Miso-Suppe, zwei Gemüsebeilagen, ein wenig gegrillter Fisch oder Fleisch und eingelegtes Gemüse. Noch isst man häufiger Meeresfrüchte als Fleisch. Das ist nicht allein auf die Insellage zurückzuführen, sondern auf die strengen Gebote des Buddhismus. Sie untersagten der breiten Bevölkerung seit dem 6. Jahrhundert den Verzehr von Fleisch und Geflügel. Erst 1873 hob der Kaiser ausdrücklich das Verbot von Rindfleisch auf. Heute findet man in Japan Wagyū, das wohl delikateste Rindfleisch.

Henkelmann auf japanisch

Ob nun unterwegs ins Büro, in die Schule, auf den Weg in den nächsten Park oder gar eine längere Bahnreise, Proviant muss immer mit. O-Bentō, eingepacktes Essen, ist an Neujahr festlich elegant und im Alltag praktisch und gesund. Die Beilagen in der Lunchbox können unendlich variiert werden, eins bleibt immer gleich: Ob nun Fisch, Fleisch oder Nudeln, alles wird grundsätzlich kalt gegessen.

Das japanische Pendant zu unserem Butterbrot ist O-nigiri. Das ist gekochter Reis, zu einem Ball geformt, mit Seetang umwickelt und mit einem Klecks Leckerei gefüllt. Jeder Convenience-Store bietet eine riesige Auswahl an. Zu den drei Stoßzeiten morgens, mittags und abends kommen jeweils frische Lieferungen aus den Fabriken. Auf das Verfallsdatum, oder besser: die Verfallsuhrzeit, wird penibel geachtet, und ständig wird aussortiert. Neben den Bällchen liegt gleich eine große Auswahl von O-Bentō-Packungen. Alles ist appetitlich arrangiert, für jeden Geschmack ist etwas dabei. Die Kühltheke der großen und kleinen Supermärkte ist ein wahrer Fundus für Touristen. Ob nun japanisch, chinesisch, westlich und seit neuestem auch koreanisch, hier kann man günstig und in kleinen Mengen vieles probieren.

O-Bentō ist keine Erfindung der hektischen Neuzeit. Die Idee zu einer kompletten Mahlzeit für eine Person in einer Schachtel abgepackt geht auf den Kriegsherrn Oda Nobunaga zurück. Für die zügige Bewirtung seiner zahlreichen Burggäste ordnete er das Servieren individuell verpackter Mahlzeiten an. Dies wurde als Bentō bezeichnet. In der Edo-Zeit wurde es unter den reichen Kaufleuten Mode, bei Landausflügen und auch bei Kabuki-Aufführungen Mahlzeiten

O-Bentō-Geschäft im Tōkyōter Stadtteil Asakusa

in prächtig verzierten Lackdosen mitzuführen. Zwischen den einzelnen Akten im Zuschauerraum wurden die üppig verzierten Speisen dann verzehrt. Eine Sorte Lunchbox erinnert weiterhin an das Kabuki und seine nahrhaften Pausen: das Maku-no-uchi (Zwischen-den-Vorhängen). Auch heute noch ist es selbstverständlich, sein Lunchpaket zu den Vorstellungen dieses klassischen Theaters mitzubringen. Eine Aufführung dauert gute fünf Stunden, da wird man halt hungrig!

Auswärts essen

Beschränkt die japanische Küche sich in unseren Breiten auf Sushi und Konsorten, bietet Japan selbst ein Kaleidoskop an kulinarischen Genüssen. Ob nun lebende Krabben in Sakedressing oder solide durchgebratene Hamburger, die Entscheidung liegt ganz beim hungrigen Gast. Er muss nur das passende Restaurant finden. Und das ist gar nicht so schwer, wenn man die goldene Regel kennt: Restaurants sind grundsätzlich nach Gerichten sortiert. So gibt es beim Tonkatsu-(Schnitzel-) Restaurant nur Schweineschnitzel mit diversen Beilagen, aber nun mal kein Steak. Ebenso beim Ramen-Restaurant, hier wird nur Nudelsuppe mit gold-gelben, spaghettilangen Ramen-Nudeln serviert. Im Curry-Shop gibt es nur Currys (Kare raisu), beim Okonomiyaki-ya (ya bedeutet hier: Laden oder Restaurant) nur Omeletts im Ōsaka-Stil. Oftmals sind diese Spezialitätenrestaurants klein, und der Chef kocht selbst.

Für die reibungslose Bestellung ist auch in kleineren Restaurants gesorgt: In den Schaufenstern stehen in Reih und Glied Plastikmodelle aller Gerichte. Ein Wink bittet die freundliche Kellnerin vor die Tür, ein Fingerzeig vom Gast genügt als Bestellung. Bezahlt wird später an der Kasse beim Ausgang, Trinkgeld für die freundliche Hilfe entfällt aus höflichen Gründen ebenfalls.

Die Öffnungszeiten sind bei den kleinen traditionellen Restaurants auch kein Geheimnis. Hängt der kurze Vorhang, Noren genannt, vor der Tür, ist geöffnet. Steht die Tür offen, aber der Vorhang fehlt, muss noch gewartet werden. Übrigens schließen viele kleine Restaurants überraschend früh, gegen 21 Uhr ist oft Feierabend. In Bahnhofsnähe schließen die meisten gegen 23 Uhr.

Beim Izakaya, dem japanischen Pendant zu einer deutschen Kneipe, sieht man das nicht so eng. Hier wird in erster Linie ordentlich getrunken. Damit Sake und Whiskey nicht ganz so schnell Wirkung zeigen, bestellt man kleine Häppchen, Tsumami genannt. Alle Gerichte werden hier übrigens geteilt, jeder Gast erhält einen Beilagenteller und Stäbchen und kann nun ungeniert von allen Speisen probieren. Die Rechnung sollte allerdings nicht geteilt werden, das gilt als sehr unhöflich.

Die Dichte der Restaurants nimmt mit der Nähe zum Bahnhof ständig zu. Hier essen viele Pendler am Morgen, in der Mittagspause und abends auf dem Nachhauseweg. Man hat Hunger, aber keine Zeit, hier muss es schnell gehen! So finden sich hier billige Stehrestaurants wie so mancher Ramen-Imbiss. Hinter dem Tresen verschwindet der Koch zwischen seinen brodelnden Nudeltöpfen in einer Dampfwolke. Erst wirft er die fertigen Nudeln in eine Schale so groß wie

Einfaches Restaurant in Tōkyō

eine Terrine, darauf verteilt er Gemüse, ein wenig Ei und Scheiben gekochten Schweinefleischs. Zu guter Letzt noch eine große Kelle mit kochend heißer Brühe, und der Gast kann zulangen.

Beschaulicher geht es in den Family Restaurants zu. Family Restaurants (abgekürzt zu Famiresu) bieten eine breite Palette an Gerichten, um die gesamte Familie anzulocken. Hier gibt es Pommes für Junior, aber auch traditionelle Kost wie Miso-Suppe und gebratenen Fisch für die älteren Herrschaften. Manche dieser Restaurants haben bis 5 Uhr morgens geöffnet, für Nachtschwärmer ein beliebter Stop-over vor dem Schlafengehen.

Seit einiger Zeit gibt es für den kleinen Hunger Automaten mit eingebauter Mikrowelle. Sie spucken innerhalb von Minuten eine heiße Mahlzeit aus. Wenn das kleine Männchen sich im Display der Maschine dann noch artig verbeugt und eine Computerstimme ein ›Dankeschön‹ schnarrt, hat der Reisende es geschafft: Japans kulinarische Welt ist kein Geheimnis mehr!

Getränke

Wem fällt beim Stichwort Japan nicht sofort Reiswein und Grüner Tee ein? Seit über 2000 Jahren kennt man hier die Herstellung von O-Sake oder Nihonshu, wie der Reiswein auf japanisch bezeichnet wird. Die deutsche Bezeichnung Reiswein ist irreführend, Nihonshu ist kein Wein, Nihonshu wird wie Bier gebraut. Seine Zutaten sind Reis, Wasser und Hefe. Wie beim Bierbrauen wiederholt der Fermentierungsprozess sich mehrmals. Wein darf über Jahre reifen, Nihonshu sollte innerhalb eines Jahres getrunken werden.

Heute gibt es noch 1500 Sakebrauereien in Japan, die meisten davon sind Familienbetriebe. Sie produzieren insgesamt 740 Millionen Liter Reiswein.

Davon sind 80 Prozent ›gewöhnlicher Sake‹ (Futsūshu), die restlichen 20 Prozent sind in sechs Klassen eingeteilte Premiumweine. Das Geheimnis liegt in der Qualität der verwendeten Zutaten. So ist der Reis für Sakeherstellung kein gewöhnlicher Beilagenreis. Für die Sakeherstellung verwenden die Brauereien Sakamai, sein Stärkeanteil liegt wesentlich höher, und das ist wiederum für die Gärung notwendig. Sakamai kommt in 270 Sorten daher, jede Sorte prägt den Geschmack des fertigen Reisweins. So verhält es sich auch mit dem Wasser. Japanisches Wasser ist allgemein sehr weich, eine wichtige Vorraussetzung für guten Sake. Die besten Brauereien finden sich in schneereichen Gegenden. So soll Nihonshu aus der Präfektur Yamagata in den Kneipen Tōkyōs der beliebteste Sake sein. Früher wurde Sake nur während der Wintermonate gebraut, die Kälte kontrollierte den Gärungsprozess. Heute wird Sake rund ums Jahr hergestellt.

Und wie trinkt man Sake nun? Premiumweine trinkt der Kenner niemals warm, die Erhitzung würde das delikate Aroma des empfindlichen Sake zerstören. Wer trotzdem einmal warmen Sake probieren möchte, nimmt dafür Futsūshu. Trank man früher Sake nur aus Porzellanschälchen oder aus Holzwürfeln, sind für die teuren Sorten Weißweingläser passend. An einem kalten Winterabend ist nichts wohltuender als ein warmer Becher Sake.

Als Alternative zu Sake gibt es in jeder Kneipe Mizuwari, mit Wasser verdünnten Whiskey, oder Shōchū, Hochprozentiges aus Getreide oder Süßkartoffeln. Rot- oder Weißwein findet man hingegen nur in teuren Restaurants oder in besonderen Wine Bars. Eine interessante Erfahrung für Weinliebhaber ist das Verkosten einheimischer Sorten. Der japanische Weinbau ist recht klein, und so werden große Mengen von Trauben importiert und beigemengt. Trotzdem keltern einige Winzerbetriebe ausschließlich mit der Japanischen Wildrebe (Yamabudō). Das Resultat ist ein sehr trockener Wein, der gern aus medizinischen Gründen getrunken wird. Im Sommer ist Bier ein beliebtes Getränk, ›Asahi‹ und ›Kirin‹ sind die beiden populärsten Brauereien in Japan. Importierte Sorten sind heutzutage überall zu kaufen, aber wesentlich teurer.

Wasser gibt es in jedem Restaurant umsonst, Tee (Cha oder O-cha) ist ein beliebter Durstlöscher. Grüner Tee ist seit dem 8. Jahrhundert in Japan bekannt. Dies ist gewöhnlich nicht der pulverisierte Grüntee der Teezeremonie (Matcha), sondern die gerösteten und gedämpften Blätter der Teepflanze. Neben den vielen Grünteesorten wie Sencha und Bancha ist die chinesische Teesorte Oolong-cha überaus beliebt. Schwarzen Tee, gesüßt und abgerundet mit Zitrone, gibt es in großen Flaschen wie auch in Dosen an jedem Getränkeautomaten. Mugi-cha (Tee aus gerösteter Gerste) trinkt man daheim, es entspricht in seiner Beliebtheit ungefähr unserem Mineralwasser. Die Palette der Softdrinks erweitert sich jedes Jahr und bietet regelmäßig interessante Neuheiten wie Gurkenlimo oder Kohlsäfte.

Kaffeetrinker kommen in Japan ebenso nicht zu kurz. Neben international bekannten Coffee Shops finden sich viele kleine Kaffeehäuser. Eilige kaufen heißen Kaffee in Dosen am Automaten. Dort gibt es auf Knopfdruck nicht nur die regelmäßige Portion Koffein, sondern auch Bierfässchen, Schnaps in Gläsern, diverse Säfte und sogar Knabberzeug. Doch nicht vergessen: Nach 23 Uhr ist für Alkoholika am Automaten Sperrstunde!

Unterwegs in Japan

Japans Infrastruktur ist nicht nur sehr gut ausgebaut, sie ist auch pünktlich und frei von spontanen Änderungen. Gleisnummern wechseln hier genauso wenig wie Abflugschalter, Farbcodierungen helfen beim Navigieren durch unbekannte Bahnhöfe ebenso wie die stete Hilfsbereitschaft der Japaner, den Gast wieder auf den richtigen Kurs zu bringen.

Reisen mit dem Flugzeug

Bei weiten Strecken innerhalb Japans bieten sich Flüge als gute Alternative zum Schienenverkehr an. 28 Flughäfen bedienen den internationalen Verkehr, über 60 Flughäfen sind zusätzlich für einheimische Flugverbindungen zuständig. Die beiden größten Fluggesellschaften sind JAL und ANA. Ihre regulären Ticketpreise sind recht hoch, doch bieten sie Frühbucherrabatte bis zu 50 Prozent. Seit einiger Zeit bieten beide Gesellschaften den so genannten Japan Air Pass an. Dieser muss wie der Japan Rail Pass außerhalb Japans gekauft und die Strecken fest gebucht werden. Nur Ausländer ohne Wohnsitz in Japan können diesen Service nutzen. Ein Inlandflug (bis zu fünf Buchungen sind möglich) kostet zwischen 10 000 und 13 000 Yen. Der Unterschied liegt in den Nutzungszeiten, Hochsaison und Ferienzeiten sind ausgeschlossen. Daher lohnt sich ein Blick auf die Discount-Airlines direkt vor Ort. Deren Flugpreise liegen oftmals weitere 20 Prozent unter den Angeboten der zwei Großen.

Reisen mit der Bahn

Ein dichtes Schienennetz von 20 000 Kilometern bringt den Reisenden in Japan pünktlich, sauber und sicher ans Ziel. Beinahe 70 Prozent des gesamten Verkehrs unterstehen der privatisierten Japan Railway (JR) Group. Hinzu kommen private Bahngesellschaften mit zumeist regional beschränktem Netz. Das ehemals staatliche Unternehmen JR teilt sich nochmals in sechs regionale Personenverkehrsbetriebe (JR Hokkaidō, JR East, JR Central, JR West, JR Shikoku und JR Kyūshū) auf. Für die Buchung eines Einzelfahrscheins haben die regionalen Abgrenzungen keine Bedeutung, doch gibt es neben dem landesweit gültigen Japan Rail Pass interessante Pauschalangebote der jeweiligen JR-Betriebe.

Eingeteilt werden die Züge in fünf Kategorien: Die unterste Stufe nimmt die Regionalbahn ein (engl.: Local/jap.: Kaku eki teisha oder Futsū densha, 普通). Diese Züge halten an jedem Bahnhof. Es folgt der Regionalexpress (Rapid/Kaisoku, 快速). Er unterscheidet sich durch größere Halteabstände, der Fahrpreis ändert sich nicht. In der nächsten Kategorie (Express, Kyūko, 急行), er entspricht in etwa unserem Interregio-Express, verlangen die Betriebe einen Expresszuschlag. Beim noch schnelleren Limited Express (Tokkyū, 特急) kommt eine Extragebühr bis zu 4000 Yen hinzu, er hält dafür nur in großen Bahnhöfen. Am teuersten ist die Fahrt mit dem Super Express, dem berühmten Shinkansen (新幹線), der nur von JR betrieben wird. Hier beträgt der Aufschlag bis zu 8000 Yen.

Noch enden seine Trassen im Norden in Hachinohe (Präfektur Aomori) und im Süden in Hakata (Kyūshū), eine Teilstrecke ist bis nach Kagoshima gebaut. Der Anschluss an Hakata sowie die lang erwartete Erweiterung Richtung Sapporo (Hokkaidō) sollen bis 2025 fertiggestellt sein.

JR bietet auf beinahe allen Strecken die Wahl zwischen 1. und 2. Klasse (Green Car und Standard). Eine lohnende Ausgabe sind 300 bis 500 Yen (je nach Saison) für eine Platzreservierung (Shitei seki). Nichtraucher verlangen nach einem Platz im entsprechenden Abteil (Kin-en seki). Bis zu zwei Kinder unter sechs Jahren fahren pro Erwachsenen umsonst, bis elf Jahre zahlen sie die Hälfte. Auch für sie wird eine Gebühr bei Sitzplatzreservierung fällig.

Die Anzahl der Nachtzüge ist in den letzten Jahren aufgrund günstiger Überlandbusse und Flugtickets rückläufig. Noch kann man in 17 Stunden von Tōkyō nach Sapporo reisen. Neben dem gewöhnlichen Abteil stehen hier Einzel- und Doppelzimmer zur Verfügung, manche Züge bieten sogar Suiten an.

Günstige Bahnkarten

Für Reisende mit wenig Zeit und vielen Zielen empfehlen sich die verschiedenen Angebote des JR-Rail-Passes mit einer Gültigkeitsdauer von einer, zwei oder drei Wochen. Die Preise für einen landesweit gültigen Pass inklusive Shinkansen (Ausnahme Nozomi), einigen JR-Bus- und Fährlinienlinien liegen jeweils bei 28 300 Yen (1. Klasse: 37 800 Yen), 45 100 Yen (61 200 Yen) und 57 700 Yen (79 600 Yen). Platzreservierungen sind kostenlos. Einen regional beschränkten JR-Pass für einige Tage bieten jeweils JR Hokkaidō für Hokkaidō, JR East gemeinsam für die Regionen Kantō und Tōhoku, JR West einmal für die Region

Unterwegs mit dem Shinkansen

Busfahrer in Takayama

Kansai und ein weiterer Pass für die Region Sanyo und schließlich JR Kyūshū für Gesamtkyūshū oder nur den nördlichen Teil der Insel an. Diese Angebote können nur von Reisenden mit Touristenvisum außerhalb Japans erworben werden. Nur JAL, ANA oder eine lizenzierte Reiseagentur übernehmen die Ausstellung. Nach Erwerb muss der Pass innerhalb von drei Monaten aktiviert werden. Das erledigt man in Japan am Serviceschalter der JR-Bahnhöfe mit Vorlage des Reisepasses. Ab diesem Tag ist der Pass entsprechend seiner Zeitspanne gültig.

Direkt vor Ort erwartet Reisende eine Vielzahl von ähnlichen Angeboten. Je nach Region, Saison und Personenanzahl gibt es eine große Palette von Vergünstigungen. Preislich unschlagbar ist zum Beispiel das Seishun Juhachi Kippu (Jugendliche-18-Jahre-Ticket). Für einen Gesamtpreis von 11 500 Yen bietet es trotz seines Namens für Jedermann fünf Tage unbeschränkte Bahnnutzung aller JR-Strecken, jedoch nur mit Zügen der Regionalbahn (Futsū densha) und des Regionalexpresses (Kaisoku). Die Nutzung ist nur in drei Zeitabschnitten möglich: 1. März bis 10. April, 20. Juli bis 10. September und 10. Dezember bis 20. Januar. Der Verkauf beginnt jeweils zehn Tage zuvor.

Überlandbusse

Nicht ganz so entspannend wie mit dem Zug ist die Fahrt mit einem Überlandbus (Highway Bus, Jap.: Kosoku Basu). Nicht jedermann ist fasziniert von den Achterbahnschnörkeln der Stadtautobahnen, ein bisschen Nervenstärke und ein robuster Magen sind sicherlich von Vorteil. Doch die Busreise schont den Geldbeutel und spart so manche Nacht im Hotel.

Busfahrkarten sollten einige Tage vor dem Reisetag reserviert werden. Tickets für JR-Busse können direkt am Bahnhofschalter gekauft werden. Leider gilt der JR-Rail Pass nicht auf allen Strecken der Überlandbusse. Bei privaten Anbietern übernehmen Reisebüros oder ein Schalter direkt am Busterminal die Reservierung. Das geht natürlich auch übers Telefon, aber leider nur auf japanisch, auch wenn die Internetseiten englische Informationen bieten.

Mietwagen

Unabhängig vom Fahrplan ist man mit dem eigenen Auto. Reist man mit mehreren Personen, kann sich ein Leihwagen ebenfalls lohnen. Um einen Wagen auszuleihen, benötigen deutsche, französische, belgische oder Schweizer Staatsbürger eine offiziell abgesegnete Übersetzung des heimischen Führerscheins. Dies erledigen die Botschaften und Generalkonsulate in Japan. Alle anderen Staatsbürger dürfen in Japan mit einem internationalen Führerschein fahren. Der muss allerdings vor der Einreise im Heimatland ausgestellt worden sein. Die Gültigkeit beider Dokumente ist auf ein Jahr beschränkt. Danach muss jeder Ausländer mit Wohnsitz in Japan einen japanischen Führerschein beantragen.

In Japan fährt man bekanntlich links, die meisten Straßenschilder sind international bekannt. Irritierend ist der Richtungswechsel von Einbahnstraßen (in japanisch ausführlich angegeben) und die Angewohnheit, Ampeln sehr hoch und hinter der Kreuzung aufzustellen. Ebenso herrscht an kleinen Kreuzungen kaum Klarheit über das Vorfahrtsrecht. Radfahrer und Fußgänger verlangen umsichtiges Fahren, da Bürgersteige eine Rarität oder von Strommasten blockiert werden. In Metropolregionen ist das Fahren nicht zu empfehlen. Stadtautobahnen verlangen wie die landesweiten Autobahnen Mautgebühren, Stau und Parkplatzmangel gehören zum Alltag.

Unterwegs in der Stadt

In einer Großstadt empfiehlt sich grundsätzlich die Nutzung der öffentlichen Verkehrsmittel. Hier steht die hervorragend organisierte U-Bahn an erster Stelle.

U-Bahn

Fahrkarten für die U-Bahn werden am Schalter oder am Automaten verkauft. Auch für das Betreten des Bahnsteigs ist schon eine Karte nötig. Über einer Reihe von Automaten hängt eine große Karte mit allen Bahnhöfen der Region. Der Name der Haltestelle ist sowohl auf japanisch als auch mit lateinischen Buchstaben geschrieben. Darunter steht der Preis für das Ticket. Am Automaten drückt man den Knopf mit dem Preis und wirft das Geld ein. Bei mehreren Personen oder bei Kindern drückt man zuvor die entsprechende Taste. Ist das zu verwirrend, lässt sich die Karte auch direkt am Schalter kaufen oder man nimmt einfach das billigste Ticket, die besagte Bahnsteigkarte, und zahlt den eventuellen Restbetrag beim Verlassen der U-Bahn nach. Mit Hilfe eines farbigen Leitsystems

U-Bahnhof in Tōkyō

Land und Leute

findet man innerhalb des Bahnhofs seinen Bahnsteig. Dieses System verwenden alle großen Bahnhöfe. Wie erkennt man die richtige Farbe? Sie deckt sich mit den Farben auf der Stadtkarte und der Karte über den Automaten. Auch die farbigen Streifen der Shinkansen-Züge sind mit denen der Leitlinien durch den Bahnhof identisch. Das ist übrigens das Geheimnis, warum sich in Japan die Abfahrtsgleise niemals ändern! Am Bahnsteig ist der Name der Station immer auch in englisch angegeben, auch auf den kleinsten Bahnhöfen ist das heute Standard. Auf den Boden sind die Haltestellen für die Türen markiert. Manchmal finden sich mehrere Wartepositionen eingezeichnet. Zeichnet es sich ab, dass der zuerst einfahrende Zug zu voll werden wird, kann man sich schon mal für den folgenden aufstellen. Selbstverständlich mogelt man nicht und schlüpft klammheimlich doch in den ersten Zug!

Sollten sich beim Verlassen des Bahnhofs die Schranken der Sperre vor einem schließen, wendet man sich an einen Schalter und zahlt dort den Restbetrag. Als Alternative zu den Einzelfahrkarten bieten viele Großstädte 24-Stunden-Tickets und andere Tageskarten an. Prepaid Cards sind nicht günstiger, vereinfachen aber das Fahren mit Bus und Bahn erheblich.

Bus

In Großstädten ist die Endhaltestelle einer Buslinie auch in englisch über der Frontscheibe angeschrieben. Bei modernen Bussen läuft im Businneren der Name der nächsten Haltestelle über ein Display. Zusätzlich wird jeder Stopp über Lautsprecher angekündigt, oftmals auch in englisch, doch verständlich ist das nicht immer. Bei Regenwetter kommen Ermahnungen hinzu, den Schirm nicht zu vergessen, manchmal ergänzen Werbesprüche die Durchsagen. Bei Schwierigkeiten helfen Mitfahrer weiter, der Busfahrer selbst ist meist keine große Hilfe. Die Zahlungsmodalitäten sind je nach Region und Betreiber unterschiedlich.

Taxi

Wesentlich teurer kommt eine Fahrt mit dem Taxi. Die ersten zwei Kilometer kosten um die 700 Yen, jede weitere 500 Meter zusätzlich 100 Yen. Da der öffentliche Nahverkehr vor Mitternacht schließt, besteht rund um die Bahnhöfe immer ein Bedarf an Taxis, trotz der Nachtzuschläge ab 22 Uhr. Ein Taxi lässt sich jederzeit heranwinken. Vorne an der Windschutzscheibe sollten rote Schriftzeichen (Kūsha, 空車) leuchten, ansonsten ist das Taxi besetzt. Achtung bei der hinteren linken Tür, der Fahrer öffnet sie automatisch für den Fahrgast. Viele Taxifahrer akzeptieren nur Bargeld und verstehen kaum Englisch. Eine schriftlich vermerkte Adresse ist also eine große Hilfe.

Fahrrad

Trotz der Liebe zum Auto benutzen viele Menschen im Alltag das Fahrrad. Sie sind meist klein, klapperig und mit furchtbar quietschenden Bremsen ausgestattet. Die Bremsen dienen der Sicherheit und ersetzen jede Klingel. Über die rechte Größe macht sich niemand Gedanken, meist fährt man nur die kurze Strecke bis zum Bahnhof. Dort wird es auf einem kostenpflichtigen Parkplatz oder irgendwo illegal abgestellt, wo es sein Besitzer abends hoffentlich wieder vorfindet. In der Zwischenzeit soll es möglichst unattraktiv zwischen all den anderen Rädern stehen. Es wird wenig in Japan geklaut, nur vor Fahrrädern machen Langfinger keinen Halt. Und so benutzt kein Mensch ein gutes Fahrrad, und die alten Räder häufen sich vor den Bahnhöfen der Vororte. Hin und wieder greift die Stadtverwaltung durch und lässt alle Drahtesel abräumen. Zuvor hat sie an jedes Rad einen Zettel gehängt, um vor der kommenden Aufräumaktion zu warnen. In städtischen Werkstätten werden die Räder dann sortiert und repariert, um sie wieder billig an die Bevölkerung zu verkaufen. So findet das verlassene Rad bald wieder zu seinem vertrauten Platz vor dem Bahnhof zurück.

Sumō-Kämpfer auf dem Weg zum Training

Übernachtung

Wenn Japaner aus Vergnügen reisen, haben sie es gerne ein wenig luxuriös. Zumeist übernachten sie nur für wenige Tage und wollen die kurze Zeit möglichst intensiv genießen. Für den westlich ausgerichteten Geschmack bieten Hotelketten in den Großstädten guten Service und üppige Frühstücksbüfetts. Gerne schmücken diese Hotels sich mit königlichen Namen: ›Royal XY‹ ist scheinbar ein Muss für die gehobene Klasse. Pro Nacht und Person rechnet man zwischen 10 000 und 50 000 Yen.

Business Hotels sind die einfachere Ausführung eines westlich ausgerichteten Hotels. Wie der Name schon andeutet, übernachten hier vornehmlich Geschäftsleute. Die Zimmer sind klein, auf dem Flur stehen Getränke- und Snackautomaten. Dafür befinden die Hotels sich immer in Bahnhofsnähe. Hier kostet die Übernachtung unter 10 000 Yen.

Eine Preisklasse tiefer finden sich die klassischen Familienpensionen (Minshuku). Hier teilt man sich das Bad auf dem Gang, der Fernseher auf dem Zimmer ist eindeutig aus der vor-vorletzten Generation. Klassisch schläft man auf dicken Futons auf dem Fußboden. Der Übernachtungspreis bis zu 10 000 Yen beinhaltet immer ein Frühstück und manchmal auch das Abendessen.

Noch günstiger sind Herbergen (Hostels) und klassische Jugendherbergen mit Mehrbettzimmern. In ganz Japan gibt es an die 320 Jugendherbergen. Eine Übernachtung im Mehrbettzimmer kostet etwa 3200 Yen, ein Zimmer mit Bad 5000 Yen. Mahlzeiten werden extra berechnet. Die Mitgliedschaft im Jugendherbergsverband ist Pflicht und kann vor Ort erworben werden.

Wenigstens eine Nacht sollte der Reisende in einem klassischen japanischen Gasthaus, dem Ryokan, übernachten. Ryokan müssen nicht immer sündhaft teuer sein, es finden sich auch schlichte Häuser mit Preisen unter 10 000 Yen. Gemeinsam Reisende werden gerne in einem Zimmer untergebracht, das ist bei Firmenausflügen ebenso üblich wie bei Familienreisen. Unabhängig von der Preiskategorie verfügen alle Gästezimmer über Tatami-Matten. Da diese niemals mit Schuhen betreten werden dürfen, wechseln die Gäste schon in der Empfangshalle ihre Schuhe und schlüpfen in bereitgestellte Slipper. Dieser entledigt man sich wieder im kleinen Vorraum des eigenen Zimmers, bevor man die Matten betritt. Dort wartet auf einem niedrigen Tisch Tee und Gebäck. Oftmals schenkt die aufmerksame Empfangsdame den Tee ein und erklärt Essenszeiten und die Nutzung des Bads. Gegessen wird entweder auf dem Zimmer oder in einem großen Saal an langen niedrigen Tischen. Zumeist reist der Gast rechtzeitig zum Abendessen an, denn diese Mahlzeit steht im Mittelpunkt jeder Kurzreise. Ist noch genügend Zeit, besucht man das große Gemeinschaftsbad, das Herzstück jedes Ryokans. In den hauseigenen Yukata (Baumwollkimono) gekleidet, geht es dann in den Speisesaal und gerne noch zu einem Bummel durch den Ort. Vor der Schlafenszeit wird noch einmal gebadet, und die ganz Eifrigen stehen morgens früh auf, um die Stille in der riesigen Badanlage zu genießen. Viele dieser Bäder werden aus natürlichen heißen Quellen, den so genannten Onsen, gespeist. Daher finden sich die schönsten Ryokan in kleinen Onsen-Städtchen in der Provinz.

Land und Leute

Geliebtes Bad

Jeden Abend ein heißes Bad nehmen, das ist in Japan seit Jahrhunderten eine Selbstverständlichkeit. Körperhygiene wird hier mehr als groß geschrieben. Gleichzeitig dient das Bad im O-Furō (Badezuber) Alt und Jung auch zur Entspannung. Daheim sind die meisten Bäder mit Hightech ausgestattet: automatisch füllen sie zur festgelegten Stunde die Wanne mit Wasser und halten für Stunden eine bestimmte Temperatur. So erwartet auch den Junggesellen pünktlich zur Heimkehr ein heißes Bad. Badezimmer für den Hausbedarf sind heute wie aus einem Stück Plastik gegossen. Denn man wäscht sich grundsätzlich vor der Wanne und steigt dann blitzsauber in das Badewasser.

Alle Familienmitglieder verwenden dasselbe Wasser. Daher badete früher stets das Familienoberhaupt zuerst, das jüngste weibliche Mitglied kam zuletzt. Heute spielt das keine Rolle mehr. Als es noch nicht üblich war, in jedem Haushalt ein Badezimmer zu haben, ging die Familie abends gemeinsam ins Sentō, das öffentliche Bad in der Nachbarschaft. Männlein und Weiblein badeten getrennt und hatten so genügend Zeit für Klatsch und Tratsch. Heute gibt es nur noch ganz wenige Sentō, und bald werden sie wohl der Vergangenheit angehören. Trotzdem mögen Japaner gerne in der Gemeinschaft baden. Wie sonst lässt sich die Beliebtheit von Onsen (heißen natürlichen Quellen)-Reisen erklären?

Ob nun das kleine Bad daheim, das Sentō oder eine prächtige Badeanlage im Ryokan, die Benimmregeln sind überall gleich: In einem Vorraum stehen in Regalen große Körbe. Hier entledigt man sich seiner Kleidung und legt sie in einen der Körbe. Mit dem schmalen Handtuch aus dem Hotelzimmer bedeckt der nackte Badende sich, wenn er das eigentliche Bad betritt. Dort setzt er sich vor einen Spiegel und Wasserhahn und dreht den anderen Badenden den Rücken zu. In Ruhe wird sich nun gewaschen und geschrubbt. Seife und Shampoo stehen immer bereit, viele bringen jedoch auch eigene Kosmetika mit. Bevor es nun ins heiße Bad geht, werden die verwendeten Hocker und Schüsseln sorgfältig abgespült. So weiß der nächste Gast, dass der Platz frei ist. Langsam geht es nun ins Wasser. Männer legen sich gerne das nasse Handtuch auf den Kopf, Frauen machen das nicht unbedingt. Auch beim Aufstehen sollten alle Bewegungen langsam sein, der Kreislauf wird durch die hohen Temperaturen arg belastet. Übrigens reicht das kleine Handtuch vollkommen zum Abtrocknen. Der Körper verdampft einfach jedwede Feuchtigkeit und macht ein großes Badetuch überflüssig.

Bad im Ryokan

Kuriose Schlafplätze

Neben den üblichen Übernachtungsmöglichkeiten gibt es auch die besonders kuriosen Varianten wie das Kapselhotel für den Geschäftsmann, der die letzte Bahn nach Hause verpasst hat. Frauen scheint das Konzept nicht zu überzeugen, Männer bleiben hier meist unter sich. Hier bekommen sie für knapp 4000 Yen ein Bett mit Fernseher und Schließfach. Im Grunde erinnert das Prinzip eher an einen Schlafwagen als ein Hotel. Das Konzept ist seit 30 Jahren so erfolgreich, dass es mittlerweile auch Nachahmer im Ausland gefunden hat.

Längst nicht mehr auf Japan allein beschränkt sind auch die berühmten Love Hotels (Rabu Hoteru). Diese fantasievollen Stundenhotels finden sich in Bahnhofsnähe, in Industriegebieten und manchmal auch irgendwo an der Autobahn. Auf dem Land gehört ein ordentlich verhängter Parkplatz dazu, in der Stadt schlüpft man durch einen versteckten Eingang in die Lobby. Dort wählt man per Knopfdruck eines der bebilderten Zimmer, bezahlt per Automat oder am Schalter hinter Milchglas. Der Tarif liegt um die 3500 Yen und erlaubt eine Zimmernutzung bis zu zwei Stunden. Kurz vor Ablauf wird über Telefon gefragt, ob man vielleicht gerne verlängern möchte. Der zweite Tarif überlässt dem Paar den Plüschtraum, das Schulzimmer oder die SM-Spielzeuge für eine ganze Nacht (meist zwischen 23 und 11 Uhr) und ist gemeinhin günstiger als ein reguläres Hotelzimmer. Reisende mit knappem Budget versammeln sich am späten Abend in der Lobby und warten auf freie Zimmer. Reservierungen gibt es nicht. Da Love Hotels gerne Seite an Seite gebaut werden, findet man leicht ein freies Zimmer.

Ganz korrekt geht es natürlich bei einer Übernachtung in einem Tempel zu (temple stay, Shukubō). Traditionell bieten Tempel Pilgerreisenden ein Dach über den Kopf an, lassen sie an ihren Meditationsübungen teilhaben und servieren vegetarische Mahlzeiten (Shojin Ryori). Einige Tempel sind auf ausländische Gäste vorbereitet wie zum Beispiel Eihei-ji in der Präfektur Fukui. Eine Übernachtung mit Abendessen, Frühstück und Meditationsanweisungen kostet 8000 Yen. Gerne darf man auch drei Nächte bleiben, mit den Mönchen um 3.30 Uhr aufstehen, meditieren und beten. Für eine Übernachtung übernehmen auch größere Reisebüros die Reservierung.

Schlichte Unterkunft im Pilgerhotel auf dem Hagurosan

Japan bietet so viel Neues
wie etwa eine Reise zu einem
anderen Planeten.

Isabella Bird

Tōkyō und Kantō

Tōkyō

Seit das Machtzentrum Japans Anfang des 17. Jahrhunderts von Kyōto nach Edo, dem heutigen Tōkyō, verlegt wurde, konkurrieren die Regionen Kansai (Ōsaka, Kyōto) und Kantō heftig darum, Herz und Hirn Japans zu sein. Die einstige Kaiserstadt Kyōto bietet einen kulturellen Reichtum ohne Vergleich. Tōkyō hingegen schaut in die Zukunft, die Metropole strahlt eine positive Dynamik aus, der sich kein Gast entziehen kann. Seit den Tagen des so genannten Sankin Kōtai, als die Provinzfürsten mit ihren Samurai zur regelmäßigen Anwesenheit in Edo verpflichtet waren, zieht es die Menschen ›hinauf in die Hauptstadt‹. Auch heute noch strömen sie nach Tōkyō, um sich ihre Träume zu erfüllen.

Tōkyō, Übersicht

0   1000   2000 m

In den unabhängigen 23 Stadtbezirken (ku) leben gegenwärtig knapp neun Millionen Menschen, tagsüber kommen zweieinhalb Millionen Pendler hinzu. Im Großraum Tōkyō (einschließlich Teile der Präfekturen Chiba, Kanagawa und Saitama) drängen sich 35 Millionen. Pläne der Regierung, zumindest den Verwaltungssitz der Regierung zu verlegen und so die Bevölkerungsdichte zu entzerren, scheitern regelmäßig. Tōkyō ist einzigartig, davon sind alle Japaner überzeugt. Dabei wurde aus dem kleinen Edo am Meer eher zufällig die Megametropole der Gegenwart.

Geschäftige Nebenstraße in Akihabara

■ Tōkyō gestern und heute

Die Entstehung Tōkyōs begann im frühen Mittelalter der Kamakura-Zeit mit dem Klan der Edo und dem Bau ihrer Festung in der sandigen Bucht am Pazifik. Auf den Grundmauern dieser einfachen Verteidigungsanlage errichtete der Samurai – und spätere buddhistische Mönch – Ōta Dōkan 1467 die erste Burg Edo (Edojō, 江戸城). Als Tokugawa Ieyasu im Jahr 1603 just diesen Ort zum Sitz der Shogunatsregierung wählte, wollte er damit seine Herrschaft über die Region Kantō absichern. Der Ōta-Klan musste Ieyasu den Familiensitz überlassen, den er bis zu seinem Tod 1616 zur größten Burg Japans ausbaute. Heute steht an dieser Stelle der **Kaiserliche Palast**, seit 1869 Wohnsitz des Tennō und seiner Familie. Damals änderte Meiji-Tennō den Namen Edo in Tōkyō (東京, östliche Hauptstadt). China besaß eine nördliche und eine südliche Hauptstadt (Beijing, 北京, und Nanjing, 南京), Japan wollte da mithalten.

Zur Blütezeit umfasste die Burganlage ein riesiges Areal mit einem Durchmesser von 16 Kilometern. Sie umschloss die Wohnstätten der wohlhabenden Krieger- und Fürstenfamilien, die sich wie ein Ring um die Hauptburg legten. Damals wie heute nennt man dieses Gebiet **Yamanote**. Es gilt weiterhin als Kerngebiet Tōkyōs, grob umschlossen von der Bahnlinie mit gleichem Namen. Die nicht so vermögenden Adeligen durften sich im kostengünstigeren Westen ansiedeln. Hier befinden sich heute die trendigen Bezirke **Roppongi**, **Shinjuku** und **Omotesandō**.

Außerhalb dieses Ringes folgten im Süden und Osten die mittelalterlichen Viertel der Handwerker und Kaufleute. Sie bilden **Shitamachi**, die so genannte Untere Stadt. Dies ist die Heimat der Edokko, der waschechten Tōkyōter, im Gegensatz zu den Millionen Zugezogenen. Am weitesten entfernt vom Stadtzentrum, lebten einst die Unberührbaren, die Gaukler und Prostituierten. Das berühmte Vergnügungsviertel **Yoshiwara** lag im Nordosten der Stadt. Heute deuten nur noch einige Soaplands und Massagesalons auf die vergnügungssüchtige Vergangenheit hin. In früheren Zeiten galt diese Himmelsrichtung als Unglück verheißend, heute pulsiert in **Akihabara**, **Ueno** oder auch **Asakusa** und **Ryōgoku** das eigentliche Tōkyō mit einer Mischung aus althergebrachter Beschaulichkeit und emsiger Geschäftigkeit.

Aufstrebende Viertel wie **Shiodome** und **Shinagawa** sind beliebte Ausflugsziele am Wochenende, ihre eigene Welt verbinden die Menschen aus Shitamachi jedoch nicht damit. Zuerst fühlen sie sich ›ihrem‹ Viertel zugehörig, danach kommt die Hauptstadt Tōkyō.

Trotz seiner gigantischen Ausmaße ist Tōkyō eine Ansammlung von Dörfern geblieben. Die größeren Bahnhöfe werden morgens und abends von Menschenströmen überflutet, doch schon ein paar Ecken entfernt ändert sich das Bild. Radfahrer und Fußgänger beherrschen den Verkehr, hier erledigt man seinen täglichen Einkauf im kleinen Supermarkt, beim Gemüsehändler und im Fischladen.

■ Tōkyō rund ums Jahr

Januar: Nach den Neujahrfeiertagen kaum Touristen, es ist kalt, aber sonnig. Die großen Kaufhäuser haben allesamt Schlussverkauf.

Februar: Die Hochschulen halten ihre Aufnahmeprüfungen ab, günstige Unterkünfte sind generell ausgebucht. Pflaumenblütenfest (Yujima Tenmangu Festival) im Yujima-Tenjin-Schrein in Yujima, Bunkyo-ku.

März: Sämtliche Schulen in Japan beginnen ihre Frühlingsferien, beliebte Ausflugsziele wie Tōkyō Disneyland sind auch wochentags überfüllt. Oft ist es noch empfindlich kalt.

April: Rings um den Kaiserlichen Palast und in den Parks blühen seit Ende März die Kirschbäume. Nach Feierabend besuchen viele Menschen die angestrahlten Bäume. Tagsüber schon angenehm warm.

Mai: Schlechthin der Ausflugsmonat in Japan. Durch mehrere Feiertage zu Beginn des Monats, der Goldenen Woche, sind bis zum 5. Mai alle Ausflugsziele

überlaufen, Hotelzimmer sehr schwer zu buchen. Am 3. Wochenende Sanja-Festival in Asakusa.

Juni: Beginn der feucht-warmen Regenzeit, Außenaktivitäten wetterbedingt schwierig. Nun sind die großen Indoormöglichkeiten Tōkyōs gefragt. Hie-jinja-Festival mit Umzug in historischen Kostümen in Hie-Schrein in Akasaka, Chiyoda-ku.

Juli: Mit Beginn der Sommerferien sind das Disneyland und die Bay Area beliebtes Ziel der Tōkyōter. Eintrittskarten rechtzeitig buchen! Ende des Monats beginnt die Feuerwerksaison mit dem Sumida-Großfeuerwerk.

August: Backofenhitze in Tōkyō. Kleinere Geschäfte schließen während der O-bon-Feiertage Mitte des Monats. Auch viele Bars machen Sommerpause. 12 000 Raketen werden während des Tōkyō-Bay-Feuerwerks um den 15. August in den Abendhimmel geschossen. Am letzten Samstag findet in Asakusa der Samba-Karneval statt.

September: Tagsüber ist es noch sehr heiß, doch die Luft wird frischer, kaum Veranstaltungen.

Oktober: Endlich kühlen die Tage angenehm ab, abends benötigt man eine leichte Jacke. Ende des Monats finden die Internationalen Filmfestspiele Tōkyō statt.

November: Der Herbst hält mit bunten Blättern Einzug in die Hauptstadt. Alleen wie die Omotesandō oder die Anlage rings um den Meiji-Schrein sind nun beliebte Ausflugsziele. In Asakusa findet der traditionelle Markt Tori no Ichi für zehn Tage statt.

Dezember: Odaiba, Ginza und viele andere Orte erstrahlen nun im Weihnachtsglanz. Die Southern Terrace in Shinjuku und Roppongi Midtown gehören zu den Hotspots des Monats.

Rings um den Kaiserlichen Palast

Für den Reisenden erfolgt die eigentliche Ankunft in Tōkyō oftmals im **Bahnhof Tōkyō** (東京駅, Tōkyō Eki), dem 1914 eröffneten Backsteinbau. Heute durchlaufen zwölf Bahnlinien mit beinahe allen Shinkansen-Verbindungen und einer U-Bahnlinie den Bahnhof. Täglich werden hier 3000 Züge abgefertigt. Die Bahnsteige befinden sich bis zu fünf Stockwerke unter der Erde, beim Umsteigen darf die Zeit nicht knapp sein. Der Haupteingang liegt auf der Westseite (Marunouchi, 丸の内) gegenüber dem Kaiserlichen Palast.

Der Name **Marunouchi** bedeutet ›Innerhalb der Anlage‹ und weist auf die einstige Größe des inneren Burgareals hin, das sich bis zum Bahnhof erstreckte. Die Westfassade konnte in ihrer Originalform erhalten bleiben und steht heute unter Denkmalschutz. Hier und auf der Ostseite (Yaesu, 八重洲) finden gerade Umbauten statt, 2011 und 2013 soll Wiedereröffnung sein.

Galt Marunouchi, die Gegend zwischen Bahnhof und Kaiserlichem Palast, früher als reiner Business-Distrikt mit noblen Firmenniederlassungen und touristisch als uninteressant, hat sich die Gegend in den letzten Jahren dank einiger Hochhäuser und Einkaufspassagen mit Galerien, Geschäften und Restaurants zu einem attraktiven Viertel gemausert. Die Multifunktionsgebäude **Maru Biru** – es gilt mit seinen 36 Stockwerken als das neue Symbol von Marunouchi – und **Shinmaru Biru** finden sich auf der Westseite des Bahnhofs, während sich seit 2008 hinter den Bahnschranken das beliebte **Gransta** mit Restaurants und Geschäften befindet.

Kaiserlicher Palast

Das eigentliche Besichtigungsziel ist jedoch nicht der Bahnhof Tōkyō, sondern der Kaiserliche Palast (Kōgyo, 皇居) und seine Gärten. Drei Bereiche sind der Öffentlichkeit zugänglich: der **Kitanomaru Park** (Kitanomaru Kōen, 北の丸公園) im Norden, die **Östlichen Gärten** (Higashi Gyōen, 東御苑) und der **Palastvorplatz** (Kōgyomae Hiroba, 皇居前広場).

Ein etwa einstündiger Rundgang beginnt am **Sakurada-Tor** (Sakurada Mon)

Der Kaiserliche Palast

Tōkyō und Kantō

in der Nähe der gleichnamigen U-Bahn-station (Ausgang 3). 1636 errichtet, diente der quadratische Zwischenplatz früher den Bogenschützen als Sammel-stelle, sie bildeten praktisch das letzte Hindernis für die Feinde. Im äußeren Teil des Tors ist heute eine Polizeiwache un-

tergebracht. Bis zum Palastvorplatz sind es entlang des Wassergrabens nur ein paar Schritte Richtung Norden. Hier fin-det sich der **Haupteingang des Palastes** (Kōgyo Seimon, 皇居正門), und hier hat man den berühmten Blick auf die **Stein-brücke in Brillenform** (Nishimaru Ote-

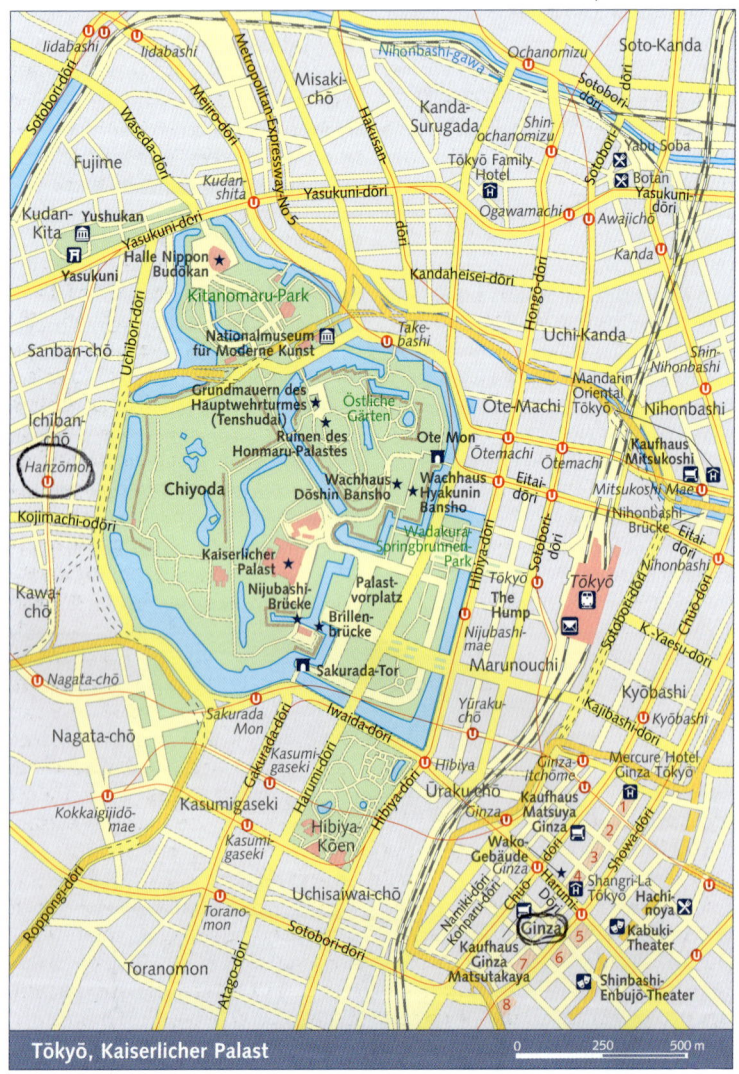

Tōkyō, Kaiserlicher Palast

0   250   500 m

bashi) und die dahinter liegende Eisen-
brücke, die **Nijubashi-Brücke** (Doppelte
Brücke). Das Kaiserliche Hofamt bezeichnet beide Brücken gerne mit dem Namen Nijubashi. Korrekt ist dies jedoch
nur der Name für die hintere Brücke,
denn die verfügte ursprünglich über ein
doppeltes Holzgerüst und erhielt daher
ihren Namen.

Weiter geht es zur nördlichen Verlängerung des Vorplatzes, zum **Wadakura-
Springbrunnen-Park** (Wadakura Funsui
Koen, 和田噴水公園). 1961 angelegt,
wurde er zur Hochzeit des Kronprinzen-
paares 1995 komplett überarbeitet
und mit nächtlicher Beleuchtung ausgestattet.

Dem Wassergraben weiter folgend, erreicht man das berühmte **Tor der großen
Hand** (Ote Mon) und damit den Eingang zu den Östlichen Gärten. Da
dieses Tor am nächsten zum Haupt-
wohnsitz (Honmaru) des Shoguns lag,
bewachten einst 120 Krieger dieses Tor.
Heute genügen dafür wenige Polizisten.
Als eines der wenigen erhaltenen Gebäude steht rechts hinter dem schmalen
Durchgang nach dem Tor das alte **Wach-
haus Dōshin Bansho** (道心番所). Hier
waren Samurai als Wächter untergebracht. Genau gegenüber befindet
sich das **Hyakunin Bansho** (百人番所).
Ganz wie der Name besagt (Hyakunin
bedeutet 100 Menschen), sollten hier
100 besonders loyale Wächter stationiert gewesen sein.

Die **Östlichen Gärten** hinter dem Tor
umschließen das Gebiet der ehemaligen
Residenzen Honmaru, Ninomaru und
Sannomaru. Hier befinden sich die
Grundmauern des Hauptwehrturmes
(Tenshudai, 天守台). Der fünfstöckige
Turm, Kernstück der gesamten Burgan-
lage und grundsätzlich letzter Fluchtort
des Burgherrn bei einem Angriff, stand

auf einem elf Meter hohen Sockel. Mit
51 Metern Gesamthöhe war der Tenshudai der Burg Edo der höchste Wehr-
turm Japans. Seine vielen Dächer waren
anfangs vergoldet. Der Großbrand Mei-
reki von 1657 zerstörte den gerade
50 Jahre alten Turm, er wurde nie mehr
aufgebaut. Direkt neben den Überresten
des Tenshudai befinden sich die **Ruinen
des Honmaru-Palastes**, des eigentlichen
Wohnhauses des Shōguns. Auch die
Paläste Ninomaru und Sannomaru, östlich vom Honmaru gelegen, brannten ab
und wurden nicht mehr aufgebaut.

■ Kitanomaru-Park

Der Kitanomaru-Park zählt ebenfalls zum
Kaiserlichen Palast, obwohl er der Öffentlichkeit immer kostenfrei zugänglich ist.
Hier befindet sich das **Nationalmuseum
für Moderne Kunst** (Tōkyō Kokuritsu
Kindai Bijutsukan, 東京国立近代美術
館), berühmt für seine Touch&Talk-Füh-
rungen durch die kunsthandwerklichen
Ausstellungen, bei denen das Anfassen
der Ausstellungsstücke zum Konzept gehört, und auch das **Nippon Budōkan**
(日本武道館). Ursprünglich für die Wettkämpfe von Kampfsportarten während
der Olympischen Spiele 1964 gebaut,
machte das Gebäude sich einen Namen
als Veranstaltungsort großer Konzerte.
Die Beatles gaben hier 1966 ihr erstes
Konzert in Japan. Doch nicht immer
herrscht hier Spaß: Jedes Jahr am
15. August finden hier Gedenkfeiern
zum Ende des Zweiten Weltkrieges statt,
an denen der Tennō und auch der jeweilige Premierminister teilnehmen.

Wem die drei öffentlich zugänglichen
Bereiche noch nicht genügen, der kann
sich entweder am Geburtstag des Tennō
Akihito am 23. Dezember oder am zwei-
ten Neujahrsfeiertag (2. Januar), den
Massen anschließen und mit viel Glück

Tōkyō und Kantō

einen Blick auf den winkenden Kaiser hinter Panzerglas erhaschen. Wer es ruhiger mag, kann sich für eine besondere Tour über das Palastgelände anmelden. Das kaiserliche Haushofamt erläutert das umständliche Prozedere auf seiner Webseite: http://sankan. kunaicho.go.jp/english/index.html. Wer weiß, vielleicht sieht man den Tennō ganz spontan bei der Arbeit?!

Yasukuni-Schrein

Ein Muss für jeden am japanischen Kaiserreich Interessierten ist der Yasukuni-Schrein (Yasukuni-jinja, 靖国神社). Weniger die Anlage selbst als der Konflikt um das Gedankengut macht einen Besuch interessant. 1869 zur Verehrung aller Kriegstoten als shintoistische Gottheiten erbaut, stand Yasukuni von 1879 bis 1945 unter dem besonderen Schutz des Tennōs. Aufgrund der verfassungsrechtlichen Trennung von Staat und Religion wurde der Schrein in eine unabhängige religiöse Körperschaft umgewandelt. Problematisch ist heute die Verehrung aller für Japan Gefallenen. Dies umfasst Kriegsverbrecher und auch Kriegsgefangene wie christliche Koreaner. Deren Familien möchten die Namen ihrer Angehörigen aus den Listen des Schreins streichen. Aber eine einmal in den Rang einer Gottheit erhobene Person kann laut der Auffassung des Shintō nicht mehr in den Zustand eines gewöhnlichen Menschen zurückversetzt werden. Seine Heldenseele muss weiterhin im Schrein verbleiben, wenn auch nur auf dem Papier. Die Besuche diverser Premierminister ausgerechnet am 15. August rufen zusätzlichen internationalen Protest hervor.
Zur rechten Hand des Hauptschreins steht das älteste Museum Japans, das **Yushukan** von 1882. Hier findet sich

Der Yasukuni-Schrein

neben detaillierten Schautafeln über Schlachten eine Menge Kurioses wie Puppenbräute für gefallene Söhne. Filme mit englischen Untertiteln sollen den patriotischen Geist der Jugend erwecken und den Alten Erinnerungen schenken. Das Yushukan ist ein hochinteressantes Museum, es verlangt allerdings ein wenig Wissen um die moderne asiatische Geschichte und eine neutralkritische Position.

Ginza

Ginza (銀座) war bis in 1980er Jahre schlechthin das Synonym Tōkyōs für Glitter, Glanz und Reichtum. Auch heute drängen sich hier noch zehntausende Geschäfte, Restaurants, Bars und Büros. Neuere Viertel machen der alten Ginza mittlerweile heftig Konkurrenz. Trotzdem gehört für viele Besucher ein Gang über die Prachtstraßen einfach noch dazu. Ihre Wurzeln hat die Ginza allerdings nicht im Geldausgeben, sondern im Geldmachen. 1612 veranlasste Tokugawa Ieyasu den Umzug seiner Ginza (der Silbermünzstätte) aus Sunbu, Shizuoka, nach Edo. Die Silbe -za deutet immer auf Produktionsstätten von Waren, die genaue Maßeinheiten verlangten. So gab

Karte S. 160

es damals neben der Ginza auch eine Kinza (金座) für Goldmünzen, die übrigens dort lag, wo sich heute die Bank von Japan in Nihonbashi befindet.

Das Gebiet der Ginza war eines der ersten Landgewinnungen der Tokugawa beim Aufbau ihrer Residenzstadt. Erst 1872, nachdem ein Großbrand das alte Viertel zerstört und Platz für moderne Backsteinarchitektur geschaffen hatte, erhielt die Ginza ihren jetzigen Namen und wurde in acht Straßenblöcke (Cho) eingeteilt. Im Zentrum verlaufen sie von Nord nach Süd als Ginza 1 bis Ginza 8, im Westen und Osten verlaufen dazu parallel die West- (Nishi, 西) und Ost-blöcke (Higashi, 東) wie zum Beispiel Ginza Nishi 5.

In der Mitte des Viertels verläuft klassischerweise die **Chūō-dōri**, die Hauptstraße. Sie ist an Wochenenden und Feiertagen nachmittags für den Autoverkehr gesperrt und bildet das Herzstück der Ginza. Hier liegen die Geschäfte der internationalen Modedesigner sowie die traditionsreichen Kaufhäuser ›Matsuya Ginza‹ und ›Ginza Matsusakaya‹, beide hatten als Kimonogeschäfte begonnen. Ein Überbleibsel der Meiji-Zeit und Wahrzeichen der Ginza ist das **Wako-Gebäude** mit seiner Turmuhr an der

Eingang zum Kabuki-Theater

Kreuzung Ginza 4. Breite Bürgersteige und Alleebäume finden sich in der Na-miki-dōri, der Baumallee parallel zwischen Sotobori- und Chūō-dōri. Hier findet sich zwischen Boutiquen und Galerien auch noch das ein oder andere alteingesessene Geschäft. Eine Straße weiter Richtung Osten kann man in der Konparu-dōri während der ersten Augusthälfte klassisches Noh-Straßentheater für jedermann genießen.

■ Das Kabuki-Theater

An der Ecke Showa-dōri und Harumi-dōri steht seit 1889 das **Kabuki-za** (歌舞伎座). Dreimal ist es inzwischen niedergebrannt, das jetzige Gebäude stammt von 1951. Vom Erdgeschoss bis hoch zum 3. Stock (oder in der japanischen Zählweise 1 bis 4) weist es Raum für insgesamt 2000 Zuschauer auf, ganz oben gibt es nur Stehplätze. Veranstaltungen finden durchgehend das ganze Jahr statt, allerdings beginnen 2010 umfassende Renovierungsarbeiten. Bis zur Neueröffnung 2013 sollen die Vorführungen im **Shinbashi Enbujō** (新橋演舞場), einem etwas experimentierfreudigeren Kabuki-Theater in Ginza 6 stattfinden.

Die Chuō-dōri als Fußgängerzone

Der Aufbau beider Theater ist relativ ähnlich. Im Erdgeschoss befindet sich jeweils der größte Zuschauerraum, unterteilt in einen West- und einen Ostflügel. Die Gäste sitzen auf Sitzkissen (Zabuton) und können sich Lunchpakete zu ihrem Platz bringen lassen. Eine Vorstellung dauert gerne einmal fünf Stunden, Hunger und Durst dürfen jederzeit gestillt werden, im Haus selbst gibt es Restaurants. Auf der Westseite des Theaterraumes befindet sich der Hanamichi, der Blumensteg. Über den betreten die Schauspieler die Bühne, entsprechend kostspielig sind hier die Plätze. Das andere Ende des Ticketspektrums sind die Ichimakimi-Tickets, also Eintritt für nur einen Vorhang/Akt als Stehplatz.

Allein die prächtigen Kostüme und geschminkten Masken machen einen Besuch des Kabuki lohnenswert. Eine kurze Erklärung findet sich unter ›Theater‹, Seite 132.

Nihonbashi

Nordöstlich vom Hauptbahnhof Tōkyō, zehn Minuten zu Fuß oder zwei Minuten mit der U-Bahn entfernt, liegt das Viertel Nihonbashi mit der gleichnamigen Brücke. Die **Brücke Nihonbashi** (日本橋, Japanbrücke) über den Nihonbashi-Fluss ist offiziell der Nullpunkt Japans, markiert mit einer großen Bronzeplatte in Form einer alten Münze. Landesweite Entfernungen nach Tōkyō werden bis zu diesem Punkt gemessen, und das seit Jahrhunderten. Heute steht die Steinbrücke – sie ersetzte 1911 die ursprüngliche Holzkonstruktion – im Schatten einer Autobahntrasse. Kaum vorstellbar, dass man früher von hier aus den Fuji sehen konnte! Im 17. Jahrhundert befand sich hier der Ausgangspunkt fünf mittelalterlicher Handelswege, der so genannten Kaidō.

Der Künstler Hiroshige hielt die hölzerne Nihonbashi-Brücke, damals noch Edo-Bashi, in seinem ersten Blatt der Ukiyo-e-Sammlung ›53 Stationen der Tōkaidō‹ (Tōkaidō Gojūsan-tsugi, 東海道五十三次) im Jahr 1832 fest. Hiroshige war damals mit einem Pferdetransport unterwegs, einmal im Jahr machte der Shōgun dem Kaiser in Kyōto die Tiere zum Geschenk. Dieses Bild erzählt einiges über die damalige Zeit: Es ist früh am Morgen, auf der Brücke taucht die Spitze eines Daimyo-Zuges auf. Lasten- und Standartenträger marschieren vorweg, es geht zur Stadt hinaus und heim in die Provinz. In wenigen Monaten werden Fürst und Gefolge wieder über die Brücke in die Stadt zurückkommen, um ihre Anwesenheitspflicht bei Hof zu erfüllen. Um die Anzahl der Übernachtungen so gering wie möglich zu halten, startete man im Winter gegen vier Uhr, im Sommer um 2.30 Uhr, just zu der Zeit, als die Stadttore öffneten. Im Vordergrund sieht man Fischer mit ihren Waren zum Markt ziehen.

Bis in das 20. Jahrhundert lieferten die Flüsse in Tōkyō, der Sumida-gawa, der Edo-gawa und der Nihon-gawa, reichlichen Fang. Was die Burg an Waren nicht abkaufte, ging auf den freien Markt. Der Fischmarkt befand sich in direkter Nähe, erst nach dem schweren Erdbeben von 1923 zog er von Nihonbashi zu seinem heutigen Standort in Tsukiji um. Dank der vielen Wasserwege bot Nihonbashi schon früh ideale Bedingungen für Großhändler, von hier aus ließen sie ihre Waren in ferne Provinzen transportieren. Hier herrschte ein Hochbetrieb, wie wir ihn heute in Vierteln wie Shinjuku oder Shibuya finden. Manche Geschäfte erlangten Weltruhm. Wie zum Beispiel ›Mitsukoshi‹, es eröffnete hier 1904 das erste seiner Häuser.

Die untere Stadt, Shitamachi

Assoziieren Japaner mit Yamanote die Wohngegenden der einstmals oberen Zehntausend rings um die Burg, steht Shitamachi (下町, die untere Stadt) für die lebendige Kultur der soliden Mittelschicht der Handwerker und Kaufleute. Heute betrachtet man vor allem den östlichen Teil der 23 Stadtbezirke als Shitamachi. Dazu zählen Ueno, Asakusa, Kanda, Akihabara und Ryōgoku. Shitamachi ist jedoch mehr eine emotionale Angelegenheit als eine geographisch strikte Definition. Fernsehen und Spielfilme tragen erfolgreich zur Vorstellung bei, die Viertel der Shitamachi seien auch heute noch Inseln im tobenden Moloch Tōkyō, auf denen sich das Lebensgefühl der guten alten Edo-Zeit mit nachbarschaftlicher Großzügigkeit und einer gehörigen Portion Mutterwitz erhalten hat.

Herbst im Ueno-Park

Ueno

Wo sich heute Bären und Tiger tummeln, Museumsbesucher Kunstgegenstände bewundern und sich tausende von Reisenden durch den Bahnhof drängen, stand bis ins 19. Jahrhundert die Anlage des immens reichen buddhistischen Tempels Kanei-ji (寛永寺), letzte Ruhestätte für sechs Tokugawa-Shogune. Damals entstanden rund um den Tempel Gasthäuser und Geschäfte. Der Name Ueno (上野) stammt auch aus jener Zeit. Vom Tempel findet sich heute nur noch eine Replika, einer der letzten Kämpfe um die Vorherrschaft des Meiji-Tennōs zerstörte beinahe alle 30 Tempelgebäude. Die Regierung beschlagnahmte anschließend das Gelände und errichtete hier Japans ersten Park, den **Ueno Onshi Kōen** (上野恩賜公園, Ueno-Kaiserlicher-Geschenk-Park), heute

eines der beliebtesten Ausflugsziele während der Kirschblütenzeit. Vom Tempel selbst ist nur die fünfstöckige **Pagode** erhalten geblieben. Sie steht heute mitten im **Zoo** von Ueno (Onshi Ueno Dōbutsuen, 恩賜上野動物園).

■ Schrein Ueno Tōshōgu

1651 ließ der Enkel von Tokugwa Ieyasu zur ewigen Verehrung seines Großvaters einen Schrein, den Ueno Tōshōgu (上野東照宮) errichten. Dieser Schrein wird oft von Besuchern übersehen, da er auf

Im Ueno-Park

Zug ===   *altes Viertel*

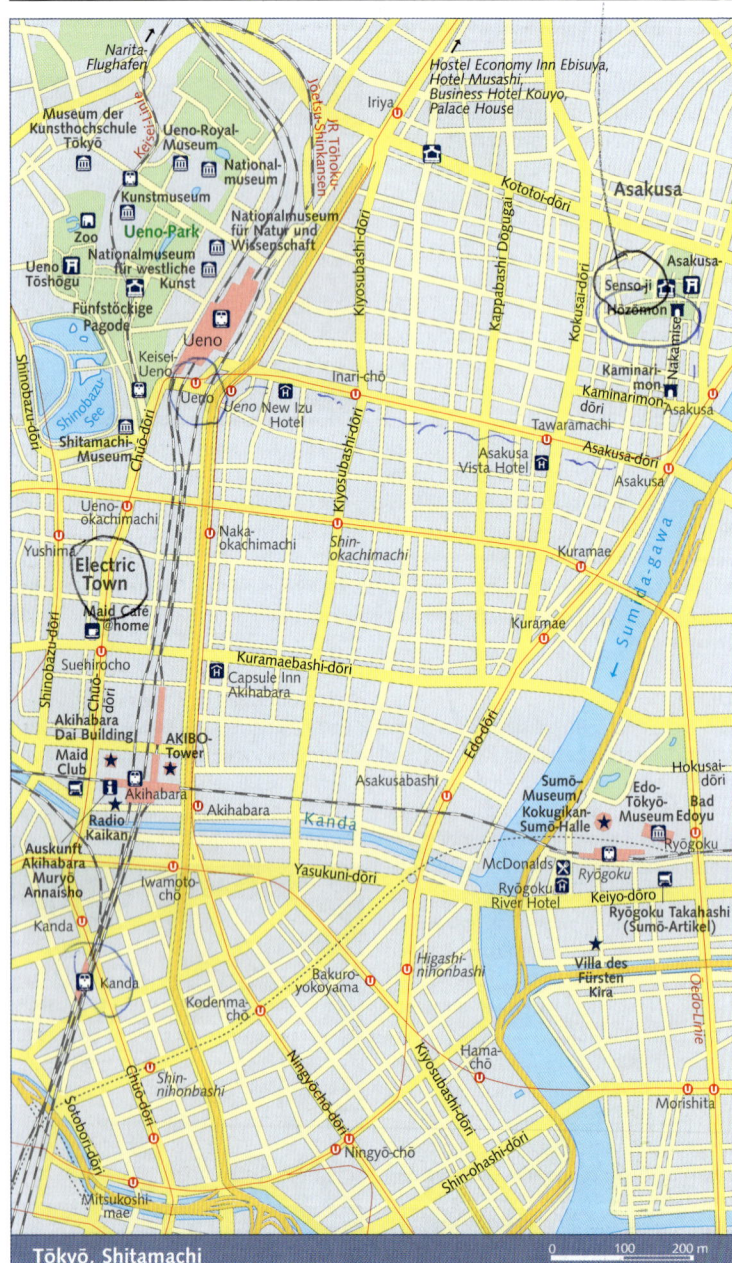

Narita-Flughafen

Museum der Kunsthochschule-Tōkyō

Ueno-Royal-Museum

Nationalmuseum

Kunstmuseum

Zoo

Ueno-Park

Nationalmuseum für Natur und Wissenschaft

Nationalmuseum für westliche Kunst

Ueno-Tōshōgū

Fünfstöckige Pagode

Shinobazu-dōri

Shinobazu-See

Shitamachi-Museum

Keisei-Ueno

Ueno

Ueno

Chūō-dōri

Ueno-okachimachi

Yushima

Electric Town

Maid Café @home

Suehirocho

Chūō-dōri

Akihabara Dai Building

AKIBO-Tower

Maid Club

Akihabara

Radio Kaikan

Auskunft Akihabara Muryō Annaisho

Kanda

Iwamoto-chō

Kanda

Shinobazu-dōri

Sotobori-dōri

Chūō-dōri

Mitsukoshi-mae

Shin-nihonbashi

Kodenma-chō

Bakuro-yokoyama

Ningyō-chō-dōri

Ningyō-chō

Shin-ohashi-dōri

Kiyosubashi-dōri

Inari-chō

Kiyosubashi-dōri

Nakaokachimachi

Shin-okachimachi

Kuramaebashi-dōri

Capsule Inn Akihabara

Asakusabashi

Yasukuni-dōri

Kanda

Higashi-nihonbashi

Hamacho

Iriya

Hostel Economy Inn Ebisuya, Hotel Musashi, Business Hotel Kouyo, Palace House

Kototoi-dōri

Asakusa

Kappabashi Dōgugai

Kokusai-dōri

Senso-ji

Hōzōmon

Nakamise

Asakusa-

Kaminari-mon-dōri

Kaminarimon

Asakusa

Tawaramachi

Asakusa Vista Hotel

Asakusa-dōri

Asakusa

Kuramae

Edo-dōri

Kuramae

Sumida-gawa

Sumō-Museum/ Kokugikan-Sumō-Halle

Edo-Tōkyō-Museum

Hokusai-dōri

Bad Edoyu

Ryōgoku

McDonalds

Ryōgoku

Ryōgoku River Hotel

Keiyo-dōri

Ryōgoku Takahashi (Sumō-Artikel)

Villa des Fürsten Kira

Ōedo-Linie

Morishita

JR Tōhoku-Jōetsu-Shinkansen

Keisei-Linie

Kanda

Ueno New Izu Hotel

New Izu

0   100   200 m

drei Seiten vom Zoo eingeschlossen ist. Dabei gehört er zu den wenigen Gebäuden der Edo-Zeit, die Feuer und Kriege schadlos überstanden haben. Heute brennt hier als Mahnmal ein Licht, das an die Feuerstürme der Atombombenabwürfe über Hiroshima und Nagasaki erinnert.

■ Museen im Ueno-Park

Der Park hat nicht nur den jährlich 30 Millionen Zoobesuchern schöne Stunden zu bieten. Verlässt man den Ueno-Bahnhof Richtung Park (Kōen Deguchi, Park Exit), findet man sich im Paradies für Museumsfans wieder. Zur linken Hand ist gleich das **Ueno-Royal-Museum** (Ueno no Mori Bijutsukan, 上野の森美術館). Berühmt für häufig wechselnde Ausstellungen sowie seine Kunstpreise zog das Museum 2008 mit den Werken des Mangakünstlers Inoue Takehikos (›Vagabond‹, ›Slam Dunk‹) Rekordbesucherzahlen an.

Zur rechten Hand des Bahnhofausgangs Richtung Zoo liegt das **Nationalmuseum für westliche Kunst**, es zeigt vor allem französische Künstler wie Rodin und Monet. Ein wenig weiter folgt das **Nationalmuseum für Natur und Wis-**

Das Nationalmuseum Tōkyō

senschaft (National Science Museum, 国立科学博物館). Vom Dinosaurierskelett bis zur Rakete bietet das Museum alles, was große und kleine Forscherherzen höher schlagen lässt. Highlight ist das 360-Grad-Kino im Erdgeschoss des Hauptgebäudes, das im Eintrittspreis eingeschlossen ist. Und der ist hier für Kinder bis zum Schulabschluss ohnehin kostenlos!

Weiter geht es mit der Kunst: das **Kunstmuseum der Stadt Tōkyō** (Tōkyō Metropolitan Art Museum, Tokyōto Bijutsukan, 東京都美術館) und das **Museum der Kunsthochschule Tōkyō** (The University Art Museum-Tōkyō National University of Fine Arts and Music, Tōkyō Geijutsudaigaku Daigaku Bijutsukan, 東京藝術大学大学美術館) zeigen Kalligraphie und Werke ihrer Schüler.

Die Königin der Museen ist das **Nationalmuseum Tōkyō** (Tōkyō Kokuritsu Hakubutsukan, 東京国立博物館). In fünf Gebäuden (Kan) warten jeweils Sammlungen aus Japan (Honkan) und Ostasien (Toyokan), aus der Frühzeit (Heiseikan) sowie vom Tempel Horyu-ji/Nara (Horyuji Takaramonokan) auf Besucher. Das Museum beherbergt über 700 nationale Kunstschätze und einen sehr schönen Museumsshop. Alle Museen sind über den ›Park Exit‹ des Bahnhofs Ueno zu erreichen.

■ Ameyoko

Eine kleine Ruhepause am Lotusteich des **Shinobazu-Sees**, ein letzter Blick in die Vergangenheit im **Shitamachi-Museum** (Shitamachi Fūzoku Shiryōkan, 下町風俗資料館) ganz im Süden des Ueno-Parks, und zurück geht es in das geschäftige Treiben der Gegenwart. Entlang der Yamanote-Bahnlinie Richtung Okachimachi reiht sich ein Geschäft ans nächste. Ob Thunfisch, Markenjeans,

Kosmetik oder Gemüse, die Ameyoko (アメ横) bietet alles und das auf gute alte Weise ziemlich lautstark. Nach dem Weltkrieg befand sich hier der größte Schwarzmarkt Tōkyōs. Über den Ladentisch gingen damals Bonbons (Ame), darunter verkaufte man Heißbegehrtes aus Amerika (abgekürzt ebenfalls Ame), daher der Name Ameya Yokocho oder schlichter Ameyoko. Heute erinnert die fröhliche Atmosphäre in den knapp 500 Läden daran, dass auch Japaner Asiaten sind, die sich prächtig aufs bunte Markttreiben verstehen.

■ Uenos vergessene Bewohner

Noch eine Bitte für den Ueno-Park: Besucher sollten Abkürzungen durch die Grünanlagen vermeiden. Das gilt nicht dem Interesse der Natur, sondern schützt die Würde der vielen Obdachlosen, die hier ein Plätzchen gefunden haben. Im Schatten von Büschen und Bäumen bewohnen sie Unterkünfte aus Pappkarton und blauen Plastikplanen, immer um Ordnung und Sauberkeit bemüht. Früher übernachteten sie in den Bahnhöfen, doch das wird kaum noch gestattet. Die Metropolregierung duldet

Abendbummel in Asakusa

sie nur noch im Park und entlang der Flussufer. Arbeitslosengeld und Sozialhilfe gibt es in Japan nur für kurze Zeit, so ist in den letzten Jahren die Anzahl der Wohnungslosen extrem angestiegen. Gerade in Ueno, dem klassischen Arbeiterviertel, sieht man Japans dunkle Seite: Im ersten Tageslicht stehen Gruppen von Männern an den großen Straßen und hoffen auf einen Tag Arbeit irgendwo auf einer Baustelle. Andere schlagen sich mit dem Sammeln von Flaschen und Altpapier durch. Hilfsorganisationen der Botschaften und christliche Missionarsstationen verteilen regelmäßig warme Mahlzeiten. Japaner bevorzugen es leider immer noch, das Problem einfach zu ignorieren. Neugieriges Anstarren durch Touristen muss dann wirklich nicht auch noch sein.

Asakusa

Als Asakusa noch außerhalb von Edo lag, befand sich westlich der Nakamise das größte Vergnügungsviertel mit Kabuki-Theatern und unzähligen Teehäusern. Nach dem Meireki-Großbrand 1657 verlegte man es nach Yoshiwara. Trotzdem amüsierte man sich weiterhin in Asakusa. Zu Beginn des 20. Jahrhunderts öffneten hier die ersten Kinos Japans, erst der Zweite Weltkrieg setzte dem bunten Nachtleben ein Ende. Als die Wirtschaft wieder boomte, gehörte Asakusa schon ein wenig zum alten Eisen, für die weit von der Yamanote-Linie entfernten alten Straßenzüge interessierte sich kaum ein Investor. Andere Viertel wie Shinjuku und Roppongi hatten ihnen längst den Rang abgelaufen. Das sollte sich später als Glück herausstellen. Der alte Charme des Viertels fand vor allem bei ausländischen Besuchern großen Anklang. Heute findet man in Asakusa rings um den **Tempel**

Pagode des Sensoji-Tempels

Gnade, der Kannon-Sama. Obwohl die Brüder die Figur wiederholt in den Sumida-Fluss zurückwarfen, tauchte sie immer wieder auf. Daraufhin brachten sie die hartnäckige Figur zum Dorfvorsteher, der endlich die Himmelsbotschaft richtig deutete und sein Haus zu einem Tempel zur Verehrung der Göttin umfunktionierte. Das war der Anfang des Senso-ji. Die Göttin erschien einige Jahre danach einem Mönch im Traum und befal ihm, dass niemand sie jemals zu Gesicht bekommen dürfte. Also wurde sie weggeschlossen, blieb aber im Tempel sicher verwahrt. Belege gibt es dafür nicht. Das störte schon die Leute in der Heian-Zeit. So befal ein weiterer Mönch das Aufstellen einer Ersatzfigur, zu der die Menschen beten konnten. Die Brüder und ihr Dorfvorsteher werden heute im Schrein gleich nebenan für die Verbreitung des Buddhismus verehrt. Dieser **Asakusa-Schrein** und der Tempel Senso-ji teilen sich übrigens einen Namen. Die identischen Schriftzeichen 浅草 werden nur einmal auf sinojapanisch ›Senso‹ und einmal rein japanisch ›Asakusa‹ gelesen. Da buddhistische Tempel keine Normalsterblichen für ihre Taten verehren oder

Senso-ji viele Gebäude aus der Nachkriegszeit. Konzentrierten sich anfangs die Instandsetzungsmaßnahmen allein auf die Tempelanlage, sind nun auch nahe Straßen behutsam und liebevoll restauriert. Früh am Morgen oder kurz vor Einbruch der Dunkelheit lohnt sich ein ausgiebiger Bummel durch die Seitenstraßen. Mit etwas Glück begegnet man dann auch hier einer Geisha auf dem Weg zur Arbeit oder einem jungen Sumō-Kämpfer beim Abendspaziergang mit Freundin.

■ **Tempel Senso-ji**
Dreißig Millionen Besucher haben jährlich nur ein Ziel: den Tempel Senso-ji (浅草寺) in Asakusa. Um seine Gründung rankt sich eine hübsche Geschichte. Im Jahr 628 verfing sich im Fischernetz zweier Brüder eine knapp sechs Zentimeter große goldene Figur der Göttin der

Das Kaminarimon

Bemalte Rollläden an der Nakamise

gar in den Götterstatus erheben, hat diese Aufgabe der Schrein übernommen. Bis in die Meiji-Zeit standen beide sogar unter gemeinsamer Verwaltung. Das berühmte Festival Sanja Matsuri findet zu Ehren dieser drei Götter statt und hat mit dem Tempel nichts zu tun (Seite 172).

Der Haupteingang zum Tempelbezirk bildet das **Kaminarimon** (雷門). Ganz seinem Namen Kaminari – Gewitter – entsprechend beherbergt das Tor zur linken Hand den Gott des Donners und zur rechten den Gott des Sturms. Sie sollen für Frieden, Ruhe und gute Ernten sorgen. 1960 wurde das Tor endlich wieder aufgebaut, der Name des Sponsors, das Unternehmen Matsushita (jetzt Panasonic), steht nun in goldenen Schriftzeichen auf dem unteren Ring der riesigen roten Laterne. In Japans Tempeln und Schreinen finden sich gerne auf Papierlaternen, roten Torii-Bögen und Steinlaternen die Namen von großzügigen Sponsoren. Das sieht in den Augen vieler Besucher hübsch exotisch aus, ist aber eigentlich so profan wie Banderolenreklame am Rande eines Fußballfeldes.

Hinter dem Kaminarimon beginnt die **Nakamise** (仲見世). Knapp 90 Geschäfte säumen den Weg zum Tempel. Schon in der Edo-Zeit durften die Anwohner als Entschädigung für ihre Pflege der Anlage mit der frommen Kundschaft Geschäfte machen. Eine Besonderheit der Läden hier und in der näheren Umgebung sind die bunt bemalten Rollläden, die leider schon recht früh gegen 18 Uhr heruntergelassen werden. Nach 250 Metern endet die Nakamise mit dem inneren Tempeltor, dem **Hōzōmon** (宝蔵門). Der Name bedeutet Schatzkammer, im oberen Teil des Tores wird eine komplette Sammlung buddhistischer Schriften aufbewahrt. Auf der Rückseite des Tores hängt ein Paar riesiger Strohsandalen, sie sollen Böses vertreiben.

Vor der **Haupthalle** (Hondō) stellen die Menschen sich gerne in den Rauch der brennenden Sandelholzstäbchen. Der Rauch soll ihren Kopf berühren und so die Gehirnzellen in Schwung bringen. Links davon steht unübersehbar die fünfstöckige **Pagode des Senso-ji**. Sie widerstand dem großen Erdbeben von

Karte S. 166

1923, aber nicht den Bombenangriffen von 1945. Ursprünglich stand sie auf der anderen Seite vom Tempel (heute ist dort eine Polizeiwache). 1973 baute man die Pagode mit Stahlbeton auf der Westseite des Tempels wieder auf. Die Spitze bewahrt eine Reliquie des Buddhas auf, eine Gabe aus Sri Lanka.

Einzig das **Nitenmon** (二天門) zur rechten Hand der Haupthalle hat alle Katastrophen überstanden. 1618 wurde es als Eingangstor zum Tōshogu-Schrein zur Verehrung der Tokugawa auf dem Tempelgelände gebaut und gilt heute als Nationalschatz. Der Tōshogu selbst brannte 1642 ab und wurde nicht mehr errichtet. Ein wenig zurückversetzt liegt der **Asakusa-Schrein**. Seine Anfänge gehen in die Heian-Zeit zurück, das Hauptgebäude stammt allerdings von 1649.

Riesensandale am inneren Tempeltor

Wie die Bevölkerung wurden damals auch Schreine in unterschiedliche Kategorien eingeteilt. Da hier nur zwei einfache Fischer und ein Mönch, der ehemals Dorfvorsteher war, als Götter verehrt wurden, erhielt der Asakusa-Schrein ebenfalls den entsprechend niedrigsten Rang.

Der letzte Blick gilt dem kleinen **Schrein des Kume Heinai** (Kume Heinaidō, 久米平内堂) zwischen Nitenmon und Hōzōmon. Hier liegt der Samurai und Schwertkampfmeister Kume Heinai begraben. Zu Lebzeiten tötete er unzählige Menschen, kurz vor seinem Tod plagte ihn das schlechte Gewissen. Nach seinem Tod wollte er Buße tun und unter dem geschäftigen Pflaster des Senso-ji begraben sein. Möglichst viele Menschen sollten ihn hier mit Füßen treten. Fumitsuke bedeutet nun im Japanischen nicht nur ›jemanden mit den Füßen treten‹, sondern auch ›Liebesbriefe senden‹. Auf skurrile Weise wurde so aus dem todbringenden Schwertkämpfer der Gott der Ehe!

■ Kappabashi Dōgugai

Für Küchenmeister bietet der westliche Rand von Asakusa die wunderbare Kappabashi Dōgugai (Kappabashi-Utensilien-Einkaufstraße, 合羽橋道具街通り), ein Einkaufsparadies für Köche. Seit 1912 haben sich hier an die 200 Geschäfte niedergelassen, die sich allein auf den Restaurantbedarf konzentrieren. Von der U-Bahnstation Tawaramachi (田原町) der Ginzalinie geht es über die Asakusa-dōri-Straße Richtung Westen beziehungsweise Ueno, an der ersten großen Kreuzung dann nach rechts in die Kappabashi-Straße. Diese Kreuzung übersieht man nicht: Auf dem Dach des Eckgebäudes heißt eine riesige Kochfigur die Besucher willkommen.

Hinter den Kulissen des Sanja-Festivals

Einmal im Jahr explodiert die Lebensfreude der Bewohner Asakusas, und es wird gefeiert. Das shintoistische Sanja-Matsuri findet zu Ehren der drei Götter des Asakusa-Schreines statt und ist wohl das größte Schreinfestival Japans. Bei einem Matsuri werden die Götter in mit Lack und Gold verzierten Schreinsänften (Mikoshi) durch ihre Gemeinde getragen um den Bewohnern Glück und Wohlstand zu bringen. Die Träger schütteln sie dabei ordentlich durch, das soll die himmlischen Kräfte der Kami (Götter) noch verstärken.

Ursprünglich feierten Tempel und Schrein das Fest gemeinsam immer am 17. März, waren doch beide Stätten durch den Fund der Kannon-Statue und die Vergöttlichung ihrer Finder eng miteinander verwoben. Doch durch die Umstellung auf den gregorianischen Kalender und die strikte Trennung von Buddhismus und Shintō unter Kaiser Meiji wurde der Festtag ab 1873 auf den 17. Mai verlegt. Heute ehrt man die Götter aus verkehrstechnischen Gründen am zweiten oder dritten Maiwochenende.

Das Matsuri beginnt am Donnerstag mit dem Umzug der Götter vom Schreingebäude in ihre Sänften. Ein Shintō-Priester vollzieht die Zeremonie vor wenigen auserwählten Zuschauern. Freitag ist dann der Tag der großen Parade (Daigyōretsu). Große Umzugswagen mit Musikanten ziehen, umgeben von unzähligen Fußgruppen in historischen Kostümen, über die Nakamise bis zum Asakusa-Schrein. Am Abend werden sechs Mikoshi der Schreine in direkter Nähe zum Asakusa-Schrein unter Anfeuerungsrufen der Zuschauer von kräftigen Männern und Frauen durch die Straßen getragen. Samstag zieht es dann an die 100 Mikoshi aus den insgesamt 44 Bezirken Asakusas zu ihrem Hauptschrein. Vor dem Senso-ji versammeln sie sich und erweisen der Göttin der Barmherzigkeit ihren Respekt. Dann geht es auf verschlungenen Wegen unter Begeisterungsrufen der Zuschauer, Flötenklängen, Trommelmusik und ziemlich viel Reiswein wieder zurück zum eigenen kleinen Schrein. Am Sonntag werden schließlich die drei Götter aus dem Asakusa-Schrein selbst durch ihre Nachbarschaft getragen. Jeder Mikoshi wiegt

Schreinträger auf dem Sanja-Matsuri

Auf dem Matsuri

eine Tonne und benötigt gut 500 Mann, die im Wechsel den schweren Untersatz der Götter tragen. Allein für das Heraustragen aus dem Schrein benötigen sie zwei bis drei Stunden. Erst am Abend haben die Götter genug gefeiert und kommen zurück in ihr Heim, den Asakusa-Schrein. Jetzt müssen noch einmal die Veteranen ran und den Mikoshi in den Schrein manövrieren. Ein schwieriges Unterfangen, denn kaum einer von ihnen hat in den letzten drei Tagen geschlafen.

Die Vorbereitungen, erzählt Toda Yotsuke, einer der 40 Organisatoren, beginnen einen Monat vor dem eigentlichen Festival. Die Laufrouten werden festgelegt und die Helfer gezählt. Er selbst ist seit Kindertagen dabei. »Es gab schulfrei und Süßigkeiten für uns. Da haben wir natürlich alle mitgemacht«, erzählt er grinsend. Nachwuchsschwierigkeiten haben sie hier in Asakusa nicht. Jeder darf mitmachen, natürlich auch Ausländer. Doch wir sind in Japan, so ganz unbekannt darf der Neue dann doch nicht sein. Ein vertrautes Gesicht sollte ihn bei einer Nachbarschaftsvereinigung vorstellen. Dann muss er natürlich den Hanten der Vereinigung besitzen. Ein Hanten ist eine Jacke, die früher Arbeiter und Handwerker trugen und die heute sozusagen Festivaluniform ist. Mit einem großen Emblem verziert, zeigt sie die Gruppenzugehörigkeit an. Aus jeder Gruppe wird ein Kashira gewählt. Das ist der Mann, der oben auf den Trägerbalken des Mikoshi steht und Richtungsanweisungen gibt. Diese Aufgabe ist eine Ehre, eigentlich darf niemand den tragbaren Schrein mit Füßen beschmutzen. Eigentlich, denn immer wieder finden Betrunkene ihren Weg nach oben, ziehen sich aus und präsentieren nicht selten ihre üppig tätowierten Körper. Und hier beginnen die Schwierigkeiten, denn wie soll man einem betrunkenen Yakuza freundlich zu verstehen geben, dass er verschwinden soll? 2008 versuchte man es mit Bereitschaftspolizei, sie sorgte rigoros für Ordnung und verhaftete fünf Personen. Das trifft bei Organisator Toda auf Unmut, er hat Angst um den guten Ruf den Festivals. Also wird man wohl wieder vom Verbot abrücken und hinter verschlossenen Türen eine Lösung finden, gemeinsam mit den Tätowierten. Wie sie das machen, muss keiner so genau wissen.

Kreuzung vor dem Bahnhof Akihabara

Akihabara

Das große Schild am Bahnhof Akihabara (秋葉原) lässt keine Zweifel offen, womit hier das Geld verdient wird: ›The Electric Town Akihabara‹ bietet alles, was der elektronische Markt Japans hergibt, von der kleinsten Sicherung bis hin zu Fußball spielenden Robotern. Duty free wird hier groß geschrieben. So strömen die Kauflustigen auf der Suche

Elektroladen

nach Schnäppchen durch riesige Geschäfte wie ›Laox‹ und ›Takarada‹, vorbei an engen Passagen mit winzigen Buden und Verkaufsständen. Seit 2005 ist der Bahnhof Endstation für den neuen Tsukuba-Express. Durch die notwendigen Bauten veränderte sich viel in der ehemals chaotischen Architektur des Viertels. So ist auf seiner Nordseite das **Akihabara Crossfield** entstanden. Mit seinen hohen Gebäuden Akihabara Dai Building und Akihabara UDX Building will man die Ecke in ein neues Zentrum der IT-Industrie verwandeln, die verbesserte Anbindung an die Science City Tsukuba soll dazu beitragen.

■ Electric Town

Das eigentliche Ziel der Besucher, die zahlreichen Elektrofachgeschäfte, erstreckt sich westlich vom Bahnhof. Verlässt man ihn über den westlichen Ausgang Electric Town (Denkigai Guchi, 電気街口), steht man gleich mitten im Geschehen. Direkt an der ersten Kreuzung hilft die Auskunft Akihabara Muryō Annaisho (秋葉原無料案内所) bei der Suche nach einem bestimmten Geschäft. Schnäppchenpreise findet man eher in den kleinen Läden, doch beschränkt sich deren Angebot oftmals auf den japanischen Markt. Die riesigen Fachmärkte sind auf die Wünsche der ausländischen Kunden besser vorbereitet, englischsprachige Beratung inklusive. Einziges Manko dieser Läden ist ihre Lautstärke. Der Krach ist so gewaltig, dass man schnell jegliche Konzentration verliert und nur noch eins denkt: Weg hier!

Direkt nach dem Krieg stand in Akihabara eine Fachschule für Elektroberufe. Damals waren im Viertel auch Truppen der Alliierten stationiert. Als die Besatzer abzogen, hinterließen sie haufenweise Radios, Funkgeräte und andere nützliche Bauteile. Aus denen bastelten die Schüler ihre ersten Produkte und verkauften sie gleich an Ort und Stelle. Ihre Fachschule wurde später zur Universität Tōkyō Denki Daigaku.

Aus der Zufallsproduktion der Anfangszeit entstanden bald erste kleine Geschäfte. In den 1960ern, mit Beginn des Wirtschaftsaufschwungs, verkauften sich immer mehr Haushaltsgeräte, die Geschäfte begannen sich zu spezialisieren. Irgendwann kamen die ersten Läden für Computerzubehör, die Urväter aller Computerfreaks suchten sich hier ihre benötigten Einzelteile zusammen. In den 1980ern tauchten mit den Spielkonsolen (Famikon, abgekürzt von Family Computer) immer mehr Softwareläden auf, Akihabara entwickelte sich langsam zum Paradies für Gamer und Anime-Fans. Unmerklich hatte sich The Electric Town in ein Viertel für ein ganz bestimmtes, etwas verschrobenes Klientel von Computerfans verwandelt. Angehörige des Akiba-kei, des so genannten Akiba-Stamm (Akiba ist eine gängige Abkürzung für Akihabara) der eigenbrötlerischen Otakus, Anhänger der in Manga und Anime auftauchenden Jungmädchen-Rollen, fanden in ganz speziellen Geschäften eine zweite Heimat.

Weitere Skurrilitäten ließen nicht lange auf sich warten. Überall in den engen Arkaden sowohl in den Hochhäusern wie dem ›Radio Kaikan‹ (zur linken Hand der Auskunftsstelle Akihabara Muryō Annaisho) verkaufen Sammler ihre Figuren in gemieteten Schaukästen. Die Etagen der Mangaläden sind je nach Genre nur für Frauen oder Männer, im Schaufenster hängen riesige Fotos eines K1-Boxers (japanisches Kickboxen), der sich sogar im Ring mit rosa Perücke und Schulmädchenuniform präsentiert.

Typischer kleiner Laden

■ Maid Cafés

Den Einstieg in eine ganz besondere Dimension zwischen Wirklichkeit und Fantasie bieten die ›Maid Cafés‹. Junge Mädchen in Alice-im-Wunderland-Kostümen mit ondulierten Haaren und großen Kulleraugen begrüßen die Gäste schon an der Tür mit einem: ›Willkommen daheim, mein Gebieter!‹ (Goshūjin-sama, o-kaerinasaimase!). Sie rühren

Angestellte im Maid Café @home

Tōkyō und Kantō

ihnen den Kaffee um, unterhalten sie mit kleinen Spielchen und lächeln unentwegt. Das größte **Maid Café @home** bietet diesen süßen Service über mehrere Stockwerke auf englisch an, auch gerne mal im besonderen Ambiente der Taishō-Zeit, der Jahre nach dem Ersten Weltkrieg. Hier finden sich, wen wundert's, fast nur Männer ein. Mit den Mädchen macht man hier trotzdem Geschäfte: Einige Läden wie der **Maid Club** (Meido Kurabu, メード倶楽部) verleihen Maid-Kostüme auf Stundenbasis. Schnell ein paar Fotos mit der Handykamera, und das perfekte Souvenir ist fertig.

Als 2004 die Erzählung ›Densha Otoko‹ (Zugmann) erschien, wurde Akihabara auch für Frauen jenseits der 15 eine Reise wert. Ein typischer, in sich gekehrter Otaku ohne (die so sehr herbei gesehnte) Freundin springt über seinen Schatten und beschützt eine Frau im Zug vor einem Rüpel. Wie es sich in Japan gehört, bedankt sie sich später mit Brief und Geschenk. Wie reagieren? In seiner Unsicherheit wendet er sich ans Internet und erhält die Ratschläge unzähliger Menschen. Am Ende bekommt er die schöne Unbekannte und hat obendrein die Verwandlung vom Geek in einen ansehnlichen jungen Mann geschafft. Der besondere Reiz der Geschichte? Sie begann als Thread (Beiträge in einem Forum) im Internet, also mitten im Alltag eines Otakus.

Es wurde nie geklärt, ob die Story nun Erfindung oder Realität war. Herzschmerz und Romantik, gemischt mit neuesten Trends der Computerwelt, hat Akihabara überraschend zu neuer Popularität verholfen. Hier laufen die schüchternen Otaku im Original zuhauf herum

(die jungen Männer in altmodischer Kleidung und ständigem Blickkontakt mit dem Asphalt), und vielleicht begegnet frau hier ihrem ganz persönlichen Zugmann. Wer bei der Suche ein wenig Hilfe benötigt, wendet sich an die professionellen Maid-Guides, junge Damen im niedlichen Kostüm, gleich am Bahnhof (ebenfalls ›Akihabara Muryō Annaisho‹, Nähe Westausgang/Denkigai Guchi). Die Mädels führen Gruppen und Einzelpersonen. Gerne zeigen die berüschten Damen das **Katzencafé Nekocafe Nyonkoro** im AKIBO-Tower. Wer seine Mieze allzu sehr vermisst, kann hier zum Tee die Tiere ausgiebig kraulen. Allerdings gibt es nicht allzu viel Ambiente, das Café erinnert eher an eine Kinderkrippe als ein gemütliches Kaffeehaus.

Ryōgoku

Der Nabel der Sumō-Welt befindet sich unumstritten in Ryōgoku (両国). Hier dreht sich alles um den japanischen Nationalsport und seinen größten Austragungsort, den **Kokugikan** (国技館) gleich nördlich vom Bahnhof Ryōgoku. Das Gebäude mit dem imposanten Kupferdach wurde 1985 fertiggestellt und fasst 11 000 Zuschauer. Erst seit 100 Jahren finden Sumōkämpfe in festen Häusern statt. Bis dahin zogen die als Rikishi oder Sumōtōri bezeichneten Kämpfer durchs Land, um bei Schreinfesten für die Unterhaltung von Göttern und Menschen zu sorgen. Heute sind Ringkämpfe zu Ehren der Kami die große Ausnahme. Dafür finden sechsmal im Jahr große Turniere für jeweils 15 Tage statt. Drei davon finden im Januar, Mai und September in Ryōgoku statt. Dann flattern vor dem Kokugikan bunte Banner mit den Namen

Karte S. 166 ▲

Junger Sumō-Kämpfer

der berühmten Sumōtōri, und im ganzen Viertel flanieren die Kämpfer im Kimono und mit frisch geölten Haaren durch die Straßen. Sumō-Ringer sind die einzigen Männer, die auch nach Abschaffung des Samurai-Standes weiterhin den typischen Haarknoten des Kriegeradels (Chonmage) tragen dürfen. Beenden sie heute ihre Karriere, wird ihnen die Haarpracht in einer besonderen Zeremonie abgeschnitten. Mit einem Schnitt werden sie also wieder zum Durchschnittsmenschen, dürfen dafür auch wieder westliche Kleidung in der Öffentlichkeit tragen, ein striktes Verbot während ihrer Zeit als Rikishi.

■ Sumō-Museum

Sollten gerade keine Wettkämpfe im Kokugikan stattfinden, gibt es wenigstens das Sumō-Museum direkt im Erdgeschoss des Gebäudes (Sumō Hakubutsukan, 相撲博物館). Das Museum ist klein, wechselt aber alle zwei Monate die Exponate. Das Museum ist kostenlos, aber leider an Wochenenden und Feiertagen geschlossen.

■ Sumō-Beya

Wesentlich interessanter als die Schaukästen eines Museums ist der Besuch eines Sumō-Beya, eines Sumō-Stalls. Nach Beendigung ihrer aktiven Laufbahn

Sumō-Kampf

Auch auf der Straße wird trainiert

gründen hochrangige Sumōtori gern ihre eigene kleine Schule. Die jungen Rikishi haben meist gerade die Mittelschule abgeschlossen und werden die nächsten Jahre auf engstem Raum gemeinsam bis zur Erschöpfung üben und ansonsten den älteren Ringern dienen. Der Oya-gata, der Chef des Trainingsstalls, übernimmt fortan die Vaterrolle (Oya-gata bedeutet eigentlich ›Herr Vater‹), ihm gebührt absoluter Gehorsam. Harsche Töne gehören zum Umgangston, körperliche Gewalt leider wohl auch noch oft. Je höher die Ringer allerdings aufsteigen, desto angenehmer wird ihr Alltag. Müssen die Jungen nach dem Training am Morgen das voluminöse Mittagsmahl zubereiten und Hausarbeit erledigen, dürfen die Älteren sich Freiheiten wie ein eigenes Zimmer und Kneipenbesuche am Abend herausnehmen. Am frühen Morgen müssen jedoch alle ganz egalitär für Stunden in den Ring (Doyo). Da es kein Frühstück gibt, stehen Mittagessen und der anschließende Mittagschlaf im Mittelpunkt. Oftmals gibt es Chankonabe, eine sehr beliebte protein-

und fettreiche Mahlzeit der Sumōtori, um ordentlich Gewicht anzusetzen. Dazu Bier, und es schläft sich gleich noch besser!

Am Vormittag sollte man versuchen, einen Blick auf die starken Männer Japans zu erhaschen. Dafür geht es vom Bahnhof Ryōgoku der städtischen Oedo-Linie die Hokusai-dōri entlang. Katsushika Hokusai wurde hier übrigens geboren, zur Erinnerung zieren einige seiner Werke die Straße. An der ersten Ampel nach links und geradeaus weiter stößt man zum Beispiel auf **Hakkaku-beya** und **Nishikido-beya**, zwei der insgesamt 54 Sumōschulen mit 700 Ringern. Weitere Schulen sind südlich des JR-Bahnhofs von Ryōgoku in direkter Nachbarschaft zum Tempel Eko-in-ji. Leider wird kaum ein Beya Neugierigen den Zutritt erlauben. Doch das Rufen durch die geöffneten Fenster zu hören, das Kommen und Gehen der Rikishi zu beobachten tröstet ein wenig darüber hinweg. ›McDonalds‹ am Westausgang des JR-Bahnhofs gilt als Geheimtipp, um einen jungen Ringer im Yukata und Geta, den klappernden Holzsandalen, ganz aus der Nähe zu betrachten!

Einzig ein Sumō-Stall bietet Gästen die Teilnahme an einer Trainingseinheit mit gemeinsamem Mittagessen an. **Arashio-beya** ist die jüngste Sumōschule in Ryōgoku (gegründet 2002) und offen für neue Wege. Die Webseite der Schule www.arashio.net ist sehr ansprechend gestaltet, für eine Buchung muss man sich jedoch an ein Reisebüro von HIS wenden (SK Building 8F, 6-2-18 Nishi-shinjuku, Shinjuku-ku, Tel. 160-0023, http://hisexperience.jp). Sumō-Artikel verkauft das **Geschäft Ryōgoku Takahashi** (両国高はし). Der Laden bot früher ausschließlich Futons und Sitzkissen in Übergrößen für die Rikishi der Nachbarschaft an. Heute finden sich neben praktischen Dingen wie Sumō-Haarpomade und Kämmen witzige Handtücher, Kissen und Socken.

■ Villa des Fürsten Kira

Inmitten der Sumō-Schulen zwischen Keiyo-Dōro (京葉道路) und der Stadtautobahn 7 liegt der Nachbau der Villa des Fürsten Kira (Honsho Matsuzakachō Kōen, 本所松坂町公園). Das Außengelände ist jederzeit und kostenlos zugänglich.

Vielen ist Fürst Kira besser bekannt als der unwürdige Zeremonienmeister aus der Geschichte der 47 Rōnin. Gegen ihn zog der junge Daimyō Asano Naganori 1701 im Palast des Shoguns sein Schwert und musste dafür Selbstmord begehen. Damit fiel die Familie Asano in Ungnade, und sämtliche Gefolgsleute wurden zu Rōnin, herrenlosen Samurai. Fürst Kira hatte den Vorfall provoziert und fürchtete Rache. Zu Recht, doch die Samurai ließen sich Zeit. Um ihn in Sicherheit zu wiegen, verlotterten sie augenscheinlich, in Wahrheit schmiedeten sie Pläne zur Ermordung des Fürsten. Und so drangen 47 Rōnin der Familie Asano im Dezember 1702 in die besagte Villa ein, fanden den völlig verängstigten Kira und forderten ihn zum Selbstmord auf. Der war dazu nicht mehr in der Lage, so schlugen sie ihm den Kopf ab und brachten den zum Zeichen ihrer Loyalität zum Grab ihres Herrn nach Shinagawa zum Tempel Sengaku-ji. Dort ließen sie sich verhaften, verübten Selbstmord und wurden an der Seite ihres Fürsten begraben. Der Tempel wurde zur Pilgerstätte der Samuraifans, der eigentliche Ort des Geschehens liegt jedoch mitten in Ryōgoku und weist nebst Gebäude und Schautafeln auch den Brunnen vor, in dem die Samurai den abgehackten Kopf

des Fürsten wuschen, bevor sie ihn, von der Bevölkerung umjubelt, zum Tempel trugen.

Wer jetzt noch Appetit hat, sollte unbedingt eines der **Chankonabe-Restaurants** der Gegend aufsuchen. Hier in Ryōgoku kann man sich darauf verlassen, dass der Geschmack original dem Sumō-Eintopf entspricht. Denn auch dies ist eine beliebte Berufsalternative für ältere Rikishi: Sie eröffnen ein Restaurant. Praktische Erfahrung bei der Zubereitung des Gerichts haben sie sicherlich genug gesammelt.

■ Bad Edoyu

Bei regnerischem Wetter gibt es in Ryōgoku zwei Alternativen. Einmal besucht man das öffentliche Bad Edoyu (Ryōgoku Spa Edoyu, 両国 江戸遊) an der Hokusai-dōri, in der Nähe des Ausgangs A3/A4 des Bahnhofs der Oedo-Linie. Dort baden Männer unter dem Fuji, Frauen müssen sich mit den Blumen Hokusais als Wandmotiv zufrieden geben. Von vormittags 11 Uhr bis zum folgenden Tag 9 Uhr kannn man baden, Saunagänge machen, sich massieren lassen, essen oder sogar schlafen. Einzige Voraussetzungen: keine Tätowierungen (in Japan sind hauptsächlich Yakuza-Mitglieder tätowiert) und ein Mindestalter von zwölf Jahren.

■ Edo-Tōkyō-Museum

Sollte das unmöglich sein, geht es ins Edo-Tōkyō-Museum (Edo-Tōkyō Hakubutsukan, 江戸東京博物館). Dies ist schlechthin der Ort, um die wechselvolle Geschichte Tōkyōs während der letzten 400 Jahre zu erfassen. Das Gebäude ist einem Lagerhaus nachempfunden und erstreckt sich über sieben Stockwerke. Ein langer Regentag vergeht hier wie im Flug!

Trendiger Westen und moderner Süden

Früher galten die Bezirke westlich der Burg von Edo als kostengünstiger Wohnsitz der Adeligen, heute bestimmen Shinjuku, Shibuya mit Harajuku und Roppongi weiterhin die wichtigsten Tōkyō-Trends. Hier findet man immer noch die teuersten Grundstückpreise mit den höchsten Gebäuden, die meisten Landesvertretungen und die prächtigsten Gartenanlagen. Auch das Nachtleben ist hier intensiv und facettenreich. Tōkyō stagniert jedoch nicht, und so haben sich in den letzten Jahren die etwas südlicheren Gegenden Shiodome, Odaiba und Shinagawa zu einer ernsthaften Konkurrenz für den exklusiven Westen entwickelt.

Blick vom Government Building

Shinjuku

Möchten Filmemacher das überfüllte Japan zeigen, wählen sie grundsätzlich Shinjuku (新宿). Allein an die drei Millionen Menschen passieren täglich den Bahnhof Shinjuku. Statistisch leben in Shinjuku rund 300000 Personen, tatsächlich ist hier Tag und Nacht an die

eine Million Menschen unterwegs. Heute teilt man das Gebiet rings um den Bahnhof in eine Westseite, den Osten und den Süden ein. Die Westseite gehört der Geschäftswelt, hier finden sich höchste Bürotürme und beste Hotels. Laufbänder erleichtern den Weg zum Sitz der **Metropolregierung Tōkyōs** (Tōkyō Metropolitan Government Building oder auch Tōkyō City Hall, kurz: Tochō 都庁). Mit 243 Metern Höhe ist es seit 2007 nicht mehr das höchste Gebäude, diese Ehre gehört nun dem Midtown Tower mit 248 Metern. Doch weist es in seinen Doppeltürmen jeweils eine kostenfreie Aussichtsplattform im 45. Stock auf luftigen 202 Metern Höhe auf. An klaren Tagen, also zumeist im Winter oder nach einem Taifun, kann man sogar den Fuji in der Ferne ausmachen. Abends ist der Blick besonders schön, ein Glitzermeer liegt einem zu Füßen. Beide Aussichtspunkte erreicht man über einen eigenen Fahrstuhl im Erdgeschoss des Gebäudeteils Nr. 1.

Shinjuku

Reklame am Kaufhaus Takashimaya

Ist es noch früh am Abend, geht es direkt am Westausgang des Bahnhofs in der **Denki Gai** (電気街, Elektro-Einkaufsstraße) vorbei. Zwischen den bekannten Fachhandelsketten mit den neuesten Modellen bieten kleinere Geschäfte Ware zu Discountpreisen an und sorgen für eine lebhafte Konkurrenz. Über den Südausgang (Nishiguchi oder Shin-Nishiguchi) läuft man zu riesigen Kaufhäusern wie dem traditionsreichen zwölfstöckigen **Takashimaya**. Im Takashimaya befindet sich auch Tōkyōs größter Laden für Heimwerkerbedarf, **Tokyu Hands**, zu erreichen über ein 350 Meter langes Holzdeck, die Southern Terrace (サザンテラス).

■ Kabukichō

Was die Leute auf der Westseite Shinjukus verdient haben, geben sie im Osten gerne wieder aus. Denn hier liegt Kabukichō (歌舞伎町), Japans größtes Rotlichtviertel. Versteckt in Winkeln und Gassen, über- und hintereinander verschachtelt in büroähnlichen Gebäuden, warten hier vom Keller bis zur Decke rund 3000 Bars und andere Etablissements auf zahlungsfreudige Gäste. Ein

recht großer Anteil weist allerdings nur die Größe eines heimischen Wohnzimmers auf und ist auf einen so intimen Kundenkreis zugeschnitten, dass den Gästen ›ihre Bar‹ mit der ganz privaten Flasche Whiskey wohl vertrauter ist als die eigenen vier Wände.

Vom Ostausgang (Higashiguchi) des JR-Bahnhofs Shinjuku liegt Kabukichō knappe acht Minuten zu Fuß entfernt. Ursprünglich sollte hier nach dem Krieg ein Kabuki-Theater gebaut werden. Aus Kostengründen ist es nie dazu gekommen, nur der Name erinnert noch an das Vorhaben. Die zahlreichen Theaterbühnen und Kinos wie das **Shinjuku Koma Theater** machen den Verlust mehr als wett.

Das Viertel erstreckt sich im Westen vom Seibu-Shinjuku-Bahnhof bis zur Meiji-dōri im Osten. Mittendrin liegt das **Rathaus von Shinjuku** (Shinjuku Kuyakusho). Östlich des Rathauses liegt die so genannte **Goldene Meile** von Shinjuku (Shinjuku Gōruden Gai, 新宿ゴールデン街). Winzige Bars und Klubs zeichnen sich durch ihre künstlerisch anspruchsvolle Gestaltung aus. In den 1970er und 80er Jahren war die Meile bei Schauspielern, Musikern und Schrift-

Abend in Kabukichō

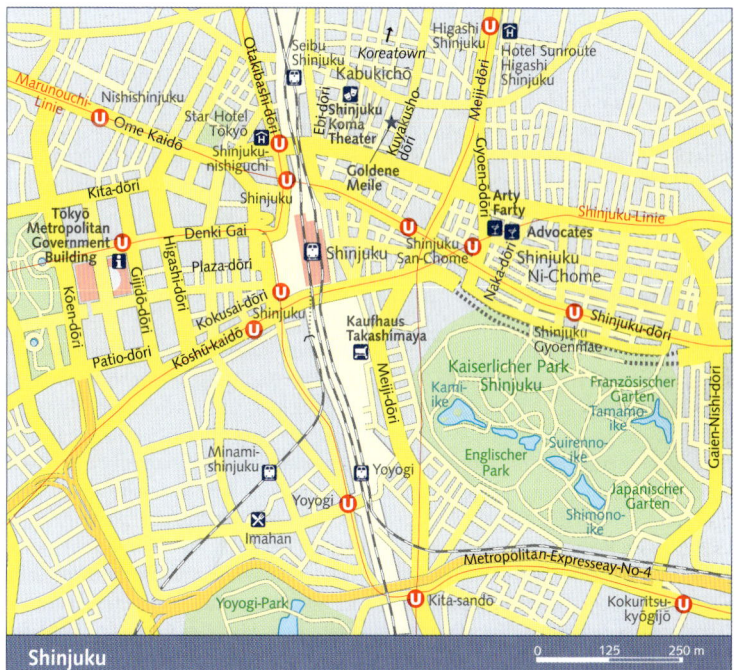

Shinjuku

stellern besonders beliebt. Das kaum veränderte Ambiente jener Jahre zieht heute wieder erfolgreich Gäste an. In den Seitengassen finden sich, typisch Kabukichō, Massagesalons, Pornoläden und Love Hotels. Hinter dem ›Koma-Theater‹ liegt außerdem entlang der Shokuan-dōri bis zur nördllichen Okubo-dōri Tōkyōs **Koreatown** (コリア・タウン) mit Restaurants, Buchläden und koreanischen Supermärkten. Shinjuku ist übrigens der Stadtteil Tōkyōs mit dem höchsten Ausländeranteil (knapp zehn Prozent), Koreaner sind am stärksten vertreten.

■ Shinjuku Ni-Chome

Eine Besonderheit ist Shinjuku Ni-Chome zwischen den Bahnhöfen Shinjuku San-Chome und Shinjuku Goenmae der Marunouchi-Linie. Hier wird seit den 1950er Jahren ausschließlich die Schwulen- und Lesbenszene mit Unterhaltung versorgt. Auf den ersten Blick sieht das Viertel wie eine gewöhnliche Wohngegend mit Büros und Appartementblocks aus. Und doch öffnen hier am Abend die unterschiedlichsten Szene-Anbieter ihre Türen. Ausländer sind nicht überall willkommen, ebensowenig Heteros. Um sie abzuhalten, verlangt man von ihnen einfach höhere Servicegebühren.

■ Shinjuku Gyoen

Ruhe vor den wogenden Massen findet man in einem der schönsten Parks Tōkyōs, dem Kaiserlichen Park Shinjuku (Shinjuku Gyoen, 新宿御苑). Einst befand sich hier die Residenz des Fürsten von Takatō (heute Ina in der Präfektur

Nagano) und auch die erste Raststation auf der alten Reiseroute Kōshu Kaidō Richtung Nagano. Unter der Meiji-Regierung fiel das Gelände wieder an den kaiserlichen Haushalt, eine landwirtschaftliche Versuchsstation nach westlichem Vorbild wurde errichtet. Zu Beginn des 20. Jahrhunderts erhielt der Garten einen französischen Teil und diente fortan der Zerstreuung des Kaisers mit Kirschblütenfesten und sogar einem Golfplatz. Das Gewächshaus diente praktischerweise als Klubhaus. Bis zum Krieg gab es auch eine Baumschule mit Alleebäumen für Tōkyōs moderne Viertel. Erst in den 1950er Jahren öffnete man den Park endlich für Jedermann.

Heute sind die 58 Hektar in drei Bereiche unterteilt: einen **englischen Park** mit großzügigen Rasenflächen im Zentrum, einen **französischen Garten** im östlichen Teil und schließlich einem **japanischen Garten** im Süden. Ein ruhiges Plätzchen findet sich hier immer, nur nicht im Frühling zur Kirschblütenzeit und im Herbst zur Chrysanthemenblüte. Dann feiert ganz Shinjuku (新宿) laut und feuchtfröhlich die Schönheit der Natur.

Shibuya

Shibuya (渋谷) bezeichnet einmal einen der 23 Distrikte Tōkyōs und ebenso das Viertel rings um den gleichnamigen Bahnhof. Shibuya umfasst unter anderem Harajuku, Yoyogi, Omotesandō und Ebisu. Jede dieser Nachbarschaften besitzt ihren besonderen Reiz, doch eint sie die Begeisterung für die neuesten Trends in Mode und Design.

Direkt um den Bahnhof Shibuya dreht sich, ganz dem Image des Stadtteils entsprechend, alles ums Shoppen. Die zwei größten Kaufhausunternehmen ›Tōkyū‹ und ›Seibu‹ sind jeweils mit mehreren Geschäften vertreten. Sie konzentrieren sich hauptsächlich entlang der Center Gai und der Kōen-dōri. Berühmt geworden ist es als Mekka der Gyaru-Subkultur, jungen Frauen mit meist sehr dunkel gebräunter Haut und weißem Make-up. Um vom Bahnhof dort hinzukommen, benutzt man den Hachiko-Ausgang, benannt nach der **Statue von Hachiko**, einem Akita-Hund. Der Hund wartete jahrelang vergeblich auf die Rückkehr seines Herrn, der während der Arbeit verstorben war. Diese Treue rührte die Bewohner von

Kirschblütenfest im Park Shinjuku

Shibuya so sehr, dass sie Hachiko nach seinem Tod 1935 ein Denkmal errichteten. Heute würde wahrscheinlich niemand mehr einen wartenden Hund bemerken, denn hier befindet sich Japans größte Straßenkreuzung. Alle Fußgängerampeln schalten hier gleichzeitig auf Grün (so genanntes scramble crossing), und so laufen schon mal tausende von Passanten wie im Ameisenhaufen ohne Kollisionen dem eigenen Ziel zu. Das ›Shibuya Starbucks‹ bietet einen guten Blick über die Kreuzung.

Familien mit Kindern haben eher Spaß an einem Besuch des **NHK Studioparks** (NHK, スタジオパーク). Hier kann man sich die Kulissen der Historiendramen ansehen, sich als Nachrichtensprecher

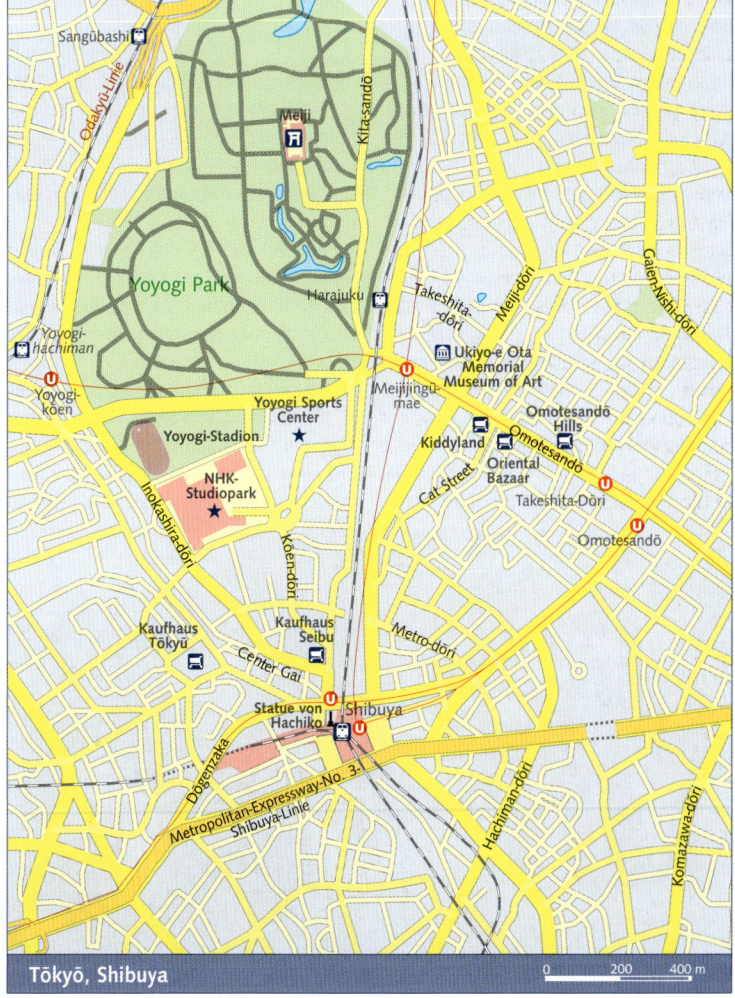

Tōkyō und Kantō

Tōkyō, Shibuya

0   200   400 m

üben oder an Wochenenden mit beliebten Manga- und Animefiguren für ein Foto posieren.

■ Harajuku

Eine Station nördlich von Shibuya liegt sozusagen die kleine Schwester Harajuku (原宿). Niedlich ist das richtige Wort für den Hexenhäuschen-Bahnhof von Harajuku. Niedlich sind auch die Ströme von Teenagern, die ihn in guter Cosplay-Manier als Mangafigur oder Kammerzofe im Rüschenkleid durchströmen. Sonntags wimmelt es hier geradezu von verkleideten Teenagern auf der Suche nach der neuesten Mode und Fotografen auf der Jagd nach der putzigsten Pose. Jeder Besucher unter 20 scheint hier vom Ehrgeiz beseelt, mit allen Mitteln aufzufallen. So gibt es in der engen **Takeshita-dōri** gleich links vom Bahnhof (Ausgang Takeshitaguchi) Boutiquen für jeden Geschmack, sogar seinen Hund kann man hier modisch einkleiden. Entsprechend dem Alter der Kundschaft wird hier viel Süßes wie Crêpes und Eiskrem angeboten. Absoluter Renner ist der **100-Yen-Laden Daiso**

Harajuku (ダイソ原宿) im Village 107 Building im oberen Abschnitt auf der linken Seite. Inklusive Mehrwertsteuer kostet hier jeder Gegenstand 105 Yen. Übrigens nicht nur hier, Daiso hat landesweit 2000 Filialen.

Parallel zur Takeshita-dōri verläuft Tōkyōs Antwort auf die Champs-Élysées, die **Omotesandō** (表参道). Sie erstreckt sich im Schatten mächtiger Alleebäume vom Bahnhof Harakuju rund einen Kilometer bis zum Bahnhof Omotesandō der Ginza-Linie. Ein üppiges Schaufenster reiht sich ans Nächste, Kinder wird man kaum am rosigen **Kiddyland** vorbei bringen (サンリオ・キッディランド), Touristen lieben den **Oriental Bazaar** (オリエンタルバザー). Japanische Damen werden nur Augen für Luis Vuitton, Prada oder Dior haben, und Architekturfans sollten einen Abstecher zum **Einkaufskomplex Omotesandō Hills** einplanen. Vom Bahnhof aus noch vor der ersten Fußgängerbrücke geht es rechts in die **Cat Street**. Früher liefen hier sehr viele Katzen herum, daher der Insidername. Heute haben hier zwischen Friseur- und Kosmetikgeschäften vor

▲ *Cosplay-Fans in Harajuku*

In der Takeshita-dōri

allem junge Designer ihre Läden. Die ruhige Nebenstraße dient gerne auch als Abkürzung zum Bahnhof Shibuya.

Sind die Tüten gefüllt, geht es zurück zum Bahnhof. Nachdem die Taschen in den Schließfächern verstaut sind (leider hinter der Absperrung), geht es zum kulturellen Teil Harajukus. Das **Ukiyo-e Ota Memorial Museum of Art** (Ukiyo-e Ota Kinen Bijutsukan, 浮世絵大田記念美術館) verfügt über eine Sammlung von 12 000 Holzschnittdrucken, die jeweils rund 80 Exponate mit englischen Erläuterungen wechseln einmal im Monat.

Ein Besuch des **Meiji-Schreins** (Meiji-jingū, 明治神宮) hinter dem Bahnhof sollte ebenfalls eingeplant sein. Der Ort dient seit 1920 der Verehrung der göttlichen Seelen von Kaiser Meiji nebst Gemahlin. Im Alltag ist der Schrein ein Ort der Ruhe und des Friedens. Doch zu

Neujahr ist es damit vorbei: In nur drei Tagen kommen an die fünf Millionen Menschen zum ersten Gebet (Hatsu-mōde). Viele Schaulustige besuchen den Schrein auch um den 3. November, Meiji-Tennōs Geburtstag. Dann finden während mehrerer Tage zahlreiche klassische Veranstaltungen wie Bogenschießen und Sumō-Ringen statt.

Das waldige Gelände rings um den Meiji-Schrein geht im Süden nahtlos in den **Yoyogi-Park** (代々木公園) über. Ursprünglich fanden hier Paradeübungen der japanischen Armee statt, 1964 wurde Yoyogi Park zum Austragungsort der Olympischen Spiele. Der Architekt Kenzo Tange baute damals die Olympia-halle mit dem geschwungenen Dach. Tōkyō möchte diese Tradition gerne fortsetzen und will im Park ein neues Stadion bauen lassen. Der Park verfügt über einen Radparcours mit Fahrradverleih im nördlichen Teil, Sportanlagen im Süden und seit 2007 sogar über eine Hundewiese. Bis spät in die Nacht versammeln sich sonntags rings um den See Musiker und Theatergruppen, um ihr Können zu zeigen.

Der Bahnhof Harajuku

Roppongi

Galt Roppongi (六本木) in den 1980ern noch als das nächtliche Vergnügungsviertel Tōkyōs mit der höchsten Ausländerrate (in Roppongi selbst und den angrenzenden Vierteln Azabu, Akasaka und Meguro finden sich zahlreiche Botschaften), erlitt das Viertel mit dem Platzen der Seifenblasenwirtschaft vor knapp 20 Jahren herbe Verluste. Erst die Eröffnung des immens teuren **Roppongi Hills** im Jahr 2003 leitete eine positive Wende ein: Mit dem **Mori-Museum**, dem **Neuen Nationalmuseum für Moderne Kunst** und dem **Suntory-Museum** im Tōkyō-Midtown-Komplex zieht Roppongi heute vor allem Kunstinteressierte an. Genussvoller Konsum darf dabei natürlich nicht zu kurz kommen, dafür sorgen attraktive Geschäfte und innovative Kochkunst. Diese clevere Mischung aus Kommerz und Kunst ist das Erfolgsrezept des neuen Roppongi.

■ Tōkyō Midtown

Streng genommen liegt das 2007 eröffnete Tōkyō Midtown (東京ミッドタウン) gar nicht in Roppongi, sondern im angrenzenden Akasaka. Roppongi ist jedoch zum Greifen nah, gleich auf der anderen Straßenseite. Das Midtown besteht aus sechs Gebäuden und einem großzügigen Park. Heute gilt es als architektonisches Paradebeispiel eines gelungenen Multifunktionskomplexes. Hier finden sich Geschäfte, Restaurants, Büroräume, Hotels und natürlich auch Museen. Ganz dem neuen Image Rop-

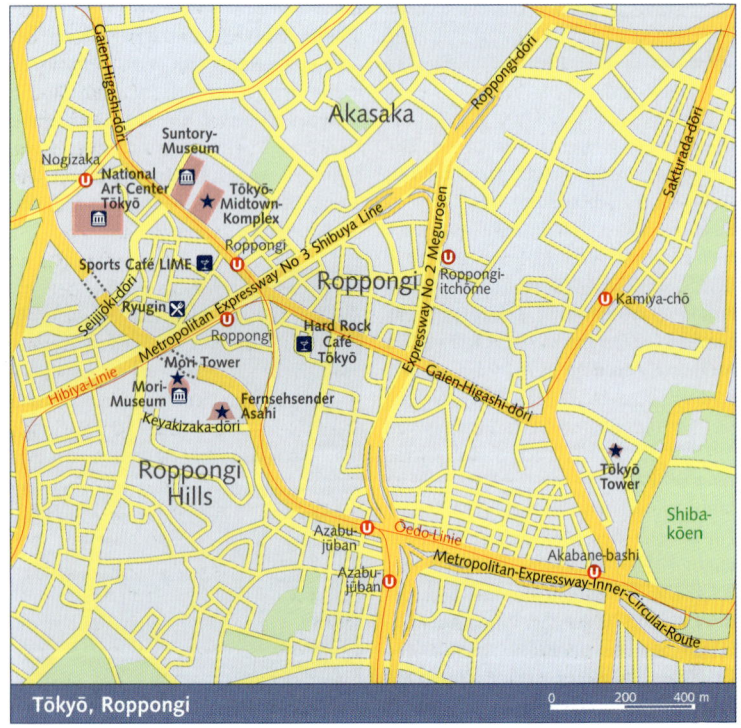

Tōkyō, Roppongi

0   200   400 m

Skulptur im Midtown-Park

pongis entsprechend, sorgen geschickt platzierte Skulpturen für die besondere Atmosphäre beim Einkaufsbummel. Zu erreichen ist der beeindruckende Komplex über Ausgang 8 des Bahnhofs Roppongi (Oedo-Linie).

■ Roppongi Hills

Keinen Kilometer entfernt vom Midtown liegt Roppongi Hills (六本木ヒルズ), es ist mit der Hibiya-Linie ebenso über den Bahnhof Roppongi zu erreichen. Der Bau des riesigen Komplexes war nicht unumstritten, 14 Jahre benötigte der Bauunternehmer Mori Minoru, um die benötigten 400 Grundstücke zu erwerben. Das Besondere der Anlage sind nicht allein der 54 Stockwerke hohe **Mori Tower,** sondern die großzügigen Grünflächen zwischen den einzelnen Gebäuden und die Einbindung des schon früher vorhandenen Fernsehsenders ›Asahi‹ sowie der zentral verlaufenden Keyaki Sakadori (Keyaki-Hangstraße). Als Roppongi Hills 2003 öffnete, zogen erst einmal die Spitzen-

unternehmen der IT-Branche und des Finanzwesens ein. Leute, die sich die extrem teuren Wohnungen leisten konnten, nannten die Tōkyōter ein wenig neidisch Hills Zoku, den Hills-Stamm. Allein während der ersten sechs Monate besuchten 26 Millionen Menschen Roppongi Hills! Mittlerweile hat sich der Ansturm etwas gelegt. Viele Unternehmen und Geschäfte der ersten Stunde haben Neuem Platz gemacht und sorgen wieder für Gesprächsstoff.

■ Roppongi Art Triangle

Roppongi ist ein kunst-volles Viertel. Ob nun Midtown oder Roppongi Hills, überall finden sich ungewöhnliche Kunstobjekte. Doch damit nicht genug, seit 2003 haben hier drei neue Museen ihre Pforten geöffnet: das **Mori Art Museum**, das **Suntory Museum** und das **National Art Center Tōkyō**. Roppongi Art Triangle, Kunst im Dreieck, mit diesem Slogan wirbt das Viertel nun um noch mehr Besucher. Zwei der Museen sind eindeutig von der Wirtschaft gesponsert. Ein Trend, den man in Deutschland eher von Fußballclubs und Sportarenen kennt und der Kunstpuristen stark befremdet, in Japan aber breite Akzeptanz findet.

Das **Mori Art Museum** (Mori Bijutsukan, 森美術館) im Mori Tower zeigt über zwei Etagen moderne Kunst ohne besondere Schwerpunkte. 2009 war eine Ausstellung über die gegenwärtige Kunst Indiens sehr erfolgreich.

Das **Suntory Museum of Art** (Suntory Bijutsukan, サントリー美術館) im Tōkyō Midtown (3. bis 6. Stock) blickt immerhin auf eine knapp 50-jährige Geschichte zurück. Lifestyle Art heißt hier der rote Faden, der sich durch die diversen Ausstellungen zieht. Darunter versteht man das Kunsthandwerk, das in Japan Meisterwerke mit unvergleichlicher

Schönheit hervor gebracht hat. Grundstock des Museums bildet die Privatsammlung der Gründerfamilie des Bier- und Whiskeyimperiums. So gehört zu dem Museum ein Raum für Teezeremonie (jeden zweiten Donnerstag, Anmeldung nicht notwendig) mit dem passenden Namen ›Schwalbennest‹ (Genchōan). Parallel zu den jeweiligen Ausstellungen laufen verschiedene Workshops, auch für Kinder.

Das dritte Museum im Bunde ist das **National Art Center Tōkyō** (Kokuritsu Shin Bijutsukan, 国立新美術館). Das Museum besitzt keine eigene Sammlung, verfügt aber über 140 000 Quadratmeter Ausstellungsfläche und bietet den unterschiedlichsten Sammlungen eine Plattform. Bis zu zehn Ausstellungen finden hier manchmal gleichzeitig statt. Außerdem bemüht sich das National Art Center intensiv um Museumspädagogik sowie den Aufbau einer Datenbank mit Informationen rings um das Thema Kunst. Die Restaurantküche ist so ungewöhnlich wie das Museum selbst, die **Brasserie Paul Bocuse** ist das erste Restaurant des französischen Meisterkochs im Ausland. Das besondere Bonbon zum Schluss: Besucht man alle drei Einrichtungen, erhält man vergünstigte Eintrittskarten.

■ Tōkyō Tower

Er hat seine besten Tage hinter sich und doch wird er immer noch als Wahrzeichen der Stadt heiß geliebt: der Tōkyō Tower (東京タワー). 1958 als Fernsehturm gebaut, steht er, mit 333 Metern ein wenig höher als sein Pariser Vorbild, auf halbem Weg zwischen Roppongi und der Bucht von Tōkyō. Er diente James Bond als Filmkulisse, und Godzilla ließ regelmäßig seine Wut an ihm aus. Seine Farben Weiß und Orange sind leider nicht Geschmackssache, sondern Sicherheitsvorschriften des Luftverkehrs. So sieht der Tower nachts im Scheinwerferlicht am schönsten aus, tagsüber fällt der nagende Zahn der Zeit allzu störend ins Auge. Doch gerade diese abblätternde Schönheit wird hier so geliebt. Immer noch strömen jedes Jahr an die vier Millionen Besucher zum Turm!

Genau unter der Stahlkonstruktion befindet sich **Foot Town**, ein vierstöckiges Gebäude mit einem Aquarium, Restaurants und Souvenirläden. Im dritten und vierten Stock liegt das **Guinness World Record Museum**, ein Wachsmuseum mit den Beatles und Jesus sowie zwei weiteren kuriosen Galerien.

Hauptattraktion sind natürlich die zwei **Aussichtsplattformen**. Die erste zieht sich auf einer Höhe von 145 Metern über zwei Stockwerke. Besondere Attraktionen sind hier die in den Fußboden eingelassenen Fenster und Tōkyōs höchster Shintō-Schrein. Übrigens kann man bei schönem Wetter jedes Wochenende und an Feiertagen von 11 bis 16 Uhr die 600 Stufen bis zur ersten Plattform hochlaufen.

Die Tage des geliebten Fernsehturms sind gezählt. 2012 soll der Bau des Tōkyō Sky Tree mit 610 Metern in Oshiage (Bezirk Sumida, östlich von Asakusa auf der anderen Seite des Sumida-Flusses) abgeschlossen sein. Die Höhe des Tōkyō Towers reicht fürs Digitalfernsehen nicht mehr aus, da mittlerweile zu viele Hochhäuser im Zentrum der Metropole störungsfreie Übertragungen behindern.

Ein Wahrzeichen der Stadt: der Tōkyō Tower

Karte S. 188 ▲

Tōkyō, Shimbashi und Shiodome

Shimbashi und Shiodome

Nur eine Station südlich vom Bahnhof Tōkyō liegt der Bahnhof Shimbashi (新橋). 1872 erbaut, gehört er zu den ältesten Bahnhöfen der Hauptstadt. Das Original wurde 1914 abgerissen und schuf so Platz für den Bahnhof von Shiodome (汐留). Der Name bedeutet ›Aufhalten der Fluten‹. So nah am Meer war hier ursprünglich nur Sumpfland. Tokugawa Ieyasu ließ das Gebiet aufschütten, während der Edo-Zeit hatten hier zahlreiche Fürsten ihre Residenzen. Im 20. Jahrhundert wuchs der Bahnhof um immer weitere Linien, bis er 1986 geschlossen wurde, nur die U-Bahnstation ist geblieben. Heute wohnen in Shiodome die Mächtigen der Neuzeit: die

Medien und die Nachrichtenagenturen. 1995 beschloss die Metropolregierung die massive Förderung des Gebiets, allein bis 2006 entstanden hier 13 Hochhäuser und eine Anzahl kleinerer Bauten. Der alte Bahnhof von Shimbashi wurde rekonstruiert, ist aber nicht in Gebrauch. Östlich des JR-Bahnhofs Shimbashi liegt das **Shiodome Shio-Sight** (oder auch: Sio-Site, シオサイト). Allein 34 Etagen sind dem Fernsehsender ›Nippon Television‹ vorbehalten. An der Fassade ist eine riesengroße Uhr mit Glockenspiel und sich drehenden ›Uhrenbewohnern‹ des Anime-Künstlers Miyazaki Hayao (›Das wandelnde Schloss‹, ›Totoro‹). Das Hotel ›Royal Park Shiodome Tower‹ belegt die obersten Stockwerke des Gebäudes.

Blick auf Shiodome am Abend

Weiter über Überführungen und Holzterrassen kommt man zum **Media Tower** mit den ›Kyodo News‹ und dem ›Park Hotel Shiodome‹ mit fantastischem Blick auf vorbeifahrende Shinkansenzüge und den Tōkyō Tower. Ein Spaziergang zwischen den beeindruckend hohen und ultra-modernen Hochhäusern führt in südöstlicher Richtung zu einem besonderen Park, den **Hama-Rikyū-Garten** (Hama Rikyū Onshi Teien, 浜離宮恩賜庭園; 9–17 Uhr, 300 Yen). Dies ist die letzte Parkanlage Tōkyōs, deren Gewässer sich aus dem Meer speisen. Der Kontrast zwischen dem alten Teehaus am See und den modernen Hochhäusern im Hintergrund machen den Park zu einem sehenswerten Ziel.

■ **Tsukiji-Fischmarkt**

Östlich vom eleganten Hama-Rikyū-Garten liegt Japans größte Meeresküche. 2000 Tonnen Fisch und Meeresfrüchte wechseln im Tsukiji-Fischmarkt (Tsukiji shijō, 築地市場, offiziell: Tōkyō Metropolitan Central Wholesale Market) in aller Herrgottsfrühe den Besitzer, allein zehn Prozent sind Tunfisch. Natürlich darf hier nicht Jedermann mitmachen, ›nur‹ 900 lizenzierte Großhändler erledigen ihre Einkäufe im inneren Bereich des Markts (Jonai Shijo) im Sekundentakt. Zuschauen ist nur noch von einem bestimmten Bereich aus erlaubt, und das auch nur noch, wenn man vor 6.15 Uhr (und nach 5 Uhr) dort ist. Danach herrscht rigorose Besuchersperre. Das Interesse an der morgendlichen Auktionen des Fischmarkts stieg in den letzten Jahren so enorm, dass der Marktablauf ernsthaft gestört wurde. Zeitweilig wurde der innere Bereich schon ganz für Touristen gesperrt. Damit ist besonders in der arbeitsintensiven Zeit vor Neujahr zu rechnen.

Der äußere Bereich (Jogai Shijo) des Tsukiji-Fischmarkts heißt jeden Kunden willkommen und ist mit kleineren Geschäften rund um den Küchenbedarf,

Tōkyō und Kantō

Ware auf dem Fischmarkt

Messergeschäft auf dem Tsukiji-Fischmarkt

Restaurants sowie Fisch- und Gemüseläden ausgestattet. Die Qualität der Sushi-Restaurants ist hier logischerweise unschlagbar. Ein Sushi-Frühstück nach dem Besuch der Auktionen sollte also unbedingt auf dem Programm stehen. Hier wartet niemand mit Sushi bis zur Mittagszeit, der Arbeitstag in Tsukiji beginnt schließlich schon um drei Uhr morgens mit dem Eintreffen der ersten Waren. Zwischen 5.30 und 8 Uhr brodelt der Markt wie ein Hexenkessel, spätestens um ein Uhr mittags ist alles geputzt und verschlossen. Leider teilt der Tsukiji-Markt das Schicksal mit dem Tōkyō Tower: Seine besten Zeiten sind vorüber. Nach Plänen der Metropolregierung soll 2012 ein neuer Großhandelsmarkt auf der gegenüberliegenden Seite der Tōkyō Bay entstehen. Der jetzige Markt soll einem Medienzentrum weichen. Das neue Areal wird doppelt so groß sein wie das alte und technisch wesentlich besser ausgestattet sein. Die Händler sind nicht begeistert, ziehen aber mit. So war das wohl auch damals, als der alte Fischmarkt in Nihonbashi nach dem Erdbeben von 1923 nicht wieder an Ort und Stelle aufgebaut, sondern nach Tsukiji verlegt wurde.

Shinagawa

Shinagawa (品川) war einst so weit vom Zentrum entfernt, dass es als erste Raststation auf der Tōkaidō-Route Richtung Westen galt. Bis hierher begleitete man die Reisenden und nahm endgültig Abschied. Heute hat sich der Bahnhof Shinagawa zum zweitgrößten Verkehrsknotenpunkt des Fernverkehrs Richtung Süden entwickelt. Auch der Narita-Express sowie die Shinkansenzüge nach Kyōto halten hier regelmäßig. Der Bahnhof selbst liegt übrigens im Minato-Bezirk, obwohl Shinagawa selbst einer der 23 Stadtbezirke ist, der wiederum bis weit in die Tōkyō Bay reicht und die künstliche Insel Odaiba umfasst.

Westlich des Bahnhofs an der Toei-Asakusa-Linie liegt der **Tempel Sengaku-ji** (泉岳寺), Ruhestätte der tapferen 47 Samurai. Sie verübten hier gemeinsam Selbstmord, nachdem sie ihren Herren gerächt und ihm den Kopf seines Todfeindes aufs Grab gelegt hatten. Die Geschichte wird im Chushingura, dem wohl berühmtesten Kabuki-Stück, nacherzählt. Wie in Ryōgoku gibt es auch hier einen Brunnen, an dem die Männer den abgeschlagenen Kopf gewaschen haben sollen. Ansonsten ist der Tempel eher schlicht.

Am Bahnhof Shinagawa

Karte S. 192

Ein Vergnügen der Moderne bietet das **Shinagawa Aqua Stadium** im Prince-Hotel (品川アクアスタジウム), ein Komplex aus Aquarium, Konzerthalle, Achterbahn und Restaurants mit Unterwasseratmosphäre.

Odaiba

Die Geschichte der künstlichen Insel Odaiba begann Ende der Edo-Zeit als Kanonenstand (Daiba 台場). Damals ließ das Shogunat zur Verteidigung gegen die Schwarzen Schiffe der Amerikaner mehrere kleinere Inseln vor Shinagawa aufschütten. Von den geplanten elf Kanonenständen wurden jedoch nur sieben gebaut, und letztendlich blieben zwei erhalten. Daiba Nr. 6 (Dai Roku Daiba, 第6台場) ist heute ein Naturschutzgebiet inklusive alter Batteriebestände. Einzig Daiba Nr. 3 ist restauriert worden und heißt nun **Daisan Daiba Historical Park** (Dai San Daiba Shiseki Kōen, 第3台場史蹟公園). Südlich davon entstand 1979 durch Ausschachtungsarbeiten der Bucht der Auffüllplatz Nr. 13, wegen seiner Nähe zu den historischen Kanonenständen kurzerhand Odaiba getauft. Anfangs nur als Hafengelände benutzt, begann 1985

während der heißen Phase der japanischen Seifenblasenwirtschaft der Aufstieg der Halde zum begehrten Spekulationsobjekt. Jedes Stückchen Land in Tōkyō erzielte Preise wie einst die Tulpen in Holland. Odaiba sollte das Kronjuwel werden, zehn Milliarden US-Dollar verschlang die erste Bauphase. Mit dem Platzen der Wirtschaftsblase verlor auch Odaiba an Wert.

Erst Mitte der 1990er Jahre beschloss die Metropolregierung, Odaiba zu reanimieren und zur Vergnügungsstätte der Bay Area auszubauen. Verbesserte Verkehrsverbindungen durch die voll elektronische Yurikamome-Linie, sie verbindet die Insel mit der Yamanote-Linie (Bahnhof Shimbashi/ Shiodome) und der U-Bahnlinie Yūrakuchō (Bahnhof Toyosu), sowie die Mischung aus großen Firmen, Hotels, Einkaufszentren und Strandpromenaden ziehen an Wochenenden die Ausflügler der Metropolregion an.

Ob nun mit dem eigenen Wagen, dem Bus, der Bahn oder gar zu Fuß, die meisten Besucher kommen über die **Rainbow Bridge** nach Odaiba. Bei schönem Wetter hat man eine tolle Sicht, bei schlechtem wird man zumindest daran

Freiheitsstatue, Rainbow Bridge und Odaiba

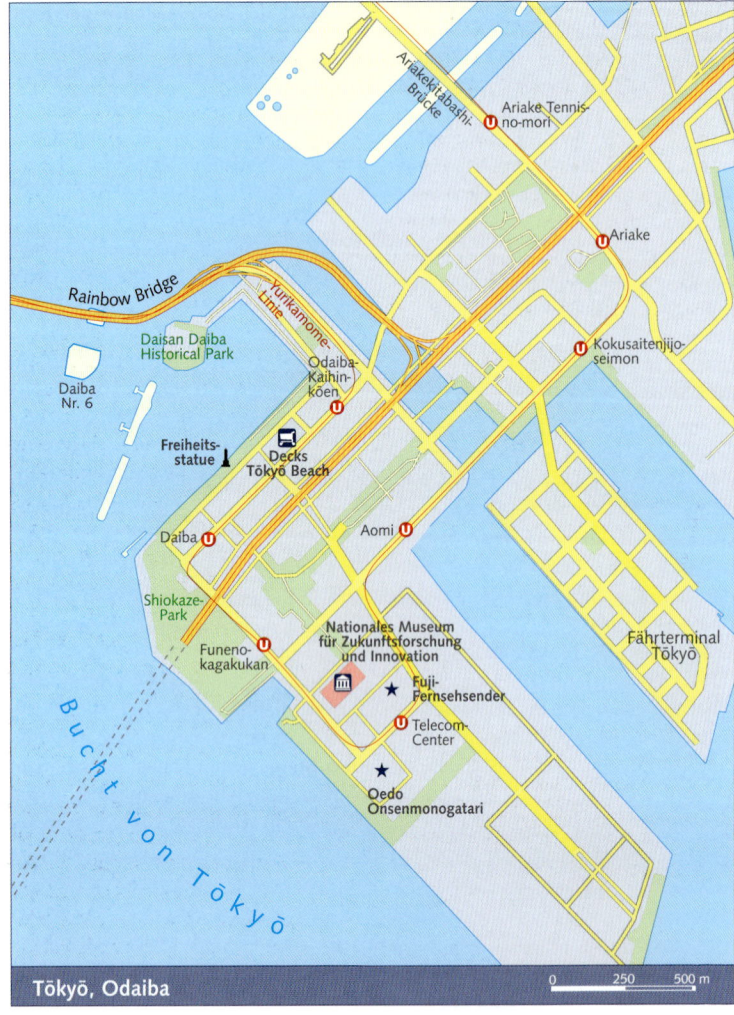

Tōkyō, Odaiba

0   250   500 m

erinnert, dass Tōkyō am Meer liegt. Die erste Haltestelle der Yurikamome-Linie ist der Bahnhof Odaiba Kaihin Kōen (Odaiba Marine Park, お台場海浜公園). Dies ist Tōkyōs einziger, wenn auch künstlicher **Sandstrand**, nur baden darf man hier wegen der schlechten Wasserqualität nicht. Zum Ausgleich überwacht

eine elf Meter hohe **Freiheitsstatue** den Blick über Tōkyōs Küste, sie ist ein Geschenk Frankreichs.

Auf dem Holzplankenweg mit dem etwas hochtrabenden Namen **Skywalk** geht es in westlicher Richtung zum **Decks Tōkyō Beach**. Der Komplex besteht aus drei Teilen: Seaside Mall, Island

Mall und Tōkyō Joypolis. Ungewöhnlich ist der **Muscle Park** (Muscle Park マッスルパーク) im 5. Stock der Island Mall, der erste Vergnügungspark mit dem Thema Sport.

Ist genügend Energie verbraucht, geht es eine Etage höher ins **Daiba Little Hongkong**. Das Ambiente der China-Restaurants soll den Gassen Hongkongs entsprechen, doch so richtig erfolgreich scheint es damit nicht zu sein, das lässt zumindest der permanente Wechsel der Läden vermuten.

In der **Seaside Mall** setzt man lieber auf den heimischen Retrolook der 1930er Jahre. Die **Daiba Itchome Shōtengai** bietet neben Süßwarenläden der guten alten Zeit unter anderem auch ein **Gespensterhaus** an (Daiba Kaiki Gakkō, 台場怪奇学校), in dem es alles andere als zimperlich zugeht. Verspielter ist nebenan das **Tōkyō Joypolis** (東京ジョイポリス) im Decks Tōkyō Beach Seaside Mall. Der Spielehersteller ›Sega‹ betreibt hier einen der größten Indoor-Vergnügungsparks Japans.

Ein paar Schritte entlang dem hölzernen Skywalk führen weiter zum Mediage und damit zum **Sony Explora Science Museum** (ソニーエクスプローラサエンス) im 5. Stock. Im Sommer 2009 frisch überarbeitet, dreht sich hier alles um Licht, Ton und Entertainment.

Entweder geht es nun vorbei an den Hotels in südwestlicher Richtung und weiter bis zum Shiokaze-Park, oder man verlässt Aqua City über den Südausgang. So erreicht man das futuristische **Gebäude des Fuji-Fernsehsenders**, entworfen vom Architekten Kenzo. Für begeisterte Anhänger des japanischen Fernsehens lohnt sich eine Studioführung.

Ansonsten geht es weiter zu einem weiteren Tempel der Naturwissenschaften, dem **Nationalen Museum für Zukunfts-forschung und Innovation** (Nihon Kagaku Miraikan, 日本科学未来館). Leiter des Museums ist der ehemalige Astronaut Mori Mamoru, und so wird das Thema Weltraum ausführlich behandelt. Beim Ausprobieren und Experimentieren stehen fremdsprachenkundige Helfer bereit. Absolut faszinierend ist der Geo-Kosmos-Globus, der in Fast-Echtzeit Wetterbewegungen unserer Erde nachvollzieht. Und nicht vergessen: Robotern begegnet man hier natürlich auch!

Zum Abschluss darf der Besuch des **Oedo Onsenmonogatari** (大江戸温泉物語, ungefähr: Groß-Edo-Badequellen-Legende) nicht fehlen. Diesmal dreht sich alles ums Baden in den heißen Quellen und zwar ganz im Stil der Edo-Zeit. Beim Betreten tauscht man seine Alltagskleidung gegen Yukata und los geht's. Sogar übernachten kann man hier in Zimmern mit einem kleinen privaten Onsen Pool gleich neben dem Kopfkissen. Wer nur mal schnuppern möchte, kann die Zimmer auch für ein Minimum von 90 Minuten mieten.

Das größte Riesenrad Japans wird man wohl in den nächsten Jahren vergeblich suchen. Zum Juni 2010 lief der Leasingvertrag für den gesamten Komplex, die ›Palette Town‹ mit der unglaublich kitschigen Shopping Mall ›Venus Fort‹ eingeschlossen, aus, und das Riesenrad wird wohl abgebaut werden. Die nächsten Jahre werden sich durch die Terminierung der günstigen Verträge einige Änderungen in der Gebäudelandschaft Odaibas mit sich bringen.

2013 soll jedoch an Ort und Stelle ein ähnliches Gebäude wie das ›Palette Town‹ seine Tore öffnen. Wieder wird Toyota mit einer Autoausstellung wie dem bisherigen ›Mega Web‹ dabei sein. Auch ein neues Riesenrad soll wieder seine Runden drehen.

Tōkyō und Kantō

Tōkyō-Informationen

Allgemeine Informationen

Vorwahl: 03.

12,8 Millionen Einwohner, Sonderstatus Hauptstadt.

Touristeninformation

Das größte Info-Büro ist das **Tōkyō Tourist Information Center** im Gebäude der Metropolverwaltung in Shinjuku, Tōkyō Metropolitan Main Building No. 1-1 F, 2-8-1 Nishi-Shinjuku, Shinjuku-ku, Tel. 53 21-30 77, www. tourism.metro.tokyo.jp; tägl. außer 1. Januar 9.30–18.30 Uhr.

Haneda Airport Tourist Information, Haneda Airport Terminal 1, Erdgeschoss, 3-3-2 Hanedakuko, Ota-ku, Tel. 57 57-93 45; tägl. 9–22 Uhr.

Keisei Ueno Tourist Information, im Keisei-Ueno-Bhf. gleich vor den Ticket-Schranken, 1-60 Uenokōen Taito-ku, Tel. 38 36-34 71; 9.30–18.30 Uhr.

Rund ums Geld

Japanische **Banken** haben Mo–Fr 9–15 Uhr geöffnet. Geldautomaten schließen meist über Nacht und am Wochenende und verweigern ausländischen Karten häufig den Service. Garantiert keine Probleme gibt es bei den Automaten der **Citibank** und **Shinsei Bank**. Geldautomaten in Convenience Stores haben rund um die Uhr geöffnet, doch gegenwärtig akzeptieren die Stores nur japanische Karten. In großen **Kaufhäusern** und auf **Flughäfen** finden sich ebenfalls Geldautomaten mit englischsprachigem Menü für Kreditkarten. Ebenso bieten seit 2009 die **Postämter** internationale Geldautomaten (ATM) an. Doch auch hier hat in Tōkyō nur die **Hauptpost** am Bahnhof Tōkyō garantierten 24-Stunden-Service, außer an Sonn- und Feiertagen 20–24 Uhr (beim Bahnhof Tōkyō, Ausgang Marunouchi). Die Postämter haben Mo–Fr 9–17 Uhr geöffnet, die Hauptpostämter der 23 Bezirke 9–19 und Sa 9–15 Uhr.

Zeitungen und Magazine

Drei englischsprachige Tageszeitungen, **Asahi Shimbun** (www.asahi.com), **Daily Yomiuri** (www.yomiuri.co.jp/dy) und **Japan Times** (www.japantimes. co.jp) liefern die neuesten Infos über Events in Tōkyō. Außerdem gibt es das **Tōkyō Journal** (www.tokyo.to), das älteste Stadtmagazin auf englisch und das kostenfreie **Metropolis** (http:// metropolis.co.jp). Erhältlich in großen Buchläden, Restaurants und Hotels.

Internet

Business Hotels bieten standardmäßig Breitband-Verbindungen auf dem Zimmer an, gemeinhin im Zimmerpreis eingeschlossen. Die größeren Ketten halten für ihre Gäste Computer mit Internetzugang zur freien Verfügung bereit. Tōkyō ist zu 80 Prozent mit Hotspots abgedeckt. Kostenloser Internetzugang ist z.B. in allen Starbucks- und McDonald's-Filialen möglich.

Telefonnummern für den Notfall

Polizei: 110 oder **englischsprechende Polizei Tōkyō**, Tel. 35 01-01 10 (nur wochentags 8.30–17.15 Uhr).

Feuerwehr und Ambulanz: 119 oder Feuerwehr-Telefonberatung bei der Suche nach Krankenhäusern, Tel. 32 12-23 23, **Feuerwehr-Telefonberatung bei Feuer und Katastrophenfall**: Tel. 32 12-21 19.

Übersetzer-Service bei medizinischem Notfall (Emergency Medical Interpretation Service), Tel. 3528-58185; Mo–Fr 17–22 Uhr, Wochenende und feiertags 9–22 Uhr. Bei **Vergiftungen**: U.S. Airforce Hospital Yokota, Tel. (0425)52-2511-7740; Ōsaka Toxicity, Tel. 0990/50-2499 oder 06/871-9999. Die Webseite der amerikanischen Botschaft verfügt über eine detaillierte Liste von Krankenhäusern, Zahnarztpraxen und Apotheken für den Raum Tōkyō: http://tokyo.usembassy.gov/e/acs/tacs-tokyodoctors.html.

Anreise

Für Reisende aus dem Ausland erfolgt die Anreise nach Japan in der Regel über den **Flughafen Narita**. Einzige Ausnahme ist Taiwan. China Airlines und Reisende innerhalb Japans benutzen den **Stadtflughafen Haneda**.

Inlandflüge nach Tōkyō

Mittlerweile fliegen JAL, ANA, Skymark und AirDo regelmäßig aus allen Großstädten Japans Tōkyō Haneda Airport an. Günstige Inlandflüge gibt es in Kombination mit einem Übersee-Flugticket bei JAL und ANA.

Bahnhofskiosk

Vom Flughafen Narita nach Tōkyō

Mit der Bahn: Mit der Keisei-Linie nach Ueno oder Nippori (Keisei Skyliner, 1920 Yen, 56 Min.) oder Keisei Limited Express (1000 Yen, 80 Min.). Alternativen: JR-Sobu-Linie (Tōkyō, 1280 Yen, 90 Min.) oder JR-Narita Express N'EX (Tōkyō, 2940 Yen, 53 Min.; Ikebukuro/Shinjuku 3110 Yen, 90–100 Min.; Yokohama, 4180 Yen, 90 Min.).

Mit dem Bus: Airport Limousine Bus (2700–3000 Yen, 110 Min.) bis zu großen Hotels, Nutzung auch ohne Zimmerbuchung möglich.

Mit dem Taxi: Neben regulären Taxis gibt es Großraumtaxis für bis zu acht Fahrgäste (Omnibus Taxi). Diese Taxis fahren nach Tōkyō und Chiba und verwenden ein Zonensystem anstelle des Zählers. Tickets sind am GPA-Schalter (Green Port Agency) im Flughafen erhältlich (3500–5000 Yen).

Vom Stadtflughafen Haneda nach Tōkyō

Mit der Bahn: Nach Shinagawa (mit der Keikyu-Flughafenlinie, 400 Yen, 26 Min.).

Mit der Monorail: Nach Hamamatsuchō alle drei bis elf Minuten (470 Yen, 18 Min.).

Mit dem Bus: Nach Bhf. Tōkyō alle 45 Minuten (Tōkyō Airport Bus, Tōkyō Kōkū Kotsu Basu, 900 Yen, 40 Min.). Nach Shinjuku fährt der Bus alle 15 Minuten (Tōkyō Airport Bus, 1200 Yen, 50 Min.).

Mit dem Zug nach Tōkyō

Alle JR-Bahnlinien enden im Bahnhof Tōkyō, auch drei Shinkansen-Linien: **Tōhoku Shinkansen** aus Nordosten (Aomori, Sendai), **Tōkaidō Shinkansen** aus Westen (Kyōto, Ōsaka) und **Jōetsu Shinkansen** aus Norden (Niigata, Nagano).

Unterwegs in Tōkyō

Mit den U-Bahnlinien und der JR-Ya-manote-Linie erreicht man ohne Schwierigkeiten den größten Teil der Sehenswürdigkeiten. Über 15 Linien sorgen anfangs für reichlich Verwirrung, doch die Anzahl der verkehrenden Züge sowie die bequemen Umsteigemöglichkeiten gleichen dies schnell wieder aus (Übersichtskarte über die Linien in der hinteren Klappe des Buches).

U-Bahn

Tōkyō Metro und **Toei Subway** (Toei Chikatetsu) operieren gemeinsam 13 Linien. Jeder Linie ist eine bestimmte Farbe zugeordnet, wichtige Linien für Touristen sind die Ginza-, die Marunouchi-Linie und die Toei-Linie Oedo. Der Grundpreis beträgt 160 Yen (Toei 170) und erhöht sich mit der Entfernung. Der Abstand zwischen den Zügen beträgt höchstens zehn Minuten.

JR-Yamanote-Linie

Die von JR East betriebene Yamanote-Linie umfährt das Zentrum Tōkyōs innerhalb einer guten Stunde. Auf ihrer Strecke liegen die großen Umsteigebahnhöfe Shinagawa, Tōkyō, Ueno, Shibuya und Shinjuku. Allerdings geht es von Shinjuku nach Tōkyō mit der quer verlaufenden JR-Chuo-Linie schneller. Der Grundpreis der Yamanote-Linie liegt bei 130 Yen und erhöht sich mit steigender Entfernung. Zwischen den Bahnhöfen liegt ein Abstand von gerade mal ein bis drei Minuten. Tagsüber fahren die Züge alle drei bis sechs Minuten. Nachtschwärmer aufgepasst: Die Bahnhöfe schließen gegen Mitternacht, die erste Bahn fährt erst wieder gegen fünf Uhr morgens. Das gilt auch für die anderen Betreiber.

Unterwegs mit der U-Bahn

Tagestickets

Es gibt Tagestickets getrennt für jede Gesellschaft (JR-Linien 730 Yen, Metro-Linien 710 Yen und Toei-Linien mit Bus und Straßenbahn für 700 Yen). Sinnvoller ist das Kombi-Ticket der drei Gesellschaften für 1580 Yen (Tōkyō Round Tour Ticket, Tōkyō Furii Kippu, 東京フリーきっぷ), erhältlich am Service-Schalter der JR-Bahnhöfe (Midori no Mado Guchi), allen Metro-Stationen und Schaltern der Toei-Bahnhöfe. Das Ticket gilt für alle 23 Stadtbezirke ebenso bis Kamakura oder Nikkō.

Prepaid-Tickets

Die beiden Prepaid-Systeme Suica (ursprünglich nur JR) und PASMO der Metro-, Toei- und verschiedenen privaten Gesellschaften können uneingeschränkt auf allen Linien im Großraum Tōkyō verwendet werden. Erhältlich sind sie an Automaten bei den Ticketmaschinen oder am Schalter. Die Karte selbst kostet 500 Yen, dies wird bei Rückgabe am Schalter erstattet. Mindestens 500 Yen beziehungsweise 1000 Yen bei Suica müssen aufgeladen werden, Maximum sind 20000 Yen.

Manche Geschäfte akzeptieren die Karten als bargeldloses Zahlungsmittel. Die Prepaid-Karten werden an der Schranke einfach über das obere Magnetfeld gezogen. Das Superangebot für Ausländer: Im Flughafen Narita gibt es für 3500 Yen (1. Klasse 5000 Yen) die Kombikarte Narita-Express einfache Strecke bis Bahnhof Tōkyō oder Yokohama plus Suica im Wert von 2000 Yen (Grundgebühr inklusive gespeicherten 1500 Yen). Die Karte kann anschließend regulär aufgeladen werden.

Busverkehr

In der Regel besteigt man den Bus durch die Hintertür und zieht ein Ticket aus dem Automaten gleich neben den Eingangsstufen. Ausstieg ist vorne neben dem Fahrer. Über der Frontscheibe hängt eine elektronische Fahrkostentafel. Die jeweils letzte Ziffer gibt den Fahrpreis an, der zusammen mit dem Ticket und immer passend vorne neben den Fahrer in die Zahlmaschine geworfen wird. Wechselgeld tauscht die Maschine daneben. Wechseln sollte man während der Fahrt, der Fahrer wechselt grundsätzlich kein Geld. Dies ist das übliche Prozedere, jedoch gibt es Ausnahmen wie die Metro-Busse. Hier steigt man vorne ein, bezahlt 200 Yen und verlässt hinten den Bus. Der letzte Bus fährt gegen 22 Uhr.

Taxi

50 000 Taxis fahren bei Tag und Nacht durch Tōkyō. Entweder wartet man am Taxistand der Bahnhöfe oder winkt eins mit der Hand nach unten zeigend heran. Leuchtet das Schild hinter der Windschutzscheibe grün auf, ist das Vehikel schon besetzt. Bei rot ist es noch zu haben. Die Grundgebühr (einschließlich der ersten zwei Kilometer) liegt in Tōkyō mittlerweile bei über 700 Yen. Alle 600 Meter kommen 100 Yen hinzu, auch im Stau läuft der Zähler weiter. Ab 23 Uhr wird die Taxifahrt 30 Prozent teurer.

Mietwagen

Bei der Buchung eines Mietwagens bieten einige Firmen Sonderpakete an. JR bietet in Kombination mit einem Bahnticket günstigere Preise an (Rail& Rent-a-car), ebenso die Fluggesellschaften Jal (JAL Airplus) und ANA (@ Rent-a-car). Nippon Rent-a-car oder Nissan Rent-a-car sind ebenfalls mit Vermietungen an Ausländer vertraut. Bedingungen siehe ›Unterwegs in Japan‹, Seite 148.

Übernachtung

Hotels Luxusklasse

Shangri-La Tōkyō, Marunouchi Trust Tower Main, 1-8-3 Marunouchi, Chiyoda-ku, Tel. 67 39-78 88, Fax 67 39-78 89, www.shangri-la.com; Deluxe Room ab 85000 Yen. Neuestes Luxushotel Tōkyōs, Blick über den kaiserlichen Palast. *Bhf. Tōkyō, Ausgang Yaesu Kita Guchi*. Karte S. 160.

Bus im nächtlichen Tōkyō

Tōkyō und Kantō

Conrad Tōkyō, 1-9-1 Higashi Shinbashi, Minato-ku, Tel. 63 88-80 00, Fax 63 88-8001, http://conradhotels1.hilton.com; City Room ab 75 600 Yen. Das Design des Hotels im Herzen von Shiodome ist eine elegante Kombination von japanischer Tradition und Moderne. *Toei-Oedo-Linie, Bhf. Shiodome. Karte S. 192.*

Mandarin Oriental Tōkyō, 2-1-1 Nihonbashi Muromachi, Chuo-ku, Tel. 327-88 00, www.mandarinoriental.com; Deluxe Room ab 88 500 Yen. Weltweit das erste Hotel mit sechs Sternen. *Ginza- oder Hanzomon-Linie, Bhf. Mitsukoshi Mae. Karte S. 160.*

Hotels gehobener Standard

Mercure Hotel Ginza Tōkyō, 2-9-4 Ginza, Chuo-ku, Tel. 34335-11 11, Fax 343 35-12 22, www.mercure.com. EZ ab 20 790 Yen. *Ginza-Linie, Bhf. Ginza, Ausgang A13 oder Hibiya-Linie, Bhf. Higashi Ginza. Karte S. 160.*

Royal Park Shiodome Tower, 1-6-3 Higashi-Shinbashi, Minato-ku, Tel. 62 53-11 11, Fax 62 53-11 15, www.rps-tower.co.jp; DZ ab 33 495 Yen. *Toei-Oedo/Yurikamome-Linie, Bhf. Shiodome. Oder JR-Yamanote-Linie, Bhf. Shinbashi durch Verbindungstunnel Ausgang Shiodome. Karte S. 192.*

Hotels mittlerer Standard

Asakusa Vista Hotel, 2-2-9 Kotobuki, Taito-ku, Tel. 38 42-84 21, www.vistahotel.co.jp; pro Person ab 8190 Yen. Der Tempel Senso-ji in Asakusa liegt in Laufdistanz. *Ginza-Linie, Bhf. Tawaramachi, Ausgang 2. Karte S. 166.*

Hotel Sunroute Higashi Shinjuku, 7-27-9 Shinjuku, Shinjuku-ku, Tel. 52 92-36 10, Fax 52 92-36 11, www.sunroutehotel.jp; EZ ab 12 000 Yen. Eine Etage ist nur für weibliche Gäste reserviert. *Toei-Oedo-Linie, Bhf. Higashi Shinjuku, Ausgang B2. Karte S. 183.*

Star Hotel Tōkyō, 7-10-5 Nishi-Shinjuku, Shinjuku-ku, Tel. 33 61-11 11, Fax 33 69-42 16, www.starhotel.co.jp; EZ ab 9975 Yen. *JR-Yamanote-Linie, Bhf. Shinjuku, Ausgang West (Nishi Guchi). Karte S. 183.*

In den oben genannten Hotels ist Kreditkartenzahlung möglich, ebenso verfügen die Zimmer über kostenlosen LAN-Service.

Business Hotels und günstige Ryokan

New Izu Hotel, 3-13-1 Higashi Ueno, Taito-ku, Tel. 38 31-86 66, Fax 38 37-21 45, www.izuhotel.co.jp; EZ ab 5775 Yen. *JR-Yamanote-Linie Bhf. Ueno. Karte S. 166.*

Tōkyō Family Hotel, 3-24 Kanda-Ogawamachi, Chiyoda-ku, Tel. 32 93-30 01, Fax 32 93-30 05, www.familyhotel.jp; EZ 6300–7875 Yen. *JR-Chuo-Linie, Bhf. Ochanomizu. Karte S. 160.*

Ryōgoku River Hotel, 2-13-8 Ryōgoku, Sumida-ku, Tel. 36 34-17 11, Fax 36 35-28 74, www.2ocne.ne.jp/~river.h/; EZ ab 6930 Yen. *JR-Sōmu-Linie, Bahnhof Ryōgoku direkt gegenüber. Karte S. 166.*

Capsule Inn Akihabara, 6-9 Akihabara, Taito-ku, Tel. 32 51-08 41, Fax 32 51-08 44, troilus@troiluscorp.com, www.capsuleinn.com; pro Person 4000 Yen. Schlafkapseln 1 x 2 Meter mit TV und Klimaanlage. In der Lounge kostenloser Internetzugang. *JR-Yamanote-Linie, Akihabara-Station. Karte S. 166.*

Budget Hotels

Economy Inn Ebisuya, 1-24-2 Nihon-Zutsumi, Taito-ku, Tel. 38 75-59 12, Fax 38 07-26 60; pro Person 1400–1500 Yen im Etagenbett. Karte S. 166.

Log Cabin Ishikawa, 1-10-8 Kiyokawa, Taito-ku, Tel. 3956-1196; pro Person 3000–3500 Yen. Nur Frauen!
Hotel Musashi, 2-6-8 Kiyokawa, Taito-ku, Tel./Fax 3872-5236; pro Person 2300 Yen. Karte S. 166.
Business Hotel Kouyo, 2-16-5 Kiyokawa, Taito-ku, Tel./Fax 3874-0175; pro Person ab 2000 Yen. Karte S. 166.
Palace House, 2-31-6 Kiyokawa, Taito-ku, Tel. 3875-5234; pro Person ab 1000 Yen!! Karte S. 166.
International Youth Hostel, Central Plaza Building 18F, 1-1 Kagurakashi, Shinjuku-ku, Tel. 3235-1107, Fax 3267-4000, www.tokyo-ih.jp; für Mitglieder und Personen unter 18 Jahren 3360 Yen, Nichtmitglieder 3860 Yen. Drei Monate im Voraus über die Website Reservierung möglich. Karte S. 156 und vordere Umschlagkarte.

Krabbenrestaurant in Shinjuku

Tōkyō und Kantō

Essen in Tōkyō

Die Bandbreite der Restaurants reicht in Tōkyō von Michelin-gekrönten Restaurants bis hin zu Nudelsuppenküchen ohne Sitzgelegenheit. Die großen Hotelketten verfügen über eine gute Auswahl westlicher, chinesischer und natürlich japanischer Küche.

Die wahren Entdeckungen macht man allerdings in den engen Gassen und intimen Restaurants, deren Gästezahl auf zehn pro Abend beschränkt ist. Dort ist das Menü bereits festgelegt, und eine Reservierung ist zwingend. Das Hotel hilft gerne bei Suche und Reservierung.

Nicht entgehen lassen sollte man sich **Sushi am Tsukiji-Markt**:
Daiwa Zushi (大和寿司), Hibiya-Linie, Bhf. Tsukiji, Ausgang 1, Tel. 3547-6807; geschlossen an Sonn- und Feiertagen und marktfreien Tagen. Erst-

klassige Qualität ab 5.30 Uhr, um 13.30 Uhr ist allerdings schon wieder Schluss. Es wartet immer eine Schlange auf das Spezialmenü für 3500 Yen.
Ein Besuch bei den Sumō-Ringern in Ryōgoku sollte mit einem **Chanko-Eintopf** beendet werden:
Chanko Kirishima (ちゃんこ霧島), Tel. 3632-8710; 11.30–22.30 Uhr, kein Ruhetag, Bestellung ab zwei Personen (je 2940 Yen), Menü am Abend ab 4200 Yen. Hier schwingt ein ehemaliger Ozeki den Kochlöffel. In einem Hühnerfond garen Meeresfrüchte und Gemüse in den drei Geschmacksrichtungen Miso (Sojabohnenpasta), Kimchi und Shoyu (Sojasauce). Das Essen wird am Tisch in einem Steinguttopf fertig gegart. *JR-Sobu-Linie, Bhf. Ryōgoku, Ausgang West (Nishi Guchi), neben ›McDonald's‹.* Karte S. 166.

Gehobene Preisklasse

Ryugin (龍吟), Roppongi 7-17-24, Tel. 3423-8006, Side Roppongi Bldg 1F; 18–2 Uhr, So Ruhetag, pro Person Elf-Gänge-Menü ab 15750 Yen, passend dazu Sake 5000 Yen. Kaiseki-Restaurant (mehrgängiges Menü, siehe auch Seite 140). Karte S. 188.

The Hump, Marunouchi 2-1-1, Marunouchi MY Plaza B2F, Tel. 5293-4813; täglich ab 11.30 Uhr, pro Person ab 8400 Yen. California Roll Sushi Restaurant. Karte S. 160.

Standard

Botan (ぼたん), Kanda Suda-chō 1-15, Tel. 3251-0577; 11.30-20 Uhr, So und Feiertag geschlossen, pro Person ab 6000 Yen, Reservierung empfohlen. Hühner-Nabe (Eintopf) ist seit 120 Jahren Spezialität des Hauses und wird direkt am Tisch über Holzkohlefeuer gekocht. Karte S. 160.

Imahan (今半), Yoyogi 1-45-4, B1F, Tel. 3370-8565; 17.30–21.30 Uhr, kein Ruhetag, pro Person ab 3500 Yen Shabu-Shabu (hauchdünne Fleischscheiben in Brühe gekocht). Karte S. 183.

Budget

Hachinoya (蜂の家), Ginza 4-12-7, B1F, Tel. 3547-0810; 11–20.30 Uhr, kein Ruhetag, pro Person ab 700 Yen. Currygerichte mit Rindfleisch, Huhn oder vegetarisch. Oder mit Schokolade! Karte S. 160.

Yabu Soba (やぶそば), Kanda Awaji-chō 2-10, Tel. 3251-0287; 11.30–19.30 Uhr, kein Ruhetag. Wahrscheinlich Tōkyōs berühmtestes Soba-/Udon-Restaurant (Nudeln), sehr schönes Ambiente. Karte S. 160.

Cafés

Maid Café @home, 1-11-4 Sotokanda, chiyoda-ku, Tel. 3255-2808, www.cafe-athome.com; Mo–Fr 12.30–22, sonst ab 10.30 Uhr, Servicegebühren 700 Yen. Zeiten für englischsprachigen Service auf der Website. Karte S. 166.

Katzencafé Nekocafe, im AKIBO-Tower 2F, 3-15-6 Sotokanda, Chiyoda-ku, Tel. 3256-1757; Di–So 12–20 Uhr, 30 Minuten 800 Yen, Getränke extra. *JR-Yamanote-, Hibiya-Linie, Bhf. Akihabara*. Karte S. 166.

Nachtleben

Das Nachtleben Tōkyōs kennt keine Grenzen. Besonders bunt geht es in Roppongi zu, wo Einheimische und Ausländer die vielen Bars und Clubs beleben. Auch in Akasaka gibt es viele Lokale, Shibuya ist vor allem bei jüngeren Nachtschwärmern beliebt, und in Shinjuku Ni-Chome trifft sich die Schwulen- und Lesbenszene. Restaurants und Bars in Ginza sind eher für den gut gefüllten Geldbeutel zu empfehlen.

Clubadressen und aktuelle Veranstaltungshinweise finden sich in den Stadtmagazinen Tōkyō Journal (www.tokyo.to) und Metropolis (http://metropolis.co.jp).

Tantei Bar Answer (探偵), Tel. 5772-9554, 20–5 Uhr, So, Mo und Feiertage Ruhetag. Kuriose Bar in Roppongi: Ein ehemaliger Privatdetektiv hat seine Profession gewechselt und plaudert nun aus dem Nähkästchen. *Toei-Oedo-Linie, Bhf. Roppongi, Ausgang 3*. Karte S. 188.

Sportbar Tōkyō Sports Café LIME (東京スポーツカフェ LIME), 2F, Fusion Blg. 7-13-8 Roppongi, Minato-ku, Tel. 5411-8939, www.tokyo-sportscafe.com; 18–5 Uhr, So Ruhetag, Ausnahme Spieltage. *Toei-Oedo-Linie, Bhf. Roppongi, Ausgang 5*. Auch für Fußballfans ist gesorgt, in der Sportbar werden alle Spiele des UEFA-Pokals live gezeigt. Donnerstag bezahlen die Damen für Getränke nur die Hälfte, Sekt ist gar umsonst. Karte S. 188.

Hard Rock Café Tōkyō, 5-4-20 Roppongi, Minato-ku, Tel. 34 08-70 18, 11.30–2 Uhr, Fr und Sa bis 4 Uhr, kein Ruhetag. Das Hard Rock Café gibt es schon seit 1983, und es ist mittlerweile eines der Wahrzeichen Roppongis. *Toei-Oedo-Linie, Bhf. Roppongi, Ausgang A3.* Karte S. 188.

Arty Farty, 2-11-1 Shinjuku, Shinjuku-ku, Tel. 33 56-53 88, www.arty-farty. net; Mo–Do 19–3 Uhr; Fr, Sa 19–5, So und Feiertage 17–3 Uhr. Das ›Arty Farty‹ wurde vom Magazin ›Metropolis‹ zur besten Gay-Bar Tōkyōs gewählt. *Toei-Shinjuku-Linie, Bhf. Shinjuku Sanchome.* Karte S. 188.

Advocates, 7th Tenka Bldg. B1F, 2-18-1 Shinjuku, Tel. 33 58-39 88, advocates-cafe.com; 18–5 Uhr. Das ›Advocates‹ hält trotz seiner geringen Größe locker mit dem ›Arty Farty‹ an Popularität mit. Karte S. 188.

Museen

Yushukan-Museum, 3-1-1 Kudanshita, Chiyoda-ku, auf dem Gelände des Yasukuni-Schreins, Tel. 32 61-83 26; 9–17 Uhr, 500 Yen. Das älteste Museum Japans. *JR-Sobu-Linie, Bhf. Ichigaya.* Ältestes Museum Japans, Geschichtsmuseum. Karte S. 160.

Ueno-Royal-Museum, Tel. 38 33-41 91; 10–17 Uhr, kein fester Ruhetag, Preis je nach Ausstellung. *JR-Yamanote-Linie, Bhf. Ueno, Ausgang Kōen Guchi (Park Exit).* Karte S. 166.

Nationalmuseum für Natur und Wissenschaft, Tel. 38 22-01 11; 9–16.30 Uhr, Mo Ruhetag, 500 Yen, Sonderausstellungen extra. Sehenswertes Museum von der Frühzeit bis in die Zukunft. *Bhf. Ueno, Ausgang Kōen Guchi (Park Exit).* Karte S. 166.

Kunstmuseum der Stadt Tōkyō, Tel. 38 23-69 21; Di–So 9–17 Uhr, wenn Mo Feiertag, Di geschlossen. Ticket je nach Ausstellung. *Bhf. Ueno, Ausgang Kōen Guchi (Park Exit).* Karte S. 166.

Museum der Kunsthochschule Tōkyō, Tel. 55 25-22 00; Di–So 10–17 Uhr, wenn Mo Feiertag, Di geschlossen, Sammlung 300 Yen, Sonderausstellungen extra. Schwerpunkt Kalligraphie. *Bhf. Ueno, Ausgang Kōen Guchi (Park Exit).* Karte S. 166.

Nationalmuseum Tōkyō, Tel. 57 77-86 00; Di–So 9.30–17 Uhr, wenn Mo Feiertag, Di geschlossen, 600 Yen, Sonderausstellungen extra. Bedeutende Sammlungen aus Japan und Ostasien. *Bhf. Ueno, Ausgang Kōen Guchi (Park Exit).* Karte S. 166.

Shitamachi-Museum, 2-1 Ueno-Kōen, Taito-ku, Tel. 38 23-74 51; Di–So 9.30–16.30 Uhr, wenn Mo Feiertag, Di geschlossen, ebenso während Neujahr und bei Umbauten, 300 Yen. *JR-Yamanote-Linie, Bhf. Ueno, Ausgang Shinobazu.* Stadtgeschichte. Karte S. 166.

Sumō-Museum, im Kokugikan, 1-3-28 Yokoami, Sumida-ku, Tel. 36 22-03 66; Mo–Fr 10–16.30 Uhr. Während der Turniere nur für Kartenbesitzer offen; kostenlos. *JR-Yamanote-Linie, Bhf. Ryōgoku.* Karte S. 166.

Nachbau der Villa des Fürsten Kira, 3-19-9 Ryōgoku, Sumida-ku. *JR-Yamanote-Linie, Bhf. Ryōgoku, Ausgang Ost (Higashi Guchi).* Karte S. 166.

Edo-Tōkyō-Museum, 1-4-1 Yokoami, Sumida-ku, Tel. 36 26-99 74; Di–So 9.30–17.30, Sa 9.30–19.30 Uhr, wenn Mo Feiertag, Di geschlossen, 600 Yen. 400 Jahre Geschichte Tōkyōs. *JR-Yamanote-Linie, Bhf. Ryōgoku, Ausgang West (Nishi Guchi).* Karte S. 166.

Ukiyo-e Ota Memorial Museum of Art, 1-10-10 Jingumae, Shibuya-ku,

Tel. 5777-8600, www.ukiyoe-ota-mu se.jp; Di–So 10.30–17.30 Uhr, wenn Mo Feiertag, Di geschlossen, ebenso Neujahr und bei Umbauten, 700 Yen. Holzschnittdrucke in wechselnden Ausstellungen. *JR-Yamanote-Linie, Bhf. Harajuku, Ausgang Omotesando.* Karte S. 185.

Mori Art Museum, im Mori Tower/ Roppongi Hills, Tel. 5777-8600, www.mori.art.museum; 10–22 Uhr, Di 10–17 Uhr, Eintritt je nach Ausstellung. Moderne Kunst. *Hibiya-, Toei-Oedo-Linie, Bhf. Roppongi, Ausgang Roppongi Hills.* Karte S. 188.

Suntory Museum of Art, Tōkyō Midtown Gardenside, Roppongi, Tel. 3479-8600, www.suntory.com/culturesports/sma; So, Mo, Feiertage 10–18, Mi–Sa 10–20 Uhr, Eintritt je nach Ausstellung. Verschiedene Ausstellungen, Lifestyle Art. *Toei-Oedo-Linie, Bhf. Roppongi, Ausg. Tōkyō Midtown.* Karte S. 188.

National Art Center Tōkyō, 7-22-2 Roppongi, Tel. 5777-8600, www. nact.jp; Mi–Mo 10–18, Fr 10–20 Uhr, Neujahr geschlossen, Bücherei 11–18 Uhr, Eintritt je nach Ausstellung. Unterschiedliche Sammlungen. *Chiyoda-Linie, Bhf. Nogizaka, Ausgang 6, oder Hibiya-Linie, Bhf. Roppongi, Ausgang 4a.* Karte S. 188.

Nationales Museum für Zukunftsforschung und Innovation, 2-41 Aomi, Koto-ku, Tel. 3570-9150; Mi–Mo 10–17, Di Ruhetag (außer Sommerferien), 600 Yen. Das Hauptthema des Museums ist der Weltraum. *Yurikamome-Linie, Bhf. Fune no Kagakukan oder Telecom Center.* Karte S. 196.

Sony Explora Science Museum, im Mediage 5F, Odaiba, Tel. 5531-2186; 11–19 Uhr. 500 Yen. *Yurikamome-Bhf. Daiba.* Karte S. 196.

Theater

Kabuki-za, 4-12-15 Ginza, Chuo-ku, Tel. 3541-3131; Vorführungen 11 und 16.30 Uhr, Stehplatz 1000 Yen, Sitzplatz 2500–18000 Yen, Audio-Guide 400 Yen. *Hibiya-, Asakusa-Linie, Bhf. Higashi Ginza, Ausgang 3.* Karte S. 160.

Shinbashi Enbujō, 6-18-2 Ginza, Chuo-ku, Tel. 3541-2600; Vorführungen 11.30 und 16.30 Uhr, 3000–16000 Yen. *Hibiya-, Asakusa-Linie, Bhf. Higashi Ginza, Ausgang 6.* Karte S. 160.

Vergnügungsparks, Ausflüge

NHK Studiopark, 2-2-1 Jinnan, Shibuya-ku, Tel. 3485-8034; 10–18 Uhr, 3. Mo/Monat, 25.–31. Dez. geschlossen, wenn Mo Feiertag, Di geschlossen, 200 Yen. *JR-Yamanote-Linie, Bhf. Shibuya.* Karte S. 185.

Shinagawa Aqua Stadium, im Prince-Hotel, 4-10-30 Takanawa, Minato-ku, Tel. 5412-1111; 12–22 Uhr, Aquarium 1800 Yen, wochentags mit vier Attraktionen 2000 Yen. Aquarium, Konzerthalle, Achterbahn und Restaurants. *JR-Yamanote-Bhf. Shinagawa, Ausgang Takanawa.* Karte S. 156.

Muscle Park, im Decks Tōkyō Beach Island Mall 5F, Odaiba, Tel. 6821-9999; 11–21, Sa 11–22 Uhr, 1000–3900 Yen. Vergnügungspark zum Thema Sport. *Yurikamome-Linie, Bhf. Odaiba Kaihin Kōen.* Karte S. 196.

Tōkyō Joypolis, im Decks Tōkyō Beach Seaside Mall 4F, Tel. 5500-1801; 10–23 Uhr, 500 Yen plus 300–600 Yen je Attraktion. Riesiger Indoor-Vergnügungspark. *Yurikamome-Linie, Bhf. Odaiba Kaihin Kōen.* Karte S. 196.

Besonders viel Vergnügen bietet Kindern ein Besuch bei Mickey Mouse und Co. im **Tōkyō Disneyland** und **Tōkyō DisneySea**, 1-1 Maihama, Urayasu-shi, Präfektur Chiba, Tel. 045/683-37 77, www.tokyodisneyresort.co.jp; Öffnungszeiten je nach Jahreszeit, meist im Winter wenige Tage geschlossen, Tageskarte all-inclusive 5800 Yen. DisneySea ist weniger von Mickey Mouse geprägt und für ältere Kinder gedacht. Sommerferien und Weihnachten sind allzu gut besucht, kurz vorher ist die beste Zeit für einen Besuch. *JR-Keiyo- oder JR-Musashino-Linie bis Bhf. Maiham, Ausgang Süd (Minami Guchi).*

Ghibli-Museum Mitaka, 1-1-83 Shimo-Renjaku, Mitaka-shi; Mi–Mo 10–18 Uhr. 1000 Yen. Kinder begeistert das Ghibli-Museum rund um die Fabelwesen von Anime-Meister Miyasazaki Hayao nahe der Stadt Mitaka. Seine Figuren haben ein Millionenpublikum entzückt. Die tägliche Besucherzahl ist begrenzt, Tickets gibt es über den ›Lawson Convenience Store‹, aus dem Ausland unter www.ghiblimuseum.jp/en/ticket_information. *JR-Chuo-Linie, Bhf. Mitaka, dort wartet ein besonderer Bus auf die Besucher!*

Zoo von Ueno, Tel. 38 28-51 71; Di–So 9.30–17 Uhr, 600 Yen. *JR-Yamanote-Linie, Bhf. Ueno, Ausgang Kōen Guchi (Park Exit).* Karte S. 166.

Aussichtspunkte

Tōkyō City Hall (Tochō), 2-8-1 Nishi Shinjuku, Shinjuku-ku, Tel. 53 21-11 11; Nordplattform Mo–Fr 9.30–23 Uhr, Südplattform Mo–Fr 9.30–17.30 Uhr, kostenlos. Fahrstuhl im Erdgeschoss des Gebäudeteils Nr. 1. *JR-Yamanote-Linie, Bahnhof Shinjuku, Unterführung bis Tochō.* Karte S. 183.

Tōkyō Tower, 4-2-8 Shibakōen, Minato-ku, Tel. 34 33-51 11; 9–22 Uhr,

beide Aussichtsplattformen zusammen 1240 Yen, weitere Angebote extra. *Toei-Oedo-Linie Bahnhof Onarimon. Oder Toei Asakusa-Linie Bahnhof Daimon.* Karte S. 188.

Bäder

Öffentliches Bad Edoyu, 1-5-8 Kamezawa, Sumida-ku, Tel. 36 21-26 11; 2300 Yen, 13–18 Uhr stündlich plus 315 Yen, 18–20 Uhr 1000 Yen). *An der Hokusai-dōri, gleich in der Nähe des Ausgangs A3/A4 des Bahnhofs der Oedo-Linie.* Karte S. 166.

Oedo Onsenmonogatari, 2-57 Aomi, Odaiba, Tel. 55 00-11 26; 11–9 Uhr, die Außenanlagen sind während der Nacht geschlossen, einen Tag im Monat ist das Bad geschlossen (variabel), 2900 Yen, ab 18 Uhr 2000 Yen. Baden in heißen Quellen, im Stil der Edo-Zeit. *Yurikamome-Linie, Bhf. Telecom Center.* Karte S. 196.

Shopping

Meido Kurabu, 1-4-11-3 F Sotokanda, Chiyoda-ku, Tel. 32 51-35 57; 11–20 Uhr. Verleih von Maid-Kostümen. Karte S. 166.

Ryōgoku Takahashi, 4-31-15 Ryōgoku, Tel. 36 31-24 20. Sumō-Artikel und witzige Souvenirs. Karte S. 166.

100-Yen-Laden Daiso Harajuku im Village 107 Building, 1-119-24 Jingumae, Shibuya-ku; 10–21 Uhr. *JR-Yamanote-Linie, Bhf. Harajuku, Ausgang Takeshita.* Karte S. 185.

Kiddyland, 6-1-9 Jingumae, Shibuya-ku, Tel. 34 09-34 31; 11–19 Uhr. *Chiyoda-Linie, Bhf. Meiji-jingumae oder JR-Yamanote, Bhf. Harajuku.* Karte S. 185.

Oriental Bazaar, 5-9-13 Jingumae, Shibuya-ku, Tel. 34 00-39 33; Fr–Mi 10–19 Uhr. Karte S. 185.

Tōkyō und Kantō

Kantō

Die Kantō-Ebene mit der Hauptstadt Tōkyō bildet die größte ebene Fläche Japans. Knapp ein Drittel der Gesamtbevölkerung bewohnt hier weniger als zehn Prozent der Gesamtfläche des Landes. Doch nicht überall leben die Menschen so dicht gedrängt wie in Tōkyō, denn die Region erstreckt sich bis in die Ausläufer der Japanischen Alpen und umfasst sogar einsame Inseln im Pazifik.

Kantō bedeutet ursprünglich ›Östlich der Grenzstation‹. Süd-Kantō, auch als Großraum Tōkyō bezeichnet, umfasst die Präfekturen Kanagawa, Chiba und Saitama. So liegen die Großstädte Kawasaki und **Yokohama** schon in der Nachbarpräfektur Kanagawa, bilden praktisch aber eine Einheit mit Tōkyō. Doch auch das stille **Kamakura**, im frühen Mittelalter mächtige Hauptstadt des Landes, ist Teil Kanagawas.

▲ *Shomyo-ji-Tempel in Yokohama*

Im Nordwesten Tōkyōs liegt die Präfektur Saitama mit der gleichnamigen Stadt. Ein wenig abfällig als Schlafstadt Tōkyōs bezeichnet, hat die Präfektur durchaus Lohnenswertes wie das restaurierte Städtchen **Kawagoe** zu bieten.

In der Präfektur Chiba befindet sich das Drehkreuz zur Welt, der Internationale Flughafen **Narita**, und natürlich Japans größte Spielwiese für Fans von Donald Duck und Co, das **Tōkyō Disneyland** (siehe Tōkyō, Seite 207).

Weit draußen im Pazifik liegen die **Izu- und die Oga-sawara-Inseln**. Verwaltungstechnisch unterstehen sie der Metropolregierung Tōkyō. Verbannte man im Mittelalter gerne Verbrecher auf die Inseln, sind die Izu-Inseln nun im Sommer ein beliebtes Ferienziel.

Nördlich der Metropolregion wird es zügig ländlich. Im Nordosten der Präfektur Gunma liegen zwischen hohen Bergen zahlreiche berühmte Onsen-Orte. **Nikkō**, die letzte Ruhestätte der Tokugawa-Shogune, befindet sich in der östlichen Nachbarpräfektur Tochigi. Schließlich ist da noch die von Landwirtschaft geprägte Präfektur Ibaraki mit einem der schönsten Gärten Japans in der Stadt **Mito** und der heimlichen Hauptstadt der Wissenschaft, Tsukuba.

Yokohama

Yokohama (横浜), mit 3,6 Millionen Einwohnern zweitgrößte Stadt Japans, ist seit der Öffnung seines Hafens 1859 eine Stadt mit Vorreiterrolle: Hier gab es die erste englischsprachige Tageszeitung (1861), 1870 folgte das erste japanische Tagesblatt. Zwei Jahre später brannte in Yokohama Japans erste Straßenbeleuchtung, und im selben Jahr rollte in der mittlerweile weltoffenen

Karte S. 209

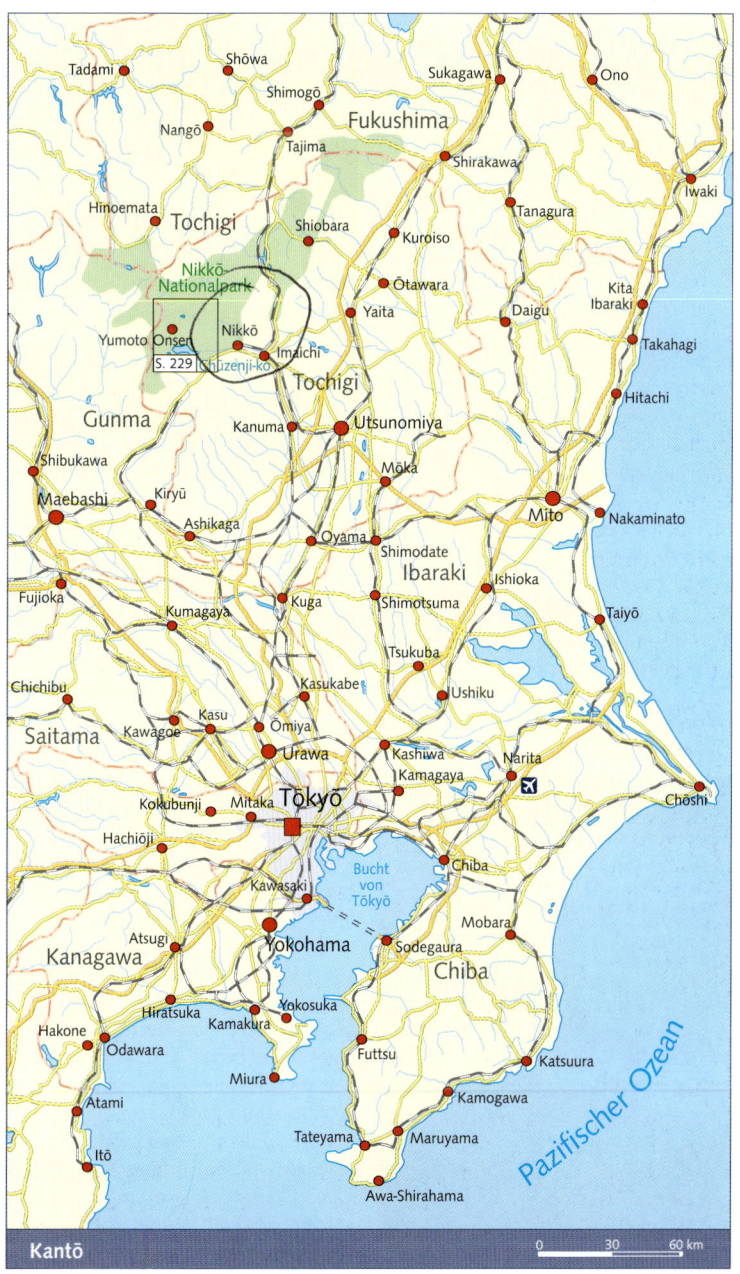

Kantō

0   30   60 km

Hafenstadt der erste Schienenverkehr Japans. Schon damals war Yokohama die Stadt mit den meisten Ausländern, auch heute leben hier 75 000 Menschen anderer Nationen. Prominentestes Beispiel ist Yokohamas Chinatown, nach San Francisco die größte chinesische Gemeinde in Übersee.

■ Rund um den Hafen

Ein Rundgang in Hafennähe verbindet das historische mit dem modernen Yokohama. Ausgangspunkt ist der Bahnhof Yokohama, mehrere JR-Linien verbinden ihn mit Tōkyō. Über den Ausgang Ost (Higashi Guchi) erreicht man in wenigen Minuten den **Sea Bus** (auch: Water Bus, シーバス). Von der Endhaltestelle (Terminal) vor dem Yokohama-Bayquarter-Gebäude startet ungefähr jede Viertelstunde zwischen 10 und 19.35 Uhr ein Boot Richtung Yamashita-Park (700 Yen). Für 400 Yen geht es bis zur ersten Haltestelle **Minato Mirai 21** (Zukunftshafen 21). Dieser Zukunftshafen soll das moderne Zentrum der Hafenstadt werden. Dafür wurden zwischen zahlreichen

Im Yamashita-Park

Hochhäusern – darunter befindet sich mit knapp 296 Metern Japans höchster Wolkenkratzer, der **Yokohama Landmark Tower** – und dem **Riesenrad CosmoClock 21** auch einige Parks und Museen angelegt. Das Besondere am Minato Mirai 21: In der gesamten Bucht von Tōkyō besteht nur hier, mit Ausnahme von Odaiba, direkter Zugang zum Meer, ansonsten ist das Ufer überall von Industrie blockiert.

Weiter geht es zu Fuß zum **Backstein-Pier** (Red Brick Pier, Akarenga Pia, 赤レンガピア). Die 1913 gebauten Speicher aus rotem Backstein werden heute von Geschäften und Restaurants genutzt. Die Lokale haben täglich bis 23 Uhr geöffnet, die Geschäfte schließen allerdings schon um 20 Uhr. Im älteren der beiden Gebäude wurde übrigens der erste Fahrstuhl Japans installiert.

Zurück auf dem Wasser sieht man links die **Yokohama Bay Bridge**. Als 1989 die damals längste Brücke Japans mit 860 Metern eröffnet wurde, galt die Bay Bridge als besonders romantischer Ort.

Am Zukunftshafen 21

Karte S. 211

Yokohama Bay Bridge

Bucht von Tōkyō

Yamashita Pier

Backstein-Pier

Hikawa-maru

Seiden-museum

Nihon-Odōri

New Grand Hotel Yokohama

Puppen-museum

Ausländer-friedhof

Harbor View Park

British Hall

Yamate Park

Yamate Italian Garden

Motomachi Chukagai

Chinatown

Yamashita Park

Yamashita-dōri

Nihon-odōri

S. 214

Yokohama Garden

Riesenrad CosmoClock 21

Minato Mirai

Basha-michi

Kannai-dōri

Kulturgeschichtliches Museum der Präfektur Kanagawa

Isezaki-Chojamachi

Kannai

Kannai

Minato Mirai 21

Yokohama Landmark Tower

Shin-Takachima

Sea-Bus-Terminal

Sakuragi

JR-Negishi-Linie

Takashima-cho

Zoo

Yokohama

0 250 500 m

Immer wieder verursachten die parkenden Autos frisch verliebter Ausflügler Verkehrschaos. Heute haben andere Orte die Bay Bridge abgelöst, nur die warnenden Lautsprecherdurchsagen erinnern noch an ihren etwas verblassten Ruhm. Endstation des Sea Bus ist der **Yamashita-Park**. Am Pier gegenüber liegt die **Hikawamaru**, Charlie Chaplin war der wohl prominenteste Passagier des 1930 gebauten Ozeandampfers. Vielen Juden bot die Hikawamaru noch Anfang der 1940er Jahre eine sichere Überfahrt nach Kanada. Im Krieg diente das Schiff als Lazarett, 1960 ging es endgültig vor Anker und fungierte für einige Jahre als Jugendherberge. Seit 2008 kann der Dampfer wieder besichtigt werden.

Wo sich heute der Yamashita-Park befindet, stand Ende des 19. Jahrhunderts noch das Vergnügungsviertel Yokohamas. Mit dem Schutt des Kantō-Erdbebens von 1923 – die Hafenstadt war stärker betroffen als Tōkyō – entstand hier jedoch 1930 der heutige Park mit Wasserelementen und Kunstobjekten. Parallel zum Park verläuft die Yamashita-dōri. Hier steht auch das ehrwürdige Hotel **New Grand Hotel Yokohama**, es diente schon General McArthur als Unterkunft.

■ Museen

Yokohama bietet einige interessante Museen, die die internationale Rolle der Stadt widerspiegeln. Ein Beispiel ist das **Puppenmuseum** (Yokohama Ningyō no Ie, 横浜人形の家) zwei Straßenkreuzungen weiter gegenüber der Südspitze des Parks. Es zeigt Puppen aus 140 Ländern, alte Puppen aus dem Westen ebenso wie Hello Kitty.

Yokohamas bedeutende Rolle im Seidenexport erklärt das **Seidenmuseum** einschließlich lebender Seidenraupen gegenüber der Nordspitze des Yamashita-Parks (Silk Hakubutsukan, シルク博物館).

Intensiv mit der Geschichte Yokohamas setzt sich das **Kulturgeschichtliche Museum** der Präfektur Kanagawa auseinander (Kanagawa Kenritsu Rekishi Hakubutsukan, 神奈川県立歴史博物館). Commodore Perrys Ankunft im einstigen Fischerdorf bildet den Schwerpunkt der Ausstellung.

■ Yamate

Doch nicht der amerikanische Admiral legte den Grundstein zu Japans quirligster Hafenstadt, sondern dies tat das Shogunat. Als man nach dem idealen Ort für eine erste Ausländersiedlung suchte, war Shinagawa aus verkehrstechnischer Sicht die erste Wahl. Doch lag es der Regierung zu nah an Edo und der alten Handelsroute Tōkaidō Richtung Kaiser und Kyōto. Man wollte die langnasigen Barbaren auf mehr Distanz halten und bestimmte lieber das unbedeutende Yokohama zum internationalen Hafen. Heute finden sich noch zahlreiche Spuren dieses Viertels. Beschränkte es sich anfangs strikt auf das Viertel Kannai hinter dem gleichnamigen Bahnhof der JR-Keihin-Tōhoku-Linie, haben sich in Yamate (山手) besonders viele Villen aus dem 19. und 20. Jahrhundert erhalten. Dort befindet sich auch der **Ausländerfriedhof**. Das älteste Grab ist das des Matrosen Robert William, er kam unter Perrys Kommando nach Japan. Weitere 4500 Menschen aus 40 Nationen haben hier ihre letzte Ruhestätte gefunden, ein kleines Museum erklärt die hier beigesetzten Persönlichkeiten. Die Gräber sind von März bis zum 23. Dezember am Wochenende zugänglich. Der Eintritt ist frei, doch um eine Spende wird gebeten. Yamate erreicht man vom **Yamashita-**

Karte S. 211

Park (Yamashita Kōen Chūō Guchi, 山下公園中央口) bequem zu Fuß.

An der unteren Kreuzung Yamashitabashi schräg rechts unter der Autobahntrasse liegt der Park mit dem komplizierten Namen **Park mit Hafenrundblick-Hügel** (Harbor View Park, Minato-no-mieru-Oka Kōen, 港の見える丘公園). Läuft man im Park links, führt der Weg direkt zu besagtem Hügel. Im Park befindet sich noch die damalige Vertretung Englands (British Hall, Igirisu Kan, イギリス館). Beim Parkausgang in südwestlicher Richtung geht es nach Überquerung der Straße geradeaus in nur zwei Minuten bis zum Friedhof. Weitere Häuser befinden sich im **Yamate Park** und im **Yamate Itaria San Teien** (Yamate Italian Garden) westlich des Friedhofs.

■ Chinatown

Eine Hauptattraktion Yokohamas ist Chinatown. Über den Zentralausgang des Yamashita-Parks (Yamashita Kōen Chūō Guchi, 山下公園中央口) geht es auf der anderen Seite der Yamachita-dōri immer geradeaus. Das rote **Ost-Tor** markiert den Eingangsbereich zum Chinesenviertel.

Yokohama Chūkagai, die chinesische Straße, wie Japaner ihr Chinatown nennen, beherbergt die größte chinesische Enklave in Japan. Allerdings sind die knapp 2000 Bewohner Chinatowns im gewaltigen Besucheransturm kaum auszumachen. Wenn an sonnigen Wochenenden das Areal aus allen Nähten zu platzen droht, fühlt man sich eher an eine Mischung aus chinesischem Disneyland und Sommerschlussverkauf erinnert. Dann bilden sich vor den in Rot und Gold üppig dekorierten Restaurants lange Schlangen, in den Läden mit ihrem grellbuntem Angebot kommt man vor lauter Menschen kaum an die Regale.

Hauptgrund für die meisten Chinatown-Besucher ist das leckere Essen. Pekingente, Haifischflossensuppe oder Schildkrötensuppe, hier gibt es alles, was Herz und Magen begehrt. Wer gerne üppig und exklusiv speist, wählt zum Beispiel das **Restaurant Kaseiro** auf der linken Seite der Chukagai-dōri hinter dem Ost-Tor. Das elegante Restaurant bietet erstklassige Peking-Küche zu vernünftigen Preisen. Hier ist man besonders stolz auf die Zubereitung der Haifischflossen zu einer leicht gelierten Suppe. Der Preis für eine Portion mit Krebseinlage beträgt umgerechnet um die 15 Euro. Wer die feine Küche aus Shanghai bevorzugt, wählt das **Restaurant Sanwaro** an der Kanteibyo-dōri rechts vom Ichiba-dōri-Tor am Eingang der gleichnamigen Straße. In dem sehr chinesischem Gebäude kostet ein Mittagsmenü unter zehn Euro.

Nach dem Essen wird es Zeit für ein wenig Kultur. Die Geschichte des Viertels ist eng mit dem Aufstieg Yokohamas im 19. Jahrhundert verknüpft. Ein Großteil der ersten westlichen Händler kam nicht direkt aus Europa, sondern reiste von

In der Chinatown von Yokohama

chinesischen Handelsniederlassungen nach Japan. In ihrer Begleitung kamen die ersten Chinesen. Sie dienten als Sprachvermittler zwischen Europäern und Japanern, da die gemeinsamen Schriftzeichen zumindest ein Minimum an Verständigung ermöglichten. Andere hatten Erfahrung mit europäischer Bauweise und errichteten für die fremden Händler Häuser und Kirchen im west-

lichen Stil. Die Einrichtung einer regulären Schiffsverbindung zwischen Yokohama und Shanghai brachte immer mehr Menschen nach Yokohama. Bald begannen die ersten Chinesen, von Yokohama aus Handel auf eigene Rechnung zu betreiben. Diese Händler bildeten das Fundament des heutigen Chinatown. Erst 1955 erkannte die japanische Regierung das Chinesenviertel offiziell an. Aus An-

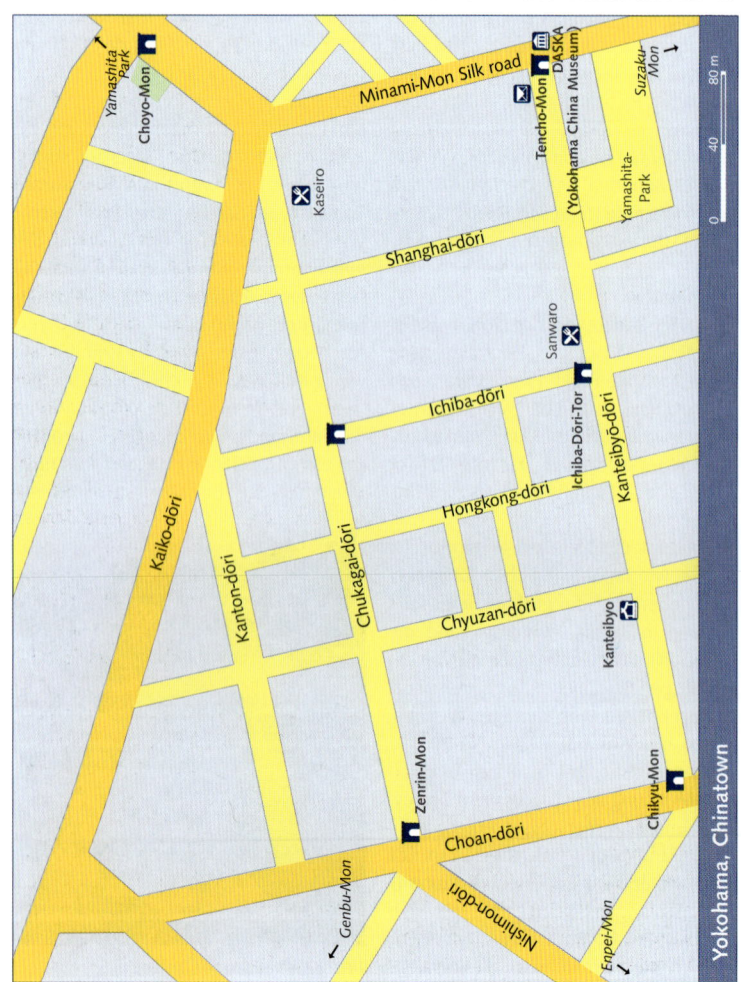

lass dieser erfreulichen Entwicklung finanzierte der Staat den Bau des **Zenrin-Mon-Tors**. Es steht am Ende der Chūkagai-Ōdōri, der Hauptstraße Chinatowns, Ecke Choan-dōri. Der prächtige Torbogen ist heute das Wahrzeichen Chinatowns, sein Name bedeutet ›Freundschaft zwischen Nachbarn‹.

Diesem Torbogen folgen noch neun weitere Bögen. Sie geben dem Viertel nicht nur sein hübsches Aussehen, sondern erfüllen in guter chinesischer Manier auch eine bestimmte Funktion. So stehen in den vier Himmelsrichtungen das **Genbu-Mon-Tor** (Norden), das Suzaku-Mon-Tor (Süden), das **Choyo-Mon-Tor** (Osten) und das **Enpei-Mon-Tor** (Westen). Sie sind den Himmelswächtern geweiht und sollen das Viertel vor Bösem schützen. Auf der Ichiba-dōri, der Marktstraße, und auf der Kanteibyo-dōri, der Kantei-Tempelstraße, stehen jeweils zwei weitere Bögen. Am Ende von Chinatown beim Nordausgang des Bahnhofs Ishikawa befindet sich der Saiyo-Mon-Torbogen, wörtlich: der Abschiedsbogen.

Das Kronjuwel des Viertels ist der **Kanteibyo**, der Tempel zu Ehren von Guan Gong (japanisch: Kantei), einem Krieger aus dem dritten Jahrhundert. 1862 gegründet, wurde der Tempel nach Erdbeben- und Brandschäden 1990 zum dritten Mal aufgebaut und strahlt nun in besonders üppiger Pracht. Die feinen Holzschnitzereien des zwölf Meter hohen Eingangstors sind vergoldet, die Dächer des Tempels zieren ganze Familien von Drachen. Knapp fünf Tonnen schwere Steinplatten dekorieren den Treppenaufgang, auch hier finden sich Drachenmotive. Die Steinsäulen des Hauptgebäudes stammen aus Taiwan und stellen Szenen aus dem Leben des Kantei dar.

An der Ecke Kanteibyo-dōri und Minami-Mon-Silk Road steht das **DASKA**, Kurzform für Yokohama Dai Sekai (Yokohama China Museum). Hier erlebt der Besucher China im Schnelldurchlauf. Auf den acht Stockwerken finden sich das Chinese Art Museum, eine große Bühne mit stündlich wechselndem Programm, ein Kostümstudio für Erinnerungsfotos und natürlich viele kleine Restaurants im Stil der Garküchen Shanghais aus den 1930er Jahren. Zu guter Letzt kann man sich hier sogar die Füße massieren lassen, ein angenehmes Ende eines langen Rundgangs durch Yokohama.

ℹ️ Yokohama

Vorwahl: 045.
3,7 Millionen Einwohner, Präfektur Kanagawa.
www.welcome.city.yokohama.jp.
Tourist Information Center, Bhf. Yokohama, Tel. 441-7300; 9–19 Uhr. Links von JR-Center North Ticket Gate auf der Ost-West-Passage.
Tourist Information, Bhf. Shin-Yokohama, Tel. 473-2895; 10–18 Uhr. Gegenüber Shinkansen-Schranken Ost, 2F.
Sakuragi-chō Station Tourist Information Center (Minato Mirai 21 General Information Center), Tel. 211-0111; Mo–Fr 9–19 Uhr. Vor dem JR-Bahnhof Sakuragi, in Richtung Bus Terminal.
Yokohama Convention&Visitors Bureau, im Sangyo Boeki Center; Mo–Fr 9–17 Uhr. Am Yamashita-Park neben dem Silk Center.

 Von Tōkyō: JR-Keihin-Tōhoku-, JR-Tōkaidō- oder JR-Yokosuka-Linie bis Bhf. Yokohama, ab Bhf. Tōkyō 30 Min., 450 Yen.

Tōkyō und Kantō

Hotel New Grand, 10 Yamashita-Kōen-dōri, Naka-ku, 231-00 23 Yokohama, Tel. 681-18 41, Fax 681-18 95, www.hotel-newgrand.co.jp. Standard-DZ ab 24 667 Yen. Schlafen wie McArthur! *Minato-Mirai-Linie, Bhf. Motomachi Chukagai.*

Yokohama Garden Hotel, 254 Yamashitacho, Naka-ku, 231-0023 Yokohama, Tel. 641-13 11, Fax 641-66 55, www.yokohamagarden.jp; Standard-DZ 23 100 Yen. Das Hotel ist auf Rollstuhlfahrer eingerichtet. *JR-Negishi-Linie Bhf. Kannai, Ausgang Yokohama Stadium.*

Puppenmuseum, 18 Yamashita-chō, Naka-ku, Tel. 671-93 61, www.welcome.city.yokohama.jp/eng/doll; 10–18 Uhr, Mo Ruhetag außer Jul., Aug., Dez., 800 Yen. Puppen aus allen Orten und Zeiten.

Seidenmuseum, 1 Yamashita-chō, im Silk Center, Naka-ku, Tel. 641-08 41, www.silkmuseum.or.jp; 9–16.30 Uhr, Mo Ruhetag, 400 Yen.

Kulturgeschichtliches Museum der Präfektur Kanagawa, 5-60 Minami-Naka-dōri, Naka-ku, Tel. 201-09 26; 9.30–16.30, Fr 9.30–19.30 Uhr, Mo Ruhetag, wenn Mo Feiertag, geöffnet, 300 Yen. Schwerpunkt ist die Geschichte Yokohamas. *Nähe Bhf. Bashamichi der Minato-Mirai-Linie.*

DASKA (China-Museum), 97 Yamashita-chō, Naka-ku, Tel. 681-55 88, www.daska.jp; Veranstaltungen 10–20 Uhr, 500 Yen, Restaurants/Shops Mo–Fr 10–21, Wochenende/Feiertage 10–22 Uhr, kein Ruhetag.

Kamakura

Kamakuras (鎌倉) bedeutende Anfänge liegen über 800 Jahre zurück. 1192 richtete Minamoto no Yoritomo hier die erste Shogunatsregierung Japans ein, 140 Jahre lang bildete die kleine Stadt am Pazifik das politische Machtzentrum Japans, über 70 Schreine und Tempel wurden während dieser Ära errichtet. Dazu zählen auch die ersten Zen-Klöster Japans. Dem Vorbild der chinesischen Chan-(Zen-)Sekten folgend, bezeichnete man die einflussreichsten fünf Tempel der Sekte als Gozan (五山, Fünf Berge). Dies sind die **Tempel Kencho-ji, Engaku-ji, Jufuku-ji, Jochi-ji** und **Zuisen-ji**. Sie sind heute neben der berühmten großen **Buddhastatue** das eigentliche Ziel vieler Kamakura-Besucher.

1333 verlor das Bakufu (Shogunat) seine Macht an das Kaiserhaus, und Kamakura fiel in einen Dornröschenschlaf. Erst mit der Meiji-Zeit Ende des 19. Jahrhunderts gewann der Ort wieder an Bedeutung. Die Nähe zur Hauptstadt, die Distanz beträgt gerade mal 50 Kilometer, und das relativ milde Klima förderten Kamakuras neuen Ruf als idealen Ferienort verschwitzter Großstädter. Auch die Intellektuellen entdeckten Kamakura für sich, der Begriff ›Kamakura-Literaten-

Hortensienblüte in Kamakura

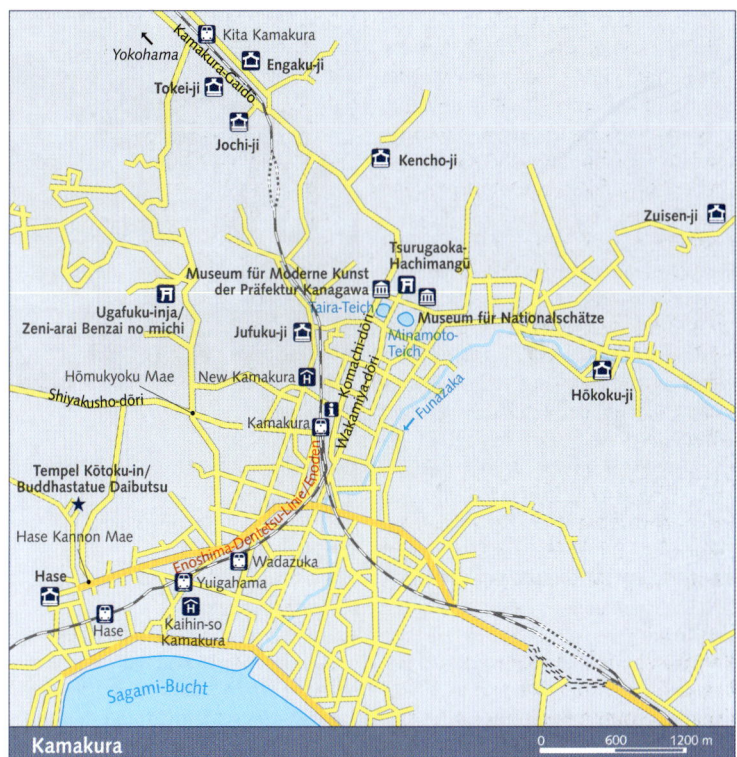

Kamakura

Krieger‹ in Anspielung auf die militärische Vergangenheit Kamakuras, wurde zum geflügelten Wort. Heute tummeln sich die Besucher zu jeder Jahreszeit in der Stadt. Die einen besuchen die historischen Stätten, die anderen zieht es zum Surfen an die langen Sandstrände. Gegenwärtig bemüht sich die Stadt um den Status als Weltkulturerbe.

Kamakura ist übrigens einer der wenigen Orte Japans, die in der Regensaison Juni/Juli an Charme gewinnen. Die mannshohen Hortensien mit ihren riesigen Blüten widerstehen mühelos dem häufigen Regen und zaubern in den alten Zen-Tempeln eine ganz eigene ruhige Stimmung.

■ Hase-Tempel

Besucher mit wenig Zeit oder allzu großem Drang ans Meer beschränken sich am besten auf Besichtigung der Wahrzeichen der Stadt, die große **Buddhastatue Daibutsu** und den **Hase-Tempel** (Hase-dera, 長谷寺) in unmittelbarer Nachbarschaft. Vom JR-Bahnhof Kamakura geht es mit der Enoshima-Dentetsu-Linie bis Bahnhof Hase. In nördlicher Richtung sind es nur einige Schritte bis zur ersten großen Kreuzung (Hase Kannon Mae, 長谷観音前), dort geht es links zum Hase-dera. Dieser Tempel wurde im Jahr 736 zu Ehren der elfgesichtigen Kannon, der buddhistischen Gottheit der Gnade, errichtet. Der Legende nach schnitzte ein Mönch aus einem einzigen Kampferbaum zwei Kannon-Figuren und überließ eine dem Meer in der Hoffnung um göttlichen Beistand. In einer Juninacht des Jahres 736 tauchte diese Figur in der Nähe Kamakuras wieder auf, und so baute man ihr den Hase-Tempel. Ihre vielen Gesichter helfen Kannon, kein Leid zu übersehen und symbolisieren gleichzeitig die zehn Stufen zur Erleuchtung. Die Statue ist mit 9,18 Meter die größte aus einem Stück gefertigte hölzerne Statue Japans.

Nebenan steht in einer weiteren Halle Amida Buddha, der Beschützer vor dem Bösen. Der Weg zum Tempel ist gesäumt mit kleinen Jizo-Figuren, dem Begleiter und Beschützer von gewöhnlichen Reisenden und verstorbenen Kindern ins Totenreich. Direkt vor dem Restaurant ganz links ist das **Sutra-Archiv** (Rinzo, 輪蔵). Besucher drehen gerne einmal selbst das Archiv. Dies soll ebenso viel Heil wie das Lesen sämtlicher Sutren bringen! Der Tempel verfügt noch über eine Schatzkammer (100 Yen) und einen Aussichtspunkt, von dem man über das Meer schauen kann.

■ Tempel Kōtoku-in

Zurück an der Kreuzung Hase Kannon Mae geht es links nach Norden, nach wenigen Minuten folgt der Tempel Kōtoku-in (高徳院). Dieser Tempel beherbergt den **Daibutsu**, Kamamakuras stolzes Symbol. Der bronzene Buddha mit einer Sitzhöhe von 13,35 Metern wird nur noch vom Großen Buddha in Nara übertroffen. Die Statue ist im Stil der chinesischen Sung-Dynastie gefertigt und verkörpert das männliche Schönheitsideal jener Zeit. Der bronzene Schönling stammt aus dem Jahr 1252, wiegt 21 Tonnen und saß ursprünglich in einer hölzernen Halle, die

Fotoshooting beim großen Buddha

zweimal von Unwettern und Tsunamis zerstört wurde. Für nur 20 Yen geht es im Innern der Statue hinauf bis zur Schulterhöhe.

■ Tempel Engaku-ji

Eine längere Tour durch eine kleine Auswahl von Tempeln beginnt am JR-Bahnhof Kita (Nord-) Kamakura. Die Nummer zwei unter den Gozan-Tempeln ist der **Engaku-ji** (円覚寺), direkt südöstlich vom Bahnhof gelegen. Der Teich hinter der Bahnlinie gehört schon zum Tempel. Riesige Zedernbäume säumen die Treppen zum Tempel und verleihen dem Ort etwas Erhabenes. 1282 wurde der Engaku-ji zur Erinnerung an die Gefallenen der Mongoleninvasion errichtet. Der Tempel besitzt zwei Nationalschätze: die mit 2,60 Meter Durchmesser **größte Glocke der Kantō-Region** aus dem Jahr 1301 und die im chinesischen Stil gebaute **Reliquienkammer Shari-Den** aus dem 16. Jahrhundert. Shari-Den ist der Öffentlichkeit nur an den ersten drei Tagen im Jahr zugänglich. Im Mausoleum der Hojo-Familie (Butsunichian, 仏日庵) findet jeden Monat zu Ehren der Verstorbenen eine Teezeremonie statt.

■ **Tempel Tokei-ji**

Ebenfalls zur Rinzai-Schule des Zen gehört der Tokei-ji (東慶寺), 200 Meter südlich des Bahnhofs. Der Tempel begann seine Geschichte 1285 als Nonnenkloster und Zufluchtsstätte für unglückliche Ehefrauen, daher auch der Name Engiri-dera (Band-zerschneiden-Tempel) oder Kakekomi-Dera (kakekomu bedeutet hineinstürzen, hineinrennen). Bis zum Ende der Edo-Zeit galt der Tempel als extraterritorial, Männer durften ihn nicht betreten. Frauen, die drei Jahre alle Regeln des Klosters einhielten, konnten sich von ihren Männern als geschieden betrachten. Als die Meiji-Regierung den Frauen das zivile Scheidungsrecht einräumte, begann der Niedergang des Tempels, bis er schließlich Anfang des 20. Jahrhunderts dem Tempel Engaku-ji unterstellt wurde.

■ **Tempel Jochi-ji**

Ein weiterer Gozan-Tempel ist der Jochi-ji (浄智寺), 400 Meter vom Bahnhof entfernt südlich vom Tokei-ji gelegen. Dieser Tempel belegt den vierten Rang und wurde 1281 vom Hojo-Klan, den Nachfolgern der Minamoto, gebaut. Die wenigen Gebäude liegen gut 50 Meter entfernt von der Straße Kamakura-Gaidō, doch im hinteren Garten steht eine humorvolle steinerne **Figur des Hoteison**, einem der sieben Glücksgötter. Auf dem Friedhof finden sich unzählige kleine Steinpagoden und in die Felswand geschlagene Grabstätten.

■ **Tempel Kenchō-ji**

Wieder zurück auf der Kamakura-Gaidō geht es entlang der Straße Richtung JR-Bahnhof Kamakura 600 Meter bis zum großen Parkplatz des Tempels Kenchō-ji auf der linken Seite (建長寺). Kenchō-ji war der größte und einflussreichste Zen-

Tempel unter den Gozan. Gegründet 125, entwickelten sich später in ganz Japan über 500 Zweigstellen des Tempels. Von den ehemals 49 Tempelgebäuden den Kencho-ji stehen heute noch zwölf, davon sind knapp die Hälfte ›Neubauten‹ aus der Edo-Zeit. Der große **Zen-Garten** hinter den Priesterwohnungen wurde vom Zen-Meister Musō Soseki entworfen. Der Teich ist in der Form des Schriftzeichens für Herz oder Seele angelegt (Shinji-ike, 心地池) angelegt. Hinter dem Garten führt ein zehnminütiger Weg zum **Schrein Hansōbō** (半僧坊), er ist dem Gott Daigongen gewidmet. Daigongen soll für Harmonie zwischen Buddhismus und Shintō sorgen. In seiner Begleitung finden sich Karasu Tengu, krähenartige Berggeister. Ihre ungewöhnlichen Statuen stehen am Abhang unterhalb des Hansōbō. Bis dorthin muss man allerdings 247 Stufen bewältigen!

■ **Tsurugaoka-Hachimangū**

Weiter geht es Richtung Bahnhof Kamakura entlang derselben Straße. Linker Hand erreicht man über das West-Torii das Areal des größten Schreins Kamakuras, des Tsurugaoka-Hachimangū (鶴岡八幡宮). Er ist dem Kriegsgott Hachiman

Shintopriester am Tsurugaoka-Schrein

Bogenschütze auf dem Kamakura-Festival

geweiht und stand ursprünglich in der Nähe der Mündung des Flusses Nameri. 1191 ließ Minamoto no Yoritomo den Schrein an seinen jetzigen Platz bringen, um seine junge Regierung zu schützen. Der Schrein wie auch die gesamte Stadt ist nach den Regeln der Geomantie (Feng Shui) angelegt. Im Rücken des Schreins befindet sich ein schützender Berg, im Westen eine größere Handelsroute, im Osten der Fluss Nameri und zum Süden hin fällt der Blick frei über die Bucht von Sagami. Vor der Haupthalle stehen zwei über **1000 Jahre alte Ginkobäume**. Unter dem einen Baum wurde 1219 der dritte Minamoto-Shōgun Sanetomo ermordet, damit endete die Macht der Minamoto in Kamakura, und die Familie seiner Mutter Hojo Masako trat an die Spitze. Er und seine Mutter sind übrigens im 3. Gozan, dem **Jufuku-ji** (寿福寺) im Nordwesten des Bahnhofs Kamakura beigesetzt. Die leuchtend rote Haupthalle des Hachimangū ließ der elfte Tokugawa-Shōgun 1828 wieder herrichten. Auf dem Gelände befindet sich noch das **Kokuhōkan** (Museum für Nationalschätze, 国宝館). Hier zeigt die Stadt Kamakura aus einem Fundus von über

4800 Gegenständen im Turnus die angesammelten Nationalschätze sämtlicher Tempel und Schreine Kamakuras.

Beim Verlassen des Geländes Richtung der Straße Wakamiya Oji kommt der Besucher zu drei Brücken und den **Genpei-Teichen**. Ein Teich ist den Minamoto, der andere den Taira gewidmet. Auf der Taira-Seite befindet sich das Museum für **Moderne Kunst der Präfektur Kanagawa** (Kanagawa Kenritsu Kindai Bijutsukan, 神奈川県立近代美術館). Jeden zweiten und dritten Sonntag im April findet hier das Kamakura-Festival mit Yabusame- (berittene Bogenschützen) und Tanzvorführungen statt. Ein Muss für Samurai-Fans!

Schnurgerade führt die Wakamiya-Dōro (若宮大路) vom **Haupttor Sanno-Torii** über altes Kopfsteinpflaster vorbei an Kirschbäumen bis zum JR-Bahnhof Kamakura. Die Bäume soll Yoritomo als Bitte um eine sichere Geburt seines Erstgeborenen gepflanzt haben. Parallel zu dieser verkehrsreichen Straße verläuft westlich die Komachi-dōri (小町通り), eine ruhigere Einkaufsstraße mit unzähligen Geschäften und Lokalen.

■ Bambus-Tempel Hōkoku-ji

Etwas ungünstig zu erreichen, aber trotzdem lohnenswert ist der Bambus-Tempel Hōkoku-ji (報国寺). Ein Bus bringt den Besucher ab Bahnhof (Ostausgang, Busterminal) mit der Buslinie Keikyu (京急バス) Nr. 23, 24 oder 36 an der Haltestelle 5 bis zur Haltestelle Jōmyō-ji (浄明寺). Der Tempel selbst stammt aus dem 14. Jahrhundert, das Besondere ist der **Bambuswald** hinter der Haupthalle. Zwischen den schnurgeraden Bambusstämmen stehen verstreut Buddhafiguren und Steinlaternen. In einem Teehaus wird für 500 Yen Matcha-Tee serviert.

Karte S. 217

■ **Schrein Ugafuku-jinja**

In die entgegengesetzte Himmelsrichtung liegt der Schrein Ugafuku-jinja. Sein Besuch verspricht eine ganz besondere Art der göttlichen Hilfe. In einer Höhle weist der Ugafuku-jinja eine einzigartige Bergquelle auf. Wäscht man in ihrem Wasser Münzen, vermehren die sich im Laufe der Zeit mindestens auf das Zehnfache, eine gute Nachricht für die Reisekasse! Dafür nimmt man doch gerne den etwas komplizierten Weg in Kauf: Vom Westausgang (Nishiguchi, 西口) des Bahnhofs geht es zehn Minuten entlang der Shiyakusho-dōri (市役所通り). An der Kreuzung Hōmukyoku Mae (法務局前) am ›Sea Tac Café‹ nach rechts und der schmalen Straße bis zum Schild ›Zeni-arai Benzai no michi‹ (銭洗弁財之道) folgen, dort abbiegen und bis zum Torii und somit zum Areal des Schreins. Ganz hinten auf dem Gelände befindet sich die geheimnisvolle Quelle. Geflochtene Siebe für Münzen stehen bereit.

 Kamakura

Vorwahl: 0467.
174 000 Einwohner, Präf. Kanagawa.
Tourist Information, JR-Bhf. Kamakura, am Ostausgang, Tel. 22-33 50; 9–17.30, Okt.–März 9–17 Uhr.

Von Tōkyō: JR-Yokozuka-Linie über Shinagawa und Yokohama (56 Minuten). JR bietet einen Free Pass für zwei aufeinander folgende Tage an: Kamakura Enoshima Free Kippu ab Tōkyō 1970 Yen. Der Pass beinhaltet Hin- und Rückfahrt Tōkyō–Kamakura ohne Unterbrechung sowie innerhalb Kamakuras unbeschränkte Nutzung der Enoshima Dentetsu (Enoden), der JR-Linien sowie der Shonan Monorail zwischen Ofuna und Shonan Enoshima. Der Pass lohnt sich nur, wenn er mehr als einmal innerhalb Kamakuras genutzt wird.

Hotel New Kamakura, 13-2 Onarimachi, Kamakura, Tel. 22-22 30, Fax 22-02 33, www.newkamakura.com; EZ ab 6000 Yen. Das Hotel mit dem Charme der Taishō-Ära dient oft als Filmkulisse. *JR-Yokozuka-Linie, Bhf. Kamakura oder Enoden-Linie, Bhf. Kamakura Ausgang West (Nishiguchi).*

Kaihin-so Kamakura, 4-8-14 Yuigahama, Kamakura, Tel. 22-0960, Fax 25-63 24, www.kaihinso.jp (nur jap.); pro Person ab 20 000 Yen (mit Abendessen und Frühstück). Ryokan der Taishō-Ära mit Meerblick. *Enoden-Linie, Bhf. Yuigahama.*

Hase-Tempel, Tel. 22-63 00; 8–17, Okt.–März 8–16.30 Uhr, 300 Yen.
Daibutsu, im Tempel Kōtoku-in, Tel. 22-0703; 7–18, Okt.–März 7–17.30 Uhr, 200 Yen.
Tempel Engaku-ji, Tel. 22-04 78; 8–17, Nov.–März 8–16 Uhr, 300 Yen. **Mausoleum der Hojo-Familie**; 9–17, Nov.–März 9–16 Uhr, Eintritt 100 Yen, Tee 500 Yen.
Tempel Tokei-ji, Tel. 22-16 63; 8.30–17, Nov.–März 8.30–16 Uhr, Eintritt 100 Yen.
Tempel Jochi-ji, Tel. 22-39 43; 9–16.30 Uhr, 200 Yen.
Tempel Kenchō-ji, Tel. 22-09 81; 8.30–16.30 Uhr, 300 Yen.
Tsurugaoka-Hachimangū, Tel. 22-03 15, frei zugänglich; Schatzkammer 8.30–16 Uhr, 200 Yen.
Tempel Jufuku-ji im Nordwesten des Bahnhofs Kamakura, Tel. 22-66 07; nur die Gräber sind zugänglich.

Tōkyō und Kantō

Kokuhōkan, Tel. 22-0753; 9–16 Uhr, Mo Ruhetag, wenn Feiertag, Di geschlossen, 300 Yen.
Moderne Kunst der Präfektur Kanagawa, Tel. 22-5000; 9.30–16.30, Mo

Ruhetag, wenn Feiertag, Di geschlossen, 700–1000 Yen.
Bambus-Tempel Hōkoku-ji, Tel. 22-0762; 9–16 Uhr, 200 Yen.

Narita

Die Stadt Narita (Narita-shi, 成田市) ist nicht nur Namensgeberin des Internationalen Flughafens, es ist auch ein lohnendes Ausflugsziel für einen längeren Zwischenstopp. Der Tempel **Naritasan Shinshō-ji** (成田山新勝寺, Tel. 22-2111; 24 Std. geöffnet, kostenlos) ist über 1000 Jahre alt. Neben den üblichen Tempelgebäuden verfügt er über mehrere fünfstöckige Pagoden und einen schönen Garten mit Teichanlagen. Das macht ihn zum perfekten Einstieg in Japans reiche Kulturgeschichte. Mehrmals am Tag halten Priester einen Feuerritus zu Ehren der furchterregenden Gottheit Fudomyō ab. Diese buddhistische Gottheit ist stets von Flammen umgeben, in einer Hand hält sie ein Schwert und in der anderen ein Seil. Die Flammen sollen unsere weltlichen Gelüste löschen, das Schwert Verführungen abwehren und das Seil uns zur Erleuchtung ziehen. An Neujahr besuchen rund zwei Millionen Menschen dieses aktive Zentrum des Shingon-Buddhismus.

Die Hauptstraße der Stadt, Omotesandō, führt vom JR-Bahnhof Narita oder dem Bahnhof der Keisei-Linie direkt zum Tempel. 150 Geschäfte säumen die enge Gasse, die in den letzten Jahren aufwändig hergerichtet wurde. Heute gilt sie als einer der attraktivsten Einkaufsstraßen traditionellen Stils. Für seine relativ geringe Größe – die Stadt hat gerade mal 127000 Einwohner – weist Narita ein munteres internationales Nachtleben auf, denn viele Fluggesellschaften bringen in der Stadt ihre Crews unter. Neben den Neujahrfestivitäten ist das **Taiko-Trommel-Festival** im April ein Highlight in Narita.

 Narita

Vorwahl: 0476.
127000 Einwohner, Präfektur Chiba.
Tourist Information Narita:
TIC Narita Airport Terminal 1, Tel. 30-3383; 8–20 Uhr ganzjährig. In der Ankunftshalle im Erdgeschoss.
TIC Narita Airport Terminal 2, Tel. 34-5877; 8–20 Uhr ganzjährig. In der Ankunftshalle im Erdgeschoss.
TIC JR-Bhf. Narita, Tel. 24-3198; 8.30–17.15 Uhr. Beim Osteingang.
Narita Tourist Pavillion, Tel. 24-3232; Juni–Sept. 10–18, Okt.–Mai 9–17 Uhr, Mo geschlossen). 100 Meter vor dem Naritasan-Shinshō-ji-Tempel auf der Omote-sandō.

Von Tōkyō: JR-Narita-Linie bis JR-Bhf. Narita (80 Min.). JR-Yamanote-Linie bis Ueno Keisei, Keisei-Linie bis Keisei Bhf. Narita (65 Min.). **Vom Flughafen:** JR-Narita-Linie, Bhf. Airport Terminal 1 oder 2 bis JR-Bhf. Narita. Keisei-Linie Bhf. Airport Terminal 1 oder 2 bis Keisei Bhf. Narita, jeweils 10 Min., 250 Yen.

Center Hotel, 922 Hanasakicho, Narita, Tel. 23-1133, Fax 23-1134; EZ ab 6300 Yen. *JR-Narita-Linie, Bhf. Narita, Ausg. Ost, Richtung Keisei Bhf. Narita. Oder Keisei-Linie, Bhf. Narita, bei Kreisel vor Bahnhof nach rechts.*

Tōkyō und Kantō

Mito

Mito (水戸), die Hauptstadt der Präfektur Ibaraki, ist berühmt für drei Dinge: Nattō (vergorene und ziemlich geruchsintensive Sojabohnen), Mito Kōmon, Fürst der Domäne Mito und Held einer ewig währenden Fernsehserie, und Kairaku-en, einen der drei schönsten Gärten Japans. Schon wieder drei! Diese Zahl scheint in Japan die magische Zahl für Superlative zu sein. Top Ten sind in Japan nicht populär, es müssen drei oder besser gleich 100 sein. Nattō lässt sich nördlich von Tōkyō so ziemlich überall probieren, die Fernsehserie läuft ebenfalls in ganz Japan, nur der schöne Garten braucht tatsächlich eine Anreise. **Kairaku-en** (快楽園) wurde 1841 von Tokugawa Nariaki mit tausenden von Pflaumenbäumen angelegt. Ende März verwandelt sich der Park in ein Meer von weißen, roten und rosafarbenen Blüten, doch auch das übrige Jahr sind Bambushaine und Zedernwald einen Besuch

Pflaumenblüte im Kairaku-en

wert. **Kōbuntei**, ein Holzhaus im traditionellen Stil, lädt zur Rast ein. Von seinen überdachten Terrassen lässt der Park sich auch im Regen bewundern. Leider hat Mito ansonsten nicht viel zu bieten. Als wichtiger Eisenbahnknotenpunkt ist die Stadt eher praktisch als pittoresk.

 Mito

Vorwahl: 0292.
294 000 Einwohner, Präfektur Ibaraki.
Mito City Tourist Information Center, im JR-Bahnhof Mito, Tel./Fax 21-6456; 9.30–18 Uhr.

Von Tōkyō: JR-Jobansen-Linie ab Bahnhof Ueno bis Bahnhof Mito.
Zum Kairaku-en-Garten ab Bahnhof Mito: Am Nordausgang (Kita Guchi) Busterminal Haltestelle 4, Bus Richtung Kairakuen (Kairaku-en yuki 快楽園行き) bis Bushaltestelle Kairaku-en Eingang (Kairaku-en Iriguchi, 快楽園入口), 15 Minuten, 230 Yen.

Mito Prince Hotel, 2-2-11 Sakuraga-

wa, Mito, Tel. 27-41 11, Fax 27-41 10, www.mito-prince.co.jp (nur jap.); EZ ab 5500 Yen. Internet, Parkplatz und Kinder bis 12 Jahre sind kostenlos. *Bhf. Mito Südausgang (Minami Guchi) 4 Min. Fußweg.*
Holiday Inn Mito, 2-2-2 Jonan, Mito, Tel. 30-11 00, Fax 30-11 01, www.holiday-inn-mito.co.jp; EZ ab 6200 Yen, mit Abendessen und Frühstück ab 9200 Yen. *Bhf. Mito, Südausgang (Minami Guchi) 5 Min. Fußweg.*

Garten Kairaku-en (快楽園), 1-1251 Migawa, Mito, Tel. 44-54 54, Fax 44-58 66; 6–19, Okt.–Feb. 7–18 Uhr, 29.–31. Dez. geschlossen, Eintritt frei.
Kōbuntei; 9–17, Okt.–Feb. 9–16.30 Uhr, 190 Yen.

Nikkō

»Nenne nichts wundervoll, bevor du Nikkō gesehen hast« (Nikkō o mizushite kekkō to iu koto nakare). Eine Reise in die dunklen Wälder der Präfektur Tochigi lohnt sich also garantiert. 128 Kilometer nördlich von Tōkyō liegt die letzte Ruhestätte von Tokugawa Ieyasu, dem ersten Shōgun der Edo-Zeit, und seinem Enkel Iemitsu. Zwischen den hohen Zedernbäumen leuchten die prächtig verzierten Schreine und Tempel, ein erhabener Ort. Wenn er nur nicht so populär wäre! Seit 1999 ist **Nikkō Sannai**, der innere Bezirk der Tempelstadt Nikkō (日光), UNESCO-Weltkulturerbe. Einzig am frühen Morgen hat man noch eine Chance, den Besucherströmen ein wenig zu entkommen. Am späten Nachmittag kehren die Reisegruppen zwar brav in ihre Hotels zurück, doch dann schließen auch die Tempel ihre Tore, und die Verkehrsverbindungen werden deutlich schlechter. Für einen Besuch sollte man einen Wochentag außerhalb der populären Kirschblütensaison Anfang April oder der Herbstfärbung Anfang November wählen.

Das Herzstück Nikkōs, Nikkō Sannai (日光山内) umfasst die zwei Schreine Nikkō Tōshōgū und Nikkō Futarasan-jinja sowie den Tempel Rinnō-ji. Vom Bahnhof Tōbu-Nikkō geht es entlang der Hauptstraße bis zur Nikkō-Brücke über den Daiya-Fluss. Zur linken Hand befindet sich die berühmte heilige **Brücke Shinkyo** (神橋). Die Legende besagt, dass der Gründer des Futaharasan-Schreins Abt Shōdō an dieser Stelle um Hilfe bei der Flussüberquerung betete. Die Götter schickten ihm daraufhin zwei Schlangen, die sich in eine Brücke verwandelten. Erst seit 2007 dürfen auch Normalsterbliche gegen eine Gebühr von 300 Yen die rot lackierte Brücke nutzen.

■ Rinnō-ji

Von der heiligen Brücke sind es nur wenige Minuten bis zum 1200 Jahre alten Tempel Rinnō-ji (輪王寺). Am besten kauft man hier ein Kombi-Ticket für die drei Hauptattraktionen Nikkōs.

Gleich hinter der Statue des Tempel- und Schreingründers Shōdō Shōnin steht das größte Gebäude des Sannai-Bezirks, die **Halle der drei Buddhas** (Sanbutsu-Dō). Die drei vergoldeten, acht Meter hohen Holzfiguren stellen von links nach rechts den pferdeköpfigen Batō-Kannon, Amida Nyorai und den tausendarmigen Senjū-Kannon dar. Interessanterweise verkörpern die drei gleichzeitig die Berggötter der direkten Umgebung.

Links von der Haupthalle steht eine 13 Meter hohe **Kupfersäule** (Sōrintō). Im Auftrag von Tokugawa Iemitsu erbaut, liegen unter der Säule in einer metallenen Kiste 1000 Sutren vergraben. 15 Klostergebäude stehen ebenfalls auf dem Gelände des Rinnō-ji.

■ Tōshōgū

Als Tokugawa Ieyasu am 17. April 1616 im Alter von 75 Jahren verstarb, wurde sein Grab ein Jahr später auf das Gelände des Rinnō-ji verlegt. Anfangs stand an jener Stelle nur ein einfaches Mausoleum. Erst sein Enkel, der dritte Shōgun Iemitsu, ließ 1636 innerhalb von 17 Monaten die Hauptgebäude des Tōshōgū errichten (日光東照宮). Die prächtigen Schnitzereien und die kräftigen Farben sind typisch für den Gongen-zukuri-Stil jener Zeit. Acht Gebäude gelten heute als Nationalschätze, weitere 34 sind als wichtige Kulturgüter Japans registriert. Weiße Kieselsteine, schwarzer Lack und glitzerndes Gold, das sind die drei Grundfarben des Tōshōgū. Einerseits bringen sie Licht in die relativ düstere Umgebung, andererseits beschützen sie

Karte S. 225

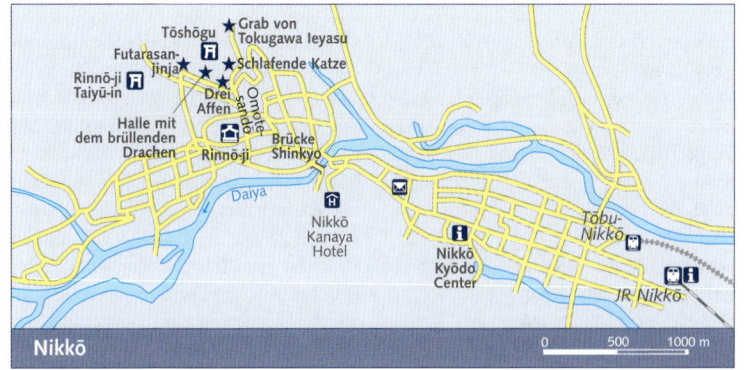

Nikkō

die Gebäude vor Feuchtigkeit und Temperaturschwankungen. Ebenso wurde mit der Perspektive gespielt. Der Weg Omote-sandō vom Rinnō-ji hinauf zum ersten Torii (Ichi no Torii) verbreitert sich zunehmend, die zehn Stufen vor dem Torii sind allesamt in Breite und Tiefe unterschiedlich, um eine optisch größere Distanz zu schaffen.

Gleich hinter der **Pagode** und dem **Tor Omote-Mon** kommen rechts drei **Lagergebäude**, verziert mit 82 teils äußerst fantasievollen Tierfiguren. Götter sind in Japan auch nur Menschen, deswegen findet sich versteckt in einem schmalen Haus auf der Nordseite des vordersten Gebäudes eigens die Toilette für Götter, Saijō Shōdō (西浄) genannt. Neun lackierte Aborte warten auf himmlische Benutzung.

Links vom Omote-Mon steht ein **Stall** mit einem geschnitzten weißen Pferd (Shinkyūsha, 神厩舎), die geschnitzte Zierleiste ist weltberühmt: Es sind die drei Affen, die weder sehen noch hören oder sprechen können. Das kleine rote Haus ist die Wachstation des Schreinbezirks. Hinter dem nächsten Torii, übri-

Das Original: die drei Affen

gens das erste Kupfer-Torii Japans, und der überdachten Wasserstelle für rituelle Reinigungen folgt eine kleine **Bibliothek**. In ihrem Innern werden in einem achteckigen drehbaren Gestell 6323 buddhistische Schriftrollen aufbewahrt. Auch in Nikkō findet sich also die übliche Mischung aus Shintoismus und Buddhismus.

Der Eingang zur Haupthalle des Tōshōgū ist das **Yomei-Tor** (陽明門). Es gilt als das eleganteste Gebäude der Anlage und Meisterwerk der frühen Edo-Zeit. Mit einer Gesamthöhe von 11,10 Metern und einer Tiefe von 4,40 Metern steht das Tor auf zwölf Säulen. Diese sind verputzt, der Sockel jeweils schwarz lackiert. Blattgold und Malereien in Grün-, Blau- und Rottönen sowie über 500 geschnitzte Darstellungen von Mensch und Tier entsprechen stark der damaligen Vorliebe für chinesischen Stil. Sogar die tragenden Pfosten sind üppig verziert. Nur die zweite Säule von hinten rechts fällt aus dem Rahmen: Sie steht auf dem Kopf! Um neidische Geister abzuwehren, entstellten die Erbauer diese eine Säule mit Absicht. Sie wird daher auch die ›Teufel abwehrende umgedrehte Säule‹ (Oniyoke no Gyakuhashira) genannt. Da ein ganzer Tag nicht ausreicht, um sich an dem Yomei-Tor satt zusehen, nennt man es auch liebevoll ›Tor der Abenddämmerung‹ (Higure Mon).

Bevor es durch das Tor zur Haupthalle geht, wartet links die **Halle mit dem brüllenden Drachen** (Honjidō, 本地堂). Klatscht man genau unter dem Maul des an der Decke gemalten Drachen, brüllt das Himmelstier gehorsam, wenn auch etwas schwach. Das Gemälde wie auch

das gesamte Gebäude wurde 1968 völlig überholt. Gleich hinter dem Yomei-Mon steht links ein Schrein zur göttlichen Verehrung von Tokugawa Ieyasu, Toyotomi Hideyoshi und Minamoto Yoritomo (Shinyosha, 神與舎). Geradeaus geht es zur **Gebetshalle** (Haiden) und der **Haupthalle** (Honden) des Tōshōgū. An die Decke sind 100 verschiedene Drachen gemalt, Tuschemalereien von Fabelwesen und Blumen bedecken die vielen Schiebetüren, die leider auch den Zugang zur Haupthalle versperren.

Das **Grab von Tokugawa Ieyasu** befindet sich hinter der Haupthalle am Ende des so genannten Östlichen Gangs (Higashi Kairō). Und wiederum finden sich unzählige Schnitzereien, darunter auch eine schlafende Katze, die wegen ihrer Natürlichkeit berühmt ist (Nemuri Neko, über dem Tor Richtung Grab). Von hier geht es bergauf über steinerne Treppen bis zum eher schlichten Grab des großen Shōgun. Für Katze und Grab muss nochmals 520 Yen Eintritt bezahlt werden.

■ Futarasan

Der zweite Schrein des Sannai-Bezirks ist der Nikkō Futarasan-jinja (日光二荒山神社). Ursprünglich befand er sich rechts vor dem Yomei-Tor, seit 1619 steht der Schrein jedoch östlich des Tōshōgū und gilt damit als ältestes Gebäude im Tempelbezirk. 782 soll Shōdō Shonin den ersten Schrein zur Verehrung der Gottheiten der drei Berge Nikkōs (Nantaisan, 2486 Meter, Nyohosan, 2464 Meter, und Tarosan, 2368 Meter) gegründet haben. Die drei gelten als Vater, Mutter und Kind und werden ebenfalls in der Haupthalle des Rinnō-ji in Form des tau-

Karte S. 225

Die Pagode des Tōshōgū

sendarmigen Kannon, des Amida Buddha und deren Kind, des pferdeköpfigen Bato-Kannon, verehrt.

Der **Schrein Honmiya-jinja** (本宮神社) in der Nähe der heiligen Brücke **Shinkyo** sowie die Brücke selbst gehören ebenfalls zum Futarasan-Schrein. Einen zweiten Futarasan-Schrein gründete Shōdō schon 790 an der Nordseite des hoch gelegenen Sees Chūzenji-ko. Westlich der Haupthallen liegt der **Garten** der Anlage (Shinen, 神苑). Die Wege sind von Steinlaternen gesäumt, darunter befindet sich allerdings auch eine Laterne aus Bronze mit merkwürdigen Markierungen. Sie stammen von Schwerthieben Wache haltender Krieger, die in der flackernden Laterne ein unheimliches Gespenst vermuteten und sich tapfer wehrten. In Wahrheit waren es wohl eher harmlose Flughörnchen mit langen buschigen Schwänzen, die gerne das Lampenöl aufleckten.

Ein Tor und eine Treppe vor der Gebetshalle des Schreins führen zum Mausoleum des Tokugawa Iemitsu. Er wollte in der Nähe seines Großvaters Ieyasu begraben sein, und so errichtete sein Sohn und vierter Shōgun eine schlichtere Version des prächtigen Tōshōgū, den **Rinnō-ji Taiyū-in** (林王寺大猷院). Im Großen und Ganzen folgt die Struktur dem Vorbild, doch wie es sich für einen pietätvollen Enkelsohn gehört, sind Schnitzereien und Deckenmalereien weniger aufwändig gestaltet.

 Nikkō

Vorwahl: 02 88.
90 500 Einwohner, Präfektur Tochigi.
Nikkō Tourist Information Center, im Bhf. Tōbu Nikkō, 591, Gokomachi area, 321-14 04, Tel. 54-24 96, www.nikko-jp.org/english, Fax 54-24 95.
Nikkō Kyōdo Center (日光郷土センター) Tel. 53-37 95; 9–17 Uhr. *Auf halbem Weg vom Bahnhof bis zur Brücke Shinkyo bei der Bushaltestelle Nikkō Kyōdo Center Mae, linke Seite.*

Von Tōkyō: Asakusa-Bhf. mit Tōbu-Nikkō-Linie bis Endstation Tōbu-Nikkō, 2 Std., 1320 Yen. Oder nach Utsunomiya mit Tōhoku-Shinkansen oder Tōhoku Honsen-Linie, 50 Min., 4290 Yen. Weiter mit JR-Nikkō-Linie bis Endstation Nikkō, 45 Min., 740 Yen.

Nikkō Kanaya Hotel, 1300 Kamihatsuishi, Tel. 54-00 01, Fax 53-24 87, www.kanayahotel.co.jp; DZ ab 17 325 Yen. Ältestes Resort-Hotel Japans (1873). *3 Min. Fußweg von der Bushaltestelle Shinkyo, Shuttlebus vom Bhf. Tōbu Nikkō zum Hotel.*
Ein zweites **Kanaya-Hotel** steht am See Chūzenji (siehe Seite 231).

Tempel Rinnō-ji, Tel. 54-05 31; 8–16.30, Nov.–März 8–15.30 Uhr, Sanbutsu-Dō 400 Yen (im Kombi-Ticket enthalten), Schatzkammer und Garten Shōyōen 300 Yen.
Tōshōgū, Tel. 54-05 60; 8–16.30, Nov.–März 8–15.30 Uhr, im Kombi-Ticket 1000 Yen, allein 1300 Yen, Grabstelle 520 Yen.
Nikkō Futarasan-jinja, Tel. 54-05 35; 8–16.30, Nov.–März 9–15.30 Uhr, im Kombiticket 1000, Garten 200 Yen.
Rinnō-ji Taiyū-in; 8–16.30, Nov.–März 8–15.30 Uhr, im Kombi-Ticket 1000 Yen oder allein 550 Yen.
Tempel Chūzen-ji, Tel. 55-00 13; 8–16.30, Nov./Feb. bis 15.30, Dez.–Feb. 8.30–15 Uhr, 500 Yen.

Karte S. 225

Oku Nikkō

Nur zehn Kilometer hinter Nikkō liegt mitten in einem Nationalpark der See Chūzenji-ko (中禅寺湖). Er entstand vor 20 000 Jahren durch den Ausbruch des als Göttersitz verehrten Nantai-Bergs. Zusammen mit dem schnurgeraden Wasserfall Kegon bildet er das Wahrzeichen von Oku Nikkō (奥日光), dem Hinterland der Tempelstadt.

Bevor man die Naturschönheiten bewundern kann, muss eine Bergstrecke mit 28 Kurven, den so genannten **Iroha Zaka**, bewältigt werden. Hinunter geht es dann später auf der Parallelstrecke mit ›nur‹ 20 Kurven. Frauen, Pferden und Rindern war die Nutzung der Straße bis 1872 strikt untersagt, das Gebiet rund um den Tempel Chūzen-ji am gleichnamigen See war Sperrzone für unreine Kreaturen. Eine Frau hatte es trotzdem versucht und

wurde prompt in einen Stein verwandelt. Dieser steht hinter einem roten Torii gleich rechts an der Straßengabelung am See (Schreinjungfernstein Miko-ishi, 巫女石). Heute ist die Bundesstraße 120 an sonnigen Wochenenden wie ein Nadelöhr. Die Autos fahren Schritttempo, nicht allein wegen der engen Kurven oder des dichten Verkehrs, sondern auch wegen der dreisten Makakenaffen, die gemütlich auf der Straße Familientreffen abhalten. Mögen besonders die Jungtiere niedlich wirken, die Alten mit ihren großen Eckzähnen sind es nicht. Abstand ist immer ratsam, blitzschnelle Angriffe sind durchaus üblich.

Ein Tobu-Bus fährt vom JR-Bahnhof Nikkō bis Chūzenji Onsen. Die Haltestelle Akechi Daira (明智平) bietet eine gute Zwischenstation. Eine **Seilbahn** fährt von hier in drei Minuten zum Aus-

Tōkyō und Kantō

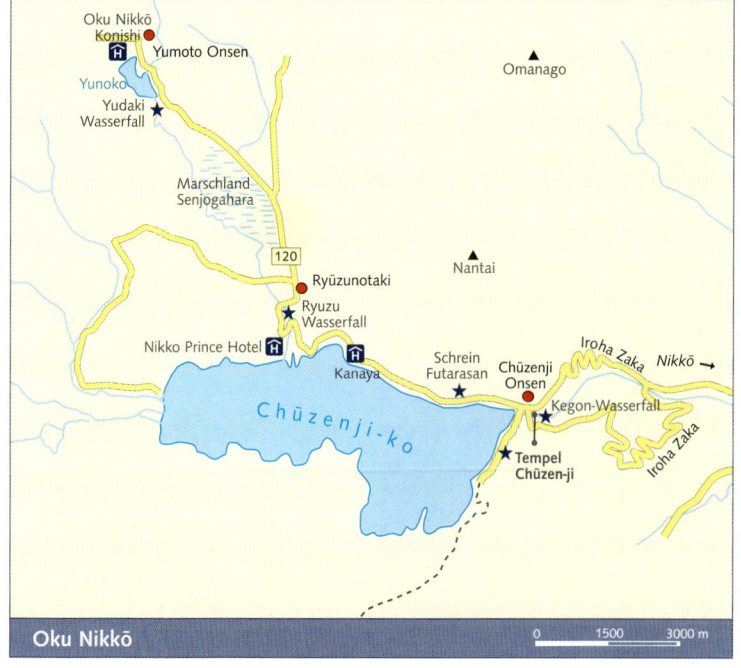

Oku Nikkō
Konishi
Yumoto Onsen
Yunoko
Yudaki
Wasserfall
Omanago
Marschland
Senjogahara
120
Ryūzunotaki
Nantai
Ryuzu
Wasserfall
Nikko Prince Hotel
Kanaya
Schrein
Futarasan
Chūzenji
Onsen
Iroha Zaka
Nikkō →
Kegon-Wasserfall
Chūzenji-ko
Iroha Zaka
Tempel
Chūzen-ji
Oku Nikkō
0   1500   3000 m

sichtspunkt über See und Kegon-Wasserfall. An besonders klaren Tagen reicht der Blick sogar bis zum Pazifik.

■ See Chūzenji-ko

Der See selbst liegt auf einer Höhe von 1269 Metern, seine tiefste Stelle beträgt 163 Meter. Erst im letzten Jahrhundert wurden die ersten Fische eingesetzt. Heute zählt das Forellenfischen zwischen April und September zu den Attraktionen des Chūzenji-ko. Gefischt wird nur an der Ostküste des Sees (2000 Yen, Bootstour 3600 Yen, Tickets der Lake Chuzenji Fishery Association beim am/pm-Laden gegenüber der Post, Tel. 55-02 71). Boote müssen extra gemietet werden (Anlegestelle Tachiki Kannon mae, 3000–14 000 Yen).

Am Chūzenji-ko

Knapp einstündige Bootsfahrten ab der Anlegestelle Chūzenji sind zwischen April und November für 1200 Yen ebenfalls möglich.

■ Kegon-Wasserfall

Am Ortseingang von **Chūzenji Onsen** befindet sich auch gleich die Hauptattraktion des Ortes: der Kegon-Wasserfall (Kegon no Taki, 華厳滝). Er speist sich direkt vom See und fällt schnurgerade 97 Meter tief. Seit 1930 bringt ein Fahrstuhl die Besucher zu einer Plattform drei Meter unterhalb des Wasserfalls.

■ Tempel Chūzen-ji

784 erschien Abt Shōdō ein tausendarmiger Kannon mitten auf dem See. Shōdō schnitzte daraufhin die Kannon-Figur aus einem Baustamm (deswegen der Name Aufrechter-Baum-Kannon, Tachiki Kannon) und baute ihr zur Anbetung den Tempel Chūzen-ji (中禅寺). Die 5,4 Meter große Statue mitsamt Tempel befindet sich an der Südseite des Sees. Der Weg dorthin führt an Bootverleihstellen und an den Sommerresidenzen der französischen und belgischen Botschaft vorbei bis zum Ende des Strandes Utagahama. Früher stand

Im Marschland Senjogahara

Karte S. 229

Tōkyō und Kantō

der Tempel übrigens neben dem Schrein Futarasan am anderen Ende des Ortes, wo ihn eine Schlammlawine wegspülte. Erst seit 1913 ist der Tempel an seinem jetzigen Ort.

■ Marschland Senjogahara

Für wesentlich mehr Natur folgt man am besten der Bundesstraße 120 weiter Richtung Yumoto Onsen (湯元温泉) bis nach **Ryūzunotaki** (竜頭滝). Dort befindet sich das 400 Hektar große Marschland Senjogahara (戦場ヶ原, Schlachtfeld-Ebene). Übrigens trugen hier nicht Menschen eine Schlacht aus, sondern Götter. Die Gottheiten der Berge Nantai und Akagi kämpften in Form von Schlangen und Tausendfüßlern um die Vorherrschaft des Sees Chūzenji-ko. Der Enkel

des Nantai-Gottes war ein Meisterschütze und erledigte den Anführer der Tausendfüßler mit einem Schuss, der See gehörte fortan zum Nantai-san.

Ab Ryūzunotaki heißt es laufen oder einen Bus nehmen, denn aus Naturschutzgründen dürfen Privatwagen nicht weiterfahren. Über Holzstege geht es den Fluss Yugawa entlang in knapp drei Stunden bis zum **See Yunoko** beim Ort Yumoto Onsen. Mitten im Ort, auf halbem Weg zwischen See und Bushaltestelle Yumoto Onsen, gibt es ein kleines Besucherzentrum mit Anschauungsmaterial über das Gebiet (Nikkō Yumoto Visitor Center, 日光湯元ビジターセンター) sowie eine Auskunftsstelle für Übernachtungsmöglichkeiten (Ryokan Annaisho, 旅館案内所).

 Oku Nikkō

Nikkō Yumoto Visitor Center (日光湯元ビジターセンター), Tel. 62-23 21; 9.30–16.30, Sa/So 9.30–17.30 Uhr, Mi, Dez., Jan. geschlossen. *2 Min. von der Bushaltestelle Yumoto Onsen.*

Nach Chūzenji Onsen: Mit Tōbu-Buslinie von JR-Nikkō/Tobu-Nikkō, 45 Min., 1100 Yen.
Nach Yumoto Onsen: Mit Tōbu-Buslinie von JR-Nikkō/Tobu-Nikkō, hin 1 Std., 1450 Yen, zurück 1 Std. 12 Min., 1650 Yen.

Kanaya Hotel, 2482 Chugushi, Tel. 54-00 01, Fax 54-00 11, www.kanaya hotel.co.jp; DZ ab 23 000 Yen. Am See Chūzenji ein wenig abseits vom dicksten Rummel. *Direkt bei der Bushaltestelle Chūzenji Kanaya Hotel Mae oder Shuttlebus vom Bhf. Tōbu Nikkō.*
Oku Nikkō Konishi Hotel, 2549-5 Yu-

moto Onsen, Tel. 62-24 16, Fax 62-23 60. www.okuNikkōkonishihotel. com/en/; pro Person ab 14 000 Yen mit Abendessen und Frühstück. Das Hotel ist bekannt für seine besonders gute Küche. Das Rotenburo (Außenbad) ist natürlich auch ein Plus! *Täglich 13.30 Uhr Shuttlebus vom Bhf. Tōbu Nikkō.*

Seilbahn, Haltestelle Akechi Daira (Tōbu-Buslinie von JR-Nikkō/Tobu-Nikkō nach Chūzenji Onsen); 8.30–16, Dez.–März 9–15 Uhr, 1.–15. März geschlossen, Hin- u. Rückfahrt 710 Yen.
Kegon-Wasserfall, Tel. 55-0030; 8–17, Dez.–Feb. 9–16.30 Uhr, 530 Yen. *5 Min. Fußweg von Busterminal.*

Tempel Chūzen-ji, Tel. 55-00 13; 8–16.30, Nov./Feb. bis 15.30, Dez.–Feb. 8.30–15 Uhr, 500 Yen.

Köstlicher Reisährenduft!
Unsere Schritte zerteilen ihn – und
rechts leuchtet das Meer ...

Bashō

Tōhoku und Hokkaidō

Tōhoku

Schneereich, düster und bitterarm, das war einst das Image von Tōhoku, dem Nordosten der Hauptinsel Honshū. Kein Ort also, an die es die Schöngeister des Südens drängte. So wurde Tōhoku erst im 7. bis 9. Jahrhundert besiedelt. Die Samurai, damals noch ungehobelte und wilde Kerle, spielten dabei eine herausragende Rolle. Die Ureinwohner der Region, die Ainu, wurden dabei immer weiter nach Norden verdrängt. Das raue Klima und unpassierbare Gebirgszüge im Landesinnern erschwerten den Siedlern das Leben in den neuen Provinzen von Anfang an. Ungewöhnlich harte Winter, nasskalte Regenmonate im Frühling und Sommer mit extrem hohen Temperaturen vernichtete regelmäßig die Ernte. Das wankelmütige Wetter brachte einen besonders stoischen Menschenschlag hervor, der im Vergleich zum Süden wenig Worte macht und eher zum Anpacken neigt.

Die Region umfasst heute die sechs Präfekturen Fukushima, Miyagi, Yamagata, Akita, Iwate und Aomori. Bestimmten früher Gebirgszüge die Grenzen der Fürstendomänen, den Verlauf der Handelswege und damit die Teilung Tōhokus in Ost und West (Japansee- und Pazifikseite), spricht man heute eher von Nord- und Südtōhoku.

Tōhoku gilt seit Jahrhunderten als kulturelles Hinterland, trotzdem gibt es hier erstaunlich viel zu entdecken. Traditionen gibt man hier nicht so schnell auf, auch darin sind die Leute stoisch.

Yamagata, Miyagi und Fukushima bilden gemeinsam das südliche Tōhoku. In der Präfektur Fukushima liegt **Aizu Wakamatsu**, berühmt für seine Lackarbeiten und Rüstungen.

Die größte Stadt im Nordosten ist **Sendai**, Hauptstadt der Präfektur Miyagi am Pazifik. In seiner direkten Nähe liegt **Matsushima**, eine der drei schönsten Landschaften Japans. Die vielen Inselchen würdigte schon der große Haiku-Dichter Bashō.

In der westlichen Nachbarpräfektur Yamagata finden sich versteckt in den Bergen kleine Tempelanlagen und natürlich auch der **Berg Zao**, Skigebiet und Heimat vieler Onsen-Bäder.

Der nördliche Teil der Region besteht aus den Präfekturen Akita, Aomori und Iwate. **Akita** ist stark von der Landwirtschaft abhängig. Hier wird der meiste Sake produziert, aber auch gleich wieder konsumiert. Die Frauen aus Akita gelten als besonders schön. Auch eine berühmte Hunderasse stammt aus dieser Gegend: der Akita-inu.

Den nördlichen Abschluss von Honshū bildet **Aomori** mit seiner gleichnamigen Hauptstadt. Von hier starten die Fähren nach Hakodate/Hokkaidō, seit 1988 verbindet ein Eisenbahntunnel Honshū mit Hokkaidō. Die Natur ist der größte Schatz Aomoris. Dazu zählen der **See**

Garten der Residenz des Honma-Klans in Sakata

Karte S. 235

Towada an der Grenze zu Akita, der **Berg Osore** auf der Halbinsel Shimokita und natürlich das Weltnaturerbe **Shirakami Sanchi** unweit des Universitätsstädtchens **Hirosaki**.

Die Präfektur Iwate ist flächenmäßig nach Hokkaidō die größte Präfektur Japans, besitzt aber keine Küstenregion. Als Perle der Kultur gilt die Weltkulturerbestätte **Hiraizumi**, im frühen Mittelalter lebte hier eine Million Menschen. Zeugen dieser Epoche sind zwei Tempel und ein Garten aus der Heian-Zeit. In Iwate lockt auch das kleine **Tōno** als Heimat der Wassergeister.

Ganz Tōhoku ist berühmt für seine lebhaften und farbenprächtigen Sommerfestivals.

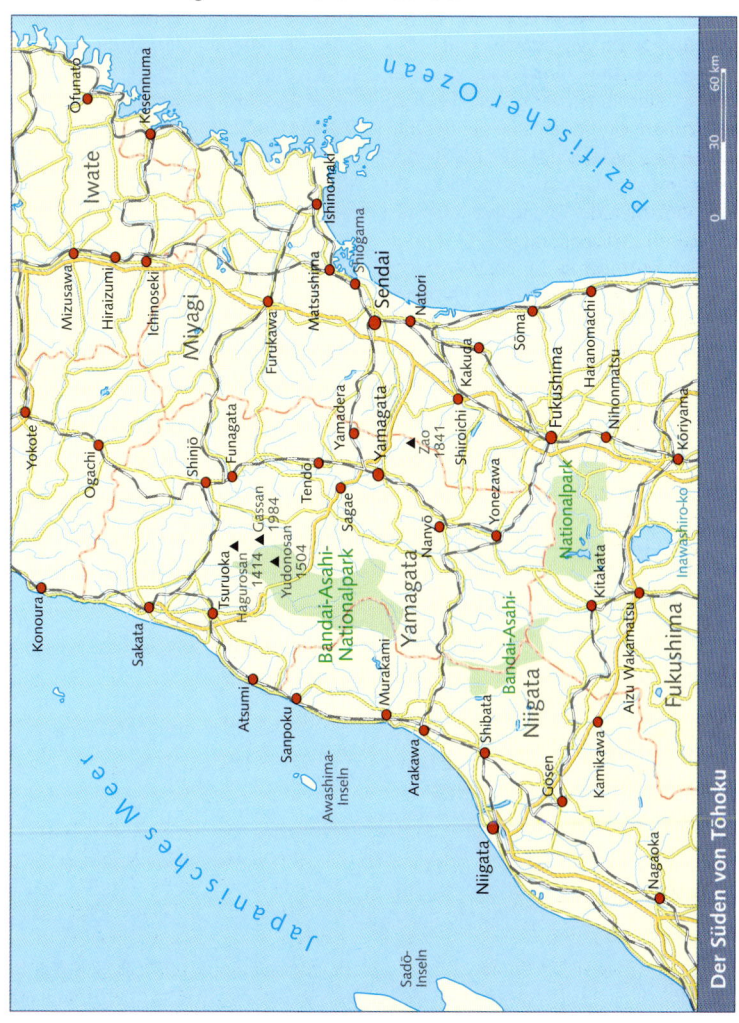

Aizu Wakamatsu

Obwohl die Präfektur Fukushima flächenmäßig die Nummer drei in Japan ist und direkt an die Kantō-Region anschließt, bietet allein Aizu Wakamatsu (会津若松) ein lohnendes Reiseziel. Stolz blickt man hier auf die Geschichte der Samurai von Aizu zurück.

■ Burg von Wakamatsu

Die Burg von Wakamatsu, auch Tsurugajō (鶴ヶ城, Kranichburg) genannt, ist das Herzstück der Stadt. 1965 rekonstruiert, dreht sich eine der berühmtesten Geschichten des Samurai-Heldentums um die hübsche Burganlage. Als treue Vasallen der Tokugawa taten sich die alten Kriegerfamilien besonders schwer, mit Beginn der Meiji-Restauration ihren Status aufzugeben. Während heftiger Kämpfe mit den Regierungs-

truppen wurden 1868 20 Samurai der Reserveeinheit ›Weißer Tiger‹ (Byakkotai) mit den jüngsten Kriegern der Domäne von ihrer Einheit abgeschnitten und zogen sich auf den Berg Iimori zurück. Von dort beobachteten sie die Belagerung ihrer Burg. Als unterhalb der Burg Feuer ausbrach, sahen sie die Schlacht irrtümlich als verloren und verübten daraufhin gemeinsam Selbstmord. Einer der knapp 17-jährigen Samuraisöhne überlebte und berichtete von dem tragischen Irrtum, der die jungen Männer zu Volkshelden werden ließ. Einen Monat später fiel die Burg tatsächlich an die kaiserlichen Truppen und wurde geschleift.

Heute kann man die Rekonstruktion der Burg in ihrer Form aus dem 17. Jahrhundert sehen. Die ältesten Reste der Burg stammen aus dem späten 14. Jahrhun-

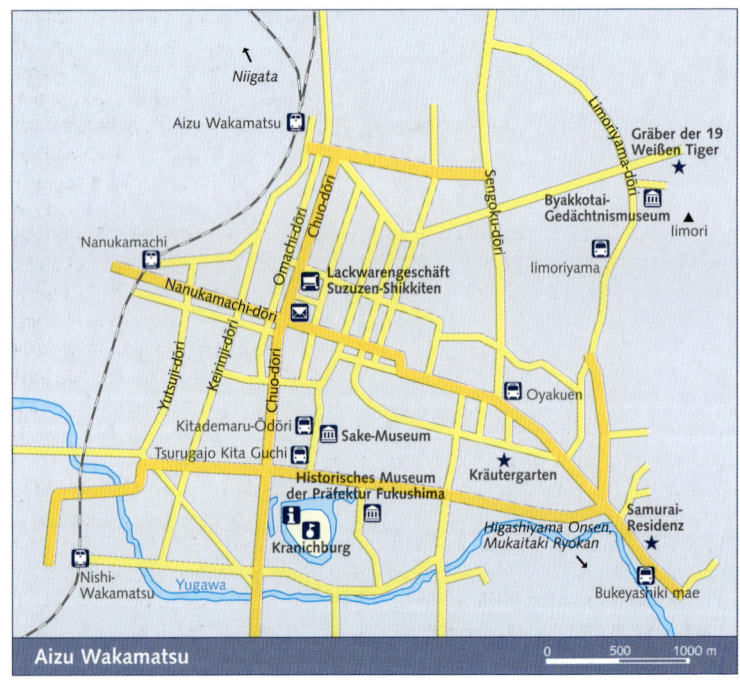

Aizu Wakamatsu

Die Kranichburg

dert, auch der breite Wassergraben entspricht dem Original.

Im Innern des siebenstöckigen Hauptturms befindet sich ein **Museum über Geschichte und Kunsthandwerk** der Region Aizu. Im nachgebauten Wohnzimmer kann man für einige Augenblicke Burgherr sein: Den bereitgelegten Kimono anprobieren, sich in Pose setzen und lächeln! Fotografieren ist hier ausdrücklich erwünscht. Vom obersten Stockwerk des Turms hat man einen fantastischen Blick in die Ebene, natürlich auch auf den Berg Iimori.

Auf dem Gelände der Burg befindet sich außerdem das **Teehaus Rinkaku** (Chaya Rinkaku, 茶屋麟閣), erbaut von Sen Shoan, dem Sohn des Teemeisters Rikyu. Aus Angst vor Zerstörung baute man das Teehaus 1872 ab. Erst 1990 kehrte das 400 Jahre alte Häuschen an seinen ursprünglichen Platz im inneren Burgbezirk zurück.

■ **Weitere Sehenswürdigkeiten**

Östlich der Burg liegt gleich hinter den Parkplätzen das **Historische Museum der Präfektur Fukushima** (Fukushima Prefectural Museum, Fukushima Kenritsu Hakubutsukan, 福嶋県立博物館) mit einer Fülle an Artefakten und englischen Erklärungen.

Nördlich der Burg befindet sich das **Sake-Museum** (Aizu Sake Historical Museum, Aizu Shuzo Rekishikan, 会津酒造歴史館). Das Museum ist in einer alten Sakebrauerei untergebracht und demonstriert anschaulich traditionelle und moderne Techniken.

Anschließend geht die Fahrt mit dem Loop-Bus Richtung Bahnhof bis zur ehemaligen Residenz des Aizu-Klans weiter. Auf 10 000 Quadratmetern befindet sich hier ein **Kräutergarten** (Oyakuen, 御薬園) mit über 400 Arten. Der Garten wurde Mitte der Edo-Zeit angelegt. Ein nettes Mitbringsel sind Teemischungen der hier angebauten Kräuter. Eine Viertelstunde Busfahrt vom Bahnhof entfernt liegt der **Berg Iimori**. Hier befinden sich die Gräber der 19 Weißen Tiger. Das **Byakkotai-Gedächtnismuseum** (Byakkotai Memorial Museum Byakkotai Kinenkan, 白虎隊記念館) erklärt die tragischen Umstände des Vorfalls. Die Stufen führen zu den Gräbern der jungen Samurai, sie liegen hinten links. Am 24. April und am 24. November finden hier Gedenkfeiern statt. Direkt am Fuß der Treppe mit Blick auf die Burg ist die Stelle, an der die 19 Samurai Seppuku begingen.

Nach einer kurzen Busfahrt Richtung Süden bietet die **Samurai-Residenz** (Aizu Bukeyashiki, 会津武家屋敷) einen detaillierten Einblick in die Wohnverhältnisse der hochgestellten Krieger. Eine von Wasserkraft angetriebene alte Reismühle gehört ebenso zur Ausstel-

Tōhoku und Hokkaidō

Makie: Verzierung von Lackwaren mit Goldstaub

lung wie die 38 voll ausgestatteten Zimmer des Wohnbereiches. Außerdem bietet sich hier die Gelegenheit, mit dem japanischen Langbogen zu schießen (200 Yen).

Neben Sake sind Lackwaren aus Aizu (Aizu-Nuri) recht bekannt. Zwei Techniken verleihen den Lackwaren ihre besondere Qualität: Beim so genannten Hananuri wird der Lack schichtweise ohne abschließende Politur aufgetragen. Der satte Schimmer wirkt oftmals wesentlich eleganter als Lackwaren mit Hochglanz. Bei der zweiten Technik, Makie, dekorieren feine Ornamente aus Goldstaub Schüsseln, Schalen und manchmal sogar Mobiliar. Heute arbeiten über 3000 Handwerker für 38 staatlich anerkannte Lackwaren-Meister in Aizu. Das **Suzuzen-Shikkiten** (鈴善漆器店), eines der vielen Aizu-Nuri-Geschäfte, liegt direkt an der Route des Loop-Bus.

Noguchi Hideyo, Arzt und Forscher des frühen 20. Jahrhunderts, stammt übrigens aus Aizu. Aus armen Verhältnissen arbeitete er sich hoch bis in die Elite jener Zeit. Sein Porträt ziert heute den 1000-Yen-Schein und eine Menge Straßenecken in Aizu.

 Aizu Wakamatsu

Vorwahl: 02 42.

128 000 Einwohner, Präfektur Fukushima.

Internet: www.city.aizuwakamatsu.fukushima.jp.

Aizu Wakamatsu Tourist Information Desk, 1-1 Ōte-machi, Tel. 36-50 43, Fax 37-04 54, www.tsurugajo.com; 9–17 Uhr. Westlich vom Hauptturm der Burg.

Von Tōkyō: Tōhoku Shinkansen bis Koriyama, dann mit JR-Ban'etsusaisen-Linie weiter bis Bahnhof Aizu Wakamatsu, 3 Std., 9000 Yen.

In Aizu benutzt man den auffällig bunten **Aizu-Loop-Bus Haikarasan**; Einzelfahrt 200 Yen, Tageskarte 500 Yen.

Mukaitaki Ryokan (向瀧旅館), 200

Kawamukai, Yumoto, Higashiyama, Tel. 27-7501, Fax 28-0939, www.mukaitaki.jp; ab 16950 Yen mit Abendessen und Frühstück. Unweit von Aizu Wakamatsu liegt der kleine Onsen-Ort Higashiyama. Wie in so vielen Onsen-Orten dominieren auf den ersten Blick riesige Hotelgebäude aus Stahlbeton. Dazwischen versteckt sich der entzückende **Mukaitaki Ryokan**, unschwer erkennbar an seiner traditionellen Bauweise. *Vom JR-Bahnhof Aizu Wakamatsu mit Aizu-Bus-Linie Higashiyama Onsen bis Haltestelle Higashiyama Onsen, 2 Min. Fußweg.*

Aizu ist bekannt für **eingelegten Fisch** und **Miso-Speisen**. Entlang der Straße Nanukamachi-dōri finden sich einige Spezialitäten-Restaurants in alten Gebäuden. Ein Beispiel ist das **Shibukawa Donya** (渋川問屋), 3-28 Nanukamachi, Tel. 28-4000; 11–21 Uhr, kein Ruhetag. Hier gibt es Ente, Jakobsmuscheln, getrockneten und eingelegten Hering. *Vom JR-Bahnhof Nanukamachi in die Nanukamachi-dōri, an der ersten Kreuzung rechts.*

Kranichburg, 1-1 Ōte-machi, Aizu Wakamatsu, Tel. 27-4005; 8.30–17 Uhr, kein Ruhetag, zusammen mit Teehaus 500 Yen. *Vom Bahnhof Aizu Wakamatsu mit Aizu-Loop-Bus bis Haltestelle Tsurugajo Kita Guchi (Tsuruga Castle North Entrance), 5 Min. Fußweg bis Hauptturm.*

Historisches Museum der Präfektur Fukushima, 1-25 Jōtomachi, Tel. 28-6000; 9.30–17 Uhr, Mo Ruhetag, wenn Mo Feiertag und Folgetag nach Feiertagen außer Sa, So geschlossen, 27. Juni, 28. Dez.–4. Jan. geschlossen. 260 Yen.

Aizu Sake-Museum, 8-7 Tōei-chō, Tel. 26-0031; 8.30–17, Winter 9.30–16 Uhr, 300 Yen. *Direkt an der Loop-Bushaltestelle Kitademaru-Ōdōri.*

Byakkotai-Gedächtnismuseum, Ikkimachi Hachiman, Tel. 39-1251; 8–17, Dez.–März 8.30–16.30 Uhr, 400 Yen. *Loop-Bushaltestelle Iimoriyama, 5 Min. Fußweg.*

Samurai-Residenz, 1 Innai, Ishiyama Higashiyamamachi; 8–17, Dez.–März 8.30–16.30 Uhr, 850 Yen. *Mit Loop-Bus bis Haltestelle Bukeyashiki mae.*

Kräutergarten, 8-1 Hanaharumachi, Tel. 27-2472; 8.30–17 Uhr, 310 Yen. *Direkt an der Haltestelle Oyakuen.*

Lackwarengeschäft Suzuzen-Shikkiten, 1-3-28 Chuo, Tel. 22-0680; 8.30–17.30 Uhr, kein Ruhetag. *Von Loop-Bushaltestelle Yubinkyoku mae Richtung Norden, zweite Straße rechts, 2 Min. Fußweg.*

Sendai

In der Präfektur Miyagi erwartet Besucher die Metropole der Region Tōhoku. Date Masamune, einer der mächtigsten Fürsten seiner Zeit, gründete die Stadt 1601. Er baute Sendai (仙台) nicht nur zu einem wirtschaftlichen Zentrum aus, sondern förderte auch die Künste.

Sendai ist eine weltoffene Stadt mit vielen Buchläden und einer Unmenge an Einkaufsmöglichkeiten. Überdachte Arkaden ziehen sich vom Bahnhof Richtung Fluss und Burg und bieten etwas für jeden Geldbeutel und Geschmack. Bis 2015 wird im Stadtzentrum eine neue U-Bahnlinie gebaut. Dafür mussten leider einige der großen Bäume weichen, die Sendai zu seinem Zweitnamen Mori no Miyako, Hauptstadt der Bäume, verhalfen. Nach Abschluss der Bauarbeiten sollen die Bäume wieder eingepflanzt werden, denn die großzügig angelegten Alleen sind Schauplatz des sommerlichen Tanabata-Festivals sowie des Peagant-Lichterfestivals im Dezember.

■ Burg Aoba-jō

Von Date Masamunes Burg Aoba-jō (青葉城) stehen heute nur noch die mächtigen Grundmauern, eine weite sandige Fläche und eine Reiterstatue des gefürchteten Einäugigen Drachens (Masamune erblindete als Kind auf einem Auge). Ein **Museum** auf dem Gelände füllt mit Modellen und Artefakten Wissenshungrigen die gröbsten Lücken. Ein wenig abseits steht der **Schrein Gokoku**, eine Zweigstelle des Yasukuni-Schreins in Tōkyō.

Direkt unterhalb der Burg befindet sich in der Nähe des Flusses Hirose das **Sendai-City-Museum** (Sendaishiritsu Hakubutsukan, 仙台市立博物館). Date war früh am Christentum sowie an westlicher Technologie interessiert und ent-

Statue des Stadtgründers Date Masamune

sandte eine Delegation zum Papst nach Rom. Das Museum berichtet darüber ausführlich.

■ Zuihoden

Zuihoden (瑞鳳殿), das Mausoleum Date Masamunes (1567–1636), seines Sohnes und Enkels, ist ein weiterer Ort auf der Liste der wichtigsten Sehenswürdigkeiten Sendais. Die originalen Holzgebäude fielen allesamt den Brandbomben des Zweiten Weltkrieges zum Opfer. Nur die unscheinbaren Grabsteine der Frauen und Kinder des Adelshauses gleich hinter den vergoldeten und lackierten Hallen überstanden die Jahrhunderte unbeschadet.

Links führt eine lange Treppe zwischen den hohen Zedernbäumen bis zum Hauptgebäude des Mausoleums. Ebenfalls links vor dem Grab Dates befindet sich ein kleines **Museum**. Beim Verlassen geht es wieder links zu den kleineren **Mausoleen Kansenden und Zennoden**. Weiter die Treppe hinunter führt der Weg nach links zu den schlichten Grabstätten der Ehefrauen und Kinder späterer Generationen.

Das Mausoleum Date Masamunes

Karte S. 241

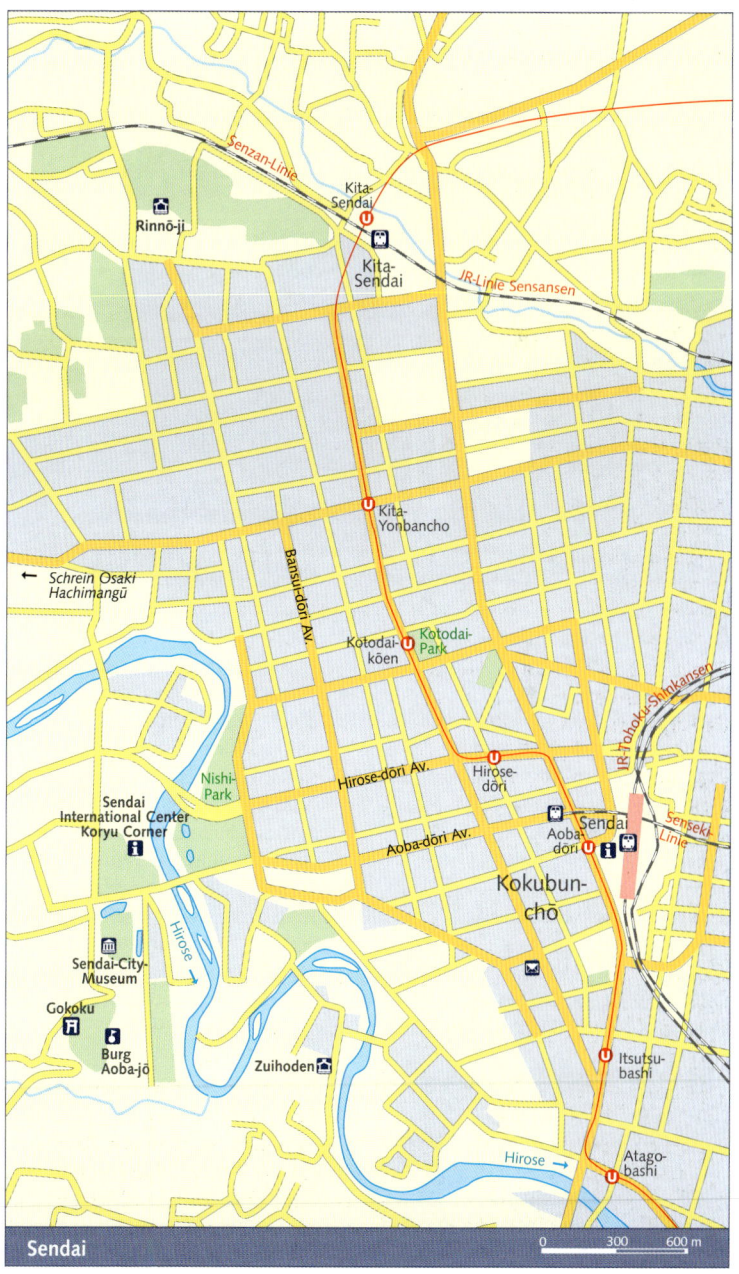

Tōhoku und Hokkaidō

Senzan-Linie

Rinnō-ji

Kita-Sendai

Kita-Sendai

JR-Linie Sensansen

Kita-Yonbancho

← Schrein Osaki Hachimangū

Bansui-dōri Av.

Kotodai-kōen

Kotodai-Park

Hirose-dōri Av.

Hirose-dōri

JR-Tohoku-Shinkansen

Nishi-Park

Sendai International Center Koryu Corner

Aoba-dōri Av.

Sendai

Aoba-dōri

Senseki-Linie

Kokubun-cho

Hirose

Sendai-City-Museum

Gokoku

Burg Aoba-jō

Zuihoden

Itsutsu-bashi

Hirose

Atago-bashi

Sendai

0   300   600 m

Der Schrein Osaki Hachimangū

■ Tempel Rinnō-ji

Gartenfans sollten unbedingt dem kleinen Garten des Tempels Rinnō-ji (輪王寺) einen Besuch abstatten. Als Haustempel des Date-Klans 1441 erbaut, kam Rinnō-ji allerdings erst im 17. Jahrhundert an seinen heutigen Platz.

■ Schrein Osaki Hachimangū

Frisch überholt präsentiert sich der größte Schrein Sendais, Osaki Hachimangū (大崎八幡宮), im Westen der Stadt. Ein gewaltiges Torii markiert den Eingang zur Verehrungsstätte des Hachimangū, Kriegsgott des Shintō-Glaubens. Date ließ das Gebäude 1607 im gleichen Stil wie später Zuihoden errichten. Hier findet in der Nacht zum Kleinen Neujahrsfest am 15. Januar (Dontō-sai), das älteste Festival Miyagis, statt: Nur mit einem Lendenschurz bekleidet laufen Männer und Frauen (die etwas mehr tragen) zum Schrein, um für Gesundheit im neuen Jahr zu beten und sich anschließend am großen Schreinfeuer von außen und mit Sake von innen zu erwärmen.

ℹ Sendai

Vorwahl: 022.
1,03 Millionen Einwohner, Präfektur Miyagi.
Internet: www.sentabi.jp.
Sendai Tourist Information Office, JR-Bhf. Sendai 2 F, 1-1-1 Chuo, Aoba-ku, Tel. 222-40 69, www.stcb.or.jp; 8.30–20, 31. Dez.–3. Jan. 8–17 Uhr. Nähe Ausgang Fußgängerplattfom/Pedestrian Deck, Richtung Stadtzentrum.
Sendai International Center Koryu Corner, Sendai International Center 1F, Aobayama, Aoba-ku, Tel. 265-

Karte S. 241

24 71, englischsprachige Hotline Tel. 224-19 19; 9–20 Uhr, jeden Monat 1–2 Tage geschlossen. Gegenüber Sendai City Museum.

Von Tōkyō: mit JR-Tōhoku Shinkansen bis JR-Bhf. Sendai je nach Zugtyp 98–149 Min., 10 590 Yen.

Zwei landesweit berühmte Onsen-Orte gehören zur Stadt Sendai. Seit der Edo-Zeit baden Reisende im Akiyu-Onsen und im älteren Sakunami-Onsen.

Hotel Kiyomizu, 1 Hirakura Yūmoto, Akiyū-chō, Taihaku-ku, Tel. 397-25 55; pro Person mit Abendessen und Frühstück ab 19 050 Yen, nur Badbenutzung 10–20 Uhr 1330 Yen. *Vom JR-Bhf. Sendai Westausgang mit rotem Miyagi-Bus, Haltestelle Nr. 8 Richtung Akiyu Onsen bis Haltestelle Akiyū Onsen Yumoto, 50 Min. Ab dort Shuttle-Bus bis zum Hotel.*

Ryokan Ichinobo, 3 Nagahara, Sakunami, Aoba-ku, Tel. 395-21 31; pro Person 10 500 Yen, nur Badbenutzung 10–22 Uhr 1700 Yen. *Vom JR-Bhf. Sendai mit JR-Linie Sensansen bis Bhf. Sakunami, 37 Min. Von dort Shuttle-Bus bis zum Hotel.*

Sendai ist bekannt für zwei Gerichte: **gegrillte Rinderzunge** (Gyūtan) und **Zunda**, ein süßes Mus aus frischen Sojabohnen. Die Rinderzunge wird in dünne Scheiben geschnitten, über Holzkohle zubereitet und kann leicht zäh sein.

Grellgrünen Zunda gibt es hingegen als Eiskrem oder Beilage zu Reisklößchen (Mochi), zum Beispiel im:

Café Zunda Charyō, JR-Bhf. 1F, 1-1-1 Chuo, Aoba-ku, Tel. 726-3061; 9–21 Uhr, Takeout ab 8 Uhr, kein Ruhetag. *Nähe Westausgang (Nishi Guchi).*

Restaurant Gyūtan Ippuku, 2-10-4 Kokubun-chō, Aoba-ku, Tel. 265-79 14; 11.30–22.30 Uhr, So Ruhetag. Empfehlenswert ist das Menü Misotsuke Gyūtan Teishoku (in Miso eingelegte Rinderzunge) zu 1800 Yen. Eine Woche Einlagerung in Sojabohnenpaste macht jede Rinderzunge wunderbar zart. Das Viertel Kokubun-chō ist Sendais Vergnügungsviertel, abends viele Gäste.

Sendai City Museum, 26 Kawauchi, Aoba-ku, Tel. 225-30 74, Fax 225-25 58; 9–16.45 Uhr, Mo Ruhetag; wenn Mo Feiertag, Di geschlossen, um Neujahr geschlossen. *Vom JR–Bhf. Sendai, Busterminal Haltestelle Nr. 9, mit City-Bus Richtung Dobutsukōen Junkan, Aobadai oder Miyakyodai bis Haltestelle Museum/International Center, 2 Min. Fußweg.*

Zuihoden, 23-2 Otamayashita, Aoba-ku, Tel. 262-62 50; 9–16.30, 1. Dez.–31. Jan. 9–16 Uhr, 31. Dez. geschlossen, 550 Yen. *Vom JR-Bhf. Sendai mit Loop-Bus Loople Sendai bis Haltestelle Nr. 4, Zuihoden.*

Tempel Rinnō-ji, 1-14-1 Kitayama, Aoba-ku, Tel. 234-53 27; 8–17 Uhr, 300 Yen. *Vom JR-Bhf. Sendai, Busterminal Nr. 14, mit City-Bus Richtung Nishi-Nakayama bis Haltestelle Rinnō-ji.*

Schrein Osaki Hachimangū, 4-6-1 Hachiman, Aoba-ku, Tel. 234-36 06; frei zugänglich. *Vom JR-Bhf. Sendai, Busterminal Nr. 10, 15 mit City-Bus Richtung Oritate/Sakunami, Kunimigaoka oder Minami-Yoshinari bis Haltestelle Osaki Hachimangū.*

Tōhoku und Hokkaidō

Pinieninseln Matsushima

Nur wenige Kilometer von Sendai entfernt liegt die bekannte Bucht von Matsushima (松島). Die Meereslandschaft mit den unzähligen Inselchen zählt neben Amanohashidate und Miyajima zu den drei schönsten Gegenden Japans. Auf den rund 250 bizarren Felsen wachsen Pinienbäume, daher der Name.

Empfehlenswert ist die schöne Anreise mit einem Schiff vom Hafen von Shiogama. Ist noch Zeit, lohnt sich zuvor ein Besuch des **Schreins von Shiogama** (Shiogama-jinja, 塩竈神社). Die karmesinroten Gebäude liegen hoch über der Hafenstadt, schon der Haiku-Dichter Bashō war beeindruckt von Größe und Schönheit der Anlage. Hungrige sollten schon in Shiogama zu Mittag essen, bessere Sushi sind schwer zu finden. Auf dem Schiff gibt es nur Krabbencracker, mit denen die Touristen abwechselnd ihre Kinder und die kreischenden Möwen füttern. Der Ort Matsushima selbst bietet überfüllte und leider recht schlechte Restaurants.

■ Ort Matsushima

Dort angekommen, ignoriert man am besten Souvenirläden und Schildkrötenhändler und läuft über eine kurze Brücke auf das Inselchen mit dem **Tempel Godaidō** (五大堂), 1604 von Date erbaut. Achten Sie auf die Schnitzereien unter dem Dach, alle zwölf Tierkreiszeichen sind vertreten. Das Innere bleibt verschlossen, erst 2039 werden die Torflügel wieder geöffnet.

Zur linken Hand des Hafens Richtung Aquarium befindet sich **Kanrantei** (観瀾亭), das Teehaus der Date. Der Pavillon stammt aus Kyōto und gehörte ursprünglich Toyotomi Hideyoshi. 1645 versetzte Date Tadamune das Häuschen an die Bucht. Kanrantei ist das älteste Teehaus

im Momoyama-Stil. Für 200 Yen gibt eine Tasse Tee inklusive Meerblick. Ein **Museum über Date** schließt sich an das Teehaus an (Matsushima Hakubutsukan, 松島博物館).

Gegenüber der Anlegestelle und einer stark befahrenen Straße liegt **Zuigan-ji** (瑞厳寺), ein Zen-Tempel mit 1000-jähriger Geschichte. Trotz der vielen Reisegruppen besitzt der Tempel eine friedliche Atmosphäre. Die bietet vor allem der Pfad rechts entlang der in Fels gehauenen Höhlen. Erstmals wurde der Tempel 828 erbaut, für den Nachbau benötigte Date fünf Jahre bis zur Fertigstellung 1609. Außen schlicht, erstrahlt das Innere des Hauptgebäudes umso mehr im üppigen Goldglanz. Zur rechten Hand ist die Küche des Tempels über einen überdachten Korridor mit dem Hauptgebäude Hondō verbunden. Die schwarz-weiße fachwerkähnliche Struktur ist auffallend schön.

Ein kleines **Museum** auf dem Gelände zeigt Rüstungen, Gemälde und Teegeschirr des Date-Klans (Seiryuden, 青龍殿). Der Tempel bietet für Interessierte jeden Donnerstag zwischen 10 und 14 Uhr Unterweisungen in Zen-Meditation an (1000 Yen).

■ Insel Fukuura-jima

Bevor es mit dem Zug zurück nach Sendai geht, beendet ein Spaziergang über eine lange rote Brücke am Ende der Bucht auf die herrlich stille Insel Fukuura-jima (福浦島) die Besichtigung Matsushimas. Hier endlich sind die Pinieninseln so, wie Bashō sie wohl vorgefunden hatte. Damals verschlug ihm der Anblick der Bucht so die Sprache, dass sein Weggefährte Sōra das Dichten übernehmen musste, Bashō brachte nur noch die Worte ›Ah Matsushima! Matsushima Ah!‹ zustande.

Karte S. 235

Die Pinieninseln

Tōhoku und Hokkaidō

 Shiogama und Matsushima

Vorwahl: 022.
Präfektur Miyagi.

Von Sendai: Die Anreise zu den Pinieninseln erfolgt mit der JR-Linie Sensekisen entweder direkt bis zur Station Matsushima Kaigan (nicht Matsushima!), 27–47 Min., 400 Yen.
Eine Kombination von Land- und Wasserweg ist ebenfalls interessant, dafür mit gleicher Linie bis Hon-Shiogama, 17–30 Min., 320 Yen. Dann weiter mit dem bunten Drachenboot von Shiogama Port bis Matsushima, 50 Min., 1420 Yen. Der Hafen liegt wenige Minuten östlich vom Bahnhof (Richtung Marine Gate Shiogama, マリンゲート塩釜).

Teehaus Kanrantei (観瀾亭), 56 Matsushima-chōnai, Tel. 353-33 55; 8.30–17, Nov.–März 8.30–16.30 Uhr, 200 Yen. *Vom JR-Bhf. Matsushima Kaigan 7 Min. Fußweg.*

Schrein von Shiogama, 1-1 Ichimoriyama, Shiogama, Tel. 367-16 11; 5–20 Uhr. 20 Min. Fußweg auf der Hauptstraße vor dem Bahnhof Richtung Westen.

Tempel Godaidō, 111 Matsushima-chōnai; 8 Uhr–Sonnenuntergang. *Vom JR-Bhf. Matsushima Kaigan 10 Min. Fußweg.*

Date-Museum, 56 Matsushima-chōnai, Tel. 353-33 55; 8.30–17, Nov.–März 8.30–16.30 Uhr, 200 Yen. Vom JR-Bhf. Matsushima Kaigan 7 Min. Fußweg.

Zuigan-ji, 91 Matsushima-chōnai, Tel. 354-20 23; 8–17 Uhr, Okt.–März kürzer, kein Ruhetag, 700 Yen. *Vom JR-Bhf. Matsushima Kaigan 5 Min. Fußweg.*

Auf Bashōs Pfaden durchs Hinterland

Am 16. Mai 1689 machte Matsuo Bashō (1644–1694) sich mit seinem Schüler und Freund Sōra auf den Weg, Japans Norden zu bereisen. Damals galten die Gebiete jenseits der Kantō-Ebene als raues Banditenland. Solides Schuhwerk war unbekannt, man reiste mit Strohsandalen an den Füßen. Das hielt den knapp 45-jährigen Literaten keineswegs von seinem Vorhaben ab, Orte und Tempel zu besuchen, die wegen ihrer poetischen Bedeutung in ganz Japan berühmt waren, aber eben abseits der gängigen Handelsrouten lagen. Schon damals gab es unzählige Gedichte über diese Sehenswürdigkeiten, Bashō wollte sich trotzdem von ihnen inspirieren lassen. Das Ergebnis seiner Reise veröffentlichte er drei Jahre später unter dem Titel ›Oku no Hosomichi‹ (Auf schmalen Pfaden durchs Hinterland) und schuf damit ein Werk, das die Haiku-Dichtung auf der ganzen Welt berühmt machte. Die Reise dauerte fünf Monate und erstreckte sich über 2400 Kilometer. Sie verlief über Nikkō und das Grenzstädtchen Shirakawa bis weiter nach Sendai. Nicht die Prachtbauten Dates, sondern der Blütenreichtum der Stadt verzauberte ihn.

Bashō hielt es nicht lange in Sendai. Bis zu seiner ›Traumlandschaft‹, der Bucht von Matsushima, war es nicht mehr weit. Hier blieben die Reisenden zwei Tage, um sich dann auf den Weg nach Hiraizumi zu machen. Sie verirrten sich jedoch und wurden zu einer weiteren Nacht im ›ungastlichen‹ Ishinomaki gezwungen, bevor sie die ›Goldene Stadt‹ erreichten.

Bashōs ursprünglicher Plan sah eine Wanderung bis an die Meeresstraße von Hokkaidō vor. Letztendlich kam er nicht nördlicher als Hiraizumi in der Präfektur Iwate. Bashō wanderte damals weiter Richtung Westen. Er passierte unwegsame Bergregionen wie Dewa Sanzan und besuchte die heißen Quellen von Narugo, bis er in der Stadt Sakata die wilde Westküste erreichte. Heute ist Sakata wegen einiger gut erhaltener Samurai-Residenzen als ›Kleines Kyōto von Tōhoku‹ bekannt, damals floh Bashō vor der städtischen Zivilisation und machte sich der Küste folgend über Niigata, Kanazawa und Fukui auf den Heimweg. Im Oktober 1689 beendete Bashō in Ōgaki (Präfektur Gifu) seine vierte und letzte Pilgerreise.

Auf schmalen Pfaden ...

Tempel in Yamadera

Yamadera

Von Sendai aus führt ein Bummelzug zu dem kleinen Örtchen Yamadera (山寺) in den Bergen der Nachbarpräfektur Yamagata. Bashō und vor ihm schon der ›Einäugige Drache‹ Date Masamune liebten diesen Ort der Bergasketen. Verstreut kleben kleine Tempelchen und Gebetshallen am steilen Berghang. Der Aufstieg ist recht mühselig, 1500 Stufen führen bis zum innersten Tempel, dem **Okunoin** (奥の院).

Davor biegt man nach links zum **Godaidō** (五大堂). Von seiner überdachten Veranda kann man weit ins Tal blicken. In der Haupthalle Konponchūdō (根本中堂) brennt seit der Gründung des Tempels im Jahr 860 ein Licht. Es soll vom Tempel Enryaku-ji aus der Nähe von Kyōto stammen. Eine Rückkehr in der sommerlichen Abenddämmerung hat ihren besonderen Charme, schon Bashō ließ sich von dem ohrenbetäubenden Konzert der Zikaden inspirieren: »Stille...! Tief bohrt sich in den Fels das Sirren der Zikaden.«

Yamagata Zao Onsen

Outdoor-Fans kommen in Yamagata in den Regionen rund um den schlafenden **Vulkan Zao** im Skigebiet Yamagata Zao Onsen (蔵王温泉) und in Dewa Sanzan, dem Gebiet der drei heiligen Berge, ganz auf ihre Kosten. Exzellenter Pulverschnee und die bizarren Schneemonster, mit einem Eispanzer überzogene Bäume, sorgen im Winter für zahlreiche Gäste im kleinen Onsenort. Eine Skipass-Tageskarte für Zao Onsen gibt es ab 4600 Yen. Im Sommer lohnt sich eine Wanderung um den Kratersee (Okama, お釜).

Dewa Sanzan

Dewa Sanzan (出羽三山) im nordöstlichen Teil des Bandai-Asahi-Nationalparks besteht aus den drei Bergen **Hagurosan** (羽黒山, 1414 Meter), **Gassan** (月山, 1984 Meter) und **Yudonosan** (湯殿山, 1504 Meter). Die drei heiligen Berge repräsentieren Geburt, Tod und Wiedergeburt und werden entsprechend dieser Reihenfolge besucht. Dewa Sanzan gilt als Zentrum des Shugendō, einer religiösen Mischung aus Shintō und Buddhismus, ihre Anhänger sind die Yamabushi, Bergasketen mit Muschelhorn und weiter weißer Kleidung. Die Pilgerstätte bezaubert mit der wilden Schönheit ihrer Landschaft, unterbrochen von verwitterten Schreingebäuden und rot lackierten Brücken. Nur Hagurosan kann das ganze Jahr bestiegen werden (über 2500 Stufen führen bis zur Spitze), und so konzentriert sich hier der Besucherstrom. Schon Bashō begnügte sich mit dem niedrigen Berg, wie ein Gedenkstein in der Nähe des Teehauses auf halbem Weg zum Gipfel zeigt. Von April bis Oktober geht von hier ein Bus zum Gassan (Gassan 8. Station, Gassan Hachi-Gōme, 月山八合目). Die letzten 500 Meter zum Schrein Gassan-jinja läuft man und

kommt dann über den dritten Berg Yudonosan wieder herunter. Yudonosan ist so heilig, dass Fotografieren verboten ist. Vom Parkplatz Yudonosan fährt der letzte Bus um 16.30 via Hagurosan Richtung Tsuruoka. Drei Berge an einem Tag schaffen nur geübte Yamabushi. Dreißig Shukubō, Pilgerhotels, bieten im Ort Haguro-machi ihre Dienste an. Oben auf dem Berg steht allein das Hotel Saikan (Hagurosan Saikan). Es hat Platz für 300 Gäste und ist mit 7000 Yen einschließlich zweier vegetarischer Mahlzeiten eine sehr gute Wahl.

Sakata

Von Tsuruoka bietet sich ein Ausflug nach Sakata (酒田) an der Japan-See an. Eine kurze Busfahrt führt zu der kleinen Hafenstadt an der Mündung des Mogami-Flusses. In der Edo-Zeit war Sakata wichtiger Handelspunkt für die Küstenschifffahrt.

Heute erinnern ein Straßenzug mit zwölf Lagerhäusern (Sankyo Sōko, 山居倉庫) sowie die ehemalige **Residenz des Honma-Klans** (Honmake Kyūhontei, 本間家旧本邸) an die reiche Vergangenheit der Stadt.

Präfektur Yamagata

Tourist Information in Tsuruoka, direkt am JR-Bahnhof, Tel. 02 35/76 78; 9.30–17.30, Nov.–Feb. 10–17 Uhr. Versorgt Besucher mit Busplänen und Wanderkarten.

Tempel Godaidō: Die Anreise vom JR-Bhf. Sendai mit der Linie Sensansen Richtung Yamagata bis Bhf. Yamadera dauert 49 Minuten, ab JR-Bhf. Yamagata fährt ein Zug ebenfalls mit Sensansen Richtung Sendai.

Zao Onsen: Die Anreise erfolgt vom JR-Bhf. Yamagata, Haltestelle Nr. 1, aus stündlich mit dem Yamagata-Überlandbus Richtung Zao Onsen, 40 Min, 980 Yen. Zum **Kratersee** geht ein Expressbus (29. April–25. Oktober, ansonsten Straßenzugänge gesperrt, nur 9.30 hin, 13 Uhr zurück, 97 Min., 1990 Yen). **Von Sendai aus** fährt ein Highway-Bus in der Skisaison zwischen Dezember und Ende März ebenfalls bis Zao Onsen: JR-Bhf. Sendai, Ostausgang (Higashi Guchi), Haltestelle Nr. 46, 90

Min., 1500 Yen. Reservierungen unter Tel. 022/267-17 77.

Dewa Sanzan: Anreise von Tōkyō nach Niigata mit JR-Joetsu Shinkansen, Niigata bis Tsuruoka mit JR-Uetsu-Linie. Von dort mit Bus Haltestelle Nr. 2 bis Haguro Center (40 Min., 800 Yen), weiter nach Hagurosan (Spitze) und weiter nach Gassan Hachi-Gōme (8. Station).

Hotel Saikan (Hagurosan Saikan), auf dem Yudonosan, Tel. 02 35/62-23 55.

Lagerhäuser in Sakata, 1-1-20 Sankyochō, Tel. 02 34/24-22 33. Museum in einem Lagerhaus: 9–17, Dez.–Feb. 9–16.30 Uhr, 300 Yen. *Direkt in der Nähe der Bushaltestelle Sankyo-chō Higashi.*

Residenz des Honma-Klans in Sakata, 12-13 Nibancho, Tel. 0234/22-35 62; 9.30–16.30, Nov.–Feb. 9.30–16 Uhr, 700 Yen. *Direkt an der Bushaltestelle Nibancho.*

600 Jahre alte Pagode am Pilgerfad

Der Norden von Tōhoku

0   30   60 km

Hiraizumi

Hiraizumi (平泉) in der Präfektur Iwate ist von Sendai aus als Tagesausflug zu bewältigen. Im 12. Jahrhundert wurde der Ort durch Goldminen reich und erlangte eine Bevölkerung von über einer Million Einwohnern. Damit zählte Hiraizumi zu den größten Städten des alten Japans. Die Tempel trugen vergoldete Dächer, die großzügigen Gärten erinnerten an das Paradies. Hiraizumi galt als Grenzposten zum Land der ›barbarischen‹ Emishi, heute besser als Ainu bekannt.

Die Stadt war jedoch auch Schauplatz einer der vielen Schlachten um die Macht über ganz Japan. Hier verübte Minamoto no Yoshitsune, der Bruder des ersten Shoguns Minamoto Yoritomo, im Jahr 1189 unter mysteriösen Umständen Selbstmord. Mit dem Machtverlust der Fujiwara um das Kaiserhaus in Kyōto erlebte auch der Zweig der Fujiwara in Hiraizumi seinen Niedergang. Nach 100 Jahren Glanz und Gloria sank die einst ›Goldene Stadt‹ zurück in die Bedeutungslosigkeit. Bashō benötigte nur wenige Worte, um die Vergänglichkeit dieses Ortes zu beschreiben: ›Sommergras...! Von all den Ruhmesträumen die letzte Spur ... ‹

Hiraizumi bemüht sich gegenwärtig, als Weltkulturerbe anerkannt zu werden.

■ Tempel Chūson-ji

Vom Bahnhof aus geht es mit dem Fahrrad, dem Loop-Bus RunRun oder einfach zu Fuß (25 Minuten) zum Tempel Chūson-ji (中尊寺). Der Tempel ist das Mausoleum des Ōshū-Zweigs der Fujiwara. Besonders berühmt ist der **Goldene Pavillon Konjikidō** (金色堂) im hinteren Teil des Tempelgeländes. Beim großen **Resthouse Hiraizumi** (Restaurant) geht es an der Kreuzung nach links, an der Weggabelung dann nach rechts in den Tsukimisaka-Sandō, den Pilgerweg Mondschau-Hügel. Im zweiten Gebäude links, dem so genannten **Benkei-Dō** (弁慶堂), stehen hölzerne Figuren vom jungen Helden Yoshitsune und seinem ergebenen Leibwächter, dem Hünen Benkei. Benkeis Grab befindet sich unten an der Kreuzung beim Resthouse.

Vorbei an zahlreichen Tempeln geht es weiter bis zum 1124 errichteten **Pavillon**. Anfangs glitzerte die Halle unter freiem Himmel, heute befindet sie sich geschützt innerhalb eines Gebäudes. Die vielen vergoldeten Buddha-Statuen bewachen die Grabstätten der ersten vier Fujiwara-Regenten Hiraizumis, beim dritten Fujiwara rechts liegt der Kopf des vierten mit dabei. Der geduldige Betrachter entdeckt unzählige Ornamente und Intarsienarbeiten an Säulen, Sockeln und auch an der Decke, die mit Lack grundiert und anschließend mit Blattgold verziert wurde. Unnötig zu erwähnen, dass unter den knapp 3000 Kunstschätzen viele den Rang eines Nationalschatzes besitzen. Das **Schatzhaus** (Sankōzō, 讃衡蔵) kurz vor dem Goldenen Pavillon zeigt die besten Artefakte des Tempels.

■ Tempel Mōtsū-ji

Wesentlich einfacher ist der Weg zum Mōtsū-ji (毛越寺), Hiraizumis zweitem Kulturschatz. 850 erbaut, lebten im 12. Jahrhundert über 500 Mönche in der einstigen Anlage. Hier sind es weniger die Gebäude, die Aufmerksamkeit erregen, von vielen deuten nur noch die Fundamente ihre ehemaligen Positionen an. Es ist der Garten **Jōdoteien** (浄土庭園), der nach dem populären Konzept des buddhistischen Reinen Landes angelegt wurde und seit der Heian-Zeit unverändert ist. Im seiner Mitte befindet sich typischerweise ein

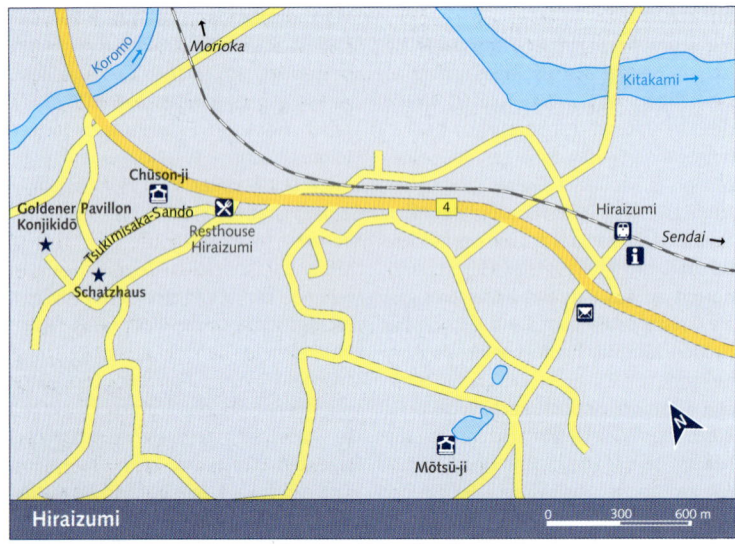

Hiraizumi

Teich. Wenn Ende Juli die Schwertlilien blühen, zeigt der alte Garten sich von seiner schönsten Seite. Erst 1983 entdeckte man den Wasserlauf aus nordöstlicher Richtung, aus dem der Teich früher sein Wasser bezog. Heute versammeln sich hier jedes Jahr am vierten Sonntag im Mai Literaturliebhaber in den Kostümen einstiger Heian-Höflinge.

Sie sitzen am Bach und dürfen sich für ein gelungenes Gedicht eine Schale Reiswein nehmen.

Ernsthafte Gemüter können in der Haupthalle **Hondō** an einer Zenmeditation teilnehmen. Für nur 200 Yen beginnt die Übung mit leichter Gymnastik und kann schon mal mit Stockschlägen enden. Anmeldung erforderlich!

 Hiraizumi

Vorwahl: 0191.
Hiraizumi Tourist Information, rechts vor dem Bahnhof, 61-7 Izumiya, Tel. 46-2110; 8.30–17 Uhr, 29.–31. Dez. geschlossen.

Von Sendai: Hiraizumi liegt an der JR-Bahnlinie Tōhoku Honsen. Von Sendai über Matsushima dauert die Fahrt 100 Min., 1890 Yen. Nur 8 Min. Bahnfahrt von Ichinoseki als nächstem Shinkansen-Bahnhof mit gleicher Linie. Innerhalb Hiraizumis verkehrt der

Loop-Bus RunRun, er fährt die wichtigsten Stationen an; Einzelfahrt 140 Yen, Tageskarte 300 Yen.

Fahrradverleih, am Bhf. Hiraizumi bei ›Suwaro Tours‹, Tel. 46-5086; Apr.–Nov. 9–16 Uhr, 2 Std. 500 Yen, Tag 1000 Yen. Im Winter und an Regentagen geschlossen.

Chūson-ji, Tel. 46-2211; 1. April–10. Nov. 8–17, 11. Nov.–31. März 8–16.30 Uhr, 800 Yen. *Vom Bhf. Hiraizu-*

mi an großer Kreuzung nach rechts, immer entlang der Nationalstraße 4 bis 4. Ampel links zum Tempel.
Mōtsū-ji, 58 Ōzawa, Tel. 46-23 31; 8.30–17, Nov.–Apr. 8.30–16.30 Uhr,

500 Yen. Vom JR-Bhf. Hiraizumi mit Loop-Bus bis Haltestelle Mōtsū-ji mae, 3 Min. oder 10 Min. Fußweg geradeaus über die Kreuzung Nationalstraße 4.

Tōno

Tōno (遠野) entspricht ganz dem Bild der Japaner vom Inaka, dem Landleben. Drei Berge umgeben die Stadt und locken im Frühjahr und im Herbst die Wanderer in diese liebliche Landschaft des Nordostens. Tōno ist berühmt für seine Gestüte, hier findet einmal im Jahr der einzige Markt für Reitpferde auf Honshū statt. Die Architektur der alten Bauernhäuser, Magari-ya genannt, zeigt, wie kostbar den Bauern ihre Pferde waren: Tier und Mensch wohnten unter einem Dach. Die mit Reet bedeckten Bauernhäuser und die unberührte Natur sind allerdings nicht der einzige Grund, warum Tōno Touristen aus ganz Japan anzieht. Es sind die Kappa, Japans wilde Wassergeister. Der Fluss Sarugaishi, er fließt mitten durch den Ort, gilt als Heimat besonders vieler Kappa. Im Shintō-Glauben zählen sie zu den Wassergöttern, ihnen zu Ehren steht am Fluss auch ein kleiner Schrein. Yanagita Kunio (1875–1962), der Begründer der japanischen Völkerkunde, machte mit seinem Buch ›Tōno Monogatari‹ (Die Erzählungen von Tōno) die Legenden und Sagen um die Kappa in ganz Japan bekannt.

Einen guten Einstieg rund um Tōno bietet das **Städtische Museum Tōno** im Gebäude der örtlichen Bücherei (Tōno Shiritsu Hakubutsukan, 遠野市立博物館). Um das alte Tōno zu sehen, überquert man den Fluss zurück und biegt links zum ›Dorf der Alten Erzählungen‹ ab, einem kleinen **Freilichtmuseum** einschließlich des von Yanagita im Sommer 1909 besuchten Ryokan (Tōno Mukashibanashi Mura, 遠野昔話村).

Altes Bauernhaus in Tōno

Tōhoku und Hokkaidō

■ Freilichtmuseum Denshō-en

Nordöstlich von Tōno liegt Denshō-en (伝承園), ein weiteres Freilichtmuseum. Hier findet man eine Kollektion von über 1000 einfach gestalteten Holzfiguren. Es sind Abbildungen der shintoistischen Gottheit Oshira-sama, ein in ganz Nordjapan verehrter Kami der Landwirtschaft. Früher diente ein kleines Hinterzimmer des reichsten Bauern im Dorf als Altar für Oshira-sama. Oshira-sama sorgte nicht nur für reiche Ernten, sondern vermittelte auch über blinde Schamanen Botschaften an die Menschen. Dieses Brauchtum stammt noch aus der Zeit der Ureinwohner Nordjapans und verweist deutlich auf Verbindungen zum Festland über Korea bis weit in die Mongolei.

■ Tempel Jōken-ji

Anschließend geht es Richtung Osten entlang der Hauptstraße bis zum Tempel Jōken-ji (常堅寺). 1490 erbaut, steht hier anstelle der üblichen Wächterfigur eine Art Kappa-Löwe, erkennbar an der tellerartigen Vertiefung auf dem Schädel. Die Legende berichtet von einem Kappa, der einst den Tempel vor einem Feuer bewahrte. Zum Dank errichtete man dem guten Wassergeist diese Statue. Im Innern des Tempels steht die schon stark polierte Statue des Obinzuru-sama. Er soll Krankheiten heilen können, wenn man ihm die Stelle reibt, an der man selbst Schmerzen verspürt. Hinter dem kleinen Tempel liegt der idyllische Kappa-Teich (Kappa-buchi, カッパ淵), Heimat der kleinen Shintō-Gottheiten. Der kleine Schrein am Ufer soll jungen Müttern den Milchfluss stärken, daher die vielen brustähnlichen Gebilde als Bittopfer an die Kappa.

■ Schrein Unedori

Südlich von Tōno, etwa 2,5 Kilometer entlang der Landstraße 283 befindet sich links eine steinerne Treppe. Zunächst trifft man hier auf den Schrein Unedori (Unedori-jinja, 卯子西神社), etwas versteckt liegt er hinter einem Haus.

Der Kami dieses Schreins sorgt für gute Ehen. Wer also noch auf der Suche nach der Traumfrau oder dem Traummann ist, bindet einen roten Stoffstreifen mit der linken Hand an einen Baum. Dies getan, geht es nun die steinerne Treppe in den Wald hinauf. Ein genauer Beobachter sieht, dass die von Moos bewachsenen Steine entlang des Weges verwitterte Buddha-Figuren sind. Zur Erinnerung

Schrein in Tōno

Karte S. 250

und Besänftigung der Opfer der großen Hungersnot von 1750 schuf allein ein Mönch 500 steinerne Figuren, die so genannten 500 Schüler des Buddha (Gohyaku Rakan, 五百羅漢). Bis weit ins 19. Jahrhundert wurde Tōhoku immer

wieder von Hungersnöten geplagt. Schlichte buddhistische Gedenksteine am Wegesrand, deren Bedeutung schon Yanagita vor Rätsel stellte, sorgen ebenfalls für den Seelenfrieden der an jener Stelle Verhungerten.

 Tōno

Vorwahl: 0198.

30000 Einwohner, Präfektur Iwate.

Tōno Tourist Information Center, 5-13 Shinkoku-chō, direkt am JR-Bhf. Tōno, Tel. 62-1333; 8–18, 16. Sept.–31. März 8.30–17.30 Uhr, Fahrradverleih 2 Std. 500 Yen, Lizenz für Kappajagd 200 Yen, mit Foto 900 Yen (siehe auch Seite 256).

Aus Richtung Morioka oder Richtung Tōkyō/Sendai: Die Anreise erfolgt mit dem Tōhoku Shinkansen (Tōkyō/Sendai 200/70 Min.) bis JR-Bhf. Shin-Hanamaki, von dort mit JR-Linie Kamaishisen (60 Min.) bis Bahnhof Tōno.

Tōno Youth Hostel, 13-39-5 Tsuchibuchi, Tsuchibuchi-chō, Tel. 62-8736, www1.odn.ne.jp/tono-yh/index-e.htm. Fahrradverleih vorhanden (Tag/800 Yen). Der freundliche Herbergsvater erzählt gerne die Legenden der Region. *Vom Bhf. Tōno Buslinie Sakanoshita bis Haltestelle Nitagai, 10 Min. Fußweg, sehr gut ausgeschildert.*

Ein traditionelles Bauernhaus bietet Übernachtungen an: **Minshuku Magariya**, 30-58-3 Niisato, Ayaori-chō, Tōno, Tel. 62-4564; pro Person mit Abendessen und Frühstück an der offenen Feuerstelle 9790 Yen. Kinder unter 16 Jahren leider nicht erlaubt.

Neben **Kappamaki** ist **Suiton-Suppe**, (auch: Nambu Hitsumi) ein typisches Gericht der Gegend. Dicke Weizennudeln in der Größe von 500-Yen-Münzen werden zusammen mit Gemüse in einer Brühe serviert. In kleinen Schüsseln mit Ei, Hühnchenfleisch und Gemüse werden Hitsuko-Soba, dicke Nudeln aus Buchweizen, gegessen. Die Restaurants der Freilichtmuseen bieten diese Gerichte an.

Städtisches Museum Tōno, 3-9 Higashidate-chō, Tel. 62-2340; 9–17 Uhr, letzter Tag/Monat geschlossen. Nov.–Marz ebenfalls Mo Ruhetag. 310 Yen. *Vom Bhf. geradeaus über Ekimae-dōri bis über den Fluss, 8 Min. Fußweg.*

Freilichtmuseum, 2-11 Chuō-dōri, Tel. 62-7887; 9–17 Uhr, am letzten Tag im Monat geschlossen, 310 Yen.

Freilichtmuseum Denshō-en, 6-5-1 Tsuchibuchi, Tsuchibuchi-chō, Tel. 62-8655; 9–17 Uhr, 310 Yen. *Vom Bhf. Tōno Buslinie Tsuchibuchi bis Haltestelle Denshō-en, 15 Min., 300 Yen.*

Tempel Jōken-ji, 7-50 Tsuchibuchi, Tsuchibuchi-chō.

Schrein Unedori-jinja, Shimokumi-chō, Tōno, keine Busverbindung.

Fahrradverleih im **Tōno Tourist Information Center**; 2 Std. 500 Yen.
Fahrradverleih im **Tōno Youth Hostel**; Tag 800 Yen.

Kappa, wilde Wassergeister des Nordens

Japaner gruseln sich gerne. Nichts geht über eine prickelnde Gänsehaut in heißen Sommernächten, und so kursieren über Kappa, Japans wilde Wassergeister, fantastische Geschichten. Ihr Aussehen sei von grüner Farbe mit einem schildkrötenartigen Panzer und Schwimmhäuten. Auf ihrem affenähnlichen Kopf befindet sich zudem eine tellerartige Vertiefung. Die darin befindliche Flüssigkeit verleihe ihnen laut uralter Legenden unvorstellbare Kräfte. Dies nutzen sie auf etwas fiese Art und Weise: Ein Kappa kann Pferde und natürlich Menschen unter Wasser ziehen und ihnen ruckzuck sämtliche Organe aussaugen. Zarte Kinder schmecken ihnen besonders gut. So entstand

in einigen Gegenden die Sitte, zum Schutz der Kleinen ihre Namen in Gurken zu ritzen und diese dann ins Gewässer zu werfen. Als Gegenleistung blieben die Kinder unbehelligt. Dieser Brauch soll übrigens der Ursprung des beliebten Kappa-Makis sein, leckere Reisrollen in einem Seetangmantel mit Gurkenfüllung.

Kappa sind nicht immer nur zum Fürchten. Als propere Shintō-Gottheiten haben sie auch ihre guten Seiten. So kennen sie sich in den Heilkünsten aus und wissen Knochenbrüche zu richten. Außerdem gelten sie als ehrlich und aufrichtig, Versprechen würden sie niemals brechen, und sie bewahren Menschen zuweilen auch vor Gefahren. Kappa haben den Sprung in die Moderne mühelos geschafft: Sie tauchen in Büchern von Murakami Haruki auf, geben dem Monster im Spielfilm ›Ring‹ seine Gestalt und sind Figuren in Konsolenspielen wie Final Fantasy oder Super Mario World. Bei einem Zusammenstoß mit einem streitlustigen Kappa sollte man sich tief verbeugen! Der immer um Höflichkeit bemühte Kappa wird sich ebenfalls verbeugen und seine kraftspendende Flüssigkeit verschütten. Wehrlos geworden, bleibt ihm nur noch die schleunige Rückkehr in sein Wasserreich. Eine Lizenz zum Kappa-Jagen verkauft übrigens die Tourist Information in Tōno. Damit werden Besucher für ein Jahr offiziell ein Kappa-Jäger. Von Erfolgen ist allerdings noch nichts bekannt.

Ein Wassergeist

Kakunodate

Über Morioka, die Hauptstadt der Präfektur Iwate, geht es weiter Richtung Westen nach Kakunodate (角館) in der Nachbarpräfektur Akita. **Morioka** selbst ist eine relativ junge Stadt (gegründet 1889) und hat außer einem durch Fels wachsenden Kirschbaum und Wanko-Soba touristisch wenig zu bieten. Beim Verspeisen der berühmten Soba-Nudeln herrscht Quantität über Qualität. Es gilt, die meisten Schälchen (Wanko) mit den Buchweizennudeln zügig zu vertilgen. Der Rekord liegt bei 559 Portionen, ein erwachsener Mann gibt gewöhnlich nach 60 Schüsseln auf. Wer im Sommer nicht wegen der Nudeln kommt, sollte Moiroka während des lebhaften Kanto-Festivals (siehe Seite 265) besuchen.

Kakunodate hat seine Stadtgeschichte bewahren können. 1620 gründete Ashina Yoshikatsu, Fürst von Akita, in Kakunodate eine Burg mitsamt Samurai- und Händlervierteln. Mit seiner ruhigen Eleganz gilt Kakunodate vielen Besuchern als das ›Kleine Kyōto‹ von Tōhoku (diesen Titel beansprucht allerdings auch Sakata für sich). Im Norden liegen weiterhin in direkter Nähe zum Burggelände (heute ohne Burg) die großzügig angelegten **Residenzen der Samurai** (Uchimachi, 内町, innere Stadt), im Süden das enge **Viertel der Kaufleute** (Tomachi, 外町, äußere Stadt) mit Wohn- und Lagerhäusern. Dazwischen befand sich als Brandschutz ein großer Platz. Hinzu kommen hunderte von alten Kirschbäumen, besonders beliebt ist die zwei Kilometer lange **Kirschbaumallee** entlang des Flusses.

Übrigens heißt Kakunodate heute korrekt **Senboku City** (仙北市). 2005 wurde Kakunodate mit Nachbargemeinden zur neuen Gemeinde Senboku zusammengefasst.

■ Innere Stadt

Uchimachi liegt einen kurzen Fußweg in nordöstlicher Richtung vom Bahnhof entfernt. Von den einst 80 Samurairesidenzen können heute sechs Häuser besichtigt werden. Die ersten Häuser ent-

Kirschblüte in Kakunodate

Tōhoku und Hokkaidō

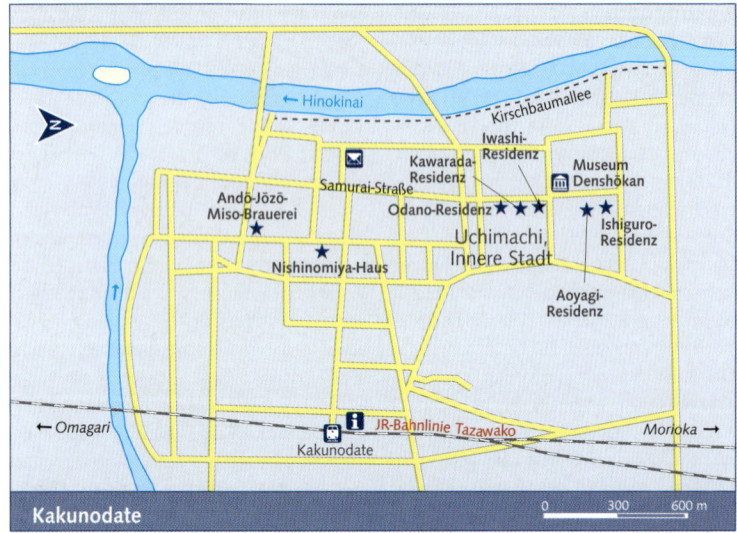

Kakunodate

lang der Samurai-Straße, die Residenzen der Odano, der Kawarada und der Iwa-hashi, können nur vom Garten aus be-trachtet werden. Bei gutem Wetter öff-nen die Besitzer allerdings die Schie-betüren und erlauben einen Blick ins Haus. Die Residenzen sind von 9 bis 17 Uhr kostenlos zugänglich, haben jedoch von November bis April geschlossen.

Friseursalon in Kakunodate

Das prächtigste Haus ist die **Residenz der Aoyagi** (Kakunodate Rekishimura Aoyagi-ke, 角館歴史村青柳家) im nörd-lichen Abschnitt der Samurai-Straße. Ihr beeindruckendes Tor gilt heute als wich-tiges Kulturgut. Bis 1985 waren die Ge-bäude bewohnt, jetzt sind hier ein bunt gemischtes Museum mit Samurairüs-tungen, landwirtschaftlichen Geräten und Kriegserinnerungen sowie ein Sou-venirshop und Restaurant eingerichtet. Das Schlusslicht der Straße bildet die **Residenz der Ishiguro** (Ishiguro-ke, 石黒家). Obwohl kleiner als die Residenz der Aoyagi – die Familie bewohnt noch einen Teil des Gebäudes – besitzt es eine interessante Kollektion von Rüstun-gen und Waffen sowie gut erhaltene Lagerräume. Das Haus wurde 1809 er-richtet und ist damit eine der ältesten Samurairesidenzen von Kakunodate. Einen Überblick über die Geschichte Kakunodates verschafft das **Museum Denshōkan** (Kakunodate Kabazaiku Denshōkan, 角館樺細工伝承館) südlich der Residenz der Aoyagi. Die Ausstellung erklärt auch Kabazaiku, die Verarbeitung der Kirschbaumrinde, Kakunodates einzigartiges Kunsthandwerk. In der Edo-Zeit verbesserten die Frauen und Kinder verarmter Samurai-Familien damit ihr Einkommen.

■ Händlerviertel

In der südlichen Verlängerung der Samurai-Straße befindet sich das Händlerviertel. Allerdings sind hier nur vereinzelt historisch interessante Gebäude erhalten geblieben. Eines davon ist das **Nishinomiya-Haus** (Nishinomiya-ke, 西宮家) direkt an der Grenze zum Äußeren Viertel der Kaufleute. Haus und Garten sind kostenlos zu besichtigen, im alten Lagerhaus befinden sich Geschäfte und ein Restaurant. Die **Andō-Jōzō-Miso-Brauerei** (Andō Jōzō 安藤醸造) ein Stück weiter Richtung Süden ist das wohl

Raum in einer Händlerresidenz

schönste Haus im Viertel. Das rote Backsteingebäude aus der Meiji-Ära ist sehr gut erhalten, seit 150 Jahren werden hier unverändert Miso-Paste und Sojasauce hergestellt.

Tōhoku und Hokkaidō

 Kakunodate

Vorwahl: 0187.
14 000 Einwohner, Präfektur Akita.
Internet: http://kakunodate-kanko.jp, www.nyuto-onsenkyo.com.
Kakunodate Tourist Information, 394-2 Kamisugazawa Kakunodate-machi, Tel. 54-2700; 9–18, Okt.–Apr. bis 17.30 Uhr. Das Gebäude ähnelt einem alten Lagerhaus, direkt vor dem Bhf. Kakunodate. Mit Fahrradverleih.

Von Akita: Mit dem JR-Akita-Shinkansen-Komachi bis Kakunodate, 50 Min., 2940 Yen. Oder mit dem Bus bis Haltestelle Kakunodate-Eigyosho, 95 Min., 1330 Yen.
Von Morioka: Mit JR-Akita-Shinkansen, 55 Min., 2770 Yen oder mit dem Regionalzug JR-Bahnlinie Tazawako, 115 min., 1110 Yen.

Eine der berühmtesten Onsen-Orte Japans, **Nyoto-Onsen** (乳頭温泉), ist nicht weit entfernt von Kakunodate. So indiskret der Name auch ist, er bedeutet Brustwarze, so diskret verstecken sich die weit voneinander entfernten Ryokans in den Wäldern Akitas. Mit Umsteigen am See Tazawa (Tazawako, 田沢湖) geht es durch den Towada-Hachimantai-Nationalpark bis Haltestelle Nyuto Onsen.
Gasthaus Taenoyu Onsen (妙乃湯温泉), Tel. 46-2740, www.taenoyu.com; pro Person ab 13 000 Yen mit Abendessen und Frühstück.
Gasthaus Ogama Onsen (大釜温泉), Tel. 46-2438; pro Person ab 10 500 Yen mit Abendessen und Frühstück.
Ganiba Onsen (蟹場温泉 Tel. 46-2021; pro Person ab 9975 Yen mit Abendessen und Frühstück).

Alle drei Gästehäuser benötigen jeweils 10 Min. Fußweg ab der Bushaltestelle.

Tsurunoyu Onsen (鶴の湯温泉), Tel. 46-21 39, www.nyuto-onsenkyo.com/english/eng_tsurunoyu.html; pro Person ab 8400 Yen mit Abendessen und Frühstück. Abenteuerlustige buchen das älteste Hotel aus der Edo-Zeit: Wie zur Zeit der Samurai ohne Strom und fließend Wasser.

In Kakunodate dreht sich alles um **eingelegtes Gemüse** (Tsukemono), **Sake**, **Sojabohnenpaste** (Miso) und **Sojasauce**. Nicht zu vergessen **Nattō**, fermentierte Sojabohnen, die man in Tōhoku gerne zum Frühstück isst.

Museum in der Residenz der Aoyagi, 26 Higashikatsuraku-chō, Tel. 54-32 57; 9–17, Nov.–März 9–16 Uhr, www.samuraiworld.com, 500 Yen. *Vom Bhf. Kakunodate 15 Min. Fußweg.*

Residenz der Ishiguro, Omotemachi, Tel. 54-27 00; 9–18, Okt.–Mitte Apr. 9–17.30 Uhr, 300 Yen.

Museum Denshōka, 10-1 Omotemachi, Shimochō, Tel. 54-17 00; 9–17, Nov.–März 9–16.30 Uhr, 300 Yen.

Nishinomiya-Haus, 11-1 Tamachikami-chō, Tel. 54-15 58; 10–18, im Winter 10–17 Uhr, kein Ruhetag.

Andō-Jōzō-Miso-Brauerei, 27 Shimoshinmachi, Tel. 53-2 008.

See Towada

An der Grenze zu Aomori, Honshūs nördlichster Präfektur, liegt der See Towada (Towadako, 十和田湖) im Nationalpark Towada Hachimantai. Towadako ist der größte Vulkansee Honshūs und berühmt für das bunte Herbstlaub seiner Wälder. Einzig das Örtchen **Yasumiya** (休屋) an der südlicheren der beiden Halbinseln ist touristisch erschlossen. Von hier starten Ausflugsboote über den See, ein Schrein und Bronze-Figuren junger Mädchen bieten im Ort ein wenig Abwechslung.

Sehr schön ist allerdings die Strecke entlang des **Oirase-Flusses** (奥入瀬渓流). Er mündet östlich bei Nenokuchi (子ノ口) in den See. Die Straße Richtung Aomori/Hachinohe folgt dem Wildwasser eine ganze Weile, und man möchte am liebsten immerzu aussteigen, um die Wasserfälle in Ruhe betrachten zu können. Die Strecke ist allerdings vom 5. November bis Mitte April geschlossen. Von Aomori oder Hachinohe verkehren JR-Busse von den Bahnhöfen entlang des Oirase-Flusses bis zur Endstation Yasumiya. Auf den Strecken ist der JR-Rail-Pass gültig, aber nicht der JR-East-Pass. Wer den See einmal umrunden möchte, benötigt ein Auto. Achtung: An manchen Tagen während der Herbstlaubfärbung ist die Strecke wegen Überfüllung für den privaten Personenverkehr gesperrt. Es gibt einige Hotels in Yasumiya, doch empfiehlt sich der See als Tagesausflug.

Hirosaki

Der westliche Teil Aomoris ist auch unter dem Namen Tsugaru (津軽) bekannt. Tsugaru Tamenobu (1550–1607) gründete mit der Erlaubnis des Shoguns Toyotomi Hideyoshi die Domäne Hirosa-

Karte S. 250

Die Burg von Hirosaki

In den Buchenwäldern Shirakami Sanchi

produktion aus dieser Region, rotwangige Früchte und Burg sind heute die Wahrzeichen der Stadt. Die Burg wurde 1611 errichtet, der dreistöckige Hauptturm brannte allerdings schon 1627 durch Blitzeinschlag ab. 1810 wieder aufgebaut, ist **Hirosaki-jō** (弘前城) die einzige Burg der Gesamtregion Tōhoku, die dem Schleifen der Kaiserlichen Meiji-Truppen entgangen ist. Ende April findet hier das Sakura-Festival statt. Neben dem Nebuta-Festival im Sommer (siehe Seite 265) zieht der Frühling die meisten Besucher nach Hirosaki.

Nördlich des Parks befindet sich das alte **Samurai-Viertel** mit einigen sehr schön erhaltenen Residenzen. Ein Eindruck vom Nebuta-Festival vermittelt das **Museum Tsugaruban Nebuta Mura** (津軽蕃ねぷた村). Auf der Südseite des Parks stehen hingegen einige Gebäude aus der Meiji-Zeit. Vor dem südlichen Burgtor Otemon schließt sich der modern gestaltete Platz Otemon Hiroba an, mit einem alten Schulgebäude und einer Bücherei im Tourist Information Center sowie Restaurants und Geschäften für Tsugaru Nuri, den gesprenkelten Lackwaren der Region.

ki und errichtete eine Burg. Seine Nachfolger erweiterten die Stadt Hirosaki (弘前) und bauten an der Bucht von Mutsu einen Hafen. Daraus entwickelte sich die Stadt Aomori. Unter der Meiji-Restauration verlor Hirosaki als fürstliche Residenzstadt seinen zentralen Status an die neue Präfekturhauptstadt Aomori.

Zu Beginn des 20. Jahrhunderts verursachten Missernten einen beinah völligen Kollaps der Landwirtschaft. Bereitwillig griffen die Bauern nach den neuen westlichen Apfelsorten, deren Anbau die Regierung damals landesweit förderte. Heute stammen 20 Prozent der Gesamt-

ℹ Hirosaki

Vorwahl: 0172.
183 000 Einwohner.
Präfektur Aomori.
Internet: www.hirosaki.co.jp.

ℹ

Hirosaki Tourist Information Center, Hirosaki Shiritsu Kankōkan, 2-1 Shimoshiroganemachi, Tel. 37-5501; 9–18 Uhr, während des Nebuta-Festival Anfang August verlängerte Öffnungszeiten. *Vom JR-Bhf. Hirosaki mit Konan-Buslinie Richtung Shiyakusho bis Haltestelle Shiyakusho mae, 15 Min.*

Von Tōkyō: Mit JR-Tōhoku Shinkansen Hayate bis Station Hachinohe, weiter mit JR-Limited Express Tsugaru bis Hirosaki, 5 Std., 17 400 Yen.
Von Tōkyō, Bhf. Ueno: Nachtzug JR-Akebono bis Hirosaki, 11 Std. 30 Min., in Schlafkabine (Achter) 19 640 Yen, nur Sitz 13000 Yen.

Quadratisch, praktisch, aber nicht sonderlich schön, das sind die günstigeren Hotels im Zentrum Hirosakis. Hier einige Vorschläge:

Hotel New Rest, 14-2 Ekimae-chō, Hirosaki, Tel. 33-5300; EZ ab 4900 Yen. Direkt am JR-Bhf.

Hirosaki Prince Hotel, 1-3-4 Ekimae-chō, Hirosaki, Tel. 33-5000, www.h-prince.jp (nur jap.); EZ ab 3800 Yen. Direkt am JR-Bhf.

Hotel Dormy Inn, 71-1 Honchō, Hirosaki, Tel. 37-5489; EZ ab 5800 Yen. So genanntes Hotespa, Hotel im westlichen Stil kombiniert mit schönem Außenbad und natürlichem Quellwasser auf Dachterrasse. Nähe Burg. *Vom JR-Bhf. 5 Min. mit dem Taxi.*

Außer **Äpfeln** gibt es eigentlich keine Spezialitäten. Besondere Begleitmusik, auf der dreisaitigen Tsugaru Shamisen gespielt, bietet allerdings das **Live House Yamauta** (ライブハウス山唄), 1-2-4 Ōmachi, Tel. 36-1835; 17–23 Uhr, 1. und 3. Mo/Monat geschlossen. Nur hier gibt es zur lokaler Küche und Reiswein dynamisch gespielte Versionen alter Volkslieder. *Vom JR-Bhf. Hirosaki 3 Min. Fußweg.*

Hirosaki-jō, im Hirosaki Park, 1 Shimoshiroganemachi, Tel. 33-8739; 9–17, 23. April–5. Mai 7–21 Uhr, 300 Yen, Park kostenlos. *Vom JR-Bhf. Hirosaki mit Buslinie Richtung Shiyakusho bis Haltestelle Shiyakusho mae, 15 Min.*

Museum Tsugaruban Nebuta Mura, 61-1 Kamenokōmachi, Tel. 39-1511; 9–17, Dez.–März 9–16 Uhr, 31. Dez. geschlossen, 500 Yen. *Vom JR-Bahnhof Hirosaki mit Bus Richtung Hamanomachi bis Haltestelle Kamenokōmachi-kado, 15 Min.*

Die Buchenwälder von Shirakami Sanchi

Hirosaki ist Ausgangspunkt für die Buchenwälder von Shirakami Sanchi (白神山地, Bergregion der Weißen Götter), eine der weniger bekannten UNESCO-Welterbestätten Japans im Südwesten der Region Tsugaru. Das gebirgige, 1300 Quadratkilometer große und von Menschenhand kaum berührte Gebiet ist seit 1993 Weltnaturerbestätte und befindet sich in den Präfekturen Aomori und Akita. Um den inneren Bereich des Schutzgebietes betreten zu dürfen, ist eine Sondererlaubnis der Tōhoku-Forstverwaltung in Aomori notwendig (Tel. 017/781-2117).

Ohne bürokratischen Aufwand verläuft der Besuch der drei **Wasserfälle Anmon no Taki** (暗門の滝) in der Pufferzone. Ein Konan-Bus Richtung Tashiro fährt ab Hirosaki Busterminal (4 Min. Fußweg vom JR-Bahnhof) bis zur Bushaltestelle Nishimeya-mura Yakuba mae. Vor der Rundwanderung zu Wasserfällen ist ein Besuch des großen **Shirakami Visitor Center** empfehlenswert. Man wird nicht nur mit Details über die Bergregion und unterhaltsamen Filmen versorgt, sondern erhält auch Praktisches wie Landkarten.

Shirakami Sanchi

Vorwahl: 0172.

Shirakami Sanchi Visitor Center, 61-1 Kanda, Tashiro, Nishimeya-mura, Nakatsugaru-gun, Tel. 85-2810; 8.30–17 Uhr, 1. Nov.–30. Juni 9–16.30 Uhr. Apr.–Dez. 2. So/Monat geschlossen, Ausnahme ist der August: 4. So/Monat geschlossen. 29. Dez.–3. Jan. Winterferien. Jan.–März Mo u. Do Ruhetag, kostenlos, Kino 200 Yen.

Osore-zan

Den nordöstlichen Teil Aomoris nimmt die axtförmige **Halbinsel Shimokita** (Shimokita-hantō, 下北半島) ein. Sehr dünn besiedelt, konzentriert sich das Gros der Bevölkerung in **Mutsu**, Hauptverkehrsknotenpunkt der Halbinsel.

Die meisten Besucher zieht es ins Innere der Halbinsel zum **Berg Osore**, auch bekannt als das Tor zur Unterwelt. Osore-zan (恐山) ist Tempel und Ödland zugleich. Vor 1000 Jahren gründete hier ein Mönch den **Tempel Bodai-ji**, als er auf der Suche nach einem Abbild der Hölle auf Erden war. Hier fand der Mann blubbernde kochend heiße Quellen mit giftigen Dämpfen in einer Landschaft, die den Beschreibungen der buddhistischen Hölle entsprach. Seitdem gilt Osore-zan als einer der heiligen Orte Japans, hier pausieren die Toten, bevor sie ins Jenseits eintreten. Besonders die Eltern verstorbener Kinder suchen hier Trost und hinterlassen Spielzeug und Gedenksteine an den vielen Jizō-Buddhastatuen, den Beschützern ihrer geliebten Kleinen.

Während des Osore-zan-Festivals vom 20. bis 24. Juli jeden Jahres nehmen Itako, Schamaninnen, die oftmals blind sind, Kontakt mit den Toten auf und vermitteln den Hinterbliebenen Botschaften.

An gewöhnlichen Tagen verleihen Krähenschwärme und Schwefelgeruch dem Ort ausreichend Unheimliches. Mit dem Betreten der roten Brücke über den Fluss Sanzu no Kawa (三途の川) verlassen Besucher symbolisch die Welt der Lebenden und treten ein in den Vorhof zur Unterwelt.

Vom Eingangstor führt ein mit Steinlaternen gesäumter Weg bis zum Hauptgebäude. Genau dahinter sieht man in der Ferne den eigentlichen Berg Osore. Links vom Weg befinden sich vier kostenfreie Bäder. Ein kurzes Bad in heiligen, wenn auch etwas stinkenden Wassern, und man ist bereit für einen Rundgang.

Weißer Sandstrand und eine ganz stille Oberfläche verleihen dem **See Usori** (宇曽利湖) im äußersten Westen des Tempelbezirks eine einladende Schönheit, doch sein hoher Schwefelgehalt macht hier jegliches Leben zunichte. Der rote Blutsee steht im Jenseits bereit für sündige und unreine Frauen. Jede der blubbernden Quellen auf dem Tempelgelände steht im Diesseits für eine bestimmte Sünde.

Abstand zu diesen ›Sündenpfuhlen‹ ist wichtig, der Untergrund ist in Wassernähe nicht sonderlich fest. Auch die Gase sind nicht ungefährlich, bei Kopfschmerzen und Übelkeit wird es Zeit, die Hölle zu verlassen.

Wer fit und munter ist, kann über Nacht bleiben. Tempelunterkünfte gibt es mit Mahlzeiten ab 10 000 Yen gleich neben den kostenfreien Bädern. Eine Nacht auf dem Berg der Angst, wie Osore-zan übersetzt heißt, ist jedoch nichts für sensible Gemüter.

ℹ Osore-zan

Vorwahl: 0175.
Osore-zan Bodai-ji (恐山菩提寺), 3-2 Usorisan, Tanabu, Mutsu, Tel. 22-3825; Mai–Okt. 6–18 Uhr, 500 Yen.

 Von Aomori City: Über Noheji mit JR-Bahnlinie Ominato bis Station Shimokita, 120 Min., 1890 Yen. Dann weiter mit Shimokita-Bus Richtung Osore-zan bis Endhaltestelle, 43 Min., 750 Yen.

Karte S. 250

Die großen Sommerfestivals des Nordens

Feiern andere Regionen ihre Hauptfeste im angenehmen Frühjahr oder als Erntedankfest im Herbst, ist Tōhoku berühmt für seine Sommerfestivals. Das hat seinen Grund: Die Menschen wollen damit der sommerlichen Lethargie an den Kragen gehen. Um dieses Sommertief zu überwinden und gleichzeitig für die eigene Faulheit Abbitte bei den Göttern zu leisten, gibt es seit Jahrhunderten Schreinfestivals. Meist finden sie in der zeitlichen Nähe zum buddhistischen Allerseelenfest O-Bon Mitte Juli statt. Heute hat sich dieses Datum durch die Einführung des westlichen Kalenders in den August verschoben. Während der letzten Jahrzehnte haben sich einige der nördlichen Festivals zu richtig großen Attraktionen mit Besucherzahlen in Millionenhöhe entwickelt. Dazu zählen das Nebuta-Matsuri in Aomori, das Kanto-Matsuri in Akita und das Tanabata-Festival in Sendai.

Das Fest, das alle Müdigkeit verschwinden lässt, ist das Nebuta-Festival in Aomori. Unter den vielen Nebuta-Festen der Präfektur gilt das Nebuta Matsuri in Hirosaki als das Schönste. Sein Name leitet sich von der dialektischen Bezeichnung für ›müde‹ ab. Tausende von bunt kostümierten Tänzern mit lauten ›Rasselah!‹-Rufen begleiten die riesengroßen, von innen erleuchteten Motivwagen auf ihrem allabendlichen Weg durch die Stadt. Die Laternengebilde zeigen Szenen aus dem Kabuki oder historische Figuren. Der mitreißende Klang der Bambusflöten, der schnelle Rhythmus der Trommeln und die Begeisterung der Teilnehmer verbannen die schwüle Hitze endlich aus den Gedanken. Der Höhepunkt des Festivals ist der letzte Abend, wenn die fünf schönsten Wagen aufs Meer hinausfahren. Die alte Sitte, Lichter auf Strohschiffchen davonschwimmen zu lassen, gehört eigentlich zum O-Bon-Fest. Sie weisen den Toten den Rückweg ins Jenseits. Im Volksglauben reinigt man sich so gleichzeitig von allem Bösen. Haben die Leute in Aomori so viel Abbitte zu leisten, dass ihre schwimmenden Lichter so überdimensional ausfallen? Vielleicht, denn es gibt noch eine weitere Erklärung für die fantastischen Laternengebilde. Einst wurden die riesigen Lichter als Abschreckung in einer Schlacht gegen die Ainu verwendet. Da Vertreibung von Minderheiten kein passendes Thema für ein fröhliches Sommerfestival ist, wird dieser Teil der Geschichte gerne verschwiegen.

Das zweite große Ereignis des nördlichen Sommers ist das Kanto-Festival in der Nachbarpräfektur Akita. Akita ist nicht nur berühmt für seine schönen Frauen, sondern auch für geschickte Männer. Denn Geschick braucht man, wenn man zehn Meter lange Bambusstangen mit etlichen Laternen und brennenden Kerzen durch die Straßen balancieren will. 100 Laternenträger richten auf ein Kommando ihre Laternenbäume auf, und der Zug setzt sich mit Tänzern und Musikanten in Bewegung. Von Trommel- und Flötenmusik angespornt, zeigen die Laternenträger, was sie können: Da werden die Laternen auf Stirn, Hüfte und Händen balanciert, ganz Wagemutige tauschen sie untereinander aus. Nach dem Umzug kann jedermann sein Geschick als Laternenträger probieren. Voraussetzung ist allerdings, dass er die 50 Kilogramm des Laternenbaums halten kann. Damit endet für die meisten wohl die Karriere als japanischer Laternen-akrobat vorzeitig. So touristisch sich dieses Festival entwickelt hat, sein Kern ist religiöser Natur. Die heute riesengroßen Laternenbäume entwickelten sich aus Bambuszweigen mit kleinen Öllichtern. Kinder trugen sie als Schutz gegen die häufigen Sommerepidemien durch die Stra-

Tänzerin auf einem Festival in Iwate

ßen. Mit zunehmend schwereren Gebilden maßen dann die jungen Männer damit ihre Kräfte, und das Fest zog immer größere Kreise. Immer noch beginnt jedes Laternenfest am Schrein. Der Priester segnet alle Teilnehmer und ihre Laternen, gemeinsam beten sie um Schutz und Sicherheit. Bis zum Abend wird dann gegessen und getrunken. Beginnt am Abend der Umzug, sind zumindest die Laternenträger in bester Festtagsstimmung!

Lockt das Kanto-Festival 1,4 Millionen Besucher an, schauen sich weit über zwei Millionen Menschen das wesentlich ruhigere Tanabata-Festival in Sendai an. Tanabata, der siebte Tag des siebten Monats im Mondkalender, wurde schon im alten China gefeiert. Nach einer alten Sage verliebten sich ein Kuhhirte und eine himmlische Prinzessin. Sie bekamen Kinder und lebten für einige Jahre glücklich und zufrieden, bis die Prinzessin in den Himmel zurückkehren musste. Der Kuhhirte wollte ihr folgen, die Milchstraße aber konnte er nicht überwinden. Die Himmelsgöttin hatte Mitleid mit den Liebenden und verwandelte die beiden in Sterne. Einmal im Jahr, an Tanabata, kreuzen sich für einen Tag ihre Wege. Heute erinnern die langen Papierstreifen der Tanabata-Dekoration an die Webfäden der Prinzessin, Papierkimonos symbolisieren Nähkünste, papierne Körbe Sauberkeit und Sparsamkeit. Zusammen mit diesen frommen Wünschen ließen die Mädchen und jungen Frauen früher die Tanabata-Dekoration am Morgen nach dem Fest vom Fluss davontragen. Anschließend badeten sie und wuschen ihre Wäsche. Damit waren dann auch gleich die notwendigen Reinigungsriten erledigt, die zum Auftakt des nahenden Allerseelenfestes nötig waren. Buddhistische Elemente mischen sich auch hier mit dem shintoistischen Glauben, denn die Zeit um den 7. Juli des alten Kalenders ist die Zeit der Reisblüte. Die Pflanze ist besonders anfällig für Wetterschäden und Insektenbefall. Um die Götter wohlwollend zu stimmen, wurden ihnen neue Kleider und Speisen als Opfergaben dargebracht. Die Papierkimonos der heutigen Dekoration sollen auch das repräsentieren. In der Tat, es ist verwirrend, welche Teile nun dem Volksglauben entspringen und welche auf den buddhistischen Glauben zurückzuführen sind. Kurz gesagt, Tanabata ist ein hübsches Fest mit tausenden von übergroßen Papierdekorationen, die heute die gesamte Innenstadt Sendais verzieren. Am Abend wird es dann so richtig romantisch. In letzter Zeit ist die traditionelle Sommerkleidung des Yukata wieder enorm populär geworden, und viele junge Paare flanieren Händchen haltend im Stil ihrer Großeltern durch die Stadt. Die Pragmatiker sitzen dagegen seit dem frühen Vormittag auf blauen Plastikplanen und verteidigen eisern die besten Plätze am Fluss für das kommende Feuerwerk. 20 000 Raketen jagen die Feuerwerker in die Luft, ganze Landschaften malen sie an den dunklen Nachthimmel. Musik schwebt durch die Luft, vermischt sich mit den Düften der vielen Garküchen. Essen und Flanieren bis tief in die Nacht, das sind die angenehmen Seiten eines Sommers in Tōhoku.

Hokkaidō

Hokkaidō, Japans zweitgrößte Insel im Norden des Archipels, gilt vielen Japanern als romantisches Grenzgebiet. Natürlich macht die Moderne auch vor Hokkaidō nicht halt, hässliche Innenstädte und scheußliche Industrievororte finden sich hier leider genau wie auf Honshū. **Sapporo**, die Hauptstadt der Präfektur Hokkaidō, hat eine der höchsten Bevölkerungswachstumsraten in Japan.

Und doch sind über 70 Prozent der Insel von Wäldern bedeckt. Riesige National-

parks, schneebedeckte Gebirge, wilde Küsten und aktive Vulkane locken jeden Sommer viele Besucher an. Platz ist in Hokkaidō zum Glück keine Mangelware, nur fünf Prozent der Bevölkerung leben hier. Auf Japans größter Insel gibt es sechs Nationalparks.

Im Süden Hokkaidōs liegt der **Shikotsu-Tōya-Nationalpark** mit zwei wunderschönen Seen und einem gerade mal 60 Jahre altem ›neuen‹ Vulkanberg. Der **Daisetsuzan-Nationalpark** im Innern Hokkaidōs bietet die höchsten Berge

Tōhoku und Hokkaidō

Der Südwesten von Hokkaidō

0   15   30 km

und die schwierigsten Wandertouren, aber auch die besten Onsen-Orte zum Relaxen. Die drei geheimnisvollen Seen im **Akan-Nationalpark** hielten schon die Ainu für heilig, und so finden sich hier einige wenige und leider auch kitschige Reminiszenzen an ihre Kultur. Der neueste **Nationalpark Kushiro Shitsugen** besteht aus weitläufigen Feucht- und Moorlandschaften und ist Heimat des Japanischen Kranichs.

Erste Wahl unter den Nationalparks ist der 2005 zum Weltnaturerbe erklärte **Shiretoko-Nationalpark** im Osten Hokkaidōs auf der Halbinsel Shiretoko. Hirsche, Füchse und Braunbären streifen durch die Wälder von Shiretoko, von der Nordspitze der Halbinsel lässt sich im Winter Packeis beobachten.

Hoch oben im Norden in der Nähe Japans nördlichster Stadt Wakkanai befindet sich der **Rishiri-Rebun-Sarobetsu-Nationalpark**. Von den Inseln Rishiri und Rebun reicht der Blick bei gutem Wetter bis nach Russland auf die Sachalin-Inseln.

Hokkaidō gilt als Paradies für Wintersportler. Den besten Pulverschnee findet man einmal an den Hängen von Niseko westlich von Sapporo und in Furano, südlich von Asahikawa, Hokkaidōs kältester Stadt.

Feiert das übrige Japan seine größten Feste in den warmen Sommermonaten, bevorzugt Hokkaidō die kalte Jahreszeit. Sapporos Schneefestival (Yuki Matsuri) im Februar ist das größte und bekannteste Festival Hokkaidōs.

■ Geschichte Hokkaidōs

Im Vergleich zum übrigen Japan ist Hokkaidōs Geschichte kurz. Erst vor 150 Jahren begann die Besiedlung der Insel im großen Stil, damals wurde die Insel offiziell Japan angegliedert. Die

ältesten Gebäude stammen aus jener Zeit und zeigen einen stark westlichen Einfluss. Alte Tempel und Schreine sucht man auf Hokkaidō vergeblich. Vor der massiv geförderten Einwanderungspolitik der Meiji-Zeit bewohnte allein die Bevölkerungsgruppe der Ainu die Nordinsel. Anfangs lebten die Stämme auch in Teilen Honshūs, erst mit Beginn des Mittelalters verdrängten die Japaner sie immer weiter gen Norden. Schon in dem 720 erschienenen Nihonshoki, der ältesten Chronik Japans, werden die Stämme der Emishi, oder auch Ezo, erwähnt. Beide japanische Bezeichnungen bedeuten übersetzt ›Nicht-Menschen‹, das blieben die Ainu in den Augen der meisten Japaner bis weit ins 20. Jahrhundert. Ihre erstaunlich modischen Besonderheiten wie Piercing und Tätowierungen wurden von der Regierung kurzerhand verboten und dem damaligen Geschmack angepasst. Erst in den 1990er Jahren gelang es Aktivisten mit der Unterstützung der Vereinten Nationen, Interesse und Respekt für die Ainu in Japan zu erlangen. Heute gelten sie als gleichberechtigte Ureinwohner Japans. Mehrere Museen und Dörfer zeigen das ehemalige Leben dieser fast verschwundenen Minderheit Japans (etwa 25 000 Japaner gelten als Ainu). Eins kann ihnen niemand mehr nehmen: Ortsbezeichnungen haben von der Hauptstadt Sapporo bis hin zu den Quellen und Vulkanen der zahlreichen Nationalparks allesamt ihren Ursprung in der Sprache der Ainu.

Hakodate

Hakodate (函館) an der südlichen Spitze Hokkaidōs zählt wie Kōbe und Yokohama zu den wenigen Hafenstädten mit internationalen Handelsbeziehungen in den letzten Jahren des Tokugawa-Shogu-

▲ Karte S. 269

Hakodate

nats. Hakodate liegt auf einer Landzunge der Tsugaru-Straße und ist vor allzu kaltem Winterwetter und starkem Schneefall geschützt. Vielen Hokkaidō-Besuchern gilt die Stadt als Hauptziel ihrer Reise. Hier findet sich genügend Flair für einen Kurzurlaub in praktischer Nähe des Seikan-Tunnels. Hakodate bietet mit den Überresten der ältesten Zitadelle westlicher Bauweise und einem gut erhaltenen Ausländerviertel aus den Anfängen der Meiji-Zeit vielfältige Besichtigungsmöglichkeiten mit interessantem Hintergrund.

Hakodate besaß sogar einmal den Status einer Hauptstadt. 1868 erklärten flüchtige Samurai nach den Niederlagen des Boshin-Krieges (1868–1869) Hakodate zum Regierungssitz ihrer eigenständigen Republik Ezo, dem damaligen Hokkaidō. Sie machten besagtes Fort zu ihrem Hauptquartier, doch schon sechs Monate später war die Unabhängigkeit im Mai 1869 vorbei. Ihr Anführer, Admiral Enomoto Takeaki, ergab sich den kaiserlichen Truppen und erhielt später sogar einen hohen Posten in der neuen Verwaltung von Hokkaidō.

■ Zitadelle Goryōkaku

Die Zitadelle Goryōkaku erlitt das Schicksal so vieler japanischer Burgen: Kaum war die Anlage 1864 fertig, rissen die kaiserlichen Truppen sie nach der Niederlage der Rebellen wieder ab und verschonten nur die sternförmigen Grundmauern. Im Mai umgeben blühende Kirschbäume die Außenmauern, im Winter erhellen zahlreiche Glühbirnen den steinernen Stern.

Einen besseren Überblick verschafft der **Goryōkaku Tower** (五稜郭タワー) gleich außerhalb der Festungsmauern. 2006 ersetzte der 107 Meter hohe Turm den 1964 errichteten kleineren Aussichtsturm. Der neue Turm bietet zwei Plattformen, die erste auf 86 Metern Höhe hat einen gläsernen Fußboden, ist also nichts für schwache Nerven! Der zweite Aussichtspunkt auf 90 Metern Höhe bietet einen Rundumblick über Ruine und Stadt. 16 Mini-Szenarien, angefangen von Perrys Landung bis zur Niederlage der Rebellenrepublik sorgen außerdem für Kurzweil in luftiger Höhe.

■ Ausländerviertel Motomachi

Im Westen der Stadt liegt unterhalb des Bergs Hakodate das ehemalige Ausländerviertel Motomachi (元町). Als der Hafen 1854 sich dem internationalen Handel öffnete, zogen Kaufleute aus China, Russland und anderen westlichen Ländern in dieses Viertel. Berühmt sind zum Beispiel die **russisch-orthodoxe Kirche**, das bis 1934 genutzte **ehemalige Britische Konsulat** mit Rosengarten, die **chinesische Gedächtnishalle** im Stil Shanghais der vorletzten Jahrhundertwende sowie die alte **Hakodate-Versammlungshalle**, durch die Besucher kostümiert im Stil der Meiji-Epoche spazieren dürfen. Im Hafen in der Bucht von Hakodate finden sich noch einige **Lagerhäuser** aus Backstein. Heute nutzen vor allem Geschäfte und Restaurants die so genannten Kanemori Sōko.

Den besten Blick über ganz Hakodate, insbesondere bei Nacht, bietet die Spitze des **Bergs Hakodate** im Rücken des Ausländerviertels (函館山, 334 Meter). Eine Seilbahn bringt das ganze Jahr über Passagiere für 630 Yen hinauf. Der Bus ab Bahnhof Hakodate (Haltestelle 4) bis zur Spitze kostet nur die Hälfte und hält sogar an mehreren Aussichtspunkten, doch stellt er im Winter seinen Betrieb ein.

■ Ōnuma-Staatspark

Ein lohnendes Ausflugziel außerhalb Hakodates ist der Ōnuma-Staatspark (Ōnuma Kokutei Kōen, 大沼国定公園). 20 Kilometer nördlich von Hakodate gelegen, lohnt sich ebenso ein Abstecher auf dem Weg nach Sapporo zu den Seen und Inselchen vor der beeindruckenden Kulisse des **Vulkans Komagatake**.

Blick auf den Hafen von Hakodate

Hakodate

Vorwahl: 01 38.
Tourist Information, im JR-Bhf. Hakodate, Tel. 23-54 40; 9–19, Nov.–März 9–17 Uhr, 31. Dez.–1. Jan. geschlossen.

Von Tōkyō: Tōhoku Shinkansen bis Hachinohe, dort in Limited Express bis Hakodate, 6 Std., 18 000 Yen.
Innerhalb der Stadt kosten Einzelfahrscheine ab 200 Yen. Eine Tageskarte nur für die Straßenbahn kostet 600 Yen, in Kombination mit Hakodate-Buslinien 1000 Yen (ohne Bus zum Flughafen!). Eine Zwei-Tages-Karte kostet in Kombination 1700 Yen.
Zum Ōnuma-Staatspark: Vom Bahnhof Hakodate fährt der JR-Limited Express bis zum Bahnhof Onuma Kōen (20 Min., 1130 Yen).

Ab Tōkyō/Haneda Airport: Flug 1 Std. 20 Min., 21 500 Yen. Weiter geht es mit dem Bus für 400 Yen in die Innenstadt.

In Hakodate isst man am liebsten **Tintenfisch** (Ika). Ganz frisch ist er roh eine Delikatesse und kommt in Scheiben geschnitten auf heißem Reis direkt auf den Frühstückstisch. Auch dafür empfiehlt sich ein Besuch des **Asa-ichi**, des Morgenmarktes in der Nähe des JR-Bahnhofs.

Zitadelle Goryōkaku, 44-2 Goryōkaku-machi, Tel. 51-25 48; 9–16.30, Nov.–März 9–16 Uhr, Beleuchtung Dez.–Feb. 17–22 Uhr, 100 Yen. *Mit der Straßenbahn bis Haltestelle Goryoka-ku Park, 5 Min. Fußweg.*
Russisch-orthodoxe Kirche, 3-13 Motomachi; 10–16, So 13–16 Uhr, 200 Yen.
Britisches Konsultat, 33-14 Motomachi; 9–19 Uhr, 300 Yen.
Chinesische Gedächtnishalle, 1-12 Ōmachi; 9–17 Uhr.
Hakodate-Versammlungshalle, 11-13 Motomachi; 9–19 Uhr, 300 Yen.

Goryōkaku Tower (五稜郭タワー), 43-9 Goryōkaku-machi, Tel. 51-47 85; 9–18, 21. April–20. Okt. 8–19, 21. Okt.–20. April 9–18 Uhr, 840 Yen. *Vom Bhf. Hakodate mit Straßenbahn bis Goryōkaku Kōen mae, 10 Min. Fußweg.*
Berg Hakodate (函館山), 19-7 Motomachi; 10–22 Uhr, nach 17 Uhr Straße gesperrt.

Sapporo

Am schnellsten erreicht man die Präfekturhauptstadt Sapporo (札幌) über den Flughafen Chitose 40 Kilometer außerhalb der Stadt, denn noch endet der Shinkansen in Hachinohe in der Nachbarpräfektur Aomori. Der Seikan-Tunnel unter der Meeresenge von Tsugaru ist Hokkaidōs einzige Landverbindung. Durch ihn soll spätestens 2020 die Hochgeschwindigkeitsstrecke bis Sapporo erweitert sein. Dann sollte die Distanz bis nach Tōkyō in vier Stunden zu schaffen sein.

Die moderne Geschichte Sapporos begann 1857 mit sieben japanischen Einwohnern eines kleinen Ainu-Fischerdorfes, heute ist es mit knapp zwei Millionen Einwohnern die fünftgrößte Stadt Japans. Sapporo wurde schon unter der Meiji-Regierung zum Verwaltungssitz ganz Hokkaidōs ernannt, seine sorgfältig ausgelegte Städtearchitektonik mit großzügigen Alleen und Grünanlagen trägt die Handschrift amerikanischer Planer. Das erleichtert die Orientierung innerhalb der Stadt, wirkt aber auf westliche Besucher enttäuschend langweilig. So erinnert auch das Symbol der Stadt, eine **Turmuhr** (Tokeidai, 時計台) von 1878, an ein nordamerikanisches Schulgebäude ohne jegliche japanische Assoziationen.

■ Botanischer Garten

Auf der anderen Seite wissen gerade Ausländer, die schon eine gewisse Zeit in Japan verbracht haben, die Grünflächen im Stadtzentrum zu schätzen. Dazu gehört der Botanische Garten mit 4000 Pflanzenarten auf 14 Hektar Land. 1886 als Bestandteil der damaligen Landwirtschaftsschule angelegt, aus der später die Universität Hokkaidō hervorging, bietet der Garten außerdem ein Gewächshaus und ein **Ainu-Museum** (Hokudai Shokubutsu-en, 北大植物園). Direkt östlich vom Botanischen Garten steht das **alte Regierungsgebäude** von 1888 (Hokkaidō-chō Kyuhonchōsha, 北

海道庁旧本庁舎). Der neo-barocke Backsteinbau gilt den Japanern als hübsch exotisch, westliche Besucher lockt eher der Zweck des Gebäudes: Hier tagte regelmäßig die damalige Kommission zur Kolonialisierung Hokkaidōs. Nur ein Teil des Gebäudes ist der Öffentlichkeit zugänglich und zeigt Dokumente jener Anfangszeit.

■ Biermuseum

Auch vertraut und immer gerne besucht ist das Biermuseum (Sapporo Beer Hakubutsukan, サッポロビール博物館). Bier und Sapporo lässt sich so wenig trennen wie München und Oktoberfest – nicht umsonst sind beide Städte schwesterlich miteinander verbunden! Seit 1877 braut man hier Bier, damit ist die Sapporo-Brauerei nicht nur einer der populärsten Bierproduzenten, sondern auch der älteste. Führungen sind umsonst, für die anschließende Verköstigung ist eine kleine Gebühr fällig. An das Museum angeschlossen ist der **Sapporo Biergarten** für längere Pausen mit gegrilltem Lamm zum frisch Gezapften.

■ Themenpark Shiroi Koibito

Schokoladenfans schauen sich hingegen gerne die **Ishiya-Schokoladenfabrik** mit angeschlossenem Themenpark Shiroi Koibito (白い恋人パーク) an. Die berühmten Kekse mit demselben Namen, er bedeutet ›Weiße Liebende‹ (weiße Schokolade zwischen zwei zarten Plätzchen) sind mittlerweile Pflicht-Mitbringsel jedes Hokkaidō-Besuchers. Der Vergnügungspark der Keksfabrikanten ist so süß, dass der Kitsch nur mit viel Humor ertragen werden kann. Allein die gläserne Produktionshalle und das Fußballfeld auf dem Gelände – hier trainiert Sapporos J-League-Team Consadole Sapporo – sorgen für einen Touch Nüchternheit.

Karte S. 273

▲ *Im Sapporo Biergarten*

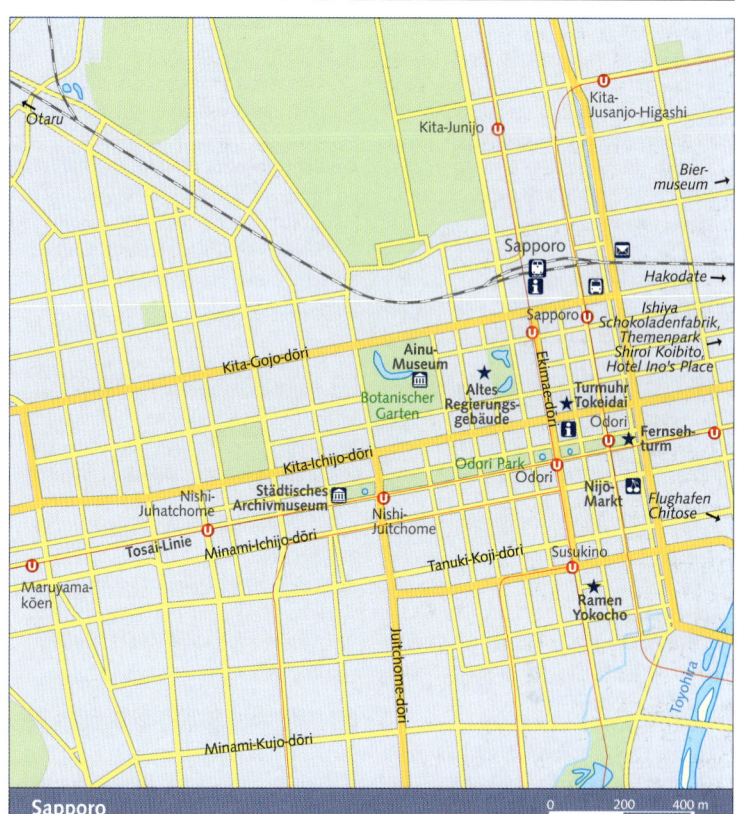

■ Odori-Park

65 Meter breit und knapp zwei Kilometer lang zieht sich der Odori-Park (Odori Kōen, 大通公園) durch die Stadt. Im Osten begrenzt der **Fernsehturm** (Sapporo Terebi Tō, さっぽろテレビ塔) den Park, auf 90 Meter Höhe bietet seine Plattform den besten Überblick. Im Westen endet der Park am **Städtischen Archivmuseum** (Sapporoshi Shiryōkan, 札幌市資料館). Im kurzen Sommer wimmelt es von Biergärten, im Winter ist der Odori Park Schauplatz des Schneefestivals mit seinen wundersamen Eisfiguren und kolossalen Schneebauten. Jedes Jahr steht das Festival unter einem besonderen Motto, fester Bestandteil ist immer eine Szene aus Film oder Fernsehen, ein historisches Gebäude Japans und ein international bekanntes Bauwerk. Tagsüber spielen Erwachsene und Kinder, abends wird alles bunt angestrahlt und musikalisch untermalt. Kurz: Im Februar herrscht in Sapporo trotz bitterer Minusgrade Volksfeststimmung!

Soweit die überirdischen Vergnügungen. Da Sapporo jedes Jahr unter einer Schneedecke begraben liegt, hat sich einiges in den Untergrund verschoben. Dazu zählen die Einkaufspassagen Tanukikoji sowie Pole Town und Aurora Town. Alle drei Passagen liegen nahe der U-Bahnhaltestelle Odori. Tanukikoji erstreckt sich Richtung Susukino mit 200 Geschäften von Ost nach West, während die anderen Passagen zwischen den Bahnhöfen Sapporo und Susukino verlaufen.

■ **Historisches Museum**
Außerhalb Sapporos bietet sich der Besuch des Historischen Museums (Hokkaidō Kaitaku Kinenkan, 北海道開拓記念館) an. Das Auf und Ab der Urbanisierung Hokkaidōs steht im Mittelpunkt der Exponate. Auf dem Museumsgelände befindet sich ebenfalls ein **Freilichtmuseum (**Hokkaidō Kaitaku no Mura, 北海道開拓の村). Entlang der Hauptstraße dieses rekonstruierten Dorfes stehen 150 Jahre alte Gebäude. Kutschen und Pferdeschlitten sollen die typische Atmosphäre einer Grenzstadt des späten 19. Jahrhunderts verstärken.

 Sapporo
Vorwahl: 011.
1,9 Millionen Einwohner, Präfektur Hokkaidō.
Internet: www.sta.or.jp.
New Chitose Airport Station JR-Information Desk, Bibi, Chitose. International Arrival Lobby 1F im Flughafen, Tel. (0123)45-7001; 8.30–21 Uhr.
Sapporo Tourist Information Center, Nord 4 West 6, Chuo-ku. Im JR-Bhf. Sapporo, Westflügel 1F, Tel. 213-5088; 8.30–20 Uhr.
Cuckoo Information Desk, Nord 1 West 2, Chuo-ku, im Rathaus, Sapporo 2F (Sapporo Sightseeing Association), Tel. 211-3341; 8.45-17.15 Uhr. Sa/So/Feiertage und 29. Dez.–3. Jan. geschlossen.
Sapporo International Communication Plaza, gegenüber Turmuhr Tokeidai, Tel. 211-3678; 9-17.30 Uhr, So/Feiertage u. 29. Dez.–3. Jan. geschlossen.

Von Tōkyō und anderen Großstädten: Inlandflüge bis **Flughafen Chitose**. Die Strecke Tōkyō/Haneda Airport–Sapporo dauert 90 Min., ab 16000 Yen. Dort weiter mit Bahn bis Bhf. Sapporo, 35 Min., 1040 Yen.

Von Tōkyō: Mit Tōhoku Shinkansen bis Endstation Hachinohe, weiter mit JR-Limited Express Hakucho bis Hakodate, umsteigen in JR-Limited Express Hokuto bis Bhf. Sapporo, 11 Std., 22500 Yen.
Ab Tōkyō/Bhf. Ueno: Täglich Nachtzüge durchgehend bis Sapporo. Achtung: Trotz Japan Rail Pass 12000 Yen Extrakosten.

Fährverbindungen bestehen zwischen mehreren Häfen der Japan-See und Otaru. Von Oarai und Sendai auf der Pazifikseite fahren die Schiffe bis Tomakomai. Mit Tōkyō besteht keine Fährverbindung.

Ino's Place, 3-4-6-5 Higashi Sapporo, Shiroishi, Tel. 832-1828, Fax 814-9277, www.inos-place.com; pro Person ab 2900 Yen. Günstig und beliebt; die Homepage bezeichnet das Hotel als Bau im neuseeländischen Stil! *Vom U-Bhf. Odori, Tosai-Linie, bis Station Shiroishi, Ausgang 1, nach links, vierte Kreuzung rechts.*
R&B Hotel Sapporo, Kita 3 Nishi 2-1-30, Chuo-ku, Tel. 210-1515, http://

sapporo.randb.jp (nur jap.); EZ mit Frühstück ab 4830 Yen. Standardqualität und Bahnhofsnähe. *Vom JR-Bhf. Sapporo Südausgang (Minamiguchi) 5 Min. Fußweg.*

Umgeben vom Meer bietet Sapporo **Sushi und Sashimi** in bester Qualität. Sozusagen direkt vom Boot gibt es den besten Fisch auf dem **Nijō-Markt** südlich vom Fernsehturm am Ōdōri-Park. Isst das restliche Japan gerne Hühnchen und Ei auf Reis, besteht das Markt-Frühstück aus **Uni Ikura Donburi**, rohem Seeigel und Lachseiern auf heißem Reis. Eine teure Spezialität sind die riesigen **Kegani**, eine Krebsart.

Günstig und immens populär sind hingegen **Ramen**, der klassische Händewärmer und Magenfüller Japans. Die Ramen-Gasse Ramen Yokocho im Vergnügungsviertel Susukino bietet allein 16 Nudelrestaurants mit unterschiedlichen Geschmacksrichtungen.

Anders als von Honshū gewohnt, lieben die Menschen eine ordentliche Portion Fleisch auf dem Teller. Insbesondere **gegrilltes Lamm auf mongolische Art** (Jingis Khan genannt) schmeckt zum frischen Bier. Die meisten japanischen **Milchprodukte** stammen aus dieser nördlichen Region, und so gibt es sie hier frisch und lecker.

Turmuhr, Nord 1 West 2, Chuo-ku, Tel. 231-0838; 8.45–17 Uhr, Mo Ruhetag, wenn Mo Feiertag, Di geschlossen, Juni–Okt. nur 4. Mo/Monat geschlossen, 200 Yen. *Von der U-Bahnstation Odori 3 Min. Fußweg.*
Ainu-Museum, Nord 1 West 8, Chuo-ku, Tel. 221-0066; 9–16.30, 1. Okt.–3. Nov. 9–16.30 Uhr, Mo Ruhetag. Wenn

Mo Feiertag, Di geschlossen, 4. Nov.–28. April geschlossen, 400 Yen. *Vom JR-Bhf. Sapporo 10 Min. Fußweg.*
Altes Regierungsgebäude, Nord 3 West 6, Chuo-ku, Tel. 204-5019; 8.45–18 Uhr, Außenbereich 8–21 Uhr, bis 21 Uhr angestrahlt, kostenlos. *Von JR-Bhf. Südausgang/Minamiguchi 7 Min. Fußweg.*
Biermuseum, Nord 7 Ost 9, Higashiku, Tel. 731-4368, www.sapporobeer.jp; 9–16 Uhr, 30. Dez.–1. Jan. geschlossen, Bierprobe 200 Yen, Biergarten bis 22 Uhr geöffnet, kein Ruhetag, Reservierung für Gruppen ab zehn Personen erwünscht. *Vom JR-Bhf. Sapporo Südausgang mit Loop-Bus 88 bis Haltestelle Sapporo Beer Museum.*
Historisches Museum und **Freilichtmuseum**, 50-1 Konopporo, Atsubetsuchō, Atsubetsu-ku; 29. Dez.–3. Jan. Ferien. 1. Mai–30. Sept. kein Ruhetag, Tel. 898-2692; 9–16.30, Mai–Sept. 9–17 Uhr, Mo Ruhetag. Wenn Mo Feiertag, Di geschlossen. Apr.–Nov., 830 Yen, sonst 680 Yen. *Von JR-Bhf. Shin-Sapporo mit Bus vom Busterminal Nordstrecke Haltestelle 10 bis Haltestelle Kinenkan mae, 3 Min. Fußweg bis Museum.*

Themenpark Shiroi Koibito, 2-2-11-36 Miyanozawa, Nishi-ku, Tel. 666-1481, www.shiroikoibitopark.jp; 9–17 Uhr, 600 Yen. *Von U-Bahnstation Odori mit Linie Tosai bis Endstation Miyanozawa, 7 Min. Fußweg.*

Odori-Park, *vom JR-Bhf. Sapporo entweder 10 Min. Fußweg Richtung Süden oder mit U-Bahnlinie Nanboku oder Toho eine Station weiter bis Odori.*

Tōhoku und Hokkaidō

Otaru

Nordwestlich von Sapporo liegt Otaru (小樽), die nächstgelege Hafenstadt der Metropole. Bis in die 1950er Jahre lebte der Hafen sehr gut vom Heringfang und galt als bevölkerungsreichste Stadt Hokkaidōs. Die Fischindustrie hat auch hier im Norden nicht mehr viel Zukunft, und die Industrie verschob sich nach Sapporo. Otaru hat heute die Funktion eines charmanten Vorortes. Einst durchzog ein Kanal die gesamte Stadt, der Ainu-Name Otaru bedeutet ›Fluss durch sandigen Grund‹. Heute ist davon nur der südliche Abschnitt erhalten. Entlang des kurzen Wasserweges finden sich zahlreiche historische Gebäude, altertümliche Laternen tauchen den Bereich abends in weiches Licht. Diese Szenerie zieht nicht nur einheimische Touristen an, in den letzten Jahren kommen auch immer mehr russische Besucher in die Stadt. Westlich vom Zentrum zeigt die rekonstruierte **Heringsresidenz** (Nishin Goten, 鰊御殿) eines erfolgreichen Heringhändlers der Meiji-Zeit das Leben von Herr und Arbeitern jener Zeit. Otaru ist über die JR-Linie Hakodate mit Sapporo verbunden. Der Express-Zug (Kaisoku) benötigt für die Strecke 30 Minuten und kostet 620 Yen. Ein Tipp: Zu den fangfrischen Sushi bloß kein Sapporo-Bier bestellen! Hier trinkt man das lokale Otaru.

Nationalpark Shikotsu-Tōya

Von Sapporo bietet sich ein Abstecher in den Nationalpark Shikotsu-Tōya mit den beiden Caldera-Seen Shikotsu und Tōya an. Der See **Shikotsu-ko** (支笏湖) ist größer und näher an Sapporo, daher ist der Onsenort **Shikotsuko Onsen** am Ostufer touristisch stark erschlossen. Hier fährt man mit dem Auto bis ans Wasser; in der Hochsaison herrscht auch auf dem See Hochbetrieb. Dies gilt auch für das Örtchen **Tōyako Onsen** (洞爺湖温泉) am See Tōya, einen der beliebtesten Badeorte Hokkaidōs. 2008 gingen die Bilder des **Vulkan Usu** um die Welt, er bildete den Hintergrund des damaligen G8-Gipfels. Noch berühmter ist der Onsen-Ort **Noboribetsu** (登別), ebenfalls mitten im Nationalpark. Ein nach Schwefel stinkendes Teufelstal (Jigokudani) sorgt hier für die richtige Stimmung. Aber nur zum Anschauen, zum Baden sind die Quellen des Tals viel zu heiß!

In dieser Region genießt das **Shiraoi-Ainu-Museum** (白老アイヌ民族博物館) einen besonders guten Ruf. Nicht überdeckt von Kitsch, zeigen hier Außenanlagen sowie moderne Ausstellungsräume das Leben der ersten Bewohner Hokkaidōs. Die Homepage des Museums liefert auch auf englisch umfassende Details über die Ainu.

Am Kanal von Otaru

Karte S. 267

Nationalpark Shikotsu-Tōya

Zum **See Tōya/Tōyako Onsen**: Donan-Bus ab Bhf. Sapporo Bus Teminal, 2 Std. 50 Min., 2700 Yen.

Zum **See Shikotsu/Shikotsu-ko-Terminal**: fährt der Hokkaidō-Chuo-Bus entweder direkt vom Flughafen Chitose in 54 Min., 920 Yen oder ab Bhf. Sapporo Bus-Terminal in 1 Std. 23 Min., 1330 Yen. Achtung: Busverkehr nur von Juni bis Oktober. Zwischen beiden Seen besteht keine Verbindung mit öffentlichen Verkehrsmitteln.

🛏 ▬▬▬▬▬▬▬▬▬▬

Noboribetsu Grand Hotel, 154 Noboribetsu Onsen, Noboribetsu, Tel. 0143/84-2101, Fax 84-2543; pro Person ab 14500 Yen einschließlich Abendessen und Frühstück. Früher gehörte es zum kaiserlichen Haushalt, heute darf hier Jedermann übernachten. Das klotzige Erscheinungsbild ist abschreckend, die Rückseite mit den Bädern hingegen fantastisch. *Vom JR-Bhf. Noboribetsu mit Donan-Bus bis Noboribetsu Onsen Bus Terminal, 17 Min., 330 Yen. Weitere 3 Min. Fußweg.*

 ▬▬▬▬▬▬▬▬▬▬

Shiraoi-Ainu-Museum, 2-3-4 Wakakusa, Shiraoi, Tel. 0144/82-3914, www.ainu-museum.or.jp; 8.45–17 Uhr, 29. Dez.–5. Jan. geschlossen, 750 Yen, stündlich Tanzvorführung. *Von Sapporo mit JR-Limited Express bis Bhf. Noboribetsu, 1 Std. 19 Min., 4360 Yen. Dann weiter mit Donan-Bus bis Bhf. Shiraoi, 40 Min., 14 Min. Fußweg.*

Nationalpark Daisetsuzan

Im Zentrum Hokkaidōs bildet die Stadt **Asahikawa** (旭川) den Ausgangspunkt für Touren zu Japans größtem Nationalpark Daisetsuzan. Das Gebiet umfasst weit über 2000 Quadratkilometer mit 15 Bergen über 2000 Metern. In den Tälern sprudeln unzählige heiße Quellen, Gebirgsbäche stürzen sich teilweise mehr als 100 Meter in die Tiefe. Kein Wunder also, dass die Ainu die Region ›Spielwiese der Götter‹ nannten. Innerhalb des Parks konzentrieren sich die Ortschaften in der westlichen Hälfte. **Asahidake Onsen** (朝日岳 温泉) liegt am Fuß des höchsten Berges Asahidake. Das Örtchen besteht aus einem Dutzend Häusern einschließlich einer Jugendherberge und wenigen Hotels. Von hier bringt eine Seilbahn Wanderer zum Anfangspunkt einer knapp zweistündigen Tour bis zum Gipfel. Obwohl die Seilbahn bei 1600 Meter Höhe endet, ist das schon oberhalb der Baumgrenze.

Erfahrene Alpinisten können ihre Tour zum Kurodake fortsetzen und erreichen am zweiten Tag **Sōunkyō Onsen** (層雲峡温泉). Sōunkyō ist touristisch ein bisschen intensiver erschlossen, bietet eine größere Auswahl an Unterkünften und sogar ein öffentliches Bad. Besonders zur Herbstlaubverfärbung Ende September sind die **Wasserfälle Ginga no Taki** (銀河の滝) und **Ryusei no Taki** (流星の滝) besonders schön. Sōunkyō Onsen erreicht man ebenfalls mit dem Bus von Asahikawa. **Furano** (富良野) am südwestlichen Rand des Nationalparks ist im Sommer bekannt für seine weiten Lavendelfelder und im Winter für seine exzellenten Skigebiete. Die Region hat sich auch durch Weinanbau und Käseherstellung einen Namen gemacht.

Abashiri

Von Asahikawa aus geht es gen Osten bis Abashiri (網走) am Ochotskischen Meer. Abashiri, das Sibirien Japans, ist

Tōhoku und Hokkaidō

bekannt für sein Gefängnis und für das Treibeis im Winter. Hier baute die Meiji-Regierung 1890 das erste Hochsicherheitsgefängnis nach westlichem Vorbild. Von da an sollten Verurteilte nicht mehr einfach hingerichtet, sondern durch Zwangsarbeit, Kälte und Hunger umerzogen werden. An die 1000 Insassen bauten Straßen- und Eisenbahnverbindungen, legten den Hafen an und sorgten für die Ausweitung der Landwirtschaft rings um Abashiri.

Die alten Gemäuer blieben bis 1984 in Betrieb, wurden dann versetzt und machten einem modernen Gefängnis (diesmal mit Heizung!) Platz. Der ›Ort ohne Adresse‹, wie eine berühmte Filmserie der 1960er Jahre das **Gefängnis von Abashiri** betitelte, steht heute am Hang des Berges Tento, ab 2010 zeigt sich das Museum im neuen Gewand (Hakubutsukan Abashiri Kangoku, 博物館網走監獄). Unweit des Gefängnismuseums steht das **Museum der Nördlichen Völker** (Hoppō Minzoku Hakubutsukan, 北方民族博物館). Wie der Name schon besagt, beschäftigt sich die Sammlung nicht nur mit den Ainu, sondern auch mit nordamerikanischen und skandinavischen Völkern. Passend zur Region ist das dritte Museum, das **Ochotsk-Packeismuseum** (Ohōtsuku Ryūhyōkan, オ

Die Mitte Hokkaidōs

Blick auf den Asahidake

ホーツク流氷館). Seit einigen Jahren gilt Packeis als cool, das Museum findet bei Hokkaidō-Besuchern großen Anklang. Ein Kühlraum gibt auch mitten im Sommer Gelegenheit zur Begegnung der besonders kalten Art.

Obwohl Abashiri auf der Höhe von Venedig liegt, lässt sich hier alljährlich ab Mitte Januar bis Ende Februar Treibeis beobachten. Während der kurzen Treibeis-Saison fahren täglich die Aurora-Sightseeing-Schiffe hinaus aufs Meer.

Während der Fahrt von Abashiri weiter Richtung Shiretoko-Nationalpark zeigt sich das Treibeis bequemerweise vor dem Zugfenster der nostalgischen **Dampflok Ryuho Norokko**.

 Abashiri

Vorwahl: 0152.

Dampflok Ryuho Norokko; Ende Januar bis 1. Woche März tgl. zwischen Abashiri und Shiretoko-Shari, 65 Min., 810 Yen.

Treibeis-Touren, Aurora Boat Terminal (Ryūhyō Kankōsaihyōsen Orora), Tel. 43-6000; 20. Januar–31. März wetterabhängig tägl. mehrere Fahrten, 3000 Yen. Die Fahrt dauert etwa eine Stunde. *Vom JR-Bhf. Abashiri mit Loop-Bus bis Boat Terminal, 10 Min., 230 Yen.*

Gefängnis von Abashiri, 1-1 Yobito, Tel. 45-2411; 9–16, Apr.–Okt. 8-17 Uhr, 1050 Yen. *Vom JR-Bhf. Abashiri Buslinie Tentozan bis Haltestelle Hakubutsukan Abashiri Kangoku/Abashiri Prison Museum, oder 10 Min. Taxi.*
Museum der Nördlichen Völker, 309-1 Shiomi, Tel. 45-3888; 9.30–16.30, Juli–Sept. 9–17 Uhr, Mo Ruhetag, wenn Mo Feiertag, Di geschlossen, 450 Yen. *Vom JR-Bhf. Abashiri-Buslinie Tentozan bis Haltestelle Hoppō Minzoku Hakubutsukan mae.*
Ochotsk-Packeismuseum, 245-1 Tentozan, Tel. 43-5951; 9–16.30, Apr.–Okt. 8–18 Uhr, 520 Yen. JR-Bhf. Abashiri, Buslinie Tentozan bis Endstation.

Akan-Nationalpark

Von Abashiri führt die JR-Bahnlinie Senmo nach Kushiro über den Onsen-Ort Kawayu im Nationalpark Akan (阿寒国立公園). **Kawayu Onsen** (川湯温泉) liegt in der direkten Nähe des **Vulkanbergs Iozan**. Gut ausgeschilderte Wege führen Besucher in die Nähe des Kraters.

Unbedingt die Warnhinweise beachten, der Vulkan stößt schwefelhaltige Dämpfe aus. Nordwestlich von Kawayu liegt der riesige **See Kussharo** (Kussharo-ko, 屈斜路湖). Entlang dem Seeufer finden sich kleine Becken mit heißem Quellwasser. Sie stehen kostenlos zur Nutzung bereit, doch ist hier Badeanzug Pflicht.

Tōhoku und Hokkaidō

Der zweite Caldera-See östlich des Onsen-Ortes gilt als der schönste See Japans. Der **Mashū-ko** (See Mashū, 摩周湖) besitzt sehr sauberes Wasser, auch wenn während der meisten Zeit dicker Nebel den Ausblick einschränkt.

Der **See Akan**, ihm verdankt der Nationalpark seinen Namen, liegt im westlichen Teil des Parks. Der Vulkansee ist berühmt für eine besondere Algenart,

die sich zu wunderschönen Bällen zusammenschließt. Einziger Ort am See ist **Akankohan** (阿寒湖畔), er bietet Hotels und heiße Bäder sowie eine Schlammquelle, Bokke genannt.

Der Akan-Nationalpark wird von den beiden **Vulkanen Meakan** (雌阿寒) **und Oakan** (雄阿寒) eingerahmt. Durch sie führen zahlreiche Wanderwege, doch ist gerade beim angeblich weiblichen Vul-

Der Osten von Hokkaidō

kan Meakan Vorsicht geboten. Genaue Auskunft erteilen das **Akankohan Eco Museum Center** direkt am See und die **Tourist Information** neben dem Postamt. Das Ainu-Dorf **Ainu Kotan** (アイヌ 枯淡) im Ort ist eher Touristenfalle als Museum.

Kushiro-Shitsugen-Nationalpark

Der Kushiro-Shitsugen-Nationalpark (釧 路湿原国立公園), der jüngste National- park Hokkaidōs, liegt auf halbem Weg zwischen dem Akan-Nationalpark und der Industriestadt Kushiro im Süden. Anders als auf der Westseite ist der Niederschlag im südöstlichen Hokkaidō während des Winters recht gering, und wird hier das ganz Jahr hindurch gewan- dert und werden Tiere beobachtet.

Der Kushiro-Shitsugen-Nationalpark ist berühmt für seine Mandschurenkra- niche. Galten die Tiere lange Zeit als ausgestorben, entdeckten Forscher 1926 eine Gruppe von 20 Kranichen. Mit großem Aufwand konnte man die Zahl auf gegenwärtig mehr als 1000 steigern. Die eleganten Paarungstänze der Kraniche finden in den Winter- monaten statt. Im **Akan International Crane Center** können die Tiere das ge- samte Jahr über besucht werden. Futter-

Mandschurenkraniche

plätze und besondere Aussichtspunkte sind im ganzen Nationalpark verteilt eingerichtet. An einigen hält sogar der Zug aus Kushiro. Eine ganz besondere Atmosphäre bietet die **Otowa-Brücke** in der Nähe des Tsurumidai-Aussichts- punkts (鶴見台 oder: Tanchō, タンチョ ウ). Die großen Vögel verbringen auf dem Fluss die Nacht und können hier frühmorgens beobachtet werden.

 Kushiro-Shitsugen-Nationalpark

Von Sapporo: Nach Kushiro fährt der JR-Limited Express Super Ozora (4 Std., 9000 Yen).

Ab Kushiro: Bus Richtung Akan (bis Akan International Crane Center, 65 Min., 1410 Yen, bis Tsurumidai- Aussichtspunkt 50 Min., 970 Yen. **Zum Tsurui-Ito-Tancho-Schutzgebiet**: Bus ab Kushiro bis zum Dorf Tsurui, weiter 15 Min. Fußweg.

Direktflüge zum **Flughafen Kushiro** starten von Tōkyō/Haneda Airport, Ōsaka/Itami Airport, Nagoya und Sapporo.

Shiretoko-Nationalpark

Der Shiretoko-Nationalpark im östlichen Zipfel Hokkaidōs ist eine besonders ab- geschiedene Ecke Japans. Über **Utoro** fährt während der Sommersaison drei- mal täglich ein Bus ab **Shari** (斜里) bis zu den Shiretoko Fünf Seen (Shiretoko Goko, 知床五胡), hier endet die einzige Straße im Westen des Nationalparks (知 床国立公園). Rings um die fünf Seen führen einfach zu bewältigende Wan- derwege, sie sind teilweise auch mit dem Rollstuhl befahrbar. Zehn Kilome- ter weiter entfernt bietet der warme

Tōhoku und Hokkaidō

Wasserfall Kamuiwakka ein Bad der besonderen Art. Zwischen Juli und September bringt ein Shuttle-Bus Besucher zum Aufstieg, die Straße ist für Privatverkehr gesperrt. Ab der Bushaltestelle heißt es, eine knappe halbe Stunde entlang des Warmwasserflusses bis zum Becken des heißen Wasserfalls zu laufen. Der Weg führt streckenweise durch den Bachlauf, Aquaschuhe einpacken! Zur Not verkauft das **Shiretoko Visitor Center** Strohsandalen. Hier gibt es auch Bärenglocken zur Abschreckung der großen Tiere. Bären holen sich gerne

Der Norden von Hokkaidō

den Müll von Campern, also keine Nahrungsmittel unverpackt lassen oder gar in der Nähe vom Zelt wegwerfen.

■ Rausu

Über den Shiretoko-Pass gelangt man von Utoro nach Rausu (羅臼) an der Ostküste. Hier finden sich Restaurants und Unterkunft, eine rare Sache innerhalb des Nationalparks. Bei schönem Wetter ist die Sicht frei auf die **Insel Kunashir** (Kunashiri-jima, 国後島). Seit 1945 zählt die Kurilen-Insel zu Russland, zuvor war sie japanisches Territorium. Von Rausu aus fahren einige kleinere Schiffe auf Packeis-Tour. Die Gewässer sind hier ruhiger, und zahlreiche Tiere wie Adler und Robben lassen sich gut beobachten. Für Fotografen werden Spezialtouren angeboten (zum Beispiel Gozilla Iwa Kankō, ゴジラ岩観光, 74 Kaiganchō, Rausu, Tel. (0153)89-2036; Ende Jan.–1. April dreimal täglich, 1 Std. 4000 Yen, Kameratour 2,5 Std., 10 000 Yen, Reservierung nötig).

Inseln Rishiri und Rebun

Ein letzter Besuch auf Japans nördlichster Insel gilt den Inseln Rishiri und Rebun als Teil des **Nationalparks Rishiri Rebun Sarobetsu** (利尻礼文サロベツ国立公園). Ausgangspunkt der Fährverbindung ist Japans nördlichste Stadt Wakkanai (稚内). Wusste niemand? Macht nichts, sogar der Name der Stadt bedeutet: Weiß ich nicht!

Die Insel **Rishiri** liegt 20 Kilometer entfernt vor der Nordspitze Hokkaidōs. In ihrer Mitte erhebt sich mit 1719 Metern der Vulkan Rishiri. Straßen führen bis zur dritten Station hinauf, eine Wanderung bis zur Spitze beansprucht einen ganzen Tag. Die 6000 Einwohner der Insel leben vom Tourismus und Fischfang. In den Dörfern entlang der Küste hängt überall

Konbu-Seetang zum Trocknen aus. Ein 20 Kilometer langer Fahrradweg führt entlang der nördlichen Küste, viele Unterkünfte vermieten Räder.

Reicht die Zeit nicht für beide Inseln, ist die Nachbarinsel **Rebun** erste Wahl. Die Insel ist berühmt für ihre alpine Pflanzenwelt, das harsche Klima duldet keine anderen Pflanzen. Alle Fähren von Wakkanai und Rishiri legen in **Kafuka** (過負荷) im Osten der Insel an. Südlich liegt der **Momoiwa (Pfirsichfels)-Aussichtspunkt**. Er bietet einen fantastischen Blick bis zur Nachbarinsel Rishiri mit ihrem dem Fuji ähnelnden Vulkan. In der südwestlichen **Region Motochi** finden sich einige Ryokans, sie dienen als Ausgangspunkt für Ausflüge zur Nordspitze. Entlang der Westküste führen Wanderwege am **Strand Gorota** (Gorotahama) vorbei bis zum **Kap Sukoton**. Diese Ecke ist besonders bei Windsurfern beliebt.

Viele Besucher nutzen das Tourenangebot einiger Busgesellschaften auf Rebun. Für 3000 Yen bringt ein Bus die Besucher zu den verschiedenen Aussichtspunkten. Hauptreisezeit sind für beide Inseln die Monate Juni bis August. Fährverbindungen und Unterkunft außerhalb der Sommersaison sollten vor Reiseantritt gut überprüft sein.

> ### 🚉 Rishiri und Rebun
>
> **Von Asahikawa nach Wakkanai/Rebun**: Mit JR-Soya-Linie (umsteigen in Nayoro, 5 Std. 40 Min., 5250 Yen) oder von Sapporo mit JR-Hakodate-Linie und Limited Express Super Soya, 4 Std. 58 Min., 9970 Yen.
> Übrigens kannn man von Wakkanai nach Russland übersetzen (5 Std. 30 Min., ab 24 000 Yen), sich in die Transsibirische Eisenbahn setzen und zurück nach Hause fahren. Eine Alternative für Leute mit Flugangst?

Tōhoku und Hokkaidō

In der Hauptstadt
habe ich noch die lenzgrünen
Blätter erlebt.
Hier aber, am Shirakawa-Pass,
liegt abgefallen buntes Laub.

Minamoto Yorimasa

Chūbu

Die Mitte Japans

Das Mittelstück Japans, wie Chūbu übersetzt bedeutet, liegt zwischen den Regionen Kantō und Kansai. Viele ausländische Reisende lassen Chūbu auf Ihrem Weg von Tōkyō nach Kyōto links liegen. Das hat diese vielfältige Region nicht verdient, denn die in der Tat etwas abgelegenen Gebiete bieten vielfältige Eindrücke. Viele Orte im Norden hielten bis vor kurzem wegen Geld- und Investorenmangel eine Art Dornröschenschlaf und entgingen so glücklicherweise Abriss und Verschandlung. Dies gilt besonders für die zentralen Hochlagen (Chūo-Kōchi), auch als ›Dach Japans‹ bekannt.

Verkehrstechnisch sehr gut erschlossen ist der südliche Teil von Chūbu, auch Tōkai genannt. Die Präfekturen Shizuoka, Aichi, Gifu (südlicher Teil) und auch Mie zählen zu der vielfältigen mittleren Region Japans. **Hakone** nördlich der **Izu-Halbinsel** war einmal wichtige Grenzstation der alten Tōkaidō-Handelsroute entlang des Pazifiks, heute gilt es als Tor zur beliebten Halbinsel mit heißen Quel-

Dogashima an der Westküste

len und Badeständen. Eine weltweit bekannte Attraktion ist der **Fuji**, Japans höchster Berg mit seinen Fünf Seen in der Präfektur Yamanashi.

Weiter auf dem Weg nach **Nagoya**, Japans Zentrum für Schwerindustrie, bietet Shizuoka mit tiefgrünen Teeplantagen und Zitrushainen einen wunderbaren Blick auf Japans höchsten Berg Fuji.

Den südlichen Abschluss der Region bildet der Osten der Halbinsel Kii mit dem Ninja-Ort Iga Ueno und dem heiligen **Ise-Jingū**, den Schreinen der Sonnengöttin Amaterasu.

Die Stadträte von **Tsumago** und **Magome**, kleinen Bergdörfern aus der Edo-Zeit, konnten mit rigorosen Vorschriften ihre Orte vor dem Ausverkauf an ortsfremde Investoren bewahren. Südlich der Olympia-Stadt **Nagano** weiß der Ort **Matsumoto** heute den Wert seiner Burg und der alten Lagerhäuser zu schätzen. Im Westen Chūbus lohnt einer der drei berühmtesten Onsen-Orte, **Gero Onsen**, einen Besuch, ebenso wie **Takayama**, das auch gerne als ›Kleines Kyōto‹ bezeichnet wird. Naturliebhaber zieht es nach **Kamikōchi** inmitten spektakulärer

Berglandschaften. Die Dörfer **Shirakawago** und **Gokayama** gehören seit 1995 zum UNESCO-Weltkulturerbe.

Der nördlichste Bereich der Region, Hokuriku (übersetzt Nord-Festland) genannt, grenzt an die Japan-See und gilt heute gemeinhin als Hinterland Japans. Früher allerdings verbanden die Häfen von Hokuriku Japan mit China, Korea und Russland. Die schneereiche Präfektur Niigata mit der Insel Sado zählt ebenso dazu wie die Präfekturen Toyama, Fukui und Ishikawa mit der **Halbinsel Noto** sowie der alten **Handelsstadt Kanazawa**.

Izu-Halbinsel

Wunderschöne Küsten, Badestrände und ein mildes Klima erwarten den Reisenden auf der Halbinsel Izu. Die **Bucht von Sagami** im Nordosten bietet mit einer durchschnittllichen Tiefe von 1000 Metern eines der artenreichsten Gewässer Japans. Doch treffen hier nicht nur zwei Meeresströmungen aufeinander, sondern auch mehrere tektonische Platten, und das lässt regelmäßig die Erde wackeln. Einziger Trost sind die herrlichen heißen Quellen, mit denen die

Chūbu

Sonnenuntergang an der Suruga-Bucht

Halbinsel reichlich gesegnet ist. Die Onsen-Orte an der Ostküste sind von Tōkyō aus schnell zu erreichen. Die touristisch weniger erschlossene Westküste bietet beste Aussichten auf den Fuji.

Die Grenzstation von Hakone

■ Hakone

Hakone (箱根) liegt mitten im **Fuji-Izu-Nationalpark**. Gerade mal 100 Kilometer von Tōkyō entfernt und über Odawara (小田原) mit dem Shinkansen in kurzer Zeit zu erreichen, ist die Onsenstadt mit 17 Quellen ein äußerst beliebtes Ausflugsziel der Metropolregion und das mindestens seit der Edo-Zeit, damals war Hakone Rast- und Kontrollstation der Handelsroute. Eine Teilstrecke lässt sich weiterhin bereisen: Von Tōkyō kommend steigt man dafür in Odawara in einen Tozan-Bus bis Hakone Yumoto (箱根湯元). Von dort fährt ein Bus entlang der Kyu-Tōkaidō, der alten Handelsroute. Entweder endet die Fahrt nach 15 Minuten in **Hatajuku** (畑宿) oder erst zehn Minuten später am 300 Jahre alten **Rasthaus Amazakeya** (甘酒茶屋). Hier kostet ein Becher milchig-weißer Reiswein (Amazake) 400 Yen, dazu gibt es gegrillte Reisbällchen am Spieß. Das Haus mit dem Reetdach ist das **Tōkaidō-Museum** (Hakone Kyūkaidō Shiryōkan, 箱根旧街道資料館).

Nun heißt es laufen: Es geht über das schönste Stück der alten Straße Richtung Moto-Hakone. Der Weg wurde 1680 angelegt und in den 1860er Jahre nochmals renoviert. Kurz vor dem **See Ashinoko** und **Moto-Hakone** führt das letzte Stück der Route durch einen Zedernwald. Die Bäume sollen vor rund 400 Jahren zur Gründung der Station Hakone angepflanzt worden sein, um den Reisenden wohltuenden Schatten zu spenden. Direkt am See bei den Anlegestellen befinden sich die Bushaltestellen der Tozan-Linie. Haltestelle Nr. 2 bringt den Reisenden über die Schnellstraße zurück nach Yumoto, Nr. 5 nimmt die Route über den alten Handelsweg. Hier gibt es auch eine Auskunftsstelle der Busgesellschaft.

In Moto-Hakone benötigt man fünf Minuten gegen den Uhrzeigersinn um den See bis zum **Hakone-jinja** (箱根神社). Sein rotes Torii steht im Wasser des Sees. Einst war er ausschließlich Kriegshelden wie Minamoto Yoritomo und Tokugawa Ieyasu gewidmet, heute schützen die Götter auch vor Verkehrsunfällen. Einen noch schöneren Blick auf das rote Torii und den dahinter aufragenden Fuji bietet das Areal des ehemaligen **Kaiserlichen Sommerpalastes**, keine zehn Minuten südlich der Anlegestellen (Onshi Hakone Kōen, 恩賜箱根公園).

Gleich nebenan steht die Hauptattraktion von Hakone, die rekonstruierte **Grenzstation** (Hakone Sekisho, 箱根関所) Die Station wurde 1629 zur verschärften Kontrolle der Reisenden errichtet. Die Parole jener Zeit lautete: ›Keine Gewehre nach Edo, keine Frauen aus Edo‹. Das

Karte S. 289

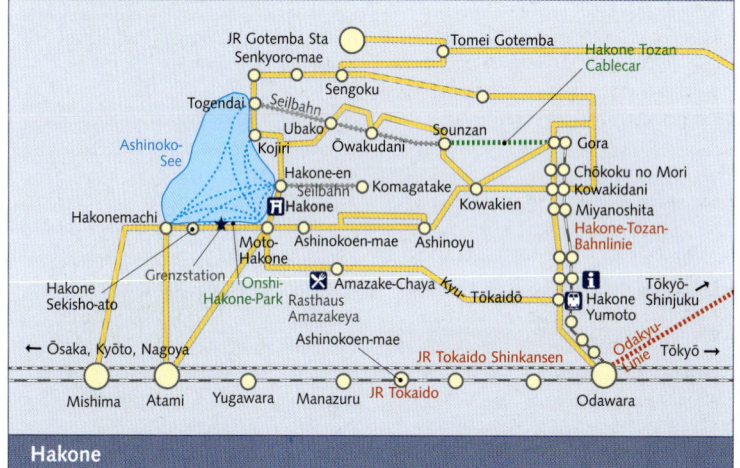

Hakone

Land war noch nicht zur Ruhe gekommen, und die Ehefrauen der Daimyō hatten als Geiseln in Edo zurückzubleiben, wenn ihre Männer in die Heimatprovinzen aufbrachen. Verstöße wurden hart bestraft. Wie das vonstatten ging, kann man sich ganz genau in dem Museum anschauen. Daneben gibt es weniger gruselige Artefakte wie Reisedokumente und Tagebücher der Edo-Zeit.

Eines der besonderen Vergnügungen Hakones ist die große Auswahl an Transportmitteln. Man kann mit dem **Piratenschiff** quer über den See nach Tōgendai (桃原台, Hakone Sightseeing Boat) fahren und dort weiter mit einer **Seilbahn** (Hakone Tozan Cablecar) bis zur Station Ōwakudani (大通谷). Gleich am Parkplatz gibt es eine Tourist Information. Dahinter erwartet die Besucher eine Landschaft wie aus einem mittelalterlichen Höllengemälde. Ein kurzer Rundweg führt durch das spannende Areal. Es zischt und brodelt, heißer Wasserdampf steigt hier und da aus der Erde und es stinkt nach Schwefel. Die Dämpfe steigen zu Kopf, der Aufenthalt sollte nur kurz sein.

Zurück an der Seilbahn geht es weiter nach Gōra (強羅). Hier wartet das **Hakone Open Air Museum** (Chōkoku no Mori Bijutsukan, 彫刻の森美術館) mit der angeschlossenen Picasso-Sammlung. Von der Haltestelle Chōkoku no Mori geht es mit der Hakone-Tozan-Bahnlinie bis zum JR-Bahnhof Odawara zurück.

ℹ Hakone

Vorwahl: 04 60.
14 000 Einwohner, Präfektur Kanagawa.
Hakone Town Tourist Association, 256 Yumoto, Hakone, Tel. 85-74 10, Fax 85-68 15; 9–17.45 Uhr, www.hakone.or.jp. Im Bhf. Hakone Yumoto.

Von Tōkyō: JR-Tōkaidō-Shinkansen bis Bhf. Odawara (39 Min., 3640 Yen), Hakone-Tōzan-Buslinie bis Bhf. Hakone Yumoto (15 Min., 360 Yen) oder Hakone-Stadt (Hakone Machi am See, 49 Min., 1150 Yen). JR-Tōkaidō-Linie bis Bhf. Odawara (90 Min., 1450 Yen).

Von Shinjuku: Odakyu-Linie bis Bhf. Hakone Yumoto (mit Zug Romance Car, 85 Min., 2020 Yen). Odakyu bietet einen Hakone Free Pass für 2 Tage (5000 Yen) oder 3 Tage (5500 Yen) für Hin-und Rückfahrt von Tōkyō/Shinjuku (Romance Car extra 870 Yen) einschließlich kostenfreier Nutzung der Tozan-Bus- und Bahnlinien, Seilbahn und Schiffsverbindungen. Ebenso Rabatt bei einigen Museen.

Bansuirō Fukuzumi (萬翠楼福住), 643 Yumoto Onsen, Tel. 85-5531, Fax 85-5130, www.2923.co.jp; pro Person mit Abendessen und Frühstück ab 18900 Yen. Ältestes Gasthaus des Ortes. Das Gebäude stammt aus dem Jahr 1879 und steht unter Denkmalschutz. *5 Min. Fußweg vom Bhf. Hakone Yumoto.*

Rasthaus Amazakeya, Tel. 83-6418; 7–17.30 Uhr, kein Ruhetag.

Tōkaidō-Museum, gleich neben der Bushaltesstelle Amazake-Chaya, Tel. 83-6871; 9–17, Dez.–Feb. 9–16.30 Uhr, kein Ruhetag, 70 Yen.
Ehemaliger Kaiserlicher Sommerpalast, Tel. 83-7484; Park immer offen, Ausstellung 9–16.30, Dez.–Feb. 9–16 Uhr, kein Ruhetag.
Grenzstation, Tel. 83-6635; 9–16.30, Dez.–Feb. 9–16 Uhr, kein Ruhetag. Eintritt mit Museum 500 Yen.
Hakone Open Air Museum, Ninotaira, Hakone. Tel. 82-1161, Fax 82-1141; täglich 9–17 Uhr, kein Ruhetag, 1600 Yen. Samstag ist Familientag: pro Elternteil bis zu 5 Kinder bis zu 16 Jahren frei.

■ **Atami**

Atami (熱海) an der Bucht von Sagami ist an das Shinkansennetz angeschlossen, gerade mal 50 Minuten benötigt der Reisende aus Tōkyō. Früher galt eine Hochzeitsreise nach Atami als das Nonplusultra, Angestellte durften sich hier auf Kosten der Firma von den berühmten Atami-Geishas unterhalten lassen. Heute fliegen die Leute lieber nach Hawaii, und der vom Bauboom gnadenlos verschandelte Küstenort verliert immer mehr an Attraktivität. Nur das **Kunstmuseum** (MOA Art Museum) des skurrilen Multimillionärs Okada Mokichi sollte man unbedingt besuchen. Eine Noh-Bühne und der Nachbau des Goldenen Teehauses von Toyotomi Hideyoshi finden sich hier ebenso wie eine internationale Kinderkunstausstellung. Okada ist übrigens auch der Gründer des Hakone-Kunstmuseums.

 Atami

Vorwahl: 0557.
40000 Einwohner, Präfektur Shizuoka.
Atami City Tourism Association, Concierge Tawaramoto-chō, im Bhf. Atami vor Ticketschranken; 9-17 Uhr, keine Ruhetage.
Atami City Tourism Association, Wakagaeru Station, Rainbow Deck im Shinsui-Park, Chisaki, Nagisa-chō; Tel. 85-2222, Fax 85-2211, www.atami news.gr.jp; 9–17 Uhr, 20. Dez.–2. Jan. geschlossen. *Vom Bhf. mit Bus Richtung Atami Hafen (Atami Minato) bis Haltestelle Jidō Kōen, 10 Min.*

Von Tōkyō: Mit JR-Tōkaidō-Shinkansen, 49 Min., 4280 Yen.

Taikansō, 7-1 Hayashigaoka-chō, Tel. 81-8137, Fax 83-5308, taikan@hearton.hotel.com, www.atami-taikanso.com; pro Person ab 29 550 Yen. Der Fünf-Sterne-Resort-Ryokan liegt in den Hügeln hinter dem Bhf. mit Blick über die Bucht. *Vom Bhf. Atami Taxi 5 Min., Fußweg 10 Min, kostenloser Abholservice.*

Kunstmuseum, 26-2 Momoyama-chō, Tel. 84-2511, Fax 84-2570; 9.30–16.30 Uhr, Do Ruhetag, 4.–14. Jan. und 25.–31. Dez. geschlossen, 1600 Yen. *Tokai-Bus vom JR-Bhf. Atami, Haltestelle Nr. 4, bis Haltestelle MOA Bijutsukan, dort mit der Rolltreppe zum Museum, 8 Min.*

■ Shimoda

Von Atami geht es über den Onsen-Ort **Ito** entlang der wunderschönen Küstenlandschaft Jōgasaki bis zur Hafenstadt Shimoda (下田) an der Südspitze der Halbinsel. Hier landeten 1853 die Schwarzen Schiffe des Commodore Perry, und schon im folgenden Jahr, nach Unterzeichnung des Vertrags von Kanagawa, öffnete sich die Hafenstadt dem Handel mit Amerika und wiederum ein Jahr später, nach dem Vertrag von Shimoda, auch mit Russland.

Für Geschichtsinteressierte ist Shimoda also ein absolutes Muss. Und für unverbesserliche Romantiker auch: Die tragische Liebesgeschichte der Tojin Okichi (唐人お吉) zieht sich wie ein roter Faden durch die Hafenstadt. Als General Townsend Harris sich 1855 als erster amerikanischer Konsul im **Tempel Gyokusen-ji** (玉泉寺) niederließ, kam die junge Okichi 1857 offiziell als Krankenschwester ins Haus. Inoffiziell sollte sie dem Konsul das Leben in der Fremde versüßen. Okichi war damals 17 Jahre alt und verlobt. Knapp drei Jahre später wurde der Hafen von Shimoda geschlossen und Yokohama dem Außenhandel geöffnet. Auch das Konsulat mitsamt Harris und Okichi zog nach Edo. Erst nach Harris' Rückkehr in die Staaten war Okichi frei, ihren Verlobten wiederzusehen. Die beiden lebten eine Weile gemeinsam in Yokohama, aber Okichis übermäßiger Alkoholkonsum zerstörte

Der Taikansō-Ryokan bei Atami

die Beziehung endgültig. Allein kehrte sie nach Shimoda zurück, schlug sich erst als Geisha durch, eröffnete ein **Gasthaus** (Anchokurō, 安直楼) und vertrank schließlich alles. Als ›Ausländerhure‹ vereinsamt und verarmt, ertränkte sie sich schließlich am 27. März 1890 im Fluss von Shimoda. Begraben wurde sie im **Tempel Hōfuku-ji** (宝福寺), das kleine **Gedächtnismuseum** nebenan zeigt Gegenstände aus ihrem Leben (Okichi Kinenkan, お吉記念館). Jedes Jahr an ihrem Todestag findet eine Gedenkfeier zu Ehren Okichis statt. Sachlicher geht es im **Historischen Museum Shimoda** zu (Shimoda Kaikoku Hakubutsukan, 下田開国博物館). Ein Stockwerk ist der Öffnung des Hafens gewidmet, ein weiteres dem Alltagsleben jener Zeit.

Das **Shimoda Aquarium** (下田海中水族館) südlich vom Shimoda-Park schwimmt direkt auf dem Wasser und bietet neben einem Otterhaus und vielen einheimischen Fischarten auch den **Dolphin Beach**. Für 1350 Yen lassen sich hier die Delfine im flachen Wasser streicheln, Anmeldung am gleichen Tag genügt. Weitere Delfinprogramme benötigen eine Anmeldung mit einem Monat Vorlauf. Dabei geht es für 3800 Yen schon in tieferes Gewässer, es wird aber nicht getaucht. Tauchen mit den Meeressäugern erlebt man erst im Schnorchelangebot für 5500 Yen. Auch absolute Anfänger sind willkommen. Während die beiden ersten Angebote schon Grundschüler ab der ersten Klasse akzeptieren (beim Schwimmen steht jeweils ein Betreuer einem Kind zur Seite), liegt das Mindestalter beim Schnorcheln bei zwölf Jahren. Schwimmweste wird gestellt, Badekleidung und Handtuch sind mitzubringen.

ℹ Shimoda

Vorwahl: 0558
26 000 Einwohner, Präfektur Kanagawa.
Shimoda Tourist Association, Michino-Eki Kaikoku Shimoda Minato, 1-1 Sotogaoka, Tel. 22-1531, Fax 22-1533, www.shimoda-city.info; 9–17 Uhr. Bei der Anlegestelle im Hafen Izukyu Marine.
Shimoda Tourist Associaton Information Center, 1-4-27 Shimoda, Tel. 22-1531; 10–17 Uhr. Gegenüber vom Bhf. Izukyu Shimoda.

Von Tōkyō: JR-Tōkaidō-Shinkansen bis Atami, Izukyu-Linie bis Endstation Izukyu Shimoda (Bhf. von Shimoda, 4080 und 1890 Yen). Oder direkt mit Limited Express Odoriko-Linie (über Atami, 160 Min., 5500 Yen).

🛏 **Shimoda Bay Kuroshio**, 4-1 Kakisaki, Shimoda, Tel. 27-2111, Fax 27-2115, www.baykuro.co.jp; EZ ab 15750 Yen, bei Gruppenreisen (5 Pers.) ab 6300 Yen. Futuristisches Ambiente mit großzügigen Zimmern und Blick über den Hafen. Kostenloser Shuttlebus vom Bahnhof.

Gasthaus (Anchokurō, 安直楼), 3-5-21 Shimoda, Tel. 22-0048; 10–19 Uhr, 250 Yen. *10 Min. Fußweg vom Bhf.*

🎡 **Shimoda Aquarium**, 3-22-31 Shimoda, Tel. 22-3567, Fax 22-3831, Anmeldungen Tel. 27-2770, www.shimoda-aquarium.com (nur jap.); 9–16.30, Sommerferien 8–18 Uhr, 15.–18.

Dez. geschlossen, 1900 Yen. *Vom Bhf. Izukyu Shimoda mit Tōkai-Buslinie Haltestelle Nr. 7 bis Haltestelle Shimoda Kaichū Suizokukan, 7 Min., 190 Yen.*

Tempel Gyokusen-ji, 31-6 Kakisaki, Shimoda, Tel. 22-1287; 8–17 Uhr, kein Ruhetag, Sammlung 400 Yen.

Vom Bhf. Izukyu Shimoda mit Tōkai Bus bis Haltestelle Kakisaki-jinja.
Tempel Hōfuku-ji, 1-18-26 Shimoda, Tel. 22-0960; 8–17 Uhr, Ochiki-Gedächtnismuseum 300 Yen. *4 Min. Fußweg vom Bhf.*
Historisches Museum, 4-8-13 Shimoda, Tel. 23-2500, Fax 23-3288; 8.30–17 Uhr, 1000 Yen. *10 Min. Fußweg vom Bhf.*

Der Berg Fuji

Nur wenige Japanreisende haben das Glück, den Fuji (富士山) schon vom Flugzeug aus zu sehen. Stolze 3776 Meter ragt er an der Grenze der Präfekturen Shizuoka und Yamanashi in die Höhe und ist damit der höchste Berg Japans. Schon den Ureinwohnern galt der kegelförmige Vulkan als heiliger Sitz der Götter. Und so machen sich jedes Jahr in der kurzen Saison vom 1. Juli bis zum 31. August an die 200000 Menschen auf, den Kami einen Besuch abzustatten, jeder Dritte ist übrigens ein Ausländer. Es ist wohl dieses Mythische und nicht allein die Schönheit des schlafenden Vulkans, die sie alle lockt. Die aufgehende Sonne, Göttin und Mutter der Nation, vom Gipfel des Fuji aus zu begrüßen, ist für viele Japaner ein bewegendes Erlebnis, auch wenn sie im Alltag nicht viel mit Religion und Nation am Hut haben. Besonders in wirtschaftlich schlechten Zeiten erlebt der Fuji regelmäßig einen Boom. So ist es kein Wunder, dass der Berg in den letzten Jahren vor allem unter jungen Japanern an Attraktivität gewonnen hat.

■ Aufstieg zum Gipfel

Ein so beliebtes Ziel ist natürlich perfekt durchorganisiert. Busse bringen Besucher direkt aus dem Gewühl Tōkyōs an die höchstgelegenen Parkplätze. Es gibt vier Aufstiegsmöglichkeiten. Vom Südosten aus sind dies der **Fujinomiyaguchi-** und der **Gotembaguchi-Trail**. Im Osten liegt der **Subashiriguchi-Trail** und schließlich im Norden der **Yoshida- oder Fuji-Yoshidaguchi-Trail** und der **Kawaguchikoguchi-Trail**, die sich auf halber Strecke vereinen. Dieser letzte Trail ist für Anfänger ideal. Hier stehen die meisten Schutzhütten und bieten bei einem Wetterumschwung Sicherheit. Jeder Trail umfasst vom Fuß des Fuji aus gerechnet zehn Bergsstationen. Die wenigsten Wanderer nehmen den mühseligen Weg von ganz unten auf sich, die meisten überspringen die Hälfte der Stationen mit dem Auto oder Bus. Achtung: In der extrem beliebten O-bon-Woche Mitte August ist die Strecke für PKW gesperrt!

Der höchste Berg Japans

Chūbu

Blick auf den Fuji von Ōwakudani

So liegt die fünfte Station des Kawaguchikoguchi-/Yoshidaguchi-Trail auf einer Höhe von 2304 Metern. Hier stehen die letzten Souvenirbuden und gleich neben dem Busterminal ein großes Gasthaus. Der eigentliche Aufstieg sollte ab hier um die Mittagszeit starten, um vor dem Abend bei einer der Hütten der achten Station einzutreffen. Dort heißt es, früh schlafen zu gehen, um zwei Uhr morgens geht es schon weiter. Nur dann ist man rechtzeitig zum Sonnenaufgang, dem Goraikō – sogar ein eigenes Wort für den Sonnenaufgang auf dem Fuji gibt es! – am Gipfel. Für diese Etappe rechnet man gemeinhin mit zwei bis drei Stunden. Eine weitere Stunde braucht man für die Umrundung des Kraters. Der höchste Punkt des Vulkans (Kengamine, 剣ヶ峰) liegt dem Aufstieg genau gegenüber. Früher stand hier eine Wetterstation, sie wurde mittlerweile abgebaut. Für den Abstieg über den Kawaguchikoguchi-/Yoshidaguchi-Trail gibt es einen eigenen Weg (Yoshida-/Kawaguchikoguchi Descending Trail, Yoshida-/Kawaguchikoguchi Gezandō, 吉田口下山道・河口湖口下山道). An der sechsten Station trennen die beiden Trails sich wieder, und über den Kawaguchikogu-chi-Trail geht es zurück zum Busterminal. Für diese Route sind ungefähr zehn Stunden Wegstrecke ohne Rast und Übernachten einzuplanen. Doch es kann jederzeit länger werden, wenn sich in den Sommerferien ab Ende Juli die Wanderer wie auf dem Rummel stauen und es nur ganz langsam weitergeht.

■ Fünf Seen

Als Alternative zur Rückfahrt nach Tōkyō bietet sich ein Abstecher zu den Fünf Seen im Norden des Fuji an (Fujigoko, 富士五湖). Der dem Fuji am nächsten gelegene See ist der **Kawaguchiko**. Im gleichnamigen Ort ist allerhand los, Hotels und Restaurants jedweder Preiskategorie sind vertreten. Eine halbe Stunde mit dem Boot über den See kostet 900 Yen, als Alternative bietet sich ein Abstecher ins ›Affentheater‹ an. Affendressuren gab es früher auf jedem Schrein- oder Tempelfest zu sehen. Heute sind diese Vorstellungen sehr selten geworden (Kawaguchiko Sarumawashi Gekijō, 河口湖猿回し劇場). Das Schönste an den Seen ist natürlich der Ausblick auf den Fuji. Stolz ruft der erschöpfte Wanderer: ›Schau mal! Da oben war ich!‹.

Karte S. 286

Der Fuji ruft!

Um den Fuji zu besteigen, benötigt man keine hochalpinen Erfahrungen. Die Wege führen gemächlich den Berg hinauf, an etwas schwierigeren Stellen gibt es immer Geländer oder Halteseile. Allein der Untergrund besteht aus losem Lavagestein. Daher sollte man auf den Vordermann und losgetretenes Gestein achten.

Neulinge unterschätzen oft die Höhe des Berges. Herrscht unten auch heißer Sommer, oben wird es empfindlich kalt. Je 100 Meter Höhe sinkt die Temperatur um 0,6 Grad Celsius. Am Gipfel herrschen höchstens leichte Plusgrade. Hinzu kommt starker Wind, der zusätzlich auskühlt. Kurz vor Sonnenaufgang fallen die Temperaturen unter den Gefrierpunkt. Also Daunenjacken, Handschuhe, Mütze und Fleecepullover einpacken! Festes Schuhwerk und ein Wanderstock sollten ebenso wenig fehlen wie eine Thermoskanne mit heißen Getränken. Wie überall im Gebirge gilt auch hier: Wetterumschwünge kommen plötzlich, die Wettervorhersage gilt nur kurze Zeit, man sollte sich nicht auf sie verlassen.

Nicht zu unterschätzen ist ebenso das Risiko einer Höhenkrankheit, ausgelöst durch eine Sauerstoffunterversorgung. Kopfschmerz, Schwindel, Herzrasen und Atemnot sind ernst zu nehmende Anzeichen. Beim Auftreten dieser Symptome wendet man sich an eine der Erste-Hilfe-Stationen oder an die Hütten. Als Prävention hat sich langsamer Aufstieg, genügend Flüssigkeitzufuhr (kein Alkohol!) und Akklimatisierung durch Übernachtung im Höhenbereich bewährt. Im Akutfall hilft nur der Abstieg, Eigenmedikation mit Aspirin oder Ähnlichem ist nicht zu empfehlen.

Der Fuji ist ein Nationalpark, Zelten ist strikt verboten. Wanderungen durch die Nacht sind möglich, erhöhen aber das Risiko einer Höhenkrankheit erheblich. Wanderer nutzen die Hütten (unbedingt reservieren!), auch wenn man hier Schulter an Schulter mit Unbekannten schläft. Zumeist gibt es eine Ecke ausschließlich für Frauen. Zum Abendessen bieten die Hütten zumeist Curryreis oder Nudelsuppe. Das Frühstück besteht aus Reisbällchen mit Seetanghülle (Onigiri).

Morgens um zwei Uhr herrscht das große Aufbrechen. Umziehen entfällt, die Nächte sind so kalt, da behält man besser alles an. Eine Stirnlampe mit ausreichend Ersatzbatterien ist ungemein praktisch. Ein Trost: Verlaufen tut sich hier niemand! Nach dem hoffentlich prächtigem Sonnenaufgang haben es die meisten Bergsteiger furchtbar eilig, wieder hinab zu kommen. Daran denken, dass der Abstieg über einen anderen Trail führt!

Der Fuji kann natürlich auch außerhalb der kurzen Saison bestiegen werden. Dann sind allerdings die Hütten geschlossen, außerdem sind die Verkehrsverbindungen wesentlich schlechter. Und obendrein ist das Wetter unberechenbar, teilweise sogar gefährlich.

Japan würde den Fuji gerne als Naturdenkmal bei der UNESCO registrieren lassen, aber bislang sind alle Anträge wegen Müll und Verschmutzung abgelehnt worden. Immerhin hat das zum Aufstellen von Toilettenhäuschen entlang der Trails geführt, und der Müll ist sogar weniger geworden. Wenn die Regierung sich nun dazu durchringen könnte, die hässlichen Golfübungsplätze rings um den Berg schließen zu lassen, würden die Chancen auf den Titel sicherlich gewaltig steigen. Doch für dieses Opfer scheinen die Beamten leider noch nicht bereit zu sein.

Berg Fuji und Fuji-Kawaguchiko

Vorwahl: 0555.

25 500 Einwohner, Präfektur Yamanashi.

Fuji Visitor Center, 6663-1 Funatsu, Kawaguchiko, Tel. 72-02 59, Fax 72-0211, fuji-v.c@peach.ocn.ne.jp; 9–17, Jul.–Sept. 9–18, Dez.–Feb. 9–16 Uhr. *Am Anfang der Maut-Straße, Fuji-Subaru-Line zur 5. Station Kawaguchiko.*

Fujiyoshida Information Center, 1700 Funatsu, im Bhf. Fujiyoshida, Tel. 22-7000; 9–17.30 Uhr.

Kawaguchiko Information Center, 3641-1 Funatsu, Kawaguchiko, Tel. 72-31 68; Sa, So u. Feiertag 72-67 00. Im Bhf. Kawaguchiko.

Von Tōkyō/Shinjuku: bis 5. Station Kawaguchiko: Mit Bus ab Bhf. Shinjuku Highway Busterminal, Buslinie Fujikyu (1. Juli–31. Aug. 6 Busse am Tag, 2 Std. 20 Min., 2600 Yen).

Von Tōkyō bis Kawaguchiko: JR-Chuo-Linie bis Bhf. Otsuki, Fujikyu-Linie bis Bhf. Kawaguchiko (2 Std. 30 Min.). In den Sommerferien Direktverbindung an Wochenenden und Feiertagen (JR-Holiday Kaisoku Kawaguchiko Nr. 1 u. 2, 2 Std.). Oder ab Shinjuku: Chuo-Highway-Bus (105 Min., 1700 Yen).

Von Kawaguchiko: bis zur fünften Station Kawaguchiko, Buslinie Fujikyu-ko, Bhf. Kawaguchiko (1. Juli–31. Aug. 8 Busse am Tag, 50 Min., 1500 Yen).

Sunnide Resort Hotel, 2549-1 Oishi, Kawaguchiko, Tel. 76-60 04, Fax 76-7706, www.sunnide.com; pro Person ab 9000 Yen mit Abendessen und Frühstück. *Vom Bhf. Kawaguchiko Bus nach Oishi Pension Village, Haltestelle Sunnide Village. Vom Bahnhof gibt es auch einen kostenlosen Shuttlebus.*

Kozantei Ubuya (湖山亭うぶや), 10 Asagawa, Kawaguchiko, Tel. 72 11-45, Fax 72-11 59, dot0628@ubuya.co.jp; bei 5 Pers. ab 18000 Yen mit Abendessen und Frühstück. Auf der gegenüberliegenden Seite des Sees Kawaguchiko, alle Zimmer sowie die großen Außenbäder sind mit Blick auf den Fuji. *Ab Bhf. Kawaguchiko mit Taxi 8 Min., Retrobus bis Haltestelle Kozantei Ubuya Mae, kostenloser Shuttlebus.*

Kawaguchiko Youth Hostel, 2128 Funatsu, Kawaguchiko, Tel./Fax 72-14 31; 3360 Yen, 6. Nov.–19. März geschlossen. *5 Min. Fußweg vom Bhf.*

Fujiyoshida Youth Hostel, 2-339 Shimoyoshida-Honcho, Fujiyoshida-City, Tel./Fax 22-05 33; 2835 Yen. Im alten Teil von Fujiyoshida. *18 Min. Fußweg vom Bhf. Fujiyoshida.*

Für Reservierungen der **Schutzhütten** bietet folgende Websites Informationen: http://www.city.fujiyoshida.yamanashi.jp/div/english/html/lodging.html und www.yamanashi-kankou.jp/foreign/english/english006.html.

Affendressuren Kawaguchiko, 2719-8 Kawaguchigo, Tel. 76-88 55; 10–15, Sa/So/Feiertag 10–16, Winter 10–14 Uhr, 1500 Yen. *Vom Bhf. Kawaguchiko mit Retrobus Kawaguchikoshūyū Richtung Kawaguchiko Shizenseikatsukan, Haltestelle Kawaguchiko Sarumawashi Gekijō Mae, 22 Min., 450 Yen.*

Nagoya

1610 verlegte der Reichseiniger Tokugawa Ieyasu seinen Sitz vom sieben Kilometer entfernten Kiyosu in das heutige Nagoya (名古屋). Die Burg von Kiyosu gehörte einst Oda Nobunaga und anschließend Toyotomi Hideyoshi, seinem unterlegenen Gegner in der Schlacht von Sekigahara (1600). Auch die 60 000 Einwohner zogen mit um und ließen sich rings um die neue Burg nieder. Zahlreiche Schreine und Tempel wurden ebenfalls versetzt. Etwa zur gleichen Zeit wurde der Atsuta-Schrein nicht weit entfernt als Wegstation der Handelsroute Tōkaidō errichtet. Auch dieser Ort entwickelte sich zügig, und so entstand das moderne Nagoya aus der Verschmelzung dieser beiden Zentren, der Burg und dem Schrein.

In den folgenden Jahren entwickelte Nagoya sich zu einem Knotenpunkt des Handels. Die berühmten Töpferorte Tokoname, Tajimi und Seto waren dafür ebenso wichtig wie auch Okazaki. Okazaki war einer der wenigen Orte, in denen Schießpulver produziert werden durfte. In späteren Jahren kam eine rege Baumwollverarbeitung und die Herstellung mechanischer Puppen, so genannter Karakuri Ningyō, hinzu. Aus diesen Fabriken gingen übrigens die Weltkonzerne Toyota, Mitsubishi und Brother hervor, die wohl berühmtesten Vertreter der hier ansässigen Unternehmen.

Heute ist Nagoya Japans viertgrößte Stadt, seine Metropolregion Chūkyo ist die drittgrößte Region Japans und zugleich eines seiner wichtigsten Wirtschaftszentren. Der moderne Bahnhof Nagoya ist weltweit der flächenmäßig größte Bahnhof und dank der beiden JR-Central Towers auch der höchste. Der 2005 eröffnete Internationale Flughafen Centrair ermöglicht nun auch direkte Verkehrsverbindungen mit Übersee. Durch den Hafen von Nagoya fließen landesweit die meisten Waren. Die Menschen in Nagoya reden sehr gerne über ihre Superlative, sagt man ihnen doch ein besonders hohes Geltungsbedürfnis nach. Eingeklemmt zwischen den beiden großen Zentren Kansai und Kantō muss man sich halt zu behaupten wissen.

Chūbu

Mit dem Webstuhl fing es an: Im Toyota-Museum von Nagoya

■ Die Burg von Nagoya

Nördlich des Hauptbahnhofs steht Nagoyas ganzer Stolz: die Burg! Ihr Wahrzeichen sind die zwei goldenen, an Delfine erinnernde Fabelwesen auf dem Dach, Kinshachi genannt. Sie sollten die 1612 fertig erbaute Burg (Nagoya Castle, 名古屋城) vor Feuer schützen. Jahrhundertelang halfen sie, doch den Luftangriffen der Alliierten hatten sie 1945 nichts entgegenzusetzen. Die Burg brannte bis auf die Fundamente nieder. Vielleicht lag es an der immer dünner werdenden Goldschicht des Pärchens. Erst kratzten die Tokugawa zum Ende ihrer Ära aus Geldmangel eine Schicht nach der anderen ab. Dann entdeckten Diebe das einfache Spiel. 1959 wurde der Hauptturm (Donjon), das Haupttor

Nishinomaru-Enokida sowie der Südwest- und der Nordwestturm rekonstruiert. Nur der Südostturm ist noch ein Original. Der Hauptturm, eine Stahlbetonkonstruktion, verfügt über Fahrstuhl und Klimaanlage.

Trotz der interessanten Ausstellungsstücke hat das Interieur den Charme einer Finanzbehörde. Es ist nur zu hoffen, dass beim begonnenen Wiederaufbau des eigentlichen **Palastes Hommaru** (voraussichtlich bis 2018) mehr Sorgfalt verwendet wird. Genauer hinschauen sollte man unbedingt bei den Fundamenten. Insbesondere hinter der **Schwertermauer** (Kenpei, 剣塀) beim Nordostturm lassen sich unterschiedliche Einkerbungen entdecken. Beim Bau der Burg mussten die Provinzfürsten

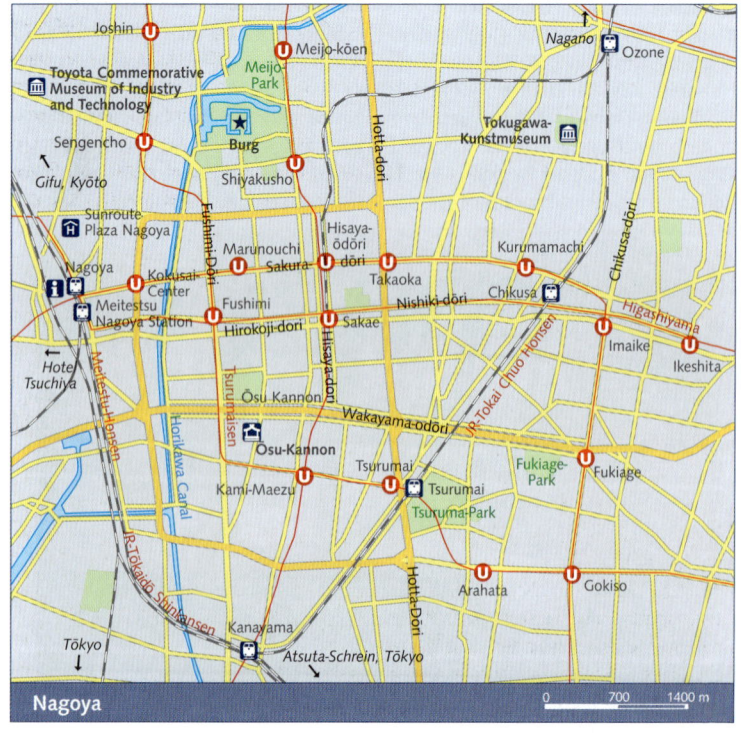

0   700   1400 m

Die Burg von Nagoya

Material liefern, und so konnte die jeweilige Abgabe leichter überprüft werden. Drei Kreise mit einem Stab stellen nicht etwa drei leckere Klebreisbällchen (Dango) und den dazugehörigen Fürsten als Gourmet dar, sondern sind das Symbol eines furchterregenden Klans: Ein Pfeil genügt ihnen, um gleich drei Köpfe zu durchbohren!

Kostbare Originale aus der ehemaligen Innenausstattung wie zum Beispiel chinesische Gemälde der Song-Dynastie des 10. Jahrhunderts kann man im **Tokugawa-Kunstmuseum** (Tokugawa Bijutsukan, 德川美術館) betrachten.

■ Atsuta-Schrein

Auf Augenhöhe mit dem berühmten Schrein von Ise ist der Atsuta-Schrein (Atsuta Jingū, 熱田神宮). Neun Millionen Menschen besuchen jährlich den über 1900 Jahre alten Schrein. Er ist der Sonnengöttin Amaterasu gewidmet und Bewahrer einer sehr alten Kopie des Schwertes Kusanagi no Tsurugi, einem der drei Throninsignien. Auf dem Gelände des zweitgrößten Schreins Japans, er hat vom Volk den Spitznamen Herr Atsuta (Atsuta-san) erhalten, befinden sich ebenfalls der **Nishiyaoyorozu- und der Higashiyorozu-Schrein**. Stattet man allen dreien einen Besuch ab, gilt dies praktischerweise genauso viel wie eine Pilgerfahrt zu allen Schreinen Japans.

Das heilige Schwert ist der Öffentlichkeit leider nicht zugänglich. Ob es überhaupt im Atsuta-jingū aufbewahrt ist, bleibt wie so oft ein Geheimnis der Priester. Ehrfürchtig betrachtet man hier die über sieben Meter hohe Lehmmauer **Nobunaga-Bei**, Oda Nobunaga soll sie 1560 dem Schrein als Dank für seinen Sieg in der Schlacht von Okehazama gespendet hat. Und wie sollte es anders sein: Sie zählt zu den drei historisch bedeutendsten Lehmmauern Japans!

Im **Schatzhaus** (Hōmotsukan, 宝物館) finden sich 4000 Schätze der Vergangenheit, darunter heilige Gewänder und andere Kultgegenstände, Schwerter und Dolche, Originaltexte des Nihonshoki sowie Masken antiker Hoftänze. Einen kleinen Einblick bietet die Website des Schreins.

Shachi-Fabelwesen mit Tourist

Chūbu

Der Tempel Ōsu-Kannon

■ Ōsu-Kannon

Der Tempel Ōsu-Kannon (Ōsu Kannon-Tempel, 大須観音寺, offizieller Name: Kitanosan Shinpuku-ji Hosho-in) gehört zu den Gebäuden, die Tokugawa Ieyasu 1612 kurzerhand von Ōsu (heute Hashima, Präfektur Gifu) nach Nagoya bringen ließ. Seine strategische Position zur Burg lässt darauf schließen, dass der Tempel die Südseite der Anlage vor dem Bösen abschirmen sollte. Der Tempel ist der Göttin der Gnade, Kannon-sama, geweiht. Die Stimmung ähnelt ein wenig dem Tempel von Asakusa, auch hier herrscht angenehm viel Betriebsamkeit. Jeweils am 18. und 28. jeden Monats findet hier übrigens ein Antikmarkt statt. Liebhaber rarer Souvenirs kommen hier bestimmt auf ihre Kosten.

Der Tempel markiert auch den Eingang zur Ōsu-Einkaufsstraße. Hier ist alles ein wenig schlichter als in Nagoyas berühmten Untergrund-Shoppingparadies Sakae beim gleichnamigen Bahnhof und manchmal auch liebenswert angestaubt. Viele der Geschäfte blicken auf Jahrzehnte von Geschäftserfahrung zurück. Unbedingt zu empfehlen sind die Knabberproben beim **Sembeiya-san** (Herrn Reiscracker-Händler). Besonders beliebt sind hier die Cracker mit der für Nagoya so typischen Geschmacksrichtung mit süßlich roter Misopaste. Die Paste findet man auch als Schnitzelgewürz (Miso-Katsu genannt) oder auf Hühnerspießen. Die Leute in Nagoya haben anscheinend einen ›süßen Zahn‹.

ℹ Nagoya

Vorwahl: 052.
2,3 Millionen Einwohner, Präfektur Aichi.
Nagoya Station Tourist Information Center, Tel. 541-43 01, Fax 571-16 69; 9–19 Uhr, 29. Dez.–1. Januar geschlossen. Im JR-Bhf. Nagoya Central Concourse.
Kanayama Tourist Information Center, Tel. 323-01 61, Fax 323-01 62; 9–19 Uhr. 29. Dez.–1. Januar geschlossen. Im Bhf. Kanayama Nordausgang (Loop Kanayama 1F).

Oasis 21i Center, Tel. 963-52 52, Fax 963-52; 10–20 Uhr. Kein Ruhetag. Im Oasis 21 Untergeschoss.

Von Tōkyō: JR-Tōkaidō Shinkansen, 99 Min., 10 780 Yen.

Hotel Sunroute Plaza Nagoya, 35-24-2 Meieki, Nakamura-ku, Tel. 571-22 21, Fax 571-22 35, www.sunroute-nagoya.co.jp; EZ 9240 Yen. *Direkt am JR-Bhf. Nagoya Ausgang Sakura-dōri.*
Hotel Dormy Inn, 1-11-8 Meieki Minami, Nakamura-ku, Tel. 586-62 11, Fax 586-81 75, www.hotespa.net/hotels/nagoya; DZ pro Person 4500 Yen. Alle Zimmer mit Kitchenette. *Direkt am JR-Bhf. Nagoya.*
Tsuchiya Hotel, 2-16-2 Noritake, Nakamura-ku, Tel. 451-00 28, Fax 451-93 61. www.tsuchiya-hotel.co.jp; pro Person mit Frühstück ab 6825 Yen, im Annex ›Business Inn Tsuchiya‹ pro Person ab 4800 Yen. Zimmer im westlichen und japanischen Stil. Das große Frauengemeinschaftsbad verfügt über ein Keramikbecken aus der historischen Provinz Mino. *5 Min. Fußweg von JR-Bhf. Nagoya, Ausgang Taiko-dōri.*

Burg, 1-1 Hommaru, Naka-ku, Tel. 231-17 00, www.nagoyajo.city.nagoya.jp; 9–16.30, Hauptturm 9–16.10 Uhr, 500 Yen. *Vom Bhf. Nagoya mit U-Bahnlinie Higashiyama bis Station Sakae, dort in Linie Meijo bis Station Shiyakusho. 3 Min. Fußweg.*
Tokugawa-Kunstmuseum, 1017 Tokugawa-chō, Higashi-ku, Tel. 935-62 62, Fax 935-62 61; 10–17 Uhr, Mo geschlossen, wenn Mo Feiertag, Di geschlossen; *1200 Yen. Vom JR-Bhf. Nagoya mit Citybus Nr. 2 bis Haltestelle Tokugawaen Shindeki Mae, 20 Min., 3 Min. Fußweg.*
Atsuta-Schrein, 1-1-1 Jingū, Atsuta-ku, Tel. 671-4151, www.atsutajingu.or.jp; Gelände immer zugänglich, Schatzhaus 9–16.10 Uhr, letzter Mi und Do im Monat geschlossen, 300 Yen. *Vom Bhf. Nagoya/Meitestu Nagoya Station mit Meitestu-Honsen-Linie bis Haltestelle Jingū Mae, 7 Min.*
Ōsu-Kannon-Tempel, 2-21-47 Ōsu, Naka-ku, Tel. 231-652 25, Fax 231-93 33. 6–19 Uhr. *U-Bahnlinie Tsurumaisen bis Haltestelle Ōsu Kannon, Ausgang 2.*
Toyota Commemorative Museum of Industry and Technology, 4-1-35 Noritake Shinmachi, Tel. 551-61 15, Fax 551-61 99, www.tcmit.org; Di–So 9.30–17 Uhr, wenn Mo Feiertag, Di geschlossen, Neujahr geschlossen, 500 Yen.

Chūbu

Seki

Eine gute Stunde Busfahrt von Nagoya entfernt Richtung Norden liegt das kleine Städtchen Seki (関). Seit der Zeit des ersten Shogunats im 12. Jahrhundert gilt der Ort als wichtiges Zentrum der Schwertschmiedekunst Japans. Einst stellten hier über 300 Meister die tödlichen Waffen der Samurai her, Sekis Schwerter waren berühmt für ihre besondere Schärfe. Heute ist die Anzahl der Schmiede auf 17 geschrumpft. Darunter sind recht viele junge Männer, die Zunft der Waffenschmiede hat also (noch) eine Zukunft. Am jeweils ersten Sonntag im März, April, Juni und November sowie am 2. Januar und während des Schmiede-Festivals im Oktober führen die in zeremoniellem Weiß gekleideten Schmiedemeister jeweils dreimal

Die Schwertschmiede in Seki

täglich ihre Handwerkskunst vor. Die Demonstrationen finden in der von drei Seiten offenen Schmiede vor dem **Traditionellen Schwertschmiedemuseum** (Seki Traditional Sword Smith Museum, Seki Kaji Denshōkan, 関鍛冶伝承館) statt und sind mit Sicherheit ein Highlight jeder Rundreise durch Chūbu.

🏛 **Seki**

Schwertschmiedemuseum, 9-1 Minami Kasuga-chō, Tel. 0575/23-3825; 9–16.30 Uhr, Di u. Wochentag nach Feiertag geschlossen, wenn Di Feiertag, geöffnet, 200 Yen. *Ab Meitetsu Bus Center, Haltestelle 3, mit Direktbus bis Haltestelle Asakura-kōen-mae/Asakura Park in Seki, 70 Min, weitere 10 Min. Fußweg bis zum Museum.*

Ise

Die östliche Hälfte der Halbinsel Kii mit einem Teil der Präfektur Mie zählt ebenfalls noch zur Region Chūbu. Die Stadt Ise im östlichen Zipfel der Halbinsel ist durch das oberste Heiligtum des Shintoismus, **Ise-jingū** (Ise-jingū, 伊勢神宮), weltweit bekannt. Der Jingū, so der offizielle Name des Großschreins, ist der Sonnengöttin Amaterasu gewidmet. Sie gilt als Stammmutter des japanischen Kaiserhauses. Der bronzene Spiegel, den sie ihrem Enkel Ninigi mit auf die Erde gegeben hat, ist eine der drei Throninsignien und wird hier aufbewahrt. Das Nihonshoki (720) berichtet, dass vor über 2000 Jahren die Tochter eines der Yamato-Herrscher ausgesandt wurde, einen neuen Platz für die Verehrung der Sonnengöttin zu finden. Epidemien und Naturkatastrophen plagten das Land, der Palast von Yamato galt für Amaterasu nicht mehr als sicher. Nach 20-jähriger Wanderung kam die Prinzessin nach Ise, und die Göttin ließ sie wissen, dass dies der perfekte Ort sei. Die Chroniken nennen dafür das Jahr 5 vor Christus, wahrscheinlicher ist jedoch das 3. oder 5. Jahrhundert unserer Zeitrechnung. Seit dem 7. Jahrhundert werden alle 20 Jahre gemäß dem Shintō-Glauben sämtliche Gebäude des Jingū abgerissen und wieder aufgebaut. Übrigens ist die Oberpriesterin des Großschreins bis heute eine Angehörige der Kaiserlichen Familie. Gegenwärtig übt die ältere Schwester Kaiser Akihitos das Amt aus.

Der Nebenschrein

Karte S. 303

Kansai Süd

0   20   40 km

■ Schreine Gekū und Naikū

Der Schrein von Ise verfügt über zwei Hauptschreine: Naikū und Gekū, den Inneren und Äußeren Schrein. Sie liegen knapp sechs Kilometer voneinander getrennt im **Heiligen Wald**, der den Jingū mit Hinoki-Zypressen für den Wiederaufbau der Gebäude versorgt. Die Bäume für den nächsten Wiederaufbau 2013 sind bereits gefällt.

Im Äußeren Schrein, **Gekū** (外宮), wird die Göttin der Nahrung, Toyoke Omikami, verehrt. Ihr Schrein stand ursprünglich nördlich von Kyōto und wurde auf Wunsch der Sonnengöttin an ihre Seite gestellt. Sie wurde nämlich von ganz profanem Hunger geplagt! So bereiten seit 1500 Jahren Priester über heiligem Feuer morgens und abends die Mahl-

zeiten für die Götter, das spirituelle Servieren überlassen sie dann der Göttin des Gekū, des Äußeren Schreins.

Gekū liegt einen kurzen Fußweg entfernt vom Bahnhof Ise-shi. Hinter der Brücke befindet sich links die Wasserstelle zur rituellen Reinigung, dahinter beginnt der eigentliche Schreinbezirk. Die großen Gebäude auf der rechten Seite sind allein den Mitgliedern der Kaiserlichen Familie vorbehalten, Isejingū ist schließlich ihr Familienschrein. Normalsterbliche laufen weiter bis zu den vier Zäunen des allerheiligsten Innenbezirks Gekū Goshoden. Weiter geht es nicht. Fotos sind leider verboten, das Gelände ist videoüberwacht, tricksen nützt nicht viel. Der schmale Weg Richtung Süden führt nach 100 Metern zu den **Betsugū**, drei kleineren Schreinen für die Götter des Windes und des Regens, der Erde und der Energie. Ihr Baustil entspricht exakt dem der unsichtbaren Hauptgebäude, sogar die gleichen Zeremonien werden hier abgehalten. Und das alles ohne Zäune!

Das Top-Heiligtum des Ise-jingū ist natürlich der **Naikū** (内宮). Er ist allein der Sonnengöttin gewidmet. An der schönen Uji-Brücke, sie wird ebenfalls alle 20 Jahre neu errichtet (dies geschah im Herbst 2009), sollen die Pilger ihren Alltag zurücklassen. Beim Teehaus, dem ersten Gebäude links, biegen sie nach rechts in die Gärten und laufen immer geradeaus bis zum ersten Torii (Daiichi Torii). Links befindet sich umgeben von einem Zaun das Saikan, die Reinigungshalle. Hier verbringen die Priester ein bis zwei Nächte, bevor sie wichtige Zeremonien durchführen. Daran schließt sich die Halle für das kaiserliche Paar (Anzaisho). Rechts fließt der Izuzu-Fluss, hier dürfen sich auch gewöhnliche Pilger Mund und Hände reinigen, bevor sie vor die Gottheit treten.

Weiter geht es durch das zweite Torii (Daini Torii) zum Kaguraden, der großen Halle für besondere Anlässe. Hier wird nochmals gebetet, oder der Pilger erwirbt hier einen der beliebten Talismane. Hinter dem Kaguraden folgen einige kleinere Gebäude wie zum Beispiel die Halle für das heilige Herdfeuer. Dann erst folgen wiederum die Zäune des Allerheiligsten, des Naikū. Mit korrektem Namen heißt er eigentlich Kotai-jingū. Hochgewachsene Menschen können vielleicht einen Blick auf die Dächer erhaschen. Ansonsten geht es nur für Priester und Kaiser weiter. Der Durchschnittsbürger bleibt draußen, und das gilt auch für Wissenschaftler! So weiß man nicht mit Sicherheit, ob wirklich ein Bronzespiegel zum Interieur gehört. Den durfte niemand mehr seit Anbeginn des Ise-jingū anschauen, die Göttin wollte es so.

ℹ Ise

Vorwahl: 05 96.

132 000 Einwohner, Teil der Stadt Ise, Präfektur Mie.

Ise City Tourist Association 14-6, Hon-chō, Ise, Tel. 28-37 05, Fax 27-10 49; 8.30–17 Uhr. Die Tourist Association vermittelt auch kostenlose Fremdenführer für den Ise-Schrein.

Uji Yamada Station Tourist Information Center, im Kintetsu Bhf. Uji Yamada, Tel. 23-96 55; 8–17.30 Uhr

Von Nagoya: JR-Rapid-Train Mie bis Station Ise-shi, ca. 90 Min., 1940 Yen. Mit privater Kintetsu-Linie Limited Express bis Station Ise-shi oder Uji Yamada ca. 90 Min., 2690 Yen.

Nach Futami: JR-Ise-Honsen-Linie von Ise-shi bis Bhf. Futaminoura 10 Min., 200 Yen; 15 Min. Fußweg.

Ise-Schrein, Gekū: Vom JR/Kintetsu Bhf. Ise-shi 5 Min. Fußweg oder Kintetsu Bhf. Uji Yamada 3 Min. Fußweg.

Naikū: Vom JR/Kintetsu Bhf. Ise-shi Kintetsu Buslinie 51 oder 55, Haltestelle 11, Abfahrt alle 15 Min.

Von Gekū nach Naikū: gleicher Bus, 12 Min. 410 Yen

🛏

Toba Hotel International, 23-1-1 Toba, Tel. 05 99/25-31 21, www.tobahotel.co.jp; pro Person ab 13 600 Yen. Das Hotel bietet großzügige Zimmer mit schönem Blick über die Bucht von Toba und kostenlosen Taxiservice zu der etwas abgelegenen Badeanlage mit wunderbarem Außenbad.

Karte S. 303

Ise-Udon, dicke Weizennudeln gewürzt mit Sojasauce und ein wenig Frühlingszwiebeln, kosten weniger als 400 Yen und sind besonders beliebt in den Restaurants um den Inneren Bezirk des Ise-Schreins. Für die Süßmäuler unter den Pilgern gibt es **Akafuku**, mit roter Bohnenpaste umhüllte Klebreisbällchen. Den grünen Tee gibt es zumeist umsonst dazu. Viele Stände beim Bahnhof.

Futami

Im Anschluss an den Besuch des Ise-Schreins bietet sich ein Abstecher ans Meer nach Futami (二見, jetzt eingemeindet nach Ise) an. Hier steht das **Felsenpaar Meoto-Iwa**, verbunden mit einem Shimenawa-Seil. Sie repräsentieren das Götterpaar Izanami und Izanagi und sind miteinander verheiratet. Auf dem größeren männlichen Fels steht sogar ein kleiner Torii, denn die Felsen gelten als Schrein. Von Mai bis August geht die Sonne zwischen den Felsen auf. Um die Sonnenwende ist der Anblick an den wenigen klaren Tagen perfekt. Im Winter steigt der Mond um die Zeit der Tag- und Nachtgleiche zwischen den Felsen auf.

> ### Futami
> **Ryokan Oishiya**, 569-75 Chaya, Futami-chō, Tel. 43-2074, www. oishiya.co.jp; pro Person ab 15000 Yen mit Abendessen und Frühstück. In der Nähe der Felsen Meoto-Iwa.

Das Felsenpaar Meoto-Iwa

Perleninsel Mikimoto

Ein wenig weiter südlich liegt die Perleninsel Mikimoto, Paradies für Fans der glänzenden Kugeln aus Perlmutt. Kokichi Mikimoto gelang es hier 1893 zum ersten Mal, künstlich Perlen zu züchten. Die teuren Endprodukte liegen in einem Museum und in großen Verkaufsräumen zur Bewunderung aus. Stündlich demonstrieren Frauen in traditioneller Kleidung, wie früher nach Austern und anderen Meeresfrüchten getaucht wurde.

Bei Interesse am Leben der Taucherinnen können die Ama (海女, Meerfrauen) in ihren Hütten entlang der Küste besucht werden. Die zumeist älteren Damen sind fröhlich und beantworten geduldig Fragen über das harte Leben als Austerntaucherin. Da Englischkenntnisse nicht zu erwarten sind, empfiehlt sich eine betreute Tagestour ab Nagoya mit einer Dolmetscherin (englisch) zur Besichtigung des Ise-Schreines und einem Besuch der Taucherinnen zum Mittagessen (zum Beispiel von JTB Sunrise Center).

> ### Mikimoto
> **Mikimoto Pearl Island**, 1-7-1 Toba, Tel. 0599/25-2028; 8.30–17, 1.–26. Dez. 9–16.30 Uhr; 1500 Yen. *Vom Ise-jingū 30 Min. Autofahrt oder von JR-Bhf. Nagoya 90 Min. mit JR-Linie bis Bhf. Toba, 5 Min. Fußweg.*
> **JTB Sunrise Center Central Japan**, Tel. 052/211-3065, www.jtbgmt. com/sunrisetour; ab zwei Teilnehmern, pro Person 17800 Yen.

Chūbu

Richtung Norden entlang der Nakasendō

Im Mittelalter gab es insgesamt fünf offizielle Handelsrouten. Neben der bekannten Tōkaidō entlang der Küste verband die so genannte Nakasendō ebenfalls Edo mit Kyōto. Ganz ihrem Namen entsprechend führte sie mehr als 500 Kilometer mitten durch Bergland (Nakasendō, 中山道, ›Weg mitten durch die Berge‹). Die Küstenroute war oftmals überfüllt und zwang immer wieder zur Überquerung von Gewässern. Frauen bevorzugten daher die trockene Inlandroute.

■ Magome

Ein Teilstück dieser Strecke ist in seiner Originalform erhalten geblieben und kann heute in der Abgeschiedenheit der Berge begangen werden. Ein Zug von Nagoya fährt bis **Nakatsugawa** (中津川), bis **Magome** (馬籠) geht es weiter mit dem Bus.

Magome war einst die 43. von 69 Stationen der Nakasendō. Magome ist berühmt als Geburtsort des Schriftstellers Shimazaki Tōson (1872–1940). In seinem Roman ›Vor der Dämmerung‹ (Yoake mae, 1935) beschreibt er die Veränderungen im Kisotal durch die Meiji-Restauration. Ihm ist ein kleines **Museum** gewidmet (Toson Memorial Museum, Toson Kinenkan 藤村記念館).

Hinter Magome beginnt der knapp acht Kilometer lange Wanderweg über altes Kopfsteinpflaster der Nakasendō. Auf die prächtigen Zedernbäume (Hinoki) am Wegrand hatten schon die Tokugawa ein begehrliches Auge geworfen, sie beanspruchten den gesamten Waldbestand für Burgenbau und Schreiner-

neuerung. Der Bevölkerung war es bei Todesstrafe verboten, die Bäume zu fällen. Das Teilstück zwischen Magome und Tsumago ist wesentlich älter als die Nakasendō und geht als Teil des Handelswegs Kisoji, Weg durch das Kiso-Tal, bis auf das 8. Jahrhundert zurück. Wer keine Lust auf Lasten hat, schickt sein Gepäck von der Tourist Information Magome nach Tsumago (umgekehrter Weg auch möglich, Details siehe Tourist Information, Seite 308).

■ Tsumago

Tsumago (妻籠) oder auch Tsumago-juku, die 42. Station der Nakasendō, scheint ein Ort aus einer anderen Zeit. Tsumago gilt als erster Ort Japans, dessen historische Bedeutung erkannt und erhalten blieb. Seit 1971 darf hier kein Haus verkauft, vermietet oder zerstört werden. Autos sind im Innenbereich ebenso verboten wie Reklameschilder im gesamten Umfeld. Stromleitungen verlaufen hier unterirdisch, Fernsehantennen sind aus dem Sichtbereich verbannt. Dabei sind viele Gebäude kaum älter als 130 Jahre, doch behielt man damals noch den gewohnten Baustil der Eod-Zeit bei. Die niedrigen, mit Steinen beschwerten Dächer schützen vor Unwetter und sind typisch für die Region. In einigen Gebäuden zeigen Frauen traditionelles Handwerk.

Das **Wakihonjin-Okuya** (脇本陣奥谷) diente einst dem Gefolge des reisenden Daimyō als Rasthaus. Das Gebäude wurde 1877 unter Verwendung von viel Zedernholz restauriert. Hinter dem Haus befindet sich ein hübscher Moosgarten. Ein Gemälde und ein Tisch erinnern an den Besuch des Kaisers Meiji.

Die Hauptstraße von Tsumago

Typische Dachkonstruktion in Tsumago

Nebenan befindet sich das **Historische Museum** (Rekishi Shiryōkan, 歴史資料館). Hier kann der Besucher die Entwicklung der einst wohlhabenden Handelsstation Tsumago sowie des Kiso-Tals, den Niedergang durch moderne Eisenbahnlinien und die Anfänge der Ortskernrestaurierung nachvollziehen.

Gleich gegenüber steht das **Tsumago-juku Honjin**. Honjin bezeichnet den Ortsvorsteher einer Handelsstation. Sein Haus stand jederzeit dem Fürsten zur persönlichen Verfügung. Dieses hier gehörte einst der Familie des Schriftstellers Shimazaki Tōson (1872–1940), sein Vater war zu Beginn der Meiji-Zeit Honjin von Tsumago.

Neben diesen prächtigen Übernachtungsmöglichkeiten gab es viele Rasthäuser für das einfache Volk. Auch heute warten die historischen Gasthäuser auf Übernachtungsgäste. Die Touristeninformation in der Mitte des Ortes hilft gerne bei der Vermittlung. Vor dem Ortsausgang hängt eine große Tafel für Bekanntmachungen des Shogunats (Gokōsatsu-ba, 御高札場, Nachbau des Originals von 1711). Die Schrifttafeln hingen ordentlich hoch, damit sie macht- und eindrucksvoll auf das einfache Volk hinunterblicken konnten. Einige Meter zurück geht es rechts zum Stadtparkplatz Nr. 1 für den Bus nach Nagiso (南木曽). Von hier geht es mit der Bahn über Narai weiter nach Matsumoto.

Narai war die wohlhabendste Poststation entlang der Nakasendō und markierte gleichzeitig die Hälfte des Weges. Auch hier stehen entlang der Straßen einige alte Häuser. Im Gegensatz zu den Dörfern ist Straßenverkehr erlaubt, ein Minus für Originalität.

ℹ **Magome und Tsumago**

Vorwahl: 0573.
4938 Einwohner (Gemeinde Nagiso insgesamt), Präfektur Gifu.
Tsumago Tourist Information, 2159-2 Tsumago, Nagiso, Tel. 57-31 23, Fax 57-40 36; 8.30–17 Uhr. Großes helles Holzhaus mitten im Ort. Gepäcktransport: 20. Juli–31. Aug. tägl., 21. März–23. Nov. Sa, So u. Feiertag bis 11.30 Uhr abgeben, 13 Uhr abholen, Stück 500 Yen. Gegen 1200 Yen Pfand kann man als Bärenabschreckung eine Glocke ausleihen.

Karte S. 286

Magome Tourist Information, 4300-1 Magome, Nakatsugawa, Tel. 69-23 36; 9–17 Uhr. Gegenüber dem Wakihon-jin-Museum.

Von Nagoya nach Magome: JR-Tokai Chuo-Honsen-Linie bis Bhf. Nakatsugawa, dann mit Nōhibus-Magome-Linie bis Bushaltestelle Magome, 29 Min.
Von Nagoya nach Tsumago: JR-Tokai Chuo-Honsen-Linie bis Bhf. Nagiso, mit Nagiso-Bus bis Haltestelle Tsumago, 7 Min.

Pension Shirokiya, 69-20 35 Magome, Tel. 69-20 35, Fax 69-24 55; pro Person ab 7875 Yen mit Abendessen und Frühstück. *Nähe Kreuzung/Parkplatz Shita no Iriguchi.*
Ryokan Matsushiroya, (旅館松代屋) Tel. 57-30 22; pro Person ab 10 500 Yen einschließlich Abendessen und Frühstück. Gebäude von 1804. *Von der Bushaltestelle Tsumago 6 Min. Fußweg.*
Ryokan Fujiotsu (旅館藤乙), Tel. 57-3009; pro Person ab 10 500 Yen einschließlich Abendessen und Frühstück. Beliebt bei Ausländern wegen seines puristisch japanischen Stils. *Ab der Bushaltestelle Tsumago 6 Min. Fußweg.*

Shimazaki-Toson-Museum, 4256-1 Magome, Nakatsugawa City, Tel. 69-20 47, Fax 69-22 31; Apr.–Okt. 8.30–17, Nov.–März 8.30–16.30, 28. Dez.–3. Jan. 8.30–16.15 Uhr. 2. Di, Mi, Do im Dez. geschlossen, 500 Yen. *10 Min. Fußweg von Bushaltestelle Magome.*
Wakihonjin-Okuya, Tel. 33 22; 9–17 Uhr, 29. Dez.–1. Jan. geschlossen, 700 Yen einschließlich Historisches Museum.

Nagano

Mit den Olympischen Winterspielen 1988 wurde Nagano auch im Westen bekannt. Als Tor zum nördlichen Teil der Japanischen Alpen bekannt, entwickelte die Stadt sich um den 1400 Jahre alten **Tempel Zenkō-ji** (善光寺). Und der ist heute neben dem Sport so ziemlich die einzige Sehenswürdigkeit Naganos. Der Tempel beherbergt die wohl **älteste Buddastatue Japans**, doch nur alle sechs Jahre bekommen die Gläubigen den so genannten Hibutsu (Geheimnis-Buddha) zur Gesicht. Das nächste Mal wird dies 2015 sein.

Doch es heißt, wer den Zenkō-ji einmal im Leben besucht, wird ins Paradies eingehen. Dem kann hier auf ganz besondere Weise nachgeholfen werden: Unter der **Haupthalle** (Hondō) des Tempels befindet sich ein pechschwarzer Gang. Hier muss man sich den Weg im Uhrzeigersinn um den Altar in der Mitte ertasten. Berührt der Pilger dabei ein Schloss, ist ihm der Eingang ins Paradies sicher.

Der Eingang befindet sich im hinteren rechten Bereich der Halle. Die üppig geschmückte Statue im Vordergrund stellt übrigens einen der ersten Anhänger Buddhas mit mächtigen Heilkräften dar. Berührt der Gläubige die Figur an der Körperstelle, die ihm Schmerzen bereitet, sollte der Bodhisattva ihn davon befreien.

Die **39 kleinen Häuschen**, die den Weg hinauf zur Haupthalle zwischen den beiden Toren begrenzen, sind übrigens sämtlich kleine Klöster mit Gebetshalle und eigenem Abt.

Nagano

Vorwahl: 026.

376000 Einwohner, Präfektur Nagano.

Nagano City Tourist Information Center, 1038-4 Kurita, Nagano City, Tel. 226-5626; 9–18 Uhr, 30. Dez.–3. Jan. geschlossen.

Von Tōkyō: JR-Nagano-Shinkansen-Asama, 93 Min., 7970 Yen.

Tempel Zenkō-ji, 491 Zenko-chō, Tel. 234-3591, Fax 235-2151, www.zenkoji.jp; Bürozeiten: 9.30–16.30, 31. Dez. 9.30–14 Uhr, Besichtigung 5.30–16.30, Winter 6–16 Uhr, Haupthalle und Museum 500 Yen. *Vom JR-Bhf. Nagano mit Meitetsu-Bus bis Haltestelle Zenkō-ji Daimon.*

In den kleinen Klöstern von Zenkō-ji kann man sich zur Übernachtung einmieten, der Tempel nimmt Anmeldungen ab zwei Personen entgegen.

Matsumoto

Matsumoto, die zweitgrößte Stadt der Präfektur Nagano, ist berühmt für seine eindrucksvolle Burg (Matsumoto-jō, 松本城). Schwarze Wände und wie Flügel geschwungene Dächer brachten ihr den Spitznamen **Krähenburg** ein. Während der Zeit der Streitenden Reiche im 16. Jahrhundert erbaut, gehört der Nationalschatz zu den wenigen Verteidigungsanlagen Japans, die die Abreißwut der Meiji-Restauration unbeschadet

Die Krähenburg

überstanden haben. Kein Feuer brannte je den hölzernen Hauptturm (Donjon) nieder, und so schaut man heute auf Säulen, hinter denen sich schon vor 400 Jahren bis an die Zähne bewaffnete Samurai versteckt hielten. Die Krähenburg war eine Wehrburg, interessante Einzelheiten der damaligen Kampftaktiken erschließen sich oftmals erst auf den zweiten Blick. So täuschen die fünf Giebeldächer über ein sechstes Zwischengeschoss hinweg. Der Eingang ist von drei Seiten von steilen Mauern umgeben. Die hölzernen Vorsprünge dienten zum Abwurf von Steinen, Schießscharten für Bogenschützen und Gewehre säumen sämtliche Stockwerke. Extrem steile Treppen sorgen heute bei den Besuchern für Nervenkitzel, ursprünglich sollten sie den Ansturm des Feindes verlangsamen.

Das oberste Stockwerk diente als Ausguck, der **Schrein** unter dem Dach ist natürlich der Schutzgottheit der Burg gewidmet. Damals hielt man nach Feinden Ausschau, heute genießt man einen fantastischen Blick auf die nördlichen Alpen. In Friedenszeiten fügte man der Burg auf der Ostseite einen Pavillon an, er lässt sich zu drei Seiten vollständig öffnen. Hier genoss die feine Gesellschaft in lauen Herbstnächten den Blick auf die Sterne.

Heute ist die Burg nur noch von einem Wassergraben umgeben, ursprünglich waren es drei. Der äußerste Graben lag knapp vor dem Fluss an der Nawate-dōri (縄手通り). Diese Straße bildete früher die Grenze zwischen den Wohnvierteln der adeligen Krieger und denen des gewöhnlichen Volkes. Heute finden sich hier viele interessante Geschäfte. Und Froschfiguren! Früher gab man Reisenden gerne einen Froschtalisman mit auf den Weg, denn Frosch (Kaeru) bedeutet ebenso ›heimkehren‹, und die Berge waren gefährliches Terrain. Ohne eine niedliche Comicfigur als Aushängeschild läuft in Japan nichts, und so ist der Frosch zum Maskottchen Matsumotos geworden.

Glücklicherweise hat nicht nur die Burg die Jahrhunderte überstanden, sondern auch viele Lagerhäuser der zahlreichen Händler Matsumotos. Passend zur Burg stehen an die 80 schwarz-weiße Gebäude auf beiden Seiten der Nakamachi-dōri

Alte Straße am Fluss

(oder: Nakamachi Gaidō, 中町街道) parallel zum Fluss gegenüber der Nawate-dōri. Dieses Areal wird auch **Kura no Machi** (蔵の町 Lagerhäuser-Viertel) genannt. Die meisten Kura werden heute als Restaurants, Galerien oder Läden genutzt. In der Mitte der Straße befindet sich eine ehemalige **Sake-Brauerei** (Nakamachi-Shikkukan, 中町シック館). Andere Geschäfte bieten Keramik, Lackwaren oder Möbel im Stil der Region an.

Chūbu

 Matsumoto

Vorwahl 0263.

226 000 Einwohner, Präfektur Nagano.

Matsumoto Tourism Information Center, 1-1-1 Fukashi, Tel. 32-228 14; 9–17.45 Uhr. Im Bhf. JR-Matsumoto, 2F.

Furato Plaza, Sensaibashi Minami, Third-Millenium-Gate-Gebäude 1 F, Tel. 36-12 00; 10–19 Uhr, Mi Ruhetag. Infostelle direkt links vor der Sensai-Brücke zur Burg.

Matsumoto Alps Tourist Association, 209-1 Azumi, Tel. 94-22 21, Fax 94-22 39; 8.30–17 Uhr, Neujahr geschlossen.

Von Tōkyō: Bhf. Shinjuku mit Super Azusa oder Azusa Limited Express der Linie Chuo-Honsen bis Bhf. Matsumoto, 150 Min., 6200 Yen.

In Matsumoto fährt der Bus **Town Sneaker** ab Bhf. drei Routen für Touristen ab; Einzelfahrschein 190 Yen, Tageskarte 500 Yen.

Die meisten Besucher Matsumotos nutzen die Nähe zum **Onsenort Asama** (浅間温泉) und übernachten dort.

Hotel Omoto, 3-13-10, Asama Onsen, Tel. 46-23 85, Fax 46-50 47; pro Person ab 10 650 Yen mit Abendessen und Frühstück. Das Gebäude stammt aus der Taishō-Zeit, auf der Dachterrasse ist ein Freiluftbad. *Ab Matsumoto Busterminal (im Untergeschoss vom Supermarkt SPA rechts vor Bahnhofgebäude) mit Buslinie Matsumoto Densetsu Richtung Asama Onsen bis Endstation Asama Onsen, 2 Min. Fußweg.*

Ryokan Kikunoyu, 1-29-7 Asama Onsen, Tel. 46-23 00, Fax 46-00 15, www. kikunoyu.com; pro Person ab 15 000 Yen mit Abendessen und Frühstück. Einige Zimmer verfügen über Zedernholz-Badewanne passend zu dem traditionellen Stil des Hotels. *Ab Matsumoto Busterminal mit Buslinie Matsumoto*

Densetsu Richtung Asama Onsen bis Haltestelle Shita-no Asama (下浅間).

Matsumoto ist bekannt für gute **Soba-Nudeln** und **Pferdefleisch**. Dies wird roh als Sushi (oder auch Basashi) gegessen und gerne mit einem ordentlichen Schluck des lokalen Reisweins hinunter gespült. Das weiche Quellwasser der Region schmeckt natürlich auch ohne Alkoholgehalt.

Krähenburg, Tel. 32-29 02; 8.30–17 Uhr, 600 Yen. *Vom JR-Bhf. Matsumoto 20 Min. Fußweg oder Town-Sneaker-Bus Ostroute.*

Gero Onsen

Die Japanischen Alpen prägen nicht nur die Landschaft der Zentralregion Chūbu, sie verhindern auch Verkehrsverbindungen zwischen Ost und West. Liegen Städte wie Takayama und Matsumoto gar nicht so weit auseinander, ist es wesentlich praktischer, den westlichen Teil der Region eigenständig von Nagoya aus zu bereisen.

Von Nagoya aus geht es zu einem der (ja richtig!) drei berühmtesten Onsen-Orte Japans: Gero Onsen (下呂温泉), seit über 1000 Jahren ein Begriff für

japanische Onsen-Liebhaber. Der Legende nach verwandelte sich Yakushi Nyorai, der Buddha der Heilung, in einen Reiher. Er landete täglich mit einem verletzten Bein an einer bestimmten Stelle, bis die Wunden wieder verheilt waren. Just an jener Stelle begannen die lange Zeit verschütteten heißen Quellen wieder zu sprudeln. Im eigens errichteten **Tempel Onsen-ji** (温泉寺) wird der Buddha der Heilung seit 1507 zum Dank verehrt. Die 173 zum Tempel hinaufführenden Stufen sind allesamt Spenden geheilter Tempelbesucher. Alte

Blick auf die zentralen Japanischen Alpen

Karte S. 286

Bitt-Täfelchen (Ema genannt) berichten ebenfalls von zahlreichen Heilungen. Auch die alten Holzsäulen des Tempels bieten interessante Einblicke: Konnten die Menschen sich in der Edo-Zeit keine Täfelchen leisten, ritzten sie ihren Dank einfach direkt in die Säulen.

Die Buddhafigur vor der Haupthalle markiert die Stelle der erneuerten heißen Quelle. Besucher nehmen hier gerne einen Schluck des heilkräftigen Wassers. Am 13. des Monats bietet der Tempel auch Heilung für die Seele, kostenlose Zenübungen stehen jedem offen.

Kostenlos ein heißes Bad nehmen, das geht auf der Südseite des Hidaflusses in der Nähe der Großen Brücke. Hier ist ganz schlicht ohne Blickschutz und Umkleiden ein kleiner Teich mit Steinen eingefasst. Nur die Damen dürfen daher ausnahmsweise im Badeanzug ins heiße Wasser gleiten. Ist das zu exponiert, wählt der Schüchterne eines der fünf Fußbäder der Stadt. Jederzeit kostenfrei zugänglich, sind strapazierte Füße dankbar für ein kurzes Eintauchen in die wohlige Hitze. Eines der Fußbäder findet sich sogar im **Freilichtmuseum Gero Onsen Gassho Mura** (下呂温泉合掌村). Sieben Farmhäuser aus der Region um Shirakawago mit den für sie typisch bis auf die Erde hinunter gezogenen Reetdächern (Gassho-zukuri-Stil) sind hier wieder aufgebaut worden. In einigen Häusern finden Workshops für Papierherstellung oder Töpferkunst statt. Andere beherbergen ein Heimatmuseum, ein Museum für Komainu-Schreinwächterfiguren und sogar ein Planetarium.

Wo ein Onsen ist, gibt es auch Onsen-Tamago, in den Quellen halbweich gekochte Eier. Normalerweise sind sie Teil des Frühstücks oder Mitbringsel für die Lieben daheim. In Gero gibt es nun ein Fußbad, wo Onsen-Eier selbst zubereitet und anschließend direkt, mit den Füßen im Wasser, gegessen werden. Die Eier treiben nicht zwischen all den bleichen Füßen, dafür gibt es natürlich ein Extrabecken (Yuamiya, ゆあみ屋)!

Chūbu

 Gero Onsen

Vorwahl: 0576.
37 000 Einwohner, Präfektur Gifu.
Gero Tourist Office, Gero Onsen, Tel. 254711; 9-17 Uhr. Direkt am Bhf. bei den Bushaltestellen.

Von Nagoya: Bahnlinie Takayama Honsen, Wideview Hida Express, bis JR-Bhf. Gero Onsen (87 Min., 4500 Yen).

Bad für Onsen-Eier (Yuamiya), Yunoshima 801-2, Tel. 25-6040; 6–21, Dez.–März 8.30–18.30 Uhr, Mi Ruhetag, ein Ei 100 Yen. *Vom Bhf. über die Große Brücke, geradeaus hinter der zweiten Kreuzung links.*

Ryokan Ogawaya, 570 Yunoshima, Gero Onsen, Tel. 25-3121, Fax 25-3268, www.gero-ogawaya.net; EZ ab 5500 Yen. Außenbäder mit Blick auf Hida-Fluss, die Innenbäder sind mit Tatamimatten ausgelegt. *8 Min. Fußweg vom Bhf. über die Große Brücke.*

Tempel Onsen-ji, 680 Yunoshima, Tel. 25-2465; 6 Uhr–Sonnenuntergang, kostenlos. *Vom JR-Bhf. Gero über den Hida-Fluss, dann zweite Straße links immer geradeaus, 15 Min.*

Freilichtmuseum Gero Onsen Gassho Mura, 2369 Mori, Tel. 25-2239, Fax 25-5304; 8.15–17, 3. Mi/Do im Feb. Ruhetag, 800 Yen.

Takayama

Zwei Stunden Bahnfahrt ab Nagoya entlang tosender Bergflüsse, vorbei an wolkenverhangenen Bergen und üppigen Reisfeldern, und der Reisende ist im ›Kleinen Kyōto von Hida‹ angekommen, wie das Städtchen Takayama (高山) in den westlichen Alpen auch gerne genannt wird. Dunkle Holzhäuser säumen die engen Gassen der einstigen Hauptstadt der Provinz Hida, in den frühen Morgenstunden ziehen sich Marktstände entlang des Flusses, Sakebrauereien bieten ihre Weine zum Probieren an.

Berühmt wurde die Stadt für die Kunstfertigkeit ihrer Hausbauten. Takayamas Handwerker wurden bis nach Kyōto und Nara entsandt. Als Burgstadt des Kanamori-Klans gegründet, fiel die Stadt 1692 unter die direkte Herrschaft der Tokugawa. Aus jener Zeit stammen die gut erhaltenen Straßenzüge.

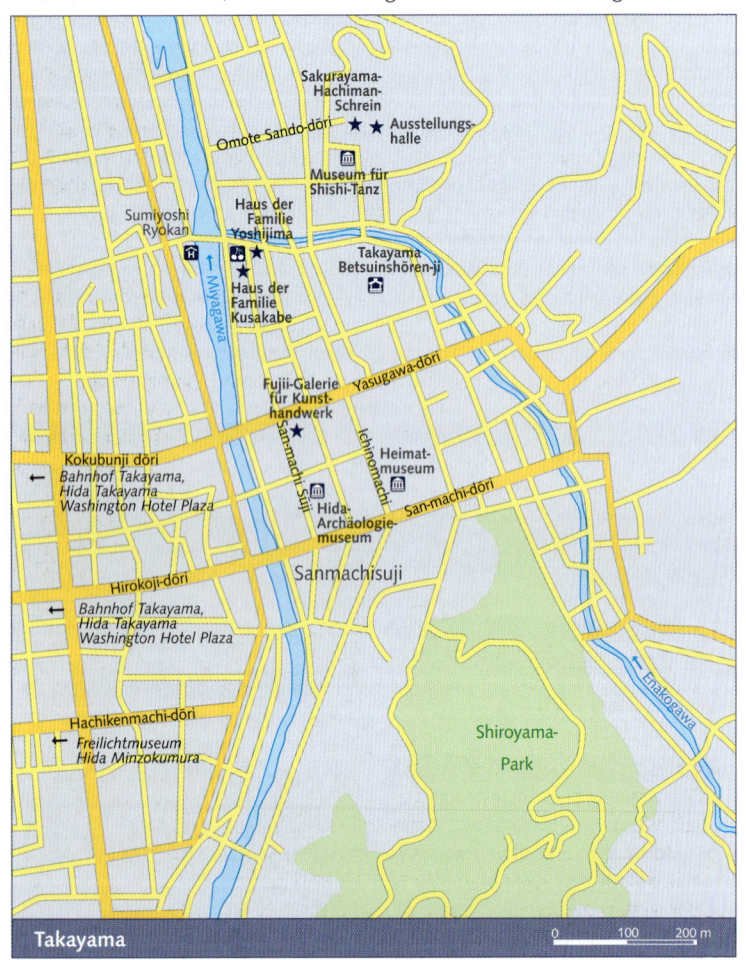

Takayama

Sakebrauerei in Takayama

Für seine geringe Größe bietet Takayama eine Fülle an Sehenswürdigkeiten, allein ein kurzer Zwischenstopp auf den Weg zu den nahegelegenen Weltkulturerbestätten Shirakawago und Gokayama wird dem Ort nicht gerecht.

■ Sanmachisuji

Gleich beim Bahnhof ist ein Fahrradverleih, doch für den Innenstadtbereich sind Räder eher hinderlich. Zu Fuß geht es bequem entlang der drei Straßen des alten Stadtkerns Sanmachisuji (三町筋). In den alten Häusern sind heute Galerien, Kaffeehäuser, Souvenirläden und besagte Sakebrauereien untergebracht. Einige der prächtigen Kaufmannshäuser sind heute als Museen öffentlich zugänglich.

■ Haus der Familie Kusakabe

Ein Spaziergang durch Takayama beginnt mit dem Besuch des Hauses der Familie Kusakabe (Kusakabe Mingeikan, 日下部民芸館). Großzügige Zimmer, dicke Holzsäulen und eine ausgefeilte Deckenstruktur repräsentieren würdevoll den klassischen Baustil Takayamas. Das Haus brannte 1875 ab, wurde aber im ursprünglichen Stil des 17. Jahrhunderts wieder aufgebaut, die Kusakabes machten damals als Geldverleiher exzellente Geschäfte und konnten sich diese Exzentrik leisten. Im Haupthaus sind Gebrauchsgegenstände der Familie, im hinteren Lagerhaus ist Kunsthandwerk ausgestellt. Im Innenhof gibt es als kostenlosen Service Tee mit leckeren Sembei (Reiscrackern).

■ Haus der Familie Yoshijima

Gleich nebenan stehen das Wohnhaus und die ehemalige Brauerei der Familie Yoshijima (Yoshijima-ke Jutaku, 吉島家住宅). Eine Aussstellung gibt es hier nicht, ungestört wandert man durch die Zimmer und genießt die beruhigende Architektur der leeren Räume.

■ Ausstellungshalle

Nördlich des Hauses befindet sich gleich neben dem **Sakurayama-Hachiman-Schrein** die Ausstellungshalle (Yatai Kaikan, 屋台会館) mit üppig geschmückten Umzugswagen des Takayama-Festivals im April und Oktober, allerdings ein etwas magerer Ersatz für das lebhafte Fest.

Im Haus der Familie Kusakabe

■ Museum für Shishi-Tanz

Weiter geht es Richtung Süden bis zum Museum für Shishi-Tanz (Shishi Kaikan, 獅子会館), es zeigt Exponate rings um den Löwentanz zu Neujahr, und auch die mechanischen Puppen der Paradewagen werden in einer längeren Show liebevoll von einem Vater-Mutter-Sohn-Team vorgestellt.

■ Tempel Takayama Betsuinshōren-ji

Nach der Überquerung des Flüsschens geht der Rundgang schräg rechts weiter zum Tempel Takayama Betsuinshōren-ji (高山別院照蓮寺). Lord Kinamori ließ ihn 1588 aus Shirakawago hinüberbringen. Für Besucher, die die Schätze des Tempels im Obergeschoss besichtigen möchten, schließt das Büro auf Anfrage gerne die Sammlung auf.

■ Hida-Archäologiemuseum

Weiter geht es südlich bis zur Yasugawa-dōri, dort nach links in die Straße Sanmachi Sūji. Die **Fujii-Galerie für Kunst-**

Rikschafahrerin

Im Heimatmuseum

handwerk (Fujii Bijutsu Mingeikan, 藤井美術民芸館) liegt gleich links.

Im nächsten Block folgt schon das Hida-Archäologiemuseum (Hida Minzoku Kokokan, 飛騨民族考古館), einst das Haus des Leibarztes des Lord Kinamori im Stil eines Ninja-Hauses mit Hängeböden und Geheimgängen zum Fluss.

■ Heimatmuseum

Weiter zu nächsten Querstraße, dort nach links wieder zurück zu ersten Straße (Ichinomachi) des alten Viertels. Das Heimatmuseum (Takayamashi Kyōdokan, 高山市郷土館) bietet einen interessanten Einblick in das Takayama vergangener Zeiten. Wie überall in Japan war Feuer der größte Feind einer Gemeinde. So ist auch hier der Brandbekämpfung viel Raum gewidmet.

■ Freilichtmuseum Hida Minzoku-mura

Etwas außerhalb, aber sehr lohnenswert ist das Freilichtmuseum Hida Minzoku-mura (飛騨民族村 oder Hida no Sato, 飛騨の里). Mehr als 30 Farmhäuser im typischen Gassho-zukuri-Stil (die Dächer erinnern an betende Hände, daher der Name) sind aus der gesamten Region

Hida und insbesondere aus der Gegend von Shirakawago hierher gebracht worden. Bei dem Wiederaufbau hat man die Häuser wie in einem natürlichen Dorf um einen Weiher arrangiert. Hier stehen nicht nur Farmhäuser verschiedener Bauart, sondern auch ein Schrein, eine Mühle und auch ein Ausguck zur Brand-

prävention fehlen nicht. Wie es sich für ein Bauerndorf gehört, gibt es auch Felder. Alle Häuser dürfen betreten werden, und überall heißt ein Herdfeuer den Gast willkommen. Im westlichen Teil liegen verschiedene Werkstätten, in denen altes Handwerk anschaulich demonstriert wird.

 Takayama

Vorwahl: 05 77.

94 000 Einwohner, Präfektur Gifu.

Hida Takayama Tourist Information, 1-1 Showa-machi, Tel. 32-53 28, www.hida.jp/english/tourist_information.htm; 8.30–17, Apr.-Okt. 8.30–18.30 Uhr. Direkt vor dem Bhf. Takayama. Besucher lassen sich gerne mit einer **Rikscha** durch Takayama fahren. Für zwei Personen kostet das ab 3000 Yen: **Kanko Jinrikisha Gokurakuya**, Tel. 32-14 30, Fax 32-7174, gokurakuya@brown.plapa.or.jp.

Von Tōkyō: Ab Highway-Busterminal Shinjuku mit Buslinie Keio/Hida 5 Std. 30 Min., 6500 Yen.

Von Nagoya: JR-Bahnlinie Takayama Honsen Hida Limited Express, 2 Std. 9 Min., 5870 Yen.

Hida Takayama Washington Hotel Plaza, 5-20 Hanasato-machi, Tel. 37-0410, Fax 35-37 55, http://takayama.wh-at.com (nur jap.); EZ ab 6500 Yen. Direkt gegenüber Bhf. Takayama, im Erdgeschoss ist ein McDonald's.

Sumiyoshi Ryokan, 4-21 Honmachi, Tel. 32-02 28, Fax 33-89 16, sumiyosi@beach.ocn.ne.jp, www.sumiyoshi-ryokan.com; pro Person ab 11000 Yen mit Abendessen und Frühstück. Gemütlicher Familienbetrieb, Zimmer mit

Blick auf Fluss und Markt. Große Bäder dürfen auch allein genutzt werden.

🏛

Haus der Familie Kusakabe, Tel. 32-0072; 9–16.30, Dez.–Feb. 9–16, 20. Juli–20. Sept. Fr, Sa, So bis 20 Uhr, Dez.–Feb. Di Ruhetag, 500 Yen.

Wohnhaus und ehemalige Brauerei der Familie Yoshijima, Tel. 32-0038; 9–17, Dez.–Feb. 9–16.30 Uhr, dann auch Di Ruhetag, 500 Yen.

Ausstellungshalle Yatai Kaikan, Tel. 32-51 00; 8.30–17, Dez.–Feb. 9–16.30 Uhr, 820 Yen. *Vom Bahnhof 22 Min. Fußweg.*

Museum für Shishi-Tanz, Tel. 32-08 81; 8.30–17.30, 21. Okt.–20. April 9–17 Uhr, 600 Yen.

Tempel Takayama Betsuinshōren-ji, Tel. 32-06 88; Obergeschoss auf Anfrage 9–15 Uhr.

Fujii-Galerie für Kunsthandwerk, Tel. 35-37 78; 9–17 Uhr, 700 Yen.

Hida-Archäologiemuseum, Tel. 32-19 80; 8.30–17.30, Dez.–Feb. 9–16.30 Uhr, 500 Yen.

Heimatmuseum, Tel. 32-12 05; 8.30–17, Dez.–Feb. 9–16.30 Uhr, Mo Ruhetag, 300 Yen.

Freilichtmuseum Hida Minzokumura, Tel. 34-47 11; 8.30–17 Uhr, 700 Yen. *Vom Takayama-Hida-Buscenter direkt am Bahnhof mit Sarubobo-Buslinie Richtung Hida no Sato, 30 Min., 200 Yen.*

Chūbu

Kamikōchi

Glasklare Flüsse und eine atemberaubende Berglandschaft bietet Kamikōchi (上高地), ein für den Privatverkehr gesperrter Teil des **Chūbu-Sangaku-Nationalparks** (Chūbu Sangaku Kokuritsukōen, 中部山岳国立公園) in der Präfektur Nagano. Dieser Teil der Japanischen Alpen verfügt nur über eine Handvoll gepflegter Hotels und Restaurants, die allesamt von Mitte November bis Ende April in den Winterschlaf versinken. Kamikōchi selbst ist eine kleine Hochebene entlang des Flusses Azusa, umgeben von den Bergen Nishihotakadake (2909 Meter), Okuhotakadake (3190 Meter), Maehotakadake (3090 Meter) und dem rauchenden Vulkan Yakedake (2455 Meter).

Die so genannte **Kappabashi**, Brücke der Wassergeister, liegt unweit der Bushaltestelle. Sie bildet den Auftakt für alpine Bergtouren sowie den fünf Kilometer langen Rundweg entlang des Flusses bis zur nördlichen **Brücke Myojin**. Der Rückweg führt dann auf die andere Flussseite mit Besuch des **Schreins Hotaka-jinja** neben dem heiligen **See Myojin**. Der in soliden Schuhen bequem zu laufende Weg führt an kristallen Bächen mit Forellen vorbei, kreischende Affenfamilien kreuzen den Weg, und der köstliche Duft von gebrannten Mandeln, den die so genannten Zuckerbäume (allerdings nur im Herbst) verströmen, begleitet Wanderer durch dieses scheinbar unberührte Stück Natur.

Im **Kamikōchi Visitor Center** nahe der Kappabashi besteht die Möglichkeit, sich für diese Strecke einem Nature Mountain Guide anzuschließen. Er weist auf die Besonderheiten der Natur ebenso hin wie er auch vor frechen Affen und übellaunigen Bären warnt.

Fällt es schwer, Abschied von diesem besonderen Ort zu nehmen, bieten sich die wenigen, aber sehr gut ausgestatteten Hotels an. Das **Hotel Shimizuya** bietet gehobene Qualität mit Blick auf den Fluss und die umliegenden Berge und einen begeisterten jungen Geschäftsführer, der gerne von seiner Hochzeitsreise durch Deutschland schwärmt. Im Außenbad erwartet den müden Wanderer schon eine ganze Familie Wassergeister, zum Glück jedoch nur in Bronze!

Für einen Ausflug nach Kamikōchi sollte man besser die allzu beliebten Sommerferien vermeiden. Im späten Frühling (Ende Mai/Juni) blühen die meisten Pflanzen, die letzten geöffneten Wochen Anfang November bieten sonniges Wetter mit zwar niedrigen Temperaturen, aber auch wenigen Besuchern!

ℹ️ Kamikōchi

Vorwahl: 0263.

Von Takayama: Stündlich fährt ein Bus ab Takayama Bus Terminal vor dem JR-Bhf. bis Hirayu Onsen (60 Min., 1530 Yen). Weiter mit dem Direktbus bis Kamikōchi Busterminal (25 Min., 1800 Yen hin und zurück). Der Direktbus fährt alle 30 Minuten. Hirayu Onsen bietet sich auch als Übernachtungsort an. Leider beherrschen hier sehr große Hotelanlagen die Szene, die ziemlich seelenlos wirken.

Von Matsumoto: Zug der Matsumoto Electric Railway bis Shin-Shimashima (30 Min.), weiter mit dem Bus bis Kamikōchi (60 Min., ganze einfache Strecke 2400 Yen).

Die Tourist Information in Matsumoto erteilt genaue Angaben über die seltenen Direktverbindungen mit dem Bus.

Kamikōchi Shimizuya Hotel, 4469-1 Azumi, Tel. 95-2121, www.kamikochi-shimizuya.com (nur jap.); pro Person *ab 21500 Yen mit Abendessen und Frühstück. 15 Min. Fußweg über die südliche Brücke Tashiro bis zum Busterminal.*

Shirakawago und Gokayama

Seit 1995 sind die beiden Regionen Shirakawago und Gokayama entlang des Flusses Shirogawa Weltkulturerbe. Obwohl viele alte Gebäude fortgeschafft wurden, um die umliegenden Freilichtmuseen zu bestücken, stehen hier von einst hunderten von Farmhäusern im Gassho-zukuri-Stil (Betende-Hände-Stil) noch genügend Häuser, um sich in alte Zeiten zurückversetzt zu fühlen. In den bis zu vier Stockwerken hohen und mit teils 60 Grad steilen Strohdächern versehenen Häusern – die winterliche Schneelast reicht in manchen Jahren an die vier Meter und würde gewöhnliche Häuser zum Einstürzen bringen – leben noch zahlreiche Familien.

Kaum jemand kann hier allein von der Landwirtschaft leben, auch wenn schon seit altersher jeder Quadratmeter zum Anbau genutzt wurde und sich die schmalen Farmhäuser eng aneinander schmiegen. Einnahmen durch Zimmervermietung an Touristen sind daher eine willkommene Einkommenshilfe. So zählt die Übernachtung in einem der alten Bauernhäuser auch zu den Highlights einer Japanreise. Wo sonst könnte man noch neben einem offenen Herdfeuer seine Mahlzeiten einnehmen und anschließend auf kuscheligen Futons schlafen? Besucher sind in den kleinen Dörfern jederzeit willkommen, sollten jedoch aus Respekt vor der Privatspäre nicht ungefragt in Höfe marschieren oder gar Türen öffnen. Ebenso reagieren die Bauern sehr empfindlich, wenn man über ihre Reisfelder läuft. Ärgern Sie sich auch nicht über Merkmale der Moderne wie Autos in Ihrem ansonsten perfekten Fotomotiv. Sie sind zu Gast bei Menschen, die freundlicherweise ihre Häuser für Sie öffnen, und nicht in einem Museum, wo die agierenden Personen um fünf Uhr Feierabend haben.

■ Ogimachi

Ogimachi (荻町) ist das schönste Dorf der Region Shirakawago. 113 zum Teil über 250 Jahre alte Häuser drängen sich hier zwischen Reis- und Buchweizenfeldern. Gleich neben der Bushaltestelle Shirakawago liegt das **Freilichtmuseum**

Chūbu

Dorf in Shirakawago

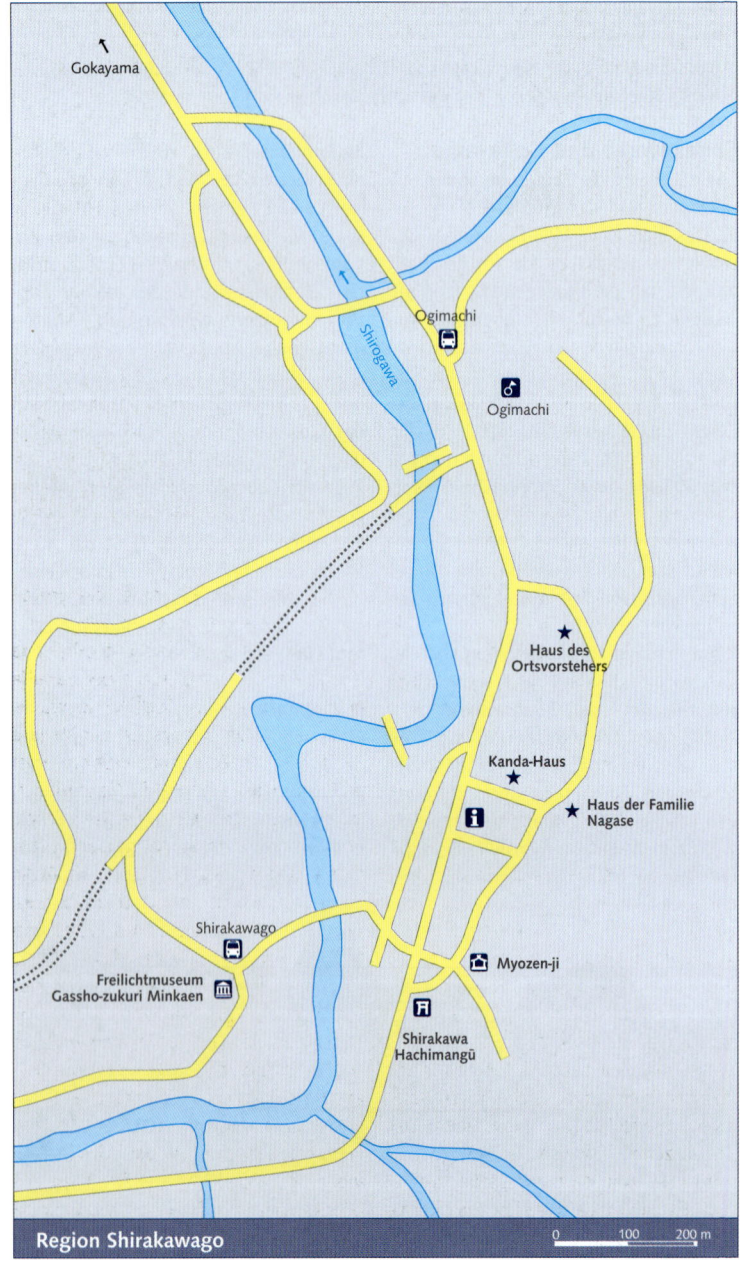

Gokayama

Ogimachi

Ogimachi

Shirogawa

Haus des
Ortsvorstehers

Kanda-Haus

Haus der Familie
Nagase

Shirakawago

Freilichtmuseum
Gassho-zukuri Minkaen

Myozen-ji

Shirakawa
Hachimangū

Region Shirakawago

0   100   200 m

Blick von der Burgruine Ogimachi

Gassho-zukuri Minkaen (合掌造り民家園). 25 vom Verfall bedrohte Gebäude der unmittelbaren Nachbarschaft wurden nach Ogimachi gebracht, detailgetreu restauriert und für den Publikumsverkehr hergerichtet. So finden sich in den 25 Gebäuden des Museums eine Seidenraupenzuchtstation (das oberste Stockwerk der Gassho-zukuri-Häuser wurde oft zur Seidenraupenzucht genutzt), eine Mühle, eine Weberei und auch ein Pferdestall.

Um sich einen Überblick vom Dorf zu verschaffen, bringt ein Shuttlebus die Besucher zum **Shiroyama-Aussichtspunkt** im Norden von Ogimachi (Ogimachi Jōseki, 荻町城跡, Ogimachi Burgruine). Auf dem Plateau stand zur Zeit der Streitenden Reiche im 16. Jahrhundert eine Burg, die von einem Erdbeben zerstört wurde. Zu Fuß geht es unterhalb der Aussichtsstelle zurück zum Ort. Dort steht gleich das ehemalige **Haus des Ortsvorstehers** (Wadake

Jūtaku, 和田家住宅), es ist das größte Gasshozukuri-Haus in Ogimachi.

Es folgen das besonders gut erhaltene **Kanda-Haus** und das **Haus der Familie Nagase** (Nagase-ke, 長瀬家). Es wurde von der fünften Generation der Nagase 1890 erbaut, die Familie wohnte einst im Erdgeschoss und die Bediensteten in der ersten Etage. Die restlichen Stockwerke waren den Seidenraupen vorbehalten. Da die Nagase zuvor als Ärzte ihren Lebensunterhalt verdient hatten, liegt hier neben Gegenständen aus dem bäuerlichen Alltag auch ärztliches Werkzeug der Edo-Zeit zur Betrachtung aus. Die Straße weiter Richtung Süden folgend steht der **Tempel Myozen-ji** (明善寺). Nicht nur die Haupthalle, sondern auch das Haupttor weist ein dickes Strohdach auf. Im 3. und 4. Stockwerk des Hinterhauses wird anschaulich die Bauweise der Strohdächer erklärt. Diese Dächer müssen alle 30 Jahre neu gedeckt werden. Das kostet nicht nur eine Menge

Geld (seit Ende der 1970er Jahre übernimmt das Land die Kosten), sondern auch ein großes Team an erfahrenen Leuten. Für eine Dachhälfte benötigen 20 Mann gut zwei Tage. Die Bündel von Susuki, einem Schilfgras, werden nur mit Seilen befestigt, die Konstruktion kommt ohne metallene Verbindungen aus. Früher sammelte man das Schilfgras ausschließlich in direkter Umgebung, heute erhält das Dorf große Mengen von militärischen Übungsplätzen.

Zu guter Letzt steht ein Besuch am **Schrein** des Ortes an. Ursprünglich stand der gut 1200 Jahre alte Schrein Shirakawa Hachimangū im Zentrum Ogimachis. Nachdem er dort unter allzu großer Schneelast zusammengebrochen war, errichtete man ihn an seinem jetzigen Ort neu. Gleich nebenan steht das **Doburoku-Festival-Museum** (Doburoku Matsuri no Kan, どぶろく祭りの館). Wer keine Gelegenheit hat, beim Festival am 14. oder 15. Oktober dabei zu sein, kann hier zu jeder Jahreszeit Szenerien des Schreinfestes in Puppen-Panoramen betrachten.

■ Gokayama

Etwas ungünstiger zu erreichen und auch kleiner ist die nachbarliche Weltkulturerbestätte Gokayama (五箇山) in der Nachbarpräfektur Toyama. Dazu zählen die Dörfer Taira, Kamitaira und Toga. Das abgelegene Ainokura besitzt rund 20 Häuser im Gassho-zukuri-Stil und ist heute Teil des Dorfes Taira. Sie sind zum Großteil bewohnt und stehen Übernachtungsgästen offen. Das Dorf ist berühmt für die Herstellung von Japanpapier (Washi). Legenden berichten, dass Krieger des Taira-Klans nach ihrer Niederlage gegen die Minamoto im 13. Jahrhundert bis in die abgelegenen Täler der Region geflohen seien und die Kunst der Papier-

herstellung aus Kyōto mitgebracht hätten. Einige Häuser entlang der Bundesstraße 156 bieten Washi-Workshops an. Im **Ainokura Village** (Ainokura Gasshozukuri Shūraku, 相倉合掌造り集落) findet sich ein kleines Heimatmuseum (Ainokura Minzokukan, 相倉民族館). Im Großen und Ganzen entspricht Gokayama dem Dorf Shirakawago, es ist jedoch älter und nicht so überlaufen.

■ Suganuma

Das dritte Dorf im Bunde der Weltkulturerbestätten ist das Gassho-Dorf Suganuma (菅沼), Teil der Gemeinde Kamitaira. Es liegt südlich von Ainokura und in direkter Nähe der Autobahnabfahrt Gokayama Interchange. Von Bergen umringt, stehen neun strohgedeckte Bauernhäuser in einer Flusskurve. Gemüsegärten und Reisfelder nehmen jede Lücke für sich in Anspruch. Keines der Häuser wurde je umgebaut, alle Gebäude sind im Original erhalten. Der deutsche Architekt Bruno Taut (1880–1938) war übrigens der erste moderne Architekt, der die Schönheit dieser Häuser zu würdigen wusste und durch seine internationalen Veröffentlichungen maßgeblich zum Erhalt der ›Betenden Hände‹ beitrug.

In Suganuma wurde im Mittelalter nicht nur Seidenraupenzucht und Papierherstellung betrieben (für beides verwendete man die Blätter des Maulbeerbaumes), es wurde auch Salpetersäure für Feuerwerk und Schießpulver produziert. Im Winter komplett von der Außenwelt abgeschnitten, konnte der mächtige Daimyō der Domäne Kaga (Kanazawa) sicher sein, dass die heimliche Produktion nicht gestört wurde. Das **Salpeter-Haus** (Ensho no Yakata, 塩硝の館) neben dem **Gokayama-Heimatmuseum** (五箇山民族館) erzählt die Geschichte des Salpeterhandels.

Karte S. 320

Shirakawago und Gokayama

Vorwahl Shirakawago: 057 69.
600 Einwohner (Ogimachi), Präfektur Gifu.
Vorwahl Gokayama: 07 63.
1416 Einwohner (Taira mit Ainokura), 1007 Einwohner (Kamitaira mit Suganuma, beide jetzt zu Nanto City), Präfektur Toyama.
Internet: www.shirakawa-go.org/english/index.html.
Shirakawago Tourist Association/Deai no Yakata, 2495-3 Ogimachi, Shirakawa, Tel. 6-10 13, Fax 6-17 16; 9–17 Uhr. Dez.–März, Mi Ruhetag. Bei der Bushaltestelle Shirakawago. Behilflich bei der Unterkunftsuche in Gasshozukuri-Häusern.

Von Takayama: Takayama Nohi Buscenter am Bhf. Takayama mit Nōhi-Bus Richtung Shirakawago bis Haltesstelle Shirakawago in Ogimachi, 50 Min., 2400 Yen.
Weiter nach Gokayama: Mit Kaetsuno-Buslinie von Bushaltestelle Shirakawago bis Ainokura 46 Min., 1250 Yen. **Suganuma** liegt auf dem Weg.

🛏

Minshuku Kidoya, 590 Ogimachi, Shiragawa, Tel. 6-10 77, Fax 6-17 05; pro Person ab 7700 Yen (plus 300 Yen Heizkosten im Winter) mit Abendessen und Frühstück. Nähe Hachimangū. Mahlzeit mit traditionellen Bergkräutern und Flussfisch, Bad aus Hinoki-Zeder. Klein, aber mit munterem Familienanschluss!
Inn Furusato, 558 Ogimachi, Shirakawa, Tel. 6-10 33, pro Person 8000 Yen (plus 300 Yen Heizkosten im Winter) mit Abendessen und Frühstück. Hier hat sogar schon der Kronprinz übernachtet.

Freilichtmuseum Gasshozukuri Minkaen, Ogimachi, Tel. 6-12 31; 8.40–17, Aug. 8–17.30, Dez.–März 9–16 Uhr, 500 Yen.
Haus des Ortsvorstehers, Ogimachi, Tel. 6-10 58; 9–17 Uhr, 300 Yen.
Haus der Familie Nagase, Ogimachi, Tel. 6-1047; 9–17 Uhr, 300 Yen.
Tempel Myozen-ji, Ogimachi, Tel. 6-1009; 8.30–17, Dez.–März 9–16 Uhr, 300 Yen. *5 Min. Fußweg von der Bushaltestelle Shirakawago.*
Doburoku-Festival-Museum, Ogimachi, Tel. 6-16 55; 9–17 Uhr, 13.–15. Okt. und Dez.–März geschlossen, 300 Yen. *10 Min. Fußweg von der Haltestelle Shirakawago.*
Heimatmuseum im Ainokura Village, Gokayama, Tel. 66-27 32; 8.30–17 Uhr; 200 Yen. *Mit Buslinie Kaetsuno von Ogimachi bis Haltestelle Ainokura-Guchi, 7 Min. Fußweg.*
Salpeter-Haus, Suganuma, Tel. 67-32 62; 9–16 Uhr; 210 Yen, zusammen mit dem Heimatmuseum 300 Yen.
Gokayama-Heimatmuseum, Suganuma, Tel. 67-36 52; 9–16 Uhr, 210 Yen.

Eihei-ji

Nordwestlich der Alpen liegt die Region Hokuriku (›Nördliches Festland‹, Präfekturen Toyama, Ishikawa und Fukui). In der Präfektur Fukui, dem südlichen Teil der Region, liegt unweit der Stadt Fukui das bedeutende **Zenkloster Eihei-ji** (永平寺). 1244 von Abt Dogen, dem Gründer des Zen in Japan, erbaut, umfasst die Anlage knapp 70 Gebäude. Eine Führung begleitet den Besucher nach einer kurzen Erklärung durch die sieben wichtigsten Gebäude, zu denen auch Badehaus und Toilette gehören. Die glänzenden Fußböden werden regelmäßig mit der Hand und kleinen Lappen von den rund 200 Mönchen poliert. Eihei-ji bietet auch Ausländern die Möglichkeit, für kurze Zeit am Klosteralltag teilzunehmen. Dabei besteht die Wahl zwischen einer Übernachtung oder auch mehreren Tagen Mönchsleben.

ℹ Eihei-ji

Übernachtung im Kloster inklusive Mahlzeiten und Zenunterweisung 8000 Yen, bis vier Tage pro Nacht 3000 Yen. Anmeldung mindestens einen Monat vorab. Details über den Aufenthalt als Laienbruder gibt die Homepage www.sotozen-net.or.jp (dt., engl.).

🏛

Kloster Eihei-ji (Daihonzan Eiheiji), Eiheiji-machi, Yoshida-gun, Tel. 073 76/63-363 40, Fax 63-363 31; 8–17.30 Uhr, 500 Yen. *Vom JR-Bhf. Fukui mit Echizen-Linie bis Bhf. Eiheijiguchi, dort in Keifuku-Buslinie Richtung Eiheijimon mae bis Endhaltestelle Eiheijimon mae.*

Kanazawa

Zentrum der Region Hokuriku ist seit Jahrhunderten die elegante Stadt Kanazawa (金沢). Im Mittelalter war sie Residenzstadt des mächtigen Maeda-Klans, der Fürsten der Provinz Kaga. Als Herrscher der zweitgrößten Domäne Japans standen die Maeda im Rang gleich hinter den regierenden Tokugawa. Kaga wurde auch bekannt als ›Provinz der Millionen Koku‹. Die alte Maßeinheit Koku entspricht 180 Litern Reis und gab Auskunft über Reichtum und politischen Einfluss des jeweiligen Fürsten. So waren im Vergleich rund 400 Koku gewöhnlich das Jahreseinkommen einfacher Samurai. Kurz, Kanagawa war eine reiche Stadt, die überdies, wie Kyōto, von den Bomben des Zweiten Weltkrieges und glücklicherweise auch von Erdbeben verschont blieb. So ist heute einer der schönsten Gärten Japans, der **Kenrokuen**, ebenso unversehrt wie das alte **Samurai-Viertel Nagamachi** oder die drei ehemaligen **Geisha-Viertel** (Chaya Gai).

Kanazawa ist nicht nur berühmt für seine schönen Viertel. Hier haben vor allem die traditionellen Süßigkeiten (Wagashi) einen hervorragenden Ruf. Kutani-Porzellan und mit Blattgold reichlich verzierte Lackwaren aus Kaga sind in ganz Japan berühmt. So stammt das gesamte Gold des Goldenen Pavillons in Kyōto aus Kanazawa. Produkte der Region werden im **Haus der Regionalprodukte** der Präfektur Ishikawa (Ishikawa-ken Kankō-bussankan, 石川県観光物産館) verkauft, und dort finden auch zahlreiche Workshops statt, jedoch leider nur am Wochenende und an Feiertagen.

Kanazawa lässt sich zu Fuß, per Fahrrad oder auch per Bus entdecken. Der **Kanazawa-Loop-Bus** fährt die meisten Sehenswürdigkeiten an, eine Tageskarte für 500 Yen lohnt sich allemal (Einzelfahrschein 200 Yen; Tageskarte für sämtliche Buslinien innerhalb der Stadt 900 Yen). Der blau-weiß-rote Loop-Bus im Retrostil fährt alle zwölf Minuten am Ostausgang des Bahnhofs, Haltestelle 3, ab.

■ Higashi-Chaya

Eine Tour durch Kanazawa beginnt mit der Besichtigung des größten Geishabeziehungsweise Teehausviertels, dem Higashi-Chaya (東茶屋). Ab Haltestelle 7 (Hashiba-chō/Koban-mae) des Loop-Bus geht es vom Fluss weg Richtung

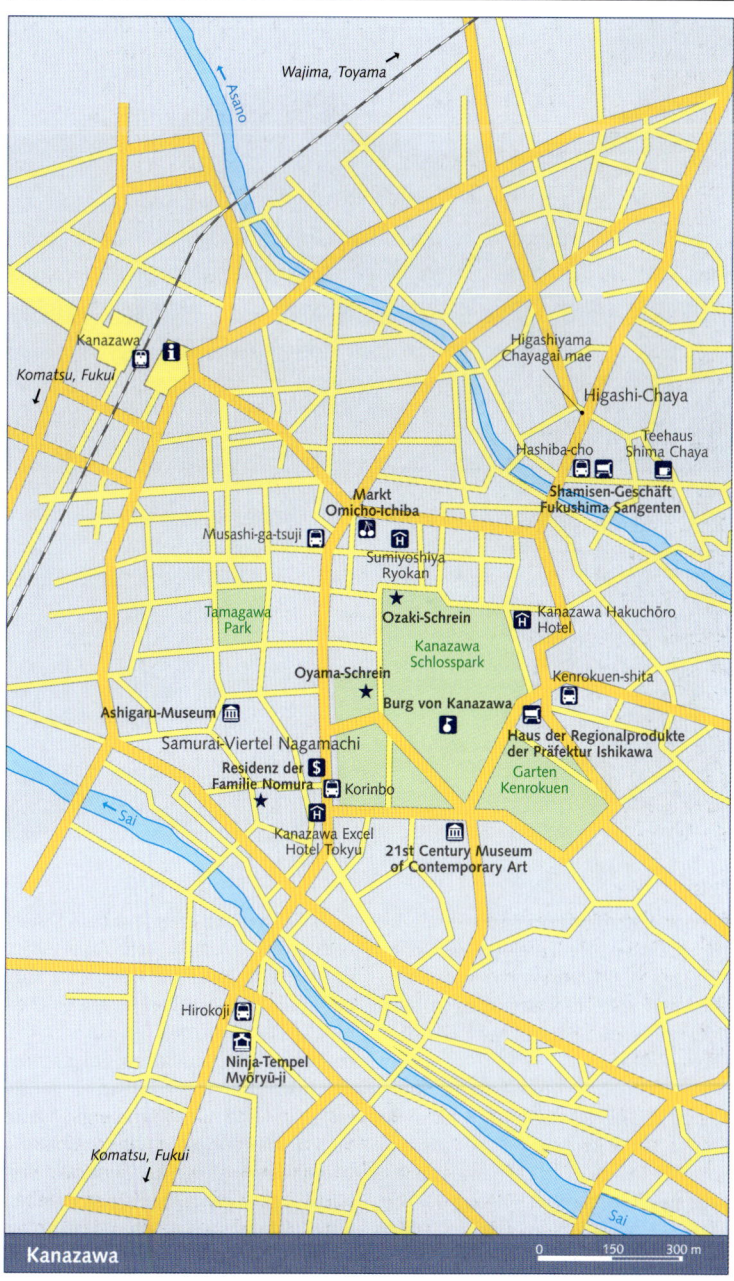

Wajima, Toyama

Asano

Kanazawa

Komatsu, Fukui

Higashiyama
Chayagai mae

Higashi-Chaya

Hashiba-cho

Teehaus
Shima Chaya

Shamisen-Geschäft
Fukushima Sangenten

Markt
Omicho-Ichiba

Musashi-ga-tsuji

Sumiyoshiya
Ryokan

Tamagawa
Park

Ozaki-Schrein

Kanazawa
Schlosspark

Kanazawa Hakuchōro
Hotel

Oyama-Schrein

Kenrokuen-shita

Ashigaru-Museum

Burg von Kanazawa

Samurai-Viertel Nagamachi

Haus der Regionalprodukte
der Präfektur Ishikawa

Residenz der
Familie Nomura

Korinbo

Garten
Kenrokuen

Kanazawa Excel
Hotel Tokyu

21st Century Museum
of Contemporary Art

Sai

Hirokoji

Ninja-Tempel
Myōryū-ji

Komatsu, Fukui

Sai

Kanazawa

0   150   300 m

Chūbu

Im Teehausviertel Higashi-Chaya

Norden entlang der breiten Straße bis zur nächsten Kreuzung (Higashiyama Chayagai mae). Dort nach rechts abbiegen, und nach drei Kreuzungen steht man mitten in Kanazawas schönsten Teehausviertel.

Ein Prunkstück des Viertels ist das **Shima Chaya** (志摩茶屋). Seit 1820 bis in die Showa-Zeit in Betrieb, weist es alle typischen Elemente eines Teehauses auf. So liegt gleich rechts vom Eingang der ehemalige Umkleideraum der geladenen Geisha. Anschaulich zeigen hier Schmink-

tisch, Spiegel und diverse andere Schönheitshelfer die ursprüngliche Atmosphäre des Raumes. Zwei Zimmer weiter liegt das ehemalige Arbeitszimmer der Okami-san, der Herrin des Teehauses. Allgemein sind die Räume im Erdgeschoss recht niedrig und pragmatisch ausgerichtet, so befinden sich Küche und Toilette im hinteren Teil des Hauses. In der Küche wurde allerdings wenig zubereitet, Teehäuser ließen gemeinhin die Mahlzeiten ihrer Gäste von außerhalb kommen. Das Obergeschoss war den Gästen vorbehalten. Jeder Raum hat hier ein Vorzimmer, das sich bei Bedarf in eine Bühne verwandelte. Einen schönen Kontrast bilden die roten Wände zu den hellen Tatami-matten und den dunklen Holzbalken des Hauses.

Zurück im Erdgeschoss gibt es im Hinterhaus für 700 Yen pulverisierten grünen Tee (Matcha) und eine typische Süßigkeit Kanazawas. Die roten Schirme im Eingang stehen für Erinnerungsfotos bereit, also Ausleihen erwünscht!

Noch einen Schritt Richtung Geisha kann der unternehmungslustige Besucher im Shamisen-Geschäft **Fukushima Sangenten** (福嶋三弦店) gehen. Dies ist nicht nur der einzige Laden in ganz Hokuriku, der das klassisch japanische Saiteninstrument verkauft. Einzigartig ist ebenfalls, dass hier auch blutige Anfänger in einem halbstündigen Schnellkurs das bekannte Volkslied Sakura erlernen können!

■ Garten Kenrokuen

Weiter geht es mit dem Loop-Bus bis zur Haltestelle Kenrokuen-shita. Der Garten Kenrokuen (兼六園) wurde 1676 vom fünften Fürsten des Kaga-Klans angelegt und benötigte 170 Jahre bis zur Fertigstellung. Seine Schönheit ist von der Einhaltung des so genannten Kaiyurin-sen-Stils der Edo-Zeit geprägt. Der Name selbst bedeutet schlicht ›Garten der sechs Elemente‹ und meint damit die sechs Attribute, die ein perfekter Garten laut chinesischer Vorgaben aufweisen muss: Weite, Stille, Kunstfertigkeit, Klassik, Wasser und Ausblick. Gleich neben dem Kenrokuen befindet sich ein Teil der rekonstruierten **Burg von Kanzawa** (Kanazawajō Kōen, 金沢城公園) im Kanazawa-Burggarten.

Direkt südlich des Korakuen gibt es einige Museen. Unbedingt zu empfehlen ist das **21st Century Museum of Contemporary Art** (Kanazawa 21 seki Bijutsukan, 金沢21世紀美術館). Nach Burgen und alten Teehäusern bietet das Museum einen fröhlichen Zwischenstopp in der Gegenwart. Witzige Installationen wie ›Swimming Pool‹ von Leandro Erlich oder ›Der Mann, der die Wolken vermisst‹ von Jan Fabre sorgen für Entspannung und Inspiration. Ein Teil der Sammlung ist kostenlos zugänglich.

■ Ninja-Tempel

Zurück in die glorreiche Vergangenheit geht es noch einmal mit dem als Ninja-Tempel bekannten **Myōryū-ji** (妙立寺) und dem ehemaligen Samurai-Viertel Nagamachi. Der Tempel wurde 1643 als Gebetsstätte der Fürstenfamilie Maeda gebaut. Von außen sieht das Gebäude wie ein gewöhnlicher zweistöckiger Tempel aus. Schnell stellt man fest, dass es vier Stockwerke und sieben Zwischendecken gibt. 23 Zimmer und 29 Treppenaufgänge schaffen ebenso Verwirrung wie weitere 29 geheime Ninja-Tricks wie doppelte Türen, Bodenfallen oder den unterirdischen Fluchttunnel zur Burg.

Geishas bei einer Vorführung

Chūbu

Ninja

Als Werbefiguren und Charaktere in Manga und Anime sind sie extrem beliebt, und jedes japanische Kind kennt sich mit Ninja aus. Samurai spielen in der kindlichen Fantasie keine Rolle, das Interesse an den mittelalterlichen Spezialeinheiten ist hingegen ungebrochen.

Ninja bedeutet übersetzt ›Der Verborgene‹, schon Prinz Shōtoku benutzte im alten Nara fleißig Spione. Diese Technik hatte er wohl von den Chinesen übernommen, denn man schaute sich nicht nur Kultur vom Festland ab, sondern las auch die Schriften des Militärstrategen Sun Tzu. Seit dem 12. Jahrhundert benutzten japanische Kriegsherren die bestens ausgebildeten Krieger im Kampf hinter den Kulissen. Heute vermutet man, dass es damals im ganzen Land verstreut kleine Kampfeinheiten der Ninja gab. Die ersten Kämpfer stammten vermutlich aus den Reihen der asketischen Bergmönche, den Yamabushi. Buddhistische Mönche im japanischen Mittelalter waren nicht nur fromme Betbrüder, sondern äußerst streitfähige Gotteskrieger. Später trainierten ganze Dörfer mit strikten Rangeinheiten Ninjutsu, die Kunst des Verborgenen. Waffen wurden als landwirtschaftliche Geräte getarnt, eine besondere Rüstung gab es nicht. Ninja waren offen für Innovationen, verwendeten neben traditionellen Waffen ebenso gerne Gift und Sprengstoff. Hartes körperliches Training und ein hohes Wissen um die Tier- und Pflanzenwelt rundeten die später stark reglementierte Ausbildung zum Ninja ab. Ihre Partisanentechniken standen im starken Kontrast zu den offen ausgetragenen Kämpfen der Samurai. Lange Zeit galten die Ninja daher als die bösen Buben der Geschichte. Dieser angebliche Gegensatz wurde allerdings erst mit der glorifizierten Festlegung des Samurai-Kodex, dem Bushidō, gegen Ende des 19. Jahrhunderts geschaffen. In Wirklichkeit waren die Schattenkrieger seit den Anfängen der Nation heiß begehrte Kundschafter und manchmal halt auch Attentäter.

Weibliche Ninja gab es übrigens auch. Takeda Shingen hatte einen ganzen Trupp Frauen, die als Gauklerinnen oder Prostituierte getarnt durchs Land zogen und Informationen für ihn sammelten. Die Witwe eines seiner Feldherren bildete unter dem Deckmäntelchen eines Waisenhauses rund 300 junge Frauen in der Kunst des Anschleichens, Aushörens und Verführens aus. Weibliche Ninja nannte man Kunoichi (くノ一), die drei Silben ergeben zusammengesetzt das Schriftzeichen Frau 女 und bezeichnen gleichzeitig die neun (ku) Körperöffnungen, mit denen die Frauen Informationen sammelten. Welche das wohl waren?

Ninja-Kämpfer in Iega Ueno

■ Samuraiviertel Nagamachi

Passend zum Ninja-Tempel bietet sich als Besichtigung das **Samuraiviertel Nagamachi** an (Nagamachi Buke Yashiki, 長町武家屋敷). Ab der Bushaltestelle 15 (Korinbo, Loop-Bus) direkt vor der Bank ›Nihon Ginko‹ geht es zwischen der Bank und dem ›Kanazawa Excel Hotel Tokyu‹ die Straße entlang, nach rechts und gleich wieder links. Schon sind die ersten Häuser des Viertels zu sehen. Zur Zeit der machtvollen Burgherren durften hier nur Samurai ansässig sein, die ein Mindesteinkommen von 400 Koku vorweisen konnten.

Die Residenzen werden immer schlichter, je weiter sie vom Zentrum der Macht, der Burg, entfernt sind. Typisch für Samurairesidenzen sind die Lehmwände mit Giebel und die breiten Toreingänge. Die Strohmatten beschützen die Wände übrigens vor allzu kontaktfreudigen Besucherhänden. Am Kanal Ōnoshō angekommen, geht es nach rechts über die zweite Brücke (Ni no Hashi), der Kanal dient dabei als Leitfaden durch das Viertel. Solcherlei schmale Wasserwege wurden während der Edo-Zeit zahlreich angelegt, zum einem dienten sie der Feuerwehr als Wasserreservoir, zum anderen waren sie nützlich für den Warentransport. Der Ōnoshō entstand zwischen 1573 und 1592 und ist somit der älteste künstliche Bach in Kanazawa. Interessant sind die rechteckigen Ausschnitte in den Mauern. Durch sie wurde Kanalwasser zur Bewässerung der Gärten abgeleitet.

Rechts folgt bald die **Residenz der Familie Nomura** (Bukeyashiki Ato Nomura-ke, 武家屋敷跡野村家). Als hochrangige Samurai unterstanden die Nomura direkt dem Fürsten. Mit dem Ende des Shogunats verloren jedoch auch sie ihren Besitz und mussten die Residenz

Die Residenz der Familie Nomura

verkaufen. Heute zeigt hier ein Museum das Leben zu Zeiten von Ruhm und Wohlstand. Der kleine, aber feine Garten wurde 2003 von einer amerikanischen Fachzeitschrift zu einem der schönsten japanischen Gärten gewählt.

Hinter der vierten Brücke steht die ehemalige **Residenz der Familie Takada** (Kyu Kagahanshi Takada-ke Ato, 旧加賀藩士高田家跡). Das langgestreckte Gebäude mit seinen Zimmern rechts und links vom Tor ist typisch für eine Samuraifamilie mittleren Ranges. Der Bach im Garten erhält sein Wasser ebenfalls vom Kanal.

Weiter nördlich und damit am weitesten entfernt von der Burg steht rechts das **Ashigaru-Museum** (Ashigaru Shiryōkan Soldiers Museum, 足軽資料館). Ashigaru (Fußsoldaten) waren die rangniedrigsten Samurai. Zwei Ashigaru-Residenzen wurden an diese Stelle versetzt und zu einem Museum umgebaut. Die Fußsoldaten anderer Domänen verfügten nur über Häuser mit zwei Zimmern, die Ashigaru des Kaga-Klans hingegen hatten Residenzen mit fünf oder sechs Zimmern und einem kleinen Garten. Trotzdem war ihr Leben im Vergleich mit den hochrangigen Samurai eine karge Angelegenheit. Nach dem Museum geht es rechts weiter und über einen weiteren Kanal zurück zur Haltestelle Korinbo.

■ **Markt Omicho-Ichiba**

Nach so viel Kultur darf der Abschluss der Kanazawa-Tour ruhig ganz profan ausfallen: Kanazawas größter Markt, der Ōmichō-Ichiba (近江町市場), verkauft in 140 Geschäften mit teils langer Geschichte hochwertige Ware zu ver-

nünftigen Preisen im Rhythmus der Jahreszeiten. Fischliebhaber sollten Ende November anreisen und im Frühjahr den Vegetariern das Feld räumen.

Zwischen den Ständen gibt es natürlich eine Menge Restaurants. So gibt es in Fett ausgebackene Kartoffelklopse (Kurokke) für den Heißhunger und natürlich ganz viel frischen Fisch. Ein besonders beliebter Kaiten-Sushiya-san (Sushi-Restaurant mit Selbstbedienung an Laufbändern) ist das **Mawaru Ōmichō Ichiba Sushi**. Ebenfalls sehr beliebt ist das nicht ganz so günstige **Sushi Dokoro Genpei**. Immerhin gibt es hier auch Abendessen, und der hungrige Reisende muss nicht, wie sonst auf Märkten üblich, rohen Fisch zum Frühstück verspeisen.

 Kanazawa

Vorwahl: 076.
457 000 Einwohner, Präfektur Ishikawa.
Internet: www.kanazawa-tourism.com.
Ishikawa Prefecture Kanazawa Tourist Information Center, 1-1 Kinoshinbo, Kanazawa, Tel. 231-63 11; 9–19 Uhr. 31. Dez.–2. Jan. geschlossen. Im JR-Bhf. Kanazawa.

Von Tōkyō: JR-Joetsu Shinkansen bis Bhf. Echigo-Yuzawa, umsteigen in JR-Hakutaka Limited Express bis Bhf. Kanazawa, 235 Min., 12 710 Yen.

Kanazawa Hakuchōro Hotel, 6-3 Marunouchi, Kanazawa, Tel. 222-12 12, Fax 222-11 20, www.hakuchoro.com; pro Person ab 9000 Yen. *3 Min. Fußweg von der Haltestelle Korakuen.*
Sumiyoshiya Ryokan, 54 Jukken-machi, Kanazawa, Tel. 221-0157, www.sumiy-

oshi-ya.com; pro Person ab 8600 Yen mit Abendessen und Frühstück, schönste und größte Zimmer (Akakabe no Ma) ab 12 600 Yen. Ältester Ryokan Kanazawas mit 360 Jahren Geschichte. Wurde schon in Reiseführern der Edo-Zeit erwähnt. *3 Min. Fußweg von der Haltestelle Musashi-ga-tsuji.*

❌

Sushi-Restaurant Mawaru Ōmichō Ichiba Sushi, 28-1 Ōmichō, Tel. 261-93 30; 10.30–19.30 Uhr, mehr als 40 Sorten für einen Preis ab 120 Yen pro Teller/2 Sushi. *Nähe Loop-Bushaltestelle Musashi-ga-tsuji.*
Sushi Dokoro Genpei, 25-1 Ōmichō, Tel. 261-43 49; 11–15 und 17–21, Sa 11–19 Uhr, So, Feiertag Ruhetag, feste Gerichte kosten ab 12 Sushi um die 2600 Yen. *Nähe Loop-Bushaltestelle Musashi-ga-tsuji.*

🏛

Teehaus Shima Chaya, 1-13-21 Higashiyama, Tel. 252-56 75, Fax 252-

0777, www.ochaya-shima.com; 9–18 Uhr, 400 Yen.

Burg von Kanzawa, 1-1 Marunouchi, Tel. 234-3800, Fax 234-5292; 7–18, Okt.–Ende Feb. 8–16.30 Uhr, Gebäude 9–16.30 Uhr, Park kostenlos, Gebäude 300 Yen.

21st Century Museum of Contemporary Art, 1-2-1 Hirosaka, Tel. 220-2800, Fax 220-2802; 10–18, Fr, Sa 10–20, kostenloser Bereich 9–22 Uhr, Mo Ruhetag, wenn Mo Feiertag, Di Ruhetag, 350 Yen.

Tempel Myōryū-ji, 1-2-12 Nomachi, Tel. 241-0888; 9–16.30, Nov.–Feb. 9–16 Uhr, 800 Yen, buddhistische Feiertage, 1. Jan., 16.–20. Jan. geschlossen, Mindestalter sechs Jahre. Besichtigung nur mit Reservierung möglich! *Loop-Bushaltestelle Jusangen-Machi, dann über Fluss Richtung Tempelviertel laufen oder ab Bhf. Haltestelle 7, 8 oder 9 mit Hokutetsu-Bus bis Haltestelle Hirokoji, 5 Min. Fußweg.*

Residenz der Familie Nomura, 1-3-32 Nagamachi, Tel. 221-3553, Fax 263-6531; 8.30–17.30, Okt.–März 8.30–16.30 Uhr, 26./27. Dez. geschlossen, 500 Yen. *7 Min. Fußweg von Haltestelle Korinbo.*

Residenz der Familie Takada, 2-6-3 Nagamachi, Tel. 263-3640; 9.30–17 Uhr, kostenlos.

Ashigaru-Museum, 1-9-3 Nagamachi, Tel. 263-3640; 9–17 Uhr, kostenlos.

Garten Kenrokuen, 1-4 Kenrokumachi, Tel. 234-3800, Fax 234-5292; 7–18, Okt.–März 8–16.30 Uhr, 300 Yen. *Direkt bei der Bushaltestelle Kenrokuen-shita.*

Haus der Regionalprodukte der Präfektur Ishikawa, 2-20 Kenroku-machi, Kanazawa, Tel. 222-7788, Fax 222-5183; zwischen 10–15 Uhr jeweils 30 Min., für Nachmittag Anmeldung empfohlen; pro Person 1200 Yen, darin enthalten ist ein 500-Yen-Warengutschein. *Direkt bei der Bushaltestelle Kenrokuen.*

Shamisen-Geschäft Fukushima Sangenten, 1-1-8 Higashiyama, Tel. 252-3703; 10–16 Uhr außer 2. u. 4. Sa, So und Feiertage, 30 Min.-Rundgang 300 Yen. Ab 10 Personen Anmeldung erbeten. *1 Min. Fußweg von der Bushaltestelle Hashiba-chō/Koban-mae.*

Halbinsel Noto

Wie ein Haken streckt die Halbinsel Noto (能登半島) sich weit in die Japan-See. Das im Winter recht wilde Meer hat wunderschöne Küstenlandschaften hervorgebracht, die mit öffentlichen Verkehrsmitteln allerdings schwer zu erreichen sind.

Sandstrände mit einsamen Fischerdörfern säumen die Westküste. Nur hier können Autofans über acht Kilometer den Strand zur Piste werden lassen (Chirihama Nagisa Driveway). Die Sonnenuntergänge sind entlang der gesamten Westküste fantastisch. **Wajima** (輪島) im Nordwesten gilt nicht nur als Zentrum für Lackwaren, sondern ist auch für seinen Markt berühmt.

Die Spitze der Halbinsel bis nach Suzu auf der Ostseite nennt man **Soto-Ura** (Außenküste). Hier findet man eine sehr abwechslungsreiche Küste mit wilden Felsformationen.

Der lange Bogen der Ostküste wird als **Uchi-Ura** (Innenküste) bezeichnet. Auch mitten im Winter herrscht hier, ungewöhnlich für die Japan-See, nur leichter Wellengang.

Chūbu

Gerne würde ich zum Dank
den Tempel frei fegen von all
den vergilbten Blättern …

Bashō

Kansai

Das Herz Japans

In Kansai schlägt das Herz Japans, und das schon seit Jahrtausenden. In dem Gebiet ›westlich der Grenze‹ (Kan bedeutet Grenze, Sai Westen; im Gegensatz zu Kantō, der Region ›östlich der Grenze‹) befand sich einst das sagenumwobene Reich Yamato. Älteste Verehrungsstätten des Shinto-Glaubens finden sich hier ebenso wie die ersten buddhistischen Klöster aus dem 9. Jahrhundert am Berg Kōya.

Die einst prächtigen Hauptstädte **Kyōto** und **Nara**, beide geradezu überladen mit Stätten des Weltkulturerbes, liegen wie die Ninja-Stadt Iga Ueno oder **Himeji** mit der schönsten Burg Japans in einer der sieben Präfekturen Kansais: Shiga, Mie, Nara, Wakayama, Ōsaka, Kyōto, Hyōgo.

Kansai schwelgt jedoch nicht ausschließlich in der Vergangenheit. Im Gegenteil, die Metropole **Ōsaka** ist bekannt für den kaufmännischen Elan und den besonderen Esprit ihrer Bewohner. Seine Hafenstadt **Kōbe** repräsentiert die Weltoffenheit der gesamten Region – und die Dickköpfigkeit seiner Bewohner.

Während sich ganz Japan nach Tōkyō ausrichtet, bleibt Kansai stur bei seinen Eigenarten. Hier spricht man Kansai-Ben (Ben heißt Dialekt) und nicht unbedingt das Hochjapanisch der Hauptstadt. Hier isst man lieber Rind als Schwein und niemals stinkenden Nattō, fermentierte Sojabohnenpaste. Auch wenn sie in andere Regionen umziehen, behalten die Leute aus Kansai ihre Gewohnheiten bei, Anpassung ist für sie ein Fremdwort. Und so sehen es manche auch nicht ein, warum ihre Region nun Kansai heißt und nicht mehr Kinki wie früher. Denn Kinki, ›Region in Hauptstadtnähe‹, unterstreicht viel mehr die einstige Exklusivität der Region. Das irritiert das übrige Japan einerseits, andererseits blickt es ein wenig neidisch auf so viel Selbstbewusstsein. Mit dem halten die Kansai-Leute auch nicht hinterm Berg: Sie sind als laut und frech bekannt. Dieser Wortwitz macht sie zu den beliebtesten Komödianten Japans. Japan bietet keine Vielfalt, und alle Menschen sind konform? Kansai hat noch jeden Besucher vom Gegenteil überzeugt!

▲ *Gebetsfahnen am Shisendo-Tempel in Kyōto*

Kyōto

Kyōto, Hauptstadt der gleichnamigen Präfektur zwischen der Bucht von Ōsaka im Süden und dem Biwa-See im Norden, blickt auf 1200 Jahre Geschichte zurück. Dieser kulturelle Reichtum lässt sich weder auf einige Buchseiten zusammenpressen noch in wenigen Tagen besichtigen. In Kyōto muss man Prioritäten setzen, alle Schätze der Stadt lassen sich einfach nicht besichtigen. Dieses Kapitel über Kyōto wird sich daher auf die Weltkulturerbestätten beschränken, sie sind die Perlen an der schönen Kette Kyōto. Trotzdem gilt auch hier der Tipp: Ruhig vom Weg abweichen und unbekannte Gassen nehmen! Nicht nur die prächtigen Tempelanlagen, sondern die engen Straßen der Wohnbezirke mit liebevoll gepflegten Straßengärten und spielenden Kindern vermitteln die wahre Atmosphäre Kyōtos. Kyōto lohnt die weite Reise, und das immer wieder.

Das klassische Kyōto erlebte seine Blütezeit als Hauptstadt der Heian-Zeit

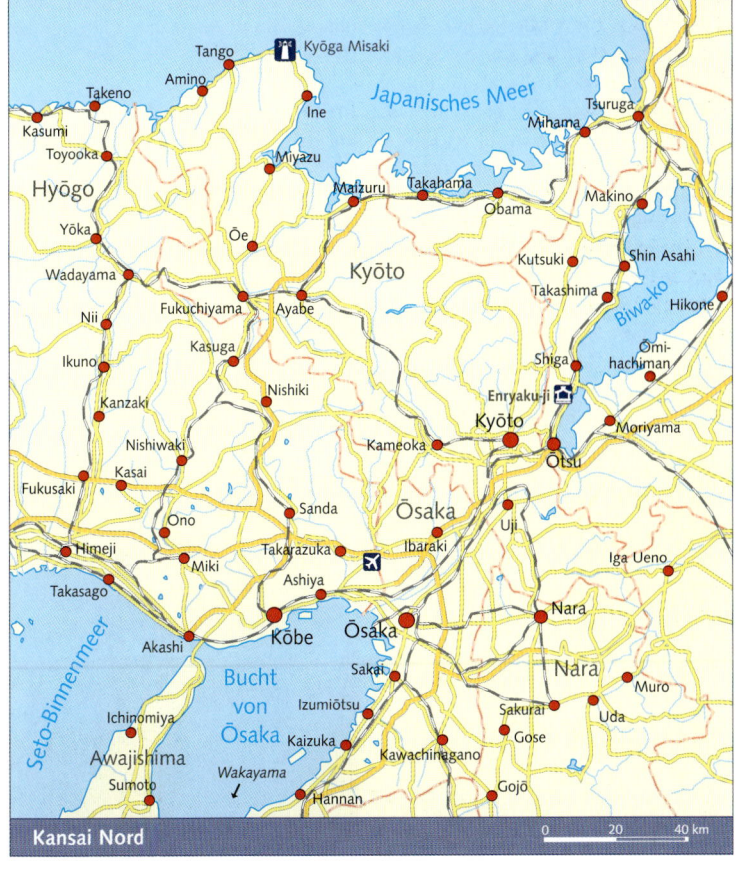

Nächtliche Straße in Kyōto

(794–1185). Bis 1868 blieb es japanische Hauptstadt und Sitz der Kaiserlichen Familie, doch die wahre Politik wurde oftmals woanders gemacht. Das bewahrte Kyōto jedoch nicht vor kriegerischen Auseinandersetzungen und zahlreichen Zerstörungen. Im Zweiten Weltkrieg wurde die Stadt von der Liste der Atombombenziele gestrichen und musste nur wenigen Bombenangriffen standhalten, der amerikanische Kriegsminister Stimson hatte hier seine Flitterwochen verbracht.

Auch wenn Kyōto nicht ganz von der Modernisierungswut japanischer Städteplaner verschont wurde, ist das Japan vergangener Tage noch in vielen Ecken gegenwärtig. Auch die erste Stadtplanung lässt sich auf Karten noch sehr gut erkennen: Nach dem Vorbild der chinesischen Tang-Dynastie wurde Heian-kyō, der alte Name Kyōtos, im Schachbrettmuster angelegt. Der kaiserliche Palast ist nach Süden ausgerichtet, dadurch befindet sich der sogenannte rechte Sektor der Stadt (Ukyō) spiegelverkehrt im Westen und der linke Sektor (Sakyō) im Osten.

Das Zentrum des modernen Kyōto liegt südlich des Palastes Nijō-jō. Außerhalb des Zentrums sind die Straßen nicht mehr so gleichmäßig angeordnet, doch auch sie sind mit Namen versehen und erleichtern Ortsfremden das Navigieren. Nach Norden wird die Stadt immer grüner und weniger bevölkert. Hier finden sich auch versteckt in den Bergen viele der rund 1600 Tempel Kyōtos.

Kyōto selbst liegt in einem Talkessel. Dies bewahrt die Stadt vor grenzenlosem Wachstum, doch verschafft es ihr auch heiße und sehr schwüle Sommermonate sowie bitterkalte Winter. Beste Reisezeit sind die Monate April und Mai vor der Regenzeit und dann wieder nach den Herbststürmen von Oktober bis Dezember.

Im Osten und Norden Kyōtos

Im Ost- und Nordteil liegt im Viertel Gion die Heimat der Geisha. Eine mystische Schreinwelt gibt es bei den Hauptschreinen der Stadt, Shimogamo und Kamigamo, zu entdecken.

■ Tempel Kiyomizu

Die Besichtigung Kyōtos beginnt gerne mit dem Wahrzeichen der Stadt, dem **Tempel Kiyomizu** (Kiyomizu-dera, 清水寺, gegründet 780). Der Name Kiyomi-

Die Haupthalle des Kiyomizu-Tempels

Karte S. 337

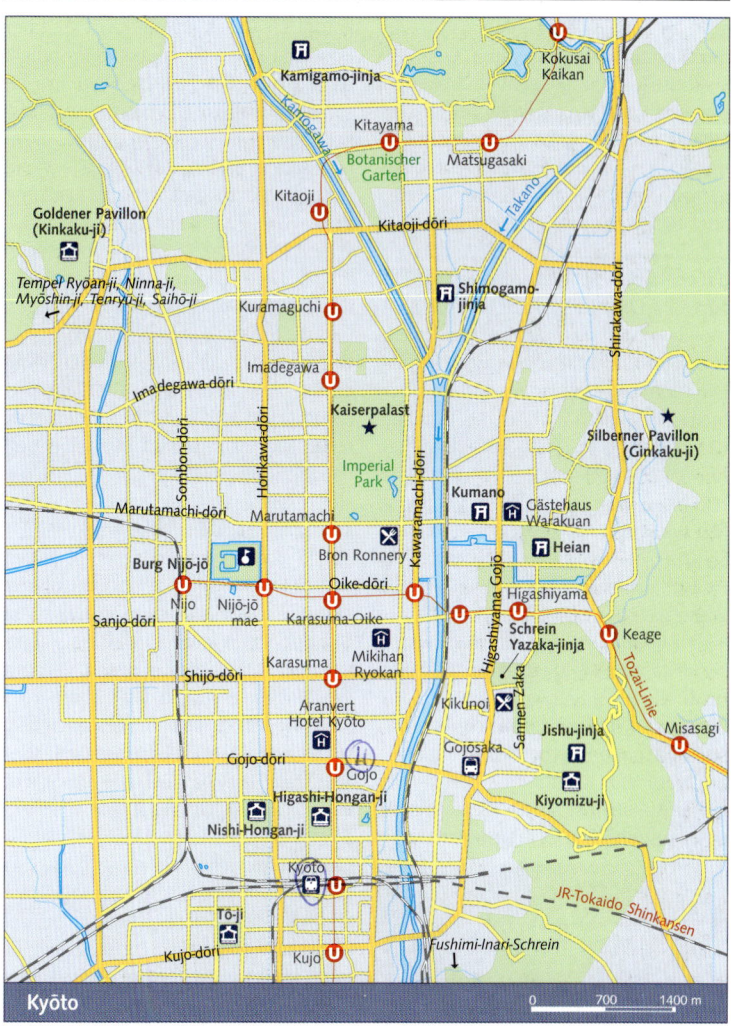

Kansai

zu (Reines Wasser) bezieht sich auf die Quelle unterhalb der Haupthalle. Von ihr träumte der Mönch Enshin 778 und errichtete die Tempelanlage mit Unterstützung General Sakanoues. Der General, berühmt für seine Vernichtungszüge gegen die Ureinwohner Nordjapans, finanzierte den Bau als Buße für seine Sünden. Die meisten Gebäude stammen jedoch aus den Jahren um 1633. Nach einem Brand ließ Tokugawa Ieyasu die Anlage neu errichten.

Kiyomizu-dera liegt auf einer Höhe von 242 Metern. Das garantiert einen wunderbaren Blick über die Stadt, bedeutet aber auch, dass der erste Wegabschnitt gute zehn Minuten bergauf geht. Von der Kreuzung Higashiyama Gojō/Bushaltestelle Gojōsaka geht es direkt über den Chawan-Zaka (茶碗坂, Teeschalen-Hügel) an einer Anzahl von Keramikläden vorbei bis zum strahlend roten Eingangstor des Tempels. Gleich dahinter liegt rechts die mit 31 Metern höchste dreistöckige **Pagode** Japans. Links steht die ehemalige **Schatzkammer** (Zuigūdō, 隋求堂). Die Halle gilt als dunkler Mutterleib, in den man nur hier zurückkehren kann und sein Leben noch einmal ganz von vorne beginnen lässt. Im stockfinsteren Inneren berührt der Gläubige das in Stein gemeißelte Sanskritzeichen für ›Bauch‹, umkreist es einmal und betet dabei. Nun ist die Seele wieder so rein wie die eines Neugeborenen.

So läuft es sich gleich leichter bis zur **Haupthalle** mit der berühmten Terrasse. Diese Holzkonstruktion besteht aus 139 miteinander vernuteten Zedernbaumstämmen und ist knapp 13 Meter hoch. Das hält einiges Gewicht aus. Muss es auch, denn zur Kirschblütenzeit und im schönen Herbst herrscht hier ein unglaubliches Gedränge. Die fantastische Aussicht ist auf Generationen hinaus gesichert: Der Tempel hat das

komplette Umland aufgekauft. Seit der Edo-Zeit kennen die Japaner den Spruch: ›Einmal von der Terrasse Kiyomizu zu springen wagen‹ (Kiyomizu no Budai kara tobiriru tsumori de, etwa: ›Dem Mutigen gehört die Welt‹), alle Wünsche sollten so garantiert in Erfüllung gehen. Tatsächlich sprangen allein zwischen 1694 und 1864 234 Menschen in die Tiefe. Die meisten überlebten, doch 1872 wurde ein Zaun gezogen und die Praxis rigoros verboten.

In der Haupthalle selbst wird der zwölfarmige Buddha verehrt, die Figur bekommt man jedoch nur alle 33 Jahre zu sehen. Das nächste Mal wird leider erst wieder 2033 sein.

Hinter der Haupthalle steht ein wenig erhöht der **Schrein Jishu-jinja** (地主神社). Er ist der Liebe gewidmet, so finden sich auf dem Gelände verteilt interessante Sehenswürdigkeiten wie eine Art Voodoo-Baum und ähnliches. Hauptattraktion sind hier zwei Felsen. Wer mit geschlossenen Augen vom einen zum anderen laufen kann, findet garantiert seine große Liebe. Ein anschließender Rundgang über das Gelände ermöglicht einen Blick auf die Haupthalle.

Der Weg führt unter die Terrasse zur **Quelle Otowa no Taki** (音羽の滝). Das Wasser kommt aus 1000 Metern Tiefe und hilft angeblich beim Lernen, bei der Liebe und sorgt für langes Leben. Es heißt jedoch, dass nur von zwei der drei Quellen reichlich zu trinken sei. Allzu Gierige bestrafen nämlich die Götter.

■ Gion

Für den Rückweg führt eine schmale Gasse vom Tor weg. Bei der ersten Kreuzung geht es nach rechts in den Sannen Zaka (三年坂). Auch hier reiht sich ein Geschäft ans nächste, auch einige Künstlerateliers sind darunter. Zu entdecken

Angehende Geishas in Gion

Straßenszene in Gion

intimer Etablissements. Mit ganz viel Glück begegnet man sogar einer Geisha. An dieser Stelle eine Bitte der schönen Damen: Sie möchten nicht wie Freiwild behandelt werden und ungefragt fotografiert oder gar berührt werden. Eine für alle Beteiligten stressfreie Alternative sind die vielen Restaurants mit Geisha-Unterhaltungsprogramm zum Abendessen, Fotogelegenheiten gibt es hier inklusive.

■ Ginkaku-ji

Von der Bushaltestelle Kiyomizu-Michi geht es mit der Linie 100 weiter zum Higashiyama Jishō-ji, eher bekannt als **Silberner Pavillon** oder Ginkaku-ji (銀閣寺). 1482 ließ sich der zurückgetretene Shōgun Ashikaga Yoshimasa hier eine Villa errichten. Inneneinrichtung und Gartenanlagen plante er persönlich, sie sollten später prägend für die sogenannte Higashiyama-Kultur werden.

Besonders beeindruckend ist der **Trockengarten** mit dem See des Silbersandes (Gishadan) und der kegelförmigen Erhebung Kōgetsudai, in dem viele Betrachter eine Darstellung des Fuji sehen. Die hellen Steine kontrastieren mit dem dunklen Holz des **Kannon-Den**, der Halle der Kannon. Nur dieses Gebäude wurde anfangs als Silberner Pavillon bezeichnet. Welche Gründe das ›Versilbern‹ des Gebäudes verhinderten, ist nicht eindeutig geklärt. Für das Vorhaben selbst finden sich keinerlei Belege. Man weiß aber, dass das Gebäude einst mit schwarzem Lack überzogen war. Wahrscheinlich sollte der Name eine Verbindung zum Goldenen Pavillon (Kinkaku-ji) des Großvaters Yoshimitsu herstellen. Fünf Jahre vor seinem Tod wurde Yoshimasa Zen-Mönch. Nach seinem Tod verwandelte man die gesamte Anlage in einen Zen-Tempel.

Kansai

gibt es hier auch schöne Hinterhöfe. Weiter über die Straße Ninnen Zaka (二年坂) geht es bis zu einem großen Parkplatz. Schräg links dahinter schließt sich die Straße Nene no Michi (ねねの道) an. Geschäfte werden nun von Ryokan und verschwiegenen Restaurants abgelöst, dies sind die Ausläufer des Gion-Viertels. Der **Yazaka-jinja** (八坂神社) in nördlicher Richtung ist am Abend mit unzähligen Papierlaternen erhellt. Er ist der Gottheit des Handels geweiht, der hier nur liebevoll Herr Gion (Gion-san, 祇園さん) genannt wird. Das berühmte Gion-Festival ist übrigens das Schreinfestival zu Ehren dieser Gottheit.

Die breite Treppe des Schreins führt mitten in das geschäftige Gion. Am Abend ist ein Spaziergang entlang der Allee Shijō-dōri mit seinen alten Gassen zur linken Hand besonders reizvoll. Laufburschen bringen den Teehäusern besondere Speisen, verdunkelte Limousinen rollen ihre Besitzer bis vor die Tür

■ Shimogamo-jinja

Die beiden Gamo-Schreine Shimogamo (下鴨神社) und Kamigamo sind die wichtigsten Schreine der Tempelstadt Kyōto. Sie unterstanden direkt dem Kaiserlichen Haushalt, hier beteten die Herrscher schon lange vor der Stadtgründung Kyōtos um Sicherheit und Wohlstand für ganz Japan. Der Shimogamo-Schrein liegt nordwestlich vom Ginkakaku-ji in der Gabelung der beiden Flüsse Kamogawa und Takanogawa. Seine Anfänge lassen sich nicht genau datieren. Allerdings fanden sich auf dem Schreingelände Spuren einer Kultstätte aus der Jungsteinzeit. Rund 70 Schreingebäude liegen mitten im zart-lichten Wald Tadasu (Tadasu no Mori), das Flusswasser galt als besonders rein und wurde gerne in ganz Kyōto für religiöse Zeremonien verwendet.

Östlich der Haupthalle befindet sich der **Schrein Mitarashisha** (御手洗社). Darunter befindet sich ein Brunnen. Taucht man im Juli seine Füße in den Teich vor dem Schrein, befreit das Fußbad von allem Übel. Einst tat dies auch Daigo-Tennō (9. Jahrhundert). Aus dem Wasser tauchten fünf Blasen auf, die wie ein Mensch aussahen. Diese fünf Blasen sind die Vorlage für die fünf Reismehlbällchen am Spieß, die es am Schrein zu kaufen gibt (Mitarashi-Dango). Nachdem sie den Göttern zur Segnung vorgelegt wurden, nahm man sie früher mit nach Hause und aß sie auf. Heute können die Bällchen mit süßer Sojasauce an Ort und Stelle verspeist werden.

Der alte Baumbestand entlang der Bachläufe bis zu den Hauptgebäuden trägt wesentlich zur mystischen Stimmung des Ortes bei. Das Wäldchen gilt als heilige Stätte, die Zank beilegt und Frieden schafft.

Schon in den ›Geschichten der Heike‹ und im ›Kopfkissenbuch‹ der Heian-Zeit taucht der Name des Shimogamo-jinja auf. Damals bezeichnete der Begriff Matsuri, Schreinfestival, allein die Feste der Gamo-Schreine. Durch die Wirren des Ōnin-Krieges Ende des 15. Jahrhunderts setzte dieses Aoi-Matsuri bis in die Edo-Zeit aus. Heute wird das sogenannte Malvenfest jedes Jahr am 15. Mai gefeiert. In einem langen Umzug laufen die Teilnehmer in Kostümen der Heian-Zeit vom Kaiserlichen Palast über den Shimogamo-Schrein und weiter zum knapp drei Kilometer nördlich gelegenen Kamigamo-Schrein.

■ Kamigamo-jinja

Wenige Kilometer den Kamo-Fluss hinauf liegt der 678 erbaute Kamigamo-Schrein (上鴨神社). Aus seiner Lage bezieht der gut 100 Jahre jüngere Schrein auch seinen Namen: Das Schriftzeichen kami bedeutet oben, shimo hingegen unten. Ursprünglich gehörte der Kamigamo-Schrein zum Berg Kosan, dort lag die erste heilige Stätte zu Ehren des Donnergottes Ikatsuchi, der Gottheit der beiden Schreine. Der Schrein des Donnergottes heißt den Besucher mit zwei Torii in dynamischem Rot willkommen. Dahinter fällt der Blick sogleich auf zwei konische Haufen aus weißem Sand, Tatesuna genannt. Sie symbolisieren die Berge, auf die der Donnergott zur Erde hinabstieg. Dass sie auch jetzt noch aktiv als göttliche Stiege benutzt werden, symbolisieren die zwei, drei Piniennadeln in den spitzen Sandhaufen. Im Hintergrund der abstrakten Berge steht das **Hosonoden**

Karte S. 337

Die Pagode des Daigo-ji

(細殿) aus dem Jahr 1863. Trotz seiner relativen Jugend ist das Gebäude ein Nationalschatz, da es exakt im Nagare-Tsukuri, dem Originalstil der Heian-Zeit, wieder aufgebaut wurde. Dieser Baustil ist durch ein leicht geschwungenes Satteldach und eine sehr breite Front gekennzeichnet.

Zu linker Hand geht es durch das prächtige rote **Haupttor Romon**. Mit dem nächsten Tor wechseln die Gebäude in einen schlichteren Stil, der rote Lack ist sozusagen ab. Hier endet der Weg, doch wer nach einer Sondertour fragt, kann den Nationalschatz, die **Haupthalle Honden** und sein Double für Notfälle, die **Nebenhalle Gonden**, in Ruhe besichtigen. Beide Gebäude stammen aus dem 17. Jahrhundert und sind ebenfalls im Nagare-Stil errichtet.

■ Daigo-ji

Daigo-ji (醍醐寺) ist ein Tempelkomplex im südlichen Ostteil Kyōtos. Berühmt geworden ist die Anlage durch das Kirschblütenfest Toyotomi Hideyoshis im Jahr 1598 im eigens angelegten **Garten Sanbō-in Teien** (三宝院). Um den Frühling mit Familie und Mätressen zu genießen, lud Toyotomi 1300 Gäste ein. Der damalige Abt des Tempels spürte, dass dies wohl Toyotomis letztes Fest auf Erden sein würde und pflanzte kurzerhand 700 Kirschbäume aus dem Umland in den Tempelgarten um. Tatsächlich verstarb Toyotomi Hideyoshi fünf Monate später. Am ersten Sonntag im April wird das üppige Fest heute mit Paraden und Aufführungen nachgestellt.

Die Anlage des Daigo-ji teilt sich in einen oberen und einen unteren Bereich. Der obere Bereich, **Kami-Daigo-ji** (上醍醐寺), auf dem Daigo-Berg (Daigo-san) ist recht abgelegen und kostet mindestens zwei Stunden Zeit. Hier stehen zahl-

reiche Gebäude aus der Gründungszeit um 874 (als Nachbauten). Der Nationalschatz, die **Halle des Buddha der Heilung** (Yakushi-dō), wurde auf Wunsch des Kaisers 907 gebaut, dann nochmals 1121 erneuert. Heute gilt das Gebäude als perfektes Architekturmodell der Kamakura-Zeit.

Viele Besucher beschränken sich auf den unteren Bereich, **Shimo-Daigo-ji** (下醍醐寺). Er wurde errichtet, als Kaiser Daigo (885–930) den Tempel zu seiner persönlichen Gebetstätte ernannte. Von den Gebäuden dieses Bereichs hat einzig die **fünfstöckige Pagode** von 951 die Brände des Ōnin-Krieges im 15. Jahrhundert überstanden. Sie ist somit das älteste Holzgebäude Kyōtos. Der Tempel ist Hauptsitz des Ono-Zweigs der Shingon-Sekte und hatte enge Beziehungen zum Klan der Minamoto, wohl auch ein Grund für die fortwährenden Brandlegungen. In der **Haupthalle Kondō** steht eine Figur des Yakushi Nyorai, des Buddhas der Heilung. Ihm ist der Daigo-ji gewidmet. Das Gebäude selbst wurde 1599 aus der Provinz Kii gebracht. Feuer sind hier übrigens immer noch ein Problem. Erst 2008 brannte Shunteidō, die Halle zur Verehrung der Kannon, im oberen Bereich ab.

Im Westen Kyōtos

Unsagbarer Reichtum und asketische Zen-Tempel prägen den Westen der Tempelstadt.

■ Kinkaku-ji

Der korrekte Name lautet Rokuon-ji (鹿苑寺), doch die Welt kennt den Tempel besser als Kinkaku-ji, den **Goldenen Pavillon** (金閣寺). 1397 ließ der ehemalige Shōgun Ashikaga Yoshimitsu (1358–1408) im Nordwesten der Stadt seinen Alterssitz bauen, der Goldene

Karte S. 337

Gibt Rätsel auf: der Garten der Steine

Pavillon galt als Prunkstück des neuen Palastes. Das oberste Stockwerk im chinesischen Zen-Stil hält heute wie damals Reliquien Buddhas, die mittlere Etage repräsentiert den Stil der japanischen Heian-Aristokratie, das Erdgeschoss diente als Wohn- und Schlafbereich. Dabei sind nur die beiden oberen Stockwerke lackiert und mit Blattgold bedeckt. Hier empfing Yoshimitsu nicht nur den Kaiser, sondern beeindruckte damit auch Abgeordnete der chinesischen Ming-Dynastie. Die unglaubliche Pracht trug sicherlich dazu bei, dass nach 600 Jahren Unterbrechung die formale Wiederaufnahme chinesisch-japanischer Handelsbeziehungen erreicht wurde.

Doch nicht allein das Gebäude ist typisch für die Muromachi-Zeit, auch der Garten reflektiert die Interessen jener Zeit. Yoshimitsu liebte wie so viele seiner kriegerischen Zeitgenossen die Teezeremonie, und so finden sich im Garten gleich mehrere Teehäuser. Yoshimitsu wurde schon mit neun Jahren zum Zen-Mönch ordiniert, Zeit seines Lebens war er eng mit dem Glauben verbunden. So war es sein Wunsch, dass der Palast nach seinem Tod in einen Tempel umgewandelt werden sollte. Während des Ōnin-Krieges brannten die Gebäude jedoch mit Ausnahme des Pavillons ab. 1950 zündete ein verwirrter Mönch den Goldenen Pavillon an, er brannte völlig nieder. Mishima Yukio verarbeitete die Tat in seiner berühmten Novelle ›Der Tempelbrand‹ (Kinkaku-ji, 1956). 1955 wurde der Pavillon rekonstruiert und bis 2003 aufwändig repariert.

■ Ryōan-ji

Südlich vom Goldenen Pavillon liegt der Zen-Tempel Ryōan-ji (竜安寺), weniger bekannt für seine Gebäude als für seinen **Garten der Steine**. Der Trockengarten wurde um 1450 angelegt. Bis zu dem Tempelgebäude führt ein Pflasterweg vorbei an einem See, an schattigen Bambushainen, dicken Moospolstern hinter kompliziert verschnürten Zäunen: schlichtweg japanische Gartenkunst in Top-Form. Der Kontrast wartet hinter dicken, mit Öl behandelten Lehmmauern. Sie beschränkt den wohl berühmtesten Trockengarten Japans auf drei Seiten. Die vierte, eine Holzterrasse, wird von Touristen belagert. 15 Steine in verschiedener Größe und unregelmäßiger Anordnung, umgeben von ein wenig Moos in einem Meer von weißen Kieseln, bedeuten alles oder nichts. Erschaffer und Intention sind bis heute nicht bekannt. Der Kontrast zwischen üppiger Natur jenseits der Mauern und der Schlichtheit des Trockengartens ist auch ohne jegliche Interpretationen unvergesslich.

Während alle Besucher unablässig auf die Steine starren, sollte ein Blick über die Schulter nicht fehlen. Kräftige Tuschezeichnungen auf Fusuma (Schiebetüren) runden die Impressionen des Gartenbilds ab. Gegenüber dem Souvenirstand ist der 250 Quadratmeter

Kansai

Der kleine Bergtempel Kōzan-ji

große Steingarten in einer Kiste nachgebaut. Hier haben Sehbehinderte die Gelegenheit, die Felsanordnung mit den Fingerspitzen zu erfahren.

■ Ninna-ji

Von allem ein bisschen, das ist der erste Eindruck, den Ninna-ji (仁和寺) mit seinen vielen Gebäuden auf weitläufigem Terrain hinterlässt. Im Jahr 888 als Tempel des Omuro-Zweiges der Shingon-Sekte gegründet, finden sich hier nicht nur die üblichen Tempelgebäude, sondern auch blendend weiße Kieselgärten und elegante Palastgebäude mit goldfarbenen Innenwänden. Seit seiner Gründung bis zur Meiji-Restauration war immer ein Sohn oder Enkel des Tennōs Abt des Tempels, und dem musste die Ausstattung natürlich gerecht werden.

Eine fünfstöckige **Pagode** aus dem Jahr 1644 bildet den Hintergrund von See und Wasserfall hinter dem **Hauptgebäude Kondō** (Goldene Halle). Bemerkenswert ist bei der Pagode die Größe der Dächer. Sie sind allesamt gleich. Von Ryōan-ji kommend betritt man Ninna-ji

über das Osttor und stößt kurz darauf auf den breiten Weg, der vom Haupttor im Süden zur Goldenen Halle im Norden führt. Links davor ist ein alter Bestand von kleinwüchsigen Kirschbäumen (Omuro-Kirsche). Sie blühen sehr spät, und so ist Ninna-ji auch noch Ende April ein beliebter Ort für Hanami, das Kirschblütenfest.

■ Myōshin-ji

Wesentlich vielfältiger, wenn auch nicht Weltkulturerbe, ist das Gelände des Myōshin-ji (妙心寺), einen kurzen Fußweg südöstlich von Ninna-ji. Hier befinden sich 47 meist recht kleine Untertempel der Rinzai-Sekte mit sehr schönen Gärten unterschiedlichster Richtungen. Darunter ist auch der **Shunko-in** (春光院), der dreimal täglich Zazen-Übungen (Sitzmeditationen) auf englisch an bietet (www.shunkoin.com).

1338 von Hanazono-Tennō als Palast gebaut und vier Jahre später zum Zen-Tempel ernannt, bietet Myōshin-ji eine **Vortragshalle** (Hattō, 法堂) mit einem Drachen als Deckengemälde. Fünf Jahre waren für die Fertigstellung des zwölf

Meter messenden Rundgemäldes notwendig. Das rechte Auge des Drachens ist genau in der Mitte der hohen Halle und ›folgt‹ dem Besucher überall hin. Dank der drastischen Führung (ohne kommt man nicht rein) gruselt es hier kleine Kinder manchmal gehörig. In der Halle befindet sich auch eine Kopie der ältesten Bronzeglocke Japans (698). Viele Jahre läutete die Glocke im Rundfunksender NHK das Neujahr ein. Mittlerweile ist die Glocke allzu beschädigt, und der Ton kommt nur noch vom Band.

Interessant ist auch das **Dampfbad** (Yokushitsu, 浴室) aus dem Jahr 1656. Selbst beim Baden galt es, Meditationsübungen einzuhalten, und so saßen die Mönche ordentlich auf dem Fußboden, um stumm sauber zu werden. Bis in die 1930er Jahre wurde der Raum übrigens regelmäßig benutzt.

■ Kōzan-ji

Anfang des 13. Jahrhunderts gegründet, liegt der kleine Tempel Kōzan-ji (高山寺) tief versteckt in den Bergen im Nordwesten Kyōtos. Seit dem 8. Jahrhundert gab es in der Region Tempel, sie war bekannt für Bergasketen. Als Gründer dieses Tempels gilt der Mönch Myoe (1173–1232), der Name Kōzan wurde von Kaiser Gotoba ausgewählt und stammt von einer Sutra: ›Wenn die Sonne aufgeht, wirft sie ihre erste Strahlen auf den höchsten Berg‹. **Sekisui-in**, das älteste Gebäude des Tempels, diente dem Kaiser als Studierhalle, Myoe selbst nutzte es als Wohnraum. Typisch für ein Gebäude der Kamakura-Zeit ist das Dach mit seiner dicken Lage aus dünnen Dachschindeln. Als einziges Gebäude der Anlage hat es Kriege und Feuersbrünste überstanden. Die **Haupthalle Kondō** stammt übrigens vom Tempel Ninna-ji.

Diese sowie die Halle mit einer hölzernen Statue Myoes sind jedoch Nachbauten. So klein der Tempel auch ist, von hier stammen viele bedeutsame Nationalschätze. So stammt die berühmte Bilderrolle Chōjū-giga mit Hasen, Fröschen und Affen ebenfalls vom Kōzan-ji. Der Tempel ist jedoch nicht nur stolzer Besitzer dieses ältesten Manga Japans, sondern gilt auch als Ursprung des Teeanbaus. Links vor dem Sekisui-in liegt das älteste Teefeld Japans. Im 12. Jahrhundert brachte der Mönch Eizai, Gründer der Rinzai-Schule des Zen-Buddhismus, die ersten Teesamen aus China und schenkte sie Myoe.

■ Tenryū-ji

Tenryū-ji (天龍寺) zählt zu den fünf wichtigsten Zen-Tempeln Kyōtos. Ein Himmelsdrache (Tenryū bedeutet Himmelsdrache) erschien einem Priester im Traum und deutete auf die unruhige Seele des verstorbenen Kaiser Go-Daigo hin. Sie sollte 1339 mit dem Bau dieses Tempels auf dem ehemaligem Palastgelände besänftigt werden. Seinem Namen entsprechend, finden sich heute in

Im herbstlichen Garten des Tenryū-ji

Kansai

der Gebetshalle (Hattō) ein Drachen-Deckengemälde und in der Haupthalle Drachen auf Schiebetüren. Beide sind jedoch neueren Datums, denn die Anlage brannte immer wieder ab.

Wundersamerweise hat der Garten die Jahrhunderte unbeschadet überstanden, und so präsentiert er sich heute noch in dem Stil, in dem er von Musō Soseki, einem herausragenden Zenmeister und Gartengestalter jener Zeit, angelegt wurde. Sein Stil reflektiert eine Mischung des Yamato-e-Stils der Heian-Zeit und des ästhetisch strengeren chinesischen Zen-Stils des 13. Jahrhunderts. Am schönsten ist der Garten am frühen Morgen, wenn die Sonne über dem Hauptgebäude (Daihōjō) aufgeht und ihre ersten Strahlen auf die Felsen im See schickt. Der Wandelgarten reflektiere den Betrachter, daher gäbe es unendliche Möglichkeiten, ihn zu betrachten, so der gegenwärtige Abt des Klosters. Oder mit den Worten Musō Sosekis: ›Ist die Seele des Betrachters rein, erscheint auch der Garten schön.‹

■ Saihō-ji

Zu Recht nennt man den Saihō-ji (西法寺) im Westen Kyōtos auch Moos-Tempel (Koke-Dera). Im inneren Bereich des Tempels breitet sich ein Teppich aus samtenen Grün aus und bedeckt die gesamte Fläche rings um den Goldenen Teich (Ogonchi). Bald erkennt das Auge unterschiedliche Farbtöne und Strukturen der gut 120 Sorten Moos. Das war nicht immer so. Der Beginn des Tempels geht auf die Nara-Zeit vor 1300 Jahren zurück. Hier stand einst eine Villa des Prinzen Shōtoku (Shōtoku Taishi). An seiner Stelle wurde ein Tempel zur Verehrung des Amitabha-Buddha gebaut. Über die Jahrhunderte geriet der Tempel in Vergessenheit und verfiel. Schließ-

lich bat der Oberpriester des Nachbarschreins Zenmeister Musō Soseki um Hilfe. Musō machte aus dem Tempel einen Zen-Tempel der Rinzai-Schule und gab ihm seinen heutigen Namen. Unter seiner Aufsicht wurde der obere Teil des Gartens im Stil des Karesansui (Steingarten) angelegt, er ist damit der älteste Steingarten Japans. Den unteren Teil legte Musō, wie zuvor im Tenryū-ji, als Wandelgarten an. Im Mittelpunkt liegt der Teich in Form des Schriftzeichens für Herz. Damals umgaben jedoch weiße Kieselflächen den Goldenen Teich. Erst durch Vernachlässigung in der Meiji-Zeit begann das Moos auf den ungeharkten Flächen zu wachsen.

Bis 1977 überrannten vor allem japanische Touristen den empfindlichen Garten. Heute kann man den Tempel nur noch mit schriftlicher Anmeldung mit mindestens einer Woche Vorlauf besuchen. Doch nicht nur das: Bevor der Besucher die Schönheit des Saihō-ji genießen kann, muss er eine Sutra kopieren und manchmal noch eine Zazen-Übung absolvieren. Dies nimmt schon mal zwei Stunden in Anspruch. Leider ist der Moos-Tempel auch Spitzenreiter beim Eintrittspreis: Satte 3000 Yen kosten Gartenbesichtigung und Unterweisung.

Im Garten des Tempels Higashi-Hongan-ji

Im Zentrum Kyōtos

Das Zentrum Kyōtos war einst der Mittelpunkt klerikaler und weltlicher Macht.

■ Hongan-ji

Nur 20 Minuten Fußweg vom Bahnhof Kyōto entfernt liegen die beiden Tempel Hongan-ji. **Nishi-Hongan-ji** (西本願寺), der West-Tempel, wurde 1591 von Toyotomi Hideyoshi als Hongan-ji gebaut, nachdem das Original in Ōsaka von Oda Nobunaga zerstört wurde. Erst elf Jahre später, mit dem Bau des zweiten **Hongan-ji**, entstanden die Namen Nishi-(West) und Higashi-(Ost)Hongan-ji. Higashi-Hongan-ji sollte als Gegengewicht zu dem allzu mächtig gewordenen ersten Hogan-ji dienen. Beide Tempel gelten als Haupttempel der Jodo-Shinshu-Sekte unterschiedlicher Schulen. Allein Nishi-Hongan-ji unterstehen in Japan und im Ausland an die 12000 Tempel. Nishi-Hongan-ji ist architektonisch der kleinere der beiden Tempel, doch nur er gilt als Weltkulturerbe. Im aufwändigen Azuchi-Momoyamastil gebaut, ist die Haupthalle interessanterweise direkt mit der wesentlich größeren **Goeidō-Halle** verbunden. Hier steht eine Statue von Shinran (1172–1263), dem großen Erneuerer des Buddhismus und Gründer der Laienbewegung Jodo Shinshu. Das Gebäude ist jederzeit frei zugänglich. Morgens um 6.30 Uhr, in den Sommermonaten um 6 Uhr, liest und erläutert ein Priester zwei Sutren. Zur Teilnahme ist jeder willkommen. Links in den Haupthallen ist die große **Studienhalle** in Weiß (Shirosho-in) und Schwarz (Kurosho-in) aufgeteilt. Im weißen Teil – der schwarze Teil ist verschlossen – befinden sich besonders kostbare Räume mit üppig bemalten Schiebetüren und Schnitzereien. Leider sind auch diese

Der Tō-ji

Räume nur zweimal im Jahr der Öffentlichkeit zugänglich, doch gehen die Schätze öfter auf Reisen und werden landesweit in Ausstellungen gezeigt. Zu dem Komplex gehören auch zwei **Noh-Bühnen** jeweils vor und hinter der Studienhalle. Das **Tor** im üppig chinesischen Stil (Kara-mon) an der Außenmauer vor der Studienhalle sowie die Halle selbst stammen von der Burg Fushimi, die Toyotomi zeitgleich bauen ließ und die schon kurze Zeit später durch ein Erdbeben völlig zerstört wurde.

■ Tō-ji

Tō-ji (東寺) bedeutet Östlicher Tempel, er befindet sich südlich des Hauptbahnhofs. In der Heian-Zeit hatte der Tempel noch den Westlichen Tempel Sai-ji als Gegenstück. Beide rahmte das damalige

Kansai

Südtor Rajōmon ein. Dieses Tor ist Filmenthusiasten als Rashomon aus dem gleichnamigen Films Kurosawas wohl bekannt. Leider finden sich von ihm bis auf einen Gedenkstein keinerlei Spuren mehr. Tō-ji selbst wurde im Jahr der Stadtgründung 794 errichtet und sollte Kyōto vor dem Bösen beschützen.

Heute ist der Tempel der esoterischen Shingon-Sekte bekannt für seine fünfstöckige **Pagode** (mit 54,8 Metern die höchste Japans) und seine teilweise sehr alten Buddhastatuen. Die Gebäude sind allesamt auf einer Nord-Südachse ausgerichtet, die Pagode liegt gleich rechts vor dem Großen Südtor. Sie brannte viermal ab und wurde das letzte Mal 1644 von Tokugawa Iemitsu errichtet. Der Weg führt geradeaus bis zur **Mie-Halle** (Miedō), dem ehemaligen **Wohnhaus von Kōbō Daishi** (Kūkai). Seit 823 Abt des Tō-ji, machte er den Tempel zum Zentrum des esoterischen Buddhismus. Kōbō Daishi war eine sehr vielschichtige Persönlichkeit. Als junger Mönch reiste er mit einer staatlichen Delegation nach China und studierte dort unter indischen Priestern buddhistische Texte. Daheim verbreitete er die neue Lehre vor allem unter dem einfachen Volk. Andererseits war er als Literat und Künstler ein gern gesehener Gast bei Hof. Noch heute servieren seine Anhänger jeden Morgen der Statue von Kōbō Daishi Frühstück. Nördlich der Halle steht die **Schatzkammer** des Tempels. Leider ist sie nur zweimal im Jahr für Publikum geöffnet.

Im Zentrum der Anlage liegt der kostenpflichtige Teil des Tempels. In der **Studierhalle Kōdō** sind 21 Buddhastatuen in Form eines Mandalas versammelt. Der Großteil, genau 15, soll von Kōbō Daishi aus China mitgebracht worden sein. Sie sind somit die ältesten Buddhastatuen esoterischer Schule in Japan. Gleich nebenan in der **Haupthalle Kondō** stehen die hölzernen Figuren des Buddhas der Heilung (Yakushi Nyorai) und seiner zwei Begleiter. Ihm ist der Tempel gewidmet, die bis zu zehn Meter hohen Figuren stammen aus der Muromachi-Zeit (1333–1573), scheinen aber wegen ihrer ungewöhnlichen Körperhaltung Kopien älterer Modelle zu sein. Die Wandmalereien im Erdgeschoss der Pagode werden nur während der ersten drei Tage des neuen Jahres gezeigt. Ansonsten bleibt nur der Blick von außen auf Kyōtos prächtiges Symbol.

Flohmarktliebhaber sollten nicht den 21. jeden Monats verpassen. Dieser Tag ist nicht nur der Gedenktag von Kōbō Daishi, er verstarb am 21. März 835, sondern es herrscht am Tō-ji regelmäßig bis zum späten Nachmittag Flohmarkt. Schnäppchenjäger sollten allerdings früh aus den Federn, die ersten Händler des sogenannten **Kōbō-Marktes** beginnen schon um 5 Uhr.

■ Nijō-jō

1603 ließ Tokugawa Ieyasu die Burg Nijō-jō (二条城) südwestlich des Kaiserpalastes als Residenz des Shōguns in Kyōto bauen. Die Burg sollte nicht verteidigen, sondern Macht repräsentieren. Und so erstrahlen die Räume von der Decke bis zum Boden im üppigen Goldglanz der Azuchi-Momoyama-Architektur. Die Burg besteht aus zwei Anlagen, dem Inneren oder Hauptpalast Honmaru und dem Vorderen Palast Ninomaru. Den Hauptpalast und sein Garten umgeben ein breiter Wassergraben und eine eigene Ringmauer. Beide Burgteile werden nochmals von einer Mauer und einem zweiten Wassergraben umschlossen. Im Südwesten des Inneren Palastes befinden sich die **Überreste des Haupt-**

Karte S. 337

turmes **Donjon**. Er wurde 1792 vom Blitz getroffen und brannte nieder. Die Gebäude dieser Anlage stammen aus der späten Edo-Zeit (Mitte des 18. Jahrhunderts brannte der Innere Palast vollkommen aus) und teilt sich in die Bereiche Wohnen, Empfang, Eingang und Küche. Alle Gebäude sind über Korridore miteinander verbunden und waren wohl anfangs genauso üppig ausgestattet wie heute der **Ninomaru-Palast** im östlichen Teil der Burg. Dieser besteht aus fünf separaten Gebäuden und ist vollständig aus Hinoki-Zypressenholz gebaut. Gäste von niedrigem Rang wurden in den äußeren Räumen empfangen, Höherrangige führte man in die aufwändig gestalteten inneren Räume. In den Wohnräumen und Arbeitszimmern des Shōguns waren aus Sicherheitsgründen teilweise nur Dienerinnen zugelassen. Ebenso waren die meisten Korridore mit sogenannten Nachtigallen-Fluren ausgestattet, ein Anschleichen auf den quietschenden Böden war unmöglich. Die **Große Halle** (Ō-Hiroma) im Zentrum bestand aus vier Räumen, die ineinander übergingen (Ichinoma, Ninoma, Sanno-

ma und Yonnoma). Vorne kniete der Besuch, ganz hinten saß unerreichbar der Shōgun. 1867 gab hier der letzte Shōgun Japans Tokugawa Yoshinobu offiziell die Macht zurück an das Kaiserhaus. Daraufhin wurden überall die Wappenzeichen der Tokugawa durch die Chrysantheme, Symbol des Kaiserhauses, ersetzt. In einem der Räume ist eine Empfangsszene des Shōguns nachgestellt. Oft wird angenommen, dass dies die Verkündung des Machtwechsels sei. Dieses historische Ereignis wurde den Provinzfürsten jedoch lapidar in einem Brief mitgeteilt. Gezeigt wird hier nur eine alltägliche Empfangsszene des obersten Militärführers.

■ Fushimi-Inari-Schrein

Einen Nachteil haben Tempel gegenüber den Schreinen: Sie schließen so früh. Die berühmten Stätten liegen in Kyōto recht weit auseinander, nach 16 Uhr wird der Radius für eine Besichtigung eng. Am späten Nachmittag empfiehlt sich daher ein Besuch des Yazaka-jinja nahe dem Gion-Viertel oder die ganz kurze Bahnfahrt zum Fushimi-Inari-Schrein (Fushimi

Kansai

Die Fuchsgottheit Inari

Inari Taisha, 伏見稲荷大社). Der kleine Bahnhof Inari liegt direkt vor dem berühmten Schrein mit seinen tausenden von roten Torii. Die Haupthalle ist als nationaler Schatz registriert, zum Weltkulturerbe reicht es jedoch nicht. Das tut der Beliebtheit des ältesten Schreins Kyōtos keinen Abbruch. Wie Schlangen ziehen sich die aneinander gereihten Torii den Berg hinauf. Auf der Rückseite der Tore steht in schwarzer Tusche der Name des jeweiligen Spenders. Meist sind dies nicht Einzelpersonen, sondern Firmen, denn O-Inari-san, wie der Schrein auch genannt wird, ist der Gott der erfolgreichen Geschäfte. Ursprünglich war die Fuchsgottheit Inari nur für eine reiche Reisernte zuständig. Als Münzen den Reis als Zahlungsmittel ablösten, passte sich der Glauben schnell an. Inari sorgt nun auch für Erfolg außerhalb der Landwirtschaft. Der Fushimi-Inari-Schrein wurde 711 gebaut, brannte im Ōnin-

Krieg ab und erhielt beim Wiederaufbau gleich noch einen buddhistischen Tempel zur Seite gestellt. Heute findet sich sogar ein Tempel zur Verehrung des Konfuzius auf dem Schreingelände. Rund ein Drittel aller Schreine in Japan ist dem wandlungsfähigen Fuchs gewidmet. Er symbolisiert eigentlich nur die drei Gottheiten von Wasser, Land und Reis, denen die Inari-Schreine landesweit errichtet sind. Das mag den Priestern wichtig sein, dem Volk ist das egal. Es verehrt den Fuchsgeist, um den sich in Japan viele Legenden ranken.

Ist es bis zur Dunkelheit noch ein wenig Zeit, führt ein knapp zwei Stunden dauernder Rundweg über den Inari-Berg zurück zum Eingangstor. In der Dämmerung begegnet man nur Katzen, sie streichen furchtlos um die steinernen Füchse. Gläubige meiden lieber das letzte Tageslicht, die Launen der Fuchsgottheit gelten als unberechenbar.

ℹ Kyōto

Vorwahl: 075.
1,5 Millionen Einwohner, Präfektur Kyōto.
Kyōto Tourist Information Center, JR-Bhf. Kyōto 9F, Tel. 343-0548, www.pref.kyoto.jp; 8.30–19 Uhr. Im 2. Stock des Bahnhofs, über die Rolltreppe West zum Eingang des Kaufhauses Isetan, direkt links versteckt in der Ecke ist der Fahrstuhl zum Center.
Kyōto City Tourist Information Center, JR-Bhf. Kyōto 2F, Tel. 343-4377, www.kyoto.travel; 8.30–17 Uhr, ein Ruhetag. Nur hilfreich mit Japanischkenntnissen.

🚄🚌
Von Kansai Airport: Mit JR-Airport Express Haruka, 76 Min., 3690 Yen.
Von Tōkyō: Mit JR-Tōkaidō Shinkan-

sen, je nach Zug 140–240 Min., ab 13 200 Yen. Viele Reiseagenturen in Tōkyō bieten kostengünstige Kombi-Tickets für Zugfahrkarten mit Übernachtung an.
Überlandbus von Tōkyō: 8 Std., z. B. Willer Express, http://travel.willer.co.jp; ab 4800 Yen.

🚌
In Kyōto fährt man am besten mit dem Bus. Bei der Tourist Information gibt es einen zweisprachigen Busplan, auch empfiehlt sich je nach Aufenthalt eine **Dauerkarte**. Eine einfache Fahrt im Stadtbereich kostet 220 Yen, eine Tageskarte für 500 Yen für die Stadtbuslinien (City-Bus-All-Day-Pass) oder eine Tageskarte für alle öffentlichen Verkehrsmittel für 1200 Yen (zwei Tage 2000 Yen, Kyōto-Sightseeing-

One- und Two-Day-Pass-Card) lohnt sich hier ganz schnell. Erhältlich sind die Dauerkarten an den Fahrscheinautomaten der Bahnhöfe.

Eine **Farbcodierung** hilft bei der Orientierung: Dunkelblau ist für Busse im 220-Yen-Stadtbereich, orange markiert Ringverkehr (201–208), himmelblau fährt die Hauptattraktionen an (100, 101, 102, Expressbusse haben kleine Rotmarkierungen (Kyukō, 急行).

In Kyōto steigt man immer hinten im Bus ein. Auch die Dauerkarte muss beim Eingang unten in den Automaten geschoben werden. Der Fahrgast zieht nur bei Einzelfahrten eine Nummer. Beim ersten Mal stempelt der Automat beim Ausgang die Tageskarte ab, danach genügt einfaches Vorzeigen. Bei Einzelfahrscheinen wirft man das Fahrgeld (entsprechend der Ticketnummer auf dem Display über der Frontscheibe) und das Ticket in den Automaten. Achtung: kein Wechselgeld! 1000-Yen-Scheine und Münzen wechselt der Automat direkt hinter dem Fahrer.

Kyōto ist auf ausländische Besucher eingerichtet, die wichtigen Haltestellen werden sowohl im Display angezeigt als auch in der Durchsage auf englisch angegeben. Diese geht allerdings oft in der Fülle der Bandansagen, garniert mit Kommentaren des Fahrers, unter. Eine hohe Frauenstimme berichtet von den tollen Geschäften am Wegesrand, und der Fahrer warnt vor jeder Kurve.

Aranvert Hotel Kyōto, 179 Higashi Kazariya-chō, Gojo-dōri, Shimogyo-ku, Tel. 365-5111, Fax 365-6800, www. aranvert.co.jp; ab 9817 Yen pro Person. Der Panoramablick über Kyōto

und die beiden Hongan-ji-Tempel vom Frauenbad aus ist fantastisch. *Von der U-Bahnhaltestelle Gojo 2 Min. Fußweg Richtung Westen.*

Mikihan Ryokan, Higashi-kado, Rokkaku-dōri, Fuyacho, Nakagyo-ku, Tel. 221-5189, Fax 2553-1106, www.miki han.com (nur jap.); pro Person mit Frühstück ab 7350 Yen, mit Kaiseki-Abendessen ab 12000 Yen. In der Lobby fließt ein kleiner Bach, ein Teehaus ist auch vorhanden. *Mit Stadtbus 4, 5, 17 oder 205 bis Haltestelle Kawaramachi Sanjo, 2 Min. Fußweg. Richtung Süden erste Straße rechts, bis T-Kreuzung. Dort links, dann erste Straße rechts bis zweiten Block laufen.*

Warakuan, 19-2 Sannō-chō, Shōgo-in, Sakyo-ku, Tel. 771-5575, http://gh-project.com; EZ/DZ ab 6000 Yen, Mehrbettzimmer ab 2500 Yen pro Person. Entzückendes kleines Gästehaus in direkter Nähe vom Heian-Schrein. *Mit Stadtbus 206 bis Haltestelle Kumano-jinja mae. An Kreuzung beim Kumano Schrein 70 Meter Richtung Osten und Kyōto Handicraft Center.*

Iori Machiya, Kyōto Townhouse Stays über Iori Company, 144-6 Suji-ya-chō, Takatsuji-agaru, Tominokoji-dōri, Shimogyo-ku, Tel. 352-0211, Fax 352-0213, www.kyoto-machiya.com; ab 25000 Yen für zwei Personen/Nacht, die Preise variieren aber je Saison und Größe sehr. Zehn restaurierte Stadthäuser aus der Meiji- und Taishō-Zeit können ab einer Person gemietet werden, alle Häuser liegen zentral und sind über die Homepage einfach zu buchen.

Kyōto ist berühmt für **Kaiseki-Ryori** (懐石料理), eine leichte Mahlzeit, die ursprünglich nach der Teezeremonie serviert wurde. Eine wichtige Rolle spielt das Geschirr, es muss zum Gericht sowie auch der Jahreszeit passen und sollte immer entsprechend gewürdigt werden. Heute erhält man raffinierte Kaiseki-Gerichte in den teuren Ryotei-Restaurants Kyōtos. Die Küche ist stark von buddhistischen Mönchen beeinflusst, viele Gerichte sind rein vegetarisch, ein wenig Fisch rundet die Mahlzeit ab. Gekochter Reis wird immer zum Abschluss gereicht. Der Name Kaiseki hat allerdings ein profane Bedeutung: heißer Stein. Den legten die asketischen Mönche sich unter die Gewänder, um Kälte und Hunger zu vertreiben. Auch heute ist man nach einem langen Kaiseki-Mahl nicht unbedingt satt, die Portionen fallen manchmal arg winzig aus. Ästhetik hat hier eindeutig Vorrang.

Kyōto ist ebenso bekannt für seine zahlreichen **Tofu-Gerichte**. Dazu zählen Yudofu, gekochter Tofu, und Yuba, Tofu in hauchdünnen Scheiben, dessen Geschmack an Fleisch erinnern soll. Der proteinhaltige Sojabohnenkäse war hier schon immer beliebter Fleischersatz.

Übrigens bieten teure Restaurants oft einen wesentlich günstigeren Mittagstisch an.

Kikunoi (菊之井), 459 Shimokawaramachi, Higashiyama-ku, Tel. 561-0015; 12–14, 17–20 Uhr, um Neujahr geschlossen, Mittagessen ab 8500 Yen.

Tempel-Restaurant Seigen-in (西源院), auf dem Gelände des Tempels Ryōan-ji, Tel. 462-4742; 10–17 Uhr, kein Ruhetag, ab 1500 Yen. Yudofu und natürlich weitere Tofu-Gerichte.

Restaurant Bron Ronnery, im Hotel ›Screen Kyōto‹, Shomogoryomae-chō, Teramachi Marutamachi-sagaru, Nakagyo-ku, Tel. 252-1215, Reservierung auch unter: restaurant@the-screen.jp; 11.30–15, 17–22.30 Uhr, Mittagessen ab 2730 Yen (plus 10 Prozent Service Charge). Seit einiger Zeit ist ein Mix aus Kaiseki und französischer Küche sehr populär. Das ›Bron Ronnery‹ ist dafür ein typisches Beispiel.

Tempel Kiyomizu, 1 Kiyomizu, Higashiyama-ku, Tel. 551-1234; 6–18 Uhr, 300 Yen, Zuigūdō 100 Yen. *Vom Bhf. Kyōto mit Stadtbus 100, 206 oder 207 bis Haltestelle Kiyomizu-michi oder Gojo Zaka, 10 Min. Fußweg.*

Schatzkammer im Tempel Kiyomizu; 9–16 Uhr, 100 Yen.

Schrein Yazaka-jinja, 625 Gion-chō Kitagawa, Tel. 561-6155; 24 Std., kostenlos.

Schrein Ginkaku-ji, 2 Ginkakuji-chō, Sakyo-ku, Tel. 771-5725; 8.30–17, Dez.–Feb. 9–16.30 Uhr, 500 Yen. Bis 2010 werden Reparaturen ausgeführt, während dieser Zeit ist nur der Garten frei zugänglich. *Vom Bhf. Kyōto mit Stadtbus 100 bis Haltestelle Ginkaku-ji mae, 5 Min. Fußweg oder Stadtbus 5, 17 bis Haltestelle Ginkakuji Michi, 10 Min. Fußweg.*

Schrein Shimogamo-jinja, 59 Izumigawa-chō, Sakyo-ku, Tel. 781-0010; 5.30–19, Winter 6.30–17 Uhr; Ausstellungshalle 10–16 Uhr, 500 Yen. *Vom Bhf. Kyōto Stadtbus 4 oder 205 bis Haltestelle Shimogamo-jinja mae.*

Schrein Kamigamo-jinja, 339 Kamigamohonsan, Kita-ku, Tel. 781-0011; 8–16 Uhr, Haupthalle 500 Yen. *Vom Bhf. Kyōto Stadtbus 4 bis Haltestelle Kamigamo-jinja mae. Von Shimogamo-jinja mit Stadtbuslinie 4 ab Haltestelle Shimogamo-jinja hinter Parkplatz westl. der Hauptgebäude bis Haltestelle Kamigamo-jinja mae, 20 Min.*

Karte S. 337

Tempelkomplex Daigo-ji, 22 Higashio-ji-chō, Daigo, Fushimi-ku, Tel. 571-0002; 9–17, Jan./Feb. 9–16 Uhr, Gebäude je 600 Yen, Kombiticket 1500 Yen. *Vom Bhf. Kyōto mit U-Bahnlinie Tozai Richtung Daigo bis Endhaltestelle Daigo, 10 Min. Fußweg*.

Tempel Kinkaku-ji, 1 Kinkakuji-chō, Kita-ku, Tel. 461-0013; 9–17 Uhr, 400 Yen. *Vom Bhf. Kyōto Stadtbus 101 oder 205 bis Haltestelle Kinkakuji mae oder Kinkaku-ji Michi, 3 Min. Fußweg*.

Tempel Ryōan-ji, 13 Goryonoshita-machi, Ryōanji, Ukyo-ku, Tel. 463-2216; 8–17, Dez.–Feb. 8.30–16.30 Uhr, 500 Yen. *Vom Bhf. Kyōto Stadtbus 50 bis Haltestelle Ritsumeikan Daigaku mae, 7 Min. Fußweg*.

Tempel Ninna-ji, 33 Omuro-Ōuchi, Ukyo-ku, Tel. 461-1155; 9–16.30 Uhr, während der Kirschblüte 500 Yen, Garten Gotenteien 500 Yen. *Vom Bhf. Kyōto mit JR-Buslinie oder Stadtbus 26 bis Haltestelle Omuro Ninnaji mae*.

Tempel Myōshin-ji, Tel. 461-5226; Gelände frei zugänglich. Führung ab Schalter der Vortragshalle Hattō, alle 20 Min. 9.10–11.50 und 13–15.40 Uhr, 500 Yen. *Vom Bhf. Kyōto JR-Bahnlinie Sanyo-Honsen bis Bhf. Hana-zono, 3 Min. Fußweg. Von Ninna-ji 10 Min. Fußweg Richtung Bhf. Myōshinji der Straßenbahnlinie Randenkitanosen, weiter geradeaus bis Nordtor*.

Tempel Kōzan-ji, 8 Togano-o-chō, Umegahata, Ukyo-ku, Tel. 861-4204; 9–17 Uhr, 600 Yen. *Vom Bhf. Kyōto JR-Buslinie Togano-o bis Haltestelle Togano-o, 2 Min. Fußweg*.

Tempel Tenryū-ji, 68 Susukinobaba-chō, Tenryū, Saga, Ukyo-ku, Tel. 881-1235; 8.30–17.30, 21. Okt.–20. März 8.30– 17, während der Herbstlaubverfärbung 7.30–17.30 Uhr, Garten 500 Yen, Hallen 100 Yen. *Vom Bhf. Kyōto Stadtbus 28 bis Haltestelle Arashiyama Tenryūji mae*.

Tempel Saihō-ji, Tel. 391-3631; Öffnungszeiten werden mitgeteilt, Gartenbesichtigung und Unterweisung 3000 Yen. Bewerbung mit Postkarte inklusive Rückantwort (Ōfuku-Hagaki) an: 615-8286 Kyōto City, Nishikyo-ku, Matsuo, Jingatani-chō 56, Saihōji Sanpai Kakari. Name und Adresse des Ansprechpartners angeben sowie Teilnehmerzahl, gewünschtes Datum. Bewerbung ab 8 Wochen vor Wunschtermin möglich.

Tempel Nishi-Hongan-ji, Monzen-chō, Hanyamachi-sagaru, Samegai-dōri, Shimogyo-ku, Tel. 371-5181; 5.30–17.30, Nov.–Feb. 6–17.30, Mai–Aug. 6–18 Uhr. *Vom Bhf. Kyōto Stadtbus 9 oder 28 bis Haltestelle Nishihonganji mae*.

Burg Nijō-jō, 541 Nijō-jō, Horikawa Nishi-iru, Nijō-dōri, Nakagyo-ku, Tel. 841-0096; 8.45–17 Uhr, Neujahr und alle Di im Jan., Juli, Aug., Dez. Ruhetag, wenn Di Feiertag, nächster Tag geschlossen, 600 Yen, Ausstellung 100 Yen. *Vom Bhf. Kyōto Stadtbus 9, 50, 101 bis Haltestelle Nijō-jō mae. Od. U-Bahnlinie Tozai bis Station Nijō-jō mae*.

Tempel Tō-ji, 1 Kujo-chō, Minami-ku, Tel. 691-3325; 8.30–17.30, 20. Sept.–19. März 8.30–16.30 Uhr, 500 Yen. *Vom Bhf. Kyōto Ausgang Kujo Guchi, 10 Min. Fußweg*.

Schrein Fushimi Inari Taisha, 68 Fukakusa, Yabunouchi-chō, Fushimi-ku, Tel. 641-7331. *Vom Bhf. Kyōto mit der JR-Bahnlinie Narasen bis zur Station Inari*.

Kansai

Kyōtos süßer Zahn

Was isst die Japanerin zum Tee? Natürlich Wagashi, traditionelle japanische Süßigkeiten. Sie bestehen größtenteils aus Mochi-Reispaste, Azukibohnen, Früchten, sehr viel Zucker und sind ›zum Anbeißen‹ schön. Wo sollte man bessere japanische Süßigkeiten bekommen als in Kyōto? Hier werden seit der Edo-Zeit unverändert die qualitativ anspruchsvollsten Süßigkeiten hergestellt. Da gibt es perfekt eingefärbte Früchte und Blüten aus Reismehlpaste, Fischlein aus Teigmantel oder winzige Pilze aus gepresstem Puderzucker. Ein Festschmaus für die fünf Sinne, so will es der japanische Zuckerbäcker. Seine kleinen Kunstwerke sind immer auf die Jahreszeit abgestimmt, gerade mal zwei Wochen im Jahr bleibt eine bestimmte Sorte im Angebot, dann wird gewechselt. Bezeichnungen wie ›Schnee auf dem Pinienzweig‹ (Matsu-

Wagashi

noyuki, süßer Mochi-Reis in Pinienform bestäubt mit Zucker) reflektieren die Schönheit der Natur, ›Buschklee im Mondschein‹ (Haginotsuki, Biskuitteig mit Cremefüllung) stammt zum Beispiel aus einem Haiku von Bashō. Ein routinierter Teilnehmer der Teezeremonie erkennt das sofort und weiß die Wahl zu würdigen. Noch heute sagt die Süßigkeit zum Tee so einiges über den Bildungsgrad der Gastgeberin aus.

Die Tradition, Wagashi zu einer bitteren Schale Tee zu servieren, ist übrigens so alt wie die Teezeremonie selbst. Anfangs nur den Göttern vorbehalten, griff die Sitte im 12. Jahrhundert rasch auf Kaiser und Hofadel über. Lange Zeit blieb die Verwendung von Zucker eine teure Angelegenheit, die niederen Ränge begnügten sich mit Sirup aus wildem Wein. Erst in der Edo-Zeit, als der Anbau von Zuckerrohr auf Okinawa stetig zunahm, konnten sich immer mehr Japaner Süßes leisten. Wie man heute eine gute Flasche Wein als Gastgeschenk mitbringt, war es unter Samurai üblich, zur Teezeremonie köstliche Wagashi zu verschenken.

Uns vertraute Süßspeisen wie Torte oder Schokolade kamen erst nach der Meiji-Restauration ins Land. Sie bezeichnet man hier als Yōgashi, westliche Süßigkeiten. Eine Ausnahme bildet der Castella, ein für unseren Geschmack sehr schlichter Biskuitkuchen. Den bis heute immens populären Kuchen brachten die Portugiesen Ende des 16. Jahrhunderts nach Japan. Genau wie die bunten Zuckerblumen Konbeito, eine Anlehnung an das portugiesische Wort confeito, zählt man sie wegen ihrer langen Tradition zu den Wagashi und isst sie gerne zum Grüntee. Zu den Wagashi gehören die sogenannten Karagashi oder Tang-Süßigkeiten, die Anfang der Heian-Zeit aus China nach Japan kamen. Bis zu jener Zeit begnügten sich Japans Naschkatzen mit Früchten und Nüssen, sicherlich gesünder, aber lang nicht so schön wie eine perfekte Blüte aus Zucker.

Uji

Uji (宇治) ist für japanische Verhältnisse mit knapp 200 000 Einwohnern ein kleiner Ort, doch besitzt die Stadt eine reiche Vergangenheit. Schon in der Heian-Zeit war das landschaftliche reizvolle Städtchen beliebtes Ausflugsziel des Adels. Uji liegt zudem verkehrsgünstig zwischen den alten Hauptstädten Kyōto und Nara am Fluss Ujigawa, und es verfügte schon früh über eine der überaus seltenen Steinbrücken in Japan (Ujibashi, 646 fertiggestellt). Hinzu kommen zahlreiche Schreine und Tempel unterschiedlicher Epochen und nicht zuletzt die wohl ältesten Anbaufelder für Tee. Zur Erinnerung: Zen-Mönch Eizai brachte die ersten Teesamen aus China zum Tempel Kōzan-ji. Von dort gelangten sie später nach Uji. Heute lassen sich alle guten Teehäuser mit Tee aus Uji beliefern.

Uji bietet zwei Weltkulturerbestätten, den Tempel Byōdō-in und den Schrein Ujigami-jinja. Um zum Tempel zu gelangen, geht es vom Hauptausgang (Bushaltestellenseite) des JR-Bahnhofs geradeaus bis zur Ujibashi Street. Dort nach links abbiegen und immer geradeaus bis zum Fluss und der modernen Brücke Ujibashi. In dieser Straße bieten viele Geschäfte Grünen Tee zum unverbindlichen Probieren an. Neben der Brücke steht eine **Statue der Schriftstellerin Murasaki Shikibu** (Ende 10. Jahrhundert). Sie schrieb den Klassiker ›Genji Monogatari‹ (Erzählungen des Prinzen Genji), dessen letzte zehn Kapitel in Uji spielen. Am Flussufer führt der Weg Richtung Südost bis zum Tempel **Byōdō-in** (平等院). Sein Abbild ziert übrigens die 10-Yen-Münze. Das symmetrische Hauptgebäude soll an einen Phönix mit ausge-

Kansai

Der Tempel Byōdō-in

breiteten Flügeln erinnern und trägt auch den Namen dieses mythischen Vogels (Hōō-dō). Sogar auf dem Dach findet sich ein Phönix-Pärchen. Und wer einen Phönix in der Geldbörse hat, kann sich freuen: Einer der beiden Paradiesvögel findet sich seit ein paar Jahren auf den 10 000-Yen-Scheinen. Erbaut 1053, ist dies das einzige Gebäude im Original der graziösen Architektur der frühen Heian-Zeit. Ursprünglich stand hier ein Palast der Fujiwara, er soll Murasaki Shikibu als Modell für den Palast ihres Roman-Prinzen gedient haben. Nach dem Tod Fujiwara Michinonagas verwandelte sein Sohn die Anlage in einen Tempel. Die Phönixhalle soll den himmlischen Palast des Amida-Buddha darstellen. Das Spiegelbild im See gilt als eine der schönsten Szenerien Japans.

In der Haupthalle befindet sich eine drei Meter hohe sitzende Figur des Amida Buddha aus den Anfangszeiten des Tempels. Er ist umgeben von 52 überirdischen Bodhisattva-Figuren. Sie geleiten die Seelen der Verstorbenen ins Paradies. Auch sie sind bald 1000 Jahre alt. Heute sind die Farben der Gemälde und Holzfiguren verblichen, ursprünglich war jedoch alles recht bunt und farbenfröhlich. Das recht neue **Museum Hōshōkan** (鳳翔館) südlich der Haupthalle bietet Gelegenheit, die schwebenden Seelenbegleiter aus der Nähe zu betrachten.

Weiter zum Schrein **Ujigami-jinja** (宇治上神社) geht es über das Südtor Richtung Fluss. Über zwei Inseln geht es über den Ujigawa, dressierte Kormorane fischen manchmal an dieser Stelle. Auf der anderen Uferseite liegt das Schreingelände des Uji-jinja. An seinem Torii geht es vorbei bis zum Ujigami-jinja, dem ältesten Schreingebäude aus der Heian-Zeit. Ujigami wurde 1053 als

Wächter-Schrein des nahen Byōdō-in gebaut. Leider befindet sich Ujigami-jinja im Innern des Oiya-Gebäudes mit den Gittertüren. Im Dämmerlicht kann man drei innere Schreine erkennen, ihr Alter ist der Grund für die Ernennung zum Weltkulturerbe.

 Uji
Vorwahl: 0774.

Tempel Byōdō-in, 16 Renge, Tel. 21-28 61; 8.30–17.30, Phönixhalle 9.30–16.10 (letzte Anmeldung, da jeweils 50 Pers. auf 20 Min. beschränkt), Phönixhalle 300 Yen, Garten und Museum 600 Yen. *Vom Bhf. Kyōto mit JR-Bahnlinie Narasen bis Station Uji, 10 Min. Fußweg.*
Ujigami-jinja, 59 Ujiyamada, Matafuri, Tel. 21-46 34; 8–16.30 Uhr. *Vom Bhf. Kyōto mit JR-Bahnlinie Narasen bis Station Uji, 17 Min. Fußweg.*

Enryaku-ji

Östlich von Kyōto steht auf dem Berg Hiei die weitläufige Klosteranlage des Tempels Enryaku-ji (延暦寺). 788 als oberster Tempel der Tendai-Sekte gegründet, entwickelte der Tempel sich rasch zu einem der einflussreichsten Zentren des japanischen Buddhismus. Die Gründer wichtiger Schulen wie Nichiren oder Dogen und Eisai studierten hier. Noch heute ist Enryaku-ji berühmt für seine Marathon-Mönche, die als Meditationsübung den heiligen **Berg Hiei** (Hieizan, 比叡山, 848 Meter) für 1000 Tage täglich besteigen. Auf der Höhe seiner Macht hielt das Kloster sogar über lange Jahre eine Armee von Kriegermönchen (Sōhei). Damals umfasste der Tempel mehr als 3000 Gebäude. Oda Nobunaga sah die Reichs-

Karte S. 335

einigung durch den machthungrigen Tempel bedroht und zerstörte ihn 1571. Die meisten der 120 Bauten stammen daher aus der Edo-Zeit.

Enryaku-ji lässt sich in drei Bereiche einteilen: Ost (Tōdō, 東堂), West (Saidō, 西堂) und das abgelegene Yokawa (横川). Der älteste und meist besuchte Teil ist Tōdō. Hier steht die Haupthalle **Konponchū-dō**. Mit jedem Wiederaufbau wurde das Gebäude größer, das Original aus dem 9. Jahrhundert war also wesentlich kleiner. Die Lampen auf dem Altar brennen hier seit 1200 Jahren ohne Unterbrechung. Gleich nebenan steht in der **Großen Studienhalle** (Daikō-dō) die Statue des Großen Buddha, eingerahmt von berühmten Gründern weiterer Sekten. Daikō-dō wie auch die prächtige rote **Halle des Amida-Buddha** westlich davon sind praktisch Neubauten, sie stammen beide aus dem 20. Jahrhundert.

Einen Kilometer Richtung Norden liegt der West-Bereich. Hier geht es schon wesentlich beschaulicher zu, die meisten Besucher beschränken sich auf die Tempel in Parkplatznähe. Inmitten einer Anzahl kleiner Tempel steht **Shaka-dō**, die Shaka-Halle oder auch Tenporin-dō als Hauptgebäude dieses Bezirks. Hideyoshi Toyotomi ließ die Halle 1596 hierher bringen. Wegen einer Legende über Benkei, Japans wohl stärkstem Samurai, sind die beiden mit einem Korridor verbundenen **Hallen des Ninai-dō** sehr bekannt. Ninau bedeutet ›tragen‹, und genau das soll der starke Benkei mit der Halle gemacht haben. Weitere vier Kilometer bergauf führen zum einsamen Bezirk Yokawa. Ein Shuttlebus verkehrt zwischen Saito und Yokawa, aber was sind schon vier Kilometer, wenn die fleißigen Mönche des Enryaku-ji täglich mehr als 70 Kilometer absolvieren?

Der Tempel Enryaku-ji im Nebel

Kansai

🏛

Tempel Enryaku-ji, 4220 Honmachi, Sakamoto, Otsu City, Präfektur Shiga, Tel. 077/578-0001; 8.30–16.30 Uhr, 500 Yen. Zwischen den drei Bereichen verkehrt ein Shuttlebus, Dez.–März jedoch Winterpause. *Vom Bhf. Kyōto mit Hieizan-Drive-Bus Kyōto-Buslinie 51 bis Haltestelle Enryakuji Bus Center, 65 Min.*

Westliche Halbinsel Kii

Als eine der größten Halbinseln umfasst Kii (Kii Hantō, 紀伊半島) die Präfekturen Wakayama im Süden, Mie im Osten sowie den Großteil von Nara und Ōsaka. Der Ostteil der Halbinsel und ein Teil der Präfektur Mie auf der Pazifikseite zählen jedoch zur Region Chūbu (siehe Seite 302). Im Westen grenzt die Halbinsel an das Seto-Binnenmeer, im Innern ist sie recht gebirgig und berühmt für ihre vielen heißen Quellen. **Shirahama** im Süden ist zum Beispiel bekannt als Strand-Onsen. **Wakayama** im Westen war einst der Sitz eines bedeutsamen Zweigs der Familie Tokugawa, heute hat die Stadt nicht mehr viel zu bieten. Eisenbahnverbindungen fahren konzentriert entlang der Küste, so findet sich im Innern der Halbinsel noch recht viel unberührte Natur. Seit dem 8. Jahrhundert ist Kii das Ziel von Pilgerreisen. 2004 wurde der Pilgerweg durch Kii zum Weltkulturgut erklärt. Die meisten Besucher besuchen die alte Hauptstadt **Nara** und auch den **Berg Kōya** als Zentrum der Shingon-Sekte, Japans größter buddhistischer Sekte.

Nara

Knapp eine Stunde von Kyōto entfernt liegt Nara (奈良), Japans erste dauerhafte Hauptstadt (710–784). Zuvor wurden die Hauptstädte mit dem Tod der Kaiser aufgegeben. Während der Nara-Zeit blühte der Kontakt mit China auf, die Stadt galt als Endstation der damaligen Seidenstraße. Straßen und Alleen im Schachbrettmuster prägten, wie auch später in Kyōto, das äußerliche Stadtbild. Damals wie heute lebten ungefähr 200 000 Menschen in der Stadt. Japan selbst fand in jener Zeit zu seinen grundlegenden Strukturen, Recht und

Verwaltung nahmen erstmals für das ganze Land gültige Formen an. Naras Blütezeit als Hauptstadt währte allerdings nicht lang, schon bald verlegte die Regierung ein weiteres Mal ihren Sitz. Einmal wurde der politische Einfluss der buddhistischen Klöster allzu mächtig, ein Mönch wurde beinahe Kaiser. Hinzu kam eine immer schlechter werdende Versorgungslage. Das Bauernland rings um Nara reichte für den Hof samt riesigem Verwaltungsapparat nicht aus, die ungünstige Verkehrslage ließ keine weiten Transportwege von Lebensmitteln zu. So gab Kaiser Kammu Heijō-kyō, dies ist der alte Name Naras, 784 auf. Zehn Jahre residierte er in Nagaoka, heute Präfektur Kyōto, um dann 794 Heian-kyō, Kyōto, zu gründen. Erst 1868 folgte der nächste Wechsel in das moderne Tōkyō.

Trotz des Statusverlusts als Hauptstadt gelang es Nara, sich als religiöses Zentrum Japans fest zu etablieren. Der für die Zeit typisch starke kontinentale Einfluss auf Kunst und Architektur verleiht dem Städtchen einen unvergleichlichen historischen Reichtum, zum Teil reichen die Funde bis in das 3. Jahrhundert der ersten Yamato-Stämme zurück.

Nara beherbergt außerdem acht Weltkulturerbestätten. Die berühmtesten Stätten Naras teilen sich auf zwei Areale auf. Dies ist einmal das Gebiet um den **Nara-Park** (Nara Kōen, 奈良公園) mit dem großen Bronzebuddha sowie der südwestliche Teil der Stadt, in dem die bedeutendsten Tempel der Anfänge des japanischen Buddhismus stehen. Die Überreste des einstigen **Palastes Heijo** sowie **Kofun-Hügelgräber** finden sich hingegen nordwestlich des JR-Bahnhofs.

Karte S. 303

Kansai

Nara

Map labels:

Nara-Park

Kasuga Taisha

Shinyakushi-ji

Daibutsuden/ Großer Buddha

Tōdai-ji

Araike

Nara National- museum

Nara Hotel

Kōfuku-ji

Noborioji

Kasuga

Sanjo-dōri

Okonomiyaki & Akaishyaki Okaru

Gangō-ji

Kintetsu Nara

Naramachi

Ichijo-dōri

Sahо

Kyobate

Kyōto

Dining Bar & Café Haco Nara

Shin- omiya

JR-Kansai-Linie

Tempel Hōryū-ji, Chūgū-ji

Heijō-Palast

Kintetsu-sen

Yamato- Saidaiji

Saho

Toshodai-ji

Nishinokyo

Yakushi-ji

Amagatsuji

Ayameike

Gakuenmae

Ōsaka

0   300   600 m

Sikahirsche im Nara-Park

Der **Nara-Park** beginnt nur wenige Minuten entfernt vom Bahnhof Kintetsu Nara. Sein Wahrzeichen sind die Sikahirsche (Cervus Nippon). Die knapp 1200 Tiere dürfen überall frei herumlaufen und galten bis 1945 als heilige Götterboten. Heute sind sie nicht mehr heilig, aber äußerst muntere Nationalschätze. Je nach Standpunkt sind die Tiere niedlich oder eine Plage. Ihre Gier auf Kekse macht die Hirsche sehr aufdringlich, also alles Nahrhafte außer Reichweite aufbewahren!

■ Tempel Kōfuku-ji

Der Tempel Kōfuku-ji (興福寺) nur wenige Meter entlang der Hauptstraße Richtung Osten bietet einen guten Einstieg in das alte Nara an. Ursprünglich 669 als Tempel der mächtigen Familie Fujiwara gebaut, wurde er mit Gründung der neuen Hauptstadt von Asuka nach Nara verlegt. Von der Hauptstraße aus befindet sich schräg rechts hinter Hauptgebäude und Schatzkammer die **Östliche Goldene Halle** (Tōkon-dō, 東金堂). Sie wurde 1415 nach wiederholter Zerstörung aufgebaut und beher-

bergt unter anderem den Buddha der Heilung Yakushi Nyorai. Bislang war von den ehemals drei Goldenen Hallen (von über 170 Gebäuden!) nur diese Östliche Halle erhalten geblieben. Ab 2010 wird jedoch die **Mittlere Goldene Halle** (Chūgin-dō, 中金堂) aus Anlass der 1300-Jahr-Feier Naras im rekonstruierten Glanz erstrahlen.

Hinter der Östlichen Halle steht solide die fünfstöckige **Pagode** (Gojūnotō, 五重塔, 725 erstmals errichtet, 1426 rekonstruiert, 50 Meter). Das Spiegelbild der Pagode im Teich Sarusawa-ike (猿沢池) gilt in ganz Japan als ›typisch Nara‹. Am westlichen Rand des Geländes, hinter der zukünftigen Mittleren Goldenen Halle, befinden sich zwei ungewöhnliche Hallen in Form eines Oktagons. In der **Nördlichen Achteckigen Halle** (Hokuen-dō, 北円堂, 721 errichtet, 1210 rekonstruiert) werden religiöse Kunstwerke von Unkei, einem Skulpturenmeister der Kamakura-Zeit, aufbewahrt. Leider sind sie nur für kurze Zeit im Frühjahr und Herbst der Öffentlichkeit

Wächterfigur im Tōdai-ji

Karte S. 359

Schreinlaternen im Kasuga Taisha

zugänglich. Die **Südliche Achteckige Halle** (Nanendō, 西円堂, 813) wurde 1789 wieder aufgebaut und kann nur am 17. Oktober besichtigt werden.

Ein Stück östlich von der Pagode liegt das **Nara Nationalmuseum** (Nara Koku-ritsu Hakubutsukan, 奈良国立博物館). Hier werden frühe buddhistische Kunst sowie chinesische, indische und sogar persische Artefakte gezeigt. Auch das **Museumsrestaurant Half Time** lädt zu einer Rast ein.

■ Tempel Tōdai-ji

Frisch gestärkt mit Wissen und Essen geht es zur Hauptattraktion Naras, dem **Großen Buddha** im Tōdai-ji (東大寺). Von der großen Kreuzung Daibutsuden führt der Weg schnurgerade nach Norden auf das **Südliche Tor** (Nandaimon, 南大門) zu. Acht Meter hohe Kongo Rikishi, Leibwächter Buddhas, bewachen den Eingang zum Tempelbereich. Auch sie stammen von Unkei aus dem 13. Jahrhundert. Die Geschäfte säumen übrigens nur anfangs den Weg, hinter dem Tor wird es ruhiger. Der Große Östliche Tempel, so lautet der Name

Tōdai-ji übersetzt, wurde von Kaiser Sho-mu (724–749) gebaut, um die junge Nation zu beschützen. Gleichzeitig sollte der knapp 15 Meter hohe und 300 Tonnen schwere Bronze-Buddha eindrucksvoll Energie und Macht der neuen Hauptstadt Nara demonstrieren. Seine Haltung – die Handfläche der rechten Hand schaut nach vorne, die linke Hand ruht offen auf dem Knie – drückt eine bestimmte Botschaft aus: Mit der Rechten spendet er dem Volk notwendige Kraft, mit der offenen Linken erfüllt er ihre Bitten. Die sitzende Statue, die übrigens von einem koreanischen Künstler stammt, wurde vielfach repariert. Nur der Lotussockel und beide Beine sind Originalteile. Das Gebäude stammt aus der Edo-Zeit und ist mit 50 Metern Höhe und 57 Metern Länge das größte Holzgebäude der Welt. Der Weg durch das Hauptgebäude **Kondō** ist im Uhrzeigersinn genau festgelegt. Lange aufhalten ist nicht gestattet, der Hintermann drängelt, und schon ist man wieder draußen. Trotzdem ist es ein toller Anblick. Ein Wunsch lässt sich noch erfüllen, wenn man sich durch das Loch in einer der mächtigen Säulen schiebt. Der Legende nach soll dies die Erleuchtung im nächsten Leben absichern. Aber nicht stecken bleiben!

Hinter der großen Halle geht es rechts zu den Hallen **Nigatsudō** (二月堂) und **Sangatsudō** (三月堂). Der Blick über Nara ist fantastisch. Sangatsudō ist zudem das älteste Gebäude des gesamten Komplexes (746 erbaut und original erhalten!), das kostet allerdings nochmals 500 Yen Eintritt.

Knapp 15 Minuten Richtung Süden, vorbei an einer großen Zahl von Geschäften, liegt der **Schrein Kasuga Taisha** (春日大社), ebenfalls von den Fujiwara Anfang des 8. Jahrhunderts errichtet. Damals sicherte man sich halt gerne noch in beide religiöse Richtungen ab. 1000 Steinlaternen säumen den Weg zum Schrein. Seine Hauptgebäude wurden gemäß der Shintō-Lehre bis 1863 regelmäßig alle 20 Jahre abgerissen und wieder aufgebaut. In der **Schatzkammer Hōmotsuden** (宝物殿) werden die zahlreichen Spenden der Familie Fujiwara sowie Geräte der Shintō-Priesterschaft gezeigt. Bronzelaternen und eine über 800 Jahre alte Glyzinie runden das hübsche Bild der strahlend roten Gebäude dieser Weltkulturerbestätte ab.

■ Tempel Shinyakushi-ji

Über die sogenannte Lover's Lane (Sasayaki no Komichi) geht es durch den Park zu einem weiteren Nationalschatz Naras. Am Ende des Pfades weist ein kleines Schild nach links Richtung Shinyaku-ji (新薬師寺, 450 Meter). An der nächsten großen Kreuzung geht es quer links über die Straße und weiter bis zum Tempel zu Ehren des Buddha der Hei-

lung. 747 ließ Kaiserin Kōmyō ihn aus Dank für die Genesung ihres Mannes errichten. Zwölf furchterregende Himmlische Generäle umringen den sanften Buddha in der heutigen **Haupthalle**. Sie war bei der Gründung des Tempels noch der Speisesaal. Das eigentliche Hauptgebäude fiel kaum 30 Jahre nach Erbauung einem Blitz zum Opfer. Diese Halle ist das einzige Gebäude aus der Anfangszeit des Tempels und damit einer der ältesten Gebäude Naras. Die weiteren Gebäude stammen allesamt aus der Kamakura-Zeit. Umso interessanter sind die Himmlischen Generäle. Elf der bemalten Lehmfiguren in Lebensgröße stammen aus der Nara-Zeit und gelten als Nationalschatz. Früher erstrahlten sie in kräftigen Farben und Goldblattverzierungen, heute ist ihre einstige Schönheit etwas verblasst. Die zwölfte Figur wurde übrigens von einem Erdbeben zerstört und 1930 durch eine Holzfigur ersetzt.

■ Naramachi

Auf dem Weg zurück zum JR-Bahnhof Nara lockt ein Bummel durch Naramachi (奈良町), das alte Viertel aus der späten Edo-Zeit. Naramachi liegt südlich vom Tempel Kōfuku-ji und entstand als Tempelviertel um den **Gangō-ji** (元興寺), heute Weltkulturerbe. Früher war der auch als Paradies-Tempel (Gokuraku-bo) bekannte Tempel eines der sieben mächtigen Haupttempel Naras. Heute stehen hier nur noch eine Zen-Halle und der ehemalige Schlafsaal der Mönche, der nach einem Brand zur Haupthalle umgebaut wurde. Das Dach ist übrigens typisch für die Architektur des koreanischen Königreichs Baekje. Alte Kaufmannshäuser und Lagerräume des Vier-

Karte S. 359

Der Große Buddha im Tōdai-ji in Nara

tels beherbergen nun Restaurants, Geschäfte und Galerien. Besonders interessant ist das kostenlos zugängliche **Kōshi no Ie** (Naramachi Kōshi no Ie, なら好氏の家). Dieses Händlerhaus liegt drei Kreuzungen südlich des Paradies-Tempels. Weitere interessante Gebäude liegen östlich des Tempels.

■ Heijō-Palast

Das Areal des Heijō-Palastes (Heijō-kyū Seki, 平城京跡) im Norden Naras umfasste einst 120 Hektar, beherbergte an die 100 000 Menschen und befand sich im Zentrum der jungen Hauptstadt. Ganz nach den Regeln der chinesischen Geomantie angelegt, führte einst eine 74 Meter breite und 4 Kilometer lange Straße auf das Haupttor **Suzaku-mon** (朱雀門) zu. Suzaku bedeutet ›Roter Vogel‹ und ist wie der Phönix einer der chinesischen Wundertiere. 1998, als die Stätte den Titel als Weltkulturerbe erhielt, wurde das Tor allerdings ohne Originalvorgaben rekonstruiert. Hier begrüßte der Tennō nicht nur sein Volk zu Neujahr, sondern hieß auch Emissäre fremder Länder willkommen. Nachdem Nara als Hauptstadt aufgegeben wurde, verfiel der Palast bis auf wenige Fundamente, die man rechter Hand vom Suzaku-Tor Richtung Norden durchlaufen kann. Westlich davon befindet sich eine große Baustelle. Hier wird in einem ehrgeizigen Projekt das Hauptgebäude **Daigoku-Den** rekonstruiert, es soll bis 2010 fertig sein.

Im nordwestlichen Bereich steht das **Museum des Heijō-Palastes** (Heijō-kyū Seki Shiryōkan, 平城京跡資料館). Modelle und archäologische Funde erklären anschaulich die Geschichte des Palastes.

Im äußersten östlichen Zipfel des Geländes ist mittlerweile der **Tōin-Garten** (Tōin Teien, 東院庭園) nachgebaut.

2010 soll auf dem Palastgelände ein Großteil der Veranstaltungen zur 1300-Jahr-Feier Naras stattfinden.

Ein Palastgebäude hat die Jahrhunderte als Studierhalle des Tempels Toshodai-ji im Südwesten Naras überstanden. Der chinesische Mönch Ganjin (chinesisch Jianzhen) gründete hier 759 im Auftrag des Tennō ein buddhistisches Priesterseminar. Seine drei Meter hohe Statue aus lackiertem Holz steht heute in der **Halle Miedō**. Sie ist jedoch nur drei Tage um seinen Todestag am 6. Juni geöffnet. Ganjin kam mit 66 Jahren nach fünf Anläufen und mittlerweile erblindet nach Japan. Die ersten fünf Jahre verbrachte er im Tōdai-ji und die letzten fünf Jahre seines Lebens im **Tempel Toshodai-ji** (唐招提寺). Dieser ist heute Weltkulturerbe.

■ Tempel Yakushi-ji

Zur nächsten Weltkulturerbestätte ist es nur wenige Minuten Fußweg Richtung Süden. Gegründet 690, liegt der Yakushi-ji (薬師寺) nah am Bahnhof Nishinokyo. Aus Dank für die Genesung seiner Frau ließ Temmu-Tennō diesen Tempel im symmetrisch-chinesischen Stil errichten. Die Haupthalle **Kondō** wurde erst 1970 nach einem Brand neu errichtet. Berühmt ist das Gebäude für seine Säulen, die auf griechisch-persischen Einfluss zurückgehen. Die schlanke Buddhastatue in der **Östlichen Halle** (Tōin-Dō) weist hingegen eindeutig Einflüsse des indischen Gupta-Reiches auf. Nur diese Halle und die **Östliche Pagode**, die sechsstöckig erscheint, aber nur drei Stockwerke aufweist, sind Originalbauten des 8. Jahrhunderts. Die **Westliche Pagode** steht noch keine 30 Jahre, die **Halle Genjosanzoin** zu Ehren des Mönchs Genjō Sanzō (chinesich Xuanzang) stammt sogar aus den 1990er Jahren.

Karte S. 359

■ Tempel Hōryū-ji

Älter als alle Tempel Naras sind die Gebäude der Tempelanlage Hōryū-ji (法隆寺). Um das Jahr 600 von Prinz Shōtoku (Shōtoku Taishi) zum Dank für die Genesung des Kaisers Yomei errichtet (der allerdings kurz darauf verstarb), wurde Hōryū-ji wegen seiner bedeutsamen Architektur 1993 zur Weltkulturerbestätte ernannt. Die Verschmelzung chinesischer, koreanischer und japanischer Bauweisen der Asuka-Zeit findet sich in dieser Form in ganz Japan allein hier. Allerdings weiß man heute, dass der Tempel um 670 abbrannte und sogleich wieder in leicht geänderter Ausrichtung aufgebaut wurde. Hōryū-ji besteht aus einem Westlichen Teil Sai-in mit Pagode und Haupthalle als wichtigste Heiligtümern sowie einem Östlichen Teil Tō-in mit der sogenannten Traumhalle und den Unterkünften der Mönche.

Das südliche Haupttor Nandai-mon (南大門) führt zum Westlichen Teil. In typisch chinesischer Manier sind zwei Teiche rechts und links vor dem Hauptgebäude angelegt. Hinter dem nächsten Tor Chū-mon befinden sich Seite an Seite in dem quadratisch angelegten Komplex eine fünfstöckige Pagode und die eigentliche Haupthalle Kondō. Dies ist eine typische Ausrichtung der japanischen Asuka-Zeit. Im Erdgeschoss der 31,5 Meter hohen Pagode steht die wohl älteste Gruppe von Tonfiguren aus der Nara-Zeit. Im sehr schummrigen Innern der Haupthalle befinden sich Statuen des historischen Buddhas und seiner Begleiter, die berühmte Shaka-Trinität. Hinzu kommen unter anderem ein bronzener Buddha der Heilung sowie die wohl ältesten Holzfiguren einer Gruppe von vier Himmlischen Wächtern. Die Wandgemälde sind Reproduktionen von 1967, nachdem ein Feuer 1949 einen Großteil der Originale zerstört hatte. 300 Kunstobjekte des Tempels wurden 1878 an den Kaiserlichen Haushalt übergeben, das Nationalmuseum in Tōkyō zeigt sie heute in einer permanenten Ausstellung.

Doch auch das **Museum des Hōryū-ji** (Daihōzō-in, 大宝蔵院) zwischen den beiden Arealen hat besondere Schätze zu bieten. Darunter ist zum Beispiel der Miniaturtempel Tamamushi-no-zushi aus dem 6. Jahrhundert. Einst war das vergoldete Objekt vollkommen mit den schillernden Flügeln des Prachtkäfers verziert. Wunderschön ist auch die schlanke Statue der Kudara-Kannon aus vergoldetem Kampferholz aus dem 7. Jahrhundert. Sie ist sehr wahrscheinlich koreanischen Ursprungs.

Knapp 120 Meter weiter liegt der Östliche Teil. Hier befindet sich die sogenannte Halle der Visionen oder auch **Traumhalle** (Yume-Dono, 夢殿). Sie wurde in der Nara-Zeit zu Ehren des Prinzen Shōtoku erbaut und bewahrt seitdem eine Kannon-Statue, die ihm in Größe und Aussehen entsprechen soll. Die vergoldete Holzstatue ist im perfekten Zustand, da sie fast nie dem Tageslicht ausgesetzt wird. Das geschieht nur vom 11. April bis 18. Mai oder vom 22. Oktober bis 22. November. Den Rest des Jahres bleibt die kostbare Figur verhüllt.

■ Tempel Chūgū-ji

Unweit des Östlichen Teils des Hōryūji liegt der Chūgū-ji (中宮寺), als Nonnenkloster von der Mutter des Prinzen Shōtoku gegründet. Berühmt ist er für seine hölzerne Statue der Göttin der Gnade, Nyorin Kannon, aus dem 7. Jahrhundert. Ihr Lächeln erinnert an den Gesichtsausdruck griechischer Figuren aus dem 7. Jahrhundert vor Christus (archaisches Lächeln).

Kansai

Nara

Vorwahl: 0742.

366 000 Einwohner, Präfektur Nara.

Nara City Tourist Information, Kintetsu Nara Station, Kintetsu Building 1F, 28 Higashimuki-Nakamachi, Nara, Tel. 24-4858; 9–17 Uhr, 29.–31. Dez. geschlossen. Beim Hauptausgang des Bahnhofs.

Nara City Tourist Information, JR-Nara Station, Tel. 22-9821; 9–17 Uhr, um Neujahr geschlossen.

Nara City Information Center, 23-4 Kamisanjo-chō, Nara, Tel. 22-3900; 9–21, englisch 9–17 Uhr. 29. Dez.–3. Jan. geschlossen. Vom JR-Bhf. über Busbahnhof nach links, dann rechts in die breite Straße Sanjo-dōri Richtung Kofuku-ji, bis zur nächsten Kreuzung. Dort links ist das Info Center mit rotem Tor.

Sarusawa Tourist Information, direkt neben der Pagode des Kofuku-ji, Tel. 26-1991; 9–17 Uhr, um Neujahr geschlossen.

Von Kyōto: Ab JR-Bhf. Kyōto mit JR-Bahnlinie Nara-sen mit Miyakoji Express bis JR-Bhf. Nara, 45 Min., 690 Yen.

Oder mit Bahnlinie Kintetsu-sen mit Limited Express Train Tokkyu bis Bhf. Kintetsu Nara, 35 Min., 1100 Yen. Der Bhf. Kintetsu Nara liegt direkt beim Tempel Kofuku-ji/Nara Park. Der JR-Bhf. Nara liegt 15 Min. Fußweg im Westen (mit JR-Rail-Pass kostenlose Fahrt dorthin).

Nara Hotel, 1096 Takabatake-chō, Nara City, Tel. 26-3300, Fax 23-5252. www.narahotel.co.jp. Südlich vom See Ara-ike, großer Hotelkomplex mit 100-jähriger Tradition. *Vom JR-Bhf. Buslinie 2, von Bhf. Kintetsu Nara Buslinie 2 bis Haltestelle Nara Hotel mae.*

Kasuga Hotel, 40 Noborioji-chō, Nara, Tel. 22-4031, Fax 26-6966, www.kasuga-hotel.co.jp; ab 13 600 Yen pro Person mit Abendessen und Frühstück. Einige der sehr eleganten Zimmer haben sogar ein privates Außenbad. *Vom Bhf. Kintetsu Nara 2 Min. Fußweg.*

Gastronomie gibt es reichlich in Nara. Die Wege zwischen den Tempeln oder hinauf zu ihnen sind mit Imbissbuden und kleineren Restaurants geradezu übersät. Ein wenig ruhiger geht es im Viertel Naramachi zu. So zum Beispiel das ›Dining Bar & Café Haco‹ gleich neben dem Nara City Information Center:

Dining Bar & Café Haco, 23 Hayashi-koji-chō, Isokawa Building 2F, Tel. 24-8508, www.bar-haco.com (jap.); wochentags 11–1; Fr, Sa, vor Feiertag 11–3 Uhr. Am Wochenende bis 3 Uhr morgens leichte Gerichte mit italienischem Einschlag.

Okonomiyaki & Akaishiyaki Okaru, Tel. 24-3686; 11–21 Uhr, kein Ruhetag. Unweit vom Bhf. Kintestu in der Higashimuki-dōri gegenüber McDonald's. Seit dreißig Jahren gibt es diesen Okonomiyaki-Laden (Omelett im Kansai-Stil), Okonomiyaki-Spezial kostet 1400 Yen und schmeckt ›wie bei Muttern‹.

Tempel Kōfuku-ji, 48 Noborioji-chō, Tel. 22-7755; 9–17 Uhr, www.kohfukuji.com, Tōkondō 300 Yen, Kokuhōkan 500 Yen.

Nara Nationalmuseum, 50 Noborioji-chō, Tel. 22-7771, Fax 26-7218; 9.30–17, manchmal bis 19 Uhr, 1. Jan. und Mo geschlossen, wenn Mo Feiertag, Di Ruhetag, 500 Yen.

Tōdai-ji, 406-1 Zoshi-chō, Tel. 22-5511, 7.30–17.30, Nov.–März 8–17.30, März/Okt. 7.30–17, Nov.–Feb. 7.30–6.30 Uhr, 500 Yen.

Schrein Kasuga Taisha, Tel. 22-7788; Haupthalle/Hōmotsuden 9–16 Uhr, 500/420 Yen.

Tempel Gangō-ji, 11 Chū, Tel. 23-1377; 9–16.30 Uhr, 400 Yen.

Händlerhaus Kōshi no Ie, Tel. 23-4820; 9–18 Uhr, 26. Dez.–5. Jan., Wochentag nach Feiertag, Mo geschlossen, wenn Mo Feiertag, geöffnet.

Heijō-Palast, Saki-chō, Tel. 30-6753; Museum und Ausstellungen 9–16 Uhr, Mo Ruhetag, wenn Mo Feiertag, Di geschlossen, kostenlos. *Vom JR-Bhf. Nara B oder Bhf. Kintestsu Nara, Buslinie 12, 14 oder 140 bis Haltestelle Heijō-kyū Seki auf Nordseite des Palastes.*

Museum des Heijō-Palastes; 9–16 Uhr, kostenlos.

Tempel Toshodai-ji, 13-14 Gojo-chō, Tel. 33-7900; 8.30–16.30 Uhr, 600 Yen. *Vom Bhf. Kintetsu Nara mit Kintetsu-Linie bis Bhf. Nishinokyo, 8 Min. Fußweg nach Norden.*

Tempel Yakushi-ji, 457 Nishinokyo-chō, Tel. 33-6001; 8.30–16.30 Uhr, 500 Yen, wenn die Halle Genjosanzoin offen ist, 800 Yen. *Vom Bhf. Kintestsu Nara mit Kintetsu-Linie bis Bhf. Nishinokyo, 4 Min. Fußweg.*

Tempel Hōryū-ji, 1-1 Hōryūjikita, Ikaruga-chō, Ikoma-gun, Tel. 0745/75-2555; 8–16, 4. Nov.–21. Feb. 8–15.30 Uhr, 1000 Yen, nur Ostteil 200 Yen. *Vom JR-Bhf. Nara mit Kansai-Linie bis Station Hōryūji, Nara-Kotsu-Buslinie bis Haltestelle Hōryūji mae oder 20 Min. Fußweg.*

Tempel Chūgū-ji, 1-1-2 Hōryūjikita, Ikaruga-chō, Ikoma-gun, Tel. 0745/75-2106; 9–16.15, 1. Okt.–20. März 9–15.45 Uhr, 500 Yen. *Vom JR-Bhf. Nara mit Kansai-Linie bis Station Hōryūji, Nara-Kotsu-Buslinie bis Haltestelle Hōryūji mae. Hinter Nandai-mon nach rechts, immer geradeaus. Links um Yume-Dono, dahinter Eingang.*

Berg Kōya

Vor 1200 Jahren ließ sich Kōbō Daishi (774–835), auch als Kūkai bekannt, in den Bergen von Kōya (高野山) nieder und gründete hier nach seiner Rückkehr aus China das erste Kloster des esoterischen Buddhismus. Aus den wenigen Gebäuden der Anfangszeit entwickelte sich eine ganze Stadt mit mehr als 1500 Tempeln und zehntausenden von Bewohnern. Genau 117 Gebäude haben die Turbulenzen des Mittelalters überstanden, und auch die Einwohnerzahl von Kōya-san ist auf 4000 Personen geschrumpft. Trotzdem spielt der Ort für gläubige Buddhisten weiterhin eine wichtige Rolle und wurde 2004 zum Weltkulturerbe erklärt. Gründungsvater Kūkai gilt als einer der wichtigsten Lehrer des Buddhismus, sein Mausoleum befindet sich im Inneren Bereich (Okunoin). Viele Persönlichkeiten der japanischen Geschichte wie Toyotomi Hideyoshi und Tokugawa Iemitsu sind in seiner Nähe beigesetzt. Viele bringen eine Haarlocke ihrer verstorbenen Verwandten hierher, um ihnen den Weg ins Nirvana zu erleichtern. Denn es heißt, dass der Buddha der Zukunft hier erscheinen wird und nur Kūkai die Botschaften des Erleuchteten korrekt übermitteln kann. Wer will dann schon Abwesenheit riskieren?

Kansai

■ Garan

Mount Kōya liegt im Nordwesten der Halbinsel Kii und ist von Ōsaka aus recht gut zu erreichen. Erstes Ziel ist der heilige Bezirk Garan (Garan oder Danjō Garan, 伽藍). Dieses Areal mit den beiden Pagoden **Daitō** und **Saitō**, der Haupthalle Kondō sowie Miedō wurden allesamt von Kūkai errichtet und zeigen den kontinental indischen Einfluss der damaligen japanischen Architektur.

■ Museum von Kōya-san

Das 1921 eröffnete Museum von Kōya-san (Reihokan, 霊宝館) findet sich gleich an der nächsten Kreuzung. Manche der ausgestellten Objekte sind über 1000 Jahre alt und als Nationalschätze registriert.

■ Tempel Kongōbu-ji

Weiter gehr es Richtung Zentrum/ Osten. Hier findet sich der Tempel Kongōbu-ji (金剛峯寺), Hauptquartier der Shingon-Sekte sowie Wohnsitz des jeweiligen Abtes von Kōya-san. Für 4000 Tempel in ganz Japan und zehn Millionen Anhänger weltweit ist dieser Tempel das geistige Zentrum, dies ist sozusagen der Vatikan des Shingon-Bud-

▲ *Mönch im Tempel Kongōbu-ji*

Auf dem Weg zum Mausoleum Kūkais

dhismus. Im Inneren der großzügigen Anlage gibt es neben kostbar bemalten Schiebetüren auch einen **Steingarten**, der an zwei Drachen in den Wolken erinnern soll.

■ Mausoleum Kūkais

Als nächstes geht es mit dem Bus an der Hauptstraße zum Inneren Bezirk **Oku-noin** bis zur Haltestelle Ichinohashi-gu-chi (oder Haltestelle Okunoin mae) und weiter über den gepflasterten Weg. Vorbei an hohen Zypressen und vielen interessant geformten Grabstätten oder Gedenksteinen präsentiert sich nach 40 Minuten das Mausoleum Kūkais. Jenseits der Brücke Mimyo no Hashi herrscht Fotografier- und Rauchverbot. Am Ende der Brücke zeigt der Gläubige mit einer Verbeugung und gefalteten Händen Respekt. Es heißt, Kūkai erwartet ihn schon auf der anderen Seite.

Hinter **Tōrō-Dō**, der Laternenhalle mit tausenden von Lichtern, liegt das eigentliche **Grab Kūkais** (Gobyo). Leider fällt der Blick nur auf verschlossene Türen. Doch strahlt der Ort eine besondere Atmosphäre aus, die von der Dämmerung im Wald verstärkt wird. Auch hier

Karte S. 303

besteht die Möglichkeit, in einem der Tempel zu übernachten (Temple lodging, Shukubō), rund 50 von ihnen bieten dies an. Zum Abendessen gehört dann Shojin-

Ryori, die vegetarische Kost der Mönche. Fester Bestandteil sind Sesamtofu und gesammelte wilde Kräuter. Auch Fleischesser werden begeistert sein.

 Berg Kōya

Vorwahl: 0736.
4200 Einwohner, Teil von Kōya-chō, Präfektur Wakayama.
Kōya-san Tourist Association, 600 Kōya-san, Kōya-chō, Ito-gun, Tel. 56-26 16, Fax 56-28 89; 8.30–16.30, Juli/ Aug. 8.30–17.30 Uhr. An der Hauptstraße Nähe Feuerwehr und Bushaltestelle Senjūinbashi mae. Fahrradverleih, Audioguides sowie Vermittlung der Tempelübernachtung oder auch nur einer Mahlzeit im Tempel. Ebenso angeschlossen ist der Kōya-san Interpreter Guide Club, regelmäßige Touren Apr.–Sept. nur Mi (englisch, 1000 Yen pro Person, www.koyasan-ccn.com), ansonsten jederzeit gegen Gebühren buchbar. Sehr informativ ist die Homepage von Kōya-san: www.shukubo.jp.

Von Ōsaka, Bhf. Namba: Mit Bahnlinie Nankai Dentetsu bis Station Gokurakubashi (80 Min., 1610 Yen), keine JR-Verbindungen vorhanden. Die Hälfte des Weges schlängelt die Bahn sich durch eine beeindruckende Landschaft. Dann Seilbahn bis Kōya-san (5 Min., 360 Yen), von hier Bus in die Stadt, für Garan bis Haltestelle Kondo mae oder für Okunoin weiter bis Haltestelle Ichinohashi-guchi.
Für einen **Tagesausflug von Ōsaka** empfiehlt sich das Kōyasan Free Sabic Ticket für 2780 Yen (Express) oder 4000 Yen (Limited Express), inkl. Bahnkarten, Seilbahn, Bus in Kōya-san plus Verbilligung einiger Eintrittskarten. Erhältlich in Ōsaka am Nankai-Schalter.

Unbedingt im Tempel übernachten! Alle Tempel, die Shukubō anbieten, können nur über die Tourist Information gebucht werden. Eine Übernachtung mit zwei vegetarischen Mahlzeiten und der (freiwilligen) Teilnahme an den Morgengebeten kostet um 9500 Yen. Gebadet wird zu festgesetzten Zeiten, um 21 Uhr heißt es: Licht aus!
Populär unter Ausländern ist das ›Daienin‹ östlich der Tourist Information: **Daienin Kōya-san**, Kōya-chō, Ito-gun, Tel. 562 00-95 94, Fax 56-29 71, daien-in@rose.sannet.ne.jp.

Alle Tempel, die dem Lodging-System angeschlossen sind, bieten mittags und abends vegetarische Mahlzeiten ohne Übernachtungszwang an. Doch auch dies muss bei der Tourist Information vorab bestellt werden. Je nach Menü variieren die Preise zwischen 2100 und 10 000 Yen.
Zudem gibt es natürlich auch gewöhnliche Restaurants und Convenience Stores mit einer großen Auswahl an Lunchpaketen.

Garan oder Danjō Garan, Tel. 56-32 15; 8.30–17 Uhr, jedes Gebäude 200 Yen.
Museum von Kōya-san, Tel. 56-32 15; 8.30–17.30, Nov.–Apr. 8.30–16.30 Uhr, 600 Yen.
Tempel Kongōbu-ji, Tel. 56-20 11; 8.30–16 Uhr, 500 Yen.

Kansai

Ōsaka

Nehmen wir es gleich vorweg: Ōsaka hat touristisch nicht viel zu bieten. Die Menschen kommen in Japans drittgrößte Stadt, um zu arbeiten und sich anschließend kräftig zu amüsieren. So ist die Stadt vor allem für ihre zahlreichen Vergnügungsviertel bekannt. Ein Paradies für Shopping-Fans ist Ōsaka natürlich auch. Hier gibt es die älteste unterirdische Einkaufspassage Japans, die teuersten Geschäfte und die neueste Mode.

Nur die **Burg** von Ōsaka erinnert daran, dass die Hafenstadt beinahe Sitz des Shogunats geworden wäre. 1583 von Toyotomi Hideyoshi errichtet, sollte von hier ganz Japan regiert werden. Nach seinem Tod riss Tokugawa Ieyasu die Macht an sich und machte Edo zur zweiten Hauptstadt. Den umtriebigen Bewohnern Ōsakas war das bestimmt recht, hatten sie doch mit dem allerseits verachteten Handel ausreichend Einfluss auf ihrer Seite.

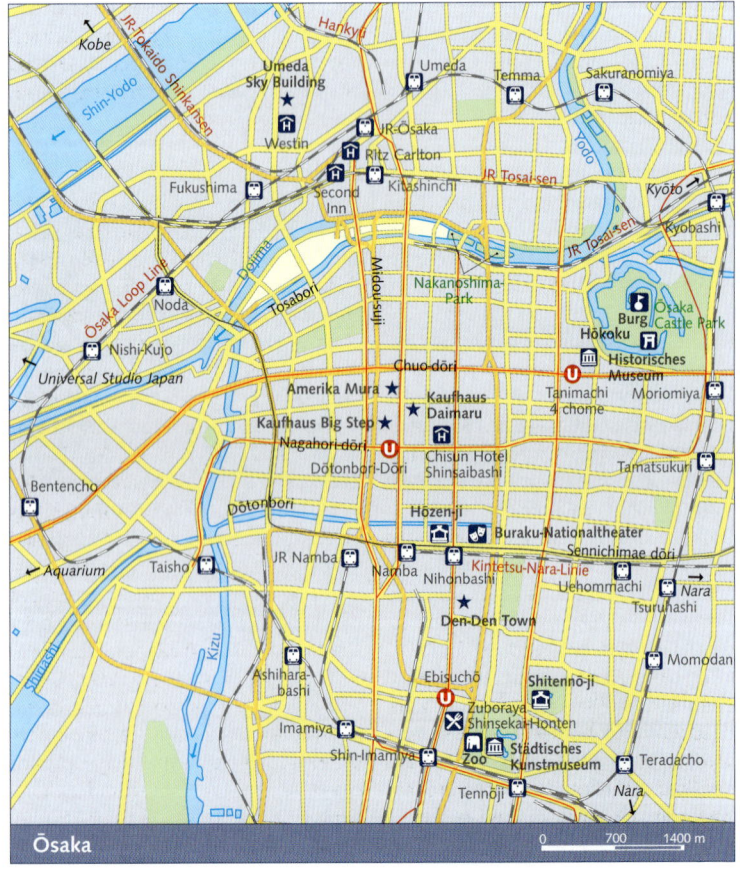

Ganz ohne historische Bedeutung ist Ōsaka natürlich nicht. Älteste Funde stammen aus dem 6. Jahrhundert vor Christus, Kofun-Gräber (Schlüsselloch-gräber) sind Belege des einstigen Macht-zentrums der Yamato-Ära (3. bis 6. Jahr-hundert). Als Naniwa war die Hafenstadt noch vor der Nara-Zeit mehrmals Sitz des Kaiserpalastes. Schon sehr früh be-standen enge Land- und Seeverbin-dungen nach Westen und zum Festland. Auch heute nutzen Reisende die guten Verkehrsanbindungen der Drehscheibe Ōsaka und besuchen in Tagestouren die umliegenden Städte Kyōto, Nara oder auch Kōya-san. Der Bau des Flughafens Kansai International Airport auf einer künstlichen Insel in der Bucht von Ōsaka ermöglicht nun auch eine direkte Anrei-se aus dem Ausland.

Ōsaka lässt sich grob in Süd (Minami) und Nord (Kita) unterteilen, zwei Flüsse trennen die Bereiche. In Minami konzen-trieren sich um die Bahnhöfe Shinsai-bashi und Namba Vergnügen und Unter-haltung, während Kita hauptsächlich von Handel und Verwaltung geprägt ist.

Der Norden

Kita, der Norden Ōsakas, auch bekannt als Umeda (梅田), gilt als eines der bei-den Zentren der Stadt. Neben dem Hauptbahnhof JR-Ōsaka gibt es hier die Umeda-Bahnhöfe der Hankyū-Linie. Hier fließt der Großteil des Verkehrs durch, hier stehen die höchsten Bürotürme. Rings um die Bahnhöfe stehen Kaufhäu-ser wie das Hanshin, Daimaru oder Han-kyu. Im **Hep Five** östlich des JR-Bahnhofs dreht sich ein Riesenrad durch das Ge-bäude! Auf der Nordseite des Bahnhofs wird bis 2011 gebaut. Hier befand sich der Frachtbahnhof, der ist nun ausgela-gert und soll durch besonders fantas-tisches Gebäude ersetzt werden. Bis da-

hin muss das **Umeda Sky Building** (梅田スカイビル) ein Stück weiter nordwest-lich ausreichen. Im Twin-Tower-Stil erstre-cken sich seine zwei Türme 173 Meter hoch in die Luft. Oben sind sie über ei-nen ›Schwebenden Garten‹ miteinander verbunden. Der Freiluftgarten und die Aussichtsplattform im 40. Stock bieten einen fantastischen Blick über ganz Ōsaka. Im Keller des Gebäudes geht es dann in die Vergangenheit. Im **Takimi Koji**, der Takimi-Gasse (Fressgasse), führt ein gepflasterter Weg durch eine nach-gebaute Gasse der Shōwa-Zeit mit Brun-nen, hölzernen Reklameschildern und altertümlichen Hauseingängen. Dahinter verbergen sich 26 Restaurants und sogar ein Postamt. Der Rest des Hochhauses besteht aus Büroräumen.

Der Süden

Wird es in Ōsaka Abend, steigt die Zahl der Menschen in **Minami** schlagartig. Das Herz des Südens ist Shinsaibashi (心斎橋), Ōsakas Antwort auf Tōkyōs pro-minente Ginza. Angefangen von Aus-gang 6 des U-Bahnhofs Shinsaibashi mischen sich auf 600 Metern zahlreiche Geschäfte mit einer Preisspanne von moderat bis mondän. Die Shinsaibashi-Arkade verläuft östlich der Kaufhäuser Saigō und Daimaru. Hinter diesen beiden Kaufhäusern beginnt links **Yoroppa Mu-ra**, das Europäische Dorf, mit eleganten Geschäften und ruhigen Restaurants. Sein Gegenstück ist **Amerika Mura**, das Amerikanische Dorf. Es liegt westlich der Arkade und verläuft rings um das Kauf-haus Big Step mit den bei jungen Käufern so beliebten vielen kleinen Boutiquen. Straßenhändler und Musikanten vervoll-ständigen das für Japan ungewöhnlich bunte Treiben. Nach einer Runde durch die Dörfer geht es bei der Ebisu-Brücke über den Kanal Dōtonbori. An der Ecke

Kansai

In der Dōtonbori-dōri

befindet sich an einer Hauswand eine Riesenkrabbe, hier geht es links in die **Dōtonbori-dōri** (道頓堀通り), den Mittelpunkt des gleichnamigen Vergnügungsviertels. Die Riesenkrabbe und der Glico-Siegesläufer sind die wohl berühmtesten Reklamezeichen ganz Ōsakas. In der Edo-Zeit standen entlang des Kanals Teehäuser und andere Etablissements, heute finden sich hier neben Kneipen und Bars viele Theater und Kinos. Wer die Strecke nicht laufen mag, fährt mit der U-Bahn ab Shinsaibashi Namba. Zwei Blöcke weiter in östlicher Richtung geht es noch vor der nächsten Brücke nach rechts, dann sofort wieder rechts in die Hōzenji Yokocho. Diese schmale Straße erinnert ein wenig an die alten Straßen in Kyōto, sie führt direkt zum Tempel **Hōzen-ji** (法善寺). Die Statue des Mizukake Fudo ist über und über mit Moos bewachsen, denn übergießt man Fudo-san fleißig mit Wasser, werden die Geschäfte in Zukunft besonders gut laufen. Nicht weit entfernt liegt übrigens das **Bunraku-Nationaltheater** (National Bunraku Theatre, Kokuritsu Bunraku Gekijo, 国立文楽劇場). Ist Ōsaka auch berühmt für Manzai, Steh-

greifkomödie, ist das Puppentheater Bunraku wesentlich ausländerfreundlicher. Das klassische Puppentheater spielt vor allem Stücke aus dem Kabuki oder dem Noh, doch hin und wieder gibt es auch Interpretationen westlicher Autoren. Reicht die Zeit für eine Vorführung nicht aus, muss ein Besuch der kostenlosen Ausstellung genügen.

Vom Tempel aus kreuzt man Richtung Süden den unterirdischen Weg Namba Walk (er verbindet die Bahnhöfe Namba und Nihonbashi) und läuft bis zum Bahnhof Namba. Direkt südlich schließt sich an den Shoppingkomplex Namba City als Teil des Bahnhofs das **Namba Parks** an. Ein ehemaliges Baseballstadion wurde hier zu einer gewaltigen Shopping Mall in Form eines Canyons umgebaut. Auf knapp vier Hektar Fläche tummeln sich 120 Geschäfte und Restaurants um eine Insel aus Grün. Nicht zu übersehen ist der 30 Stockwerke hohe **Parks Tower**, der allerdings nur Büros aufweist.

Ōsaka hat wie Tōkyō ein Viertel mit elektronischem Schnickschnack, hier heißt es **Den-Den Town** (でんでんタウン) und liegt in Nihonbashi östlich vom Bahnhof Namba. Und auch hier taucht der Kunde in Mangaläden und Maid-Cafés in die Welt der Manga und Anime.

Rings um die Burg

Östlich der beiden Zentren Kita und Minami liegt die **Burg von Ōsaka** (Ōsaka-jō, 大阪城), oder zumindest der Neubau von 1931. 1583 begann Toyotomi Hideyoshi, auf den Grundmauern eines Tempels die damals größte Burg Japans zu bauen. 1615 zerstörten die Truppen von Tokugawa Ieyasu die Burg, um jegliche Machtambitionen der Toyotomi zu verhindern. Zwar wurde die Burg kurz darauf wieder aufgebaut, aber schon 1665 wurde sie vom Blitz getroffen und brannte vollständig ab. Erst 1931 wurde der Turm in Stahlbeton rekonstruiert, überstand die schweren Bombenangriffe des Zweiten Weltkrieges und wurde 1997 wesentlich ausgeweitet. Heute ist das Innere der Burg hochmodern mit Fahrstuhl ausgestattet, es erinnert eher an ein Museum im Burgformat. Vom Nishinomaru-Park im Westen blickt man auf die Kulisse von Burg und Hochhäusern. Manche finden dies scheußlich, andere sind von diesem Kontrast fasziniert. Hier blühen im Frühjahr über 600 Kirschbäume und verwandeln die Wiesen in eine riesengroße Picknickfläche.

Die Burg von Ōsaka

Der **Hōkoku-Schrein** im nördlichen inneren Bereich dient der Verehrung Toyotomi Hideyoshis. Der Bereich hinter den äußeren Wassergräben, der sogenannte **Ōsaka Castle Park**, wird heute vor allem für Sport genutzt. 1970 hat man übrigens am Hauptplatz vor dem Turm eine Zeitkapsel vergraben. In 5000 Jahren soll sie wieder ausgegraben werden, ob die Burg dann wohl noch steht?

Gleich vor dem Burgtor Otemon im Südwesten befindet sich das **Historische Museum Ōsaka** (Ōsaka Museum of History, Ōsaka Rekishi Hakubutsukan, 大阪歴史博物館). Viel Einsatz von Technik und Nachbauten der verschiedenen Epochen und Ereignisse versprechen einen interessanten Besuch. Im Untergeschoss wird zum Beispiel die Ausgrabungsstätte des Naniwa-Palastes gezeigt, im 9. Stock ist ein Straßenzug aus den Zeiten Oda Nobunagas rekonstruiert.

In der Nähe des Bahnhofs Tennōji befindet sich der Tempel **Shitennō-ji** (四天王寺), 593 von Prinz Shōtoku gebaut und damit der älteste Tempel Ōsakas. Der Tempel brannte im letzten Krieg zur Hälfte nieder. So besteht der Tempel heute zum Teil aus Nachbauten des frü-

hen 17. Jahrhunderts und der 1960er Jahre. Bemerkenswert ist allerdings die lineare Anordnung der Gebäude, sie zeigen den starken kontinentalen Einschlag der japanischen Architektur des 6. und 7. Jahrhunderts. Hochwahrscheinlich haben koreanische Baumeister den Tempel errichtet. Shitennō-ji war außerdem bekannt für seine kostenlose Versorgung von Kranken und Alten. Jeden Monat am 21. und 22. findet hier zwischen 9 und 16 Uhr ein Flohmarkt statt.

Ein wenig Abwechslung für Kinder bringt das Gelände des **Tennōji-Parks** direkt am Bahnhof Tennōji. Beinahe die gesamte westliche Seite ist von einem **Zoo** (Tennōji Dōbutsuen, 天王寺動物園) in Beschlag genommen. Der Zoo beherbergt knapp 300 Arten von Tieren, darunter befinden sich Elefanten, Giraffen, Koalas und natürlich auch Tiger.

Im östlichen Teil des Parks steht das **Städtische Kunstmuseum Ōsaka** (Ōsaka Municipal Museum of Art, Ōsaka Shiritsu Bijutsukan, 大阪市立美術館) mit über 8000 Artefakten aus Japan und China, darunter auch einigen Nationalschätzen. Gegründet wurde es von der Familie Sumitomo.

Kansai

Hafenbezirk

Wer Kinder und andere Spaßvögel unterhalten möchte, fährt in den Hafenbezirk nach Tenpōzan (天保山). Hier steht das beliebte **Aquarium** (Kaiyukan, 海遊館), das größte der Welt. Von der U-Bahnstation Ōsakako geht es geradeaus Richtung Riesenrad. Für 700 Yen gondelt das Rad seine Passagiere 15 Minuten durch die Luft. Hoffentlich leuchtet das Riesenrad schön rot, das bedeutet für den nächsten Tag gutes Wetter!

Weiter geht es nach links vorbei am **Tenpōzan Marketplace**, einer Kombination aus Shopping Mall, Restauranttempel und Eventveranstalter. Die Öffnungszeiten sind allesamt dem Aquarium angepasst. Direkt hinter dem Marketplace schließt sich das Aquarium an. Den Eingang bildet das Aquagate, ein Wasserbecken in Tunnelform. Dahinter folgen weitere 13 Großbecken. Hauptattraktion ist der Pazifische Ozean mit neun Metern Wassertiefe. Hier schwimmt ein fünf Meter langer Walhai, das Maskottchen des Aquariums. Sehr beliebt sind auch das Quallenbecken und das Aquarium mit den Japanischen Riesenkrabben. Sie sind die lebenden Vorbilder des Reklameschilds in Dōtonbori, denn Japaner finden die staksigen Gesellen ausgesprochen köstlich.

Noch Lust auf eine Hafenrundfahrt? Direkt hinter dem Aquarium ist die Anlagestelle der **Santa Maria**, einem Nachbau des berühmten Schiffes von Kolumbus. Der hat nun wirklich nichts mit Ōsaka zu tun, sieht aber lustig aus und macht Spaß. Halt typisch Ōsaka!

Südlich des Aquariums ist die Anlegestelle der Captain Line. Mit der Fähre erreicht man in zehn Minuten Ōsakas Antwort auf Tōkyōs Disneyland: **Universal Studio Japan**. Auf 54 Hektar radeln die Besucher mit E.T. am Abendhimmel entlang, rasen mit Spiderman durch Straßenschluchten oder stellen sich dem Terminator im 3D-Kino. Alle Außenfassaden entstammen übrigens Filmszenen und sind bis auf den kleinsten (gewollten) Dreckkrümel nachgebaut worden: eine riesengroße Hollywood-Spielwiese.

ℹ Ōsaka

Vorwahl: 06.

2,7 Millionen Einwohner, Präfektur Ōsaka.

Ōsaka Visitors Information Center Shin-Ōsaka, JR-Bhf. Shin-Ōsaka 3F, 5-16-1 Nishinakajima, Yodogawa-ku, Tel. 6305-3311, Fax 6305-3406; 9–18 Uhr, 31. Dez.–3. Jan. geschlossen. Bei den Shinkansen-Schranken im Bhf.

Ōsaka Visitors Information Center Umeda, JR-Bhf. Ōsaka 1F, 3-1 Umeda, Kita-ku, Tel. 6345-2189, Fax 6345-6020; 8–20 Uhr, 31. Dez.–3. Jan. geschlossen. Im JR-Bhf. Ōsaka beim Eingang Midōsuji-guchi.

Ōsaka Visitors Information Center Namba, Nankai Terminal Building 1F, 5-1-60 Namba, Chuo-ku, Tel. 6632-9100, Fax 6631-9110; 9–20 Uhr, 31. Dez.–3. Jan. geschlossen. Nähe Ausgang 24 vom Bhf. Namba.

Ōsaka Visitors Information Center Tennōji, JR-Bhf. Tennōji 1F, 10-45 Hiden-in-chō, Tennoji-ku, Tel. 6774-3077, Fax 6774-0555; 9–18 Uhr, 31. Dez.–3. Jan. geschlossen. Im Bhf. außerhalb der Hauptschranken in Richtung Nordausgang (Kita Guchi).

Kansai Tourist Information Center, Passenger Terminal Building Kansai International Airport 1F, 1 Senshu-kukonaka, Tajiri-chō, Sennan-gun, Tel. 072/456-6025, Fax 072/456-6027; 9–21 Uhr, ganzjährig. In der Ankunftshalle für Auslandsflüge, Nähe JR-Bhf.

Karte S. 370

Von Tōkyō: JR-Tōkaidō Shinkansen bis Bhf. Shin-Ōsaka, 166 Min., 14670 Yen. Weiter bis JR-Bhf. Ōsaka mit der U-Bahnlinie Midōsuji.

Verkehr in Ōsaka: JR-West verbindet Ōsaka nicht nur überregional, innerhalb Ōsakas betreibt sie die sogenannte **Ōsaka Loop-Line** (Kankyo-sen), die Kreisstrecke ähnlich der Yamanote-Linie in Tōkyō; außerdem noch Strecken zum Kansai-Flughafen und nach Sakurajima/Universal Studios. Ein Netz von sieben **U-Bahnlinien** versorgt den inneren Kreis.

Fünf **private Eisenbahngesellschaften** verbinden Ōsaka zusätzlich mit der umliegenden Region. Karten finden sich in jedem Bahnhof und bei der Tourist Information. Tageskarte: **Ōsaka Unlimited Pass**, für alle U-Bahn-, Bus- und privaten Eisenbahnlinien innerhalb Ōsakas, Preisnachlass bei manchen Eintrittskarten. Erhältlich in Reisebüros und Tourist Information, 2000 Yen.

Prepaid-Karte: Nicht günstiger, aber schneller geht es mit den vorab bezahlten Fahrkarten. Kansai/Ōsaka verfügt über zwei für Besucher nützliche Varianten: 1. **Icoca Card**: für JR-Bahnlinien außer Shinkansen in Kansai-Region. Die Karte selbst kostet 500 Yen, wird bei Rückgabe erstattet. Beim Passieren der Schranken nur über Sensor halten und weiterlaufen. Gilt auch in Tōkyō oder Sendai als Suica-Card, 1000 Yen Minimum. 2. **Surutto Kansai Card**: Gilt für fast alle Bahn- und Buslinien der Kansai-Region mit Ausnahme JR. Wie Ticket an Schranken verwenden. 1000, 2000, 3000 und 5000 Yen, nicht aufladbar.

Vom Ausland: Vom Kansai International Airport (KIX) weiter mit JR-Kansai Airport-Linie oder Nankai Dentetsu-Linie bis Bhf. Ōsaka. Inlandflüge landen in Ōsaka International Airport (Itami Airport). Von dort weiter mit Airport Limousine Bus u.a. bis Bhf. Ōsaka und Shin-Ōsaka, 30 Min., ab 600 Yen.

Hafenrundfahrt mit der Santa Maria, Tel. 6942-5511; Tagesfahrten 11–17, 19. Juli–31. Aug. 11–18 Uhr, Okt.–März Mo–Fr 11–16 Uhr. Stündlich Abfahrt, 50 Min. 1500 Yen, Nachtfahrten 19. Juli–31. Aug. tägl. ab 19.30, Apr.–Okt. nur Sa, So, Feiertag ab 19 Uhr, 105 Min., 2500 Yen. Mit Abendessen 3800/8500 Yen, Reservierung für Nachtfahrten notwendig!

Am verkehrsgünstigsten liegen die Hotels im Norden (Kita) rings um die Bahnhöfe Ōsaka und Umeda. Das ›Ritz Carlton‹, das ›Westin‹ und das Hotel ›New Otani‹ finden sich hier. Günstiger geht es im Süden (Minami) um die Bahnhöfe Namba und Shinsaibashi. Vier Hotels gehören zum Vergnügungspark Universal Studio und befinden sich in direkter Nähe der Bucht. Hier drei günstige und vor allem bequem zu erreichende Unterkünfte:

Hotel Second Inn, 2-5-16, Umeda, Kita-ku, Tel. 63461177, www.2nd-inn. com/english. EZ ab 5800 Yen. *Vom JR-Bhf. Ōsaka 7 Min. Fußweg, hinter Hotel ›Ritz-Carlton‹.*

Chisun Hotel Shinsaibashi, 2-4-10 Minami-Senba, Chuo-ku, Tel. 6263-1511, Fax 6263-1530, www.solarehotels. comi; EZ ab 8400 Yen. Direkt beim U-Bhf. Nagahori, Ausgang 2.

Hotel Kintetsu Universal City, 6-2-68 Shimaya, Konohana-ku, Tel. 6465-6000, Fax 6465-6040, www.miyako

hotels.ne.jp/hotel-kintetsu; EZ ab 13 320 Yen, Familienzimmer bis vier Personen ab 27 300 Yen. Kostenloser LAN-Anschluss, Kabel mitbringen! *Vom JR-Bhf. Universal City 2 Min. Fußweg.*

🍴 ▮▮▮▮▮▮▮▮

Ōsaka ist seit dem Mittelalter und dank seiner Vormachtsstellung im Reishandel auch als Küche der Nation (Tenka Daidokoro) bekannt und hat einiges an Kulinarischem zu bieten. Sushi muss man heute wirklich nicht mehr erklären, die Reisbällchen mit einem Belag aus rohem Fisch sind weltbekannt. Weniger verbreitet ist heute die Ur-Form des Sushi, auch als **Ōsaka-Zushi** bekannt. In ein hölzernes Kästlein legt man eine Schicht Fisch, darauf kommt der Sushi-Reis. Dann presst man das Ganze zusammen, entfernt die Holzwände und schneidet den Fischreis in mundgerechte Happen. Andere Variationen sind gesalzener Fisch, eingewickelt in Reis und dicken Konbu-Seetang. Ein Tipp für original Ōsaka-Sushi:

Honfuku Zushi (本福寿司), 1-4-19 Shinsaibashi-Suji, Chuo-ku, Tel. 62 71-33 44; Do–Di 11–20.30 Uhr, Mittagessen ab 1050 Yen. *U-Bhf. Shinsaibashi, 2 Min. Fußweg entlang Shinsaibashi-suji, gegenüber Kaufhaus Daimaru.*
Gebratenen Aal mit einer süßen Sauce bestrichen und auf heißem Reis serviert nennt man in Ōsaka **Mamushi**. In anderen Regionen nennt man das Gericht Unadon, die Reihenfolge der Zubereitung ist dann ein wenig anders. Berühmt ist das Sommergericht im Restaurant ›Enshū‹:

Restaurant Enshū (遠州), 4-12-19, Nishitenma, Kita-ku, Tel. 63 12-22 92; 11.30–14 u. 17–21 Uhr. So, Feiertag Ruhetag, große Portionen, 2600 Yen. *Von JR-Linie Tosai-sen bis Bhf. Ki-*

tashinchi Richtung Osten 8 Min. Fußweg. Bei der zweiten großen Kreuzung rechts, zweiter Block.

Russisches Roulette beim Essen, genau das Richtige für Ōsaka. Wie wäre es mit hochgiftigem Kugelfisch, der hier **Teppō** genannt wird? In geringen Mengen verspeist, löst er nur einen leichten Kitzel auf der Zunge aus. Hat der Koch allerdings unsauber gearbeitet, kommt gewöhnlich jede Rettung zu spät. Roh gegessen heißt das Gericht Teppa, gekocht kennt man ihn hier als Tetchiri. Im restlichen Japan, natürlich nur Nachahmer, heißt das Gericht beziehungsweise der Fisch Fugu. Der Koch im ›Zuboraya Shinsekai-Honten‹ besitzt alle erforderlichen Lizenzen:

Zuboraya Shinsekai-Honten (つぼらや き新世界本店), 2-5-5 Ebisu Higashi, Naniwa-ku, Tel. 66 33-55 29; 11–23 Uhr, 1. Jan. geschlossen, die günstigsten Fugu-Gerichte unter 1000 Yen. Das ›Zuboraya‹ ist abends gut besucht, da man Kugelfisch gerne zu Bier und Reiswein isst. *Vom Bhf. Shin-Imamiya Richtung Norden 5 Min. Fußweg. Bei der Arkade rechts abbiegen Richtung Zoo, Tennō-ji Westausgang.*
Kein Ōsaka-Besuch ohne **Tako-Yaki**, gebratene Teigbällchen mit Oktopus, geraspeltem Weißkohl, rot eingelegtem Ingwer, besprenkelt mit pulverisiertem Seetang und Bonito-Fischflocken. Manch ein Koch bestreicht die kleinen Kugeln mit Eigelb, bevor sie knusprig ausgebacken werden. Nicht zu vergessen die süßliche Okonomiyaki-Sauce und ein Spritzer Mayonnaise. Das ›Kougaryu‹ im Amerika Mura ist in ganz Japan für seine Tako-Yaki bekannt:

Kougaryu (甲賀流たこ焼), 2-18-4 Nishi Shinsaibashi, Chuo-ku, Tel. 62 11-05 19, www.kougaryu.jp; 11–20, Fr,

Sa, Tag vor Feiertag bis 22 Uhr. Unbedingt einen Blick auf die Homepage werfen, dort zeigen sie die Zubereitung. *Vom U-Bhf. Shinsaibashi nach Süden zum Amerika Mura, westlich von Kaufhaus ›Big Step‹ an oberer Spitze des dreieckigen Parks.*

Umeda Sky Building, 1 Ōyodo-naka, Kita-ku, Tel. 64440-3855; 10–22.30 Uhr, kein Ruhetag. Aussichtsplattform und Garten 700 Yen. *Vom JR-Bhf. Ōsaka, Zentraler Nordausgang (Chuo Kita-guchi) 12 Min. Fußweg.*

Bunraku-Nationaltheater, 1-12-10 Nihonbashi, Chuo-ku, Tel. 6212-2531; 10–18 Uhr. *Vom U-Bahnhof Nihonbashi Ausgang 7, 1 Min. Fußweg. Von Hōzenji über unterirdischen Namba Walk bis Bhf. Nihonbashi.*

Namba Parks, 2-10-70 Namba-Naka, Naniwa-ku, Tel. 6644-7100; 11–21, Restaurants im 6 F 11–23 Uhr. Direkte Verbindung zum Bahnhof Namba.
Den-Den Town, U-Bahnlinie Sakaisuji bis Station Ebisuchō, Ausgang 1 A und 1 B direkter Zugang.

Burg, Tel. 6941-3044; Burg mit Museum 9–17, Sommer 9–20 Uhr, 28. Dez.–1. Jan. geschlossen, 600 Yen.
Historisches Museum, 1-32-4 Otemae, Chuo-ku, Tel. 6946-25728; 9.30–17, Fr 9.30–20 Uhr, 600 Yen. Di Ruhetag; wenn Di Feiertag, Mi geschlossen. *U-Bhf. Tanimachi 4 chome, Ausgang 9, 2 Min. Fußweg, oder über Burgtor Otemon im Südwesten, nach links über Parkplatz und Straßenkreuzung.*

Tempel Shitennō-ji, 1-1-18 Shitennō-ji, Tennōji-ku, Tel. 6771-0066; 8.30–16.30, Okt.–März 16 Uhr, Ticket für alle Gebäude 700 Yen, Schatzkammer Mo geschlossen; wenn Mo Feiertag, geöffnet. *Vom Bhf. Shitennoji mae Yuhigaoka, 5 Min. Fußweg.*
Städtisches Kunstmuseum Ōsaka, Tel. 6771-4874; 9.30–17 Uhr, Mo und um Neujahr geschlossen, wenn Mo Feiertag, Di Ruhetag, 300 Yen. *Vom Bhf. Tennōji 10 Min. Fußweg.*

Nishinomaru Park; 9–17, Kirschblütensaison 9–20, 350 Yen, Nov.–Feb. 9–16.30 Uhr, 200 Yen. Mo Ruhetag; wenn Mo Feiertag, Di Ruhetag. *JR-Ōsaka Kankyo-Linie Station Ōsaka-jō Kōen, 10 Min. Fußweg.*

Zoo, Tel. 6771-8401; 9.30–17 Uhr, Mo Ruhetag, wenn Mo Feiertag, Di geschlossen, 29. Dez.–1. Jan. geschlossen, 500 Yen. *Vom U-Bhf. Dōbutsuen mae Ausgang 1, 7 Min. Fußweg.*

Aquarium Kaiyukan, 1-1-10 Kigan-dōri, Minato-ku, Tel. 6576-5501; 10–20, in Ferien längere Öffnungszeiten, 2000 Yen. *Bhf. Ōsakako (U-Bahnlinie Chuo-sen), 5 Min. Fußweg.*
Universal Studio Japan, 2-1-33 Sakurajima, Konohana-ku, Tel. 6465-3000; 10–19 Uhr, jedoch stark schwankend, siehe www.usj.co.jp unter schedule, Tagespass 5800 Yen. *Vom JR-Bhf. Ōsaka mit Kankyo-sen/Kreis-Linie bis Station Nishikujo, dort in bunte Zubringerbahn der JR-Linie Umisaki-sen bis Station Universal City (11 Min., 170 Yen).*

Kansai

Kōbe

Bleibt Japanern eine Auslandsreise verwehrt, besuchen sie als Ersatz gerne
Kōbe (神戸) am westlichen Ufer der
Bucht von Ōsaka. Gut erhaltene Auslän-
dersiedlungen aus dem 19. Jahrhundert,
Chinatown und ein internationales Publikum verleihen der alten Hafenstadt
einen für Japaner außerordentlich exotischen Touch. Die Spuren des verheerenden Erdbebens vom 17. Januar 1995
sind beinahe völlig getilgt, die Erinnerungen an die über 6000 Opfer sind
allerdings noch sehr lebendig.
Während eines Tagesausflugs aus dem
nahe gelegenen Ōsaka bietet sich die
Nutzung des dunkelgrünen City-Loop-
Busses an, die meisten Ecken erreicht
man allerdings auch gut zu Fuß.

■ Ehemaliges Ausländerviertel

Eine Besichtigung Kōbes beginnt mit
dem Besuch des ehemaligen Ausländerviertels. Am Bahnhof Sannomiya, dem
eigentlichen Zentrum Kōbes, fährt der
Loop-Bus südlich des JR-Bahnhofs San-

Das Wetterhahnhaus im Ausländerviertel

nomiya Ecke Sannomiya Center Gai ab
der Haltestelle 7/Hanshin mae bis zur
Haltestelle 11/Kitano Ijinkan. Lauffreu-
dige Besucher nehmen Ausgang West
(Nishi Guchi) des Bahnhofs Richtung
Norden und biegen in die Straße Kitano
Zaka (北野坂). An der Ecke ist die Tourist Information Kitano.
Am Ende der Straße ist die Bushaltestelle Ijinkan, ab hier ziehen sich 30 renovierte Holzhäuser im Kolonialstil den
Hang hinauf, 20 sind der Öffentlichkeit
zugänglich. Zurück fährt der Bus von
Haltestelle 11 bis Haltestelle 17, Motomachi Itchome/Nankinmachi.
In der Gegend südlich des JR-Bahnhofs
Motomachi standen einst Konsulate
und Niederlassungen ausländischer Banken. Einige diese Gebäude sind erhalten
und in Restaurants umgewandelt worden. So lässt es sich heute in der ehemaligen amerikanischen Vertretung,
dem sogenannten **Haus Nr. 15** (Kyū-
Jūgobankan, 旧十五番), in Ruhe Kaffee
trinken.
Nebenan befindet sich das **Historische
Museum Kōbe** (Kōbe City Museum,
Kōbe Shiritsu Hakubutsukan, 神戸市立
博物館). Der monumentale Bau stammt
aus den 1930er Jahren und gehörte der
Bank von Yokohama. Hauptthemen der
Ausstellungen sind die intensiven Handelsbeziehungen mit dem Kontinent
sowie die frühen Kontakte mit dem Westen.

■ Chinatown

Das Osttor des einzigen Chinesenviertels
in Kansai (Chinatown Nankinmachi, 南
京町) befindet sich gleich gegenüber der
Bushaltestelle 17. Folgt man der Hauptstraße Chukagai (中華街) durch Chinatown bis zum Westtor, sind es von dort
nur zwei Minuten Fußweg bis zum JR-
Bahnhof Motomachi. Ein Bummel durch

Karte S. 335

Harbor Land in Kōbe

Chinatown ist unterhaltsam kitschigbunt. Die Restaurants haben sich allerdings dem japanischen Gaumen angepasst, die Preise sind etwas überteuert.

■ Meriken-Park

Die Bushaltestelle 18 liegt am Meriken-Park (メリケンパーク). Ein Teil des Parks dient als Gedenkstätte an das Hanshin-Amaji-Erdbeben, wie die Japaner das große Erdbeben vom Januar 1995 nennen. Eine zertrümmerte Mole und aufgerissener Asphalt zeigen auch ohne Worte die zerstörerische Kraft der Natur. Die 42 schwarzen Steine sind zur Erinnerung des ersten ausländischen Films errichtet worden, der 1896 in Kōbe gezeigt wurde. Jeder Stein trägt den Namen eines berühmten Schauspielers.

Freunde der Seefahrt werden sich gerne das **Museum** mitten im Park ansehen, besondere Reize außer einem 3D-Filmtheater und vielen Schiffsmodellen bietet es jedoch nicht (Kōbe Kaiyō Hakubutsukan, 神戸海洋博物館).

■ Kōbe Harbor Land

Kōbe Harbor Land liegt gleich westlich vom Meriken-Park. Bis 1982 befand sich hier der Frachtbahnhof Kōbes. Bis 1989 schuf man hier – typisch für die Seifenblasenwirtschaft jener Jahre – auf 23000 Quadratmetern das Harbor Land mit Hotels, Shopping Malls und einen kleineren Vergnügungspark mitsamt Riesenrad.

Vom Ostdeck der **Shopping Mall Mosaic** hat man abends einen schönen Blick über die Bucht. Achtung: An Wochenenden und Feiertagen fährt der City-Loop-Bus direkt weiter zur Haltestelle 5, die Runde durch Harbor Land (Stop 3, 4) entfällt.

Kansai

ℹ Kōbe

Vorwahl: 078.
1,5 Millionen Einwohner, Präfektur Hyōgo.
Kōbe City Information Center (Hello Station Kōbe), Kōbe Kotsu Center Building 1F, 1-10-1 Sannomiya, Chuo-ku, Tel. 322-02 20; 9–19 Uhr, um Neujahr geschlossen. Südlich vom Westausgang (Nishi Guchi) des JR-Bhfs. Sannomiya.

Kōbe Tourist Information Center, Shin-Kōbe Station, im JR-Bhf. Shin-Kōbe 2F, 1-3-1 Kano-chō, Chuo-ku, Tel. 241-9550; 9–18 Uhr, um Neujahr zu.

Kōbe Tourist Information Kitano, 3-10-20 Kintano-chō, Chuo-ku, Tel. 251-8360, Apr.–Nov. 9–18, Dez.–März 9–17 Uhr, um Neujahr geschlossen. Nördlich vom Bhf. Sannomiya an Kreuzung zu Straße Kitano Zaka. Schwerpunkt Ausländersiedlung.

City-Loop-Busse, (シティー・ループ); 9.20–17.34, Sa, So, Feiertag 17.58 Uhr, alle 15–20 Min.; Einzelfahrschein 250 Yen, Tageskarte 650 Yen. Verkauf bei der Tourist Information.

Kōbe bietet für seine touristische Größe nicht allzu viele Hotels, ein Großteil konzentriert sich um die Bahnhöfe Sannomiya. Die Hotels in Hafennähe bieten tagsüber Schiffe beobachten und abends ein fantastisches Panorama. Viele Besucher bevorzugen die kurze Strecke zum Onsen-Ort Arima, um dort die Annehmlichkeiten eines Ryokans zu genießen.

Kōbe Plaza Hotel, 1-13-12 Motomachi, Chuo-ku, Tel. 332-1141, Fax 331-2630, www.hotwire.co.jp/kobe-plz/index_e.html. EZ ab 9500 Yen. *Auf der Südseite/Osten des JR-Bhfs. Motomachi, 3 Min. Fußweg bis Nankinmachi Chinatown.*

Chisun Hotel Kōbe, 2-3-1 Nakamachi-dōri, Chuo-ku, Tel. 341-8111, Fax 371-5577, www.solarehotels.com. EZ ab 7800 Yen. *Vom JR-Bhf. Kōbe/Station Harborland der Kaigan-Linie 5 Min. Fußweg hinter Busterminal Richtung Bhf. Kosoku Kōbe der Kōbe-Kosoku-Linie.*

Ryokan Okunobo, 1206 Arima, Kita-ku, Kōbe, Tel. 904-0035, Fax 904-0030, www.okunobo.com.jp; pro Person mit Abendessen und Frühstück ab 11950 Yen. Ältester Ryokan Arimas, sehr groß und auf internationale Gäste eingerichtet. *Vom Bhf. Arima Onsen der Kōbe-Dentetsu-Linie 5 Min. Fußweg.*

Kadonobou, 878 Arima, Kita-ku, Kōbe, Tel. 904-0771, Fax 904-1313, www.kadonobou.com; mit Abendessen und Frühstück ab 15750 Yen/Person. Die Bäder werden direkt aus der berühmten Gold-Quelle Arimas (Kinsen) versorgt. *Vom Bhf. Arima Onsen der Kōbe-Dentetsu-Linie 10 Min. Fußweg.*

Kōbe-Beef ist weltweit berühmt, doch oftmals findet sich nur Wa-Gyu, Japanisches Rind, auf dem Teller. Das Original gibt es nur hier, und es wird auch nicht exportiert. Und warum ausgerechnet Kōbe? Seit dem frühen Mittelalter wurde in Tajima im Norden Kōbes Rinderzucht betrieben. Erst mit den ersten Ausländern in der Meiji-Zeit breitete sich der Appetit auf Rindfleisch langsam unter der japanischen Bevölkerung aus. Heute wird in Amerika, Australien und Europa Wa-Gyu gezüchtet, doch Tajima-Beef gibt es nur hier.

Restaurant/Metzgerei Ōi, 7-2-5 Motomachi, Chuo-ku, Tel. 351-1011, Fax 351-5494; wochentags 11.30–20.30, So 11.30–19.30 Uhr, 31. Dez.–2. Jan. geschlossen, Mittagessen ab 5500 Yen, Abendessen (Menü) ab 16000 Yen. Kennzeichen des Gebäudes ist ein Stieremblem auf brauner Fassade. Seit 1871 Topadresse für Kōbe-Beef. Die Preise beziehen sich auf 100-Gramm-Portionen! *Vom JR-Bhf. Kōbe 5 Min. Fußweg oder Bhf. Nishi-Motomachi der*

Karte S. 335

Hanshin-Linie, Ausgang West, nach links, 1 Min. Fußweg.

 Café de Kōbe, im Haus Nr. 15, 15 Naniwa-chō, Chuo-ku, Tel. 334-0015; 11.30–22 Uhr, Mo Ruhetag, um Neujahr geschlossen. *Vom JR-Bhf. Sannomiya 13 Min. Fußweg.*

 Historisches Museum, 24 Kyo-machi, Chuo-ku, Tel. 391-0035, 10–17 Uhr, 200 Yen, Mo Ruhetag; wenn Mo Feiertag, Di geschlossen. *Vom JR-Bhf. Sannomiya 13 Min. Fußweg.*

Meriken-Park, vom JR-Bhf. Motomachi 10 Min. Fußweg.

Museum im Meriken-Park, Tel. 327-8983; 10–17 Uhr, Mo Ruhetag; wenn Feiertag, Di geschlossen, 500 Yen. *Vom JR-Bhf. Sannomiya 13 Min. Fußweg.*

 Shopping Mall Mosaic, 1-6-1 Higashi Kawazaki-chō, Chuo-ku, Tel. 360-1722; Restaurants 11–22, Geschäfte 11–20, Vergnügungspark Mosaic Garden mit Riesenrad bis 22, Wochenende bis 23 Uhr, kein Ruhetag. *Direkt an der Bushaltestelle 2/Mosaic mae des City-Loop, ebenso direkt an JR-Bhf.*

Takarazuka

Das kulturell besondere Erlebnis bietet ein Abstecher nach Takarazuka (宝塚). Manga- und Animefans kennen die Stadt im Norden von Kōbe wegen des **Museums über Tezuka Osamu**, den Vater von Astro-Boy (Tezuka Osamu Memorial Museum, 手塚治虫記念館). Weniger bekannt ist der Einfluss des landesweit berühmten **Takarazuka-Tanztheaters** (宝塚大劇場) auf seine Geschichten. Tezuka verbrachte in dem kleinen Onsen-Ort seine Kindheit, mit seiner Mutter besuchte er häufig die beliebten Revue-Shows. Das Takarazuka-Theater beschäftigt nur (unverheiratete!) Frauen, sie spielen sämtliche männliche Rollen in den romantisch-märchenhaften Inszenierungen, und das seit 1913 äußerst erfolgreich. Auch das Publikum ist über 90 Prozent weiblich. Jede Schauspielerin hat ihren Fan-Club, der sie auch praktisch mit Essen und Chauffeurdiensten umsorgt. Während ihrer Ausbildung leben die sogenannten Takarasiennes unter strikter Aufsicht. Sie sollen nicht nur Talent haben, sondern auch moralisch perfekt sein. Sobald eine Schauspielerin heiraten möchte, muss sie die Truppe verlassen. Trotzdem kommen auf die jährlich 40 Ausbildungsplätze weiterhin über 1000 Bewerberinnen. Die Website des Theaters vermittelt einen ersten Eindruck des ungewöhnlich plakativen Stils des Theaters. Parallelen zwischen dieser Bühnenwelt und der Welt der frühen Anime sind unübersehbar.

 Takarazuka

Von Kōbe: Ab Bhf. Hankyu Umeda mit Hankyu-Takarazuka-Linie bis Bhf. Takarazuka, 40 Min.

 Museum über Tezuka Osamu, 7-65 Mukogawa-chō, Tel. 0797/81-2970;

9.30–17 Uhr, Mi Ruhetag, Ausnahme Frühlings-/Sommerferien, 29.–31. Dez. und 21.–29. Feb. geschlossen, 500 Yen. *Vom Bhf. Takarazuka Richtung Takarazuka Revue-Theater entlang der blumigen Hana-no-michi, am Theater vorbei, nach rechts, dann links geradeaus bis Museum.*

Kansai

Takarazuka-Tanztheater, 1-1-57 Sakae-machi, Tel. 0570/00-5100, www.kageki.hankyu.co.jp; Vorstellungen 11, 13 und 15 Uhr, Ticketverkauf ab 9.30,

für die Nachmittagsvorstellungen ab 10 Uhr. Karten im Vorverkauf gibt es auch bei Lawson und Midoriguchi-Service-Schalter von JR-West, 2500–11000 Yen.

Himeji

55 Kilometer weiter westlich von Kōbe liegt am Seto-Binnenmeer das Städtchen Himeji. Hier steht die **Burg des Weißen Reihers** (Shirasagi-jō, Himeji-jō, 姫路城), Japans wohl schönste komplett erhaltene Burg. Die strahlend weißen Wände im Kontrast zu den dunklen Dachziegeln haben Himeji-jō diesen eleganten Spitznamen verschafft.

Die Burg ist nicht nur eine architektonische Schönheit, ihre Wehranlagen sind so hoch entwickelt, dass sie praktisch als uneinnehmbar gilt (ernsthaft probiert hat dies allerdings auch kein Feldherr). Schon 1346 stand hier die erste Burg auf den Grundmauern eines Tempels. Toyotomi Hideyoshi ließ Himeji-jō dann 1580 mit mehreren Burgtürmen erweitern. Nach der Schlacht von Sekigahara und der Machtübernahme durch Tokugawa Ieyasu 1603 fiel die Burg an den neuen Shōgun. Tokugawa

überließ sie jedoch einem seiner Vasallen. Bis 1609 baute dieser sie im typischen Momoyama-Stil der damaligen Epoche aus. Der mächtige Hauptturm stammt ebenfalls aus jener Zeit.

Obwohl Himeji im Zweiten Weltkrieg stark zerbombt wurde, überstand die Burg auch diese Zeit nahezu unbeschädigt. Die Burg steht zudem auf einem 45 Meter hohen Hügel. Die Höhe des Tenshukaku genannten Hauptturms beträgt nochmals gute 46 Meter. So schafft es die Burg, nicht zwischen modernen Bauten unbedeutend klein zu wirken, sondern weiterhin majestätisch über die Stadt zu ragen. 1993 wurde die Festung des Weißen Reihers übrigens zum Weltkulturerbe ernannt. Leider haben im Herbst 2009 umfangreiche Renovierungsarbeiten begonnen, die voraussichtlich erst 2014 abgeschlossen werden. Die Burg bleibt geöffnet, wenn auch teilweise unter Planen.

 Himeji
Vorwahl: 079.
Tourist Information, im Gebäude des JR-Bhfs. Himeji auf der Westseite der Haupthalle, Tel. 287-0003; 9–19 Uhr, 29., 30. Dez. geschlossen.

Burg des Weißen Reihers, 68 Honmachi, Himeji, Tel. 079/285-1146; 25. April–31. Aug. 9–17, 1. September–23. April 9–16 Uhr, 29.–30. Dez.

geschlossen, 600 Yen. Kostenloser Volunteer Guide auf Anfrage. *Vom Bhf. Himeji einfach die breite Straße Otemae-dōri bis zur Burg Richtung Norden laufen, 10 Min. Fußweg.*

Von Ōsaka: Vom JR-Bhf. Ōsaka mit Tōkaidō-Sanyo-Linie bis Bhf. Himeji, 61 Min., 1450 Yen. **Von Kobe**: Vom JR-Bhf. Sannomiya Tōkaidō-Sanyo-Linie, 39 Min., 950 Yen.

Kansai

Die Burg von Himeji

›Zu zweit‹ steht ab heute
auf meinem Pilgerhut nicht mehr:
wird vom Tau gelöscht ...

Bashō

Chūgoku und Shikoku

Chūgoku

Der westliche Teil Honshūs mit den Präfekturen Okayama, Hiroshima, Yamaguchi, Shimane und Tottori bezeichnet
man auch als Chūgoku, das Mittlere
Land, gelegen zwischen dem früh besiedelten Kyūshū und der alten Hauptstadt
Kyōto.

Da ›Chūgoku‹ im Japanischen ebenfalls
das Nachbarland China bezeichnet,
spricht man bevorzugt von San'in und
San'yo.
Trotz der geografischen Nähe zum südlichen Küstenstreifen liegen Welten zwischen dem Nord- und dem Südteil

Chūgokus. San'yo (Sonnenseite des Berges) mit den Präfekturen Okayama, Hiroshima und Yamaguchi ist mit seinen zahlreichen Industriezentren entlang der gut ausgebauten Küste ganz auf die Zukunft gerichtet. Dabei schien der Region gerade diese mit dem Abwurf der Atombombe am 6. August 1945 verwehrt worden sein. Heute ist **Hiroshima** wieder die größte Stadt der Region und fester Zwischenstopp auf Reisen Richtung Süden. Nach einem Besuch des Friedensparks tut die Fahrt zur **Insel Miyajima** in der Bucht von Hiroshima richtig gut. Die berühmte Aussicht auf das rote Schreintor im Meer gilt als allerschönste der drei schönsten Landschaften Japans, auch wenn diese Superlative verdächtig oft vorkommen! Hin und wieder sollte die Fähre den Zug ersetzen, um in Ruhe zwischen den vielen Inseln des Seto-Binnenmeers nach Kyūshū oder Shikoku überzusetzen. In Onomichi beginnt ein 70 Kilometer langer Radweg nach Shikoku, **Kurashiki** bietet mit alten Wasserwegen und Lagerhäusern ein ganz besonderes Stadtbild, und in **Okayama** wartet der berühmte Garten Kōrakuen auf Besuch.

Der nördliche Teil San'in (wörtlich: Schattenseite des Berges) mit Tottori, Shimane und dem nördlichen Teil von Yamaguchi ist dünn besiedelt und von Landwirtschaft geprägt. Die Winter sind hier nasskalt, die heißen Sommertage lassen sich jedoch herrlich am Strand verbringen.

Auch kulturell hat das Hinterzimmer Honshūs einiges zu bieten: Nördlich von Hiroshima bieten Städtchen wie **Hagi** und **Tsuwano** nicht nur historische Bauten aus dem Mittelalter, sondern verfügen über eine reiche Tradition der Keramikherstellung. Im Nordwesten gilt der Schrein von **Izumo** als Heimat sämt-

licher Götter des Shintoismus und ist damit gleich nach dem Ise-Schrein oberstes Heiligtum der Nation.

Eine Perle unter den Stränden der Region sind die Sanddünen von **Tottori**. Die Himmelsbrücke **Amanohashidate** im Osten der Nordregion gilt als eine der drei schönsten Landschaften Japans.

Okayama

Das Wetter in San'yo ist sprichwörtlich gut. So lohnt sich jederzeit ein erster Zwischenstopp in Okayama, der Hauptstadt der gleichnamigen Präfektur.

Der berühmte **Garten Kōrakuen** (後楽園) gilt neben den Gärten Kairakuen in Mito und Kenrakuen in Kanazawa als Dritter im Bunde der schönsten Gärten Japans. 14 Hektar Grünanlagen umfassen neben den typischen Elementen japanischer Gartenkunst großzügige Rasenflächen, Wasserfälle, eine Teeplantage und sogar Reisfelder. Ein Gewächshaus und einige Mandschurenkraniche

Die Burg von Okayama

Im Garten Kōrakuen

(Grus japonensis) runden den Garten ab. 1700 fertiggestellt, wurde der Park im Laufe der Jahrhunderte mehrfach zerstört, doch immer wieder mit Hilfe alter Dokumente originalgetreu aufgebaut. Heute besitzt Kōrakuen zwei Eingänge. Der Haupteingang liegt neben dem **Museum der Präfektur Okayama**, ein weiterer Zugang besteht hinter der Burg über die **Brücke Tsukimi-kyo**, der Brücke zur Mondbetrachtung.

Die rekonstruierte **Burg von Okayama** (Okayama-jō, 岡山城) ist als ›geborgte Landschaft‹ in die Gartenlandschaft integriert. Als Krähenburg (U-jō) bekannt, ist sie ganz in schwarz gehalten und eine beinahe perfekte Replik aus dem Jahr 1966. Man erzählt sich, dass ihr Erbauer Ukita Hideie sie 1597 nur aus Trotz gegenüber der weißen Burg von Himeji in Schwarz errichten ließ. Der Blick über den nachbarlichen Garten ist das Eintrittsgeld zum Hauptturm mit Museum allemal wert.

Vom JR-Bahnhof Okayama führt die Hauptstraße Momotarō-Ōdōri Richtung Osten direkt bis zu Burg und Garten am Fluss. Momotarō ist übrigens der Held eines alten Märchens, das in seiner Beliebtheit locker an Grimms Hänsel und Gretel heranreicht: Aus einem Pfirsichkern geboren, zog der junge Mann in Begleitung von Hund, Fasan und Affe aus, Dämonen auf deren Insel zu bekämpfen und ihren Schatz zu rauben. Als einzigen Proviant führte er stärkende Kibi-Dango mit sich. Die süßen Hirseklößchen gibt es heute überall in Okayama und Umgebung, denn hier soll sich einst die Geschichte wahrhaftig zugetragen haben. Kibi ist übrigens auch der Name eines alten Königreichs zur Zeiten der mächtigen Yamato, die Legende besitzt wohl einen wahren Kern. Unter den zahlreichen Museen Okayamas besitzt das **Orient Museum** (岡山オリエント美術館) den wohl besten Ruf. Die Sammlung ist recht umfangreich und der Aufbau auch ohne große Sprachkenntnisse leicht verständlich. Ein Schwerpunkt des Museums sind die Handelsbeziehungen zwischen Persien und China.

ℹ️ Okayama

Vorwahl: 086.

704 000 Einwohner, Präfektur Okayama.

Tourist Information Office, 1-1 Eki-Motomachi, Okayama, im Erdgeschoss des Bahnhofs; 9–18 Uhr.

Von Tōkyō: Mit JR-Linie Sanyo Shinkansen, 4 Std. 20 Min., 16360 Yen.

Leider gibt es keine Jugendherberge, nur die solide Mittelklasse:

Karte S.386

Hotel Sunroute Okayama, 1-3-12 Shimo-Ishii, Tel. 232-23 45, Fax 225-65 56; EZ ab 3900 Yen. *6 Min. Fußweg von JR-Bhf. Okayama.*

Excel Okayama, 5-1 Ishizeki-chō, Okayama, Tel. 224-05 05, Fax 224-26 25; EZ ab 5500 Yen. Bietet einen Blick auf die erleuchtete Burg mit Kōrakuen. *Direkt an der Straßenbahnhaltestelle Shiroshita, Nähe Burg.*

Passend zur Geschichte um den Pfirsichjungen Momotarō gibt es in Okayama leckere **Pfirsiche** und die teuersten **Muskatellertrauben** Japans. Okayama deckt allein bei den Trauben über 90 Prozent des japanischen Marktes ab, trotz der gesalzenen Preise von mindestens 2000 Yen pro Bündel.

Die **Hirsebällchen Kibi-Dango** werden mit verschiedenen Saucen gereicht: Pfirsich- und Muskatellersauce sind in den letzten Jahren populär, traditioneller schmecken die Klößchen mit Kinako, einem Puder aus gerösteten Sojabohnen. Das Aroma erinnert ein wenig an Erdnussbutter, nur ohne die vielen Kalorien. Lecker!

Herzhafte Fischgerichte dürfen so nah am Meer natürlich auch nicht fehlen. **Mamkari** und **Sawara**, zwei kleine Fischarten aus dem Binnengewässer, gibt es nur hier zu essen.

Burg Okayama, 2-3-1 Marunouchi, Tel. 225-20 96; 9–17 Uhr, 29.–31. Dez. geschlossen, 300 Yen, Kombi-Ticket mit Kōrakuen 520 Yen.

Orient Museum, 9-31 Tenjin-chō, Tel. 232-36 36; 9–17 Uhr, Mo geschlossen, wenn Mo Feiertag, Di Ruhetag, um Neujahr geschlossen, 300 Yen. *Vom JR-Bhf. Okayama, Ausgang Ost (Higashi Guchi) mit der Straßenbahn Richtung Higashiyama bis Haltestelle Shiroshita, oder entlang der Momotarō-Ōdōri bis zur Kreuzung Shiroshita, 15 Min. Fußweg.*

Garten Kōrakuen (後楽園), 1-5 Kōrakuen, Tel. 272-11 48; 7.30–18, Okt.–März 8–17 Uhr, 350 Yen.

Bizen

Für Keramikliebhaber und Freunde der Schwertschmiedekunst ist ein Abstecher nach Bizen Pflicht. Bizen-yaki (備前焼, Keramikware aus Bizen) zeichnet sich durch eine besondere Härte, ihre rotbraune Farbe und keinerlei Glasur aus. Seit 700 Jahren werden hier die Öfen befeuert, die schlichten Gefäße mit oftmals zufälligem Muster sind besonders bei der Teezeremonie beliebt und entsprechend kostspielig. Es heißt, dass sämtliche Speisen und Getränke durch Bizen-Keramik einen besseren Geschmack erhalten. Um die Wurzeln dieses Wundergeschirrs kennenzulernen, nimmt man den JR-Zug der Akō-Linie bis nach Imbe (伊部), die Stadt Bizen selbst ist weit verstreut. Im Bahnhofsgebäude und in direkter Nähe finden sich mehrere **Museen** und Geschäfte mit nur einem Thema: Keramik.

ℹ Bizen

Vorwahl: 08 69.

Bizen Tourist Information Center, 1657-2 Imbe, Bizen, Tel. 64-11 00; 9–18 Uhr. Die Tourist Information ist im Bahnhofsgebäude untergebracht und leistet bei der Orientierung wertvolle Hilfe.

Chūgoku und Shikoku

Das Händlerviertel Bikan in Kurashiki

Kurashiki

Etwas vollmundig bezeichnet sich Kurashiki (倉敷) westlich von Okayama als das ›Kleine Venedig Japans‹. Kaum einen Kilometer vom JR-Bahnhof Kurashiki entfernt, erstreckt sich entlang eines von Hängeweiden gesäumten Kanals das mittelalterliche **Händlerviertel Bikan** (美観) mit schwarz-weißen Lagerhäusern und Mühlen. Der Aufstieg der Stadt begann als Umschlagplatz für Reis, während der Meiji-Zeit entwickelte sie sich zu einem Zentrum der Textilherstellung. Heute drängen sich in den alten Gemäuern Museen und Galerien. Das **Ohara Museum of Art** (Ōhara Bijutsukan, 大原美術館), in den 1930er Jahren gegründet, zählt zu den ältesten Museen Japans mit europäischer Kunst, verfügt heute aber auch über eine Sammlung japanischer und chinesischer Exponate. Das Museum ist wegen seiner pompös-neoklassizistischen Fassade nicht zu übersehen.

Auch ohne Interesse an hübschen Gebrauchsgegenständen lohnt sich allein wegen der Räumlichkeiten ein Besuch des **Volkskundemuseums** (Kurshiki Mingeikan, 倉敷民芸館): Über enge Flure und Treppen geht es durch drei miteinander verbundene Gebäude.

ℹ️ Kurashiki

Vorwahl: 08 66.

In Kurashiki gibt es zwei Tourist-Informationen. Eine befindet sich direkt links vom Hauptausgang des Bahnhofs. Hier gibt es wie üblich Karten und Hilfe bei der Zimmersuche. **Kurashiki Tourist Information Center**, Kurashiki City Plaza 2F, 1-7-2 Achi, Tel. 424-12 20; 9–19 Uhr, 29. Dez.–3. Jan. geschlossen. **Kurashiki-kan Information Center**, 1-4-8 Chuo, Tel. 422-0 542; 9–18, Nov.–März 9–17 Uhr, 29. Dez.–3. Jan. geschlossen. Gleich neben dem Volkskundemuseum am Kanal.

Von Okayama: Mit der JR-Sanyo-Bahnlinie bis zum Bhf. Kurashiki (15 Min., 320 Yen).

Ohara Museum of Art (Ōhara Bijutsukan, 大原美術館), 1-1-15 Chuo, Kurashiki, Tel. 422-00 05; 9–17 Uhr, Mo

Ruhetag, wenn Mo Feiertag, Di geschlossen, ebenso 28.–31. Dez. geschlossen, 1000 Yen. *Direkt an der ersten Ecke vom Kanal im Händlerviertel Bikan.*
Kurashiki Volkskundemuseum, 1-4-

11 Chuo, Kurashiki, Tel. 422-16 37; 9–17, Dez.–Feb. 9–16.15 Uhr, Mo Ruhetag, wenn Mo Feiertag, Di geschlossen, 29. Dez.–1. Jan. geschlossen, 700 Yen. *Hinter der ersten Kanalbrücke und der Flussbiegung.*

Hiroshima

Hiroshima ist in den Köpfen der meisten Reisenden kein fröhlicher Urlaubsort, sondern Symbol schlimmsten Grauens, vor der Anreise ist man über das Kommende ein wenig unsicher.

Der erste Eindruck ist dann meist irritierend banal: Es ist laut, grell und bunt wie in jeder x-beliebigen japanischen Großstadt!

Städtebaulich sind die Spuren des Atombombenabwurfs vom 6. August 1945 größtenteils überwunden, doch im Herzen tragen viele Menschen die Erinnerungen ihrer Eltern und Großeltern noch mit sich.

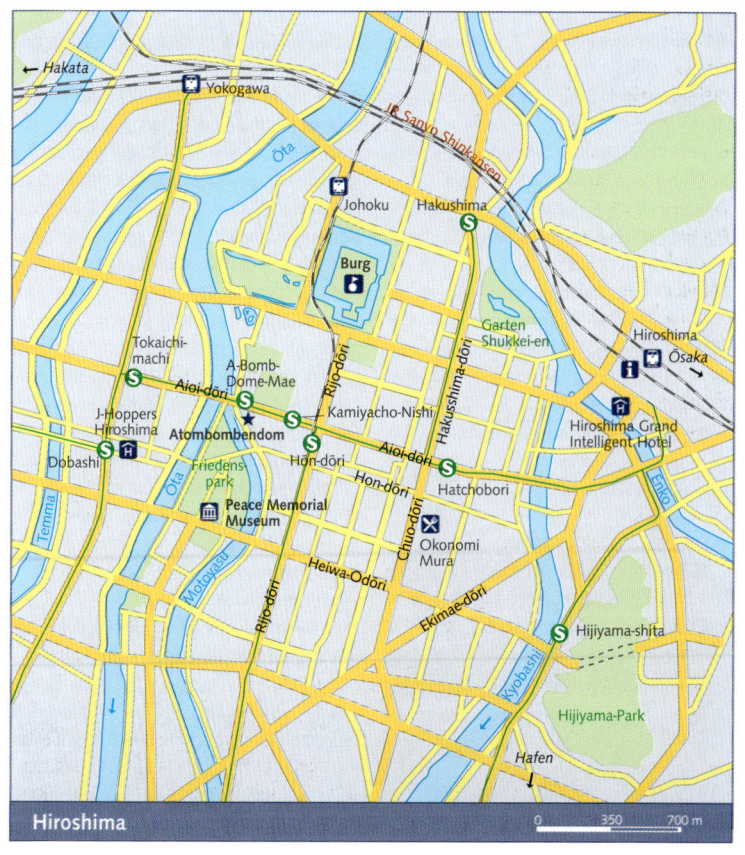

Hiroshima

■ Friedenspark

Ein Besuch des Friedensparks (Heiwa Ki-nen Kōen, 平和記念公園) ruft bei jedem Menschen starke Gefühle hervor. Das **Peace Memorial Museum** (Heiwa Shiryōkan, 平和資料館) zeigt verbogene Dreiräder, blutgetränkte Kleider oder den Schattenabdruck eines Fußes auf Holzsandalen und gibt so den rund 100 000 Menschen, die die Atombombe auf der Stelle tötete, ein Gesicht. Dabei hatten sich die Bewohner Hiroshimas in den letzten Kriegsmonaten besonders sicher gefühlt, waren sie doch trotz starker Militärpräsenz in der Stadt von Bombenangriffen verschont geblieben. Niemand erahnte die Strategie der Amerikaner, das Militär wollte die Auswirkungen der Atombombe auf eine möglichst unversehrte Stadt testen. Währenddessen brachten die Japaner zuversichtlich zehntausende von koreanischen und chinesischen Zwangsarbeitern nach Hiroshima und ließen Schulkinder in den Munitionsfabriken helfen.

Um 8.15 Uhr Ortszeit warf die ›Enola Grey‹ die erste Atombombe der Geschichte beinahe punktgenau über der damaligen Handelskammer der Präfektur Hiroshima ab. Heute ist das Skelett des Gebäudes als **Atombombendom** (Genba-

Blick auf den Atombombendom und Hiroshima

ku Domu) bekannt und wurde trotz des heftigen Protests Chinas und der USA 1996 als Friedensdenkmal in das UNESCO-Weltkulturerbe aufgenommen.

Den Opfern der Atombombe sind die rund 50 Denkmäler im Park gewidmet. Darunter befindet sich das **Friedensdenkmal für Kinder,** immer mit einer Menge von gefalteten Papierkranichen dekoriert. Das Denkmal erinnert an Sasaki Sadoko, sie verstarb im Alter von zehn Jahren an Leukämie. Mit dem Falten von 1000 Kranichen wollte das kleine Mädchen dem Tod entkommen. Der Kranich gilt in Japan als Symbol für Langlebigkeit und Glück, 1000 gefaltete Kraniche sollten ihr die Erfüllung ihres Wunsches garantieren. Sie schaffte nur 620 Kraniche und verstarb, ihre Klassenkameraden falteten die fehlenden Kraniche.

Das **Denkmal für die getöteten koreanischen Zwangsarbeiter** steht übrigens erst seit 1999 auf dem Gelände des Friedensparks. Erst auf internationalen Druck hob man die Koreaner in den Rang gleichwertiger Opfer und verlagerte das Monument von seinem Platz außerhalb des Parks.

Die Flamme des Friedens

Karte S. 391

■ Burg

Neben dem alles überschattenden Friedenspark gibt es auch in Hiroshima die obligatorische Burg (Hiroshima-jō, 広島城), einen Nachbau von 1958. Ungewöhnlich schlicht mit Holzverschalung, wurde die Burg 1589 erstmals erbaut und überstand die Jahrhunderte als bedeutendes Machtzentrum Westjapans unbeschadet bis in die Meiji-Zeit. Damals baute man den Großteil der Gebäude ab, die Atombombe zerstörte den Rest. Mit der Burg kommt natürlich auch ein Garten daher. 1620 wurde der **Shukkei-en** (縮景園) angelegt, 1945 völlig zerstört und anschließend neu nach klassisch chinesischem Vorbild angelegt.

Hiroshima

Vorwahl: 082.

1,2 Millionen Einwohner, Präfektur Hiroshima.

Tourist Information Center, in JR-Bhf. Hiroshima beim Haupteingang (Süd), 2-31 Matsubara-chō, Minami-ku, Tel. 261-1877; tägl. 9–17 Uhr.

Tourist Information Center, in JR-Bhf. Hiroshima beim Shinkansen-Eingang (Nord) 2F, 2-37 Matsubara-chō, Minami-ku, Tel. 263-6822; tägl. 9–17.30 Uhr.

Hiroshima Rest House, im Friedenspark, 1-1 Nakajima-chō, Naka-ku, Tel. 247-6738; 9.30–18, nur 15. August bis 19, Okt.–März 8.30–17 Uhr.

Von Tōkyō: Mit JR-Shinkansen bis Bhf. Hiroshima (Hikari 5 Std., 17540 Yen, Nozomi 4 Std., 18550 Yen).

In Hiroshima lohnt sich die Nutzung der Straßenbahn **Hiroshima Dentetsu**, abgekürzt Hiroden. Einzelfahrt 150 Yen, beim Umsteigen in erster Bahn nach Umsteigeticket (Norikae-Card) beim Fahrer fragen, diese dann ohne weitere Kosten als Ticket in der zweiten Bahn verwenden.

Oder man erwirbt eine Tageskarte für 600 Yen (für Nutzung aller acht Straßenbahnlinien einschließlich der Linie zur Fähre nach Miyajima (bis Station Hiroden Miyajimaguchi). Alternativen sind eine Tageskarte einschließlich Matsudai-Fähre nach Miyajima für 840 Yen oder eine Zwei-Tageskarte einschließlich Straßenbahnlinien, Matsudai-Fähre und Seilbahn auf Miyajima 2000 Yen.

Hiroshima ist auf Besuch aus aller Welt eingestellt.

J-Hoppers Hiroshima, 5-16 Dobashi-chō, Naka-ku, Tel. 233-1360, http://hiroshima.j-hoppers.com; Schlafsaal ab 2300 Yen, EZ ab 3000 Yen. Günstig und praktisch in der Nähe des Friedenspark gelegen. *Mit Straßenbahnlinie 2 oder 6 bis Haltestelle Dobashi, weiter Richtung Süden bis zur zweiten Kreuzung links, nochmals nach rechts und sofort wieder nach links (20 Min. Straßenbahn, 2 Min. Fußweg).*

Hiroshima Grand Intelligent Hotel, 1-Kyobashi-chō, Minami-ku, Tel. 263-5111, Fax 262-2403, www.intelligent-hotel.co.jp/en; EZ ab 6300 Yen, DZ ab 10000 Yen. Trotz des großen Namens und der Erscheinung ein preiswertes Hotel. *Vom Bhf. Hiroshima Haupteingang Süd geradeaus 3 Min. Fußweg.*

Die **Homepage von Hiroshima** ist sehr übersichtlich gestaltet und bietet eine Fülle von weiteren Unterkünften an: www.hcvb.city.hiroshima.jp.

Chūgoku und Shikoku

✖️

Okonomiyaki, dicke Pfannkuchen, sind das Markenzeichen Hiroshimas. Vor dem Krieg waren die Pfannkuchen noch ein kleiner Snack. Erst in der Nachkriegszeit entwickelte das magere Ding sich zu einer mächtigen Mahlzeit. Heute gießt der Koch erst eine dünne Lage Teig auf die große Bratfläche, dann kommt eine Schicht geraspelter Weißkohl, gefolgt von Ei, Meeresfrüchten, Nudeln und nochmals Teig. Manchmal ersetzt Schweinefleisch die Meeresfrüchte. Das Ganze wird von beiden Seiten schön braun angebraten und mit einer besonderen Sauce, geschnittenen Lauchzwiebeln sowie einem Klecks eingelegtem Ingwer serviert. Das **Okonomi Mura** (Okonomi-Dorf) vereinigt 26 Okonomi-Restaurants, die sich aus den einfachen Imbiss-Ständen (Yatai) der Nachkriegszeit entwickelt haben. Jeder Laden ist stolz auf seine besondere Sauce und Zubereitungsart: **Okonomi Mura**, im 2-4F des Shitenchi-Plaza-Gebäudes, 5-13 Shitenchi, Naka-ku, Tel. 241-22 10; 11–24 Uhr. *Südlich der Straßenbahnhaltestelle Hatchobori.*

Eine weitere Spezialität Hiroshimas sind **Austern** (Kaki). 70 Prozent der japanischen Gesamtproduktion stammen aus der Region Hiroshima. Austern werden selten roh gegessen, sondern gekocht in der Schale serviert und nur mit Sojasauce gewürzt verspeist. Dote-Nabe, ein würziger Miso-Eintopf mit viel Gemüse und Austern sowie frittierte Austern (Kaki furai) zählen ebenfalls zu den beliebtesten Gerichten. Von November bis Februar herrscht Austernzeit, obwohl die ersten Austern schon im September fangfrisch reinkommen. Austern-Fans sollten im Februar nicht das **Miyajima Kaki Festival** (Austernfest) auf Miyajima verpassen.

🏛️

Hiroshima Peace Memorial Museum, 1-2 Nakajima-chō, Naka-ku, Tel. 242-77 98; 9–18, Aug. 8.30–19, Dez.–März 8.30–17 Uhr, 50 Yen. *Vom Bhf. Hiroshima Straßenbahnlinie 2 oder 6 bis Haltestelle Genbaku Domu mae, 15 Min., 150 Yen.*

Burg (Hiroshima-jō, 広島城), 21-1 Motomachi, Naka-ku, Tel. 221-75 12; 9–18, Dez.–Feb. 9–17 Uhr, 320 Yen. *Vom Bhf. Hiroshima Straßenbahn 1, 2 oder 6 bis Haltestelle Kamiyacho, 12 Min., 150 Yen. 15 Min. Fußweg vom Friedenspark.*

🌴

Shukkei-en (縮景園), 2-11 Kaminobori-chō, Naka-ku; 9–18, Okt.–März bis 17 Uhr, 250 Yen. *Vom Bhf. Hiroshima Straßenbahnlinie 1, 2, 6 bis Haltestelle Hatchobori. Dort in Linie 9 bis Haltestelle Shukkeien mae. 15 Min., 150 Yen.*

Miyajima

Unweit von Hiroshima wartet das Bild, das Japan-Fans aus Hochglanzbroschüren kennen: Scheinbar schwebend erhebt sich das das mächtige Schreintor von Miyajima über dem Wasser. Das rote Tor bildet den Eingang zum **Weltkulturerbe-Schrein Itsukushima** (厳島).

Der Schrein selbst ist ebenfalls direkt über dem Wasser gebaut. Alle Gebäude sind über Holzstege miteinander verbunden, und den Gästen der nahen Ryokan-Unterkünfte bereitet es Spaß, abends in Yukata und klappernden Geta (Holzsandalen) an Wasserkante und erleuchteten Schreingebäuden entlangzuspazieren.

Karte S. 391

Das Schreintor von Miyajima

Die Geschichte der Insel geht auf das 6. Jahrhundert zurück, schon damals wurde der Berg Misen als heilige Stätte verehrt. Offizielles Gründungsjahr des Itsukushima-jinja ist 1168. Taira no Kiyomori (1118–1181, General der Kamakura-Ära und Gegenspieler der Minamoto) ließ an dieser Stelle den Schrein für die Schutzgottheit seiner Familie errichten. Heute werden hier die drei Göttinnen der See verehrt, Töchter des Sturmgottes Susano-o. Bis zur Meiji-Zeit und der radikalen Trennung von Buddhismus und Shintoismus galt der Schrein ebenso der Anbetung einer der sieben Glücksgötter, der weiblichen Benzaiten oder auch: Himmelsgöttin der Beredsamkeit.

Für den Ausblick über das Meer mit dem 16 Meter hohen Torii aus Kampferholz muss eben jener **Berg Misen** erklommen werden. Drei Pfade führen auf die Spitze des 500 Meter hohen Bergs, Wegbeschreibungen gibt es in der Tourist-Information gleich am Landesteg. Als Alternative fährt eine Seilbahn bis zur Shishi-iwa-Aussichtsplatt-

form. Von hieraus sind es nur noch 20 Minuten bis zur Spitze (einfache Fahrt 1000 Yen, mit Rückfahrt 1800 Yen). Am letzten Wegstück zur Spitze steht das **Gebäude Reika-Dō** (霊火堂). Hier brennt seit 806 ununterbrochen ein von Kōbō Daishi entzündetes Feuer. Gläubige schwören auf die heilende Kraft des darüber kochenden Wassers. Mit diesem heiligen Feuer ist übrigens auch die Friedensflamme von Hiroshima entzündet worden.

Früher galt die Insel Miyajima (宮島, der Name bedeutet übersetzt Schrein-Insel) als extrem heilig, Normalsterbliche durften sie nicht betreten durften. Pilger fuhren mit dem Boot durch das Torii hindurch und gelangten so zu dem der Insel vorgelagerten Schrein über Wasser und ohne Landkontakt.

Der kleine Ort bietet heute noch ein **Historisches Museum** (Rekishi Minzoku Shiryōkan, 歴史民俗資料館) in einem Händlerhaus aus dem frühen 19. Jahrhundert und ein Aquarium, das allerdings bis zum Sommer 2011 wegen Renovierungsarbeiten geschlossen ist.

Chūgoku und Shikoku

Miyajima

Von Hiroshima: Vom JR-Bhf. Hiroshima mit der Sanyo-Linie bis Station Miyajimaguchi (25 Min., 400 Yen) mit kurzem Fußweg zur Fähre. Achtung: Zwei Gesellschaften betreiben Fähren: **JR** und **Matsudai**, beide benötigen 10 Minuten und kosten 170 Yen. Der JR-Pass ist auf der JR-Fähre gültig. Direkte Fährverbindungen bestehen außerdem zwischen dem Friedenspark (55 Min., 1900 Yen) und dem Hafen von Hiroshima (30 Min., 1460 Yen).

Itsukushima-jinja (厳島神社, 1-1 Miyajima-chō; 6.30–18, Okt./Nov. 6.30–17.30, Jan./Feb. 6.30–17 Uhr, 300 Yen.

Historisches Museum, 57 Miyajima-chō, Tel. 082/944-2019; 8.30–17 Uhr, Mo Ruhetag, wenn Mo Feiertag, Di geschlossen, 300 Yen.

Hagi

Von Yamaguchi: JR-Bus vom Bhf. Yamaguchi bis zum Bhf. Higashi-Hagi (70 Min., 1680 Yen).

Von Shimonoseki: JR-Sanin-Bahnlinie (3 Std., 1890 Yen, nur einmal täglich Direktverbindung).

Die Region hinter dem Berg: San'in

Hinter dem Berg, auf der Seite zur Japan-See, werden die Städte kleiner und liegen weit auseinander.

In dieser Region benötigt der Reisende viel Zeit, aber auch ein Besuch der kleineren Städtchen wie Hagi und Tsuwano lohnt sich.

Hagi

Hagi (萩) im nördlichen Yamaguchi bietet ein sehr gut erhaltenes **Samurai-Viertel**, eine **Burgruine** mit fantastischem Blick übers Meer und wunderbar grobe Keramik (Hagi-yaki). Interessanterweise stammen von hier viele prominente Persönlichkeiten der Meiji-Restauration wie der erste Premierminister Ito Hirobumi.

▲ *Eine alte Dampflok verkehrt zwischen Tsuwano und Yamaguchi*

Tsuwano

Tsuwano (津和野) im Landesinnern der nachbarlichen Präfektur Shimane gelegen, gilt als besonderes Schmückstück der Region San'in. Tono-machi, die hübsche Hauptstraße des Ortes, ist gesäumt von Häusern aus der Edo-Zeit. Während der Hauptsaison, an Wochenenden und Feiertagen verbindet eine alte Dampflok Tsuwano mit Yamaguchi. Nach drei Stunden Aufenthalt nimmt sie die Besucher wieder mit zurück.

Mori Ōgai (1862–1922) verbrachte hier übrigens seine Kindheit, sein Grab befindet sich im **Tempel Kakuozan Yōmei-ji**. Ōgai studierte im Auftrag der japanischen Armee in Deutschland Medizin und wurde später für seine Novellen mit autobiografischen Zügen bekannt. Der Bezirk Berlin-Mitte ist übrigens seit 1995 Partnerstadt von Tsuwano.

Abendliche Illumination in Matsue

 Tsuwano

Von Yamaguchi: Vom Bhf. Shin-Yamaguchi mit Limited Express Oki über JR-Yamaguchi-Linie (68 Min., 2970 Yen oder mit Dampflokomotive Yamaguchi-go (2 Std., 1620 Yen, Reservierungen am JR-Schalter oder über Reiseagentur notwendig).

Matsue

180 Kilometer weiter Richtung Norden liegt Matsue (松江), Hauptstadt der Präfektur Shimane, auf einem Landstreifen zwischen dem See Shinji im Westen und der Meeresbucht Naka-umi im Osten. Beide Gewässer sind über den Fluss Ōhashigawa miteinander verbunden. Der See ist in ganz Japan berühmt für seine leuchtenden Sonnenuntergänge. Über den Fluss vermischen sich Salz- und Süßwasser und lassen Fischarten gedeihen, für die japanische Gourmets gerne den weiten Weg auf sich nehmen.

Der Hauptturm von **Matsue-jō**, der kleinen Burg von Matsue, gehört zu der Handvoll Wehranlagen, die Natur- und Kriegskatastrophen bis heute erfolgreich getrotzt haben. Lafcadio Hearn, irischer Schriftsteller, Englischlehrer und einer der ersten von Japan begeisterten Ausländer, verbrachte hier 15 Monate. Sein Haus und eine gut erhaltene Samurairesidenz finden sich nördlich der Burg im ehemaligen **Samuraiviertel**.

Während der Bahnhof von Matsue südlich des Flusses Ohashigawa liegt, befinden sich die Attraktionen allesamt nördlich des Sees Shinji. Der für Touristen eingerichtete Lake Line Bus, hübsch im üblichen Retro-Stil, fährt am JR-Bhf. Haltestelle 7 ab (Einzelfahrschein 200 Yen, Tageskarte 500 Yen). Erster Stop ist die **Burg** (Matsue-jō, 松江城), Haltestelle 7, Matsue-jo/Ote mae. Im Innern des mächtigen Turms werden Kostbarkeiten des Matsudaira-Klans gezeigt. Die Matsudaira ließen die Burg 1607 errichten. Von der etwas müheselig zu erklimmenden Turmspitze hat man einen Panoramablick über die Stadt und den See. Über die Brücke im Nordwesten geht es hinaus und weiter Richtung Osten entlang des Wassergrabens bis zu **Shiomi**

Chūgoku und Shikoku

Matsue

Nawate (塩見縄手), dem alten Samurai-Viertel. Gleich links an der Ecke steht das **Museum über Lafcadio Hearn**, den die Japaner besser als Koizumi Yakumo kennen (Koizumi Yakumo Kinenkan, 小泉八雲記念館). Sein ehemaliges **Wohnhaus** (Koizumi Yakumo Kyūkyo, 八雲旧居) steht gleich nebenan. Hier lebte der Literat mit seiner Frau vom Mai 1891 bis zum November, bevor sie aus Gesundheitsgründen ins wärmere Kyūshū umzogen. Wenige Schritte am Wassergraben entlang führen zum **Tanabe-Kunstmuseum** (Tanabe Bijutsukan, 田部美術館) mit Schwerpunkt Teezeremonie.

Der Spaziergang um die Burg endet mit dem Besuch des **Buke Yashiki** (武家屋敷), der Samurairesidenz. Seit Beginn der Edo-Zeit lebten hier mehrere Familien des mittleren Samuraistandes, das

Gebäude selbst ist rund 275 Jahre alt. Die Vorderseite des Hauses ist repräsentativ prächtig, die hinteren Räume, in denen sich das eigentliche Leben abspielte, sind hingegen überraschend schlicht. Dieser Kontrast war für damalige Verhältnisse nichts Ungewöhnliches.

Der schönste Ort, um den Tag zu beenden, liegt auf der Ostseite des Sees Shinji. Es gilt, den Sonnenuntergang zu bewundern. Ein Bus fährt bis zum **Kunstmuseum der Präfektur Shimane** (Shimane Kenritsu Bijutsukan, 島根県立美術館), dort geht es in südlicher Richtung den See entlang. Sollte es zu kalt sein, bietet das Museum ein warmes Plätzchen. Zwischen März und September bleibt das Museum extra bis 30 Minuten nach Sonnenuntergang geöffnet.

Matsue

Vorwahl: 08 52.

194 000 Einwohner, Präfektur Shimane.

Matsue International Tourist Information Center, 665 Asahi-machi, Matsue, Tel. 21-40 34; 9–18 Uhr, kein Ruhetag. Direkt links vor dem Bhf. Matsue beim Nordausgang.

Matsue Tōkyū Inn, 590 Asahi-machi, Tel. 27-0109, Fax 25-1327; EZ ab 8200 Yen. Solide Mittelklasse. *Vom Bhf. Matsue Nordausgang 3 Min. Fußweg.*

Hotel Alpha One Dai Ni Matsue, 461 Asahi-machi, Tel. 26-7800; EZ ab 5100 Yen. Für 800 Yen Computerverleih, LAN-Anschluss ist kostenlos. V*om Bhf. Matsue Südausgang 1 Min. Fußweg.*

Hotel Ichibata, 30 Chidōri-chō, Tel. 22-01 88, Fax 22-02 30; EZ ab 9390 Yen. Am See Shinji gelegen, vom Gemeinschaftsbad im obersten Stockwerk schöner Blick über den See, auf der Stadtseite Blick auf die Burg. *Vom Bhf. Matsue Shinji-ko Onsen 3 Min. Fußweg.*

Matsue ist berühmt für seine sogenannten **Sieben Leckereien des Shinjiko-Sees** (Shinjiko Shitchin, 宍道湖七珍): fetten Aal (Unagi), klitzekleine Meergrundeln (Shirauo), hochwertige Glattrücken-Garnelen (Moroge-ebi), gewöhnlich-graue Karpfen (Koi), Japanische Meerbrassen (Suzuki), mit den Lachsen verwandte Stinte (Amasagi) und schließlich die zwei bis drei Zentimeter großen Yamato-Körbchenmuscheln (Yamato Shijimi). Bis auf Aal und Krabben schmecken die übrigen

fünf Appetithappen im Winter am besten. Hier ein Vorschlag, wo alle sieben Leckereien serviert werden:

Restaurant Matsue Waraku, 565 Otesenba, Tel. 21-00 29, Fax 21-00 41; 11.30–14.30, 17.30 22 Uhr. Mittagsmenü ab 1680 Yen, abends alle sieben Meeresfrüchte ab 5775 Yen. Dazu gibt es lokal gebrauten Sake. *Vom Bhf. Matsue Nordausgang 1 Min. Fußweg.*

Wer es schlichter und vor allem vegetarisch mag, wählt **Izumo Soba**, breite Nudeln aus Buchweizenteig. Für die sehr dunklen Nudeln ist das ungeschälte Getreidekorn gemahlen worden. Dadurch erhalten die Nudeln ein besonders kräftiges Aroma.

Soba-Restaurant Yakumo-an, 308 Kita Horiguchi, Tel. 22-24 00; 9–15.30 Uhr oder bis alles verkauft ist. Im Samuraiviertel Shiominawate gelegen, direkt am Buke Yashiki. Drei übereinander gestapelte Schalen Soba-Nudeln mit Gewürzen wie Bonito-Flocken, Seetang oder Lauchzwiebeln kosten 690 Yen. Ein beliebtestes Gericht ist Kamo Nanban, Soba-Nudeln mit dünnen Scheiben Entenfleisch zu 900 Yen.

Burg, 1-5 Tono-machi, Tel. 21-40 30; 8.30–18, Okt.–März 8.30–16.30 Uhr, 550 Yen. *Von der Bushaltestelle Matsue-jō/Ote mae 8 Min. Fußweg.*

Tanabe-Kunstmuseum, 310-5 Kitabori-chō, Tel. 08 52/26-22 11; 9–17 Uhr, Mo Ruhetag, wenn Mo Feiertag, Di geschlossen. Ebenso 29. Dez.–1. Jan., 650 Yen. *Von der Bushaltestelle 10 Koizumi Yakumo Kinenkan mae, 1 Min. Fußweg.*

Buke Yashiki, 305 Kitanomachi, Matsue, Tel. 22-22 43; 8.30–18.10, Okt.–

März 8.30–16.40 Uhr, kein Ruhetag, 300 Yen, im Kombiticket mit Burg und Lafcadio-Hearn-Museum 920 Yen. *Von der Bushaltestelle 10 Koizumi Yakumo Kinenkan mae, 2 Min. Fußweg.*

Kunstmuseum der Präfektur Shimane, 1-5 Sodeshi-chō, Matsue, Tel. 55-47 00; 10–18.30 Uhr, Di Ruhetag. Sonderausstellungen 300 Yen.

Koizumi-Yakumo-Museum, 322-4 Okudani-chō, Tel. 21-2147; 8.30–18.30, Okt.–März 8.30–17 Uhr, 300 Yen. *Direkt an der Haltestelle 10 Koizumi Yakumo Kinenkan mae der Lake-Line-Buslinie.*

Koizumi-Yakumo-Wohnhaus, Tel. 23-07 14; 9–16.40, Dez.–Feb. 10–16.30 Uhr, 16.–29. Dez. und 1. Jan. geschlossen, 350 Yen.

Izumo

Nur unweit entfernt von Matsue liegt das Städtchen Izumo (出雲). Es ist nicht Ferienparadies der Menschen, sondern der japanischen Götter. Einmal im Jahr verlassen sämtliche Kami ihre Schreinstätten und versammeln sich im **Schrein Izumo Taisha** (出雲大社), um die wichtigen Ereignisse des kommenden Jahres zu besprechen. Diese Zeit fällt nach dem Mondkalender auf den Monat Oktober. Der wird in der Region Izumo als Kamiarizuki (Monat mit Göttern) und im restlichen Japan als Kannazuki (Monat ohne Götter) bezeichnet. Der Izumo Ōyashiro, wie der offizielle Name des Izumo-Schreins lautet, zählt zu den ältesten und bedeutendsten Shintō-Stätten Japans und hat bei seinen Zeremonien ein Anrecht auf die Anwesenheit der kaiserlichen Familie. Wie der Ise-Schrein ist auch Izumo Taisha im rein japanischen Stil, dem sogenannten Taishazukuri, gebaut. Als Nummer zwei aller Shintō-Schreine ist Izumo dem Gott Ōkuninushi geweiht. Er half einst dem Enkel der Sonnengöttin Amaterasu, die japanische Nation zu gründen. Heute gilt er als Kami der Glückseligkeit und helfende Hand bei zwischenmenschlichen Beziehungen.

Niemand weiß so recht, wie alt der Izumo-Schrein ist. Die ältesten genauen Beschreibungen stammen aus dem Jahr 950, seine Existenz merkten allerdings schon die ältesten Schriften Kojiki (712) und Nihonshoki (720) an. Damals waren die Gebäude wesentlich größer als heute, dies belegen Funde mächtiger Holzsäulen. Im Shintō-Glauben leben die Götter in einer Welt weit über den

Der Izumo-Schrein

Menschen. Es war also nur natürlich, ihren Wohnsitz ebenso hoch zu bauen. Wahrscheinlich waren die Gebäude des Izumo Taisha einst sogar größer als die Halle des Tōdai-ji in Nara, dem heute größten Holzgebäude der Welt. Im **Historischen Museum** (Shimane Kenritsu Kodai Izumo Rekishi Hakubutsukan, 島根県立古代出雲歴史博物館) außerhalb des Schreingeländes werden Fakten und Mythen vorgestellt.

Den Schrein selbst betritt man durch drei **Torii**, die allesamt recht schlicht sind. Der Weg bis zum äußeren Schreinbezirk ist von schattigen Pinienbäumen gesäumt, ähnlich wie in Ise sind die jeweiligen Bezirke durch Zäune getrennt. Links vor dem letzten Torii steht eine Statue von Ōkuninushi und einem Hasen. Dazu gibt es folgende Geschichte: Der Legende nach hatte Ōkuni 18 üble Halbbrüder. Auf einer gemeinsamen Reise, Ōkuni trottete mit schwerem Gepäck als Jüngster hinterher, rieten die bösen Brüder einem verletzten Hasen, in salzigem Meerwasser zu baden und anschließend seine Wunden vom Wind trocknen zu lassen. Der Hase folgte dem göttlichen Rat und litt noch mehr Schmerzen. Ōkuni traf den verzweifelt weinenden Hasen wenig später und ermunterte ihn zum Bad im Fluss und einem erholsamen Schlaf auf Kräutern. Der Hase wurde wieder gesund und verschaffte Ōkuni zum Dank die schöne Braut der bösen Brüder. Die Brüder gaben lange Zeit keine Ruhe und sannen auf Rache. Ōkuni musste fliehen und kam durch ganz Japan, bevor er sich endlich im Schrein von Izumo zur Ruhe setzen konnte.

Normalerweise wird der Kami der Harmonie in der knapp 25 Meter hohen **Haupthalle** im Inneren Bezirk verehrt und ist damit gewöhnlichen Besuchern unerreichbar. Seit April 2008 wird die Haupthalle Honden restauriert, so muss sich Ōkuninushi bis zum geplanten Neueinzug 2013 mit der im Äußeren Bezirk stehenden **Gebetshalle Haiden** sowie dem Besuch vieler Menschen zufrieden geben. Um die Aufmerksamkeit des Kami zu erhalten, klatscht man hier viermal. Gewöhnlich klatscht der Bittsteller in Schreinen nur zweimal, doch hier klatscht man für den (erwünschten) Partner grundsätzlich mit. Die schmalen, langgezogenen Gebäude rechts und links des Inneren Bezirks sind sozusagen die Ferienwohnungen der Götter auf Besuch. Auch sie werden im Laufe der kommenden Jahre restauriert. Bis 2016 ist auf dem gesamten Gelände mit Einschränkungen zu rechnen.

 Izumo

Vorwahl: 0853.

Historisches Museum, 99-4 Kijiki Higashi, Taisha-chō, Tel. 53-8600; 9–18, Nov.–Feb. 9–17 Uhr, 3. Di im Monat Ruhetag. Wenn Feiertag, folgender Tag geschlossen, 600 Yen. *Von der Bushaltestelle Seimon mae 3 Min. Fußweg.*

Izumo-Schrein, 195 Kijiki Higashi Taisha-chō, Tel. 53-3100; 8.30–16.30, 21. Dez. geschlossen, Schatzkammer im Gebäude Shinkoden rechts neben der Gebetshalle 150 Yen. *Von Matsue mit JR-Sanin-Linie bis Station Izumo-shi, dann mit Bus von Haltestelle 1 weiter bis zum Schrein, 60 Min., nur Bus Hin- und Rückfahrt 510 Yen. Oder vom Bhf. Matsue Shinjiko Onsen im nördlichen Matsue mit Bahnlinie Ichibata bis Kawato, dort Richtung Izumo Taisha umsteigen, 60 Min., 790 Yen.*

Die Sanddünen von Tottori

Ausflüge ab Matsue

Matsue bietet sich als Ausgangspunkt für Ausflüge zu den **Silberminen Iwami Ginzan** (石見銀山, seit 2007 Weltkulturerbe) und auf die Oki-Inseln an. In den hunderten von Silberminen im Gebiet der Stadt Ōda (Odashi, 大田) schürfte Japan im 16. und 17. Jahrhundert ein Drittel des weltweiten Silbers. Das brandneue **Iwami Ginzan World Heritage Center** fungiert als Museum und Ausgangspunkt von Führungen (1597-3 Ōmori-chō, Oda City, Tel. 0854/89-0183, Fax 0854/89-0089; 8.30–18 Uhr).

Die **Oki-Inseln** (Oki Shotō, 隠岐諸島) mitten in der Japan-See gelten unter Japanern hingegen noch als Geheimtipp für Ferien in herrlicher Natur. Die Fähre benötigt allerdings vier Stunden, mit dem Flugzeug geht es wesentlich schneller. Kein Wunder, dass die Inseln im frühen Mittelalter gerne als Exilgefängnis genutzt wurden!

Adachi-Museum

Das Adachi-Museum (足立美術館), perfekte Kombination von Garten und Kunst, liegt östlich von Matsue. 1980 gegründet, wird der Garten seit 2003 ununterbrochen vom amerikanischen ›Journal of Japanese Gardening‹ zum schönsten Garten Japans ernannt. Im Zentrum steht ein Trockengarten, doch auch die anderen Gartenformen zeigen während des gesamten Jahres eine geradezu überwältigende Schönheit. Der Garten kann nur vom **Museum** aus betrachtet werden. Doch auch dieses lohnt die Fahrt: 1300 Kunstobjekte und Gemälde der Neuzeit präsentieren sich in wechselnden Ausstellungen.

> 🏛 **Adachi-Museum**
>
> **Adachi Bijutsukan**, 320 Furukawa-chō, Yasugi City, Tel. 0854/28-7111; 9–17.30, Okt.–März 9–17 Uhr, 2200 Yen, Ausländer die Hälfte! *Vom Bhf. Matsue mit JR-Sanin-Linie bis Bhf. Yasugi, 20 Min., 400 Yen. Dann mit kostenlosen Shuttle Bus des Museums nochmals 20 Min. bis Museum.*

Am Japanischen Meer entlang

Östlich von Shimane nimmt allein die Präfektur Tottori die gesamte Japan-See-Seite von Chūgoku ein. Im äußersten Zipfel im Westen liegt das Städtchen **Sakaiminato** (境港), Geburtsort von Mizuki Shigeru (geb. 1922), einem der ganz großen Manga-Autoren Japans. Seine Geister- und Gespensterfiguren, darunter auch Kappa, zieren allesamt als Bronzestatuen die Mizuki-Shigeru-Road mitten in der Stadt. Hier dreht sich alles um Monster und Geister, sogar die Bäckerei bietet einäugige Rosinenschnecken an! Dazu gehören außerdem ein sogenannter Monster-Schrein (Yokai-jinja), eine Kappa-Quelle und ein Gespen-

Karte S.391

ster-Park, alles hübsch bunt und nur wenig gruselig. Die JR-Linie Sakai verbindet die Hafenstadt mit dem Bahnhof Yonago (米子) in 40 Minuten.

■ Die Sanddünen von Tottori

Nahe der Präfekturhauptstadt Tottori (鳥取) befinden sich die berühmten Sanddünen der Küste, sie sind 16 Kilometer lang und bis zu 2 Kilometer breit. Vor 100 000 Jahren entstanden, sind die Dünen weiterhin in ständiger Bewegung. Intensive Bewegung herrscht auch auf den Dünen: Paragliding, Sandsurfing oder Kamelreiten locken im Sommer Scharen von Touristen an. Wer die berühmten Wellenmuster im Sand sehen möchtee, muss früh aufstehen, ansonsten ist alles zertrampelt. Ist der Ritt auf einem Kamel zu teuer (15 Minuten, 1800 Yen), darf man für 500 Yen kurz zum Fotografieren aufsteigen. Stilecht zu diesem saftigen Bakschisch gibt es eine pseudo-arabische Kopfbedeckung.

■ Amanohashidate

Rund 90 Kilometer östlich erreicht man das Ende von Chūgoku und seiner gar nicht so schattigen Rückseite. Hier liegt Amanohashidate in nördlichen Teil der Präfektur Kyōto. Die Brücke zum Himmel, wie Amanohashidate übersetzt lautet, ist ein 3,6 Kilometer langer, mit Pinien bewachsener Sandstreifen und zählt zu den drei schönsten Landschaften Japans. Ihre Schönheit kommt besonders zur Geltung, wenn man den Landstreifen kopfüber von einem Hügel hinab durch seine Beine betrachtet. Die Brücke scheint dann in der Luft zu schweben. Praktisch verbindet die sandige Landbrücke die Dörfer **Monju** (文殊) im Süden und **Fuchū** (府中) im Norden. Beide zusammen bilden den Ort Amanohashidate. Der gleichnamige Bahnhof liegt in **Monju**. Hier finden sich zahlreiche Hotels und Souvenirgeschäfte.

Ein Sessellift schwebt für den ›besonderen Blick‹ auf den Hügel zum Vergnügungspark **Amanohashidate View Land** hinauf (天橋立ビューランド). Den schöneren Ausblick gibt es allerdings vom höher gelegenen Park **Kasamatsu-Kōen** (傘松公園) im nördlichen Fuchū. Markierungen am Boden helfen auf der Suche nach dem perfekten Blickwinkel.

Chūgoku und Shikoku

🚅 🚌 Tottori

Von Ōsaka: Direktverbindung nach Tottori (Chizu-Kyuko-Linie mit Zug Super Hakuto, 2 Std. 35 Min., 6900 Yen.) Vom Bhf. Tottori bringt ein Bus die Besucher von Haltestelle 3 in 25 Minuten bis zum Sakyū Kaikan (Sanddünen-Zentrum).

JR-Sanin-Linie nach Toyo-Oka (70 Min.), von dort mit Kitakinki-Tango-Linie bis Bhf. Amanohashidate (62 Min., 1450 Yen, JR plus 1160 Yen). Wesentlich einfacher ist die **Anreise von Kyōto**: JR-Limited Express Zug Hashidate direkt bis Bhf. Amanohashidate, 2 Std., 4380 Yen.

ℹ Amanohashidate

Tourist Information, im Bahnhof Monju; 10–18 Uhr.

⚙ ** **Vergnügungspark Amanohashidate View Land, Monju, Miyazu City, Tel. 0772/225304; 9.10–17, 21. Juli–20. Aug. 8.40–18, 21. Okt.–20. Feb. 9.10–16.30 Uhr, 850 Yen. *Vom Bhf. Amanohashidate mit Monorail, 8 Min.*

 Von Tottori: Mit JR-Sanin-Linie bis Hamsaka (44 Min.), dort umsteigen in

Shikoku

Shikoku ist die kleinste der vier Hauptinseln Japans und besteht aus den vier Präfekturen Kagawa, Tokushima, Kōchi und Ehime. Deren Grenzen entsprechen den alten Provinzen Sanuki, Awa, Tosa und Iyo, daher auch der Name der Insel: ›Vier Länder‹. Eine Anzahl von kleineren Inseln des Seto-Binnenmeeres zählen ebenso zu Shikoku. Bis zum Bau der Seto-Ohashi-Brücke 1988 war die Region sehr isoliert. Mittelweile geht es über die Akashi-Kaikyo- und Onaruto-Brücke sowie von Onomichi aus über die zahlreichen Brücken der Shimanami-Kaidō-Seeroute mit Bus, Auto oder Fahrrad nach Shikoku. Sämtliche Bahnverbindungen laufen ausschließlich über die Seto-Ohashi-Brücke zwischen den

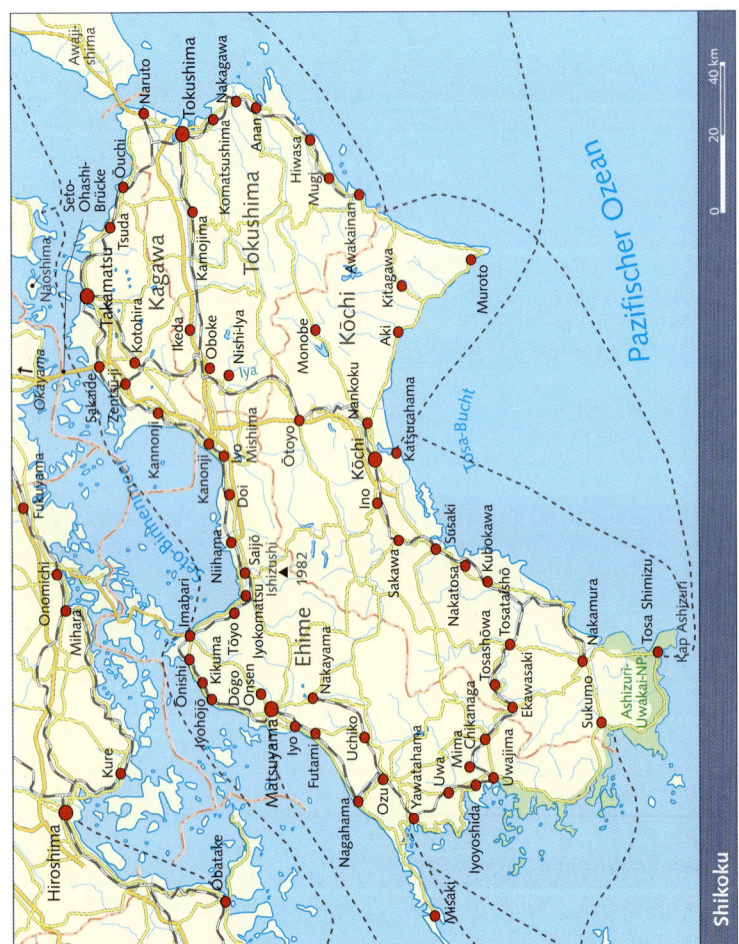

Präfekturen Okayama und Kagawa. Zahlreiche Fährverbindungen sind weiterhin in Betrieb.

Die gesamte Region ist bis auf den dichter besiedelten Küstenstreifen im Norden sehr bergig, und so lebt hier das Gros der 4,1 Millionen Einwohner Shikokus. Einzig die Stadt **Kōchi** in der gleichnamigen Präfektur am Pazifik bildet eine Ausnahme. Im Süden und im Osten Shikokus wird intensiv Landwirtschaft betrieben, das milde Klima erlaubt zwei Reisernten im Jahr und den Anbau einer breiten Palette von Obst und Gemüse.

Die Insel ist berühmt für ihren 88 Stationen umfassenden **Pilgerweg** (Shikoku Hachijūhakkasho, 四国八十八箇所). An die 100 000 Pilger machen sich jährlich auf den Weg, um die sämtlich von Kōbō Daishi (Kūkai) gegründeten und erhaltenen oder zumindest instandgesetzten Tempel zu besuchen. Die wenigsten meistern die 1230 Kilometer jedoch zu Fuß.

Takamatsu

Die kleinste Präfektur Kagawa weist die größte Stadt auf: Takamatsu (高松). Bis zur Fertigstellung der Brücke Seto-Ohashi galt der Hafen von Takamatsu als Eingangstor Shikokus. Von der mittelalterlichen Stadt ist nicht viel übrig geblieben. Die Burg der Matsudaira wurde 1588 in Hafennähe gebaut, aber im Zweiten Weltkrieg völlig zerstört – 2010 begannen allerdings Aufbauarbeiten des fünfstöckigen Hauptturms. Einzig der **Garten Ritsurin Kōen** (栗林公園) zwei Kilometer südlich der ehemaligen Burganlagen gelegen, stammt aus der Edo-Zeit. Der Landschaftsgarten benötigte 100 Jahre bis zu seiner Vollendung 1745 und weist heute sechs Teiche und 13 Hügel auf. Geschickt ist der Ausblick auf den Berg Shiunzan in die Gartenlandschaft mit einbezogen und verleiht dem ohnehin großzügigen Gelände zusätzliche Tiefe. Der südliche Teil des Gartens ist im japanischen Stil gehalten, während im nördlichen Bereich ein westlicher Gartenstil

Chūgoku und Shikoku

Im Garten Ritsurin Kōen

vorherrscht. Vielen Besuchern gilt der Ritsurin-Garten den drei schönsten Gärten Japans als ebenbürtig.

Östlich des Stadtzentrums liegt die **Halbinsel Yashima** (屋島), Schauplatz einer der Schlachten des Genpei-Krieges im 12. Jahrhundert. Vom erhöhten Plateau hat man heute eine fantastische Sicht über das Binnenmeer. Touristen werfen gerne flache Tonscheiben den Berg hinab. Es soll ihnen Glück bringen, so wie es einst den Kriegern der Minamoto zum endgültigen Sieg über die Taira verhalf. Ganz in der Nähe befindet sich das **Shikoku-Freilichtmuseum** (Shikoku Mura, 四国村) mit alten Häusern, einer Kabuki-Freilichtbühne und sogar Hängebrücken aus dem Iya-Tal.

 Takamatsu

Vorwahl: 087.

419 000 Einwohner, Präfektur Kagawa.

Takamatsu City Tourist Information, 1-16 Hamano-chō, Tel. 851-20 09; 9–18 Uhr. 30. Dez.–3. Jan. geschlossen. Gleich außerhalb des JR-Bhfs. beim Busterminal.

Von Tōkyō: Mit JR-Tōkaidō/Sanyo Shinkansen bis Bhf. Okayama, weiter mit JR-Marine Liner bis Bhf. Takamatsu, je nach Shinkansen-Typ 4 Std. 40 Min. bis 5 Std. 30 Min., 17180 oder 17 680 Yen.

Oder mit dem Nachtzug JR-Tōkaidō-Sanyo-Linie Zug Sunrise Seto direkt bis Bhf. Takamatsu, 9 Std. 40 Min., ab 14 500 Yen.

ANA Hotel Clement Takamatsu, 1-1 Hamano-chō, Tel. 811-11 11, Fax 811-11 00; EZ ab 12 474 Yen. Alle Zimmer mit Blick über das Seto-Binnenmeer. *Vom JR-Bhf. Takamatsu, 1 Min. Fußweg Richtung Hafen.*

Hotel Fukuya, 5-8 Furujin-machi, Tel. 851-23 65; EZ ab 5200 Yen, mit Frühstück ab 6000 Yen. Günstiges Hotel in Bahnhofsnähe. *Vom JR-Bhf. Takamatsu 7 Min. Fußweg Richtung NHK Senderstudio.*

In der Präfektur Kagawa isst man gerne **Sanuki Udon**, dicke Weizennudeln à la Sanuki (dem heutigen Kagawa). Geschmacklich kaum ein Unterschied zu den Udon-Gerichten anderer Regionen, werden die Sanuki-Udon aus örtlichem Getreide hergestellt und ebenfalls in einer leicht salzigen heißen Suppe, abgeschmeckt mit Sojasauce, Bonito-Fischflocken und Wakame, dickem Seetang, serviert. Einige Sanuki-Udon-ya (Ya bedeutet Laden, Restaurant, Geschäft) finden sich zwischen den Souvenirbuden beim Kotohira-Schrein. Die besten Udon-Läden gibt es in Bürovierteln: Wo sich um die Mittagszeit lange Schlangen gebildet haben, gibt es Qualität für wenig Geld. Hier gilt die Regel: Erst geduldig warten, dann zügig essen und sofort wieder den Platz für den nächsten Wartenden räumen. Entspannen auf Kosten anderer ist absolut verpönt.

Garten Ritsurin Kōen, 1-20-16 Ritsurin-machi, Takamatsu, Tel. 833-74 11; je nach Sonnenaufgang und -untergang zwischen 5.30–19 Uhr, 400 Yen. *Vom JR-Bhf. Takamatsu mit JR-Linie Richtung Tokushima bis Station Ritsurin Kōen Kitaguchi, 3 Min. Fußweg. Oder entlang der Shopping-Arkaden von der Burg bis zum Park.*

Shikoku-Freilichtmuseum, 91 Yajima Nakacho, Tel. 843-31 11; 8.30–18, Nov.–März 8.30–17.30 Uhr, kein Ruhetag, 800 Yen. *Vom JR-Bhf. Takamatsu mit JR-Linie Richtung Tokushima bis Station Yashima, 15 Min. Fußweg, 210 Yen.*

Schrein Kotohira-gū

Takamatsu bietet sich als Ausgangspunkt für einen Ausflug zum Schrein Kotohira-gū (金刀比羅宮) oder Konpira-san (こんぴらさん), wie die Einheimischen ihren der Seefahrt gewidmeten Schrein nennen, an. Mit 1368 Stufen stellt die Besichtigung eine gewisse Herausforderung dar. Der Aufstieg der ersten 785 Stufen bis zum Hauptgebäude beginnt im üblichen Gewimmel von Souvenirläden. Hinter dem ersten Torii wird die Treppe schon steiler. Wer möchte, kann sich in einer Sänfte hinauf tragen lassen (5300 Yen Hinweg, mit Rückweg 6500 Yen). Zur linken Hand stehen Leuchtfeuerlaternen aus dem Jahr 1853, 200 Stufen später passiert man endlich das Haupttor. Den folgenden Abschnitt, knapp 70 Stufen, nennt man wegen der vielen Kirschbäume und weil er zum Stall des heiligen Pferds führt, Sakurababa, Kirschblüten-Pferdeplatz. Hier ist in einem Gebäude aus Stahlbeton ein **Kunstmuseum** mit wechselnden Ausstellungen untergebracht.

Hinter einem Torii folgt das typische Eingangstor eines buddhistischen Tempels. 251 Meter über dem Meeresspiegel liegt schließlich der Hauptschrein. Der lange Aufstieg lohnt sich ganz besonders am 1., 10. und 26. jeden Monats, an diesen Tagen führen die Schreindienerinnen ihre Tänze auf. Sie betreten über einen 40 Meter langen überdachten Korridor die Haupthalle, dieser verbindet die Verehrungsstätte der Ehefrau des Kami mit der ihres Gemahls in der Haupthalle.

Nordöstlich der Haupthalle bietet eine **Plattform** eine Aussicht über ganz Kotohira, alte Positionslichter zieren die Stelle. Sogar die Seto-Ohashi-Brücke ist von hier aus zu sehen.

Ausnehmend unterhaltsam ist die Halle mit den Votivtafeln, **Ema-Den** (絵馬殿) genannt. Hier finden sich viele Schiffsbilder, Rettungsringe und sogar Bilder von Raketen als Bittgebete der NASDA, der japanischen Weltraumbehörde. Von der Jolle bis zum Supertanker sollen beinahe alle japanischen Schiffe vom Schrein gesegnete Talismane an Bord haben. Gewöhnliche Besucher haben nun alles gesehen, und nur Perfektionisten machen sich daran, die letzten 600 Stufen bis zum **Inneren Schrein** zu bewältigen.

🏛 **Schrein Kotohira-gū**

Schrein Kotohira-gū, 892-1 Kotohira, Tel. 75-21 21, frei zugänglich. *Vom Takamatsu JR-Bhf. Direktverbindung nach Kotohira, 60 Min., 830 Yen. Von dort 10 Min. Fußweg bis Treppenstufe 0. Täglich fährt ein Mini-Bus vom Bhf. bis zum Haupttor des Schreins auf halber Höhe: Kotobus, Anmeldung unter Tel. 73-22 21 erforderlich. Einfach 500 Yen.*

Zentsū-ji

Nur sechs Kilometer entfernt vom Schrein Kotohira-gū liegt Zentsū-ji (善通寺), Tempel Nr. 75 des Shikoku-Pilgerwegs. Gemeinsam mit den Tempeln Kōya-san in Wakayama und Tō-ji in Kyōto ist Zentsū-ji einer der drei Zentren des Shingon-Buddhismus. Kūkai baute diesen Tempel 813 auf den Ruinen seines Geburtshauses und benannte ihn nach seinem Vater. Der Tempel umfasst

Chūgoku und Shikoku

in einem westlichen und einem östlichen Teil mehr als 15 Gebäude. Außer der 45 Meter hohen **Pagode** und den **Rakkan-Figuren** mit ihren unterschiedlichen Gesichtszügen ist vor allem der dunkle **Gang unter dem Gebäude Mieidō** (御影堂, auch Daishidō, 大師堂) interessant. Hier geht es auf der linken Seite 100 Meter immer schön entlang der Wand, dabei murmelt der Gläubige ohne Unterbrechung ›Nanmu Daishi Henshō Kongō‹. Alle Sünden werden ihm so vergeben. Auf halber Strecke steht ein Altar genau unter dem Geburtsort Daishis.

Im Tempel Zentsū-ji

 Tempel Zentsū-ji

Wenn schon auf Shikoku, dann auch Tempel-Hotel (Shukubō). Zentsū-ji verfügt über ein modernes angegliedertes Hotel mit 70 Tatami-Gästezimmern:

Zentsū-ji Iroha Kaikan (善通寺いろは会館), 3-3-1 Zentsūji-chō, Zentsū-ji, Tel. 62-0111; Übernachtung mit zwei Mahlzeiten 5500 Yen, ohne Mahlzeiten 4300 Yen. Um 21 Uhr geht das Licht aus, Check-out um 8.30 Uhr! *Von Takamatsu JR-Bahnlinie bis Station Zentsuji, 20 Min. Fußweg.*

Schrein Zentsū-ji, 3-3-1 Zentsūji-chō, Tel. 62-0111; 7–17 Uhr, 500 Yen. *Von Takamatsu JR-Bahnlinie Dosan bis Station Zentsuji, 20 Min. Fußweg.*

Insel Naoshima

Die Insel Naoshima (直島) ist ganz auf die Gegenwart konzentriert. Moderne Kunst beherrscht hier den Alltag. Neben Museen für Moderne Kunst sind auch städtische Einrichtungen wie Rathaus und Schule von international renommierten Architekten entworfen. Das **Benesse House**, eines der Museen, fungiert gleichzeitig als Hotel. Zu erreichen ist die interessante Insel innerhalb von 50 Minuten mit der Fähre von Takamatsu. Im Hafen von **Miyanoura** auf Naoshima gibt es einen Fahrradverleih und eine Informationsstelle für Touristen.

Tokushima

Tokushima (徳島), Hauptstadt der Nachbarpräfektur mit gleichem Namen, lockt jedes Jahr im Hochsommer weit über eine Million Besucher an. Vom 12. bis 15. August findet in der gesamten Stadt das berühmte Straßentanz-Festival Awa-Odori statt. Übersetzt bedeutet der Name des über 400 Jahre alten Festivals schlicht Tanz der (Provinz) Awa. Der Tanz geht angeblich aus einem großen Saufgelage hervor, das Fürst Hachisuka Iemasa (1558–1638) den Bürgern Tokushimas aus Freude über die Fertigstellung seiner Burg spendierte. Die Betrunkenen torkelten durch die Straßen, jemand griff zur Flöte und Gong, und schon gab es kein Halten mehr. Seitdem mäandern die

Tanzgruppen einmal im Jahr, brav nach Männlein und Weiblein getrennt, abends im Rhythmus der Musik durch die Straßen Tokushimas. Wahrscheinlich ist der Ursprung jedoch wesentlich älter, da in beinahe allen Regionen Japans zum buddhistischen O-bon-Fest Mitte August die Toten mit Wein, Tanz und Gesang unterhalten werden. An mehreren Stellen in der Innenstadt Tokushimas sind während der drei Tage Zuschauertribünen aufgestellt, von denen gut die Hälfte kostenpflichtig ist (800–2000 Yen). Die Investition lohnt sich, da die berühmten Tanzgruppen garantiert diese Route nehmen und hier besondere Tänze aufführen. Karten gibt es landesweit in Convenience Stores oder direkt bei der Tourist Information in Tokushima.

Außerhalb des Monats August bleibt als schwacher Ersatz der Besuch des **Awa Odori Kaikan** (阿波踊り会館). Filme und Szenarien erklären den Festivalverlauf, mehrmals täglich findet eine Tanzvorstellung statt. Im selben Gebäude befindet sich die Seilbahn auf den **Berg Bizan** (眉山), einem beliebten Ausflugsziel zur Kirschblütenzeit. Die einfache Fahrt kostet 600 Yen, der Abstieg dauert ungefähr 15 Minuten.

ℹ Tokushima

Direkt am Bahnhof Tokushima befindet sich eine kleine **Tourist Information**, Tel. 088/622-85 56; 9–18 Uhr. Eine weitere Touristeninformation findet man direkt im **Awa Odori Kaikan**, Tel. 088/622-40 10; täglich 9–17 Uhr.

Besonders viele Informationen hält die **Tokushima Prefectural International Exchange Association** bereit, 1-61 Terashima Honcho Nishi, Clement Plaza 6F, Tel. 088/6563303; 10–18 Uhr. Das Clement Plaza ist das Shoppingzentrum über dem JR-Bhf. Tokushima.

🚃

Von Takamatsu: Mit dem JR-Limited Express Uzushio (70 Min., 3070 Yen).

🏛

Awa Odori Kaikan, Tel. 088/611-16 11, Fax 088/611-16 12; 9–17 Uhr, 300 Yen. Vorführung Mo–Fr 14, 15, 16 Uhr, am Wochenende und an Feiertagen zusätzlich 11 Uhr, 2. und 4. Mi/Monat Ruhetag, wenn Mi Feiertag, Do geschlossen, 30. Dez.–2. Jan. geschlossen, 500 Yen. *Vom JR-Bhf. Tokushima entlang der Shinmachibashi-dōri Richtung Berg Bizan, 10 Min. Fußweg.*

Naruto

Knapp 40 Minuten Zugfahrt entfernt liegt das Städtchen Naruto. Genau unter der Brücke Onaruto, die Shikoku mit der Insel Awaji verbindet, wirbeln die beeindruckenden **Strudel von Naruto** (Naruto no Uzushio, 鳴門の渦潮). Hier in der Meeresenge zwischen Seto-Binnenmeer und dem Pazifik treffen ungeheure Wassermengen aufeinander und kreieren bei Ebbe und Flut regelmäßig einen bis zu 20 Meter großen Whirlpool. Die Strudel sind während des Sommers zu Neu- und Vollmond besonders ausgeprägt. Es gibt mehrere Möglichkeiten, die Strudel zu betrachten. Ausflugsboote schippern ganz dicht heran, denn die Strömungen sind für die großen Boote vollkommen harmlos. Zu Fuß läuft man den Uzu no Michi, den Strudel-Weg, entlang bis zu den Strudeln unter der großen Brücke. Genau über den Wirbeln in 45 Metern Höhe befindet sich ein Raum mit gläsernem Fußboden.

Chūgoku und Shikoku

■ Naruto-Park

An Land befinden sich mitten im **Naruto-Park** einmal die **Aussichtsplattform Senjojiki** und das hoch gelegene **Eska Hill**. Dorthin gelangt man allerdings nur über einen kostenpflichtigen Fahrstuhl (8.30–17 Uhr, 300 Yen). Im südlichen Teil des Naruto-Parks liegt eines der größten Museen Japans, das **Otsuka Museum of Art** (Otsuka Kokusai Bijutsukan, 大塚国際美術館). Unter den über 1000 Ausstellungsstücken gibt es Werke von Picasso, Goya oder Monet, nur leider nicht im Original. Alles hier sind Plagiate, wenn auch perfekt ausgeführt. Überkommt einen das Heimweh nach der Sixtinischen Kapelle, ist man hier genau richtig. Allein der happige Eintrittspreis verdirbt den Spaß ein wenig.

■ Deutsches Haus

Wenig bekannt ist die Tatsache, dass Japan im Ersten Weltkrieg auf Seiten der Alliierten kämpfte und mehrere Strafgefangenenlager für deutsche Soldaten errichtete. Eines davon war das sogenannte **Bandō Camp** außerhalb von Naruto. Heute steht hier das Deutsche Haus Naruto (Doitsukan, ドイツ館) und berichtet von der Geschichte des Lagers und wie es zur Städtepartnerschaft mit Lübeck kam. Gleich nebenan steht der **Doitsu Mura Kōen** (Deutsches-Dorf-Park) mit einem kleinen deutschen Friedhof.

■ Tempel Ryōzen-ji

Unweit des Bahnhofs Bando liegt der Tempel Nummer 1 des 88 Tempel umfassenden Pilgerweges. Die meisten Pilger beginnen ihre Reise hier am Ryōzenji (Ryōzen-ji, 霊善事), und so strömt das Volk zahlreich und noch recht munter. Der Tempel verkauft die korrekte Pilgerausrüstung, ohne die sich das Losmarschieren gar nicht zu lohnen scheint. Minimum sind die weiße Weste, der Pilgerstab, der Strohhut und das Büchlein, in dem man sich die Besuche der einzelnen Tempel abstempeln lässt.

Seit 1170 gilt Ryōzen-ji als Ausgangspunkt der langen Reise im Uhrzeigersinn und bietet einige interessante Details: An der Decke der Haupthalle schlängelt sich ein prächtiger Drache, während die Decke der hinteren Gebetshalle ein Sternenhimmel ziert. Die 13 Buddhas vor der Haupthalle links versorgen übrigens die Verstorbenen während ihres ersten Monats im Totenreich. Ebenso erweisen Pilger der Kannon-Statue Ehre, indem sie sie mit Wasser übergießen. Dafür kümmert sie sich um gute zwischenmenschliche Beziehungen. Trotz dieser Feinheiten sind die frisch gebackenen Pilger bei weitem das Interessanteste. So stellt der Tempel unsicheren Anfängern einen Führer zur Seite, um mit ihnen die korrekte Verhaltensweise einzuüben.

Der zweite Tempel des Pilgerweges, **Gokuraku-ji** (極楽寺), liegt nur einen Kilometer entfernt. Auch dieser Tempel verfügt über eine Herberge (Shukubō).

Die Strudel von Naruto

Karte S. 404

Naruto

Vorwahl: 088.

Strudel-Weg Uzu no Michi; März – Sept. 9–17, Okt.–Feb. 9–18, 29. April–5. Mai sowie 20. Juli–31. Aug. 8–19 Uhr, 500 Yen. *Vom JR-Bhf. Naruto mit Bus Richtung Naruto Park bis Bushaltestelle Naruto Kōen, direkt nördlich davon Eingang zum Uzu no Michi.*

Otsuka Museum of Art, Narutokōennai, Naruto-chō, Tel. 687-37 37, Fax 687-11 17; 9.30–17 Uhr, Mo Ruhetag, wenn Mo Feiertag, Di geschlossen. Juli/Aug. durchgehend geöffnet, eine Woche im Januar geschlossen, 3150 Yen. *Vom Bhf. Naruto mit Bus bis Naruto Kōen/Naruto Park.*

Deutsches Haus (Doitsukan), 55-2 Higashi Yamada, Hinoki, Ōasa-chō, Tel. 689-00 99, Fax 689-09 09; 9.30–16.30 Uhr, 4. Mo/Monat geschlossen, sowie Tag nach Feiertag, wenn So, geöffnet, 28.–31. Dez. geschlossen, 400 Yen. *Vom Bhf. Naruto mit JR-Linie bis Bhf. Ikenotani, dort umsteigen nach Bhf. Bando (40 Min., 260 Yen). Von hier entweder 1,5 km bis Doitsu Mura Park laufen und weitere 10 Min. Fußweg bis Doitsukan oder mit Bus bis Doitsu Mura Kōen, 7 Min., 110 Yen. Achtung: Nicht jeder Bus hält auch am Doitsukan.*

Schrein Ryōzen-ji, 126 Bandō, Ōasa-chō, Tel. 689-11 11, 7–17 Uhr. *Vom JR-Bhf. Tokushima mit JR-Linie Kōtoku bis Bhf. Bandō, 20 Min. 15 Min. Fußweg.*

Gokuraku-ji, 12 Hinoki Dannoue, Ōasa-chō, Tel. 689-11 12; die Übernachtung mit zwei Mahlzeiten kostet 6000 Yen.

Oboke und Koboke

Im Landesinnern Tokushimas erwarten den Reisenden Landschaften, wie die Pilger sie vor langer Zeit in ganz Shikoku vorgefunden haben mussten. Reißende Bäche müssen über Hängebrücken überquert werden, geschlafen wird im Zelt. Mit öffentlichen Verkehrsmitteln relativ einfach zu erreichen ist **Oboke** (大歩危), Ausgangspunkt für Wildwasserfahrten auf dem Fluss Yoshino bis Koboke. Allein der Name verrät schon einiges: Oboke bedeutet ›Großer Gefahrenweg‹ und **Koboke** (小歩危) immerhin ›Kleiner Gefahrenweg‹. Den tosenden Fluss kannn man auch nur betrachten, aber dafür lohnt sich der weite Weg nicht wirklich. Also rein ins Boot und für 2000 Yen eine Stunde lang um die Felsenformationen des Flusses jagen!

Für die Nacht empfiehlt sich eine frühe Buchung, denn die wenigen Pensionen sind besonders während der kurzen Saison von April bis November ausgebucht.

■ **Iya-Tal**

Östlich des Flusses liegt der Eingang zum Iya-Tal (祖谷). Nicht umsonst gilt das Tal als eines der drei besonders verborgenen Regionen Japans. Das Tal bietet einsame Wanderwege in unberührter Natur über Hängebrücken aus Schlingpflanzen. Die vordere Westhälfte (Nishi-Iya) konzentriert sich um das Dorf **Nishi-Iya**. Hier findet sich die größte Hängebrücke, prima für Anfänger und Hasenfüße, denn die Brücke ist mit Stahlseilen verstärkt (Kazurabashi, かずら橋, 500 Yen). Unweit der Brücke liegt der Campingplatz **Kazurabashi Camping Village** (祖谷かずら橋キャンプ村), der auch über Bungalows verfügt (bis zu fünf Personen, 5200 Yen).

Rafting auf dem Yoshino

Richtig schön wird das Iya-Tal allerdings erst in seinem östlichen Teil, der auch Hinteres Iya (Oku Iya, 奥祖谷) genannt wird. Der Verkehr wird immer spärlicher, die Endhaltestelle der Buslinie 8 liegt im kleinen Dörfchen **Kubo** (久保). Von hier heißt es Daumen raus oder selber fahren.

Minokoshi (見ノ越), sozusagen Hauptstadt-Dorf des östlichen Iya-Tals, ist Ausgangspunkt für Wanderungen rund um den **Berg Tsurugi-san** (剣山), mit 1955 Metern der zweithöchste Berg Shikokus. Hier gibt es einen Sessellift und auch einen Schrein, den **O-Tsurugi-jinja**. Wer es bis hier schafft, wird beim Schrein mit kostenlosem heiligen Sake belohnt.

Die beiden **Hängebrücken** im hinteren Tal (Oku Iya Nijūkazurabashi, 奥祖谷二重かずら橋) hängen Seite an Seite und werden deshalb auch als Ehemann- und Ehefrau-Brücke (Otto no Hashi, 夫の端; Tsuma no Hashi, 妻の橋) bezeichnet. Die beiden sehen recht instabil aus, sind aber auch stahlverstärkt. Hinüber muss jeder, denn nur auf der anderen Seite gibt es einen kleinen Campingplatz und eine Pension (Oku Iya Kazurabashi Camping, 奥祖谷かずら橋キャンプ). Vielleicht geht es mit dem Lastenzug leichter. Der trägt nicht nur Gepäck, sondern auch Personen.

Da das Iya-Tal besonders unter der Woche recht verkehrsarm ist und die Sehenswürdigkeiten und Wanderwege recht weit voneinander entfernt liegen (zwischen Oboke und Minokoshi liegen gut 30 Kilometer), empfiehlt sich hier das Mieten eines Autos ab Tokushima.

🚃 Oboke und Koboke

Ab Takamatsu: Die JR-Linie Dosan fährt über Oboke bis Kōchi. Achtung: Nur wenige Züge halten in Koboke! Die nächste größere Bahnstation ist **Ikeda** (池田). Ein Tunnel führt ins Iya-Tal, hier geht es mit den Shikoku-Kotsu-Buslinien 7 oder 8 weiter. Ausgangspunkt der Buslinien ist ebenfalls Ikeda.

Japanese Eco-Guesthouse Ku-Nel-Asob, 442 Enoki, Nishiiya Yamaason, Miyoshi, Tel. 090/9778-7133, www.k-n-a.com; pro Person ab 2600 Yen, mit Onsen-Fahrt 3100 Yen. Relativ neues Gästehaus, 3 km vom Bhf. Oboke entfernt (Abholservice vom Bhf.). Der Chef spricht prima Englisch und bietet manchmal Kochkurse an. Ohne Duschgelegenheit, aber dafür regelmäßig Fahrten zum Onsen-Bad.

Happy Raft, 10-4 Iwahara Otoyo-chō, Nagaoka-gun, Präfektur Kōchi, Tel. 0887/75-0500. www.happycraft.com. Die von Australiern geführte kleine Firma bietet auch Anfängern Rafting-Touren.

Kōchi

Kōchi im Süden Shikokus ist die größte der vier Präfekturen mit der zugleich geringsten Einwohnerzahl. Rund die Hälfte seiner Bevölkerung lebt in der gleichnamigen Hauptstadt am Pazifik, der Rest verteilt sich auf gerade mal zehn Städte. Einzig hier liegen zwischen den jeweiligen Tempeln des Pilgerwegs über 80 Kilometer Distanz. Kein Wunder, dass die Strecke durch das alte Tosa gefürchtet war. Auch heute müssen Wanderer für eine Mahlzeit ungewöhnlich weit laufen. So gibt es in Kōchi erst seit 1997 24-Stunden-Läden, ein interessanter Indikator für die Wirtschaftsentwicklung der südlichen Hälfte Shikokus.

■ Burg Kōchi-jō

Die Stadt Kōchi selbst bietet heute dem Besucher eine der in Japan so seltenen intakten Burgen aus dem Mittelalter. Kōchi-jō (高知城) wurde 1601 auf einer Anhöhe gebaut und brannte auch nur einmal 1690 ab. Die jetzigen Gebäude stammen von 1748. Japaner finden die Burg besonders toll, weil man nur hier Hauptturm und Eingangstor auf ein Foto bekommt.

■ Markt

Sonntags ist ein Besuch auf dem großen Markt (Nichiyō-ichi, 日曜市) angesagt. Seit 300 Jahren verkaufen hier Bauern und Fischer (und seit neuestem auch Antikhändler) ihre Waren. Auf 1,3 Kilometern reihen sich gut 500 Stände aneinander, gehandelt wird bis zum Sonnenuntergang.

■ Tempel Chikurin-ji

Östlich der Stadt liegt auf dem **Hügel Godaisan** (145 Meter) der Tempel Chikurin-ji (竹林時), die ehrenwerte Nummer 31 des Pilgerweges. 724 ließ Shōmu-Tennō hier einen Tempel errichten, da die Landschaft angeblich dem chinesischem Berg Godaisan ähnelt. Kūkai ernannte den Tempel später zur 31. Station. Während der Muromachi-Zeit kam ein **Garten** hinzu (Godasain Kōen, 五台山公園). In der Edo-Zeit entwickelte sich Chikurin-ji unter der Protektion der Fürsten von Tosa zu einem Zentrum der Lehre. Noch heute wird der Tempel gerne von Schülern und Studenten besucht, die um göttlichen Segen und Beistand beten.

■ Katsurahama

Von Godaisan geht es gleich weiter an den Strand nach Katsurahama (桂浜). Ein toller Sandstrand lädt zum Entspannen ein, leider aber nicht zum Schwimmen! Die Unterströmungen sind tückisch und Baden daher strikt verboten. Die **Statue des Volkshelden Sakamoto Ryōma** (1835–1867) blickt ebenfalls über das Meer. Geboren in Kōchi, gilt er

Die Burg Kōchi-jō

Chūgoku und Shikoku

als einer der Wegbereiter der Meiji-Restauration. Sein früher Tod – er wurde mit 32 Jahren in Kyōto ermordet – verleiht Ryōma in Japan eine besonders mythische Popularität. 2010 widmet sich das alljährliche 50-teilige Historiendrama des Fernsehsenders NHK dem kurzen Leben dieses Samurais. Wer nicht ein ganzes Jahr jeden Sonntagabend vor dem japanischen Fernseher verbringen will, besucht das **Museum** (Sakamoto Ryōma Kinenkan, 坂本龍馬記念館) ein paar Schritte Richtung Inland.

■ Tosa Tōken Center

Kōchi als alte Residenz- und Hauptstadt der Provinz Tosa gilt auch als Zentrum der Tosa-inu (auch: Tosa-Ken)-Hundezucht. Gleich neben der Bushaltestelle Katsurahama befindet sich das Tosa Tōken Center (Tosa Tōken Center, 土佐闘犬センター), das Zentrum für Tosa-Hundekampf, unschwer an den Hundemalereien zu erkennen. Diese mächtigen Hunde, entstanden durch die Einkreuzung verschiedener Hunderassen wie Bulldoggen, Bernhardiner und Mastiffs in einheimische Hunderassen, verstehen sich auf den Kampf ohne jeglichen Laut. Bei Wettkämpfen sollen sie den Gegner wie beim Sumō-Kampf nur auf den Boden werfen und ihn dort halten. Knurrt oder jault ein Hund, wird er sofort disqualifiziert. Auch in Japan ist der Tosa umstritten.

■ Whale Watching

Friedlicher geht es heutzutage auf dem Meer zu. Von Ende April bis September fahren Boote raus zu den Walen. Die Fischerei-Gesellschaft hat vom Fangen aufs Betrachten umgesattelt und startet täglich um 8.30 und 13 Uhr vom Urado-Fischereihafen eine Tour. Andere Städte entlang der Küste bieten ebenfalls Walfahrten an. Nur in Muroto am östlichen Ende der Tosa-Bucht finden die Fahrten auch im Winter statt.

 Kōchi

Vorwahl: 088.
341 000 Einwohner, Präfektur Kōchi.
Kochi ›i‹ Information Office, 1-45 Sakaeda-chō, Kōchi. Im JR-Bhf. Kōchi, Tel. 826-33 37; 9–17 Uhr. Bucht auch Unterkunft.

Von Takamatsu: Mit JR-Limited Express Shimanto bis Bhf. Kōchi, 2 Std. 20 Min., 4760 Yen.

Whale Watching Tour, Kōchi City Fishery Co-operative Association, Tel. 842-285 wochentags, sonst 848-06 39; tägl. 8.30 und 13 Uhr vom Urado Fischereihafen, 5500 Yen, Mindestalter 13.

Kōchi Hotel, 4-10 Ekimae-chō, Kōchi, Tel. 822-80 08. Fax 822-80 09; EZ ab 6510 Yen. Direkt beim Bahnhof, alle Geschäfte in direkter Nähe.
In Kōchi sind auch die Hotelketten **Sunroute** sowie **Best Western** vertreten.

In Kōchi isst man den Fisch auf besondere Weise zubereitet. Weder ist er vollkommen roh noch ordentlich durchgebraten. **Katsuo no Tataki** (鰹のたたき) erinnert an ein sehr blutiges Rumpsteak, nur eben als Fisch. Bonito, eine Art Tunfisch, wird in Blöcken ringsherum leicht angegrillt und mit rohen Lauchzwiebeln, Ingwer und Knoblauch serviert. In einen Mix aus Sojasauce, Essig und Yuzu-Limettensaft getaucht, schmeckt er hervorragend zu Sake und wird daher gerne in den Kneipen, den sogenannten Izakaya, serviert. Beliebte Mitbringsel sind **Bonito-Flocken** (Katsuobushi, 鰹節). Den getrockneten Bonito-Fisch verarbeitet man auf einer besonderen Reibe zu Flocken, die in vielen japanischen Gerichten als Würze Verwendung finden. Die Fischflocken aus dem südlichen Shikoku gelten als die besten.

Kōchi-jō, Marunouchi 1-2-1, Tel. 824-5701; 9–17 Uhr, 26. Dez.–1. Jan. geschlossen, 400 Yen. *Vom Bhf. Kōchi 20 Min. Fußweg.*

Tempel Chikurin-ji, 3577 Godaisan, Tel. 882-3085; 8.30–17 Uhr, 400 Yen (Schatzkammer mit Garten). *Vom Busterminal Harimayabashi mit Bus oder Straßenbahn Tosaden bis Haltestelle Chikurin-ji, 25 Min., 190 Yen. An*

Wochenenden und Feiertagen fährt My-Yu-Bus direkt bis Godaisan, Tageskarte 600 Yen.

Sakamoto-Ryōma-Museum, 830 Urado-Shiroyama, Tel. 841-0001; 9–17 Uhr, 400 Yen. *Vom Busbahnhof Harimayabashi in Kōchi mit dem orangefarbenen Bus Richtung Katsurahama bis Haltestelle Ryōma Kinenkan mae, eine vor Endhaltestelle Katsurahama.*

Tosa Tōken Center, 6 Urado, Tel. 842-3315; 9–16 Uhr, 2000 Yen, ohne Wettkampf 500 Yen für Welpenbesuch. *Von der Katsurahama-Bushaltestelle 2 Min. Fußweg.*

Markt Nichiyō-ichi, in der Straße Ōtesuji östlich der Burg, 5 Min. Fußweg vom Bhf.; So 5–18, Okt.–März 6–17 Uhr, 1./2. So im Jan. kein Markt.

Kap Ashizuri

Das westliche Ende der Tosa-Bucht bildet Kap Ashizuri (Ashizuri Misaki, 足摺岬). Dieser südlichste Landzipfel Shikokus ist schon Teil des Ashizuri-Uwakai-Nationalparks, der sich bis nach Uwajima entlang der Westküste zieht. Das Kap ist nicht nur berühmt für seine wilde Küste, sondern auch für den Tempel **Kongōfuku-ji** (Kongōfuku-ji, 金剛福寺), Nummer 38 auf dem Pilgerweg. Der Tempel ist der Göttin der Barmherzigkeit Kannon geweiht und steht in einem Palmenwäldchen in **Ashizuri Misaki**, dem südlichsten Ort Shikokus. Nach 100 Kilometern Wanderstrecke erwartet die Pilger hier endlich eine Herberge. Auf dem Weg zum weißen Leuchtturm auf den 88 Meter hohen Klippen steht die **Statue von John Manjiro**. John Manjiro, als Nakahama Manjiro 1884 im nahen Tosa Shimizu geboren, erlitt 1841 Schiffbruch und wurde von einem amerikanischen Walfänger gerettet. Er begleitete die Crew vier Jahre lang, reiste dann mit dem Kapitän nach Massachusetts und studierte Englisch, Mathematik und Navigation. Nach weiteren Fahrten um die Welt kehrte er 1851 nach Japan zurück, um dem Fürsten von Tosa zu dienen. Bald erkannte auch die Regierung in Tōkyō seinen großen Nutzen und beauftragte ihn mit der Ausarbeitung internationaler Handelsvereinbarungen. 1860 reiste Manjiro als Teil einer Delegation nach Amerika und auch nach Europa. Er wurde der erste Englischlehrer an der späteren Universität Tōkyō. 1898 verstarb er. Dieser interessanten Persönlichkeit ist natürlich auch ein **Museum**(-szimmer) in **Tosa Shimizu** gewidmet (John Mung House, ジョン万ハウス).

Kamelienallee am Kap Ashizuri

🛏 Kap Ashizuri

Auf dem Kap Ashizuri findet sich außer der **Tempelherberge** das komfortable **Ashizuri Kokusai Hotel**, 662 Ashizuri Misaki, Tosa Shimizu, Tel. 88-02 01, Fax 88-11 35; pro Person ab 9450 Yen mit Abendessen und Frühstück. Außenbad mit Blick aufs Meer. *An der Straße 27, knapp 1 km westlich vom Tempel Kongōfuku-ji.*

🏛

Tempel Kongōfuku-ji, 214-2 Ashizuri Misaki, Tosa Shimizu, Tel. 088-00 38. Übernachtung mit zwei Mahlzeiten 5775 Yen, Anmeldung erforderlich. *Vom JR-Bhf. Kōchi mit Dosan-Linie Limited Expresszug Tosa Kuroshio bis Bhf. Nakamura, 100 Min., 4730 Yen. Dort umsteigen in Kochi Seinan Kotsu Bus Richtung Ashizuri Misaki, bis Endstation Ashizuri Misaki, 100 Min., 1930 Yen.*

John Mung House (John-Manjiro-Museum), 303 Yōrō, Tosa Shimizu, Gebäude Umi no Eki/Meeresbahnhof im Hafen Ashizuri, Tel. 82-3155; 8.30–16 Uhr, Mi Ruhetag. 200 Yen, Kinder und Jugendliche kostenlos. *Von der Statue 20 Min. Fußweg Richtung Norden.*

Matsuyama

Mit der Präfektur Ehime im Nordwesten schließt sich der Kreis auf Shikoku. Die Hauptstadt Matsuyama am Seto-Binnenmeer ist mit einer halben Millionen Einwohner die größte Stadt Shikokus und nicht nur für seine schöne Burg und das 3000 Jahre alte Onsen-Bad Dōgo bekannt. Masaoka Shiki, der Vater der modernen Haiku-Dichtung, und auch Natsume Sōseki, einer der ersten modernen japanischen Literaten mit Weltruhm, verbrachten hier einige Jahre ihres Lebens. In Anlehnung an Natsume Sōsekis Novelle ›Botchan‹, deren Handlungsort das Matsuyama der Meiji-Zeit ist, fährt heute der Botchan-Zug durch die Innenstadt (Botchan Ressha, 坊ちゃん列車, 300 Yen).

Die Burg von Matsuyama liegt mitten in der Stadt auf einem knapp 130 Meter hohen und sehr steilen Berg. **Matsuyama-jō** (松山城) zählt ebenfalls zu den wenigen Originalbauten des Mittelalters, wobei der Begriff Original immer recht dehnbar ist: Baubeginn war 1603, bei seiner Versetzung nach Aizu Wakamatsu (Präfektur Fukushima) nahm der Bauherr den Hauptturm einfach mit. Die neuen Herren Matsudaira bauten erneut einen Hauptturm (1642), der 1784 einem Blitzeinschlag zum Opfer fiel. Der jetzige Hauptturm stammt aus den Jahren 1820 bis 1854, ist also nicht wirklich mittelal-

terlich. Die letzten Renovierungsarbeiten wurden 1986 abgeschlossen. Trotzdem lohnt sich die Fahrt mit Sessellift oder Seilbahn wegen der Aussicht über Stadt, Meer und den Berg Ishizushi, mit 1982 Metern der höchste Berg Westjapans.

Unterhalb der Burg liegt der **Park Ninomaru** (Ninomaru Shiseki Teien, 二の丸史跡庭園). Die Fundamente der äußeren Burg sind hier als teilweise recht moderne Gartenelemente mit eingearbeitet worden. Immer wieder finden besondere Veranstaltungen wie Noh-Theater oder Ausstellungen statt. Der Park lässt sich in knapp 20 Minuten über einen schmalen Weg hinter der Burg linker Hand der Seilbahn erreichen.

■ Dōgo Onsen

Seit Jahrtausenden zieht es die Menschen in die heißen Quellen von **Dōgo Onsen** (道後温泉), darunter befanden

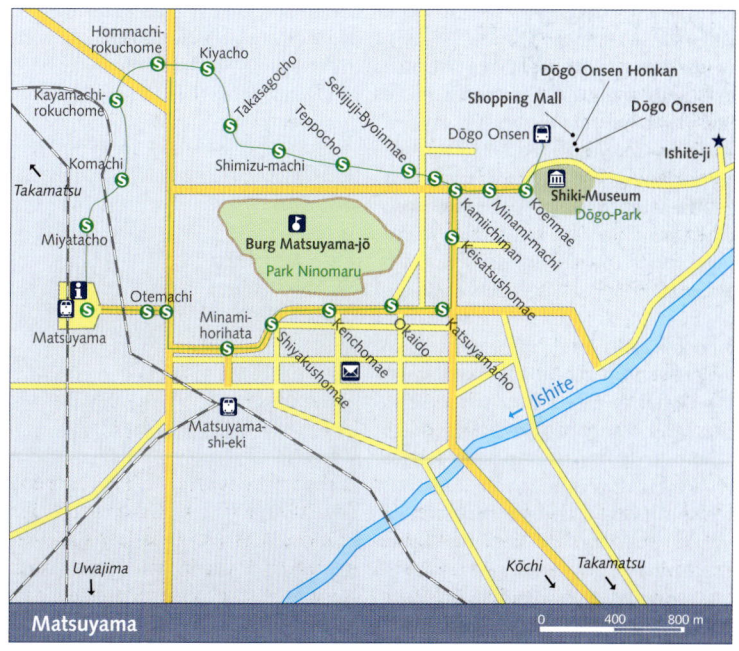

Matsuyama

Chūgoku und Shikoku

In Dōgo Onsen

sich viele Dichter und Denker wie Prinz Shōtoku Taishi (574–622), Mitglieder der kaiserlichen Familie und natürlich der ein oder andere Schriftsteller. Einst lag das Onsen-Bad recht abgelegen, heute bildet es einen Vorort Matsuyamas. Kernstück des Ortes ist das dreistöckige **Dōgo Onsen Honkan** (道後温泉本館). Anime-Fans kennen das älteste Gebäude des Ortes womöglich: Das ehrwürdige Bad Honkan diente als Vorlage für den Trickfilm ›Chihiros Reise ins Zauberland/Spirited Away‹ von Miyazaki Hayao. Das Holzhaus im Stil einer Burg steht als einziges Badehaus in Japan unter Denkmalschutz. 1894 erbaut, ziert das Dach ein weißer Reiher. Legenden erzählen, dass in frühesten Zeiten in einer dampfenden Quelle ein weißer Reiher sein verletztes Bein geheilt habe und schon die Götter in Dōgo Entspannung fanden. Der Badeort findet tatsächlich schon in den ersten Annalen Japans (Nihonshoki, 720) Erwähnung, das schwefelhaltige Wasser lindert seitdem vom Rheuma bis zur Hysterie allerlei Beschwerden.

Das ehrwürdige Honkan steht heute jedem Gast offen, je nach Bad und an-

schließender Erfrischung liegen die Preise zwischen 400 und 1500 Yen. Die Bäder sind allesamt nach Geschlecht getrennt, unten befinden sich die günstigen Götterbäder (Kami no Yu), in der Mitte die teureren Seelenbäder (Tama no Yu) und ganz oben die exklusiven Ruheräume einschließlich Botchan-Reisklößchen und Tee als Erfrischung. Ein kurzer Rundgang durch die Gemächer der Kaiserlichen Familie (leider seit über 40 Jahren ungenutzt) und den bevorzugten Raum Natsume Sōsekis kostet 250 Yen, bei den Badetickets ist dies im Preis enthalten. Seit neuestem gibt es an der Kasse eine detaillierte Beschreibung auf deutsch, also keine Angst und auf zum Baden!

Das Honkan bietet keinerlei Übernachtungsmöglichkeiten, es ist ein Sentō, wenn auch ein besonders prächtiges öffentliches Bad. Trommeln verkünden um 6 Uhr morgens die Öffnung des Bades! Um Unterkunft braucht sich trotzdem niemand zu sorgen, es gibt genügend Hotels. Gleich vor dem Hon-

Matsuyama, Blick über Burg und Stadt

Karte S. 417

kan bietet eine überdeckte Shopping Mall mit unzähligen Geschäften auch an Regentagen ein wenig Unterhaltung. An Wochenenden wimmelt es hier geradezu von Gästen in Yukata-Kleidung. Kein Japaner würde nach einem ausgiebigen Bad nochmals in Straßenkleidung steigen. Der stets vom Hotel bereit gelegte baumwollene Kimono dient auch als Nachtkleidung und darin lässt sich vortrefflich bummeln.

In ganz Dōgo verteilt finden sich angenehm temperierte Fußbäder (Ashi-yu, 足湯). Besonders populär ist das Fußbad vor dem **Botchan-Glockenspiel** (Botchan Karakuri Tokei, 坊ちゃんカラクリ時計)

neben dem Bahnhof Dōgo Onsen. Hier drehen sich stündlich Figuren aus Sōsekis allgegenwärtigem Roman. Die Uhr sowie der Bahnhof wurden ganz nach Beschreibungen des Romans gebaut und sind äußerst beliebte Ausflugsziele. Dem eigenwilligen Schriftsteller hätte das sicherlich nicht gefallen, mochte er an Matsuyama doch einzig das alte Onsen-Bad.

Nicht weit davon entfernt befindet sich das **Shiki-Museum** (Shiki Kinenkan, 子規記念館) über den Schriftsteller Masaoka Shiki. Ein Teil des Museums ist Sōsekis Novelle ›Botchan‹ gewidmet, die beiden Literaten waren auch im richtigen Leben gute Freunde.

 Matsuyama und Dōgo Onsen

Vorwahl: 089.
515 000 Einwohner, Präfektur Ehime.
Matsuyama City Tourist Information, 1-14-1 Minami-Edo, Tel. 931-39 14; 8.30–20.30 Uhr, im JR-Bhf. Matsuyama.
Dōgo Onsen Tourist Info, 6-8 Dōgoyunomachi, Matsuyama, Tel. 921-37 08; 8–20 Uhr. Gegenüber Bhf. am Eingang der Shopping-Arkade. Hier gibt es detaillierte Infos auch auf deutsch, Hilfe bei der Unterkunftssuche und saubere Toiletten.

Von Tōkyō: Mit dem JR-Tōkaidō/Sanyo Shinkansen bis Okayama. Dort umsteigen in JR-Limited Express Shiokaze bis Matsuyama (mit Shinkansen Hikari 6 Std. 44 Min., 19 480 Yen, mit Shinkansen Nozomi 6 Std. 14 Min., 19 980 Yen).

In Matsuyama selbst gibt es Hotels und Pensionen, Dōgo Onsen ist jedoch interessanter. Hier befindet sich

auch eine der beliebtesten Jugendherbergen: **Matsuyama Youth Hostel**, 22-3 Dōgo Himezuka, Tel. 933-63 66, Fax 933-63 78; Schlafsaal 2625 Yen, üppiges Abendessen 1050 Yen. Unbedingt reservieren! *Vom Bhf. Dōgo 8 Min. Fußweg.*
Hotel Patio Dogo, Dōgo Honkan mae, Tel. 941-41 28, Fax 941-41 29; EZ ab 7665 Yen. 2008 komplett renoviertes modernes Hotel mit Blick auf Dōgo Onsen Honkan.
Dogo-Kan, 7-26 Dōgo Takō-chō, Tel. 941-77 77, www.dogokan.co.jp; pro Person ab 20 000 Yen mit Abendessen und Frühstück. Einige Zimmer verfügen über privates Außenbad, Zimmer im westlichen Stil vorhanden. *Vom Bhf. Dōgo 5 Min. Fußweg, vom Honkan 3 Min. Fußweg.*
Funaya, 1-33 Dōgoyunomachi, Tel. 947-02 78, Fax 943-21 39, www.dogo-funaya.co.jp (jap.); pro Person ab 21 000 Yen mit Abendessen und Frühstück. Das edle Hotel blickt auf beinahe 400 Jahre Hotelgeschichte und kaiserliche Gäste zurück. *Vom Bhf. Dōgo 3 Min. Fußweg.*

Chūgoku und Shikoku

Matsuyama und Umgebung bieten kulinarisch keine großartigen Spezialitäten. Einzig die **Botchan-Dango**, gekochte Reisklößchen am Spieß, finden in Dōgo reißenden Absatz.

Dango-Geschäft Tsuboya Kashiho (つ ぶや菓子舗), 14-23 Dōgoyunomachi, Tel. 921-2227; 9.30–22 Uhr, Di Ruhetag. Im Stil der Meiji-Zeit liebevoll eingerichtet, es gibt drei Varianten Reisklößchen, fünf Spieße mit drei Klößchen kosten 525 Yen. *Vom Bhf. Dōgo 3 Min. Fußweg in Shopping-Arkade.*

Matsuyama-jō, 1 Marunouchi, Tel. 089/921-4873; 9–17, Dez./Jan. 9–16.30, Aug. 9–17.30 Uhr, 29. Dez. geschlossen, 500 Yen. Liftbetrieb 8.30–17 Uhr, einfach 260 Yen, 500 Yen für beide Strecken. *Vom JR-Bhf. Matsuyama mit Straßenbahnlinie 5 oder Bhf. Matsushima-shi Linie 2 und*

3 oder mit Botchan-Train bis Haltestelle Okaido. 5 Min. Fußweg bis Seilbahnstation.

Botchan-Glockenspiel, neben Bhf. Dōgo Onsen; 8–22 Uhr.

Shiki-Museum, 1-30 Dōgo-Kōen, Tel. 931-5566; 9–17 Uhr, Mo Ruhetag, wenn Mo Feiertag, Di geschlossen, 29.–31. Dez. geschlossen, 400 Yen. *Kurzer Fußweg Richtung Osten vom Bhf. Dōgo Onsen.*

Park Ninomaru, Marunouchi, Öffnungszeiten wie Burg, 100 Yen.

Dōgo Onsen Honkan, 5-6 Dōgoyunomachi, Tel. 921-5141; 6–23 Uhr. Vom *JR-Bhf. Matsuyama Straßenbahnlinie 5, vom Bhf. Matsuyama-shi außerdem Linie 3 bis Endstation Dōgo Onsen. Durch die Shopping-Mall bis zum anderen Ende direkt zum Honkan.*

Tempel Ishite-ji

In properer Kleidung sollte man den Tempel Ishite-ji (Ishite-ji, 石手寺) östlich von Dōgo Onsen besuchen. Der Ishite-ji, Tempel 51 auf dem Pilgerweg, gilt nach dem Tempel Zentsū-ji (Nr. 75) als der meistbesuchte Tempel der Strecke. Das hat er nicht nur der Nähe zu Dōgo zu verdanken, sondern wohl auch seiner kuriosen Geschichte: Der Legende nach lebte in Matsuyama einmal ein besonders rücksichtsloser Mensch namens Emon Saburō. Kōbō Daishi erschien ihm mehrmals als einfacher Bettelmönch, Emon erkannte ihn jedoch nicht und verjagte Daishi achtmal mit Stockschlägen. In den folgenden Jahren starben seine acht Kinder. In tiefer Trauer erkannte Emon seine Sünden, verkaufte Hab und Gut und begab sich zwanzigmal auf

die Pilgerreise. Erst auf der 21. Reise, Emon war mittlerweile dem Tod nahe, erschien der große Priester, drückte ihm einen Stein in die Hand und vergab ihm seine Fehler. Emon verstarb friedlich. Dieser Stein, Daishi hatte darauf die Worte ›Emon Saburōs Wiedergeburt‹ geschrieben, tauchte Jahre später in der Hand eines Neugeborenen wieder auf. Heute wird er hier im Tempel ›Stein in der Hand‹, denn das bedeutet Ishite-ji übersetzt. Die vielen Kiesel mit Inschriften vor einer der Hallen liegen für Schwangere bereit. Sie dürfen als Talisman für eine sichere Entbindung einen Stein mitnehmen. Ist das Baby dann gesund und munter auf der Welt, bringen sie als Dank zwei Steine zurück. Der Tempel selbst wurde 728 gegründet, die meisten Gebäude stammen

Karte S. 404

jedoch aus der Kamakura-Zeit des 14. Jahrhunderts und gelten als Kulturschätze. Besonders das **Haupttor Niomon** mit seinen grimmigen Wächterfiguren und die übergroßen Strohsandalen Buddhas sind beeindruckend. Eine Berührung des gewaltigen Schuhwerks verleiht schlappen Beinen übrigens frische Kräfte!

Hinter der Haupthalle stehen in einem Tunnel 88 Statuen. Jede verkörpert einen der 88 Tempel des Pilgerwegs. Ein kurzer Stopp vor jeder Statue ersetzt angeblich die beschwerliche Rundreise. Mit Sicherheit ist das ein weiterer Grund für die Beliebtheit des Tempels!

🏛 **Tempel Ishite-ji**

Tempel Ishite-ji, 2-9-21 Ishite, Tel. 089/977-0870; Schatzhalle 200 Yen. *Vom JR-Bhf. Matsuyama mit Bus Richtung Dōgo Yu no Yama New Town bis Haltestelle Ishite-ji, 25 Min., oder ab Shiki-Museum Straße Richtung Südost 15 Min. Fußweg.*

Uchiko

Von Matsuyama aus empfiehlt sich ein Abstecher in den Süden nach Uchiko (内子). Während Matsuyama im Zweiten Weltkrieg beinahe völlig zerstört wurde, konnte das Städtchen sich einen kompletten Straßenzug aus der Edo-Zeit sowie aus den Anfängen des letzten Jahrhunderts erhalten.

Der **Yokaichi-Bezirk** in der Innenstadt steht heute unter Denkmalschutz und erinnert an die wohlhabende Vergangenheit des Ortes, als hier noch ein Großteil an japanischen Wachsprodukten aus Beeren wie auch hochwertiges Japan-Papier produziert wurde. Nur fünf Minuten vom JR-Bahnhof Uchiko entfernt, befinden sich entlang dieser knapp 600 Meter langen Straße ein

Wachsmuseum und mehrere **Residenzen**. Ein altes **Kabuki-Theater** und das **Historische Museum** liegen weiter südlich zwischen Bahnhof und Yokaichi.

Allein die halbstündige Bahnstrecke von Matsuyama lohnt die Fahrt, der Zug schlängelt sich durch sattgrüne Täler mit Obstanbau und Tabakfeldern.

ℹ️ **Uchiko**

Uchiko Tourist Information, Tel. 089/43-1450; 9–16 Uhr, Mo geschlossen. Gleich außerhalb des Bahnhofs.

🚉

Von Matsuyama: Ab JR-Bhf. mit der JR-Uchiko-Linie bis Bhf. Uchiko, Limited Expresszug, 25 Min., 1250 Yen.

Uwajima

Weiter geht es nach Uwajima (宇和島), der Hafenstadt an der Westküste Shikokus. Weit mehr als die kleine im original erhaltene **Burg** im Zentrum der Stadt ziehen der Fruchtbarkeits-Schrein **Taga-jinja** (多賀神社) mit einem äußerst detailfreudigen Museum sowie Stierkämpfe in Sumō-Manier die Besucher an. Taga-jinja stammt aus dem 3. Jahrhundert und ist einer der ältesten Schreine in Shikoku.

Vom Bahnhof aus liegt der Schrein in nördlicher Richtung auf der anderen Seite des Flusses. Auf dem Gelände stehen allerhand Objekte, die meist nur ein Thema haben: Phalli. Das dreistöckige **Museum** bietet die gesamte Bandbreite erotischer Darstellungen ohne Ordnung und Erklärung, doch auch die kichernden Besuchergruppen sind sehr unterhaltsam (Sex-Museum Dekoboko Shindō, 凸凹神堂).

Pilger am Strand in der Präfektur Ehime

Die Stierkämpfe in Uwajima kommen glücklicherweise ganz ohne Blut aus. Die auf Hochglanz gebürsteten Bullen sollen den Gegner nur aus dem Ring schieben oder seine Vorderläufe zum Einknicken bewegen, dann ist der Kampf schon entschieden. Ushisumō (Bullen-Sumō) findet unter der Aufsicht offizieller Sumō-Kampfrichter nur am 2. Januar, 1. Sonntag im April, 24. Juli, 14. August und am 4. Sonntag im Oktober statt. Mit ein bisschen Glück hat eine Reisegesellschaft (für 60000 Yen!) einen Kampf außer der Reihe gebucht, und man schließt sich einfach an. Während der designierten Kampftage beginnt das Spektakel um 12 Uhr mittags und endet nach zwei Stunden.

 Uwajima

Vorwahl: 0895.

Tourist Information, direkt gegenüber dem Bahnhofsgebäude, Tel. 22-39 34; 8.30–17, Sa/So ab 9 Uhr.

Von Matsuyama: Mit JR-Yosan-Linie, Uwajima ist Endstation.

Schrein Taga-jinja, 1340 Fujie, Tel. 0895/22-34 44; 8–17 Uhr.

Sex-Museum Dekoboko Shindō; nur Erwachsene, 800 Yen. *Vom Bhf. sorgfältig ausgeschildert, 15 Min. Fußweg.*

Städtische Stierkampfarena (Uwajima Shiei Tōgyūjō, 宇和島市営闘牛場), 496-2 Warei-chō, Tel. 25-35 11; Tickets für die Stierkämpfe sollten rechtzeitig reserviert werden, sie kosten im Vorverkauf 2500 Yen.

An Kampftagen fährt ein Shuttlebus ab Tourist Information zur Stierkampfarena.

Karte S. 404

Der Pilgerweg durch Shikoku

›You'll never walk alone‹, Britische Fußballfans kennen den Spruch ebenso gut wie die Gläubigen auf dem 88 Tempel umfassenden Pilgerweg Shikokus. Denn nichts anders steht auf ihren Wanderstäben oder Jacken: Dōkyō Ninin (同行二人) bedeutet ›Gemeinsam laufen wir zwei‹, der Pilger und sein … Stecken. In ihm manifestiert sich Kōbō Daishi, der Gründer des esoterischen Buddhismus. Er führt sicher über Stock und Stein, als Dank wird der Stab abends sorgfältig vom Schmutz des Tages befreit, und so mancher Wanderer legt ihn neben seinen Futon.

Ein Henro-san, ein Pilger, sollte alle Tempel im Uhrzeigersinn besuchen, um sich von den 88 Sünden zu befreien und womöglich die Erleuchtung zu erreichen. Gegen den Uhrzeigersinn zu laufen, bringt angeblich besonderes Glück, ist aber nicht üblich. Dabei hat er zehn Gebote zu beachten, die denen des christlichen Glaubens erstaunlich ähneln. Kōbō Daishi (774–835, sein wahrer Name lautet Kūkai) ist in Shikoku allgegenwärtig. Er gilt als Gründer oder zumindest frühester Besucher der 88 Tempel Shikokus. Historisch abgesichert ist das leider nicht. Auch über die Zahl 88 gibt es nur Spekulationen. Es gibt tatsächlich weitere zwanzig Tempel, die sogenannten Bangai (›außer der Reihe‹). Für manche macht erst ihr Besuch die Pilgerreise komplett, die meisten unterschlagen sie einfach.

Während der Heian-Zeit (9.–12 Jahrhundert) waren die 88 Tempel unter den Aristokraten sehr beliebt, dann aber sank ihr Stern. Erst in der reisefreudigen Edo-Zeit begannen die Gläubigen wieder, sich dank verbesserter Infrastruktur und wachsendem Wohlstand auf den langen Weg nach Shikoku zu machen. Die Fürsten sahen es damals gar nicht gerne, wenn sich ihre Untertanen aus der Domäne entfernten. Einzig Pilgern konnten sie die Erlaubnis nicht verweigern, es hätte sich schlecht auf ihr eigenes Karma auswirken können.

So entstanden immer mehr Herbergen (Shukubō) und auch Wegbeschreibungen; die älteste Anleitung stammt aus dem Jahr 1687. Bis zum Zweiten Weltkrieg gewann das Pilgern stetigen Zulauf. Erst in den bitterarmen Nachkriegsjahren kam es beinahe zum völligen Stillstand. Mit dem Wirtschaftsaufschwung hatten die Japaner wieder Geld, doch nun fehlte es ihnen an Muße. Wer konnte schon zwei Monate dem Alltag Adieu sagen? Dies war die Geburtsstunde der Henro-Busfahrten. Das Konzept schlug ein wie eine Bombe, heute rollen die meisten Pilger komfortabel und klimatisiert von einem Tempel zum nächsten.

Die Grenzen zwischen Sightseeing und Beten verwischen dabei immer stärker. Viele nutzen den typisch japanischen Hang zur Gruppenkostümierung und statten sich am ersten Tempel erst einmal komplett im Pilger-Look aus. Das kostet dann schon mal an die 200 Euro, neben dem Stecken gehören zur Ausrüstung ein Set weißer Kleidung, Strohhut, Gebetskette, Glocke, Tasche und Büchlein zum Abstempeln der einzelnen Tempelstationen. Die Einwohner Shikokus können sie damit nicht täuschen, sie wissen genau zwischen Tourist und Pilger zu unterscheiden. Hobby-Pilgern stecken sie kaum kleine Präsente (O-settai) zu. Die sind allein dem wahren Wallfahrer vorbehalten und als Dank gedacht, die Strapazen der langen Wanderung zu erleichtern. Tut man Pilgern etwas Gutes, tut man Buddha Gutes, dies hat in Shikoku heute wie vor 1000 Jahren noch Gültigkeit.

Lass mir die kleine Hand,
Die ich begehre ...
O Butterfly!
Das ist der rechte Name.
Schmetterling, du holder!

Giacomo Puccini

Kyūshū und Okinawa

Der Süden Japans

Der südlichste Teil des japanischen Inselarchipels umfasst die Region Kyūshū. Sie besteht nicht allein aus der drittgrößten Hauptinsel Kyūshū, sondern umfasst auch die Präfektur Okinawa mit dem Großteil der Ryūkyū-Inseln. Das milde Okinawa bildet zusammen mit den Präfekturen Miyazaki und Kagoshima das südliche Kyūshū. Kaum jemals sinkt das Thermometer unter zehn Grad Celsius, schon im April setzt der schwül-heiße Sommer ein.

Die Präfekturen Fukuoka, Saga, Nagasaki, Kumamoto und Oita machen den Norden Kyūshūs aus. Auch hier herrscht im Sommer subtropisches Klima vor. Doch können im Winter die Nächte empfindlich kalt werden, in höheren Lagen ist ab November mit Schneefall zu rechnen. Ein großer Unterschied zum übrigen Japan ist die Heftigkeit der Taifunsaison. Ab Ende August bis in den Oktober hinein muss hier mit orkanartigen Winden und extremen Niederschlägen gerechnet werden. Dafür beginnt der Frühling nach einem sonnigen Winter schon im Februar!

Die Region Kyūshū zeichnet sich kulturell vor allem durch ihre Nähe zum asiatischen Festland aus. Schon während der Jungsteinzeit setzten Menschen von der koreanischen Halbinsel über und gründeten die ersten Siedlungen auf später japanischem Boden. Koreanische Töpfer und Waffenschmiede lehrten die Japaner im frühen Mittelalter ihre Künste. Im 16. Jahrhundert landeten hier die ersten Missionare, rasch gefolgt von holländischen Handelsniederlassungen, Trotz intensiver Kontakte zu den Nachbarländern betrachtete die Insel Kyūshū sich immer als Teil Japans und zog klare Grenzen zum Festland. Anders das Königreich Ryūkyū im heutigen Okinawa:

Über Jahrhunderte stand es dem Festland kulturell näher als Japan. Mit der Unterstützung der Ming-Kaiser konnte es sich bis ins 17. Jahrhundert seine Unabhängigkeit bewahren. Dann fiel das Königreich unter die Kontrolle des Fürsten von Satsuma (heute Kagoshima) und wurde schließlich 1879 offiziell zur Präfektur des japanischen Kaiserreiches erklärt.

Auch das 20. Jahrhundert brachte Okinawa nicht viel Glück. Im Zweiten Weltkrieg tobten hier die Pazifik-Schlachten mit extrem hohen Verlusten der Zivilbevölkerung. Bei Kriegsende waren 90 Prozent der Städte und Dörfer völlig zerstört. Erst 1972 endete die U.S.-Besatzung, Okinawa wurde wieder ein Teil Japans. Die zahlreichen amerikanischen Militärstützpunkte – sie nehmen 18 Prozent der Fläche Okinawas in Anspruch – stoßen bei einem großen Teil der Bevölkerung weiterhin auf heftige Ablehnung.

Blick über Kagoshima auf den Vulkan Sakurajima

Karte S. 427

Insel
Iki

Yamaguchi

Shimonoseki
Kitakyūshū
Ube
Tokuyama

Nakama
Iizuka
Yukuhashi
Tagawa
Nakatsu
Bungo
Takada

Nijō
Fukuoka
Dazaifu
Fukuoka
Kitsuki
Hirado
Karatsu
Matsuura
Saga
Ogōri
Imari
Saga
Kurume
Beppu
Ōita
Sasebo
Yanagawa
Ōita
Arita
Usuki
Nagasaki
Ōmuta
Aso-Nationalpark
Tsukumi
Omura
Isahaya
Nagasu
Aso
Namino
Bungotaketa
Nagasaki
Shimabara
Kinbo
665
Ōzu
Aso
1582
Bungoogi
Saiki
Unzen
Amakusa NP
Unzen
1360
Kumamoto
Takachiho
Shimabara-
Halbinsel
Misumi
Uto
Kumamoto
Hondō
Yatsushiro
Nobeoka
Amakusa
Yunomae
Hyūga
Ushibuka
Minamata
Hitoyoshi
Miyazaki
Akune
Ebino-Kōgen
Saito
Takanabe
Kobayashi
Sadowara
Takachiho no
mine 1574
Miyazaki
Satō
Satsuma-
sendai
Nationalpark
Kirishima-Yaku
Kirishima
Jingū
Aoshima
Ichikikushikino
Kirishima
Miyakonojō
Kagoshima
Sakurajima
1117
Shibushi
Kagoshima
Kanoya
Minamikyūshū
Ibusuki
Makurazaki
Sata
Yakushima
Pazifischer Ozean

Kyūshū

0   25   50 km

Kyūshū und Okinawa

Kyūshū

Als Brücke zu Ostasien und Eingangstor der westlichen Welt bietet Kyūshū eine große Facette an Sehenswürdigkeiten.

Als wichtigster Stopp gilt **Nagasaki** mit seiner reichen Geschichte und einem ähnlichen Schicksal wie Hiroshima: Am 9. August 1945 fiel hier die zweite Atombombe auf Japan.

Kumamoto ein Stück weiter im Süden ist bekannt für seine riesige Burganlage und einem wunderbaren Garten. Westlich der Stadt liegt der aktive Vulkan Unzen mitten im **Unzen-Nationalpark**, östlich nimmt der **Aso-Nationalpark** rings um die imposante Caldera des Aso-Vulkans das Zentrum Kyūshūs ein. Zum Ausgleich bietet Kyūshū eines der berühmtesten Onsen-Bäder Japans. Die extrem heißen Höllenseen sind seit Jahrhunderten Publikumsmagnet des Badeorts **Beppu** in der Präfektur Oita.

Kagoshima im südlichen Kyūshū wird vom dritten aktiven Vulkan **Sakurajima** überschattet. **Miyazaki** und der in Fels gehauene **Schrein Udo** liegen einen Tagesausflug entfernt im Osten. Für Geschichtsinteressierte bietet sich ein weiterer Ausflug nach **Chiran** an. Hier starteten im Zweiten Weltkrieg die Kamikaze-Piloten.

Auf halbem Weg nach Okinawa liegt die Insel **Yakushima**, seit 1993 wegen seiner uralten Zedernwälder Weltnaturerbestätte. Das Alter des ältesten Baumes, Jōmon Sugi genannt, liegt irgendwo zwischen 2000 und 7200 Jahren! Die Insel ist ein Paradies für Tiere. Da es in Yakushima angeblich ›35 Tage im Monat regnet‹, besteht kaum die Gefahr einer Touristenschwemme.

Fukuoka

Das erste Reiseziel auf Kyūshū ist Fukuoka (福岡), mit 1,4 Millionen Einwohnern die größte Stadt der Region und wichtigstes Wirtschaftszentrum. Mit seinen sehr guten Flug- und Fährverbindungen zum asiatischen Festland gilt

▲ *Das riesige JAL-Hotel in Fukuoka*

Karte S. 427

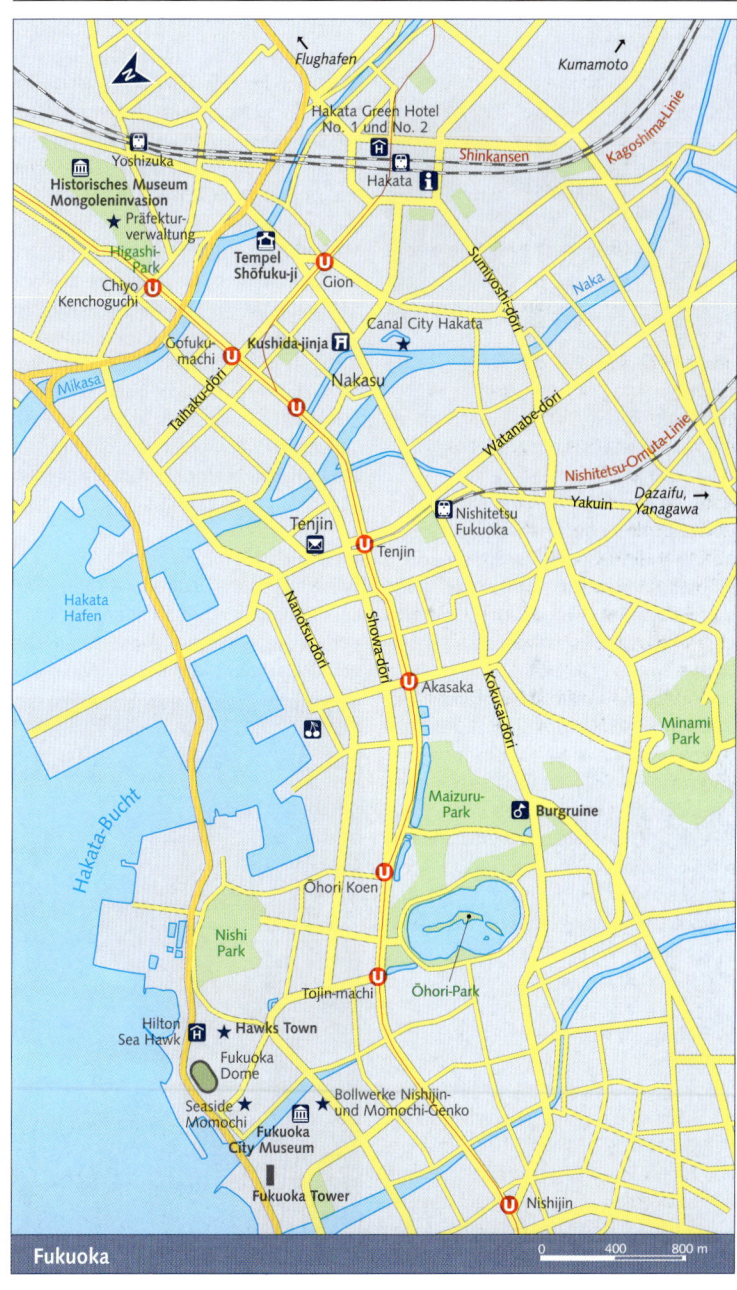

Flughafen

Kumamoto

Hakata Green Hotel
No. 1 und No. 2

Shinkansen

Kagoshima-Linie

Yoshizuka

Historisches Museum
Mongoleninvasion

Hakata

★ Präfektur-
verwaltung

Higashi-
Park

Chiyo
Kenchoguchi

Tempel
Shōfuku-ji

Gion

Sumiyoshi-dōri

Naka

Gofuku-
machi

Kushida-jinja

Canal City Hakata

Taihaku-dōri

Mikasa

Nakasu

Watanabe-dōri

Nishitetsu-Ōmuta-Linie

Tenjin

Nishitetsu
Fukuoka

Dazaifu, →
Yanagawa

Yakuin

Tenjin

Hakata
Hafen

Nanotsu-dōri

Shōwa-dōri

Akasaka

Kokusai-dōri

Minami
Park

Hakata-Bucht

Maizuru-
Park

Burgruine

Ōhori Kōen

Nishi
Park

Tojin-machi

Ōhori-Park

Hilton
Sea Hawk

★ Hawks Town

Fukuoka
Dome

Seaside
Momochi

★

Bollwerke Nishijin-
und Momochi-Genko

Fukuoka
City Museum

Fukuoka Tower

Nishijin

0   400   800 m

Kyūshū und Okinawa

Das moderne Fukuoka: Messegebäude

Fukuoka auch als einer der wichtigsten Verkehrsknotenpunkte Japans. Gegenwärtig endet hier der Shinkansen, doch schon 2011 soll die bislang fehlende Verbindung mit dem südlichen Streckenabschnitt des Kyūshū Shinkansen hergestellt sein.

Das moderne Fukuoka entstand 1889 aus der Verschmelzung der Hafenstadt Hakata östlich des Flusses und der Burgstadt Fukuoka auf der Westseite des Gewässers. Hakata geht bis in die Nara-Zeit zurück, Fukuoka selbst entstand erst mit dem Bau der Burg vor 400 Jahren. Heute erinnert nur der Name des Hauptbahnhofs und eines Stadtviertels an das alte Hakata, auch von der **Burg** finden sich nur spärliche Überreste.

■ Bollwerke Nishijin- und Momochi-Genko

Zweimal versuchten die Mongolen, über die Bucht von Hakata Japan zu erobern. Beide Male, 1274 und 1281, machte ein Taifun ihre Pläne zunichte. Damals ließ man einen langen Wall entlang der Küste bauen. Reste des Bollwerks finden sich noch an einigen Stellen.

Günstig zu erreichen, da durch Landgewinnungsprojekte ins Stadtgebiet verschoben, ist das ehemalige Bollwerk Nishijin- und Momochi-Genko in 7 Nishijin, Sawara-ku. Mit der U-Bahn geht es bis zur Station Nishijin und zehn Minuten zu Fuß in nordwestliche Richtung. Die Stelle liegt südlich des Fukuoka City Museums und der Bushaltestelle Hakubutsukan Minamiguchi. Dies ist das Mittelstück eines einst 20 Kilometer langen Walls, das nach der ersten Invasionsversuch hier in Momochi 1274 gebaut wurde. Detaillierte Infomationen über jene Zeit bietet das **Museum im Higashi-Park** neben der Präfekturverwaltung (Mongolian Invasions Historical Museum, Genko Shiryōkan, 元寇史料館).

■ Seaside Momochi

Wo vor bald 800 Jahren die Mongolen den Strand gestürmt haben, befindet sich heute eines der modernsten Gesichter Fukuokas, das Seaside Momochi

In der Canal City Hakata

(Seaside Momochi Kaihin Kōen, シーサイドももち海浜公園). Hauptattraktion ist der 234 Meter hohe **Fukuoka Tower** mit seiner Aussichtsplattform in 123 Metern Höhe. (福岡タワー) sowie östlich davon das **Hawks Town** (ホークスタウン), ein Einkaufs- und Vergnügungskomplex rings um den Fukuoka Dome (Baseballstadion).

Südlich vom Tower befindet sich das **Fukuoka City Museum** (Fukuoka-shi Hakubutsukan, 福岡市博物館). Es setzt sich mit Geschichte der Stadt seit dem Jahr 57 auseinander, als das Königreich Na vom chinesischen Kaiser ein goldenes Siegel erhielt.

Canal City Hakata (Canal City Hakata, キャナルシティ博多) ist eine weitere Attraktion in die konsumorientierte Richtung: 250 Geschäfte, Cafés und Restaurants, Spielhöllen und Kinos sowie die Hauptattraktion, ein Wasserlauf mitten durchs Gebäude!

Auf dem Yamakasa-Festival

■ Schrein Kushida-jinja

Im Nordwesten des Bahnhofs Hakata finden sich noch einige alte Tempel und Schreine. Dazu gehört auch der älteste Schrein Fukuokas, der Kushida-jinja (櫛田神社). 757 gegründet, ist der Schrein in der ersten Julihälfte Mittelpunkt des Yamakasa-Festivals, bei dem spärlich bekleidete Männer frühmorgens die tragbaren Schreine (Mikoshi) im Wettlauf durch das Viertel tragen. Im angrenzenden **Museum** stehen neben den Umzugswagen auch Ankersteine der mongolischen Flotten. Ein über 1000 Jahre alter Ginkgobaum vor dem Schrein dient übrigens auch einem Kami als Wohnort.

■ Tempel Shōfuku-ji

Nur eine kurze Wegstrecke Richtung Norden liegt Shōfuku-ji (聖福寺), Japans ältester Zen-Tempel. Der Tempel wurde 1195 von Eizai kurz nach seiner Rückkehr aus China gegründet. Eizai gilt als Gründer der Rinzai-Sekte und Vater der japanischen Teekultur.

■ Viertel Nakasu und Tenshin

Abends geht es auf einen Bummel durch Nakasu und Tenshin, die beiden Viertel in Bahnhofsnähe. Wenn die Sonne untergegangen ist und die Angestellten sich auf den Heimweg machen, halten sie gerne für einen leckeren Happen und einen kräftigen Schluck an einer der unzähligen Fressbuden am Fluss. Fukuoka ist berühmt für die sogenannten Yatai, vielen Reisenden sind sie aus Südostasien vertraut.

■ Ōhori-Park

Erfreulicherweise mangelt es Fukuoka nicht an Grünanlagen. Direkt neben den Burgruinen findet sich der Ōhori-Park (大濠公園). Die äußeren Wassergräben der Burg wurden zu einem See umgewandelt, um den heute ein knapp zwei Kilometer langer Spazierweg führt. Im südlichen Teil des Parks befindet sich ein hübscher **Garten** im japanischen Stil.

Kyūshū und Okinawa

Fukuoka

Vorwahl: 092.

1,5 Millionen Einwohner, Präfektur Fukuoka.

Fukuoka City Tourist Information (Sightseeing Plaza Tenjin), 2-1-1 Tenjin, Chuo-ku, Tel. 751-6904; 10–18.30 Uhr. Am Lion-Square (Lion Hiroba) im Bhf. Nishitetsu Fukuoka.

Fukuoka City Tourist Information (Hakata Station, General Information Center), 1-1 Hakata Chuogai, Hakata-ku; 8–20 Uhr. Nur japanisch.

Tourist Information Desk, im Flughafen Fukuoka, International Terminal, Erdgeschoss, Tel. 473-2518; 10–18 Uhr.

Tourist Information Call Center for Foreign Travellers, Tel. 751-6904; 10–18.30 Uhr. Erteilt Auskünfte in englisch, koreanisch und chinesisch, fungiert als Dolmetscher.

Von Tōkyō: Mit JR-Tōkaidō-Shinkansen Nozomi bis Bhf. Hakata, alle 30 Min., 4 Std. 50 Min., 22320 Yen.

In Fukuoka gibt es die übliche Palette an Hotelketten. Das **Hakata Green Hotel** verfügt über vier Hotels, davon zwei direkt am Hauptbahnhof Hakata: **Hakata Green Hotel No. 1 und No. 2**, 4-4 Chuogai, Hakata-ku, Tel. 451-4111, Fax 451-4508; EZ ab 4500 Yen. No. 2 verfügt über Zimmer im japanischen Stil sowie eine Etage nur für weibliche Gäste. Beide Hotels haben Nichtraucher-Stockwerke.

Hilton Sea Hawk Hotel, 2-2-3 Jigyohama, Chuo-ku, Fukuoka, Tel. 844-8111, Fax 844-7887; EZ ab 5000 Yen. Mit 1052 Zimmern das größte Hotel Kyūshūs, fantastischer Ausblick über die Bucht von Hakata.

##

In einer Stadt, deren Hauptanziehungspunkt die mobilen Essensstände (Yatai) sind, spielt leckeres Essen natürlich eine wichtige Rolle. So kennt ganz Japan **Hakata-Ramen**, Nudelsuppe aus Hakata. Das ist eine kräftige, milchigweiße Brühe aus Schweineknochen (Tonkotsu) mit dünnen Nudeln. Gerne isst man dazu **Gyoza**, mit Hackfleisch und fein gehacktem Kohl gefüllte Teigtaschen.

Eine weitere Spezialität Fukuokas ist **eingelegter Fischrogen** (Mentaiko). Diese Leckerei stammt ursprünglich aus Korea und wurde erst in den 1950er Jahren nach Japan eingeführt, dem hiesigen Geschmack angepasst und füllt nun beinahe jeden zweiten Reisball (O-Nigiri) der Nation.

🏛

Mongolian Invasions Historical Museum, Higashi-kōen, Hakata-ku, Tel. 651-1259; 10–16 Uhr, 300 Yen. *Mit JR-Linie bis Station Yoshizuka, 5 Min. Fußweg Richtung Präfekturverwaltung, im Norden des Parks.*

Fukuoka City Museum, 3-1-1 Momochihama, Sawara-ku, Fukuoka, Tel. 845-5011; 9.30–17.30, Jul/Aug. 9.30–17.30 Uhr außer So u. Feiertagen. Mo Ruhetag, wenn Mo Feiertag, Di geschlossen, 200 Yen. *Vom JR-Bhf. Hakata mit Buslinie 306, 312 ab Busterminal Haltestelle 5 oder 6 bis Haltestelle Hakubutsukan Kitaguchi oder Fukuoka Tower Minamiguchi.*

Schrein Kushida-jinja und Museum, 1-41 Kamikawabatamachi, Hakata-ku, Tel. 291-2951; das Museum ist 10–16.30 Uhr geöffnet, Mo Ruhetag, wenn Mo Feiertag, Di geschlossen, 300 Yen. *Von der U-Bahnhaltestelle Gion 6 Min. Fußweg.*

Zen-Tempel Shōfuku-ji, Tel. 291-0775. *Von der U-Bahnhaltestelle Gion 6 Min. Fußweg.*

Ōhori-Park, Tel. 741-8377, jederzeit offen; japanischer Teil: 9–16.45, Juni–Aug. 9–17.45 Uhr, Mo Ruhetag, wenn Mo Feiertag, Di geschlossen, 240 Yen. *Vom Bhf. Hakata mit U-Bahnlinie Kuko bis Haltestelle Ōhori Kōen, 5 Min. Fußweg.*

Aussichtsplattform Fukuoka Tower, 2-3-26 Momochihama, Sawara-ku, Tel. 823-0234; 9.30–22, Okt.–März 9.30–21 Uhr, je nach Besucherandrang Änderung möglich, 800 Yen.

Seaside Momochi. *Vom JR-Bhf. Hakata mit Nishi-Tetsu-Buslinie 39, 306 oder 312 ab Busterminal Haltestelle 5, 25 Min., 220 Yen.*
Canal City Hakata, 1-2 Sumiyoshi, Hakata-ku, Tel. 282-2525, Läden 10–21, Restaurants 10–23 Uhr. *Vom JR-Bhf. Hakata mit Bus Hakata Eki Hakataguchi A bis Haltestelle Canal City Hakata mae 7 Min., 100 Yen.*

Dazaifu

Eine halbe Stunde von Fukuoka entfernt liegt Dazaifu (大宰府). Heute ist Daizaifu eine kleine Provinzstadt, doch vom 8. bis 12. Jahrhundert war es das Machtzentrum Kyūshūs. Daran erinnern nur noch die Fundamente der ehemaligen Regierungsgebäude im Westen der Stadt (Tofurō Ruins, Tofurō Ato, 都府楼跡). Ein wesentlich größerer Anziehungspunkt ist der Schrein **Dazaifu Tenmangū** (大宰府天満宮). Er ist dem Gelehrten Sugawara Michizane gewidmet und der erste unter tausenden von Tenmangū-Schreinen in ganz Japan. Schüler und Studenten besuchen den Schrein und erbitten den Beistand des Gottes der Gelehrsamkeit bei anstehenden Prüfungen. Michizane selbst war einst Minister am Hofe Kyōtos und wurde wegen Nichtigkeiten nach Daizifu verbannt. Hier verstarb er aus Gram über sein Schicksal.

Kurz darauf wütete ein Taifun in Kyōto, und Erdbeben zerstörten Teile der Stadt. Viele Bewohner glaubten, dass dies die Folge von Michizanes kummervollem Tod sei. Daraufhin baute man über seinem Grab den Schrein und ernannte den ehemaligen Minister kurzerhand zur Gottheit.

Der Schrein wurde 920 gegründet, die Haupthalle stammt aus dem Jahr 1591. Auf dem Gelände befinden sich noch eine **Schatzhalle** (Dazaifu Tenmangū Hōmotsuden, 大宰府天満宮宝物殿) mit 50000 Objekten und ein **Museum über das Leben Michizanes** (Kankō Rekishikan, 菅公歴史館).

Die hiesige Pflaumenblüte im Februar und März ist in ganz Japan bekannt. Die Legende berichtet, dass der erste der rund 6000 Bäume sich selbst in Kyōto entwurzelt und Michizane nach Dazaifu gefolgt sei. Diese sogenannte Tobi Ume, Fliegende Pflaume, steht heute direkt rechts vor der Haupthalle.

Unweit entfernt liegt der Zen-Tempel **Kōmyō-ji** (光明寺). 1273 gebaut, ist er für seine kleinen, aber wunderschönen Gärten bekannt. Im vorderen Teil bilden 15 Steine das Schriftzeichen Licht (Hikari, 光). Im hinteren Teil, der auch als Moos-Garten bekannt ist, ›schwimmen‹ auf einem Meer aus weißem Sand Inseln aus Moos.

Kyūshū und Okinawa

Östlich des Tenmangū befindet sich das recht neue **Kyūshū National Museum** (Kyūshū Kokuritsu Hakubutsukan, 九州 国立博物館). Das moderne Gebäude von 2005 beherbergt auf vier Etagen fünf Themenbereiche, dazu gehören Handelsbeziehungen und Reisanbau.

Ein kurzer Abstecher zu den Tempeln Tempel **Kanzeon-ji** und **Kaidanin** westlich des Bahnhofs beendet den Besuch Dazaifus. Kanzeon-ji (観世音寺) besitzt die älteste Glocke Japans aus dem Jahr 697, Kaidanin (戒壇院) war einer der drei Tempel des Landes, an denen Mönche ihre Prüfungen zur Priesterordination ablegen mussten. Beide Tempel erreicht man in zehn Minuten zu Fuß vom Bahnhof Gojo.

 Dazaifu

Dazaifu City Tourist Information Desk, im Bhf. Daizaifu, 2-5-1 Saifu, Tel. 925-1880; 9–17.30 Uhr.

Von Fukuoka: Vom Bhf. Nishitetsu Fukuoka (auch als Bhf. Tenjin bekannt) mit Tenjin-Omuta-Linie bis Bhf. Futsukaichi. Dort umsteigen in Dazaifu-Linie bis Bhf. Gojo oder Dazaifu, 25 Min., 390 Yen.

🏛

Schrein Dazaifu Tenmangū, 4-7-1 Saifu, Tel. 922-8225; 6.30–19, Juni–Aug. bis 20 Uhr, kostenlos.

Schatzhalle Dazaifu Tenmangū Hōmotsuden; 9.30–16 Uhr, Mo Ruhetag, wenn Mo Feiertag, Di geschlossen, 300 Yen.

Museum Kankō Rekishikan; 9.30–16 Uhr, 200 Yen, Di Ruhetag, wenn Di Feiertag, Mi geschlossen. *Vom Bhf. Dazaifu 5 Min. Fußweg.*

Zen-Tempel Kōmyō-ji, direkt neben Daizaifu Tenmangū; Sonnenaufgang– 17 Uhr, 200 Yen.

Kyūshū National Museum, 4-7-2 Ishizaka, Daizaifu, Tel. 918-2807, Mo Ruhetag, wenn Mo Feiertag, Di geschlossen, 420 Yen. *Vom Bhf. Dazaifu 10 Min. Fußweg.*

Keramikmarkt in Arita

Karte S. 427

Yanagawa

Als Ziel für einen Tagesausflug von Fukuoka bietet sich Yanagawa (柳川) an. Die Stadt ist berühmt für ihre vielen Kanäle. Boote, Donkobune genannt, fahren den Besucher durch die Stadt. Der Steuermann im traditionellen Happi Coat kontrolliert das Boot mit einem langen Stecken und erzählt ununterbrochen Geschichten in der Mundart der Gegend. Unverständlich, aber amüsant! Der Besuch lohnt sich besonders um die Zeit des Mädchen-Festivals am 3. März (Hina Matsuri). Viele Geschäfte und auch Privathäuser öffnen ihre Türen und zeigen ihre Hina-Puppen. Die Anreise erfolgt mit der Tenjin-Omuta-Linie ab Bhf. Nishitetsu Fukuoka über Kurume bis Bhf. Yanagawa, 50 Min., 830 Yen.

Arita, Imari und Karatsu

Die Präfektur Saga im Westen von Fukuoka ist vor allem Liebhabern japanischer Keramik ein Begriff. Hier liegen die berühmten Töpfereien von Arita (有田), Imari (伊万里) und Karatsu (唐津). Alle drei Keramikrichtungen haben ihren Ursprung in Korea. Die zweimaligen Invasionsversuche Toyotomi Hideyoshis (1536–1598) auf der koreanischen Halbinsel scheiterten, doch brachten seine Armeen damals talentierte Töpfer als Kriegsbeute nach Kyūshū. Auch Yi Sam-Pyong, besser bekannt unter seinem japanischen Namen Ri Sampei, kam so in das Fürstentum Nabeshima, das heutige Saga. In der Nähe von Arita fand er hervorragende Tonerde und stellte das erste japanische Porzellan her. Anfangs waren dies nur schlichte

Gefäße in Weiß- und Celadon-Porzellan. Bald schon gelangen einem findigen Töpfer namens Sakaida Kakiemon Bemalungen mit einer roten Aufglasurfarbe, dem sogenannten Aka-e. Die wunderbaren Stücke mit bislang unbekannten Farbkombinationen dienten jedoch allein als Geschenk an den Shōgun oder andere hochgestellte Fürsten.

Erst im 18. Jahrhundert, mit dem Beginn des Exports über den Hafen Imari, wurde Porzellan zur Massenware. Allein im Jahr 1708 verschickte das holländische Handelshaus in Nagasaki 9428 Stück ›weißes Gold‹ nach Übersee. Die Nachfrage war so gewaltig, dass die Produktion kaum Schritt halten konnte. Schon bald waren die Porzellanmanufakturen in Delft und Meißen in der Lage, das Porzellan von Arita nachzuahmen.

In **Arita** finden sich heute weit über 100 Brennöfen. Weiterhin schaffen die Familien der Kakiemon und Imaemon in der 14. Generation Meisterwerke und halten das alte Kunsthandwerk lebendig. Der koreanische Töpfer Yi Sam-Pyong wurde gemeinsam mit dem Fürsten von Nabeshima, seinem Entführer, zum Schutzgott des Porzellans erklärt. Verehrt werden sie im **Schrein von Tōzan** (Tōzan-jinja, 陶山神社). Der ist leicht zu identifizieren: Angefangen vom Torii am Eingang ist alles aus Porzellan gefertigt. In direkter Nähe der Bushaltestelle befinden sich zwei Museen, das **Aritakan** (有田館) und das **Kunstmuseum für Arita-Porzellan** (Aritatōji Bijutsukan, 有田陶磁美術館). In Arita findet in der sogenannten ›Goldenen Woche‹ vom 29. April bis zum 5. Mai ein Töpfermarkt statt.

Kyūshū und Okinawa

 Arita, Imari und Karatsu

Vorwahl: 09 55.
Tourist Information Arita, im Bahnhof.

Von Fukuoka nach Arita: Mit JR-Limited Express Kamome bis Hizen-Yamaguchi, dort umsteigen in JR-Linie Sasebo bis Arita, 83 Min., 2990 Yen.

Von Fukuoka nach Imari: Showa-Bus ab Hakata-Bhf., 1 Std. 40 Min., 1800 Yen.

Von Fukuoka nach Karatsu: Die Hafenstadt Karatsu liegt am nächsten an Fukuoka. Vom Bhf. Hakata mit U-Bahnlinie Kuko bis Meinohama. Dort in JR-Linie Chikuhi umsteigen bis Karatsu, 70 Min., 1110 Yen.

Tōzan-jinja, 2-5-1 Toso, Arita, Tel. 42-33 10, vom Bhf. Arita mit Bus bis Haltestelle Fudanotsuji).

Aritakan (Arita Kan 有田館, Tel. 41-13 00; 9–16.45 Uhr, kein Ruhetag, 200 Yen.

Kunstmuseum für Arita-Porzellan, Tel. 42-3 372; 9–16.30 Uhr, Mo Ruhetag, 100 Yen.)

Nagasaki

Die Hafenstadt Nagasaki (長崎) ist in ihrer Größe überschaubar und mit der Straßenbahn einfach zu bewältigen. Die Geschichte der Stadt ist für Europäer besonders reizvoll, da sie recht viele Schnittpunkte aufweist. Ausländische Schiffe landeten erstmals 1542 in Nagasaki, zügig folgten Missionare aus Portugal und Spanien. Die ersten Fürsten ließen sich taufen, im Gegenzug machten sie mit den Barbaren gute Geschäfte. Mit der damaligen Öffnung des Hafens in Nagasaki erstarkte auch der Handel mit China. Noch heute finden sich zahlreiche Spuren chinesischer Kultur in Nagasaki.

■ Nishizaka

Ein erster Rundgang beginnt am Bahnhof Nagasaki. Über das Obergeschoss geht es hinaus und mit Hilfe der Fußgängerbrücken nach links, dann bei der ersten Kreuzung am NHK-Gebäude nach rechts einen Hügel hinauf. Zu linker Hand liegt **Nishizaka**, hier ließ Toyotomi Hideyoshi 1597 sechs ausländische Priester und 20 japanische Christen hinrichten. Der Reichseiniger hatte von den Verhältnissen in Südamerika erfahren, wollte nicht zum Spielball Portugals oder Spaniens werden und verbot kurzerhand das Christentum. Neben der Gedenkstätte gehören zu der Anlage

Nagasaki

noch ein kleines **Museum** und eine **Kirche**. Nishizaka ist offizieller Wallfahrtsort der römisch-katholischen Kirche (Nihon Nijūroku Seijin Junkyōchi, 日本二十六聖人殉教地).

■ Tempel Honren-ji

Weiter geht es den Hügel hinauf. Der erste Tempel auf der linken Seite ist der Honren-ji (本蓮寺). Bis 1591 stand hier eine Missionsstation, aus der dann später ein Tempel wurde. Es folgt der 1628 von Chinesen errichtete Tempel **Fukusai-ji** (福済寺), eine mächtige Kannon-Statue auf dem Rücken einer Schildkröte (Nagasaki Kannon). Der Tempel wurde von der Atombombe komplett zerstört und erst 1979 erneut gebaut. Seitdem ertönt täglich um 11.02 Uhr, der Zeit des Bombenabwurfs, seine Tempelglocke.

Ein Stück die Straße hinauf kommt links der nächste der vier chinesischen Tempel für Wohlstand, der 1677 erbaute **Shōfuku-ji** (聖福寺). In seinem Besitz befindet sich Nagasakis größte Tempelglocke.

■ Museum für Geschichte und Kultur

Weiter geht es bis zum Museum für Geschichte und Kultur (Nagasaki Rekishi Bunka Hakubutsukan, 長崎歴史文化博物館). Erst 2005 eröffnet, setzt sich das Museum intensiv mit dem Überseehandel auseinander. Interaktive Bilderrollen erklären Details aus Nagasakis vielschichtiger Vergangenheit. An Wochenenden und Feiertagen zeigen kurze Theaterstücke ab 11 Uhr Szenen aus der Edo-Zeit.

■ Schrein Suwa-jinja

Nordöstlich hinter dem Museum befindet sich hinter einem kleinen Park (Nagasaki Kōen) mit Mini-Zoo der Schrein

Suwa-jinja (諏訪神社). 1625 erbaut, gilt der Schrein als Schutzpatron der Stadt Nagasaki. Jedes Jahr vom 7. bis 9. Oktober findet hier seit knapp 400 Jahren das Kunchi-Festival mit chinesischen Löwentänzen und großen, typisch japanischen Umzugswagen statt. Die riesige Kreuzung am Fuße der 200 Treppenstufen des Suwa-Schreins ist an den drei Tagen ab dem frühen Morgen mit Zuschauern überfüllt.

■ Siebold-Museum

Ein wenig abseits gelegen Richtung Osten liegt das Siebold-Museum (Siebold Kinenkan, シーボルト記念館) gleich neben den Fundamenten des ehemaligen Siebold-Wohnhauses. Hier lebte der deutsche Arzt Dr. Philipp Franz von Siebold (1796–1866) von 1823 bis 1829 mit seiner Familie. Das Museum ist seinem Wohnhaus in Leyden nachempfunden. Nur etwas für eingefleischte Siebold-Fans! Hier befanden sich übrigens auch die ersten Tabakfelder Japans. Das Rauchen war Anfang des 17. Jahrhunderts so stark in der gesamten Bevölkerung

Im Zentrum von Nagasaki

Kyūshū und Okinawa

Nagasakis verbreitet, dass die Regierung es immer wieder verbot. Allerdings nicht aus Sorge um die Gesundheit, schon Kinder rauchten damals fleißig, sondern wegen der erhöhten Brandgefahr in den engen Wohnvierteln.

■ Tempelstraße Tera-machi

Das nächste Wegstück beginnt bei der Straßenbahnhaltestelle Nr. 37, Nigiwai-bashi, der Linien 4 und 5. Beim Family Mart geht es nach rechts bis zum Fluss. Dort liegt in nördlicher Richtung die berühmte **Brillen-Brücke** (Megane Bashi, めがね橋). Erstmals erbaut 1634, rissen Überschwemmungen die Brücke regelmäßig hinweg. Die heute 22 Meter lange und 3,7 Meter breite Brücke stammt von 1983. Über die Brücke geht es auf der anderen Seite weiter Richtung Norden, bis man an der vierten Brücke nach rechts zum Tempel **Kōfuku-ji** (興福寺) abbiegt. 1620 als erster Tempel der Zen-Schule Obaku errichtet, ist der Tempel in typischer Ming-Architektonik gebaut. Der chinesische Schutzgott des Meeres wird hier mitsamt seinen Adjutanten verehrt. Er ist der älteste von Chinesen in Japan gebaute Tempel. Sehr schön sind die geometrischen Fenster-

Herbstfestival im Suwa-jinja-Schrein

gitter und der große Fischgong, der die Mönche zum Essen rief. Mit der Errichtung des Kōfuku-ji wollte die chinesische Bevölkerung sich damals klar vom Christentum distanzieren.

Kōfuku-ji bildet den Auftakt für Nagasakis Tempelstraße Tera-machi (寺町). Parallel zum Fluss mit dem Rücken zu den Bergen steht hier ein Tempel neben dem nächsten. Den Abschluss bildet **Sōfuku-ji** (崇福寺) mit einem beeindruckend roten Eingangstor. Der Tempel ist der Meeresgöttin Maso geweiht. Er wurde 1629 vom chinesischen Mönch Chaonian als Ahnentempel für Familien aus Fujian, Südchina, gebaut. Im Innenhof steht ein riesiger Reiskochtopf. Damit versorgten die Priester die Bevölkerung während der Hungersnot von 1682. Weiterhin feiern hier Chinesen aus ganz Japan im Sommer das chinesische Totengedenkfest.

■ Chinatown

Passend zu den chinesischen Tempeln geht es weiter nach Chinatown. Die Straßenbahnlinie Nr. 1 fährt von Haltestelle Nr. 35 Shokakuji-shita bis zur Haltestelle 31, Tsukimachi. Südöstlich der Haltestel-

▲ *Blick auf Nagasaki*

Karte S. 436

le liegt **Shinchūkagai** (新中華街), das kleine Chinatown Nagasakis. Heute beherrschen Geschäfte und Restaurants die wenigen Straßen, das Eingangstor auf der Seite Richtung Tsukimachi ist hübsch, doch mangelt es dem Viertel ein wenig an natürlichem Charme. 1702 befanden sich hier die Lagerhäuser der chinesischen Schiffe zusammen mit ersten Siedlungen der Übersee-Chinesen. Theoretisch waren ihre Aktivitäten ebenso beschränkt wie die der Holländer unweit entfernt auf Dejima, doch praktisch waren die chinesischen Händler wesentlich freier. Früher lag das Viertel am Meer, durch Landgewinnung befindet sich Chinatown mitten in der Stadt, einige alte Gebäude haben sich weiter südlich erhalten können.

■ Insel Dejima

Wer sich mit Japans Geschichte auseinandersetzt, dem ist die fächerförmige Insel Dejima (Dejima Waranshōkan Ato, 出島和蘭商館跡) unweit Chinatowns wohl bekannt. 1634 eigens für die Südbarbaren aufgeschüttet, lebten bis zur Öffnung des Landes die meiste Zeit nur rund 15 Ausländer auf dem isolierten Außenposten der Niederländischen Ostindien Kompanie (VOC). Nur Geschäftspartner, Übersetzer und handverlesene Prostituierte durften die Insel kurzzeitig betreten. Schon früh wurde Dejima zum Vermittler westlichen Wissens, dem sogenannten Rangaku. Dies geschah meist heimlich als riskanter, aber sehr lukrativer Nebenjob der wenigen Sprachvermittler. Konnten japanische Gelehrte selbst die Insel nicht betreten, quartierten sie sich in die Häuser der bis zu 150 Übersetzer ein und ließen sich von ihnen westliche Medizin oder auch Kriegskunst erklären. Philipp Franz von Siebold war 1823 übrigens einer der ersten Angestellten des

VOC, die außerhalb der Insel in Nagasaki leben und arbeiten durften. Gegenwärtig rekonstruiert man Stück für Stück die 120 Meter lange und 75 Meter breite Insel. Dejima soll wieder wie in der Edo-Zeit von allen Seiten von Wasser umgeben sein, dafür müssen allerdings noch Fluss und Bundesstraße umgeleitet werden. Der Besuch lohnt sich allerdings schon jetzt.

■ Kirche Oura

Weiter geht es auf den Spuren der Europäer. Die Kirche Oura (Oura Tenshudō, 小浦天主堂) im Süden Nagasakis wurde 1864 für die wachsende Ausländergemeinde gebaut. Heute gilt sie als älteste Holzkirche Japans und ist das einzige Gebäude westlicher Architektur mit dem Status eines Nationalschatzes. Im 1875 angebauten Priesterseminar befindet sich eine kleine **Sammlung**.

■ Glover Garden

Weiter den Hügel hinauf kommt links der Eingang zum Glover Garden (Gloveren, グラバー園). Keine Sorge vor weiterer Mühsal, hier fährt man auf überdachten Rolltreppen den Berg hoch, vorbei an alten Pferdeställen und Villen,

Die Insel Dejima im Bonsai-Format

typisch japanisch-skurril! Oben erwarten den Besucher inmitten bunter Blumenrabatte restaurierte Häuser im Kolonialstil, darunter auch die berühmte Villa von Thomas Glover (1838–1911). Er begann seine Händlerkarriere in Japan mit illegalem Waffenverkauf an die Rebellen von Satsuma und trug so zum Sturz der Shogunatsregierung bei. Glover spielte auch eine Schlüsselrolle bei der Industrialisierung Japans, er half bei Firmengründungen wie Mitsubishi und der Bierbrauerei Kirin. Die meisten Häuser im Glover Garten sind mit Mobiliar und Krimskrams des 19. Jahrhunderts ausstaffiert. Die Opernsängerin Miura Tamaki, erste Darstellerin der Madame Butterfly – Puccini ließ sich von Glover inspirieren – wird ausgiebig und lautstark gewürdigt. Ursprünglich stand hier nur das Glover-Haus, die anderen fünf Residenzen wurden nachträglich aus der Stadt hinauf verlagert. Der Sohn von Glover ließ im Garten die erste Asphaltstraße Japans anlegen, ein etwas bröckeliger Rest ist noch zu sehen. Dafür ist der Blick über den geschäftigen Hafen mit Riesentankern umso beeindruckender. Im Sommer hat der Garten länger auf, die Aussicht wird dann gerne als Millionen-Dollar-Panorama bezeichnet.

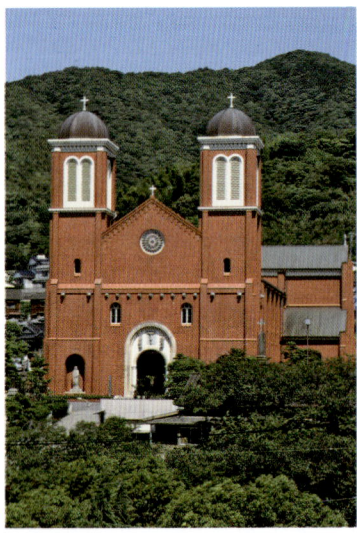

Die wiedererrichtete Urakami-Kathedrale

■ Tempel Kōshi-byō

Ein kurzer Fußweg nördlich der Kirche Oura führt zum Konfuzius-Tempel Kōshibyō (Kōshi-byō, 孔子廟). 1883 von Chinesen gebaut, leuchten die Gebäude in kräftigem Rot. In der Haupthalle steht eine Statue des verehrten Meisters, davor brennen die typisch dicken Räucherstäbchen. 72 Statuen der wichtigsten Gelehrten des Konfuzianismus, sämtlich mit unterschiedlichen Posen und Gesichtsausdrücken, füllen den Innenhof. Dahinter verbirgt sich das **Historische China-Museum** (Chūgoku Rekidai Hakubutsukan, 中国歴代博物館).

■ Holländer-Hügel

Anschließend geht es entlang der Backsteinmauer des Tempels, bis man links hinter dem Gebäude auf den Beginn des sogenannten Holländer-Hügels stößt (Oranda Zaka, オランダ坂). Hier lebten im 19. Jahrhundert die westlichen Ausländer. Sie wurden von den Japanern

Das Atombomben-Museum von Nagasaki

Karte S. 436

allesamt als ›Holländer‹ bezeichnet. Der teilweise recht steile Weg ist durchgehend gepflastert, damals eine Sensation. Der Holländer-Hügel führt an zahlreichen alten Kolonialhäusern vorbei, einige stehen gegen Gebühr zur Besichtigung offen.

Der lange Weg führt zurück zur Hauptstraße und dem **Kunstmuseum von Nagasaki** mitten im Seaside Park (Nagasaki Prefectural Art Museum, Nagasakiken Bijutsukan, 長崎県美術館).

■ **Nagasaki-Friedenspark und Museum**

Ein Besuch im Norden Nagasakis gilt dem zweiten Atombombenabwurf über Japan. Drei Tage nach Hiroshima, am 9. August 1945 um 11.02 Uhr, explodierte beinahe exakt über der **Kathedrale von Urakami** ›Fat Man‹. Die Kirche wurde 1958 wieder aufgebaut, die Glocke überstand die Explosion und läutet seitdem dreimal täglich.

Das **Museum** (Atomic Bomb Museum, Nagasaki Genbaku Shiryōkan, 長崎原爆資料館) liegt neben dem Epizentrum und wurde erst 2005 eröffnet. Nach einem düsteren Eingangsszenario werden die Geschehnisse des 9. August sachlich und emotionslos erläutert. Um-

so stärken berühren die schlichten Aussagen der Betroffenen, die Sammlung verbogener Objekte und die ersten Fotos des unvorstellbaren Grauens.

Der **Friedenspark** hinter dem tatsächlichen Epizentrum bewirkt eher das Gegenteil, die Monumente scheinen pathetisch und selbstgerecht. Die Statue des kleinen Mädchens, dem es nach Wasser verlangt, und die Fundamente des Gefängnisses hätten als Mahnung vollauf genügt. Zum Friedenspark (Heiwa Kōen, 平和公園) führt vom Museum eine Treppe hinab. Im vorderen Teil liegt das Epizentrum, im hinteren Bereich befinden sich die Mahnmale.

800 Meter südöstlich vom Epizentrum steht das heimliche Wahrzeichen des Atombombenabwurfs, das einbeinige Torii-Eingangstor des Schreins **Sannō-jinja** (山王神社). Die Druckwelle der Bombe riss eine Säule vor und verschob die andere um 30 Grad. Zwei riesige Kampferbäume standen damals auf dem Schreingelände, sie schienen völlig zerstört. Trotzdem überlebten die Bäume. Heute verdeckt frisches Grün die abgestorbenen Teile der über 500 Jahre alten Bäume, 1969 wurden sie zum Denkmal erklärt (Ipponbashira Torii, 一本柱鳥居).

ℹ️ **Nagasaki**

Vorwahl: 095.

444 000 Einwohner, Präfektur Nagasaki.

Nagasaki Tourist Information, im Bhf. Nagasaki, 1-1 Onoue-machi, Tel. 823-36 31; 8–19 Uhr, 29. Dez.–3. Jan. geschlossen.

Nagasaki Prefectural Tourist Information Center, Nagasakiken-ei, Bus-Terminal-Gebäude 2 F, 3-1 Daikoku-machi, Tel. 828-78 75. 9–17.30 Uhr, 29. Dez.–3. Jan. geschlossen. Viele

Informationen über die gesamte Präfektur. Direkt gegenüber dem Bahnhof, erreichbar über Fußgängerbrücken.

🚆

Von Tōkyō: JR-Shinkansen Typ Hikari bis Fukuoka/Hakata, weiter mit Limited Express Kamome bis Nagasaki, 8 Std. 24 480 Yen.

Innerhalb der Stadt verkehren vier Straßenbahnlinien und eine JR-Eisenbahnlinie, Einzelfahrschein 100 Yen, Tageskarte 500 Yen, Verkauf in Hotels.

Kyūshū und Okinawa

🛏

Der Renner in der Umgebung von Nagasaki sind die **Märchen-Hotels des Vergnügungsparks Huis Ten Bosch** (siehe Seite 444).

Hotel JAL City Nagasaki, 13-10 Shinchi-machi, Tel. 825-25 80; EZ ab 11 000 Yen. Verkehrsgünstig am Rand von Chinatown. *Vom Bhf. mit Taxi 5 Min.*

Comfort Hotel Nagasaki, 8-17 Kabashima-machi, Tel. 827-11 11, Fax 827-11 54, EZ ab 5500 Yen. *Vom Bhf. Nagasaki 10 Min. Fußweg oder von Haltestelle 29 (Ohato), Linie 1, 1 Min. Fußweg. Nähe Dejima.*

Pension Tanpopo, 21-7 Hoei-machi, Tel. 861-62 30, Fax 864-00 32; EZ ab 4000 Yen, als Gruppe mit zwei Mahlzeiten ab 5000 Yen. Die knallgelbe Fassade ist nicht zu übersehen. *Vom JR-Bhf. Urakami 10 Min. Fußweg.*

🍽

Nagasakis Küche weist zahlreiche internationale Einflüsse auf. Anführer der Hitliste ist **Champon** (ちゃんぽん), eine herzhafte Nudelsuppe mit Schweinefleisch, Meeresfrüchten und Gemüse. Begonnen hatte Champon als günstige Mahlzeit für die vielen chinesischen Studenten der Stadt, daher wohl der Mix aus Fleisch und Fisch. Das beste Champon wird in Chinatown serviert. Dort gibt es auch **Sara Udon**. Sara Udon (さらうどん) bedeutet übersetzt ›ein Teller Nudeln‹. Auf dicken Weizennudeln türmen sich in einer cremigen Sauce Weißkohl, Meeresfrüchte und Schweinefleisch. Außerhalb Nagasakis isst man Sara Udon bevorzugt mit dünnen Nudeln.

Castella (カステラ), ein leichter Rührkuchen mit zartem Geschmack, hat ebenfalls seinen Ursprung in Nagasaki. Das Originalrezept stammt von den Portugiesen, heute mixt man Maronen, grünen Tee oder auch Honig unter den Teig.

Castella-Bäckerei Fukusaya (福砂屋), 3-1 Funadaiku-machi, Tel. 821-29 38; tägl. 8.30–20 Uhr. In der ältesten Castella-Bäckerei der Stadt (1624 gegründet) kostet ein Kuchen 840 Yen.

🏛

Gedenkstätte Nishizaka, 7-8 Nishizaka-machi, Nagasaki, Tel. 822-60 00; 9–17 Uhr, 250 Yen. Die Seite www.26martyrs.com bietet eine Fülle von Details. *Vom Bhf. Nagasaki 5 Min. Fußweg.*

Tempel Fukusai-ji, 2-56 Chikugo-machi, Tel. 823-26 63; 8–16 Uhr, 200 Yen.

Tempel Shōfuku-ji, 3-77 Tamazono-machi, Tel. 823-02 82; kostenlos.

Museum für Geschichte und Kultur, 1-1-1 Tachiyama, Tel. 818-83 66, Fax 818-84 07; 8.30–19 Uhr, 3. Di/Monat Ruhetag, wenn dies Feiertag, Folgetag geschlossen, 600 Yen.

Schrein Suwa-jinja, 18-15 Kaminishiyama-machi, Tel. 824-04 45. *Straßenbahnhaltestelle Nr. 39 (Suwa-jinja mae) der Linien 3, 4 und 5 direkt an Kreuzung.*

Siebold-Museum, 2-7-40 Narutaki, Tel. 823-07 07; 9–17 Uhr, Mo und 29. Dez.–3. Jan. geschlossen, 100 Yen. *Von der Straßenbahnhaltestelle Nr. 41 (Shinnakagawa-Machi) über Wasserlauf ins Wohngebiet, den braunen Schildern folgen.*

Tempel Kōfuku-ji, 4-32 Teramachi, Tel. 822-10 76; 6–18 Uhr, 200 Yen.

Tempel Sōfuku-ji, 7-8 Kajiya-machi; 8–17 Uhr, 300 Yen.

Insel Dejima, 6-1 Dejima-machi, Tel. 821-72 00; 8–18 Uhr, 500 Yen. *Vom Bhf. Nagasaki mit Straßenbahnlinie 1*

Karte S. 436

bis Haltestelle 31 (Tsukimachi), 8 Min., 100 Yen.

Kirche und Sammlung Oura, 5-3 Minamiyamatemachi, Tel. 823-26 28; 8–18 Uhr, 300 Yen. *Vom Bhf. Nagasaki mit Straßenbahnlinie 1 bis Haltestelle 31 (Tsukimachi), dort in Linie 1 bis Haltestelle 50 (Ouratenshudoshita), 5 Min. Fußweg.*

Kōshi-byō und Historisches China-Museum, 10-36 Ouramachi, Tel. 824-40 22; 8.30–17 Uhr. 525 Yen. *Von der Haltestelle 50 (Ouratenshudo-shita) 6 Min. Fußweg Richtung Nordost, zweite Straße links.*

Kunstmuseum von Nagasaki, 2-1 Dejima-machi, Tel. 833-21 10; 10–20 Uhr, 2. u. 4. Mo/Monat Ruhetag, wenn Mo Feiertag, Di geschlossen. Café mit Hafenblick.

Atombomben-Museum, im Friedenspark, 7-8 Hirano-chō, Tel. 844-12 31; 8.30–18.30, Sept.–Apr. 8.30–17.30 Uhr, 200 Yen. *Vom Bhf. Nagasaki Straßenbahnlinie 1 oder 3 bis Haltestelle 20 (Hamaguchi-machi), 5 Min. Fußweg.*

Denkmal Kampferbäume beim Schrein Sannō-jinja, 2-5-6 Sakamoto, Tel. 844-14 15. *Straßenbahnlinie 1/3 bis Haltestelle 22 (Urakami Eki mae), 8 Min. Fußweg.*

🌴

Glover Garden, 8-1 Minamiyamatemachi, Tel. 822-82 23; 8–18, 27. April–9. Okt. 8–21.30 Uhr, 600 Yen. *Von der Haltestelle 50 (Ouratenshudo-shita) 8 Min. Fußweg.*

Die Umgebung von Nagasaki

Die **Insel Hirado** (平戸) im Nordwesten der Präfektur Nagasaki bietet Fans der europäisch-japanischen Beziehungen ein interessantes Ziel. Seit der Nara-Zeit fuhren von hier aus Schiffe zum Festland. 1549 legten erstmals die Portugiesen an, 1606 folgten die Holländer und später die Engländer mit ihrem ersten Handelshaus. Überreste der Handelsniederlassungen sowie Zeugnisse des frühen Christentums finden sich hier wie auch auf den abgelegenen **Gotō-Inseln** (Gotō Rettō, 五島列島).

Ein sehr beliebtes Ausflugziel der Japaner ist der **Vergnügungspark Huis Ten Bosch** (ハウステンボス), hier dreht sich alles um Holland! Wer Tulpen, Grachten und Windmühlen vermisst, ist hier richtig.

Die **Shimabara-Halbinsel** (Shimabara Hantō, 島原半島) südlich von Nagasaki ist ebenfalls eng mit der Geschichte der japanischen Christen verbunden. Hier hielten 1637 christliche Rebellen 80 Tage aus, bevor sie mit der Unterstützung holländischer Kanonen niedergemetzelt wurden. Heute ist die Stadt Shimabara wegen ihrer Lage im **Unzen Amakusa National Park** und ihrer direkten Nähe zum Vulkan Unzen (雲仙) ein beliebtes Ziel. 1991 brach der Unzen ein letztes Mal aus, dafür ist der Ort Unzen bestens mit heißem Wasser versorgt. Das Onsen-Wasser kommt wohltemperiert in die Haushalte, in der sogenannten ›Karpfenstraße‹ schwimmen die bunten Fische munter in den Kanälen der Stadt. Zu erreichen ist der Onsen-Ort Unzen von Nagasaki mit der JR-Linie Nagasaki bis Ishiya (35 Min., 450 Yen), dann weiter mit Bus bis Haltestelle Shimatetsu (80 Min., 1400 Yen). Von Unzen aus führen einige Wanderwege direkt in den Nationalpark. Nach Shimabara besteht eine Busverbindung. Wenn keine Gefahr droht, geht es von hier für eine Besichtigung der Lavaströme weiter zum Berg Fugen.

Kyūshū und Okinawa

Umgebung von Nagasaki

Tourist Information Unzen, gleich neben dem öffentlichen Bad Unzen Spa House gegenüber der Polizei, Tel. 09 57/73-34 34; 9–17 Uhr.

Vergnügungspark Huis Ten Bosch, www.huistenbosch.co.jp; *Tageskarte 5600 Yen. Vom Bhf. Nagasaki mit JR-Linie Nagasaki bis Station Isahaya,* *dann mit JR-Omura-Linie weiter bis zur Station Huis Ten Bosch, 1 Std. 30 Min., 1430 Yen.*

🛏

Märchen-Hotels des Vergnügungsparks Huis Ten Bosch: Hotel **Yoroppa** (ab 34 000 Yen), Hotel **Nikko Huis Ten Bosch** und **Huis Ten Bosch JR-ANA Hotel** (jeweils ab 12 000 Yen), www.huistenbosch.co.jp.

Kumamoto

Wahrzeichen Kumamotos ist die gewaltige **Burg** (Kumamoto-jō, 熊本城) am Rande des Stadtzentrums. Gute 100 Jahre musste die Stadt auf den imposanten Anblick verzichten, denn 1877 brannte sie bei der Vorbereitung zur Belagerung durch die Kaiserlichen Truppen beinahe vollkommen ab, nur der fünfstöckige Turm Uto-Yakura blieb erhalten. Erst in den 1960er Jahren begann man mit intensiven Renovierungsarbeiten, rechtzeitig zur 400-Jahr-Feier wurde der Hauptwohnbereich Honmaru Goten 2008 fertig. Dabei benötigte der geniale Burgenbauer Kato Kiyomasa nur sieben Jahre, bis die Burg zufriedenstellend im Jahr 1607 umgebaut und erweitert war. Er hatte die Burg für seine Dienste auf den Korea-Feldzügen erhalten, sein Sohn verlor sie allerdings schon an den Klan der Hosokawa, die sie bis zur Abschaffung der Adelsdomänen unter Kaiser Meiji in Besitz hatte. Und richtig, dies ist die Familie Hosokawa, die in den 1990er Jahren den Premierminister Japans stellte (Hosokawa Morihito). Auch nach ihrem Umzug aus der Burg war für einen Familienzweig der neue Wohnsitz nicht weit: Die **Villa Hosokawa Gyōbutei** (Kyū Hosokawa Gyōbutei, 旧細川刑部邸) liegt gleich hinter der Burg und ist heute der Öffentlichkeit zugänglich.

◼ Burg

Noch heute ist der Aufbau der Burg faszinierend. Betritt man sie über einen der vier Eingänge, steht man erst einmal ... vor einer Mauer. Denn das Innere der Burg ist ganz auf Verteidigung ausgelegt, der Feind sollte nicht die Möglichkeit zu haben, weit zu schauen oder schnell zu laufen. Immer wieder verjüngen sich die Wege, versperren 90-Grad-Winkel das Sichtfeld. Spiralförmig nähert man sich dem Zentrum der Burg

Die Burg von Kumamoto

Karte S. 445

und damit dem **Hauptturm Honmaru Goten**. Highlight des Turms ist das in Gold erstrahlende **Zimmer Shokun no Ma**. Gleich nebenan erhebt sich der mächtige Hauptturm. Gewaltige Stufen führen den engen Eingang hinauf. Der Weg innen verläuft merkwürdig schräg nach oben. 30 Meter erstreckt sich der sechsstöckige Turm über dem Steinsockel in den Himmel. Ein fantastischer Blick ist also garantiert. Im weitläufigen Garten finden entlang der längsten Burgmauer Japans einmal im Jahr Reiterfestspiele statt.

Einen fantastischen und obendrein kostenlosen Blick bietet das **Rathaus** östlich der Burg (Kumamoto City Hall, Kumamoto Shiyakusho, 熊本市役所).

■ Landschaftsgarten Suizenji

Der Landschaftsgarten Suizenji (Suizenji Jōjuen, 水前寺成趣園) liegt südöstlich der Stadt. 1632 begann der 3. Daimyō der Hosokawa mit dem Bau eines Teehauses, 80 Jahre später war der Garten vollendet. Heute repräsentieren See, Felsen und Pinien die 53 Stationen der Handelsroute Tokaidō, unschwer zu ent-

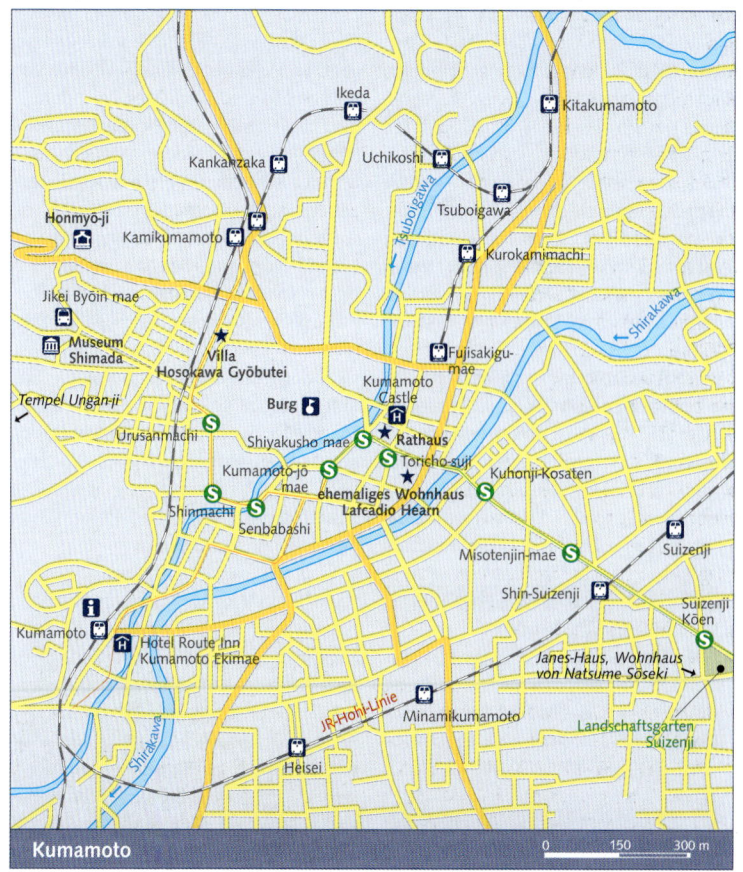

Kumamoto

0   150   300 m

Kyūshū und Okinawa

decken ist aber einzig der Berg Fuji! Auf dem Gelände befinden sich noch ein Pflaumenhain und eine Noh-Bühne. Im kleinen Teehaus am See unterrichtete vor 400 Jahren ein Hosokawa den Kronprinzen in Poesie.

Im **Schrein Izumi-jinja** (出水神社) werden die Hosokawa als Schutzgötter Kumamotos verehrt. Ein Schluck Wasser aus der Quelle soll Gesundheit und ein langes Leben garantieren. Am ersten Samstag im August findet hier bei Feuerschein klassisches Theater statt. Ebenso populär sind die Reiterspiele (Yabusame) jedes Jahr um den 24. April und am 17. Oktober.

Hinter dem Park liegt in einer schmalen Gasse das **Janes-Haus** (Janes Mansion, Kumamoto Yōgakkō Kyōshi Janes Tei, 熊本洋学校教師ジェーンズ邸) von 1871, die Residenz des ersten ausländischen Englischlehrers Kumamotos. Gleich nebenan steht das schlichte **Wohnhaus von Natsume Sōseki.** Hier ist allerdings nur ein Blick durchs Fenster erlaubt. Natsume Soseki arbeitete ab 1896 für über vier Jahre als Englischlehrer in Kumamoto und zog während dieser Zeit sechsmal um. Sein Lieblingshaus, Wohnsitz Nr. 5, ist heute ein kleines **Museum** (Natsume Sōseki Uchitsuboi Kyūko, 夏目漱石内坪井旧居).

Fans von Lafcadio Hearn, sein japanischer Name lautet Koizumi Yakumo, haben es ein wenig bequemer: Das ehemalige Wohnhaus des Journalisten und Japan-Verehrers liegt mitten im Stadtzentrum. Heute wirkt das Haus eingeklemmt zwischen Parkhäusern und Spielplatz wie aus einer anderen Welt (Koizumi Yakumo Kyūkyo, 小泉八雲熊本旧居).

■ **Tempel Ungan-ji**

Miyamoto Musashi, Verfasser des Buchs der Fünf Ringe, wohnte nicht in einem bequemen Stadthaus, sondern abseits in einer Höhle auf dem Gelände des Zentempels Ungan-ji (Ugan-ji, 雲巌寺, oder Ugan-zenji, 雲巌禅寺). Der Tempel liegt am Vulkanberg Kinbō westlich von Kumamoto und wurde im 14. Jahrhundert gegründet. Die **Höhle Reigandō** (霊巌洞) liegt im hinteren Bereich. Hier begann Musashi im Herbst 1643, sein Lebenswerk zu schreiben. Musashi verstarb zwei Jahre später auf der Burg von Kumamoto. In der kleinen Höhle steht heute eine Kannon-Statue.

Persönliche Kalligraphien, Tuschemalereien und sein Schwert zeigt die Privatsammlung des **Museums Shimada** (Shimada Bijutsukan, 島田美術館).

Nicht allzu weit entfernt befindet sich der **Tempel Honmyō-ji** (本妙寺). Hier liegt Kato Kiyomasa begraben. Die **Schatzkammer** zeigt eine Reihe seiner persönlichen Besitztümer.

ℹ **Kumamoto**

Vorwahl: 096.
679 000 Einwohner, Präfektur Kumamoto.
Kumamoto City Tourist Information Desk, im Bhf. Kumamoto, 3-15-1 Kasuga, Tel. 352-37 43; 8.30–19 Uhr.

Von Fukuoka/Hakata: Mit JR-Linie Kagoshima Honsen/Limited Express Ariake oder Relay Tsubame bis Bhf. Kumamoto, 80 Min., 3940 Yen. Der Bahnhof von Kumamoto liegt etwas entfernt vom Stadtzentrum. Zwei Straßenbahnlinien und Busse fahren ins Zentrum und zu den Sehenswürdigkeiten, Tageskarte für Bus und Straßenbahn 700 Yen, Einzelfahrschein ab 130 Yen.

Kumamoto Castle Hotel, 4-2 Joto-machi, Tel. 326-33 11, www.hotel-castle.co.jp; EZ ab 10279 Yen, DZ ab 18 480 Yen. Gemütlicher Blick auf die nächtens angestrahlte Burg. *Vom Bhf. Kumamoto mit Straßenbahn Richtung Kengun bis Haltestelle Toricho-suji, 5 Min. Fußweg Richtung Burg.*

Hotel Route Inn Kumamoto Ekimae, 1-14-19 Kasuga, Tel. 325-65 11, Fax 354-08 40, www.route-inn.co.jp; EZ ab 5500 Yen. Günstig, in Bahnhofsnähe. *1 Min. Fußweg vom Bhf., hinter Straßenbahnhaltestelle links neben Bank Higo Ginkō.*

Kumamoto Oriental Hotel in der Nähe des Parks Suizen-ji, 28-9 Suizenji Kōen, Tel. 384-22 23, Fax 382-03 12, EZ ab 3500 Yen. *Vom JR-Bhf. Suizenji 5 Min. Taxi, gegenüber Budokan-Sporthalle. 3 Min. Fußweg zum Park!*

Die lang anhaltende Belagerung der Burg 1877 schuf eine Besonderheit auf Kumamotos Speisekarten: **Basashi** (馬刺し), oder klarer formuliert: Pferde-Sashimi. Aßen die eingeschlossenen Krieger damals die treuen Vierbeiner aus reiner Not, bieten heute viele Restaurants rohes Pferdefleisch an. Genau wie gewöhnliches Sashimi aus Fisch tunkt man das Pferdefleisch in eine mit frischem Ingwer oder Frühlingszwiebeln gewürzte Sojasauce und lässt es sich zum Bier oder Sake schmecken. Hin und wieder heißt Ba-niku (馬肉, Pferdefleisch) auch hübsch euphemistisch Kirschblüten-Fleisch (Sakura-niku, 桜肉). Steht also Kirschblüten-Eintopf auf dem Tisch, lassen Vegetarier besser die Finger davon! Eine weitere Spezialität Kumamotos ist **Karashi Renkon** (からし蓮根), mit Senf gefüllte

Lotuswurzel. Dafür wird der gesäuberte Renkon gekocht und für fünf Stunden mit einer Paste aus Miso und Senf gefüllt. Anschließend wird er angebraten und ist dann in Scheiben geschnitten servierbereit. Erst im 19. Jahrhundert breitete sich die appetitanregende Lotuswurzel im Volk aus. Zuvor war der mit Senf gefüllte Renkon als Heilmittel ausschließlich dem Klan der Hosokawa vorbehalten.

Burg, Honmaru, Tel. 352-59 00; 8.30–18, Nov.–März 8.30–17 Uhr, 500 Yen, Kombiticket mit Hosokawa-Residenz 640 Yen. *Vom Bhf. Kumamoto mit Straßenbahnlinie 9 bis Haltestelle Kumamoto-jō mae, 5 Min. Fußweg.*

Villa Hosokawa Gyōbutei, 3-1 Kyōmachi, Kumamoto, Tel. 352-65 22; 8.30–17.30, Nov.–März 8.30–16.30 Uhr, 300 Yen, Kombiticket mit Burg 640 Yen. *Von der Bushaltestelle Kumamoto Bijutsukan/Hosokawa Gyōbutei mae 1 Min. Fußweg. Hinter dem Park nordwestlich der Burg.*

Janes-Haus, 22-16 Suizenji Kōen, Tel. 328-27 40; 9.30–16.30 Uhr, Mo Ruhetag, wenn Mo Feiertag, Di geschlossen, 200 Yen. *Mit Straßenbahn bis Haltestelle Suizenji Kōen, 8 Min. Fußweg.*

Museum Natsume Soseki, 4-22 Uchitsuboi-machi, Tel. 325-91 27; 9.30–16.30 Uhr, Mo Ruhetag, wenn Mo Feiertag, Di geschlossen, ebenso 29. Dez.–3. Jan., 200 Yen. *Mit Bus 6 ab Kotsu Center Bus Terminal bis Haltestelle Tsuboibashi, den braunen Schildern folgen, 3 Min. Fußweg.*

Koizumi-Yakumo-Haus, 2-6 Ansei-machi, Tel. 354-78 42; 9.30–16.30 Uhr, Mo Ruhetag, wenn Mo Feiertag, Di geschlossen, ebenso 29. Dez.–3. Jan., 200 Yen.

Kyūshū und Okinawa

Tempel Ungan-ji, Hirayama, Matsuo-machi, Tel. 329-88 54; 8–17 Uhr, 200 Yen. *Vom Kotsu Center Bus Terminal mit Bus bis Haltestelle Iwato Kannon Iriguchi, 20 Min. Fußweg.*

Museum Shimada, 4-5-28 Shimazaki, Tel. 352-45 97; 10–18 Uhr, Di geschlossen, wenn Di Feiertag geöffnet, 700 Yen. *Vom Kotsu Center Bus Terminal mit Bus bis Haltestelle Jikei Byōin mae, 3 Min. Fußweg.*

Tempel Honmyō-ji, 4-13-1 Hanazono, Tel. 354-14 11; Di–So 9–17 Uhr, wenn Mo Feiertag, Di geschlossen, Schatzkammer 300 Yen. *Vom Kotsu Center Bus Terminal mit Bus bis Haltestelle Honmyōji mae, 15 Min. Fußweg.*

Garten Suizenji, 8-1 Suizenji Kōen, Tel. 383-00 74; 7.30–18, Dez.–Feb. 8.30–17 Uhr, 400 Yen. *Mit der Straßenbahn Richtung Kengunmachi bis Haltestelle Suizenji Kōen, 4 Min. Fußweg. Souvenirläden weisen den Weg zum Garten!*

Rathaus, 1-1 Tetori Honchō, Tel. 328-21 11, wochentags 8.30–22, Mi 8.30–17.15 Uhr, Wochenende/Feiertage 18–22 Uhr, kostenlos. *Direkt an der Haltestelle Shiyakusho mae der Straßenbahnlinie 9.* Großartige Aussicht über Burg und Stadt.

Feuerland Kumamoto

Wer das sogenannte Feuerland Kumamoto besucht, muss sich natürlich auch dem Feuer stellen. Mit 28 Kilometern Durchmesser besitzt der Vulkan Aso eine der größten Calderas weltweit. Mitten im Vulkankrater, umgeben von fünf kleineren Vulkanspitzen, liegt der **Onsen-Ort Aso** (阿蘇). Allein der Nakadake ist aktiv, doch Lavaströme sieht man hier selten. Zumeist spuckt er Asche und Geröll, hin und wieder entweichen auch giftige Gase. Daher unbedingt auf Warnhinweise achten!

Hinauf führen zwei **Seilbahnen**, zur westlichen Seilbahn Aso Nishi fährt ein Bus vom Bahnhof Aso (Kyūshū Sangyo Bus 40 Min., 540 Yen, Seilbahn beide Strecken 1000 Yen). Von der oberen Station geht es in einer halben Stunde zum Kraterrand, der südliche Bereich des Nakadake ist frei zugänglich. Die östliche Seilbahn Sensuikyo Ropeway ist unweit des Bahnhofs Miyaji an der JR-Hohi-Linie (1500 Yen hin und zurück). Die anderen vier Vulkane innerhalb der Caldera sind friedlich mit Wiesen und Wäldern überwachsen.

Auf 1140 Metern Höhe befindet sich westlich vom Nakadake der Talkessel Kusasenrigahama (草千里ヶ浜). Hier gibt es ein **Museum über den Vulkan** mit Live-Übertragungen aus dem Vulkanschlund (Aso Kazan Hakubutsukan, 阿蘇火山博物館). Gleich nebenan steht ein **Orgelmuseum**.

Im Zentrum des Ortes Aso liegt das Onsen-Viertel **Aso Uchinomaki Onsen** (阿蘇内牧温泉) mit zahlreichen Übernachtungsmöglichkeiten. Als Alternative bietet sich das **Aso Farmland** (阿蘇ファームランド) an, ein Vergnügungspark mit Wellness und Ferienhütten.

Am nördlichen Rand der Caldera bietet der **Aussichtpunkt Daikanbō** (大観峰) einen fantastischen Blick über die fünf Vulkanspitzen und den mutigen Ort Aso mitten im Vulkan.

Karte S. 427

Der Vulkan Aso

Feuerland Kumamoto

Vorwahl: 09 67.

Tourist Information Aso, außerhalb des Bahnhofs, 1440-1 Kurokawa, Tel. 34-07 51; 9–18 Uhr, Mo/Mi keine Telefonauskunft.

Von Kumamoto nach Aso: Mit der JR-Hohi-Linie Limited Express Kyūshū Odan Tokkyu 65 Min., 2180 Yen.

🛏 ⚙ 〰

Aso Farmland, 5579-3 Kawayō Minami Aso, Tel. 67-00 01, www.asofarm land.co.jp (nur jap.); 7–22 Uhr, teilweise kostenlos, Bäder 6–23 Uhr, 800 Yen. Hütten für 2–6 Pers., pro Person mit zwei Mahlzeiten und Badbenutzung ab 6000 Yen. *Vom Bhf. Akamizu der JR-Hohi-Linie, weiter mit Taxi, 7 Min.*

Museum über den Vulkan Aso, 1930-1 Akamizu, Aso, Tel. 34-21 11; 9–17 Uhr, 840 Yen.

Aussichtpunkt Daikanbō, *vom Bhf. Aso mit Sanko-Bus bis Haltestelle Daikanbō, 20 Min. Fußweg.*

Amakusa-Inseln

Im Westen der Präfektur Kumamoto bieten die Amakusa-Inseln (Amakusa Shotō, 天草諸島) grüne Hügel und blaues Meer. Früher versorgte das sehr reine Kaolin der Inseln die Töpfer in Satsuma und Hirado, heute sind vor allem Krabben- und Perlenzucht verbreitet.

Das Christentum spielt seit dem 16. Jahrhundert eine dominante Rolle auf Amakusa, noch heute ist ein Drittel der Bevölkerung katholisch. Viele der hingerichteten Anführer des Shimabara-Aufstandes wurden hier begraben, ihre Gräber und die zahlreichen Kirchen der Inseln werden gerne besucht.

🚌 **Amakusa-Inseln**

Von Kumamoto: Über die Brücken mit dem Expressbus Amakusa Sankō Bus ab Bhf. Kumamoto bis Hondō Bus Center am Hafen von Hondō (本渡), 2 Std. 15 Min., 2180 Yen. Bis zur Südspitze Amakusas zu den Korallenbänken von Ushibuka (牛深) benötigt der Bus von Hondō aus 73 Minuten.

Beppu

Die letzte Station im nördlichen Teil der Region Kyūshū ist Beppu (別府) in der Präfektur Oita. Der Ort Beppu gilt in Japan als die heilige Hauptstadt der heißen Quellen. Heilig geht es hier nicht unbedingt zu, denn wo heiße Quellen sind, ist auch das Nachtleben nicht ohne. Direkt im Ort Beppu sprudeln acht heiße Quellen. Sie alle verfügen über günstige öffentliche Bäder. Schließlich wechselt ein wahrer Connaisseur der Badeszene mehrmals täglich seine Wanne!

■ Bäder

Hier eine kleine Auswahl: Das älteste Bad vor Ort ist das **Takegawara Onsen** (竹瓦温泉) östlich vom Bahnhof, nahe der Bucht. 1879 errichtet, wurde es in den 1930er Jahren völlig umgebaut. In stilvoller Atmosphäre kannn man hier auch Sandbäder nehmen.

Im Westen Beppus und etwas höher gelegen im Onsen-Bezirk Kankaiji befindet sich das Suginoi Palace Hotel mit dem eigenen **Tanayu Onsen**, dem wohl populärsten Bad der Stadt. Von seiner Dachterrasse mit den eleganten Außenbädern liegt dem Badenden Stadt und Bucht zu Füßen.

Im Onsen-Bezirk Kannawa im Norden der Stadt locken das **Hyotan Onsen** (別府ひょうたん温泉) und das für seine Schlammbäder berühmte **Onsen Hoyoland** (温泉保養ランド).

■ Höllenseen

Noch heißer geht es in Beppus neun sogenannten **Höllenseen** zu. Sie machen ihren Namen alle Ehre, denn mit Temperaturen zwischen 80 und 150 Grad Celsius sind sie zum Baden eindeutig zu heiß. Da gibt es die meerblaue Hölle **Umi Jigoku**, das blubbernde Schlammbad **Oniishibozu Jigoku**, den milchig-weißen Höllensee **Shiraike Jigoku**, die Berghölle **Yama Jigoku**, die Kochtopfhölle **Kamado Jigoku** mit einer Dämonenfigur als Koch und die Teufelsberghölle **Oniyama Jigoku**. Hier nutzt man die Wärme des Wassers zur Krokodilszucht – ein weiterer Grund, die Zehen außerhalb des Wassers zu lassen! Außerdem gibt es noch **Kinryu Jigoku**, die Hölle des Goldenen Drachen. Mit der Wärme heizt man hier ganzjährig ein Gewächshaus. Am berühmtesten sind der Blutsee **Chinoike Jigoku** und die Wirbelsturmhölle **Tatsumaki Jigoku**. Eisen- und Magnesiumoxide färben das Wasser der Bluthölle kräftig rot. Sie erinnern an den Blutsee der buddhistischen Hölle und kommen damit unserem Fegefeuer recht nah. Die Wirbelsturmhölle ist tatsächlich ein Geysir, alle dreißig Minuten schießt eine Fontäne heißen Wassers in die Luft. Die ersten sechs Höllen lassen sich ab der Bushaltestelle bequem zu Fuß erreichen.

■ Takasakiyama Monkey Park

Als Alternative zu heißem Wasser bietet sich der kombinierte Besuch des Takasakiyama Monkey Park mit dem moder-

Onsen in Beppu

nen **Umitamago-Aquarium** im Süden Beppus an. Die Stadt bietet ein kombiniertes Monkey-Marine-Ticket einschließlich Transport und Eintritt für 2200 Yen an (vom Bahnhof mit Bus Richtung Oita bis Haltestelle Takasakiyama Shizendobutsuen mae). Erwachsene finden eher Gefallen am bizarren **Sex-Museum Hihōkan** (秘法館) mitten im Höllenbezirk Kannawa. Unübersehbar befindet sich das Gebäude gleich neben der Shiraike-Jigoku-Hölle.

Im Schlammbad

Kyūshū und Okinawa

Beppu

Vorwahl: 09 77.

Foreign Tourist Information Office, direkt im JR-Bhf. Beppu, 12 Ekimae-chō, Beppu, Tel. 24-28 38; 9–17 Uhr. Hier gibt es auch Informationen über die riesige Auswahl an Übernachtungsmöglichkeiten.

Von Fukuoka/Hakata: Direkt mit JR-Kagoshima-Honsen-Linie Limited Express Sonic, 2 Std. 24 Min., 5750 Yen.

Von Kumamoto: Über Aso fährt ein Bus der Kyūshū-Sangyo-Kotsu-Linie nach Beppu, Abfahrt JR-Bhf.

Nach Kumamoto ohne längeren Aufenthalt in Aso: Kuju Bus Nr. 3/5, 4 Std. 30 Min., 3850 Yen. Mit 90 Min. Aufenthalt in Aso einschließlich Mittagessen in Asozan Nishi: Bus Aso Nr. 1 ab JR-Bhf. Kumamoto 10 Uhr, Ankunft Beppu 17.06 Uhr, 6450 Yen.

Zu den ersten sechs Höllen: Mit einem Bus bis zur himmelblauen Meereshölle **Umi Jigoku**. ab Bhf. Beppu, Ausgang West 25 Min. Busfahrt mit Bus 2, 5, 9, 41 oder 43 bis Umi Jigoku mae; 8–17 Uhr, Eintritt einfach 400 Yen, Kombiticket 2000 Yen. Anschließend kannn man gleich weiter mit dem Bus ›zur Hölle fahren‹, denn Blutsee und der Wirbelsturm-Geysir liegen 2,5 Kilometer entfernt in nördlicher Richtung.

Beide Höllenorte liegen direkt an der **Bushaltestelle Chi no Ike Jigoku mae**, vom Kannawa-Höllenbezirk ab Bushaltestelle Kannawa mit Bus Richtung Shibaseki (16/16A) bis Haltestelle Chi no Ike Jigoku mae, 5 Min. Fahrt. Zeiten/Tickets wie zuvor. Die gleiche Buslinie fährt zurück zum Bhf. Beppu.

Als letzter Gruß aus der Hölle bleiben als Erinnerung **Onsen Tamago**, leicht nach Schwefel duftende im Onsen-Wasser hartgekochte Eier. Süßmäuler können natürlich auch den im Onsen-Wasserbad gegarten **Pudding** probieren (Jikokumushi Purin, 地獄蒸しプリン). Beides gibt es reichlich an den Souvenirständen und in den Einkaufspassagen rings um den Bahnhof.

Takegawara Onsen, 16-23 Motomachi, Tel. 67-38 80; 6.30–22.30 Uhr, Bad 100 Yen, plus Sandbad 1000 Yen.

Tanayu Onsen, im Suginoi Palace Hotel, 1 Kankaiji, Tel. 24-1161.

Hyotan Onsen, 159-2 Kannawa, Tel. 66-05 27; 9–1 nachts, 700 Yen, Gemeinschaftsbad, privates Familienbad 60 Min. bis zu 3 Pers. 2000 Yen, weitere Personen je 500 Yen extra.

Onsen Hoyoland, 5-1 Myoban, Tel. 66-22 21; 9–22 Uhr, 1050 Yen.

Sex-Museum Hihōkan, 338-3 Shibuyu Kannawa, Tel. 66-13 85; 9–17 Uhr, 700 Yen.

Miyazaki

Bis in die 1980er Jahre gehörte eine Hochzeitsreise nach Miyazaki zum Standardprogramm frischgebackener japanischer Ehepaare, heute ziehen die 2000 Stunden Sonnenschein am Meer vor allem Sportler an die Südostküste: Surfer sind von den Wellen begeistert, Golfer nutzen die 18 Grad Durchschnittstemperatur zum Putten rund ums Jahr. Den ältesten Textsammlungen Japans zufolge ist das Land um Miyazaki heilig, denn hier stieg der Enkel der Sonnengöttin vom Himmel herab, und hier

Karte S. 427

gründete wiederum sein Enkel als Kaiser Jimmu die Nation. Ihm ist in der Präfekturhauptstadt Miyazaki der älteste Schrein der Region geweiht. Die Gebäude des Schreins **Miyazaki Jingū** (宮崎神宮) sind aus unbehandeltem Zedernholz und stehen in einem recht großen und stillen Wald. Mitte April blüht der Blauregen, manche der Schlingpflanzen sind über 400 Jahre alt. Im Frühling und im Herbst finden hier Reiterwettkämpfe (Yabusame) statt.

Im nördlichen Bereich des Waldes erklärt das **Miyazaki-Präfekturmuseum** Geschichte, Volkskunst sowie Flora und Fauna der Region (Miyazaki-ken Sōgō Hakubutsukan, 宮崎県総合博物館). Vieles ist sehr anschaulich dargestellt und lässt die ausschließlich japanischen Erklärungen ein wenig besser verschmerzen.

Direkt hinter dem Museum befindet sich **Minkaen** (民家園), ein Freilichtmuseum mit vier Bauernhäusern aus der direkten Umgebung. Dieses ist wie auch das Präfekturmuseum erfreulicherweise kostenlos.

Die großzügigen Grünanlagen des **Parks Heiwadai** (Heiwadai Kōen, 平和台公園) nordwestlich des Museums werden heute sehr gerne von Kindern und Sportbegeisterten genutzt. Mittelpunkt des Parks ist ein genau 70 Jahre altes Monument. Heute soll es den Frieden feiern, doch als es 1940 unter viel Pomp und Getöse zur 2600-jährigen Gedenkfeier der Gründung des Reiches errichtet wurde, war es ein Symbol der aggressiven Expansivpolitik Japans. Die Schriftzeichen Hakkō Ichu (八紘一字) sind prominent eingemeißelt und bedeuten ›Acht Weltecken unter einem Dach‹, ein ungenaues Zitat des mythischen ersten Tennōs. 1940 wurde damit der japanische Herrscheranspruch über ganz Asien gerechtfertigt, selbst das Material des Denkmals stammt aus diesen Ländern. Heute gedenkt man mit dem 37 Meter hohen Steinklotz dem Weltfrieden.

Gleich im Westen schließt sich der **Haniwa-Garten** (Haniwa-en, はにわ園) an. Mehr als 400 Haniwa-Figuren (allesamt Repliken) zieren den Park und locken neugierige Kinder zu Entdeckertouren ein. Haniwa-Figuren waren Grabbeilagen der Kofun-Zeit, der frühen Epoche der Hügelgräber.

ℹ Miyazaki

Vorwahl: 0985.
370 000 Einwohner, Präfektur Miyazaki.
Miyazaki City Tourist Information Center, im JR-Bhf. Miyazaki, 1-8 Nishiki-machi, Miyazaki, Tel. 22-6469; 9–19, Dez.–Feb. 9–18.30 Uhr, 1.–2. Jan. geschlossen.

Vom Bhf. Hakata/Fukuoka: Ab Bus Center mit JR-Kyūshū-Bus bis Miyazaki Bus Center vor JR-Bhf. Miyazaki, 4 Std. 20 Min., 6000 Yen.

🛏

Miyazaki Daiichi Hotel, 5-4-14 Tachibanadōri Higashi, Tel. 23-1111, Fax 24-2411, EZ ab 4800 Yen. Günstig und mit Sauna- und Wellnessbereich (ab 500 Yen). *Vom JR-Bhf. Miyazaki 5 Min. Taxi oder 15 Min. Fußweg.*
Richmond Hotel Miyazaki Ekimae, 2-2-3 Miyazaki-eki-higashi, Tel. 60-0055, Fax 60-2000; EZ ab 6600 Yen einschließlich Frühstücksbüffet. Gute Mittelklassequalität in direkter Bahnhofsnähe. *Vom JR-Bhf. Miyazaki, Ausgang Ost (Higashi Guchi), 1 Min. Fußweg.*

Kyūshū und Okinawa

Die Spezialitäten Miyazakis sind eher flüssiger Natur. **Shōchū** (焼酎) aus Miyazaki, Schnaps aus Reis oder Süßkartoffel, ist überregional bekannt. Die Sorte **Kurokirishima** (黒霧島) aus Süßkartoffel ist der wohl beliebteste Schnaps der Region. Kurokirishima trinkt man auf Eis oder mit Wasser (warm oder kalt) gemischt, er schmeckt hervorragend zu Gegrilltem.

Schrein Miyazaki Jingū, 2-4-1 Shingu, Tel. 27-4004. *Mit Miyazaki-Kotsu-Bus von der Haltestelle Depato mae bis Miyazaki Jingū, 160 Yen, 3 Min. Fuß-* *weg. Oder mit dem Zug bis Station Miyazaki Jingū, ebenfalls 160 Yen.*

Miyazaki-Präfekturmuseum, Freilichtmuseum Minkaen, Tel. 24-2071; 9–16.30 Uhr, Di Ruhetag, wenn Di Feiertag und während der Sommerferien, geöffnet, Folgetag eines Feiertags, wenn nicht Sa/So, ebenfalls geschlossen. *Mit dem Miyazaki-Kotsu-Bus von Haltestelle Depato mae bis Haltestelle Hakubutsukan mae, 2 Min. Fußweg.*

Park Heiwadai. *Vom Bhf. Miyazaki Bus Richtung Tachibana dōri bis Haltestelle Depato Mae, 4 Min., 150 Yen. Dort in Bus bis Heiwadai Park, 12 Min., 230 Yen.*

Insel Aoshima

Ein Ausflug ans Meer tut manchmal richtig gut. Die kleine Insel Aoshima (Aoshima, 青島) südlich der Stadt bietet passende Tropenatmosphäre. Bei Ebbe benötigt man noch nicht einmal eine Brücke! Am Hauptgebäude des Schreins führt auf der Insel rechts ein Weg zu einem kleineren Schrein. Wirft man dort fleißig Tonscheiben, verhelfen sie zu Ehepartner und vielen Kindern. Bei niedrigem Wasserstand präsentiert sich auf der Südseite der Insel des ›Teufels Waschbrett‹ (Oni no Sentakuita, 鬼の

Strand auf der Insel Aoshima

Karte S. 427

洗濯板), perfekt ausgerichtete Gesteinsrillen werden für kurze Zeit auf dem Meeresgrund sichtbar. Die merkwürdigen Bodenformationen ziehen sich noch mehrere Kilometer Richtung Süden bis zum pittoresken **Schrein Udo** (Udo-jingū, 鵜戸神宮). Der kräftig-rote Schrein liegt in einer Höhle direkt am Meer. Angeblich soll hier Kaiser Jimmu

von der Meeresgöttin geboren sein, sie ließ dem Baby ihre Brüste in Form von Felsen zurück, bevor sie selbst ins Meer heimkehrte. Das Kondenswasser dieser Felsen soll bei Kinderwunsch helfen, für alle anderen Glückssuchenden hält die Gottheit des Schreins, der Vater von Kaiser Jimmu, im Außenbereich nochmals Tonscheibenwerfen bereit.

 Insel Aoshima

Von Miyazaki: Vom Bhf. Miyazaki mit JR-Nichinan-Linie bis Bhf. Aoshima, 30 Min., 360 Yen. 5 Min. Fußweg.

Schrein Udo, 3232 Miyaura, Nichinan City, Tel. 0987/29-1001, 6–19 Uhr, kostenlos. *Vom Miyazaki Bus Center direkt vor Bhf. mit Miyako-Bus Richtung Nichinan/Obi bis Haltestelle Udo-jingū Iriguchi, 80 Min., 1440 Yen, weitere 20 Min. Fußweg.* Zwei Wege führen über viele Treppen zum Schrein. Der Weg durch den Tunnel ist im bes-

seren Zustand, dafür hat der alte Weg über den Hügel die schönere Aussicht.

Aoshima Palmbeach Hotel, 1-16-1 Aoshima, Tel. 65-1555; EZ ab 8300 Yen. Tropisches Flair mit Blick auf den Pazifik und die Insel Aoshima.

Das angegliederte **Aoshima Activity Center** bietet Kurse im Reiten oder Schnorcheln, Angelausflüge und Cruising-Touren. *Vom JR-Bhf. Miyazaki mit JR-Nichinan-Linie bis Station Kodomo no Kuni, 3 Min. Fußweg.*

Takachiho

Im Norden der Präfektur Miyazaki liegt das Städtchen Takachiho. Hier soll sich die Sonnengöttin Amaterasu einst beleidigt in eine Höhle zurückgezogen und der Erde sämtliches Licht geraubt haben. Erst der erotisch-komische Tanz einer Göttin und die Begeisterungsrufe der anderen Kami lockte sie wieder hervor. Die Höhle ist heute Teil des **Amano-Iwato-Schreins** (Amano Iwato-jinja 天岩戸神社). Um sie von der Ferne betrachten zu können, muss man im Büro nachfragen. Die uralten Tänze werden heute immer noch im **Takachiho-Schrein** (Takachiho-jinja 高千穂神社) in der Nähe des Zentrums von Takachiho gezeigt. Der Schrein ist Ninigi no Mikoto, dem Enkel der Sonnengöttin gewidmet. Die Origi-

naltänze, Yokagura genannt, bestehen ursprünglich aus 33 Abschnitten und werden traditionell von November bis Februar an wechselnden Orten in Takachiho aufgeführt. Die abendliche Zusammenfassung des langen Tanz-Epos findet das gesamte Jahr ohne Ruhetag nur im Schrein statt.

 Takachiho

Amano-Iwato-Schrein, Tel. 0982/74-8239; 8.30–16.30 Uhr, 150 Yen. *Vom Bus Center Takachiho mit Miyazaki Kotsu-Bus bis Haltestelle Amano Iwato-jinja, 15 Min.*
Takachiho-Schrein, Tel. 0982/72-2413, vom Bus Center Takachiho 13 Min. Fußweg; Tänze 20–21 Uhr, 500 Yen.

Kirishima

An der Grenze zur Nachbarpräfektur Kagoshima liegt Kirishima, ein aktives Vulkangebirge mit sehr schönen Wanderwegen und heißen Quellen. Gemeinsam mit der Insel Yakushima bilden sie den **Nationalpark Kirishima-Yaku**. Hier genau stieg Ninigi no Mikoto, der Enkel der Sonnengöttin und spätere Kaiser Jimmu, vom Himmel herab. Sein Speer steckt, wenn auch als Kopie, im Gipfel des Berges **Takachiho no mine** (1574 Meter). Am Fuße des Berges liegt der kleine Ort **Kirishima Jingū** (霧島神宮, Präfektur Kagoshima). Dort findet sich auch das Takachiho-gawara Visitor Center mit reichlichen Informationen. Kirishima Jingū wie auch der Ort **Ebino-Kōgen** (Präfektur Miyazaki) mit dem Ebino-Kōgen Eco Museum Centre weiter nördlich bieten sich als Ausgangsort zahlreicher Wanderungen durch das Vulkangebirge an.

> 🚃 **Kirishima**
>
> **Von Miyazaki**: Mit JR-Nippo–Linie bis Bhf. Kirishima Jingū (Local Train, 2 Std. 30 Min., 1430 Yen, Limited Express 90 Min., 2650 Yen).

Kagoshima

Die meisten Besucher Kagoshimas beschränken sich auf die gleichnamige Hauptstadt der Präfektur. Die südlichste Stadt der Insel Kyūshū vergleichen sie dabei gerne mit Neapel. Mildes Klima, temperamentvolle Bewohner und der ewig rauchende Vulkan Sakurajima wecken in jedem Japaner Assoziationen mit Italiens berühmter Hafenstadt. Doch auch ohne internationalen Vergleich ist Kagoshima von historischer Bedeutung. Früher unter dem Namen Satsuma bekannt, wurde die Region beinahe sieben Jahrhunderte bis zur Meiji-Restauration

vom Klan der Shimazu regiert. Im Jahr 1549 betrat der Jesuitenpater und Missionar Francisco Xavier hier erstmals japanischen Boden. Die Herrscher von Satsuma waren am Überseehandel sowie neuen Technologien interessiert und gewährten Xavier zehn Monate Gastfreundschaft. Kurz darauf begann die völlige Abschottung des Landes, die erst Ende des 19. Jahrhunderts aufgehoben werden sollte. Auch zu Beginn der Neuzeit reagierten die Shimazu zügig, sie führten Druckpressen sowie Spinnmaschinen ein und bauten moderne Waffenfabriken auf. 1866 gingen 19 junge Männer nach London, um die Wege des Westens zu studieren. Viele von ihnen wurden später zu Schlüsselfiguren der neuen Regierung.

Der berühmteste Sohn Kagoshimas ist jedoch unbestritten Saigō Takamori. 1827 geboren, sah er die Notwendigkeit zur Modernisierung seines Landes, doch sorgte er sich gleichzeitig um den Verlust der Traditionen und alten Werte. Er verließ kurzerhand die Regierung und gründete in Kagoshima eine eigene Militärakademie (Ruinen heute östlich des Historischen Museums), die innerhalb kürzester Zeit zur Sammelstelle frustrier-

Im Vulkangebirge von Kirishima

Blick über Kagoshima

ter Samurai und durch Steuern ausgebeuteter Bauern wurde. Im Januar 1877 eskalierte die Sache, und Saigō führte eine 40 000 Mann starke Rebellenarmee nach Kumamoto. Dieses Ereignis ging als Aufstand von Satsuma in die Geschichtsbücher ein. Den Ausgang kennt man von der Stadtgeschichte Kumamotos: Nach knapp zwei Monaten Belagerung durch die kaiserlichen Truppen brach der rebellische Geist, und Saigō floh mit einer Handvoll Getreuer zurück nach Kagoshima. Am 24. September 1877, nachdem Saigō sich fünf Tage in den Höhlen von Shiroyama versteckt hielt, beging er schwer verwundet Selbstmord. Sein Mut und nicht zuletzt sein heroischer Tod beeindruckte auch den Kaiser. 1891 wurde Saigō Takamori posthum von jeder Schuld frei gesprochen und wird auch heute noch als Nationalheld verehrt.

■ **Meiji-Museum**

Das 2009 renovierte Meiji-Museum (Ishin Furusatokan, 維新ふるさと館) unweit des Hauptbahnhofs zeigt mit High-Tech-Methoden die Umbrüche der Meiji-Restauration, Saigō und seine Mit-

streiter treten als Roboter auf. Der Retrobus ab Bahnhof fährt die wichtigsten Stationen der letzten Tage des Rebellenführers ab.

■ **Historisches Museum**

Der Bezirk **Shiroyama**, kulturelles und historisches Herz der Stadt, liegt nördlich vom Zentralbahnhof Kagoshima Chuo. Dort, wo einst die Burg der Fürsten von Satsuma stand, befindet sich das Historische Museum der Präfektur Kagoshima (Kagoshimaken Rekishi Shiryō Center Reimeikan, 鹿児島県歴史資料センター館黎明館). Themen des Museums sind neben Geschichte, Kunst und Kunsthandwerk der Präfektur. Dazu zählt natürlich auch die schwarz-weiße Satsuma-Keramik. Weißes Satsuma-yaki war übrigens dem Adel vorbehalten, die schwarze Keramik benutzte das gewöhnliche Volk.

■ **Landschaftsgarten Sengan-en**

Aus den Tagen vor Saigō stammt der Landschaftsgarten Sengan-en (仙巌園, auch: Iso Teien, 磯庭園) nördlich der Stadt, direkt an der Bucht gelegen. 1658 vom 19. Daimyo der Provinz Satsuma angelegt, beherbergte der 50 000 Quadratmeter große Garten einst die Sommerresidenz des Fürsten. Der Garten ist berühmt für seine ›geborgte Landschaft‹, Vulkan und Bucht fügen sich harmonisch in das Gesamtbild des Parks. Damen im Kimono geleiten den Besucher durch die Sommerresidenz, anschließend genießt man in einem der Teehäuser eine Schale Grünen Tee mit Jambo mochi, Reiskuchen mit süßer Sauce auf zwei Bambusstäben. Ein kleines **Museum** (Shōkoshūseikan, 尚古集成館) mit Kostbarkeiten der Familie Shimazu rundet den Besuch des eleganten Landschaftsgartens ab.

Kyūshū und Okinawa

■ Vulkan Sakurajima

Nur vier Kilometer in der Bucht von Kagoshima (oder auch: Kinkō Bucht) liegt der Vulkan Sakurajima. Der 1117 Meter hohe Berg begann seine Aktivitäten vor ungefähr 13000 Jahren, und seitdem spuckt und brodelt er ununterbrochen. Ursprünglich eine Insel, verbindet seit 1914 ein erkalteter Lavastrom den Vulkan mit Kyūshū. Vom Hafen von Kagoshima fahren tagsüber alle zehn Minuten Fähren nach Sakurajima. Dort angekommen, geht es in das Sakurajima Visitor Center (桜島ビジターセンター). Hier dreht sich alles um den Vulkan. Ausflugsbusse stehen für eine Tour rings um die Insel bereit. Neben den grauen Lavafeldern ist besonders das versunkene Torii-Eingangstor des **Schreins Kurokamijinja** auf der Ostseite der Insel beeindruckend. Der Ausbruch von 1914 begrub das über drei Meter hohe Tor beinahe völlig unter sich.

Bei wenig Zeit lohnt sich ein Abstecher zum Lavagestein im **Nagisa Park** südlich vom Hafen. Kinder haben mehr Spaß am **Sakurajima Natur- und Dinosaurierpark** auf der nördlichen Seite des Ha-

Der Vulkan Sakurajima

fens. Neben elf großen Sauriern steht hier eine 50 Meter lange Rutsche.

Im Süden der Insel befindet sich der Onsen-Ort **Furusato**. Das beliebteste der drei Onsenbäder gehört zum **Furusato Kanko Hotel**. Im gemeinsamen Außenbad mit Blick auf Pazifik und Kagoshima tragen Männer und Frauen auch im Wasser einen leichten Baumwollkimono (Yukata). Ein kostenloser Shuttlebus steht ab Hafen zur Verfügung. Achtung: Bei Ascheregen bleibt das Außenbad geschlossen!

ℹ Kagoshima

Vorwahl: 099.

605 000 Einwohner, Präfektur Kagoshima.

Kagoshima Chuo Station Tourist Information Center, im Gebäude des JR-Bhfs., 1-1 Chuo-chō, Tel. 253-25 00; 8.30–19 Uhr.

Sakurajima Visitor Center, Tel. 293-24 43; 9–17 Uhr. *Vom Hafen Sakurajima 10 Min. Fußweg.*

🚆

Von Fukuoka/Bhf. Hakata: Mit JR-Limited Express Relay Tsubasa bis Bhf. Shin-Yatsuhiro, weiter mit Kyūshū Shinkansen bis Bhf. Kagoshima Chuo, 2 Std. 12 Min., 9420 Yen. Der JR-Bhf. Kagoshima ist kleiner und liegt auf der anderen Seite der Stadt.

In der Stadt fährt ab/bis Bhf. Kagoshima Chuo der **Kagoshima-City-View-Bus** (Retrobus) alle wichtigen Sehenswürdigkeiten sowie den Hafen an. Einzelfahrscheine kosten 180 Yen, Tageskarte 600 Yen, gültig für alle Busse und Straßenbahnen.

Zum Vulkan Sakurajima: Vom Hafen von Kagoshima fahren tagsüber alle 10 Min. Fähren nach Sakurajima (vom Bhf. Kagoshima 7 Min. Fußweg, Fähre: 13 Min., 150 Yen).

JR-Kyūshū Hotel Kagoshima, 1-1 Chuo-chō, Tel. 213-8000; EZ ab 5500 Yen. Direkt am Hauptbahnhof und damit unschlagbar praktisch.

Pension Nakazono Ryokan, 1-18 Yasui-chō, Tel. 226-5125, www.japaneseguesthouses.com/db/kagoshima/nakazono; ab 4200 Yen. Der kleine Ryokan ist nicht im allerbesten Zustand, das wird aber allemal vom freundlichen Besitzer ausgeglichen. Sehr beliebt unter Ausländern. *Vom JR-Bhf. Kagoshima 4 Min. Taxi.*

Castle Park Hotel (Shiroyama Kanko Hotel), 41-1 Shinshōin-chō, Tel. 224-2211; EZ ab 10150 Yen. Das Hotel in den Hügeln von Shiroyamainen bietet einen traumhaften Blick über Vulkan und Meer. *Vom Westausgang des JR-Bhfs. Kagoshima Chuo steht ein kostenloser Shuttlebus zur Verfügung.*

Furusato Kanko Hotel, 1076-1 Furusato-chō, Tel. 221-3111; pro Person ab 10150 Yen mit Abendessen und Frühstück.

Auch in Kagoshima trinkt man gerne **Shōchū** aus Süßkartoffel. Galt Shōchū lange als Arme-Leute-Getränk, hat er sich mittlerweile in schicken Szene-Bars seinen Platz erobert. Das liegt wohl auch daran, dass sein oftmals benzinartiger Geruch einem angenehmen Mandelaroma gewichen ist. Kagoshima ist berühmt für **Kurobuta** (黒豚), das Fleisch schwarzer Schweine. Um daraus die kräftige Brühe Tonkotsu zu machen, legt man das Fleisch erst in Shōchū ein und kocht es dann langsam auf kleiner Flamme. Die gallertartige Masse wird in Scheiben geschnitten serviert.

Satsuma-age (さつま揚げ) ist eine Fischpaste, die mit Gemüse gemixt in Öl frittiert wird. Den sardinenartigen Fisch **Kibinago** (きびなご) isst man roh mit einem Dipp aus heller Miso-Sauce. Beliebt ist außerdem **Sashimi aus Hühnerbrust** oder rohe Hühnerherzen (Torisashi, 鳥指し).

Wer lieber rohes Obst isst, findet auf den Märkten und im Supermarkt eine große Auswahl an tropischen Früchten. Sie stammen allesamt aus heimischer Produktion. Süßmäuler sollten unbedingt das lilafarbene Süßkartoffeleis probieren.

Meiji-Museum, 23-1 Kajiya-chō, Miyazaki, Tel. 239-7700; 9–17 Uhr, kein Ruhetag, 300 Yen. *Vom JR-Bhf. Kagoshima Chuo 8 Min. Fußweg.*

Historisches Museum der Präfektur Kagoshim, 5-1 Shiroyama-chō, Tel. 222-5100; 9–17 Uhr, Mo, 25./Monat Ruhetag, wenn Mo Feiertag, Di geschlossen, wenn 25. Wochenende, geöffnet. 300 Yen. *Vom JR-Bhf. Kagoshima Chuo mit Retro-Bus Kagoshima City View bis Bushaltestelle Satsuma Gishihi, 180 Yen. 2 Min. Fußweg.*

Landschaftsgarten Sengan-en, 9700-1 Iso, Yoshino-chō, Tel. 247-1551; 8.30–17.30, 1. Nov.–15. März 8.30–17.20 Uhr, Park, Sommerresidenz und Museum, 1500 Yen, ohne Museum 1000 Yen. *Vom Bhf. mit dem Retro-Bus bis Sengan-en/Iso Teien, 32 Min., 180 Yen.*

Bad im Furusato-Kanko-Hotel; Di, Mi, Fr–So 8–20 Uhr, Mo und Do 8–15 Uhr, 1050 Yen.

Kyūshū und Okinawa

Die Südwestlichen Inseln

Die Präfektur Kagoshima besteht nicht allein aus dem Gebiet auf der Hauptinsel Kyūshū. Unzählige Inseln südlich des 31. Breitengrades zählen ebenso zu der Präfektur und werden daher, wie die Inseln der Präfektur Okinawa, zu Japans sogenannten Südwestlichen Inseln (Nansei Shotō, 南西諸島) zusammengefasst. Viele von ihnen sind unbewohnt, einige weisen die bislang ältesten Spuren menschlicher Zivilisation innerhalb Japans auf. Die Traditionen anderer zeigen wiederum den starken Einfluss polynesischer Kulturen.

Die größere Insel **Yakushima** ist Japans älteste Welterbestätte (seit 1993). Mit Kyūshūs höchstem Berg, dem **Miyanouradake** (1935 Meter) und dem mit 7200 Jahren wohl ältesten Zedernbaum zieht dieser Teil des Nationalparks immer mehr Gäste an. Von Mai bis August lassen sich an einigen Stränden sogar Meeresschildkröten bei der Eiablage beobachten. Die südlichste Insel Kagoshimas ist gerade mal 20 Kilometer von Okinawa entfernt.

Mit 23 Kilometern Umfang zählt **Yoronjima** zu den kleineren Inseln, bietet Wassersportlern jedoch mit einer Durchschnittstemperatur von 23 Grad und glasklarem Wasser ein kleines Paradies.

> ✈ **Südwestliche Inseln**
>
> Einmal täglich verbindet ein Flug die Insel Yakushima mit der Stadt Kagoshima (1 Std. 50 Min., 26 300 Yen), nach Yakushima sind die Verbindungen häufiger, mehrmals täglich fliegt JAC den Nationalpark von Kagoshima an, 40 Min., 11 370 Yen.

Mehr als 7000 Jahre alt: die älteste Zeder Japans

Okinawa

Der Name Okinawa bedeutet übersetzt ›Schnur im offenen Meer‹, eine treffende Bezeichnung für Japans lang gestreckte tropische Inselwelt. Das einst unabhängige Königreich Ryūkyū zählte bis zu seiner Eroberung durch die Fürsten von Satsuma 1609 zu den Vasallenstaaten Chinas. Satsuma nutzte Ryūkyū lange als Handelsvermittler, übrigens zum Vorteil aller drei Länder. Erst 1879 wurde das südliche Königreich unter der Meiji-Regierung von Japan annektiert und stand später als Folge des Zweiten Weltkriegs von 1945 bis 1972 unter amerikanischer Besatzung. Schlechte Bedingungen für eine eigenständige Kultur, und so sprechen nur noch eine Handvoll Menschen einen der Dialekte Ryūkyūs. Die junge Generation fühlt sich immer stärker als Japaner, politische Unabhängigkeit ist kein ernsthaftes Thema mehr. Das könnte Okinawa sich wirtschaftlich auch nicht leisten, wird es heute doch als Armenhaus der reichen Industrienation angesehen.

Doch kulturell, insbesondere in der Musik, hat Okinawa einen kleinen Siegeszug durch Japan erlebt. In den letzten Jahren erlebt die besondere Mischung aus original Okinawa-Klängen der San-shin, einem dreisaitigem Instrument, gemischt mit Rock, Jazz oder anderen Musikelementen, einen regelrechten Boom. Ein relativ großer Anteil erfolgreicher J-Popsänger (Japanese Pop) stammt aus Okinawa, berühmteste Vertreterin ist die Sängerin Amuro Namie. Das Lied ›Shima Uta‹ (Insel-Lied) der Gruppe ›The Boom‹ gilt mittlerweile als die heimliche Nationalhymne Okinawas.

Architektonisch typisch für Okinawa sind die Wächter-Löwen auf Dächern und Toreingängen der Häuser. Ein Shisa,

Ein Shisa auf einem Hausdach auf Okinawa

wie diese stark chinesisch beeinflussten Figuren heißen, hat sein Maul aufgerissen, um das Glück zu packen. Sein Gegenstück beißt hingegen die Zähne fest zusammen, um es nicht mehr fort zu lassen.

Okinawas Klima ist subtropisch mit Temperaturen, die am Tag selten unter 15 Grad fallen. So nutzen Japaner die Inseln im Winter gerne für eine Verschnaufpause von der Kälte, doch schöner ist der März oder April. Im Mai setzt die sechswöchige Regenzeit ein, der Sommer ist dann heiß und feucht. Trotzdem ist Okinawa ein populäres Ziel während der Sommerferien. Wegen heftiger Taifune sollten September und Oktober vermieden werden, im November und Dezember beruhigt sich das Wetter und belohnt den Besucher mit zahlreichen warmen Sonnentagen.

Kyūshū und Okinawa

Insel-Hopping

Die bewohnten Inseln Okinawas lassen sich vereinfacht in drei Regionen unterteilen. Da ist die Hauptinsel **Okinawa** (Okinawa Hontō, 沖縄本島), dann die Inselgruppe **Miyako** (Miyako Rettō, 宮古列島) und schließlich die **Yaeyama-Inseln** (Yaeyama Rettō, 八重山列島) um die Insel **Ishigaki**. Die südlichen Yaeyama-Inseln bieten an sämtlichen Stränden Gelegenheiten zum Schnorcheln und Tauchen.

■ **Ishigaki**

Die Hauptinsel Ishigaki (石垣島) bildet wegen Flughafen und größtem Hafen den Verkehrsknotenpunkt der Inselgruppe. Obwohl am dichtesten besiedelt und somit sehr gut mit Hotels, Restaurants und Geschäften ausgestattet, finden sich hier überall mit Korallen durchsetzte Sand- und Kieselstrände. Als schönste Bucht gilt die **Kabira Bay** (Kabira-wan, 川平湾), das gesamte Jahr wird hier gebadet. Doch nur während

der Sommermonate sind sämtliche Einrichtungen geöffnet und die Strandwache besetzt. Auf Quallenwarnungen achten, in manchen Jahren ist die sehr giftige Habu-Qualle, eine Unterart der Würfelquallen, ein Problem. Als Gegengift hat sich Essig bewährt. Das mindert zwar nicht die Schmerzen, verhindert aber das Entladen weiterer Nesselzellen und rettet unter Umständen vor Herzstillstand.

✈ Ishigaki

Von Naha/Hauptinsel Okinawa: Mit dem Flugzeug (50 Min., 21 100 Yen).

Von Tōkyō/Haneda Airport: Einmal täglich Direktflug, 3 Std., regulär 60 000 Yen, Discounttickets gibt's billiger.

⛴

Von Naha Shinko (Naha New Port): Mit der Fähre, 14 Std. 15 Min., ab 6800 Yen.

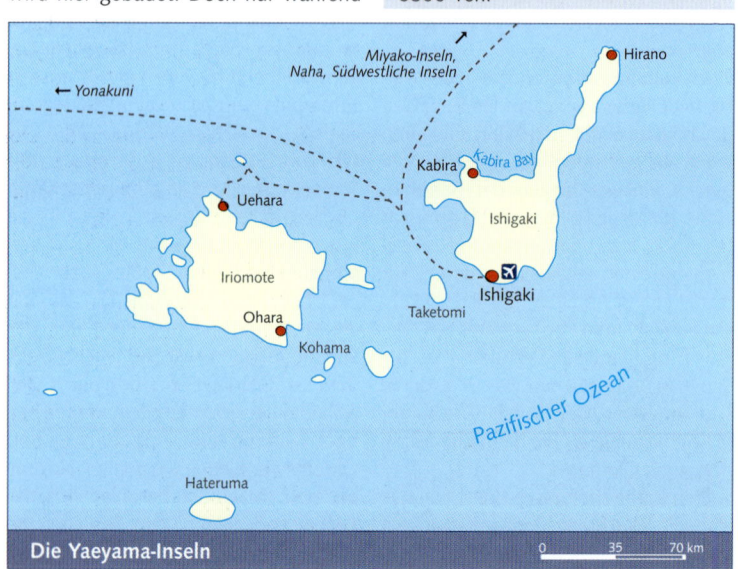

Die Yaeyama-Inseln

■ Iriomote

Die Nachbarinsel **Iriomote** (西表島) ist Okinawas zweitgrößte Insel, aber sehr dünn besiedelt. Hier locken vor allem Kajaktouren auf den zahlreichen Flüssen durch das Innere der Insel. Taucher kommen ebenfalls auf ihre Kosten: Zwischen April und Oktober schwimmen in der Meeresstraße zur kleinen **Insel Kohama** Rochen. Von Ishigaki fahren alle dreißig Minuten Fähren nach Iriomote.

■ Taketomi

Auf der Insel Taketomi (竹富島) gibt es keinen Autoverkehr, auf weißen Sandwegen kommt allein das Fahrrad zum Einsatz. Auf Takekomi findet sich ein komplett erhaltenes kleines **Dorf im Ryūkyū-Stil**. In beinahe sämtlichen Häusern sind Restaurants und Geschäfte untergebracht. Dazu zählen auch Minshuku, einfache Pensionen. Im Gegensatz zu den Stränden der beiden größeren Inseln bieten die Strände von Taketomi kaum Komfort, es sind einfache, aber doch sehr schöne Strände. Immer auf Warnhinweise achten, ab dem Spätsommer sollte man nicht die tückischen Unterströmungen unterschätzen. Von Ishigaki fahren alle dreißig Minuten Fähren nach Taketomi.

Auf Taketomi

In der Kokusai-dōri in Naha

Naha auf Okinawa Hontō

Auf der Hauptinsel Okinawa Hontō befand sich einst das Zentrum des Königreichs Ryūkyū. Heute lässt sich die Insel in ein südliches, ein zentrales und ein nördliches Gebiet aufteilen. Im südlichen Teil liegt Naha (那覇), die Hauptstadt der Präfektur Okinawa. In und um Naha befinden sich einige Stätten von besonderem Interesse. Das Zentrum Nahas bildet die **Kokusai-dōri**, die Internationale Allee, mit unzähligen Einkaufsmöglichkeiten. Sie beginnt bei der Präfekturverwaltung/ Naha Bus Terminal und verläuft 1,6 Kilometer in nordöstlicher Richtung bis zum Fluss. Vor dem Krieg wuchsen hier Kartoffeln, erst die Amerikaner planierten die breite Flaniermeile.

■ Makishi-Markt

Die breite Palette der Tropen liegt im nördlichen Teil der Allee in den Markthallen des Makishi-Markts (Daiichi Makishi Kōsetsu Ichiba, 第一牧志公設市場) zum Verkauf aus. Rund 400 Stände bieten von blauen Fischen und getrockneten Seeschlangen über Schweinsköpfe bis hin zu Papaya und Bittergurke so ziemlich alles, was die Restaurants und Hausfrauen Okinawas begehren.

Kyūshū und Okinawa

Okinawa, Insel Hontō

0   20   40 km

■ Straße der Töpfer

Beim Markt geht es in die Straße der
Töpfer, die Yachimun-dōri. Yachimun
bedeutet auf Okinawa Yakimono oder
übersetzt: Keramik. Diese Straße führt
mitten durch den Tsuboya-Töpfer-Bezirk
von Naha. Noch weit bis in die ersten
Nachkriegsjahre standen hier zahlreiche
abgestufte Brennöfen, doch wegen der
starken Rauchentwicklung wurden sie
nach und nach geschlossen. Gleich zu
Anfang der Töpferstraße liegt das **Städtische Keramikmuseum Tsuboya** (Naha
Shiritsu Tsuboya Yakimono Hakubutsukan,那霸市立壺屋焼物博館). Es zeigt
nicht nur Meisterwerke der Keramik-
kunst auf Okinawa, sondern auch das
Leben der Töpfer in der Vorkriegszeit.

■ Garten Fukushū-en

Von der Präfekturverwaltung geht es
entlang der Matsuyama-dōri Richtung
Meer, nach acht Minuten Fußweg
beginnt der chinesische Garten Fukushū-en (福州園). Fukushū heißt auf
deutsch Fuzhou, die Hauptstadt der chinesischen Provinz Fujian. Fuzhou ist
Partnerstadt von Naha und stiftete

1992 zum zehnjährigen Bestehen den
im chinesischen Stil angelegten Park mit
Teich und Wasserfall.

■ Strand

Am Ende der Straße befindet sich Nahas
einziges Strandbad, der **Nami no Ue
Beach**, der ›Strand über den Wellen‹.
Die Benutzung ist kostenlos, jedoch auf
9–18 Uhr beschränkt. In den Sommermonaten Juli und August gibt es Verlängerung bis 19 Uhr.
Gleich links neben dem Strandbad steht
eine der wenigen Schreinanlagen Nahas,
der **Naminoue-gū** (波之上宮). Besonders an den Neujahrsfeiertagen wird der
Schrein auf dem Felsbrocken gerne besucht. Die Haupthalle des Schreins, das
Gründungsjahr ist unbekannt, ist ein
Stahlbetonbau von 1987.

■ Tempel Gokoku-ji

Nur zwei Minuten entfernt steht der
älteste Tempel Okinawas. Gokoku-ji (護
国寺) wurde 1368 vom König von
Ryūkyū als höfischer Andachtsort gebaut und gehörte ursprünglich zur Anlage des Schreins.

■ Burg Shuri

Ganz oben auf der Besichtigungsliste der Okinawa-Besucher steht die Burg Shuri (Shuri-jō, 首里城) im gleichnamigen östlichen Stadtteil Nahas. Hier stand seit dem 14. Jahrhundert der alte **Palast der Könige von Ryūkyū**, die Schlacht um Okinawa zerstörte 1945 sämtliche Gebäude. Später baute man auf den Überresten die Ryūkyū-Universität, erst 1992 begann die Rekonstruktion des Palastes. Im Jahr 2000 nahm die UNESCO Teile der Palastanlage und des Parks in die Liste der bislang neun Weltkulturerbestätten des Kulturkreises Ryūkyū auf. Die Hauptgebäude des Palastes stehen auf einem Hügel, beim Aufstieg passiert man mehrere Tore.

Das erste **Tor Shureimon** stammte ursprünglich aus der ersten Hälfte des 16. Jahrhunderts, sein Nachbau ist knapp 50 Jahre alt. Das Tor mit dem doppelten Dach gilt heute als Symbol ganz Okinawas und findet sich auf dem 2000-Yen-Geldschein wieder. Die interessante Mixtur aus typischen Elementen klassischer Zen-Tempel, unterbrochen von chinesischen Ornamenten, ist typisch für die Architektur Okinawas.

Im Park Shikina-en

Im westlichen Teil des Palastgeländes befindet sich das **Mausoleum der Könige**, Tamaudon (玉陵) genannt. Das Mausoleum besteht aus drei Kammern: Die östliche war den Königen und ihren Gemahlinnen vorbehalten, in der westlichen wurden Prinzen und Prinzessinnen beigesetzt. In der Mitte wurden die Toten nur für die erste Zeit bis zur sogenannten Zeremonie der Knochenreinigung aufbewahrt. Das Gebäude wurde gleich nach dem Krieg wieder hergerichtet und gilt seit 2000 als Weltkulturerbestätte.

Im nördlichen Teil des Geländes steht auf einer kleinen Insel mitten im See ein Tempel der Göttin der Gnade, **Benzaitendō** genannt. Die kleine Gebetshalle mitsamt Figur kam 1502 als Geschenk des koreanischen Königshauses und wurde damals im See vor dem Zen-Tempel Enkaku-ji errichtet.

■ Park Shikina-en

Unweit des Palastes liegt eine weitere Weltkulturerbestätte, der Park Shikina-en (識名園). Im 17. Jahrhundert als Zweitresidenz gebaut, besitzt der Garten schlichte und doch sehr schöne Palastgebäude aus Holz und roten Dachziegeln im typischen Stil Okinawas. Ein Rundweg führt durch Haine und an Seen entlang, über Brücken und vorbei an kleinen Gebäuden mit hexagonalen Dächern. Obwohl der Park selbst im ausschließlich japanischen Stil angelegt ist, verleihen ihm die Gebäude und die Pflanzenwelt Okinawas einen besonders exotischen Touch. Auch Shikina-en wurde in der Schlacht um Okinawa 1945 völlig zerstört. 1996 war die über 20 Jahre währende Restaurationsphase abgeschlossen, und die UNESCO verlieh dem Park im Jahr 2000 den Titel einer Welterbestätte.

Naha

Vorwahl 098.

4,2 Millionen Einwohner, Präfektur Okinawa.

Naha Airport Visitor Information Center, Naha Airport, 150 Kagamizu. 9-21 Uhr, Tel. 857-6884. Vielfältige Infos über ganz Okinawa erhältlich.

Der Flughafen Naha hat Verbindungen mit Shanghai, Seoul, Taipeh und Manila. Innerjapanische Flugverbindungen reichen von Hokkaidō bis Fukuoka. Tōkyō/Haneda-Naha kostet einfach regulär 25000 Yen. Mit der Fähre geht es auch: z. B. Tōkyō–Naha, 47 Std., ab 23500 Yen. Nur einmal die Woche!

Ist die Reise nach Okinawa recht teuer, fallen Übernachtungen in der Hochsaison überraschend günstig aus.

Guest House Kerama, 3-12-21 Maejima, Tel. 863-5898, www.guesthouse-okinawa.com; pro Person ab 1000 Yen, Kinder unter 6 Jahre kostenlos. 2009 neu eröffnet, Waschmaschine und Küche vorhanden. Zahlreiche Flyer ähnlicher Angebote finden sich im Hafen und in der Tourist Info. *Vom Hafen Tomari 3 Min. Fußweg, Monorail-Yui Rail Haltestelle Miebashi, 8 Min. Fußweg, oder Taxi, 500 Yen.*

Loisir Hotel Okinawa, 3-2-1 Nishi, Tel. 868-2222, Fax 860-2000, www. loisir-naha.com; EZ ab 20790 Yen. Im Hafen gegenüber Flughafen. Das andere Ende des Preisspektrums: Der Wave Pool im 2. Stock wurde von der Mode-Designerin Hanae Mori in Schmetterlingsform entworfen, das Sauna-Bad nebenan verwendet ausschließlich mineralreiches Quellwasser. *Vom Flughafen 15 Min. Taxi oder mit*

Yui Rail bis Haltestelle Asahibashi, dann 5 Min. Taxi.

Hier darf es dem Gast ruhig chinesisch vorkommen, denn Okinawas Küche ist stark dem Einfluss der taiwanesischen Kochkünste ausgesetzt. Bis auf das Quieken des Schweins werden hier sämtliche Teile des Tieres in leckere Gerichte verwandeln, auch das ist typisch chinesisch! Zutaten wie Bittergurke, rot-lila Süßkartoffel oder Papaya, Drachenfrucht und Mango findet man im restlichen Japan selten, Okinawas brauner Zucker aus Zuckerrohr findet mittlerweile in ganz Japan seine Anhänger. Sehr verbreitet ist **Goya Champuru**, ein Pfannengericht mit Bittergurke (Goya), Schweinefleisch und Tofu. Etwas ungewöhnlich als Snack zum Bier sind Schweinekopfhaut (Chiraga) und sauer eingelegte knusprige Schweinsohren (Mimiga). Heruntergespült werden die Gerichte gerne mit **Awamori,** 60-prozentigem Reisschnaps. Über drei Jahre alt, nennt man den Hochprozentigen Kusu oder auf hochjapanisch Koshu.

Städtisches Keramikmuseum Tsuboya, 1-9-32 Tsuboya, Tel. 862-3761, 10–18 Uhr, Mo Ruhetag, 28. Dez.–4. Jan. geschlossen, 315 Yen. *Vom Bus-Terminal/Haltestelle Kencho mae mit Buslinie 17 bis Haltestelle Tsuboya, 5 Min. Fußweg, von Haltestelle Makishi Eki mae 12 Min. Fußweg.*

Schrein Naminoue-gū, 1-25-11 Wakasa. *Von der Haltestelle Makishi mit Buslinie 5 bis Haltestelle Nishinjō, 5 min. Fußweg.*

Tempel Gokoku-ji, 1-25-5 Wakasa, Tel. 868-1469, freier Zugang.

Burg Shuri, 1-2 Shurikinjōchō, Tel. 886-2020; 9–19, Juli–Sept. 9–20, Dez.–März 9–18 Uhr. Park kostenlos, Gebäude 800 Yen. *Ab Haltestelle Tsuboya mit Buslinie 17 bis Shurijo Kōen Iriguchi, bis Tor Shureimon 5 Min. Fußweg.*

Mausoleum der Könige, in der Burg Shuri, Tel. 885-286; 9–18 Uhr, 200 Yen. *Von der Bushaltestelle Shurijo Kōen Iriguchi 5 Min. Fußweg.*

Garten Fukushū-en, 2-29 Kume, Tel. 869-5384; 9–18 Uhr, Mi Ruhetag, wenn Mi Feiertag, Do geschlossen. *Vom Makishi mit Buslinie 5 bis Haltestelle Shōgyo Kōkō mae, 2 Min. Fußweg.*

Park Shikina-en, 421-7 Maaji, Tel. 855-5936; 9–17.30, Okt.–März 9–17 Uhr, Mi Ruhetag, wenn Mi Feiertag, Do geschlossen, 300 Yen. *Mit Buslinie 5 von Haltestelle Kencho mae bis Haltestelle Shikina-en mae, 1 Min. Fußweg.*

Makishi-Markt. *Vom Flughafen Naha mit Monorail Yui Rail bis Haltestelle Makishi Eki mae, 16 Min., 230 Yen.*

Südlich von Naha

Im südlichen Abschnitt der Hauptinsel finden sich vor allem Stätten mit Bezug zur Schlacht um Okinawa. Hier fanden zwischen April und Juni 1945 die blutigsten Gefechte statt, bei denen mehr als 200000 Menschen, die Hälfte davon Zivilisten, ihr Leben ließen.

■ Hauptquartier der Marine

Unweit von Naha kann man das ehemalige unterirdisch angelegte Hauptquartier der Marine (Kyūkaigun Shireibugō, 旧海軍司令部壕) besichtigen. Mehrere hundert Meter von Gängen und Räumen ziehen sich über fünf Stockwerke tief in den Untergrund. Als die Lage gegen Ende aussichtslos wurde, verübten 4000 Matrosen in den Korridoren Selbstmord.

■ Himeyuri-Denkmal

Mit der gleichen Buslinie geht es weiter die Westküste entlang zum Himeyuri-Denkmal (Himeyuri no Tō, ひめゆりの塔). Die Himeyuri-Schwester neinheit (Lilien-Prinzessin) bestand aus 222 Oberschülerinnen, sie leisteten an vorderster Front Lazarettarbeit und wurden kurz vor der Niederlage einfach sich selbst überlassen. Viele Schwestern starben mit den Verwundeten oder verübten aus Angst vor den anrückenden Amerikanern Selbstmord. Die wenigen Überlebenden haben das kleine Museum errichtet.

■ Friedensgedenkpark

Weiter geht es an die östliche Südspitze zum Friedensgedenkpark (Heiwa Kinen Kōen, 平和祈念公園). Die Hauptattraktion in der weitläufigen Grünanlage ist

Hauptquartier der Marine, 236 Tomishiro, Tomishiro City, Tel. 098/850-4055; 8.30–17 Uhr, 420 Yen. *Vom Naha Bus Terminal mit der Buslinie 33 oder 46 bis zur Haltestelle Tomigusuku Kōen mae, ca. 10 Min. Fußweg.*

Himeyuri-Denkmal, 671-1 Ihara, Itoman, Tel. 098/997-2100, 300 Yen. *Vom Naha Bus-Terminal mit Buslinie 31, 33, 46, 89 bis Haltestelle Itoman Terminal, dort mit Buslinie 82, 107, 108 bis Haltestelle Himeyuri no To mae, 40 Min.*

Kyūshū und Okinawa

das **Friedensgedenkmuseum** (Okinawa Prefectural Peace Memorial Museum, Heiwa Kinen Shiryōkan, 平和記念資料館) der Präfektur Okinawa. 2000 vollkommen überarbeitet, will das Museum offen und ehrlich die Vorgeschichte der Schlacht um Okinawa, ihren Verlauf und den Wiederaufbau der Präfektur erläutern. In einer Ecke sind die Namen sämtlicher Gefallener einschließlich Koreaner, Taiwanesen, Amerikaner und Briten, in Stein gemeißelt.

Der Vergnügungspark **Okinawa World** zeigt zum Ausgleich die unbekümmerte Seite Okinawas. Hier präsentieren sich das Kingdom Village, ein Freilichtmuseum mit zahlreichen Workshops für Jung und Alt, die fünf Kilometer lange Tropfsteinhöhle Gyokusendo sowie eine etwas heruntergekommene Schlangenfarm Habu Park. Okinawas Giftschlangen ›verwurstet‹ man übrigens gerne in Schnaps, den berühmten Habushū.

 Friedensgedenkpark

Friedensgedenkmuseum, 614-1 Mabuni, Itoman City, Tel. 098/997-38 44; 9–17 Uhr, Mo Ruhetag, wenn Mo Feiertag, Di geschlossen, Eintritt 300 Yen. *Vom Naha Bus-Terminal mit Buslinie 31, 33, 46, 89 bis Haltestelle Itoman Terminal, weiter mit Buslinie 82 bis Haltestelle Heiwa Kinendo Iriguchi.*

Okinawa World, 1336 Tamagusuku, Nanjō, Tel. 949-7421; 9–18.30, Nov.–März 9–18 Uhr, nur Freilichtmuseum Ōkoku Mura 600 Yen, mit Höhle 1200 Yen, mit Habu Park 1100 Yen, alle drei zusammen 1600 Yen. *Vom Naha Bus-Terminal mit Buslinie 54,83 bis Haltestelle Gyokusendo mae.*

Nördlich von Naha

Nördlich von Naha befindet sich im mittleren Abschnitt der Insel die Burg Nakagusuku.

■ Burg Nakagusuku

Die Burg (Nakagusuku-jōato, 中城城跡) stammt aus der Zeit des Ryūkyū-Königreichs und diente im 15. Jahrhundert als Wehr- und später auch als Wohnburg. An der Burgruine lässt sich der Grundaufbau damaliger Zitadellen gut nachvollziehen. Interessant ist der geschwungene Maueraufbau: Teilweise wurden die Steine geschnitten, in anderen Bereichen verwendeten die Erbauer den Naturstein ohne vorherige Bearbeitung. Im Jahr 2000 wurde die Burg zum Weltkulturerbe erklärt.

Unweit der Zitadelle befindet sich im nördlichen Nakagusuku die alte Siedlung **Nakamurake** (Nakamurake Jūtaku, 中村家住宅). Die wunderschön erhaltenen Häuser stammen aus dem 18. Jahrhundert und sind wegen ihres Alters eine Kostbarkeit.

■ Stadt Okinawa

Die Stadt **Okinawa** hat touristisch nicht viel zu bieten, in der Nähe liegt der größte Stützpunkt der Amerikaner, das ist für Japaner ganz spannend. Weiter oben im Norden bietet eine **Ananasfarm** Einblicke in das Leben der beliebten Dosenfrucht. Vor allem für Familien spannend ist der Besuch des **Ocean Expo Parks** auf dem ehemaligen Gelände der Expo von 1975. Hier steht das größte Aquarium Japans (Okinawa Churaumi Kaisuizokukan, 沖縄美ら海水族館).

■ Burg Nakijin

Eine weitere Kulturerbestätte auf der Halbinsel Motobu ist die Burg Nakijin (Nagijin Gusuku Ato, 今帰仁城跡). Von

Die Inseln von Okinawa sind für Taucher traumhafte Ziele

den Gebäuden der im 14./15. Jahrhundert gebauten Zitadelle ist leider nichts mehr vorhanden. Nur die lange Mauer, sie erinnert mit ihrem Auf und Ab ein wenig an die Chinesische Mauer, ist im Original erhalten und zur Zeit der Kirschblüte im Januar besonders schön.

■ Kapa Hedo

Am nördlichsten Punkt der Hauptinsel Okinawas liegt Kapa Hedo (Hedo Misaki, 辺戸岬). Von hier kann man bis zu den Inseln der Nachbarpräfektur Kagoshima sehen. Als Okinawa noch unter amerikanischer Besatzung stand, brannte hier jeden Abend ein Feuer als Gruß an das verlorene Mutterland Japan. Heute ist das Kap für seine schönen Strände und als Taucherparadies bekannt.

Die längere Strecke entlang der dünn besiedelten Ostküste ist wegen ihrer Schönheit unbedingt zu empfehlen. Allerdings benötigt man dazu ein Auto. Entlang der Westküste fährt ein Bus bis Nago. Von dort geht es weiter mit Buslinie 67 bis Hentona Bus Terminal, dort mit Linie 67 bis Haltestelle Hedo Misaki Iriguchi.

🏛 Burg Nakagusuku

Burg Nakagusuku, 503 Iishiro, Nakagusuku, Tel. 098/935-57 19; 8.30–17.30, Jun.–Sept. 8–18 Uhr, 300 Yen. *Vom Naha Bus-Terminal mit Buslinie 23 bis Haltestelle Futenma, dort in Buslinie 58 bis Endstation Nakagusuku Castle Park.*

Siedlung Nakamurake, Kita-Nakagusuku, Tel. 935-3500; 9–17.30 Uhr, 300 Yen. *Vom Naha Bus Terminal mit Buslinie 23 bis Haltestelle Futenma, dann mit Taxi 8 Min. weiter.*

✪ Stadt Okinawa

Aquarium im Ocean Expo Park, 424 Ishikawa, Motobu-chō, Kunigami-gun, Tel. 098/48-3748; 8.30–18.30, März–Sept. 8.30–19 Uhr, 1800 Yen. *Vom Naha Bus-Terminal Buslinie 111 bis Nago Bus Terminal, dort in Linie 70 bis Ocean Expo Park, ca. 3 Std.*

🏛 Burg Nakijin

Burg Nakijin, 5101 Imadomari, Nagijinson, Tel. 098/56-4400; 9–17 Uhr, Ruine und Kulturzentrum 400 Yen. *Vom Naha Bus-Terminal Buslinie 111 bis Nago Bus Terminal, dort in Linie 66 bis Haltestelle Nakijin Gusuku Ato Iriguchi. Der Bus fährt im Ringverkehr über die Halbinsel wieder zurück nach Nago.*

Kyūshū und Okinawa

Sprachführer

Die Transkription der japanischen Schriftzeichensätze dieses Buches folgt der Hepburn-Umschrift, sie entspricht sehr gut der tatsächlichen Aussprache und ist im gesamten Buchtext konsequent umgesetzt. Lang gesprochene Vokale sind mit einem Querbalken gekennzeichnet (Ausnahme: Noh-Theater anstelle Nö-Theater). Konsonanten in Verbindung mit den Silben ya, yu oder yo behalten dies auch im deutschen Schriftbild bei. Daraus folgen einige Anpassungen wie Tōkyō anstelle des deutschen Worts Tokio, die korrekte Aussprache sieht keinen i-Laut vor, sondern besteht aus einem zusammen gezogenen k+yo. Als Ausnahme werden in diesem Buch alle Substantive mit großem Anfangsbuchstaben geschrieben.

Mit einem Bindestrich angehängte Wörter wie XX-Schrein (xx-jinja) oder YY-Tempel (YY-ji) gebe ich zum besseren Verständnis mit kleinem Anfangsbuchstaben an, denn diese Anhängsel bilden in dieser Form kein eigenständiges Wort.

Beim Lesen der Fragen fällt auf, dass es im Japanischen kein Fragezeichen gibt. Diese Rolle übernimmt die finale Silbe ka. Die Satzmelodie unterscheidet sich dabei nicht vom Aussagesatz, eine weitere Stolperfalle für Anfänger. Ursprünglich gab es keine Satzzeichen, dann kamen Punkt und Komma auf. Heute verwendet man mehr und mehr Ausrufe- und Fragezeichen, doch in seriösen Zeitungsberichten wird man sie weiterhin nicht entdecken.

Aussprache

Die Aussprache entspricht der deutschen Lesart. Ausnahme bei den Vokalen ist das ohne Lippenspannung gesprochene u wie in Butter. Ebenso verschluckt man gerne den finalen u-Laut wie im Wort Basu (Bus), man spricht es eher wie bas aus. Bei den Konsonanten wird das s wie ein ß, das z wie ein weiches Sonnen-s verwendet. H oder f werden gehaucht, shi entspricht unserem sch und chi spricht man wie ein explosives tschi. J entspricht dem englisch j-Laut wie in John, ya, yi, yo hingegen wie unser Joghurt-j. Das R geht in Richtung L-Laut, ist aber nicht notwendig. Siehe auch ›Die japanische Sprache‹, S. 136.

Die heute gebräuchlichen Grundsilben in Romaji (lateinische Buchstaben), Hiragana und Katakana:

Romaji	Hiragana	Katakana
a	あ	ア
i	い	イ
u	う	ウ
e	え	エ
o	お	オ
ka	か	カ

Romaji	Hiragana	Katakana
ki	き	キ
ku	く	ク
ke	け	ケ
ko	こ	コ
sa	さ	サ
shi	し	シ
su	す	ス
se	せ	セ
so	そ	ソ
ta	た	タ
chi	ち	チ
tsu	つ	ツ
te	て	テ
to	と	ト
na	な	ナ
ni	に	ニ
nu	ぬ	ヌ
ne	ね	ネ
no	の	ノ
ha(wa)	は	ハ
hi	ひ	ヒ
fu	ふ	フ
he(e)	へ	ヘ
ho	ほ	ホ
ma	ま	マ
mi	み	ミ
mu	む	ム
me	め	メ
mo	も	モ

Romaji	Hiragana	Katakana
ya	や	ヤ
yu	ゆ	ユ
yo	よ	ヨ
ra	ら	ラ
ri	り	リ
ru	る	ル
re	れ	レ
ro	ろ	ロ
wa	わ	ワ
o	を	ヲ
n, m	ん	ン

Stimmhafte Konsonanten in Verbindung mit Vokalen:

Romaji	Hiragana	Katakana
ga	が	ガ
gi	ぎ	ギ
gu	ぐ	グ
ge	げ	ゲ
go	ご	ゴ
za	ざ	ザ
ji	じ	ジ
zu	ず	ズ
ze	ぜ	ゼ
zo	ぞ	ゾ
da	だ	ダ
de	で	デ
do	ど	ド
ba	ば	バ
bi	び	ビ
bu	ぶ	ブ
be	べ	ベ

Romaji	Hiragana	Katakana
bo	ぼ	ボ
pa	ぺ	パ
pi	ぴ	ピ
pu	ぷ	プ
pe	ぺ	ペ
po	ぼ	ポ

Konsonanten in Verbindung mit ya, yu, yo:

kya	きゃ	キャ
kyu	きゅ	キュ
kyo	きょ	キョ
sha	しゃ	シャ
shu	しゅ	シュ
sho	しょ	ショ
cha	ちゃ	チャ
chu	ちゅ	チュ
cho	ちょ	チョ
nya	にゃ	ニャ
nyu	にゅ	ニュ
nyo	にょ	ニョ
hya	ひゃ	ヒャ
hyu	ひゅ	ヒュ
hyo	ひょ	ヒョ
mya	みゃ	ミャ
myu	みゅ	ミュ
myo	みょ	ミョ
rya	りゃ	リャ
ryu	りゅ	リュ
ryo	りょ	リョ

Romaji	Hiragana	Katakana
gya	ぎゃ	ギャ
gyu	ぎゅ	ギュ
gyo	ぎょ	ギョ
ja	じゃ	ジャ
ju	じゅ	ジュ
jo	じょ	ジョ
bya	びゃ	ビャ
byu	びゅ	ビュ
byo	びょ	ビョ
pya	ぴゃ	ピャ
pyu	ぴゅ	ピュ
pyo	ぴょ	ピョ

Lange Vokale

ā	ああ	アー
ī	いい	イー
ū	うう	ウー
ē	ええ	エー
ō	おう, おお	オー

Konsonantenverdoppelung

Die Konsonantenverdoppelung wird mit einem vorangestellten kleinen Hiragana っ oder Katakana ッ geschrieben: Kappa かっぱ oder カッパ

Gebräuchliche Begriffe und Redewendungen

Deutsch	Romaji (transkribierte Aussprache)	Japanisch
Allgemeines		
Guten Tag!	Konnichi wa!	こんにちは。
Hallo!	Harō!	ハロー。
Guten Morgen!	Ohayō gozaimasu!	お早うございます。

Deutsch	Romaji (transkribierte Aussprache)	Japanisch
Guten Abend	Konban wa	今晩は。
Wie geht es Ihnen?	O-genki desu ka	お元気ですか。
Danke, gut.	Genki desu.	元気です。
Danke schön.	Arigatō gozaimasu.	ありがとうございます。
Bitte, gern geschehen.	Dō itashimashite.	どういたしまして。
Bitte (z. B. beim Überreichen, beim Vorlassen).	Dōzo.	どうぞ。
Entschuldigung, dürfte ich ...?	Sumimasen ...	すみません、…
Entschuldigen Sie die Störung.	Shitsurei shimasu.	失礼します。
Entschuldigung (für meinen Fehler).	Gomen nasai.	ごめんなさい。
Ja	Hai	はい。
Nein	Iie	いいえ。
Auf Wiedersehen!	Sayōnara!	さようなら。
Tschüss!	Dja, mata!	じゃ、また。
Gute Nacht!	O-yasumi nasai!	お休みなさい。
Sprechen Sie Englisch/Deutsch?	Eigo/Doitsugo wakarimasu ka.	英語・ドイツ語わかりますか。
Ich spreche kein Japanisch.	Nihongo wakarimasen.	日本語わかりません。

Erste Begegnung

Ich freue mich, Sie kennen zu lernen.	Hajimemashite.	はじめまして。
Ich heiße ...	Watashi wa ... desu.	私は ....です。
Ich bin Deutscher/Holländer/Österreicher/Schweizer.	Watashi wa Doitsujin/ Orandajin/ Ōsutoriajin/ Suisujin desu.	私はドイツ人・オランダ人・オーストリア人・スイス人です。
Wie heißen Sie?	O-namae wa nan desu ka	お名前は何ですか。

Deutsch	Romaji (transkribierte Aussprache)	Japanisch
Ich bin ... Jahre alt.	Watashi wa ... sai desu.	私は　　　　才です。
Dies ist mein Ehemann/ meine Ehefrau/mein(e) Kind(er).	Watashi no Shushin/ Kanai/ Kodomo desu.	私の主人・家内・子供です。

Orientierung und Ortsangaben

Wo ist ...?	... wa doko desu ka	... はどこですか。
Autoverleih	Rentakaa	レンタカー
Ausgang	Deguchi	出口
Nord-, Ost-, Süd-, West-Ausgang	Kitaguchi, Higashiguchi, Minamiguchi, Nishiguchi	北口、東口、南口、西口
Abfahrt	Shuppatsu	出発
Ankunft	Tōchaku	到着
Auskunft/Information	Annai	案内
Bahnhof	Eki	駅
Bank	Ginkō	銀行
Botschaft	Taishikan	大使館
Bus/Bushaltestelle	Basu/Basutei	バス・バス停
Convenience Store/ 24-Std.-Laden	Konbini	コンビニ
Eingang	Iriguchi	入り口
Fahrkartenautomat	Kenbaiki	券売機
Fahrkartenschalter	Kippu Uriba	切符売り場
Fahrkartenschranke	Kaisatsuguchi	改札口
Geldautomat/ATM	ATM (englische Aussprache)	ATM
Hotel	Hoteru	ホテル
Krankenhaus/Arztpraxis	Byōin	病院
Polizei/Wache	Kōban	交番
Post	Yūbinkyoku	郵便局

Deutsch	Romaji (transkribierte Aussprache)	Japanisch
Supermarkt	Sūpā	スーパー
Toilette	Toire/O-tearai	トイレ・お手洗い
Gehen Sie geradeaus.	Massugu itte kudasai.	まっすぐ行って。
Biegen Sie links/rechts ab.	Migi/Hidari e magatte kudasai.	右・左へ曲がって。
(Das ist hier) falsch.	(Koko wa) chigaimasu.	ここは違います。
Ist das weit/nah entfernt?	Koko kara tōi/ chikai desu ka	ここから遠い・近いですか。
Wo kann ich ein Ticket kaufen?	Kippu wa doko de kaiemasu ka	切符はどこで買えますか。
Ich weiß nicht, wie ich das Ticket kaufen kann (am Automaten).	Kippu no kaikata ga wakarimasen.	切符の買い方がわかりません。
Hält dieser Bus/Zug in ...?	Kono Basu/Densha wa ... ni tomarimasu ka	このバス・電車は...に止まりますか。
Fahren Sie bitte zu dieser Adresse (zum Fahrer).	Kono Jūsho e itte kudasai.	この住所へ行ってください。

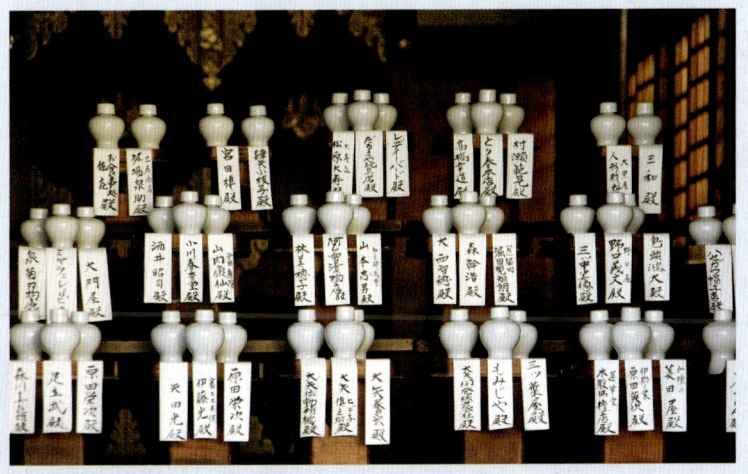

Reiswein-Opfergaben am Osu-Schrein in Nagoya

Deutsch	Romaji (transkribierte Aussprache)	Japanisch
Einkaufen		
Ich möchte ... kaufen.	... o kaitai desu.	... を買いたいです。
Was ist das?	Kore wa nan desu ka	これは何ですか。
Das ist ...	Kore wa ... desu./ ... desu.	これは...です。・...です。
Was kostet das?	Kore wa ikura desu ka.	これはいくらですか。
Das ist klein/groß.	Kore wa chiisai/ōkii desu.	これは小さい・大きいです。
Das nehme ich.	Kore o kudasai.	これをください。
Das möchte ich nicht.	Kore wa irimasen.	これは入りません。
Kann ich eine Quittung bekommen?	Ryōshūsho o o-negai shimasu	領収書をお願いします。
Ist das inklusive Mehrwertsteuer?	Shohizei komi desu ka	諸費税込みですか。
Essen und Trinken		
Ich habe Hunger.	Onaka ga sukimashita.	おなかがすきました。
Guten Appetit!	Itadakimasu.	いただきます。
Das hat gut geschmeckt (als abschließende Höflichkeitsformel).	Gochisōsama deshita.	ごちそう様でした。
Das ist aber lecker!	Oishii desu.	おいしいです。
Zum Wohl/Prost!	Kanpai!	乾杯。
Restaurant westlichen Stils	Yōshoku Resutoran	洋食レストラン
Restaurant japanischen Stils	Washoku Resutoran	和食レストラン
Sushi-Restaurant am Fließband	Kaiten-zushi	回転寿司
Kneipe	Izakaya	居酒屋
Festival-Imbissbude	Yatai	屋台
Die Speisekarte bitte.	Menyu o kudasai.	メニューをください。
Ich möchte das (darauf zeigen) bestellen.	Kore o chūmon shitai desu.	これを注文したいです。

Deutsch	Romaji (transkribierte Aussprache)	Japanisch
Wieviel kostet das?	Ikura desu ka	いくらですか。
Ich möchte zahlen.	Kaikei o o-negai shima-su.	会計をお願いします。
Ich bin Vegetarier.	Watashi wa Bejitarian desu.	私はベジタリアンです。
Suppe	Sūpu (westl.)/Shiru (jap.)	スープ・汁
Gemüse	Yasai	野菜
Obst	Kudamono	果物
Butter	Batā	バター
Marmelade	Jamu	ジャム
Fisch	Sakana	魚
Hühnerfleisch	Toriniku	鶏肉
Rindfleisch	Gyūniku	牛肉
Schweinefleisch	Butaniku	豚肉
Nachtisch	Dezāto	デザート
Eiscreme	Aisukuriim	アイスクリーム
Pudding	Purin	プリン
Apfel-/Orangensaft	Ringojūsu/Orenjijūsu	りんごジュース・オレンジジュース
Bier	Biiru	ビール
Rotwein/Weißwein	Akawain/ Shirowain	赤ワイン・白ワイン
Sake	Nihonshu/O-Sake	日本酒・お酒
Schnaps	Shōchū	焼酎
Whiskey	Uisukii	ウイスキー
mit Wasser verdünnt	Mizuwari	水割り
Eiswürfel	Kōri	氷
Bitte eine große Portion!	Oomori ni shite kudasai!	大盛りにしてください。
Für eine Person	Hitoribun	一人分
Für zwei Personen	Futaribun	二人分

Deutsch	Romaji (transkribierte Aussprache)	Japanisch
Übernachtung		
Ich suche ein …	… o sagashite imasu.	…を探しています。
Hotel	Hoteru	ホテル
Ryokan	Ryokan	旅館
Pension	Minshuku	民宿
Jugendherberge	Yūsu Hosuteru	ユースホステル
Zeltplatz	Kyampu-jō	キャンプ場
Haben Sie ein Zimmer frei?	Heya aite imasu ka	部屋あいていますか。
Wie viel kostet es pro Nacht/pro Person?	Heya wa hitori ikura desu ka	部屋は一人いくらですか。
Hat das Zimmer ein eigenes Bad?	Senmenjō tsuki desu ka?	洗面所付きですか。
Ist das mit Frühstück?	Chōshoku tsuki desu ka	朝食付きですか。
Ist das mit Abendessen und Frühstück?	Nishoku tsuki desu ka	二食付きですか。
Einzelzimmer	Shinguru Rūmu	シングルルーム
Doppelzimmer	Daburu Rūmu	ダブルルーム
Zimmer mit Tatami und Futon	Washitsu	和室
Zimmer mit Betten	Yōshitsu	洋室
Notfall		
Helfen Sie mir!	Tasukete kudasai!	助けてください。
Rufen Sie bitte einen Arzt/Krankenwagen/ die Polizei.	Isha/ Kyūkyūsha/Keisatsu o yonde kudasai.	医者・救急車・警察を呼んでください。
Ich möchte zum Arzt/ zur Apotheke.	Byōin/Yakkyoku ni ikitai desu.	病院・薬局に行きたいです。
Ich bin krank.	Watashi wa byōki desu.	私は病気です。
Ich habe mich verletzt.	Watashi wa kega o shimashita.	私はけがをしました。

Deutsch	Romaji (transkribierte Aussprache)	Japanisch
Hier habe ich Schmerzen.	Koko ga itai desu.	ここが痛いです。
Ich habe Kopf-schmerzen.	Atama ga itai desu.	頭が痛いです。
Ich habe Zahn-schmerzen.	Ha ga itai desu.	歯が痛いです。
Mir ist übel.	Kibun ga warui desu.	気分が悪いです。
Mir ist schwindelig.	Memai ga shimasu.	めまいがします。
Ich habe Durchfall.	Geri o shite imasu.	下痢をしています。
Ich habe etwas vergessen.	Wasuremono o shima-shita.	忘れ物をしました。
Ich möchte ... anrufen.	... e denwa o shitai desu.	... へ電話をしたいです。

Zahlen

Im Japanischen gibt es eine japanische und eine sino-japanische Zählweise. Je nach dem zu zählenden Gegenstand wählt man die entsprechende Zählweise und hängt ein von der Form des zu zählenden Gegenstandes abhängiges Suffix an das Zahlwort. Dies sind zum Beispiel für flache Gegenstände wie Briefmarken und Papier sinojapanische Zahlen plus-mai, Banknoten zählt man allerdings mit dem Suffix -satsu. Für schmale, lange Dinge wie einen Stift wird sinojapanisch gezählt und ein -hon angehängt. Tickets, Handtücher und Teller erhalten ein zusätzliches -mai, Flaschen zählt man mit -bin. Personen und Kalendertage werden hingegen mit der japanischen Zählweise und entsprechenden Suffixen gezählt.

Einzige Möglichkeit, die komplizierten Zählweisen elegant zu vermeiden: japanische Zählweise plus das (fast) immer passende Suffix -tsu. Und dann gibt es natürlich immer noch die gute alte Fingermethode!

	Japanische Zählweise: + Zählersuffix -tsu		Sinojapanische Zählweise: + Zählersuffix (z. B. -mai)	
0	–/Zero	ぜろ(-)	Rei	–	零(-)
1	Hito-tsu	一つ	Ichi	Ichi-mai	一枚
2	Futa-tsu	二つ	Ni	Ni-mai	二枚
3	Mi-tsu	三つ	San	San-mai	三枚
4	Yo-tsu	四つ	Shi/Yon	Shi/Yon-mai	四枚

Namenstafeln an einem Tempel auf dem Takao-san

5	Itsu-tsu	五つ	Go	Go-mai	五枚
6	Mu-tsu	六つ	Roku	Roku-mai	六枚
7	Nana-tsu	七つ	Shichi/Nana	Shichi/Nana-mai	七枚
8	Ya-tsu	八つ	Hachi	Hachi-mai	八枚
9	Kokono-tsu	九つ	Kyū	Kyū-mai	九枚
10	To	十(-)	Jū	Jū-mai	十枚
20	–	–	Nijū	Nijū-mai	二十枚
21	–	–	Nijūichi	Nijūichi-mai	二十一枚
30	–	–	Sanjū	Sanjū-mai	三十枚
100	–	–	Hyaku	Hyaku-mai	百枚
200	–	–	Nihyaku	Nihyakumai	二百枚
250	–	–	Nihyaku-gojū	Nihyakugojū-mai	二百五十枚
1000	–	–	Sen	Sen-mai	千枚
10000	–	–	Ichiman	Ichiman-mai	一万枚
100000	–	–	Jūman	Jūman-mai	十万枚
1000000	–	–	Hyaku-man	Hyakuman-mai	百万枚

Reisetipps von A bis Z

Anreise

Alle großen Fluggesellschaften steuern Tōkyō/Narita International Airport, Ōsaka Kansai International Airport sowie Nagoya/Chubu International Airport (Centrair) an. Eine Reihe von kleineren Flughäfen bedient außerdem Verbindungen zum asiatischen Kontinent und Russland. Regelmäßiger Fährverkehr besteht zwischen Shanghai mit Ōsaka sowie Shimonoseki, Taiwan mit Naha/Okinawa sowie Nagoya, Busan/Korea mit Shimonoseki sowie Hakata und Hiroshima. Nicht zu vergessen Wakkanai/Hokkaidō mit Korsakov/Russland sowie schließlich Fushiki bei Kanazawa mit Vladivostok (Russland).

Achtung: Ende der Fußgängerzone

Apotheken und Ärztliche Versorgung

Krankenhäuser und Arztpraxen (beides Byōin, 病院, genannt) entsprechen westlichem Standard. Jüngere Ärzte sprechen zudem ein wenig Englisch. Verschreibungspflichtige Medizin ist meist direkt in der Praxis oder im Krankenhaus erhältlich. Medikamente für Erkältungen, Unwohlsein etc. gibt es im Drug Store oder Yakkyoku (薬局).

Ausrüstung und Gepäck

Sperriges Gepäck sollte man mit dem Kurierdienst (Takkyūbin) von Hotel zu Hotel oder von einem Convenience Store schicken, im Radius von 300 Kilometern ist die Lieferung am Folgetag garantiert. Dies geht auch an/bis Flughafen und ist erstaunlich günstig. Outdoor-Ausrüster finden sich in jeder Großstadt, einzig Schuhwerk ab Größe 40 ist schwierig zu finden.

Autofahren

In Japan herrscht Linksverkehr. Der Richtungswechsel an Kreuzungen ist sehr schnell, auf Nachzügler achten. Es herrscht Anschnallpflicht und ein striktes Alkoholverbot.Geschwindigkeitsüberschreitungen (Stadtverkehr 40 km/h, gebührenpflichtige Autobahn 80 bis 100 km/h) kommen teuer. Falschparker werden in den Innenstädten gnadenlos abgeschleppt. Mit einem Internationalen Führerschein (und Touristenvisum) ist Autoverleih problemlos.

Parkhaus mit Autofahrstuhl

Strand auf den Izu-Inseln in der Nachsaison

Baden

Schwimmbäder und Strände haben eins gemeinsam: Alle dreißig Minuten ertönt ein Signal, und alle Badenden müssen für einige Minuten das Wasser verlassen. Zwangspause! Das Wasser in den Freibädern ist meist ziemlich flach, ziemlich warm und sehr überfüllt. Die Strände schließen offiziell Ende August, sind dann gähnend leer und ordentlich verdreckt, weil der Strandwart nicht mehr kommt.

Behinderte

Behinderte haben es schwer. Fußgängerrampeln senden zwar Akustiksignale aus, doch sorgen enge Bürgersteige, extrem hohe Bordsteine und hinderliche Masten für katastrophale Bedingungen. Gleiches gilt für Kinderwagen.

Diplomatische Vertretungen

In Deutschland:
Botschaft von Japan
Hiroshimastr. 10
10785 Berlin
Tel. 030/210 94-0, Fax -222
www.de.emb-japan.go.jp
Generalkonsulat Düsseldorf
Immermannstr. 45
40210 Düsseldorf
Tel. 02 11/16 48 20
Fax 35 76 50
www.dus.emb-japan.go.jp
Generalkonsulat Frankfurt am Main
Messeturm 34. OG
Friedrich-Ebert-Anlage 49
60308 Frankfurt am Main
Tel. 069/238 57 30
Fax 23 05 31
www.frankfurt.de.emb-japan.go.jp
Generalkonsulat Hamburg
Rathausmarkt 5
20095 Hamburg
Tel. 040/333 01 70
Fax 30 39 99 15
www.hamburg.emb-japan.go.jp
Generalkonsulat München
Karl-Scharnagl-Ring 7
80539 München
Tel. 089/417 60 40
Fax 470 57 10
www.muenchen.de.emb-japan.go.jp
Honorarkonsulat in Stuttgart
Dr. Peter Ami Kaemmerer
c/o Landesbank Baden–Württemberg
Am Hauptbahnhof 2
70173 Stuttgart
Tel. 0711/127 77-799
Fax 0711/127 77 800
jap.honorarkons-s@lbbw.de

In Österreich:
Japanische Botschaft
Hessgasse 6
1010 Wien
Tel. 01/53 19 20
Fax 532 05 90
www.at.emb-japan.go.jp

In der Schweiz:
Japanische Botschaft
Engestr. 53
3012 Bern
Tel. 031/300 22-22, Fax -55
www.ch.emb-japan.og.jp

In den Niederlanden:
Japanische Botschaft
Tobias Asserlaan 2
2517KC, Den Haag
Tel. 070/346 95 44
Fax 310 63 41
www.nl.emb-japan.og.jp

In Japan:
Botschaft der Bundesrepublik
Deutschland
4-5-10 Minami-Azabu
Minato-ku, 106-0047 Tōkyō
Tel. 03/57 91-77 00
Fax 57 91-77 73
www.tokyo.diplo.de
Hibiya-Linie, Bahnhof Hiro-o,
Ausgang 1.
Botschaft der Niederlande
3-6-3 Shibakōen
Minato-ku, 1105-0011 Tōkyō
Tel. 03/57 76-54 00
Fax 57 76-55 35
Tok@minbuza.nl
Hibiya–Linie Bahnhof Kamiyacho,
Ausgang 3 oder Toei Mita–Linie,
Bahnhof Onarimon, Ausgang 5.
Österreichische Botschaft
1-1-20 Moto Azabu
Minato-ku, 106-0046 Tōkyō
Tel. 03/34 51-82 81
Fax 34 51-82 83
tokio-ob@bmaa.gv.at
Toei-Oedo-Linie oder Namboku-Linie,
Bahnhof Azabu jūban.
Botschaft der Schweiz
5-9-12 Minami Azabu
Minato-ku, 106-8589 Tōkyō
Tel. 03/54 49-84 00
Fax 34 73-60 90
www.eda.admin.ch
Hibiya-Linie, Bahnhof Hiro-o,
Ausgang 3.

Einkaufen

Einkaufen ist eine Art Freizeitsport. Größere Supermärkte und Kaufhäuser haben in der Regel von 10 bis 20 Uhr geöffnet, auch an Wochenenden und Feiertagen. Sie schließen dafür an zwei Wochentagen im Monat. Fisch- und Gemüsehändler öffnen von 8 bis 19 Uhr und haben sonn- und feiertags geschlossen. Die

Shoppen ist eine beliebte Freizeitbeschäftigung

Convenience Stores haben 24 Stunden geöffnet und verkaufen nicht nur Artikel des täglichen Bedarfs, sondern dienen auch als Post und Stehimbiss. Manchmal ist die Mehrwertsteuer von gegenwärtig fünf Prozent nicht im Preis enthalten.

Einreise- und Devisenbestimmungen

Für einen Aufenthalt bis 90 Tage wird ein für die Dauer des Aufenthalts gültiger Reisepass benötigt. Eine Verlängerung auf 180 Tage kann vor Ort bei einem Einwanderungsbüro beantragt werden (gilt nicht für Bürger der Niederlande). Bei der Einführung von Zahlungsmitteln gibt es keine Obergrenze, allerdings müssen Summen ab 1 Million Yen angegeben werden. Seit 2007 werden von allen Einreisenden Fotos und Fingerabdrücke gemacht. Ausweispapiere muss man auch als Tourist immer bei sich zu tragen.

Elektrizität

100 Volt ist in ganz Japan Standard, doch die Hertz-Frequenz unterscheidet sich in West- und Ostjapan. Im Westen einschließlich Nagoya, Kyōto und Ōsaka ist die Frequenz 60 Hertz, im östlichen Bereich einschließlich Tōkyō sind es 50 Hertz. Für die Steckdose mit zwei langen Schlitzen ist ein Adapter notwendig.

FKK

Nacktbaden gibt es, aber niemals am Strand oder See, sondern nur in den heißen Quellen der Onsen-Orte. Zumeist nach Männlein und Weiblein getrennt, badet man in großen Gemeinschaftsbädern. Einige Stellen bieten kleine Privatbäder an, die allein mit der Familie genutzt werden. Außerhalb des Bades laufen übrigens auch Kleinkinder niemals nackt umher.

Frauen allein unterwegs

Geht prima und ist manchmal besonders günstig, da zum Beispiel JR Hotel-Bahnkarten-Angebote nur für Frauen im Angebot hat. Viele Hotels bieten Stockwerke ausschließlich für Frauen, Barbesuche allein sind jedoch weiterhin ungewöhnlich.

Geld

Kreditkarte ist gut, Bargeld ist besser. Denn nicht überall nimmt man Plastikgeld an. Daher vor Kauf kurz fragen, ob die eigene Karte akzeptiert wird. Auch Bankautomaten verweigern so manche Karte. Gute Ergebnisse bieten die **Citibank** und die **Geldautomaten der Post**. Postämter gibt es überall, sie haben den Vorteil, auch außerhalb der Großstädte garantiert zu funktionieren (Yucho/Japan Post Bank International ATM Service). Die Servicezeiten der Postbank-Automaten sind wochentags beschränkt von 5 bis 23.40 Uhr, Sonn- und Feiertag 5–20 Uhr, auch wenn ein 24-Stunden-Service angegeben ist! Die Geldautomaten in der Convenience-Store-Kette **Seven Eleven** sollten ausländische Kreditkarten annehmen, doch leider klappt das noch nicht. Ausländisches Bargeld oder Travellers Checks lassen sich nur in größeren Bankfilialen zwischen 9 und 15 Uhr oder in den Wechselstuben der Flughäfen umtauschen.

1 Euro = 112 Yen (Stand Juli 2010).

Geschenke

Geschenke erhalten die Freundschaft, das gilt ganz besonders in Japan. Wenn Sie persönliche Kontakte haben, rechnen Sie mit kleinen Aufmerksamkeiten zwischendurch und ganz sicherlich einem Abschiedsgeschenk. Dann ist ein Gegengeschenk aus der Heimat immer willkommen. Sehr gern dürfen dies Süßigkeiten,

Schuhgeschäft für große Größen

180 Tage Quarantäne vorweisen oder in Japan in Quarantäne gehen. Bei der Einreise nach Deutschland müssen die Tiere gegen Tollwut geimpft und gechipt sein (bis 2011 reicht Tätowierung), aber immerhin nicht mehr in Quarantäne. Ob ein Tier als ›Handgepäck‹ mit in die Kabine darf, hängt von der Fluggesellschaft ab.

Informationen vor Reiseantritt

Reichhaltige Informationen im Internet bieten das Fremdenverkehrsamt Japan, die Homepage der Metropolregion Tōkyō und die japanische Botschaft mit ihren vielen Links. Genaue Adressen siehe ›Japan im Internet‹, Seite 495.

Internet

Ab Business-Hotel aufwärts zählt der Internetanschluss auf dem Zimmer zum kostenlosen Standardangebot. Hotels der höheren Kategorie haben ein Business Center oder stellen oftmals Laptops zur Verfügung. Ryokans und Minshuku-Pensionen sind davon ausgenommen. Internetcafés außerhalb Tōkyōs sind rar. Die Zahl der WLAN-Hotspots nimmt in den Großstädten stetig zu (garantiert in McDonald's und Starbucks).

Kinder

Kinder unter sechs Jahren reisen praktisch kostenlos: keine Zug- und sehr geringe Übernachtungskosten. Kleine Kinder sind gern gesehene Gäste, bekommen oftmals Extra-Service, und man zeigt sich ihnen gegenüber sehr geduldig.

Wein oder Stifte und Schlüsselanhänger sein. Wichtig ist Qualität und Bekanntheitsgrad, also international bekannte Namen wählen! Falls die Vorräte aufgebraucht sind, tun es auch besondere Speisen wie der Kuchen einer berühmten Bäckerei oder besonders teures Obst. Blumen sind unpassende Mitbringsel, da gibt es einfach zu viele Fettnäpfchen.

Gesundheit

Impfvorschriften gibt es nicht, Impfungen gegen Tetanus, Diphtherie, Polio und Hepatitis A sollten jedoch aufgefrischt werden. Hepatitis B empfiehlt sich bei längeren Aufenthalten, Japanische Enzephalitis bei Reisenden während der Regenzeit nach Kyūshū oder Okinawa. Die Webseite des Auswärtigen Amts informiert über die aktuelle Situation. Sehr wichtig ist hingegen Sonnenschutz. Die asiatische Sonne brennt im Sommer gnadenlos, Sonnencreme mit hohem Lichtschutzfaktor ist trotzdem rar, besser von daheim mitbringen.

Haustiere

Haustiere haben es schwer: Hunde und Katzen müssen bei der Einreise bis zu

Kleidung

Die L-Größe japanischer Oberbekleidung entspricht unserer M-Größe. Wer darüber liegt, hat Pech gehabt. Eine ja-

Reisetipps von A bis Z

panische Größe 11 entspricht der deutschen Größe 38, Gr. 40 ist in Japan eine Größe 13, und dann ist zumeist Schluss. Beim Schuhkauf sieht es nicht besser aus, Damenschuhe enden bei Größe 39, Männer bei 42, die Schuhgrößen werden in Inch angegeben: Größe 38 ist 24,0, und unsere Größe 39 entspricht 24,5.

Kriminalität

Japan ist ein sehr sicheres Land, es wird wenig gestohlen und noch weniger ausgeraubt. Lästiges Gepäck kann man ruhig dem Museumspersonal überlassen, vergessene Dinge werden mit Sicherheit im letzten Restaurant oder Zug geduldig warten. Trotzdem immer abends Türen verriegeln und als Frau nicht allein durch dunkle und einsame Gegenden laufen.

Lärm

Japan ist das Land der Lautsprecherdurchsagen. Immer und überall ertönen Ankündigungen und Warnungen, mit den passenden Jingles natürlich. Teure Hotels sind meist Oasen der Ruhe, teure Ryokans nicht unbedingt. Wenn nebenan zehn Mann die Nacht durchzechen, helfen nur noch Ohrstöpsel.

Polizeiwache in Asakusa

Briefkasten im Bahnhof

Landkarten

Jede Tourist Information verteilt kostenlos detaillierte Karten. Buchhandlungen und auch die Convenience Stores haben grundsätzlich Karten im Angebot, auch mit lateinischer Schreibweise.

Maße und Gewichte

In Japan wird grundsätzlich in Meter und Kilogramm gemessen. Hinzu kommen traditionelle Maßeinheiten wie Ri (3,9 km) und Chō (ca. 100 m), Shaku (ca. 30 cm), Sun (3 cm) und Bu (3 mm). Eine Tatamimatte entspricht einem Jō (1,65 m², Zimmer/Wohnungen werden weiterhin in dieser Maßeinheit und nicht in Quadratmetern angegeben), Reis wird weiterhin zum Kochen mit Gō (180 ml) abgemessen, der Reisertrag einstiger Lehen wurde hingegen in Koku (180 l) berechnet.

Medien

Unter den 21 Tageszeitungen ist die Yomiuri Shinbun mit einer Auflage von über 14 Millionen Exemplaren die populärste Zeitung, gefolgt von Asahi Shinbun (8 Millionen), Mainichi Shinbun (5 Millionen) und Nikkei Shinbun (3 Millionen). 60 Prozent aller Veröffentlichungen sind heute Magazine, jedes Jahr erscheinen 4000 neue Titel, darunter stark vertreten sind katalogdicke Comic-Hefte.

Neben dem staatlichen Fernsehen NHK gibt es je nach Region eine Anzahl privater Sender. NHK sendet zwei Kabelprogramme, Nachrichten und zahlreiche Programme lassen sich hier auf englisch verfolgen. Rund 40 Prozent aller Haushalte haben Kabelfernsehen, Drei Viertel der Bevölkerung (94 Millionen) haben Internet – 75 Millionen nutzen dafür ihr Handy, und Dreiviertel der privaten PCs verfügen zusätzlich über eine Broadband-Verbindung. Damit liegt Japan weltweit auf Platz 3 der Internetbenutzer.

Polizei

Kōban (交番), kleine Polizeiwachen mit bis zu höchstens zehn Polizisten, finden sich überall in Japan. Ihre Markenzeichen sind ein rotes Licht und ein goldener Polizeistern. Die Polizisten kennen ihr Viertel in- und auswendig und haben die besten Karten. Bürgernah helfen sie bei der Suche nach Adressen und sind erster Ansprechpartner bei Fundsachen, Diebstählen oder Notfällen.

Radfahrer auf der Omotesandō in Tōkyō

Post

Postämter sind gewöhnlich wochentags von 9 bis 17 Uhr geöffnet. Größere Ämter haben bis 19 Uhr und einige Stunden am Wochenende geöffnet. Das Hauptpostamt großer Städte hat meist einen Nachtschalter. Briefkästen sind in der Regel rot und weisen zwei Einwurfschlitze ein: einer ist für Inlandspost, der andere für Post ins Ausland. Das Symbol der Post ist der Buchstabe T mit einem weiteren Querstrich über dem Querbalken.

Pünktlichkeit

Ob nun Handwerkerbesuch, Business-Meeting oder privater Besuch, hier sind alle überpünktlich. Grundsätzlich rechnet man mit 10 bis 15 Minuten Anwesenheit vor der ausgemachten Uhrzeit. Auch der Verkehr taktet exakt, prima für jede Reiseplanung! Nur in einem Bereich nehmen es Japaner mit der Uhrzeit nicht genau: Feierabend ist, wenn die Arbeit erledigt ist und der Chef nach Hause geht.

Radfahren

Morgens fahren Tausende mit dem Rad zum nächsten Bahnhof, und Hausfrauen laden den gesamten Wocheneinkauf auf zumeist olle Drahtesel. Räder sind die Stiefkinder im Fuhrpark der Familie, erst langsam setzt es sich in Japan durch, dass man Radfahren zum Spaß betreiben kann.

Reiseveranstalter

Die folgende Liste ist nur ein Ausschnitt des breiten Angebots.

Bawa Tours & Travel
Ulmer Str. 3
87700 Memmingen
Tel. 08331/76424-9, Fax -8
www.bawa.de

Dertour
Emil-von-Behring-Str. 6

60424 Frankfurt/Main
Tel. 01805/3376-66, Fax -05
www.dertour.de

Diamir Erlebnisreisen
Loschwitzer Str. 58
01309 Dresden
Tel. 0351/3120738
www.diamir.de

East Asia Tours
Alexanderstr. 1
10178 Berlin
Tel. 030/44668 90, Fax 4459517
www.eastasiatours.de

Econa Tours
Zeil 65–69
60313 Frankfurt am Main
Tel. 069/49806 32, 437297
www.econa-tours.de

e-kolumbus
Taunusstr. 21
60329 Frankfurt
Tel. 069/74305-300, Fax -169
www.e-kolumbus.de

expenova–Reisen auf neue Art
Johannesstr. 21
71636 Ludwigsburg
Tel. 07141/979476, Fax 9791805
www.expenova.com

Gebeco
Holzkoppelweg 19
24118 Kiel
Tel. 0431/5446-319, Fax -111
www.gebeco.de

Ikarus Tours
Am Kaltenborn 49–51
61462 Königstein
Tel. 06174/29020, Fax 22952
www.ikarus.com

Lernidee Erlebnisreisen GmbH
Eisenacher Str. 11
10777 Berlin
Tel. 030/7860000
Fax 7865596
www.lernidee.de

Nichidoku Fernost Reisen

Dürener Str. 89
50931 Köln
Tel. 0221/4008330, Fax 4009305
www.nichidoku.com

Studiosus Reisen
Riesstr. 25
80992 München
Tel. 089/50060-0, Fax -100
www.studiosus.com

Tangram Tours
Austr. 1
79790 Küssaberg
Tel. 07741/966099-0, Fax -9
www.tangram-tours.de

Tischler Reisen
Partnachstr. 50
82467 Garmisch-Partenkirchen
Tel. 08821/9317-0, Fax -99
www.tischler-reisen.de

Windrose Fernreisen
Fasanenstr. 33
10719 Berlin
Tel. 201721-0, Fax -17
www.windrose.de

Zentours
Schwäbische Str. 3
10781 Berlin
Tel. 030/2363535-3, Fax-4
www.zentours.de

Yatai-Stände in Asakusa

Restaurantpreise

Stehimbiss: 200–500 Yen, Einfaches Restaurant: 500–1000 Yen, Mittelklasserestaurant: 1000–4000 Yen, Luxusrestaurant: ab 5000 Yen.

Tabus

Niemals in der Öffentlichkeit die Nase putzen, dafür sucht man die Toilette auf. Niemals mit Schuhen eine Wohnung oder Tempel betreten, vor allem nicht beschuht auf die Tatami treten. Also immer an ordentliche Socken denken! Niemals bleiben, wenn alle anderen gehen. Feiern haben ein exaktes Ende, wie sie auch einen Anfang haben.

Öffentliche Telefone in Takayama

Telefon

Internationale Telefonanrufe können nur von Telefonzellen mit der Markierung ›International & Domestic Card/Coin Phone‹ getätigt werden. Internationale Telefonkarten gibt es an Automaten, Convenience Stores und manchen Kiosken zu kaufen. Telefonate am Wochenende und nach 19 Uhr sind günstiger. Das deutsche Mobiltelefon funktioniert nicht, Japan verwendet nur 3G-Netz. Die eigene SIM-Karte lässt sich im gemieteten Handy verwenden, allerdings gelten so alle Gespräche als internationale Verbindung. Günstiger kommt das Mieten eines Handysets am Flughafen mit japanischer Nummer (Mietkosten pro Tag 250–1000 Yen plus Nutzung). In den Internetcafés gibt es zudem Internettelefonie.

Vorwahl Japan: ++81, **Vorwahl Deutschland von Japan**: 001-010 – Ländercode ohne Null (also 49) – Ortsvorwahl ohne Null – Telefonnummer.

Tischsitten

Vor dem ersten Bissen sagt man höflich ›Itadakimasu‹ (Ich greife zu), die Mahlzeit schließt man mit einem ›Gochisōsama deshita‹ (Das war lecker) ab. Vor dem ersten Schluck wird mit ›Kanpai!‹ angestoßen. Sein eigenes Glas darf man dabei nie füllen, das übernimmt der Tischnachbar. Sollte er es übersehen, schenkt man ihm ein, er wird mit der gleichen Geste reagieren. Essstäbchen dürfen niemals in den gekochten Reis gesteckt werden, das erinnert an Räucherstäbchen auf dem Altar. Dafür dürfen alle schön laut schlürfen, wenn es Nudelsuppe gibt!

Toiletten

Toiletten gibt es in den Städten reichlich, sie sind kostenlos und meist pingelig sauber. In Parks, bei Raststätten und Tempeln finden sich oftmals Plumpsklos japanischen Stils, man hockt sich über die Öffnung und hält Balance.

Trinkgeld

Gibt es nicht! Man wird es dem Gast als vermeintliches Wechselgeld hinterher tragen.

Unterkunft

Grundsätzlich teilen sich japanische Unterkünfte in zwei Richtungen, eine Seite bietet westlichen Stil, die andere folgt

Reisetipps von A bis Z

Terrasse in einem Ryokan

dem japanischen Geschmack. Auf der westlichen Seite befindet sich die **Jugendherberge** gemeinsam mit ganz einfachen Hotels auf der untersten Preisstufe ab 3500 Yen. Es folgen die **Business-Hotels** in Bahnhofsnähe ab 4800 Yen. Gute Mittelklassehotels verlangen ab 10 000 Yen, Luxus beginnt jenseits der 20 000 Yen. ›Pensions‹, die fälschlicherweise an unsere Pensionen erinnern, finden sich oft in abgelegenen Regionen und pflegen den recht begehrten Landhausstil (ab 8000 Yen). Günstige Unterkünfte japanischen Stils sind die **Minshuku**, sie entsprechen schon eher unseren Pensionen und liegen um 5000 Yen. Bei Wunsch kommen Hausmannskost als Abendessen und Frühstück hinzu. Ein besonderes Erlebnis ist die Übernachtung in einem traditionellen Ryokan. Der relativ hohe Zimmerpreis ab 10 000 Yen geht auf die zwei aufwändigen Mahlzeiten zurück. Während das Personal die Futons richtet, nimmt der Gast ein ausgedehntes Bad in den Außenanlagen des traditionellen Hotels. Eine große Auswahl an Unterkünften in ganz Japan findet man beim Welcome Inn Reservation Center auf der Internetseite www.itcj.jp.

Versicherungen

Minimum sollte eine Auslandskrankenversicherung sein, die für Japan gegen geringe Gebühren extra abgeschlossen werden muss. Alle weiteren Leistungen wie Reiserücktritt, Gepäck- und Reisehaftpflicht liegen im eigenen Ermessen.

Wetter

Vier Klimazonen mit vier ausgeprägten Jahreszeiten sorgen für allerlei Wetter. Grundsätzlich gilt für Honshū: Mit Frühlingsbeginn im März regnet es häufig. Ab Mai steigen die Temperaturen kräftig an. Mit dem Juni setzt die Regenzeit ein, nun kann es tagelang ohne Pause fein regnen. Ende Juli bis Mitte September sinken tagsüber die Temperaturen nicht mehr unter 30 Grad, nachts bleiben sie über 25 Grad mit beständig hoher Luftfeuchtigkeit. Dann setzt der sonnige Herbst ein, die trockene Kälte kommt erst mit dem Neujahrsfest.

Wintersport

Viel Sonne und toller Pulverschnee, Japan gilt im asiatischen und australischen Raum als das Wintersportgebiet schlechthin. Nagano und Hokkaidō sind die berühmtesten Wintersportgebiete mit einem Bonus an fantastischen Onsen-Bädern. Einzig die individuelle Anreise könnte schwierig sein, da viele Bergstraßen ab Oktober für den Privatverkehr gesperrt sind.

Zeitzone

Japan liegt in der sogenannten Japan Standard Time Zone (JST). Der Unterschied zu unserer mitteleuropäischen Zeitzone beträgt ein Plus von 8 Stunden, während unserer Sommerzeit reduziert sich das auf 7 Stunden. In Japan gibt es keine Sommerzeit.

Zahlungsmittel

Als Bargeldmittel fungiert einzig der Japanische Yen. Folgende Münzen sind im Umlauf: 1, 5, 10, 50, 100, 500. Hinzu kommen Geldscheine zu 1000, 2000, 5000 und 10 000 Yen. Siehe auch ›Geld‹, Seite 486.

Zoll

Jeder Einreisende muss eine Zollerklärung ausfüllen, das Formular gibt es im Flugzeug. Neben Waren des persönlichen Gebrauchs darf man (ab 19 Jahre) außerdem folgende Mengen zollfrei nach Japan bringen: drei Flaschen à 760 ml Alkoholgetränk sowie 400 Zigaretten oder 100 Zigarren oder 500 Gramm losen Tabak. Außerdem bis zu 56 ml (2 oz) Parfum sowie außerdem Waren, welche den Gesamtwert von 200 000 Yen nicht überschreiten. Jede Ware, die einzeln unter dem Wert von 10 000 Yen liegt, wird von dieser Summe ausgeschlossen. Sollte eine Einzelware über 200 000 Yen Marktwert liegen, muss Zoll gezahlt werden.

Glossar

Ainu Ureinwohner des Nordens

Amazake milchiger Reiswein ohne Alkohol

Anime Trickfilm

Arubaito oder Baito Studentenjob

Bakufu ›Regierung im Zelt‹, Name für das Shogunat

Buddhismus vom Reinen Land Reformbewegung im japanischen Mittelalter, starke Vereinfachung der religiösen Praxis vor allem für Laiengläubige

Burakumin in Nordjapan: Dorfbewohner, im Süden: Menschen, die in ›unreinen‹ Berufen arbeiten

Bushidō ›Weg des Kriegers‹ (Samurai)

Butsudan buddhistischer Hausaltar

Cha, auch: O-cha Tee

Cosplay als Manga- oder Animefigur verkleideter Fan

Daimyō Provinzfürst

Convenience Store 24-Stunden-Laden

Emishi siehe Ainu

Ezo alter Name Hokkaidōs

Feng-shui chinesische Lehre der Geomantie

Freeter Gelegenheitsjobber

Fumi-e ›Tret-Bilder‹, auf die der verdächtigte Christ als Unschuldsbeweis stampfen musste

Furisode Kurzer Ärmel des Kimono, Zeichen der verheirateten Frau

Fusuma Schiebetüren

Futon Bettmatratze, auch: Bett

Gaijin wörtlich: der Mensch von außen; Ausländer

Geisha Unterhaltungskünstlerin, keine Prostituierte!

Genji Monogatari ›Erzählungen des Prinzen Genji‹ von Murasaki Shikibu

Giri Verpflichtung gegenüber Dritten

Giro-Schoko Pflichtschokolade als Valentinstag-Geschenk

Hakama Kimonojacke

Han Fürstentum

Hanami Kirschblütenbetrachtung im Frühjahr

Happi Coat kurze Baumwolljacke im Kimono-Stil, wird auf den Paraden der Schreinfestivals getragen.

Heiankyō Alter Name Kyōtos

Heike Monogatari ›Erzählungen der Heike‹, Verfasser unbekannt.

Heisei Name der gegenwärtigen Amtszeit von Kaiser Akihito

Hikikomori Person, die sich völlig von der Gesellschaft zurückzieht

Hinin Nicht-Menschen, Menschen außerhalb der Gesellschaftsordnung

Hinomaru inoffizielle Bezeichnung der Flagge

Ijime Mobbing

Jieitai japanische Selbstverteidigungskräfte bzw. Armee

Kakure Kirishitan Christen im Untergrund

Kami Götter

Kamidana shintoistischer Hausaltar

Kamikaze eigentlich: Götterwind, später: Selbstmordpiloten

Kappa Wassergeister

Kare-san-sui Trocken- oder Steingärten

Karōshi Tod durch Überarbeitung

Keiretsu Unternehmensgruppe

Kempeitai Geheimpolizei von 1881 bis 1945

Kiku Chrysantheme

Kimigayo Nationalhymne

Kōban Polizeiwache

Kōhai Jüngere im Senior-Junior-Prinzip

Koi Zierkarpfen

Kokkai Parlament

Koku alte Maßeinheit

Kotatsu niedriger Heiztisch

Love Hotel Stundenhotel mit fantasievoller Ausstattung

Sakebrauerei in Takayama

Manga Comics

Matsuri (Schrein-) Festival

Mikoshi tragbarer Schrein

Mochi Reiskuchen

Nihon/Nippon Japan

Nōgaku Noh-Theater

Nori Seealgenblätter

O-Bentō Lunchpaket

Obi Kimono-Gürtel

O-bon Totenfest

Onna Frau

Onigiri Reisbällchen

Onsen natürliche heiße Quellen

Paato Teilzeitbeschäftigung

Pachinko Flipperautomat

Ritsuyō ältestes Rechtssystem Japans aus dem 8. Jahrhundert

Rōnin früher: herrenloser Samurai, heute: durchgefallener Prüfling in Vorbereitung auf zweite Chance

Ryūkyū alter Name Okinawas

Sake auch: Nihonshu, japanischer Reiswein

Sakoku ›Verriegelung des Landes‹, Isolationspolitik bis ins 19. Jahrhundert

Salariman Firmenangestellter

Im Yukata zum Onsen

Satsuma alter Name Kyūshūs
Sempai Ältere im Senior-Junior-Prinzip
Sensei Anrede für Lehrer, Meister
Sentō öffentliches Bad
Seppuku Ritualisierte Form des Selbstmords
Shamisen Saiteninstrument
Shōen Lehen der Provinzfürsten als Ausgleich für ihre Eroberungszüge
Shōgun Oberster Feldherr
Shukubō Tempel-Hotel
Soaplands Massagesalon des Rotlichtmilieus
Tatami Schilfmatten für den Innenbereich
Tayu Prostituierte höchsten Ranges

Tennō Kaiser
Torii Eingangstor zum Schreinbezirk
Tsukimi Mondbetrachtung im Herbst
Tsuyu Regenzeit
Ukiyo-e Holzdrucke
Wa Harmonie
Wakame Braunalge zum Auskochen
Yakuza Begriff für kriminelle, mafia-ähnliche Organisationen
Yamabushi Bergasketen des Shugendō (Mischung aus Shintō und Buddhismus)
Yukata leichter Baumwollkimono
Zaibatsu Wirtschaftskonglomerat
Siehe auch ›Kleines Glossar zum Schrein- oder Tempelbesuch‹, Seite 109.

Japan im Internet

www.de.emb-japan.go.jp Die Seite der japanischen Botschaft bietet neben aktuelle Nachrichten über Japan auch Infos über Japans Aktivitäten in Deutschland.
www.jnto.de Eine Fülle an praktischen Reiseinformationen mit Routenvorschlägen in jedweder Region Japans bietet die Seite des japanischen Fremdenverkehrsamt.
www.itcj.or.jp Günstige Hotels und Pensionen in Japan kann man direkt online buchen.
www.japantimes.co.jp Die Nummer eins unter den englischsprachigen Tageszeitungen in Japan.
www.nni.nikkei.co.jp Wirtschaftsnachrichten aus Japan.
www.newsonjapan.com Nicht von den reißerischen Nachrichten abschrecken lassen und die angebotenen Links nutzen!
www.metropolis.co.jp Bekanntestes Online-Magazin über Tōkyō.
www.japanlink.de Deutsche Seite über Japan unter anderem mit Buchvorstellungen.
www.japanischlernen.com Kleiner Einstieg in die japanische Sprache.
www.jpf.go.jp Die Seite der Japan Foundation bietet unter anderem eine große Auswahl an Webseiten zum Erlernen der japanischen Sprache an.
www.tourism.metro.tokyo.jp Die offizielle Webseite der Metropolregion Tōkyō mit sehr vielen Tipps, teilweise auch auf deutsch.

Literaturtipps

Im Rahmen dieses Buches kann nur eine kleine und subjektive Buchauswahl vorgestellt werden. Sie dient ausschließlich als persönliche Anregung für begeistertes Schmökern über Japan.

Land und Leute

Anhalt, Gert: Zeit für Japan, Reportagen aus einem unbekannten Land. Bucher Verlag München, 2005, 191 Seiten. Amüsant-interessante Reportagen mit

Anhang

einer Fülle von Fotos, die große Lust auf eine Reise durch Japan machen.

Association for Japanese Language Teaching (Hrsg): Japanisch im Sauseschritt, Standardausgabe. Doitsu Center, 2006, 320 Seiten. Sehr praxisbezogen, wahlweise nur mit lateinischer Umschrift oder auch mit japanischer Schrift.

Coulmas, Florian: Die Kultur Japans, Tradition und Moderne. Beck Verlag, 2005, 333 Seiten. Prima für Leser mit Vorkenntnissen.

Liew, Christine/Puster, Aya: Tohoku Daisuki 1, Landeskunde auf Japanisch für Anfänger. Puster Verlag, 2008. Geschichten auf japanisch und deutsch über die Tōhoku-Region.

Liew, Christine: Schattenläufer und Perlenmädchen – Abenteuer Alltag in Japan. Dryas Verlag 2010, 220 Seiten. Facettenreicher und profunder Einblick jenseits der üblichen Klischees.

Lokowandt, Ernst: Shinto, eine Einführung. Iudicum Verlag, 2001, 117 Seiten. Erhellt viele Aspekte, die auch Japaner nicht leicht erklären können.

Maruyama, Masao: Denken in Japan, Suhrkamp Verlag, Neuauflage 2006, 160 Seiten. Schlichtweg der Klassiker über die Intellektuellen Japans.

Phillips, Susanne: Schnellkurs Japan, Dumont Buchverlag, 2004, 192 Seiten. Reich bebilderter Schnellkurs über Kunst, Kultur und Geschichte.

Pohl, Manfred: Japan, Beck Verlag, 2002, 295 Seiten. Die mit Abstand beste Einführung in das Thema Japan.

Puster, Aya/Liew, Christine/Moriwaki, Arno: Kyushu Daisuki 1, Landeskunde auf Japanisch für Anfänger. Puster Verlag, 2008, 88 Seiten. Unterhaltsames Lesebuch für Japanisch-Lernende einschließlich Hörbuch.

Turnbull, Stephen: Die Geschichte der Samurai, Japans Kriegerkaste im historischen Rückblick. Motorbuch Verlag, 2005, 256 Seiten. Abbildungen in Folientechnik machen das Buch auch für jüngere Leser interessant.

Zotz, Volker: Business im Land der aufgehenden Sonne, Strategien für langfristigen Erfolg in Japan. Redline Wirtschaft, FinanzBuch Verlag, Heidelberg, 2008, 200 Seiten. Räumt mit Vorurteilen auf und bewahrt mit Schwerpunkt Wirtschaft immer den Blick auf die gesamte Gesellschaft.

Belletristik

Bashō, Matsuo: Auf schmalen Pfaden durchs Hinterland. Dieterich'sche Verlagsbuchhandlung, 2007. 336 Seiten. Für Reisende in den Norden und Haiku-Fans.

Booth, Alan: Looking for the lost, Journeys through a vanishing Japan. Kodansha International, 1995. 390 Seiten. Auf seinen Wanderungen durch Gebirge und Dörfer trifft der leider viel zu jung verstorbene Booth die skurrilsten Menschen und beschreibt sie und den Wandel der Regionen mit herrlich trockenem Humor.

Ferguson, Will: Hokkaido Highway Blues, Hitchhiking Japan. Canongate Books, 2003, 344 Seiten. Noch ein extrem unterhaltsames Reisetagebuch.

Hauser, Francoise (Hrsg): Reise nach Japan, Kulturkompass fürs Handgepäck, Unionsverlag, 2009. 220 Seiten. Nochmals Japan ›querbeet‹ zusammengefasst.

Kirino, Natsuo: Die Umarmung des Todes, Goldmann Verlag, 2005, 608 Seiten. Dieser Thriller ist nicht für schwache Nerven, aber so faszinierend im Alltag der vier Protagonistinnen eingebettet, dass er in Japan mit Auszeichnungen überhäuft wurde.

Mitford, Algernon Bertram: Das alte Japan, Sagen, Mythen, Märchen, Bräuche. Anaconda Verlag, 2007. 558 Seiten. Märchen- und Sagensammlung aus den 1870er Jahren.

Murakami, Haruki: Kafka am Strand. btb Verlag, 2006, 640 Seiten. Ein typisches modernes Märchen aus der Feder des japanischen Erfolgautors.

Murtagh, Niall: Blauäugig in Tokio. Econ Verlag, 2006, 291 Seiten. Was Sie schon immer über das Leben als Salariman wissen wollten, präsentiert der Autor auf ausgesprochen unterhaltsame Weise.

Nootebloom, Cees: Geflüster auf Seide gemalt, Reisen in Asien. Suhrkamp Verlag, 2008, 288 Seiten. Poetische Empfindungen und Eindrücke einer Japanreise.

Schmitt, Uwe: Tokyo Tango, ein japanisches Abenteuer. Eichborn Verlag, 1999. Japan aus dem Blickwinkel eines FAZ-Korrespondenten.

Über die Autorin

Christine Liew, geb. 1966, studierte in Bonn und Sendai (Tōhoku University) Japanisch, Koreanisch, Linguistik und Vergleichende Kulturwissenschaften. 15 Jahre Lebenserfahrung in Japan mit Studium, Berufstätigkeit und Familiengründung formten sie zu einem Multitalent in Sachen Japan. Heute lebt sie mit ihrer Familie an der Weinstraße und arbeitet als Sprachenlehrerin, Übersetzerin, freie Journalistin und Buchautorin, immer mit dem Blick auf ihre ›zweite Heimat‹ Japan.

Danksagung

Ich danke den japanischen Tourismusbehörden und dem japanischen Fremdenverkehrsamt JNTO in Frankfurt für ihre intensive Unterstützung meiner Recherchen vor Ort, insbesondere der Metropolregierung Tōkyō in Vertretung von Frau Homma und Herrn Nishihara von der Internationalen Tourismusabteilung der Region Chūbu. Stellvertretend für alle meine japanischen und deutschen Freunde möchte ich namentlich Henning und Kuniko für ihre offenen Gespräche danken. Dank gilt auch meinen Eltern Barbara und Günter, die im Alltag unermüdlich zur Stelle sind, meinem Mann Chee Chin für seine konstruktive Zuhörerrolle und meinen geduldigen Kindern Hans, Emma und Henrik, die das Auf und Ab eines Autorenalltags jeden Tag ungefragt miterleben.

Christine Liew

Anhang

Ortsregister

Anhang

Personen- und Sachregister

Anhang

Anhang

Bildnachweis

Birgit Eicher: S. 497
Christine Liew: Titelbild, S. 10, 14, 15, 16/17, 19, 20, 26, 28, 29, 39, 43, 49, 50, 57, 60, 62, 64, 65, 66, 67, 68, 69, 70, 73, 74, 76, 77, 78, 79, 80, 82, 86, 88, 94, 95, 97, 98, 99, 100, 101, 102, 103, 105, 106, 118, 119, 120, 124, 139, 140, 141, 143, 147, 149, 150, 152, 154/155, 157, 162, 168, 169, 170, 171, 174, 175, 177, 178, 179, 181o., 182o., 187, 191, 193o., 199, 200, 201, 232/233, 240u., 242, 266, 284/285, 287u., 297, 299, 300, 302, 307, 308, 310, 311, 315, 316, 319, 321, 477, 483, 485, 488u., 489, 490, 491. 492, 494o.
Thomas Scholl: S. 24, 30, 31, 37, 41, 53, 75, 93, 109, 123u., 125, 132, 136, 137, 153, 172, 173, 181u.,

Anhang

Titelbild: Junge Teilnehmerin eines Sommerfestes

Klappe vorne: Traditionelles Restaurant am Mt. Takao

Klappe hinten: Tempel in Hakone

S. 16/17: Rauchopfer am Tempel Ōsu-Kannon in Nagoya

S. 154/155: Blick auf das abendliche Tōkyō

S. 232/233: Reisernte in der Präfektur Iwate

S. 284/285: Kappabashi, die Brücke der Wassergeister, in Kamikōchi

S. 332/333: Heian-jingū-Schrein in Kyōto

S. 384/385: Pilgerinnen am Ryozen-ji-Tempel in Naruto

S. 424/425: Auf der Insel Taketomi

Trescher Verlag

Der Spezialist für den Osten

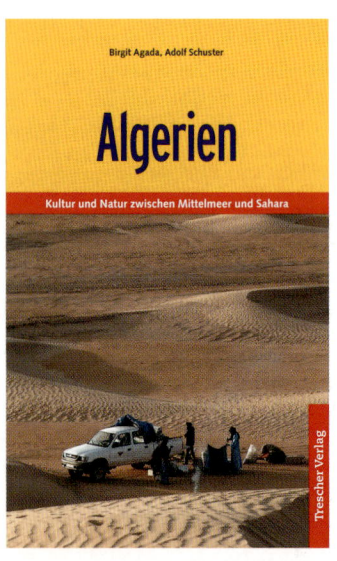

Birgit Agada, Adolf Schuster

Algerien

Kultur und Natur zwischen Mittelmeer und Sahara

Trescher Verlag

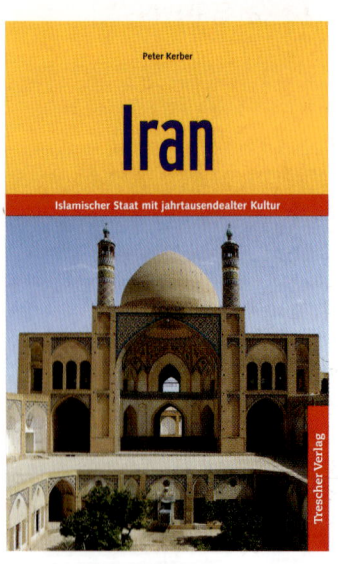

Peter Kerber

Iran

Islamischer Staat mit jahrtausendealter Kultur

Trescher Verlag

Trescher Verlag

Der Spezialist für den Osten

Kasachstan
Nomadenwege zwischen
Kaspischem Meer und Altaj
19.95 Euro, 35.90 SFr*

Kirgistan
Zu den Gipfeln von Tien-Schan
und Pamir
16.95 Euro, 31.00 SFr*

Kosovo
Unterwegs im Herzen des Balkans
13.95 Euro, 25.90 SFr*

Die Krim entdecken
Unterwegs auf der Sonneninsel im
Schwarzen Meer
15.95 Euro, 29.00 SFr*

Makedonien
Unterwegs auf dem südlichen
Balkan
16.95 Euro, 31.00 SFr*

Mongolei
Unterwegs im Land der Nomaden
19.95 Euro, 35.90 SFr*

Nordkorea-Handbuch
Unterwegs in einem geheimnisvollen
Land
14.95 Euro, 27.90 SFr*

Polnische Ostseeküste
Unterwegs zwischen Oder und
Frischem Haff
13.95 Euro, 25.90 SFr*

Rumänien entdecken
Kunstschätze und Naturschönheiten
19.95 Euro, 35.90 SFr*

Die Russische Schwarzmeerküste
Unterwegs zwischen Soči und
Anapa
17.95 Euro, 32.90 SFr*

Trescher Verlag im Internet unter **www.trescher-verlag.de**
mit ausführlichen Infos über alle unsere Bücher und Onlineshop

Trescher Verlag

Der Spezialist für den Osten

Serbien
Unterwegs zu verborgenen Klöstern und Kunstschätzen
19.95 Euro, 33.90 SFr*

Tibet
Reisen auf dem Dach der Welt
19.95 Euro, 33.90 SFr*

Transsib-Handbuch
Unterwegs mit der Transsibirischen Eisenbahn
19.95 Euro, 35.90 SFr*

Turkmenistan entdecken
Versunkene Wüstenstädte an der Seidenstraße
16.95 Euro, 31.00 SFr*

Ukraine
Zwischen den Karpaten und dem Schwarzen Meer
19.95 Euro, 33.90 SFr*

Usbekistan
Entlang der Seidenstraße nach Samarkand, Buchara und Chiwa
18.95 Euro, 32.90 SFr*

Auswahl Städteführer

Breslau
Niederschlesien und seine tausendjährige Hauptstadt
14.95 Euro, 26.90 SFr*

Bukarest
Die rumänische Hauptstadt und ihre Umgebung
14.95 Euro, 27.90 SFr*

Dresden
Mit Meißen, Radebeul und Sächsischer Schweiz
11.50 Euro, 20.80 SFr*

Trescher Verlag im Internet unter www.trescher-verlag.de mit ausführlichen Infos über alle unsere Bücher und Onlineshop

Trescher Verlag
Der Spezialist für den Osten

Kiev entdecken
Rundgänge durch die Metropole
am Dnepr
16.95 Euro, 31.00 SFr*

Lemberg
Das kulturelle Zentrum der West-
ukraine
16.95 Euro, 31.00 SFr*

Moskau und St. Petersburg
Streifzüge durch die russischen
Metropolen
16.95 Euro, 31.00 SFr*

Peking und Shanghai
Unterwegs in Chinas Metropolen
18.95 Euro, 34.50 SFr*

Riga, Tallinn, Vilnius
Rundgänge durch die Metropolen
des Baltikums
17.95 Euro, 32.90 SFr*

Auswahl Flusskreuzfahrten

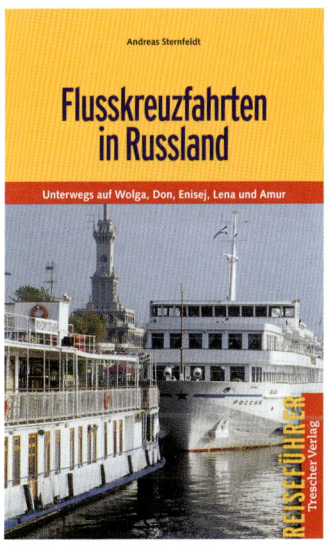

Donaukreuzfahrt
Von Passau bis zum Schwarzen
Meer
15.95 Euro, 27.90 SFr*

Flußkreuzfahrten Nil
Unterwegs zwischen Kairo und
Abu Simbel
15.95 Euro, 29.00 SFr*

Flußkreuzfahrten Wolga
Mit Enisej, Lena und Amur
16.95 Euro, 31.00 SFr*

Flußkreuzfahrten Yangzi
Von der Quelle bis zur Mündung
15.95 Euro, 29.00 SFr*

**Trescher Verlag im Internet unter www.trescher-verlag.de
mit ausführlichen Infos über alle unsere Bücher und Onlineshop**

Kartenlegende

▯	Bahnhof		★	Sehenswürdigkeit
$	Bank		🏯	Schrein
▯	Bar		🎭	Theater
▯	Brunnen		🏛	Tempel
▯	Burg/Festung		⛩	Tor
▯	Busbahnhof		🛈	Touristeninformation
▯	Café		♜	Turm
⚱	Denkmal		Ⓤ	U-Bahnstation
▯	Fähre			
✈	Flughafen			
⚓	Hafen			Autobahn
🏨	Hotel			Autobahn im Bau
⛪	Kirche			sonstige Straßen
🗼	Leuchtturm		243	Straßennummern
♫	Markt			Eisenbahn
🏛	Museum		⊘	Grenzübergang
✉	Post			Staatsgrenze
✕	Restaurant		▮	Hauptstadt
▯	Ruine/Ausgrabungsstätte		●	Stadt/Ortschaft

Kartenregister